英藏西夏文文獻整理與研究

第四册

北方民族大學西夏研究所
英國國家圖書館國際敦煌項目
寧夏回族自治區檔案館
編著

国家出版基金项目
NATIONAL PUBLICATION FOUNDATION

黃河出版傳媒集團
寧夏人民出版社
中華書局

圖書在版編目（CIP）數據

英藏西夏文文獻整理與研究. 第四册 / 北方民族大學西夏研究所，英國國家圖書館國際敦煌項目，寧夏回族自治區檔案館編著. -- 銀川：寧夏人民出版社；北京：中華書局，2022. 4

ISBN 978-7-227-07704-6

I. ①英… II. ①北… ②英… ③寧… III. ①西夏-文獻-研究 IV. ①K246. 306

中國國家版本館 CIP 數據核字(2023)第 001489 號

英藏西夏文文獻整理與研究
（第四册）

北方民族大學西夏研究所
英國國家圖書館國際敦煌項目　編著
寧夏回族自治區檔案館

責任編輯　管世獻　陳　晶　趙學佳
責任校對　楊敏媛
封面設計　沈家菡
責任印制　侯　俊

黄河出版傳媒集團
寧夏人民出版社　中華書局　出版發行

出 版 人　薛文斌
地　　址　寧夏銀川市北京東路 139 號出版大厦(750001)
網　　址　http://www.yrpubm.com
網上書店　http://www.hh-book.com
電子信箱　nxrmcbs@126.com
郵購電話　0951-5052104　5052106
經　　銷　全國新華書店
印刷裝訂　寧夏鳳鳴彩印廣告有限公司
印刷委托書號　(寧)0025402

開本　787 mm × 1092 mm　1/16
印張　33.25
字數　390 千字
版次　2022 年 4 月第 1 版
印次　2022 年 4 月第 1 次印刷
書號　ISBN　978-7-227-07704-6
定價　1000.00 元

序一

聶鴻音◎

1914年初夏，斯坦因率領第三次中亞探險隊進入額濟納地區（今內蒙古自治區阿拉善盟西北端），在黑水城（哈拉浩特）及周邊的額濟納河三角洲發掘了幾處古代遺址[①]，獲得了漢、藏、西夏、蒙古等多種文字寫成的文獻數千件[②]。這些文獻現在分別收藏在倫敦的英國國家圖書館和新德里的印度事務部圖書檔案館，本書即是對英國國家圖書館所藏全部西夏文資料的整理研究。

斯坦因的考古發掘是黑水城及周邊地區經歷的第二次。在那之前的1908年至1909年，科玆洛夫率領俄羅斯皇家蒙古四川地理考察隊在當地取得了不亞於敦煌藏經洞的巨大收穫，其紙質文獻現藏俄羅斯科學院東方文獻研究所，藝術品現藏聖彼得堡的艾爾米塔什博物館，原件照片於1996年開始陸續集中出版[③]。在斯坦因考古之後的1927年，斯文赫定和徐炳昶率領中國瑞典西北科學考察團途經額濟納，所獲文獻收藏在中國社會科學院考古研究所，其中一部分與半世紀後內蒙古自治區文物考古研究所、額濟納旗文物管理所的零星收集品一並於2006年出版[④]。較之以俄國藏品爲基礎的豐富研究成果，斯坦因收集品雖然在數量上遠遜於科玆洛夫所得，且在1928年就有少量照片公布[⑤]，但系統的整理工作却顯得遲滯。20世紀針對這批資料發表的

①這次探險的詳情見 M. A. Stein, *Innermost Asia: Detailed Report of Explorations in Central Asia, Kan-su and Eastern Iran*, vol. 1, Oxford: The Clarendon Press, 1928。簡要介紹見向達《斯坦因黑水獲古紀略》,《國立北平圖書館館刊》，4：3(1930)。

②漢文文獻詳情見 Henri Maspéro, *Les documents chinois de la troisième expédition de Sir Aural Stein en Asie centrale*, London: Trustees of the British Museum, 1953；藏文文獻詳情見 Tsuguhito Takeuchi, Maho Iuchi, *Tibetan Texts from Khara-khoto in The Stein Collection of the British Library*, Tokyo: The Toyo Bunko, 2016。

③俄羅斯科學院東方研究所聖彼得堡分所、中國社會科學院民族研究所、上海古籍出版社編《俄藏黑水城文獻》，上海：上海古籍出版社，1996— 。俄羅斯國立艾爾米塔什博物館、西北民族大學、上海古籍出版社編《俄藏黑水城藝術品》，上海：上海古籍出版社，2008—2012。

④寧夏大學西夏學研究中心、中國國家圖書館、甘肅五涼古籍整理研究中心編《中國藏西夏文獻》，第12、17册，蘭州：甘肅人民出版社，敦煌文藝出版社，2006。

⑤M. A. Stein, *Innermost Asia*, pl. CXXXI-CXXXVII.

解讀成果很少，除去格林斯蒂德寫下過一篇藏品概述之外[①]，涉及的具體文獻大抵只有《大般若波羅蜜多經》[②]《將苑》[③]和《佛説海龍王經》[④]，而完整的目錄則始終没有面世。直到2005年以後，英國國家圖書館的這批藏品大部編入《英藏黑水城文獻》在中國出版[⑤]，原來的沉寂局面才得以改觀。

上海古籍出版社推出的《英藏黑水城文獻》凡五册，裏面包含了西夏學界感興趣的大量原始資料，中國學者在此基礎上做出的研究成果引人注目。然而同時也不得不承認，《英藏黑水城文獻》刊登的照片不够清晰也不够齊全，原有編號的文獻有所遺漏，還有些未經修復的殘片不在其中。尤其遺憾的是，與中國近年來的其他同類出版物一樣，編者的目的僅在儘快發表原件照片，并没有投入足够的時間和精力去逐一解讀殘片上的文字，這直接阻礙了編者精準地判定文獻内容。在文獻陸續出版前後人們曾嘗試對定題作出刊正，但有的只是針對少數佛經考訂其題目和來源[⑥]，并没有打算編寫文獻的總目，有的更是摘取少量圖版間的隻言片字而隨意命題，并没有在翻譯全文的基礎上耐心地查證相關文獻[⑦]，而“佛經”之類的籠統結論顯然不能令人滿意。相比之下，胡若飛的考訂所涉文獻種類最多[⑧]，可惜記錄的只是中國方面的臨時掃描編號而非正式的出土編號和館藏號，令人使用起來頗感不便。爲了給西夏學者貢獻一套切實可用的研究資料，也爲了方便西夏學領域以外的讀者參考，北方民族大學西夏研究所、英國國家圖書館和寧夏回族自治區檔案館決定在《英藏黑水城文獻》的原有基礎上合作編刊現在這套《英藏西夏文文獻整理與研究》，爲學界提供全部藏品的高清圖片和儘可能詳細的内容解讀[⑨]。

---

①E. D. Grinstead, “Tangut fragments in the British Museum”, *The British Museum Quarterly* 26.2–4 (1961).

②陳寅恪《斯坦因Khara-Khoto所獲西夏文大般若經考》，王静如《斯坦因Khara-Khoto所獲大般若經殘卷譯釋》，均載王静如《西夏研究（第一輯）》，中央研究院歷史語言研究所單刊甲種之八，1932。

③E. D. Grinstead, “The general's garden: A 12th century military work”, *The British Museum Quarterly* 26:2 (1963). K. B. Kepping, “Zhuge Liang's *The general's garden* in the Mi-nia translation”, *Б. Александров сост., Ксения Кепинг, Последние статьи и документы*, Санкт-Петербург: Омега, 2003. Imre Galambos, “The Tangut translation of the General's garden by Zhuge Liang”, *Письменные памятники Востока* 14 (2011).

④E. D. Grinstead, “The Dragon King of the Sea”, *The British Museum Quarterly* 31 (1966-1967).

⑤西北第二民族學院、上海古籍出版社、英國國家圖書館編《英藏黑水城文獻》，上海：上海古籍出版社，2005—2010。需要指出的是該書的命題有些寬泛，因爲裏面收錄的并不是英國國家圖書館收藏的全部黑水城出土文獻，而只是其中西夏文的那一部分。

⑥例如段玉泉《西夏文〈聖勝慧到彼岸功德寶集偈〉考論》，《西夏學（第四輯）》，2009；崔紅芬《英藏西夏文〈華嚴經普賢行願品〉殘葉釋讀》，《文獻》2009年第2期；楊志高《中英兩國的西夏文〈慈悲道場懺罪法〉藏卷叙考》，《寧夏師範學院學報》2010年第1期；文志勇、崔紅芬《英藏西夏文殘葉考補》，《寧夏社會科學》2011年第2期。這些考據都能以漢文和西夏文本對勘，因而準確無誤。

⑦史金波《〈英藏黑水城文獻〉定名芻議及補正》，《西夏學（第五輯）》2005年第5期，上海：上海古籍出版社，2010。

⑧胡若飛《英藏黑水城文獻概略》，《固原師專學報》2005年第5期。

⑨本書的編寫分工是：英國國家圖書館國際敦煌項目負責掃描件的製作并校訂原始資料，寧夏回族自治區檔案館負責掃描件的技術加工，北方民族大學西夏研究所負責文獻的鑒定和翻譯。

英國國家圖書館的這套藏品總編號爲“Or.12380”，分别出土於黑水城内外的幾處遺址，其中包括被科兹洛夫稱爲“書庫”的那座佛塔（K.K. II）。另有些殘片來自距城較遠的額濟納河沿岸地區，可惜出土時斯坦因本人并不在場，所以没有留下任何發掘記録。不過考慮到斯坦因所獲絶大多數都是當年科兹洛夫的劫餘，當可相信這批文獻與俄藏科兹洛夫收集品的産生時代相同，也就是不出 11 世紀下半葉至 14 世紀之間①。事實上英國有些殘片正是科兹洛夫當年未能取走的，可以用來補充俄藏本的缺失。例如 Or.12380/2484 號恰爲俄藏 4153 號字書所缺頁面②，Or.12380/660 至 664 號以及 3841、3842 號恰爲俄藏《孫子兵法三家注》所缺頁面③，Or. 12380/3919 號的 220 枚碎片綴合起來恰爲俄藏《貞觀政要》所缺頁面④。

英國藏品的書籍形式不出俄藏品範圍，其寫本、刻本行格及梵夾、經折、蝴蝶、册葉之類裝式爲俄藏本中常見。書籍内容亦多爲漢文或藏文佛教著作的西夏文譯本，且多係最通行的經書。就目前所知，不見於俄藏品的中原經典譯本除了著名的《將苑》之外，引人關注的只有《百喻經》(Or.12380/260、534)⑤，此外還有《天盛律令》紙背抄寫的一行笛譜(Or.12380/21V)⑥，以及幾紙夾注藏文的西夏佛經殘片⑦。後者的藏文爲了解西夏字的音讀提供了直觀的信息。

經過幾代學者的努力，辨識西夏文字在目前已經不是太大的難題，不過那僅僅是滿足了解讀文獻最起碼的要求，距離學術界的最終理想還差得很遠。如果要對包括衆多殘片在内的現有文獻作出令人信服的解讀，研究者不但需要熟悉西夏詞語和表達法在各種不同類型文獻中與漢、藏詞語的對當關係，而且需要具備中原和吐蕃等各方面傳統文化的充足知識積累，而這必須通過大量閲讀不同語種的文獻才能獲得。毫無疑問，這在學科劃分日趨苛細的今天是很難達到的目標。儘管我們手邊至少有兩部大型的現代字典可供參考⑧，但這些字典中搜集的基礎語

①科兹洛夫在那座佛塔裏所獲唐卡的最晚時代可以確定爲 14 世紀下半葉的北元，參看 K.Ф. Самосюк, “Датировка живописи из Хара-Хото”, *Памяти Б. Б. Пиотровского*, Санкт-Петербург: Эрмитажные чтения, 2004。另外，斯坦因在額濟納河三角洲所獲文獻中還有兩件藏文寫本可以確定爲 19 世紀至 20 世紀初的作品，參看 Tsuguhito Takeuchi, Maho Iuchi, *Tibetan Texts from Khara-khoto in The Stein Collection of the British Library*, p. 10。不過這大約屬於例外現象。

②韓小忙《〈同音文海寶韵合編〉整理與研究》，北京：中國社會科學出版社，2008，第 5 頁。

③李曉明《英藏夏譯〈孫子兵法〉考釋》，“黑水城民族文獻學術研討會”論文，石家莊：河北省社會科學院，2013 年 7 月。

④王榮飛、戴羽《英藏西夏文譯〈貞觀政要〉的整理與研究》，《西夏學（第十一輯）》，2015。

⑤孫飛鵬《西夏文〈佛説百喻經〉殘片考釋》，《寧夏社會科學》2014 年第 3 期。

⑥A. West, “Musical notation for flute in Tangut manuscripts”, И.Ф. Попова сост., *Тангуты в Центральной Азии: сборник статей в честь 80-летия проф. Е.И. Кычанова*, Москва: Издательская фирма《Восточная литература》, 2012.

⑦荒川慎太郎，“大英図書館所藏夏藏對音資料 Or.12380/3495 について”，《京都大學言語學研究》27（2008）；戴忠沛《藏文注音西夏文殘片的分類和來源》，《民族研究》2009 年第 6 期；池田巧《英國收藏的藏文注音夏文佛經殘片 Or.12380-3911 試釋》，“第二届中國少數民族古籍文獻國際學術研討會”論文，成都：西南民族大學，2012 年 7 月。

⑧李範文《夏漢字典》，北京：中國社會科學出版社，1997（修訂版 2008）；Е.И. Кычанов, *Словарь тангутского (Си Ся) языка: тангутско-русско-англо-китайский словарь*, Kyoto: Faculty of Letters, Tokyo University, 2006。

料很少涉及党項原創的文史作品和夏譯吐蕃撰述，這導致研究者處理後者的難度遠大於有相應原本可資參證的夏譯漢籍。正是出於這個原因，本書對夏譯漢籍和藏傳佛教著作的鑒定質量有高低之分，即解讀夏譯漢籍時大都有能力提供精準的詞語對譯和原文出處，而解讀藏傳佛教著作時則一般僅能提供原文的逐字對譯和大致的擬題。至於那些書寫過於潦草的經文或者簿籍契約之類社會文書，研究者會面臨文字識別和内容查證這兩方面的困難，所以連全文對譯都暫時無力給出。不過儘管如此，我們仍然相信這套書可以爲學者今後的研究打下有益的基礎，至少可以讓後人在閲讀文獻時多少省却一些翻檢字典的氣力。

可以預料，今後的進一步研究將主要集中於鑒定和翻譯藏傳佛教寫本，依據的關鍵資料是俄羅斯所藏的科兹洛夫收集品。科兹洛夫收集品中的藏傳佛教資料有近百種，曾先後由西田龍雄和克恰諾夫嘗試鑒定[①]，但他們的一些結論僅滿足於西夏文與藏文作品題目的相似，并没有逐一取兩種文本進行仔細的對勘，因此在利用前還須詳加校核。20 世紀以後，西夏學者開始嘗試參照藏文佛教作品來解讀西夏文本[②]，這無疑是一個頗爲值得關注的良好開端，可是當今畢竟缺乏同時精通西夏和漢藏傳統文化的人才，所以這條道路肯定是漫長而艱辛的。不過初步的探索已經表明，藏傳佛教進入西夏以後似乎形成了當地的傳承體系，有些篇幅短小的作品實際上出自西夏藏族僧官的口述而非傳世的經典文本[③]。由此看來，我們如果執意要從藏文大藏經裏找出全部作品的來源，或許會是徒勞，但如果希望在保存相對完整的俄藏文獻裏找到相應作品的題目，則肯定會多少有所收穫。例如 Or.12380/331 號佛教寫本首尾皆殘，且内容不能與已知的任何一部藏文作品勘同，所幸在俄藏文獻裏却可以找到内容相同且首尾完整的另一個寫本（инв. № 801），題爲“[illegible]”（菩提心及常所作法事），這樣，我們儘管不知道英藏 331 號作品的來歷，但畢竟可以給出準確的定名。毫無疑問，一旦對俄藏西夏文藏傳佛教文獻的研究工作基本完成，英國這批藏品的鑒定難題將會得到部分的解決。

進一步研究的另一個關注點應當是解讀簿籍契約之類社會文書。這批資料大都用草體字寫成，而且其中出現的大量普通百姓人名得不到其他文獻的佐證，因此不能指望其解讀質量達到解讀佛教著作的水平。例如 Or.12380/316 號殘片來自一本軍籍簿，上面逐一登録了西夏軍隊中最小作戰單位——“抄”（[illegible]）的組成人員，其中除了“正軍”（[illegible]）、“負贍”（[illegible]）這幾個軍職以外大都是無可查考的人名如“嵬狄小狗山”（[illegible]）之類，顯然，即使把這些人名全部譯出也無助於深入研究，何況我們還不敢保證對每個草體字都能辨認正確。當前的任務應該是結合黑水城出土的漢文文書，首先整理出各類西夏文書的行文格式模板，再在這個模板基

①西田龍雄《西夏文華嚴經》III，京都：京都大學文學部，1977，第 13–59 頁；Е.И. Кычанов, *Каталог тангутских буддийских памятников*, Киото: Университет Киото, 1999.

②近年來這方面的代表作品有段玉泉《西夏〈功德寶集偈〉跨語言對勘研究》，上海：上海古籍出版社，2014；孫昌盛《西夏文〈吉祥遍至口合本續〉整理研究》，北京：社會科學文獻出版社，2015。

③索羅寧《西夏文“大手印”文獻雜考》，沈衛榮主編《漢藏佛學研究：文本、人物、圖像和歷史》，北京：中國藏學出版社，2013。

礎上鑒定和解讀西夏文的簿籍契約，這樣儘管仍然不能避免對党項人名的硬譯，但至少有助於我們正確把握文書的主旨與文字表達方式。

與上面兩項工作相比，嘗試進行殘片的拼配要容易一些。拼配後的殘片可以最大限度地展示文獻的整體面貌，如果得到的恰是不見於他處收藏的孤本，則更可凸顯其學術價值。斯坦因的西夏收集品中有不少相對完整的葉面甚至書籍，只因紙張斷裂而被賦予了不同的文獻編號。零散編號的殘片若出自同一葉面，則可以參照其形狀和殘餘筆畫拼合起來，若出自不同葉面，也可以參照其紙質、行格、字體和內容配成同一種書的同一個寫本或者印本。用來拼配的殘片可能出自英國藏品，也可能出自俄國藏品和中國藏品。當然，有出土地點提示并且有既定文獻目標的少量殘片拼配不妨由學者獨力承擔，但整體完成則有待多方面人員的長期合作。

參與本課題資料徵集的有王耘、張玉琴、金春寶、聶鴻音、孫伯君、景永時，參加原始文獻解讀和鑒定的有聶鴻音、孫伯君、孫穎新、段玉泉、王榮飛、李若愚、К.Ю. Солонин、С.Х. Шомахмадов，景永時負責組織協調。我們共同感到，本書的出版絶不意味着英國國家圖書館藏西夏文文獻研究工作的結束，而僅僅是一個新的起點。如果能看到後世的研究者編寫出一部英國國家圖書館乃至世界各地所藏西夏文獻的總目，我們將感到無比的欣慰。

我們特別感謝北方民族大學和寧夏回族自治區檔案館對本課題的支持。

序二

杜美樂◎

英國國家圖書館中國部(斯坦因收集品)負責人

英國國家圖書館擁有僅次於聖彼得堡東方文獻研究所的世界第二大西夏文獻特藏。這些藏品主要是英籍匈牙利考古學家斯坦因（1862—1943）於 1913—1916 年從事第三次中亞探險時在黑水城故城得到的寫本和殘葉，現在編爲 Or.12380 系列的一部分。

黑水城位於今内蒙古西部的額濟納河下游，由党項人於 1032 年建立，後來在 12 世紀成爲西夏王朝的邊境重鎮。該城於 1226 年被成吉思汗攻陷，其後一直在蒙古帝国和元朝统治下，后又归明朝统治。19 世紀末，俄羅斯探險家們開始報道一則傳聞，説是在阿拉善沙漠裏有一座“死城”，可是確定死城遺址的嘗試直到 1907 年也未獲成功。1908 年，俄羅斯探險家科茲洛夫到了那裏，並且於 1909 年又再次前往，他發掘出了幾千種西夏文和漢文殘卷，以及一些絹畫和塑像，這些東西大多出自城牆外一座神聖的佛塔。

斯坦因爵士此前已經兩次率隊進入中亞，並且成了見到莫高窟第 17 窟的首個西方人。他在敦煌附近聽到了科茲洛夫發現“死城”的消息，於是在 6 年之後的 1914 年 5 月到達了黑水城，將那裏描述爲：“一個令人震驚的地方，這也許是我在真正沙漠地表上見過的給人印象最深的地方……巨大的城牆和馬面絕大部分保存完好，從一直延展到河岸的裸露戈壁灘上拔地而起。死城周邊空空蕩蕩，没有任何東西可以減弱壯麗的城牆及其映襯出的荒涼視覺效果。”[①] 儘管經過了科茲洛夫的發掘，黑水城畢竟還留下了爲數众多的文物。

斯坦因在城内發掘了幾處遺址，並且還重點發掘了俄羅斯同行發現大量文物的那座佛塔。他的發掘方法極爲專業，他把絕大多數所得都按照特定的出土地點給予了標號：標號始於代表黑水城的字母 K.K，然後是一個羅馬數字（I、II 等），用以指明出土地的詳情。另外，斯坦因還繪製了一些詳細的地圖，刊於其旅行報告《亞洲腹地考古圖記》的最末一卷。若要了解他第三次探險在黑水城所獲文物的早期社會歷史背景，關於這些地點的記載同樣是無價之寶。

斯坦因盡力收集了絹畫、版畫和陶器，也收集了幾千件寫本和刻本的殘葉。所有這些

---

①M. Aurel Stein, *Innermost Asia, detailed report of explorations in Central Asia, Kan-su and Eastern Iran.* Volume I. Oxford: Clarendon Press, 1928: 437.

都運到英國進行了粗略的分揀。前一部分送給了印度政府，今藏新德里的印度國家博物館，後一部分歸入英國國家博物館，後來在 1972 年轉到了英國國家圖書館。1959 年，寫本前綴 Or.12380 被分配給了黑水城的西夏文獻。肯定是在前後那段時間，近半數的殘片被保存在了玻璃夾裏（Or.12380/1 到 Or.12380/1839）。略有不同的是，從 Or.12380/1840 以後的多數殘片在最近採用了聚酯膜保存，其餘的準備裝到塑膠套筒裏，以備將來處理並重新收藏。

斯坦因和科茲洛夫所獲開拓了一個全新的研究領域——西夏學。在此之前，人們對消亡的党項文明和党項民族幾乎一無所知，而党項的語言和文字也久已湮没。斯坦因從黑水城攜回的寫本和印本也許在完好程度上不及東方文獻研究所和艾爾米塔什收藏品，但儘管如此，他們對於研究者來説仍然極爲重要。作爲虔誠的佛教信徒，党項人把大藏經裏的許多著作譯成了西夏文，因此在存世的資料中有大量的佛經以及與佛教相關的著作。英國國家圖書館的藏品也同樣引人注目，因爲其間包括各種不同的世俗作品，例如法典、官府和歷史文書、醫方、占卜書，以及西夏語和夏漢雙語的字典、詩歌等。

英國國家圖書館的任務是把我們管理的精神遺産向每個人開放，特別是向那些文化與此密切相關卻不能來到我們閱覽室的人們開放。與此同時，我們會提供照片或者數字圖像作爲研究參考的替代品，這對我們而言是確保這些珍稀藏品不因頻繁翻動而致損傷的最好方式。至關重要的是我們要想個辦法，借此讓世界各地的研究者和廣大受众得以方便地分享這批藏品，因此我們特別高興能與寧夏回族自治區的同行合作。銀川市曾名“興慶府”，當初是西夏國的都城。

2015 年以來，我們與寧夏回族自治區檔案館和北方民族大學密切合作，對屬於 Or.12380 系列的大量藏品進行維護、編目和數字化。當前這套書含有全部彩圖、文獻鑒定和盡可能的漢文翻譯，也包括在每張殘片下所附的高廣尺寸及斯坦因發掘地點的獨立編號。另外，數字圖像及所附的編目元數據採自目前已經上網的“國際敦煌學項目”（IDP）。我們相信這套書能通過更廣泛的傳播促進新的探索，引領西夏語言文字研究更上一層樓，引領我們在了解党項歷史文化方面有所突破。

我要感謝英國國家圖書館裏參加這一項目並促成這套書出版的同事：國際敦煌學項目的前負責人 Susan Whitfield 博士最先與我們的中國同事聯繫並設立了這一項目，國際敦煌學項目的製作經理 Josef Konczak 領導了我們的拍攝和圖像設計團隊，國際敦煌學項目的維修員 Vania Assis 以及不列顛圖書館維修中心的其他紙張維修人員都對殘片做了孜孜不倦的工作。最後還要特別感謝的是 Emma Harrison（née Goodliffe）和近來謝函霖忠於職守的支持。

Preface

The British Library possesses the world's second largest collection of Tangut written material after that of St Petersburg's Institute of Oriental Manuscripts (IOM). It is mainly constituted of manuscript and paper fragments that were found in the city of Kharakhoto by the British-Hungarian archaeologist Marc Aurel Stein in the course of his Third Expedition to Central Asia, between 1913 and 1916. They are now catalogued as part of the Or.12380 sequence.

Kharakhoto is located in present-day Western Inner Mongolia, downstream of the Ejin River. It was founded in 1032 by the Tanguts and became an important borderland city of their kingdom — known as Western Xia or Xixia 西夏 in Chinese — in the twelfth century. In 1226, the city was overthrown by Genghis Khan and remained under Mongol rule until the Chinese retook it after the Yuan Dynasty. At the end of the nineteenth century, Russian explorers began to report rumours of a 'dead city' in the Alashan desert, but attempts made to locate its ruins remained unsuccessful until 1907. The Russian explorer Pyotr Kuzmich Kozlov reached the site in 1908 and returned in 1909. He unearthed thousands of books and fragments written in Tangut and Chinese, paintings and statues, most of which came from a suburgan, a stupa-shrine located outside the city walls.

Sir Marc Aurel Stein (1862 -1943), who had already led two missions to Central Asia and became the first Westerner to see Mogao Cave 17, near Dunhuang, heard news of Kozlov's discoveries. He arrived at Kharakhoto six years later, in May 1914 and described it as "a striking site, the most impressive perhaps that I had seen on true desert ground, ... with massive walls and bastions for the most part still in fair preservation, rising above the bare gravel flat which stretches towards it from the river bank. There was nothing in the surroundings of the dead town to impair the imposing effect created by the massive strength of the town walls and the utter desolation which reigned within." [①] Despite Kozlov's thorough excavations, Kharakhoto still yielded a significant amount of material.

Stein, M. Aurel. *Innermost Asia detailed report of explorations in Central Asia, Kan-su and Eastern Iran*. Volume I. Oxford: Clarendon Press, 1928: 437.

Stein excavated several ruins within the ancient city walls and also focused on the stupa where his Russian counterpart had found so many items. He was extremely methodical and assigned a specific site number to most of his finds: it starts with the letters K.K. for Kharakhoto and is followed by a Roman numeral (I, II, etc.), referring to the structure they were removed from. In addition, Stein compiled some detailed maps of the site that were published in the last volume of his travel report, Innermost Asia. This location documentation has also been invaluable in our understanding of the original socio-historical context of the items that he recovered from Kharakhoto during his Third expedition.

Stein managed to collect paintings, woodblock illustrations and stucco pieces, as well as thousands of fragments of manuscript and printed books. All were sent to England, where they were broadly sorted. The former were given to the Government of India and are now held at the National Museum in New Delhi, India; the latter joined the collections of the British Museum before being transferred to the British Library in 1972. In 1959, the manuscript prefix Or.12380 was assigned to the Tangut material from Kharakhoto. It must have been around the same time that almost half of the fragments were conserved and encapsulated within glass (Or.12380/1 to Or.12380/1839).? With a few exceptions, from Or.12380/1840 onwards, most of the items that have been recently conserved are kept in MelinexTM sheets, while the rest tend to be stored in Mylar sleeves and need both further treatment and rehousing.

Stein and Kozlov's troves opened up an entire new field of studies: Tangutology. Before this, little was known of the lost Tangut civilisation and its people, and the Tangut language and script had fallen into oblivion. The manuscript and printed fragments that Stein brought back from Kharakhoto may not be as fine and complete as the ones that are housed at the IOM or at the Hermitage, but they are nonetheless of tremendous importance for researchers. Being fervent Buddhists, the Tanguts translated many works from the Buddhist canon into Tangut. Among the surviving corpus of material, there is therefore a majority of sutras or texts relating to Buddhism. The British Library's Tangut collection is also fascinating for it includes a wide range of secular texts such as legal codes, administrative and historical documents, medical treaties, astrological charts, monolingual and bilingual dictionaries, poems, etc.

The mission of the British Library is to make the intellectual heritage under our custodianship available to everyone, especially to those to whose culture it is particularly relevant and who may not be able to come to our reading rooms. At the same time, offering surrogate forms of reference such as photographs or digital images remains the best way for us to ensure the preservation of these precious items by limiting the damage caused by physical consultation. For these reasons, it is of paramount importance for us to find ways whereby the collections are accessible, shared and fully discoverable both by researchers and wider audiences across the world. We are therefore particularly happy with our collaboration with partners in Yinchuan, in Ningxia Hui Province, a city that was once named Xingqing and was the capital of the Tangut State.

Since 2015, we have been working closely with the Ningxia Provincial Archives and Beifang Minzu University to conserve, catalogue and digitise a large number of the items belonging to the Or.12380 sequence. The present volumes, complete with colours photographs, identification of the text and transcription into Chinese whenever possible, will also include the measurements and the individual Stein site numbers associated to each fragment. Moreover, the digital images and accompanying cataloguing metadata that have been obtained during the project are now available through the website of the International Dunhuang Project (IDP). We believe that this work will contribute to new research through the wider dissemination of these items, leading to further progress in the study of the Tangut script and language, and to breakthroughs in our understanding of Tangut history and culture.

I would like to thank all the British Library colleagues who have been involved in the project and have made the publication of the first five volumes of this series possible: Dr. Susan Whitfield, former director of IDP, for starting initial conversations with our Chinese partners and setting up the project; Josef Konczak, IDP studio manager, for managing our team of photographers and graphic designers; and Vania Assis, IDP conservator, as well as other paper conservators in the British Library Conservation Centre for their indefatigable work on the fragments. Last but not least, I am also grateful to Emma Harrison (née Goodliffe), and more recently Han-Lin Hsieh 謝函霖, for their curatorial support.

Mélodie Doumy

Curator, Chinese Collections (Stein Collections)

凡例

一　本書整理刊布斯坦因 1914 年於額濟納地區所獲全部西夏文字文獻。其間雜有少量其他文字的殘片亦予收錄，以展現英國國家圖書館本套藏品全貌。

二　所刊照片均爲紙面存有墨跡者，無字紙背及空白紙面不予刊布以節省篇幅。有獨立編號而無墨跡者於每册之末列入“空白殘片數據表”，提供原件出土地點編號及高廣數據。

三　本書所收原件照片依英國國家圖書館文獻編號次第排列，同一編號含多件殘片者，以 A、B、C、D 等標識。英國國家圖書館於日前對文獻編號略有校核調整，本書以最新所定爲據。

四　同一編號含多件殘片且不屬同一文獻者一般以文獻歸類排列，原字母編號排列次序亦相應改變。

五　殘紙兩面有字者或難判定正背，故本書不再逐一標出“Recto”及“Verso”。

六　每件文獻均爲之定題。定題方式有三：有他本可證者以書名加卷次定題，如“金光明最勝王經卷三”；未尋得他本可證者據内容擬題，如“供養儀軌殘片”；存字過少及文字潦草漫漶致内容難以驟定者僅以“殘片”命題。

七　少數殘紙兩面有字且不屬同一文獻，擇其要者別爲命題。

八　殘片圖版以下提供英國國家圖書館藏品編號，并括注出土地點編號。每種文獻在流水號前統一冠以“Or.12380”，所注原件出土地點多在黑水城内外，分别標以“K.K. I”（城内）、“K.K. II”（城西門四百米外佛塔）、“K.K. III”（城東北角九十米外塔基）、“K.K. V”（城西北角附近塔群），出土地點編號存疑者附以問號。另有部分文獻出自距城較遠的額濟納河沿岸地區，因出土時未有詳細地點記錄，故括注“none”。

九　編號以下提供原件紙幅高廣，單位爲釐米。

十　夏譯漢籍殘片有他本可證者提供所存西夏字的漢文逐字對譯，并附存世漢文原本段落以備覆核，相應詞語在漢本中以粗體字突出顯示。

十一　存世漢文佛典多據中華電子佛典協會（CBETA）制作的《大正藏》電子版，并改正句讀及個别訛字，改動之處不再另予説明。不見於《大正藏》者另注參考文獻出處。

十二　夏譯漢籍殘片無他本可證者、存字過少不敷考核者及夏譯藏傳佛教作品來源難以驟定者，僅提供所存西夏字的漢字對譯。對譯以詞爲單位，不拘西夏詞素順序及詞素意義，如“[illegible]”譯“有情”不譯“情有”，“[illegible]”譯“比丘”不譯“善起”。

十三　西夏本土原創書籍提供漢譯文。若此前另有同書别本，則附注别本相應段落出處。

十四　殘片文字有殘存筆畫者參酌文意譯出。無殘存筆畫或文字漫漶而字數可知者代以“□”號，殘佚字數不可知者標以省略號。

十五　寫本西夏文字點畫有誤者徑依正字譯出，不再加注説明。

十六　藏文等其他文字提供拉丁轉寫。漢文文獻不再重複錄文。

十七　文獻版緣、行間夾註及簿籍、契約等社會文書大多字跡潦草漫漶，以當前學識尚無力提供全文逐字翻譯。譯出隻言片語不能展示詳情，無助讀者理解，故不再提供解讀以免誤導學人。

十八　全書最後一册附有文獻分類索引，并提供每種文獻的研究參考資料目錄。

目錄

第四册

1501　殘片

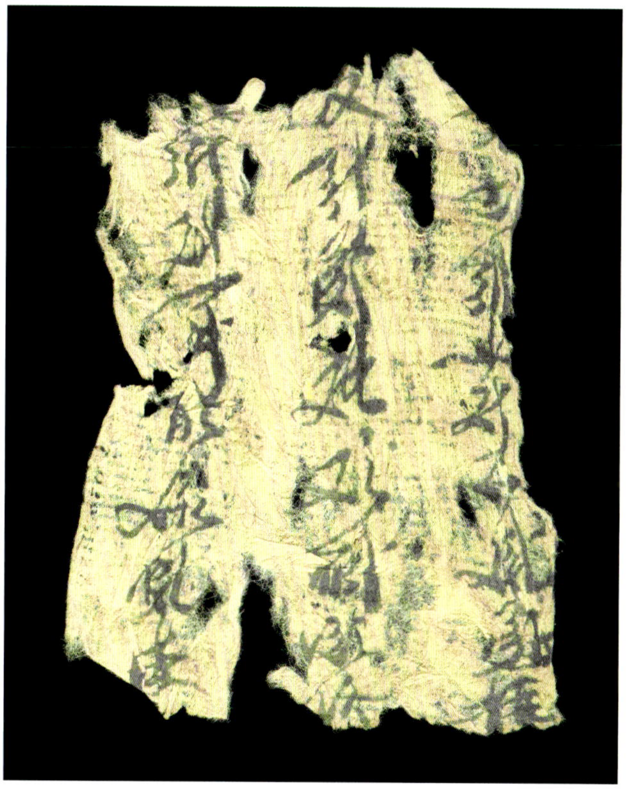

Or.12380/1501(K.K.III.020.k)
10.8 釐米 × 8 釐米

1502　殘片

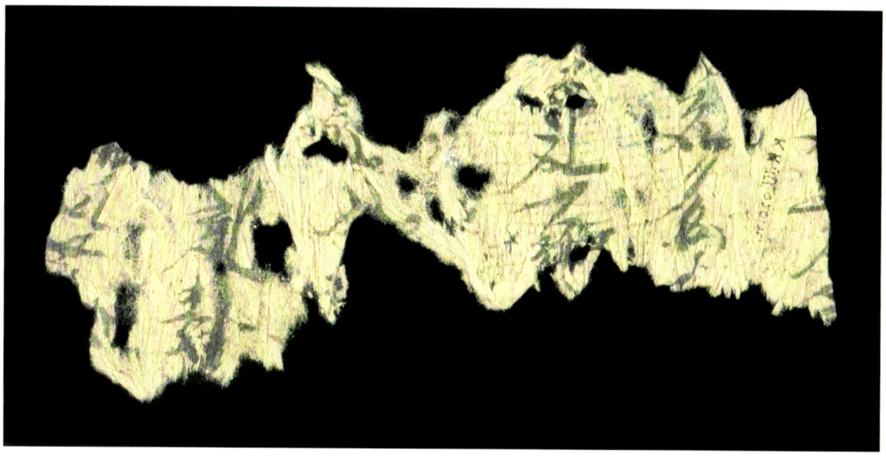

Or.12380/1502(K.K.III.020.n)
6 釐米 × 14.3 釐米

1503 殘片

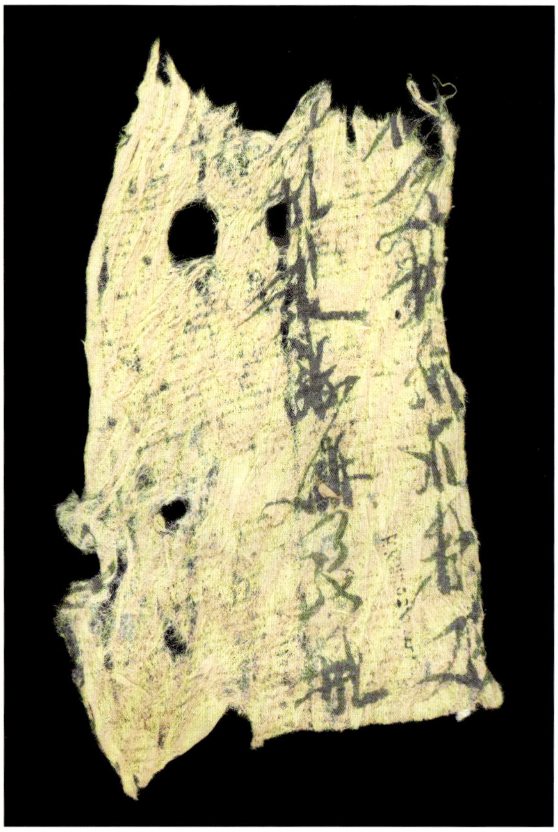

Or.12380/1503（K.K.III.020.m）
12.5 釐米 × 7.8 釐米

1504 殘片

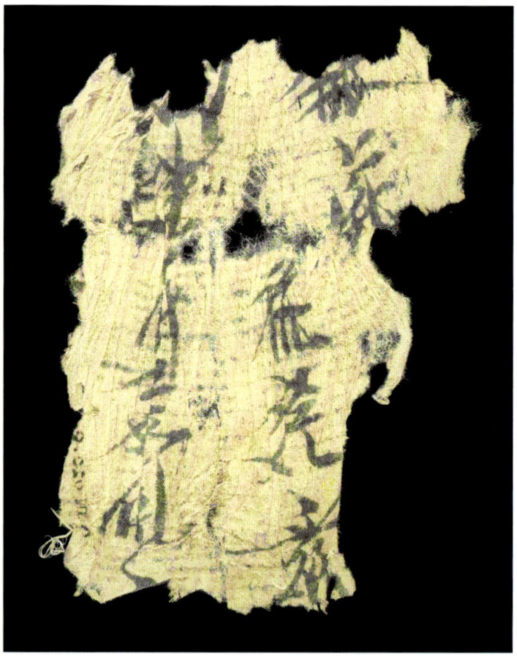

Or.12380/1504（K.K.III.020.o）
8.5 釐米 × 6 釐米

1505　殘片

Or.12380/1505（K.K.III.015.x）
7.3 釐米 × 5.2 釐米

1506 佛書殘片

Or.12380/1506（K.K.III.020.q）
11.4 釐米 × 4.2 釐米

……者
……人
……謂
……上師
……則捨

1507 殘片

Or.12380/1507(K.K.III.015.y)
6.8 釐米 × 7 釐米

1508 殘片

Or.12380/1508(K.K.III.015.z)
4.5 釐米 × 8.8 釐米

1509 佛書殘片

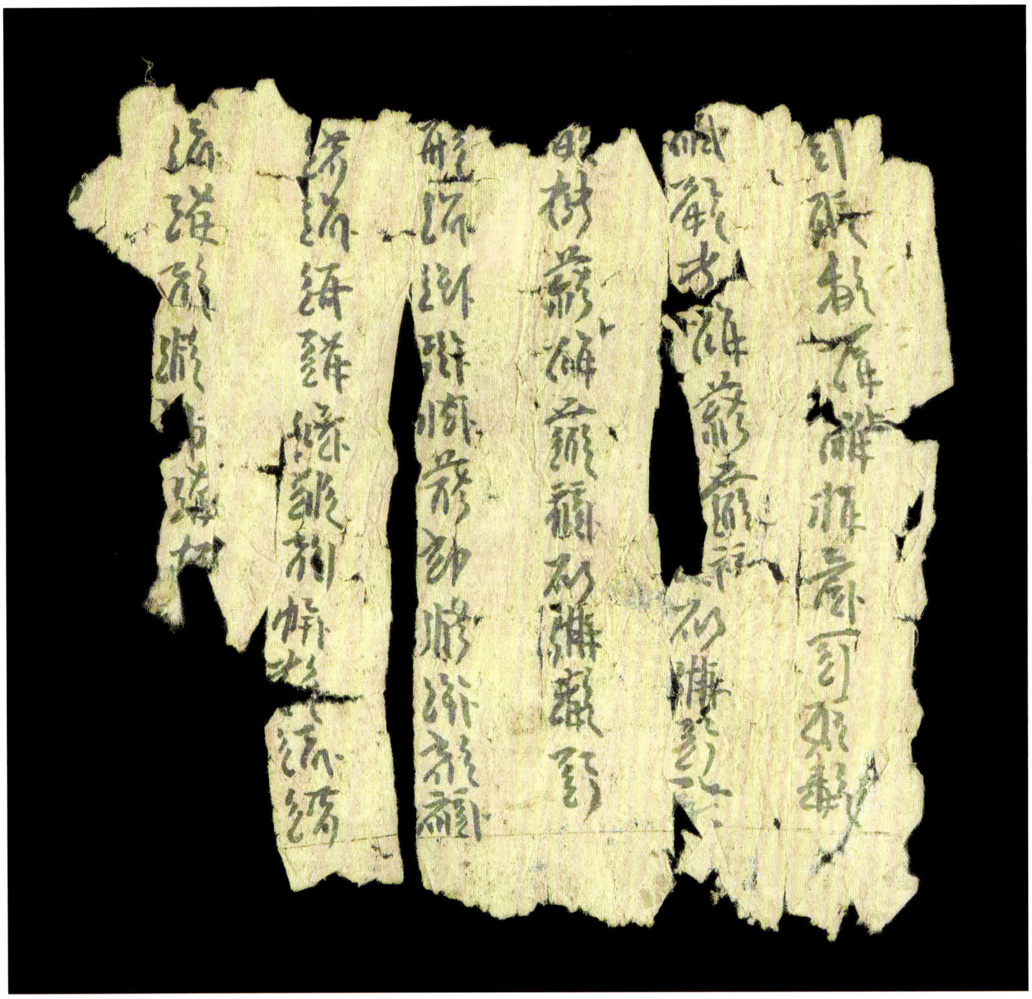

Or.12380/1509（K.K.II.0297.e）
10.5 釐米 × 11.8 釐米

1510　殘片

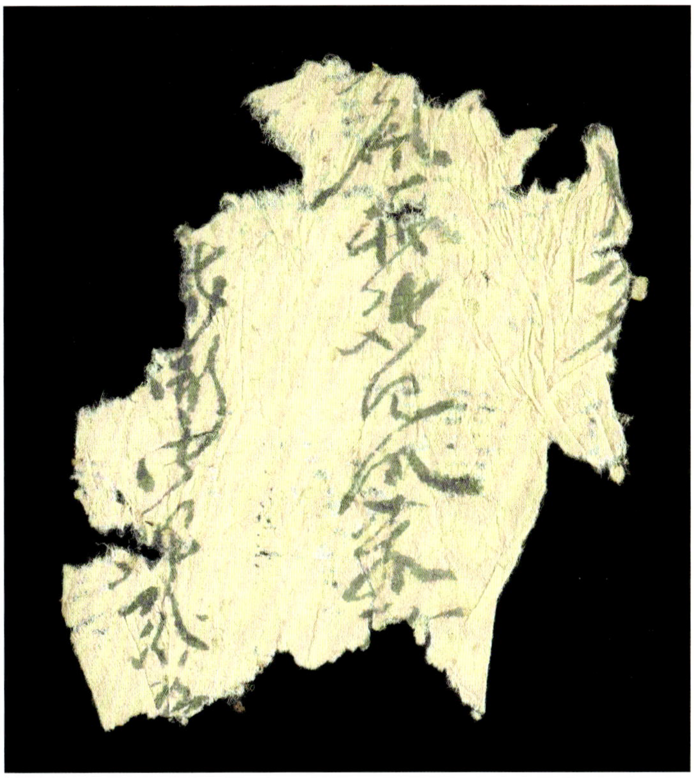

Or.12380/1510（K.K.II.0297.g）
7.8 釐米 × 6.8 釐米

1511　殘片

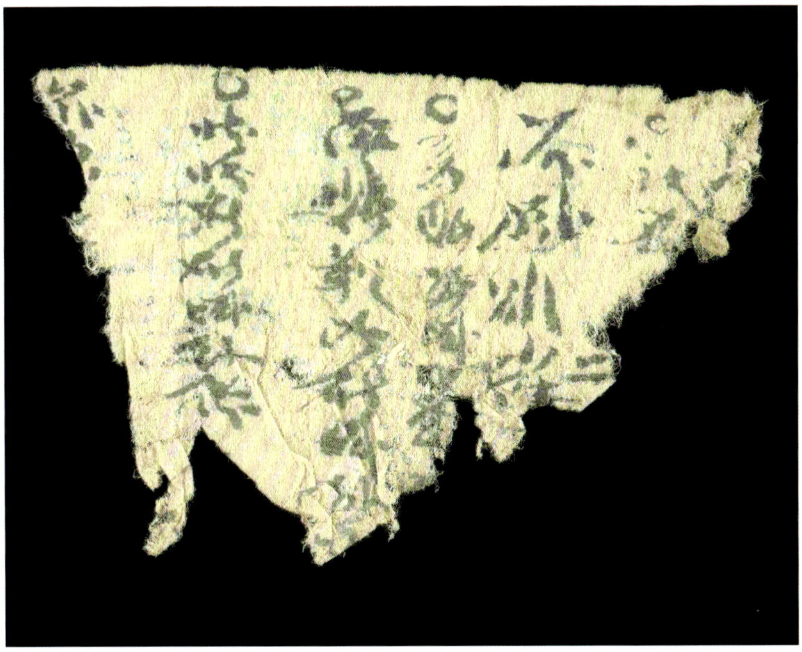

Or.12380/1511（K.K.II.0297.m）
4.9 釐米 × 7.5 釐米

1512 殘片

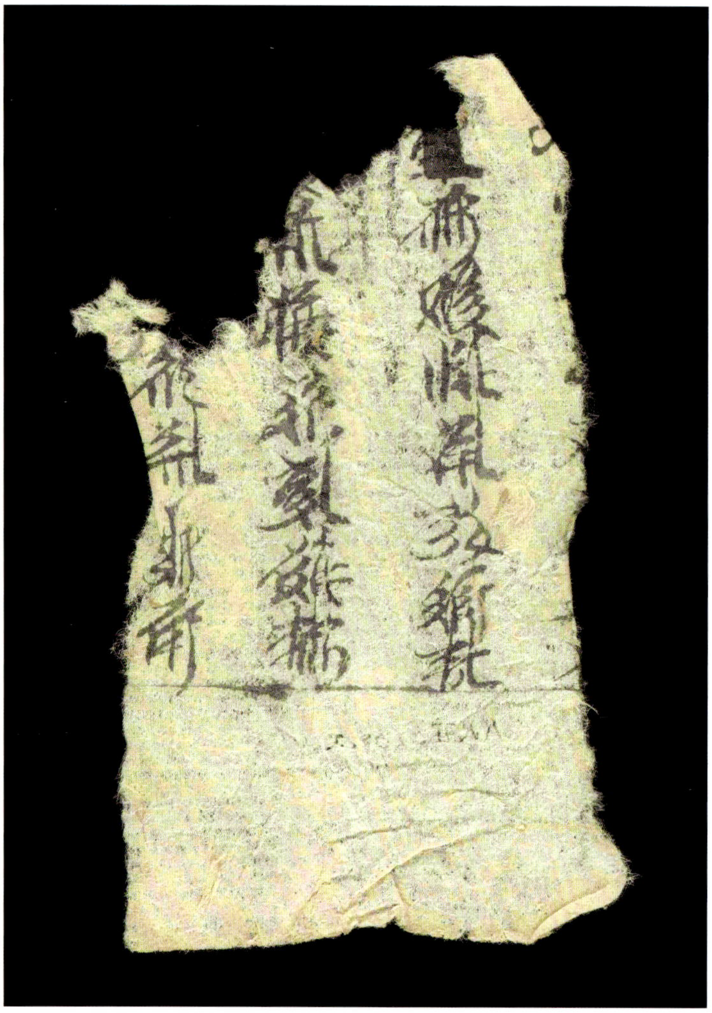

Or.12380/1512（K.K.II.0299.x）
9 釐米 × 5.2 釐米

……之欲復百十四種

……二句連其中

……也□言

1513　供養儀軌

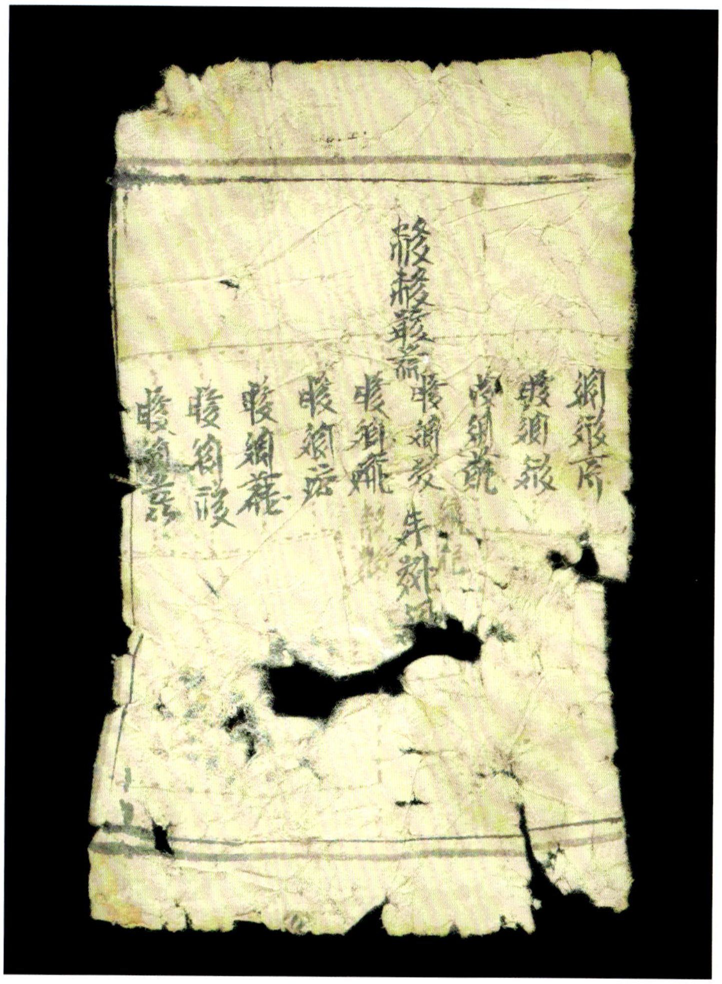

Or.12380/1513（K.K.II.0281.d）
15.3 釐米×9.8 釐米

福花位
天福花
天福香
天福燈
種種所有　　　佛處獻
天福飲
天福食
天福衣
天福絡
天福樂

1514　殘片

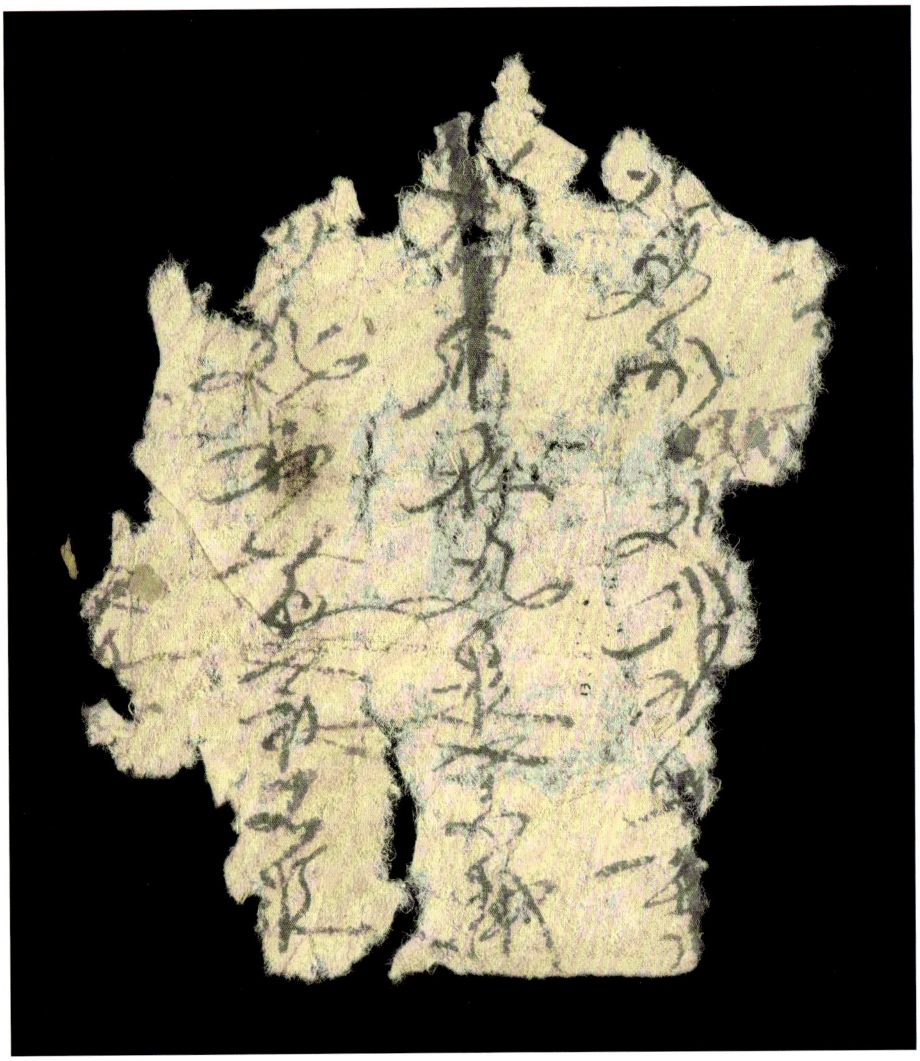

Or.12380/1514（K.K.II.0281.ee）
10.3 釐米 × 8.3 釐米

1515 佛書殘片

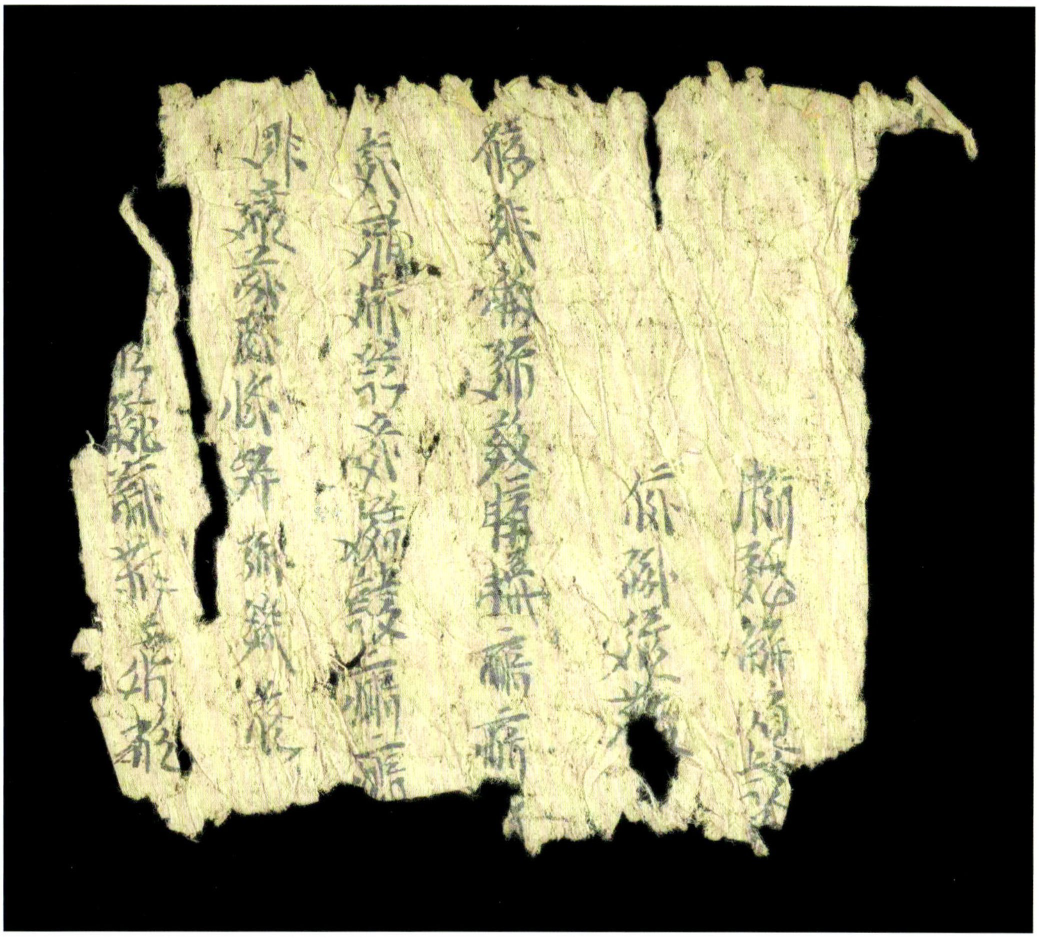

Or.12380/1515（K.K.II.0281.ii）
9.4 釐米 × 11.3 釐米

西蕃中國三……
五明色大……
明滿及菩提勇識一切……
行走上師諸善行一切……
虛空界如無盡意我由
……治做大密以

1516 殘片

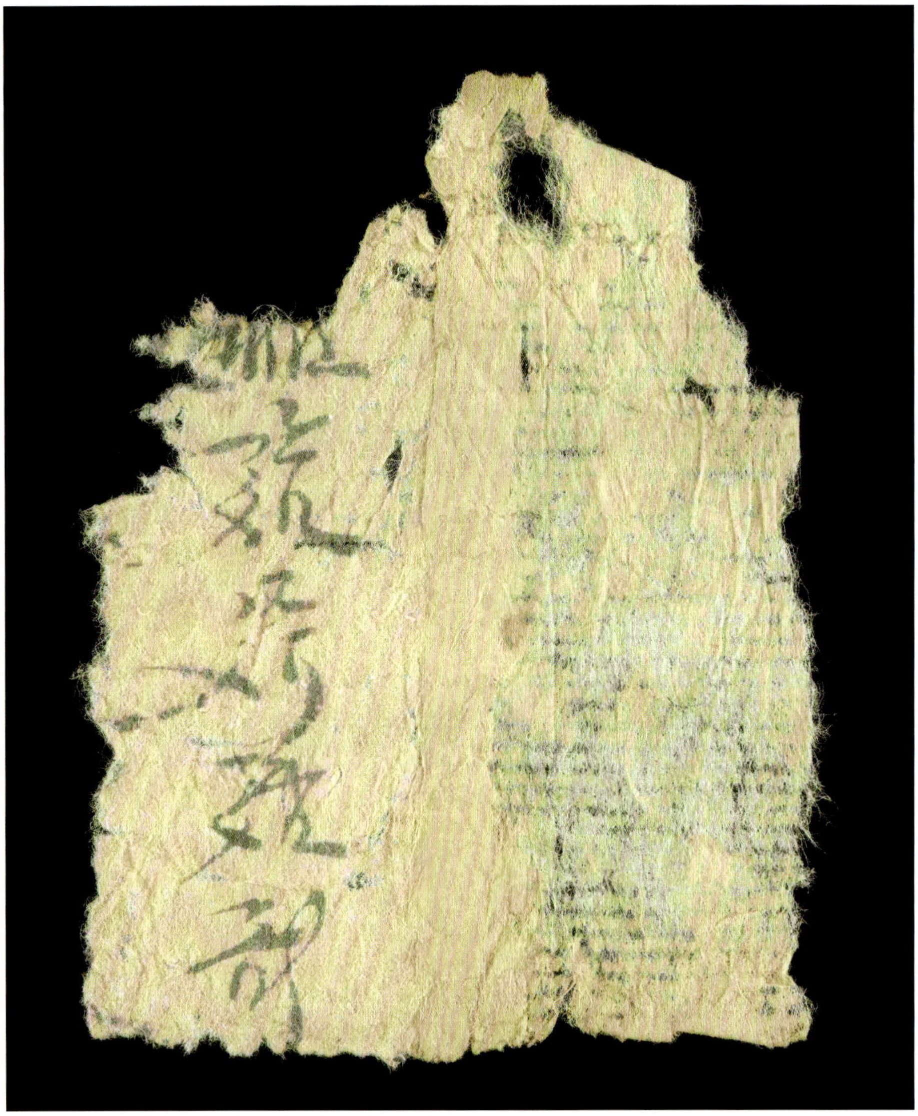

Or.12380/1516（K.K.II.0281.pp）
8.6 釐米 × 6.6 釐米

1517　佛書殘片

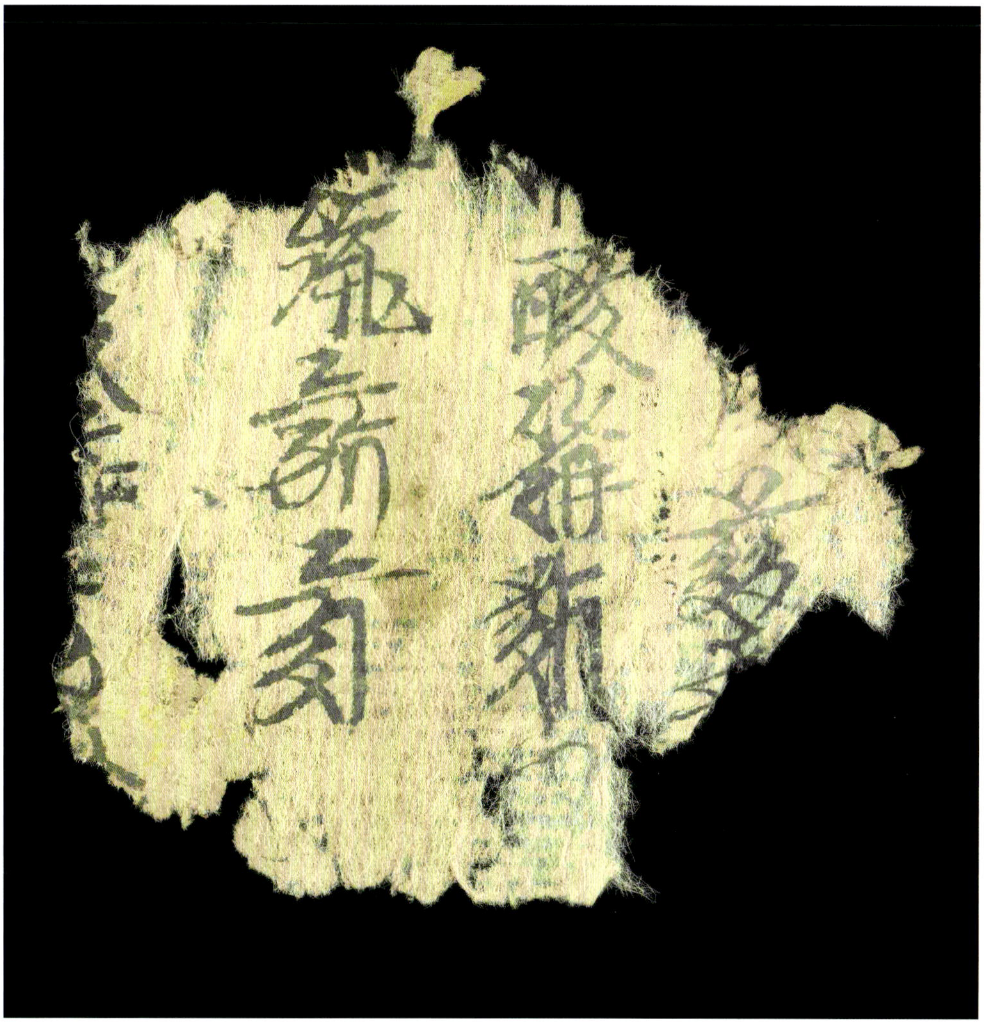

Or.12380/1517（K.K.II.0281.lll）
7 釐米 × 7 釐米

……與□
……未則故
……彼自身

1518 殘片

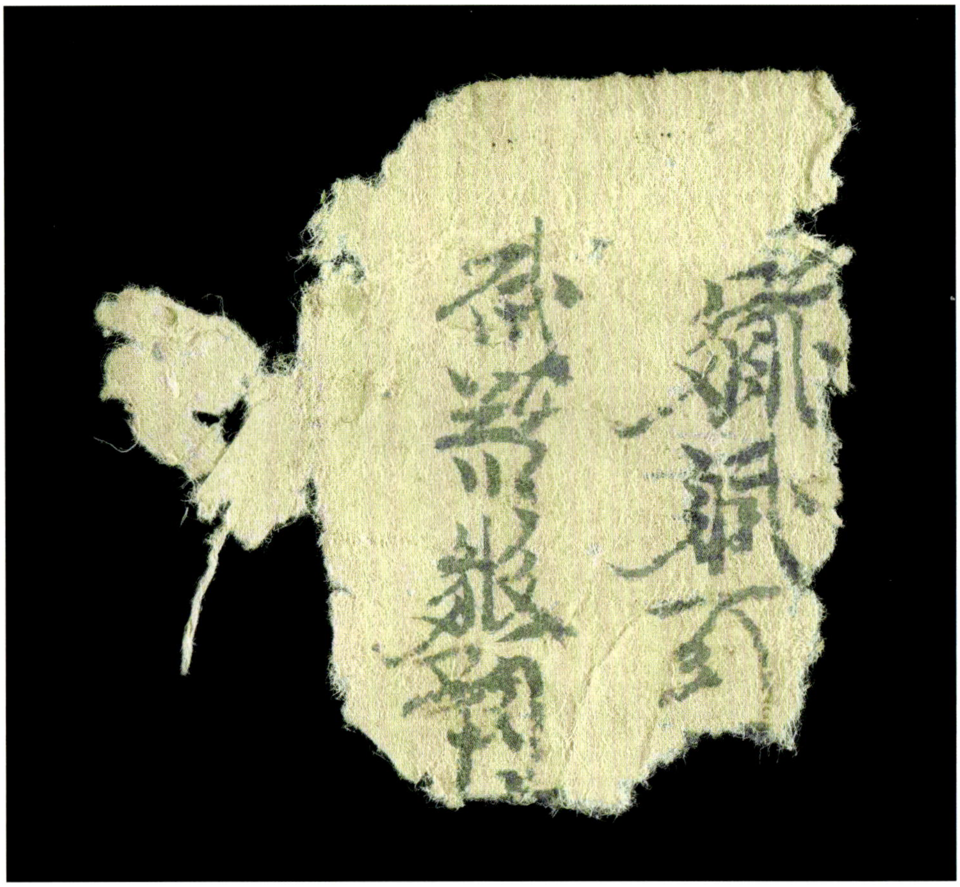

Or.12380/1518（K.K.II.0281.vvv）
5.2 釐米 × 5.5 釐米

正月一……
馬爲故升……

1519 陀羅尼殘片

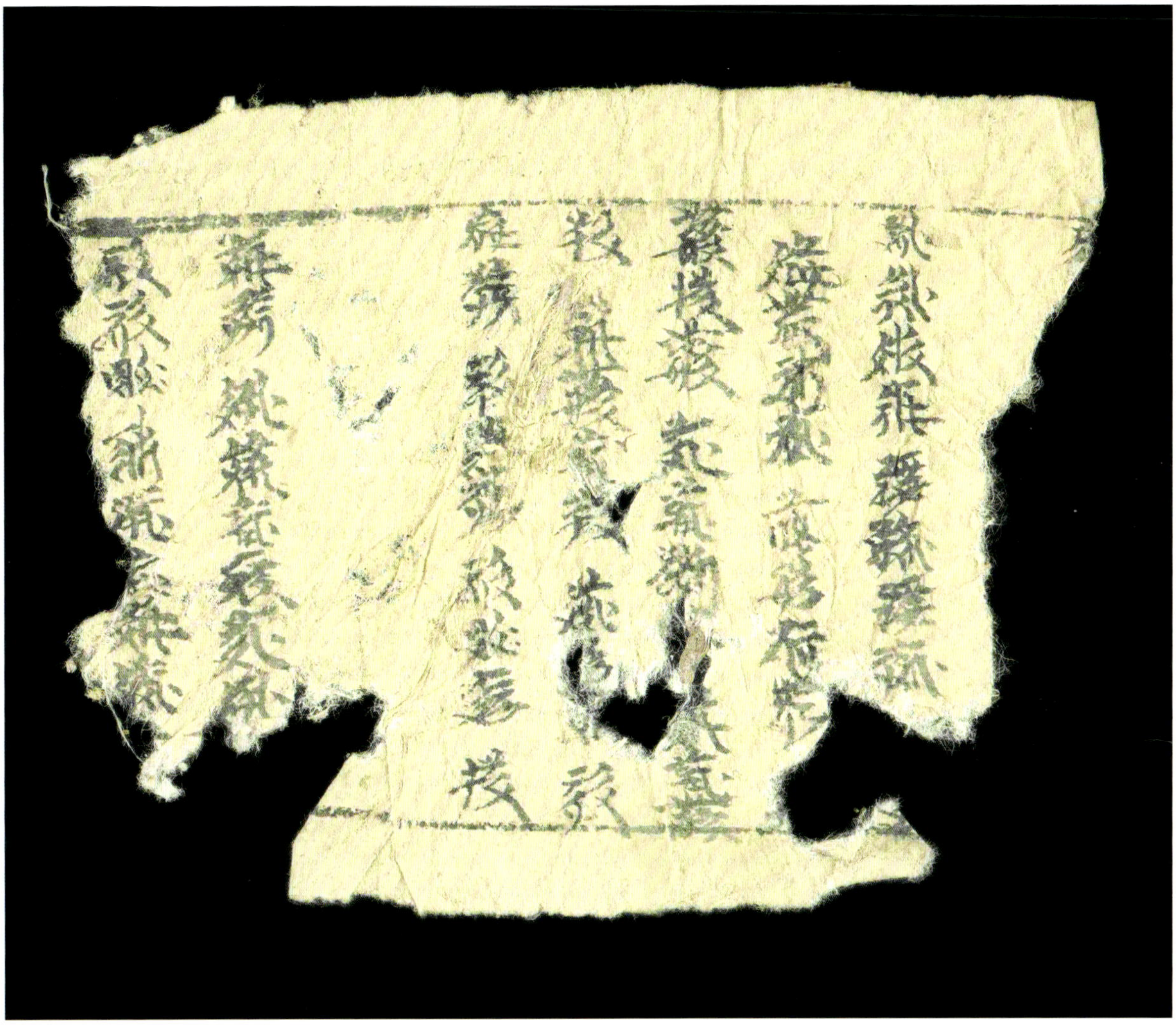

Or.12380/1519（K.K.II.0281.a.xii）
7.8 釐米 × 10.1 釐米

1520 佛書殘片

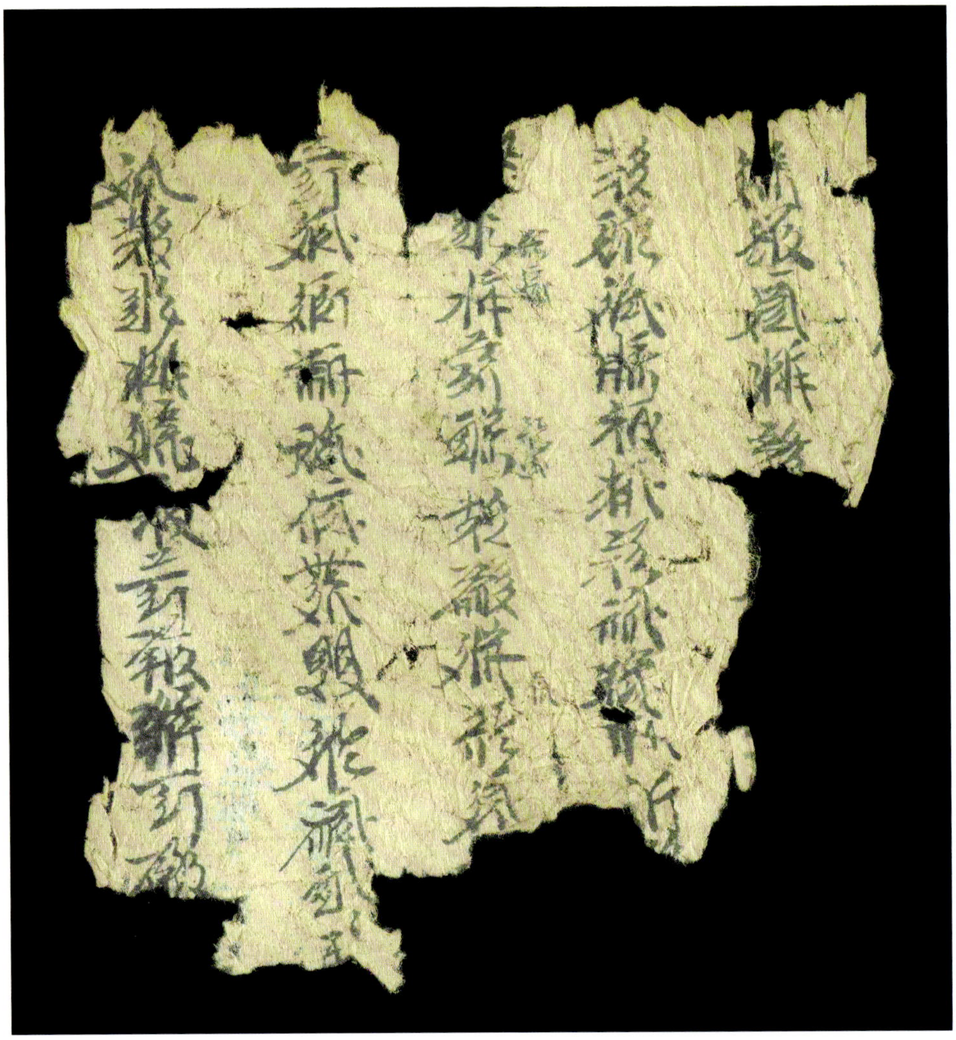

Or.12380/1520(K.K.II.0281.ss)
9.8 釐米 × 9.5 釐米

□戒持因學……

第三者修行上入冥想……

所爲　所爲

□説二自體三纏縛爲所……

身獻四罪懺五隨喜六法輪轉……

者三寶歸依□身等施一旨……

1521　殘片

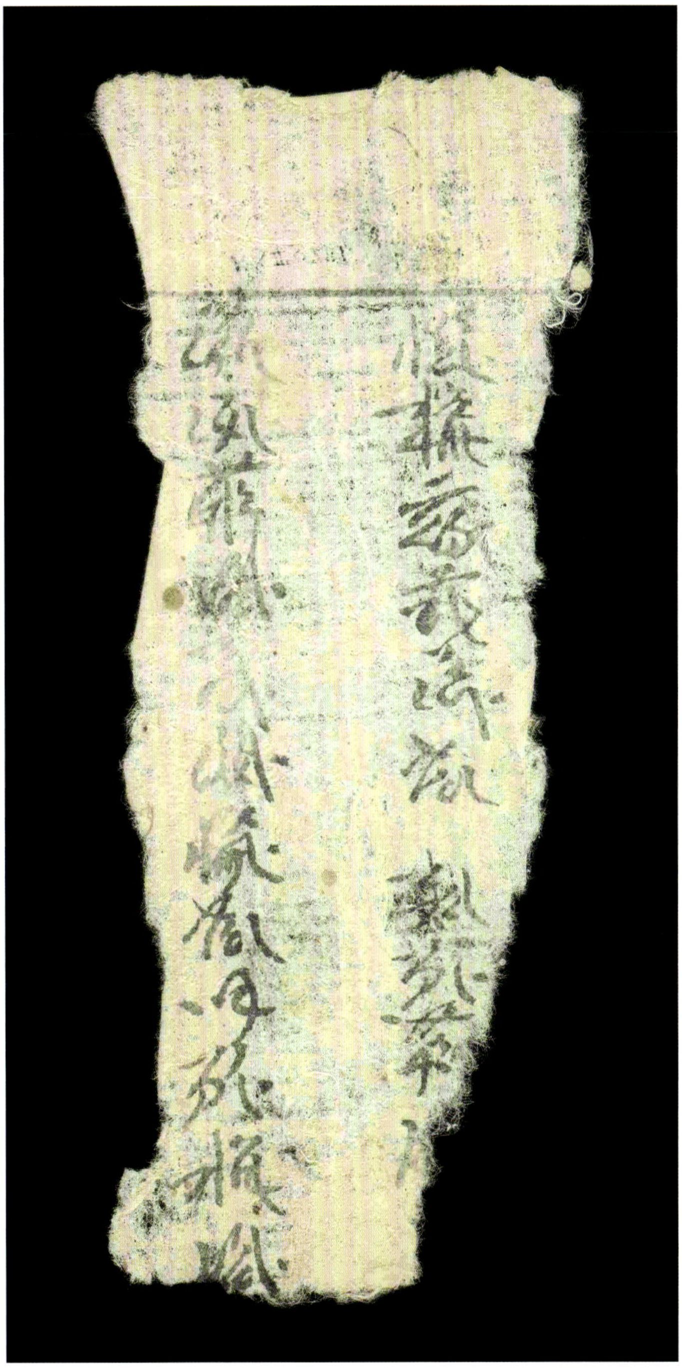

Or.12380/1521（K.K.II.0281.jjj）
11.2 釐米 × 4.8 釐米

1522 殘片

Or.12380/1522（K.K.II.0280.gg）
15.7 釐米 × 4.6 釐米

1523 殘片

Or.12380/1523（K.K.II.0280.tt）
5.1 釐米 × 6.5 釐米

1524 殘片

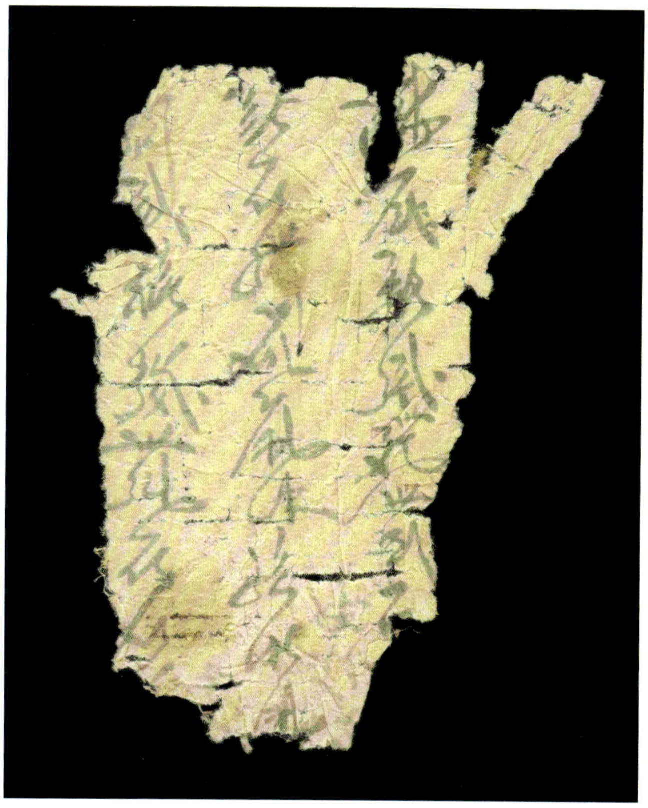

Or.12380/1524（K.K.II.0280.ddd）
11 釐米 × 8.7 釐米

1525 殘片

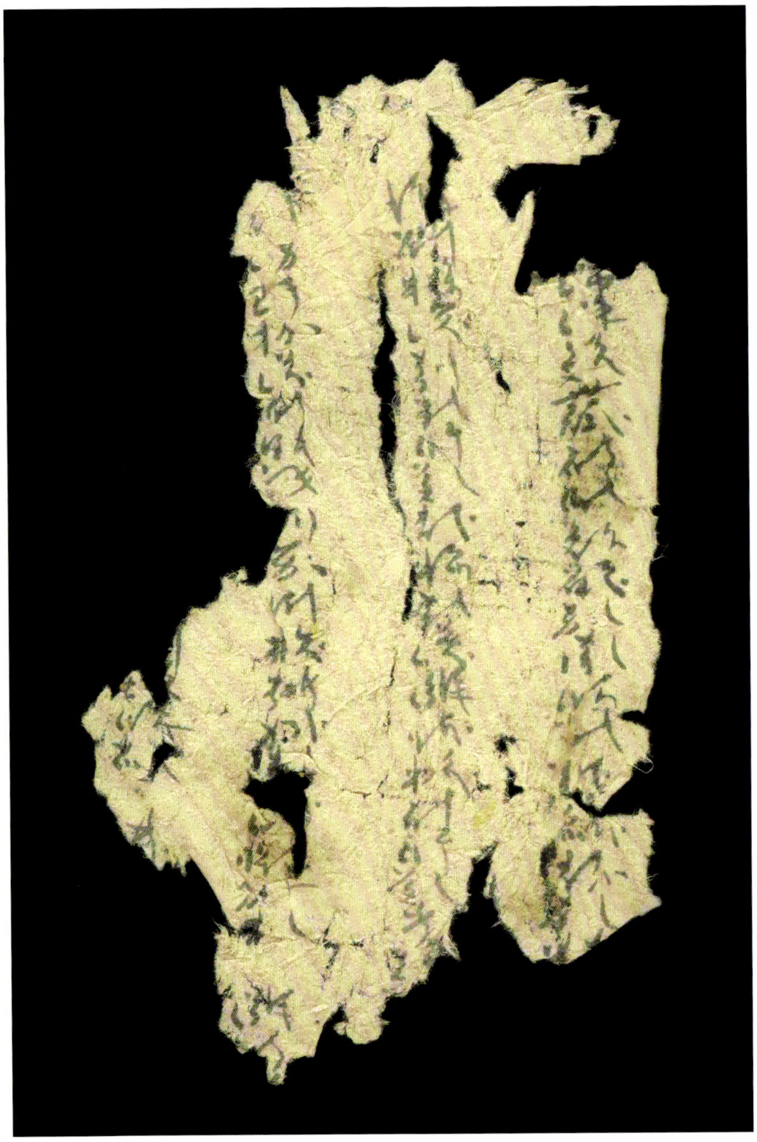

Or.12380/1525（K.K.II.0280.ddd）
13.9 釐米 × 8 釐米

1526 殘片

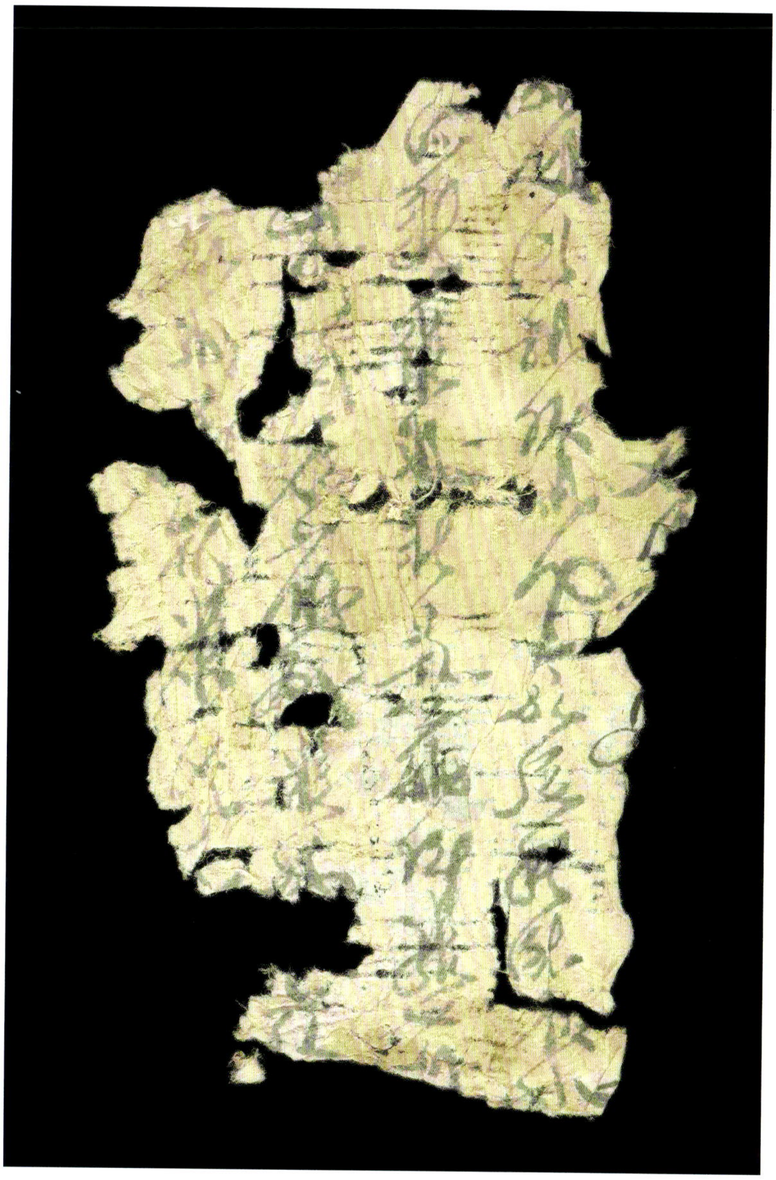

Or.12380/1526(K.K.II.0280.ggg)
14.7 釐米×8.8 釐米

1527 佛書殘片

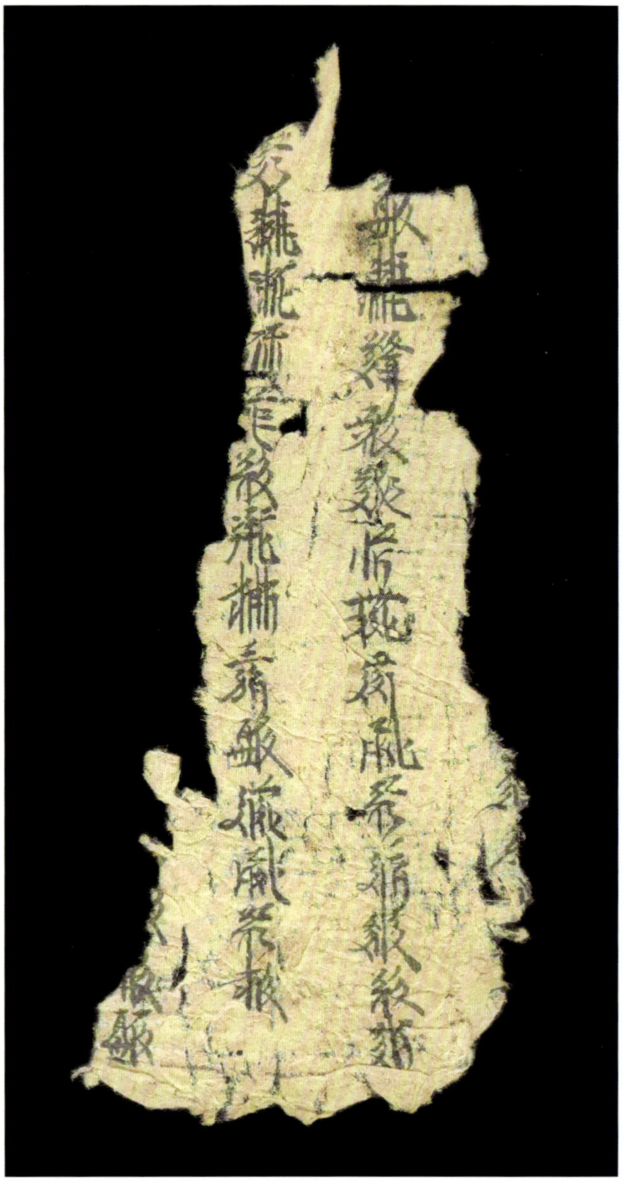

Or.12380/1527（K.K.II.0280.jjj）
15.2 釐米 × 6.1 釐米

……利依量數解施失爲性氣無故也故
……説依法之願也其中己利者性氣以
……利

1528 殘片

Or.12380/1528(K.K.II.0304.b.xvi.8)
6.1 釐米×4.3 釐米

1529 殘片

Or.12380/1529(K.K.II.0282.b.xvi.2)
9.7 釐米×5.5 釐米

1530 殘片

Or.12380/1530（K.K.II.0282.b.xvi.8）
6 釐米 × 6.7 釐米

1531 殘片

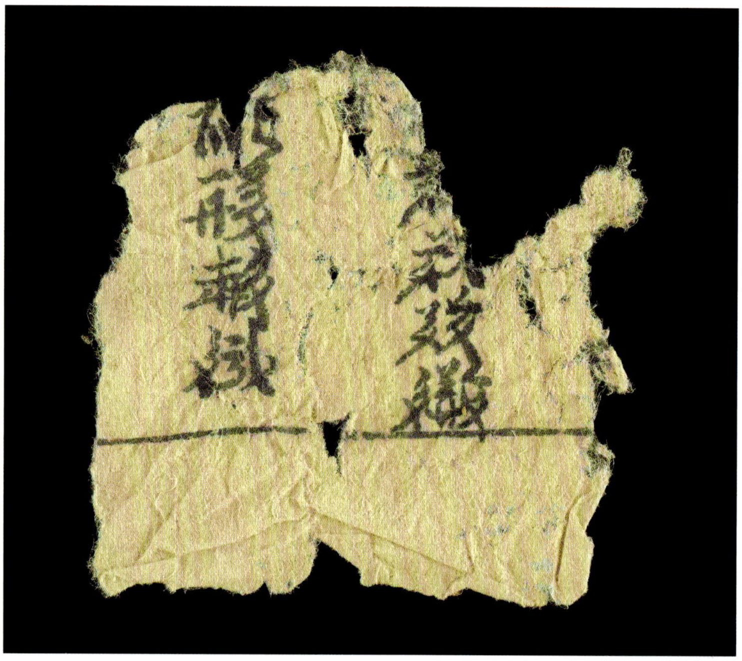

Or.12380/1531
（K.K.II.0282.b.xvi.11）
4.6 釐米 × 4.7 釐米

……處不至
……語取及德

1532 佛書殘片

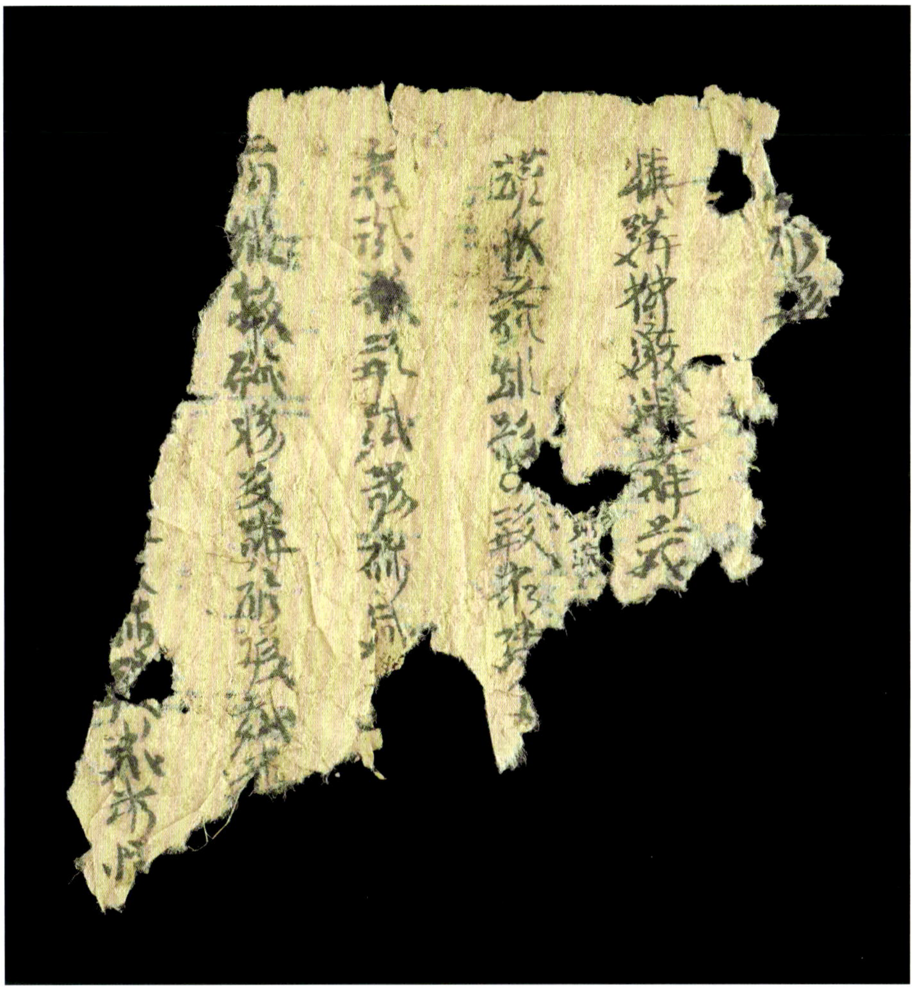

Or.12380/1532（K.K.II.0282.b.xvi.12）
9.3 釐米 × 3.4 釐米

……
前量中攝先祖人……
乃不有故也□他亦……
己如他處入之正……
爲故及失單一本句增處……
……法亦非……

1533 供養儀軌

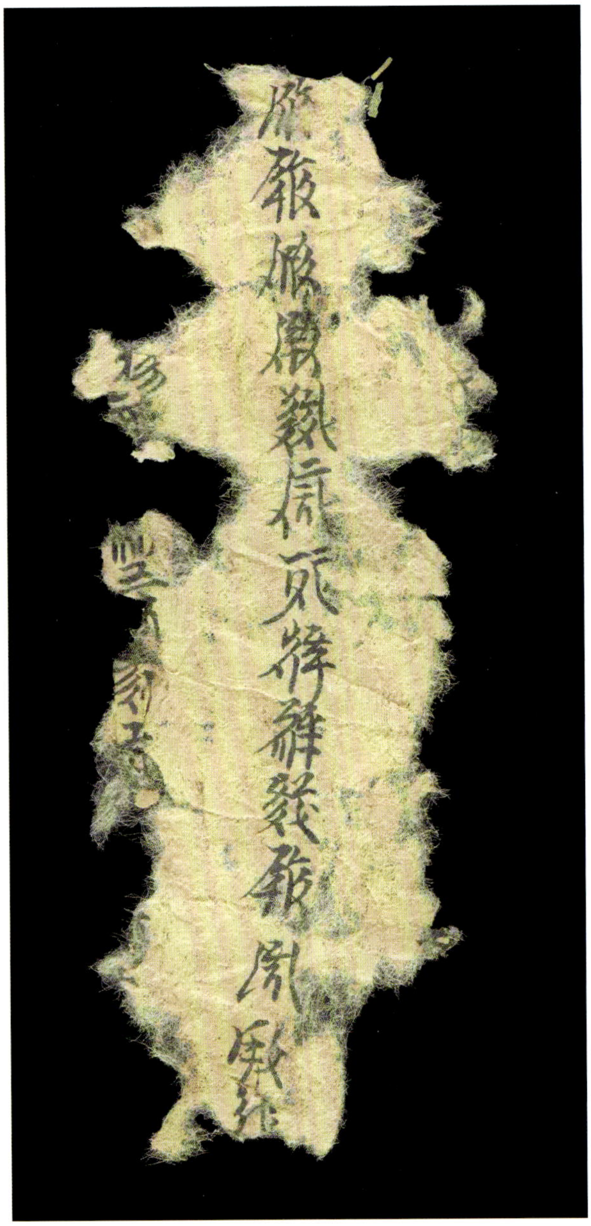

Or.12380/1533（K.K.II.0282.b.xvi.13）
10.3 釐米 × 4.3 釐米

……甘等右方置應食施白紅等圍繞……
……一□□身一……

1534　佛書殘片

Or.12380/1534
（K.K.II.0282.b.xvi.16）
4.8 釐米 × 3.4 釐米

……是此地菩薩……
……實始未斷……

1535 殘片

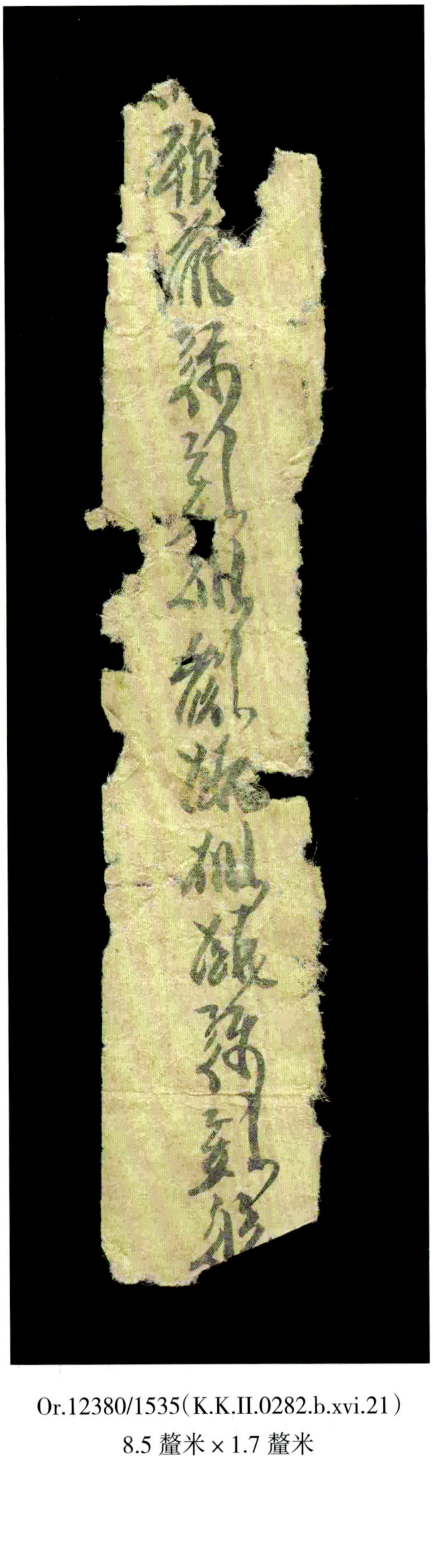

Or.12380/1535（K.K.II.0282.b.xvi.21）
8.5 釐米 × 1.7 釐米

1536 殘片

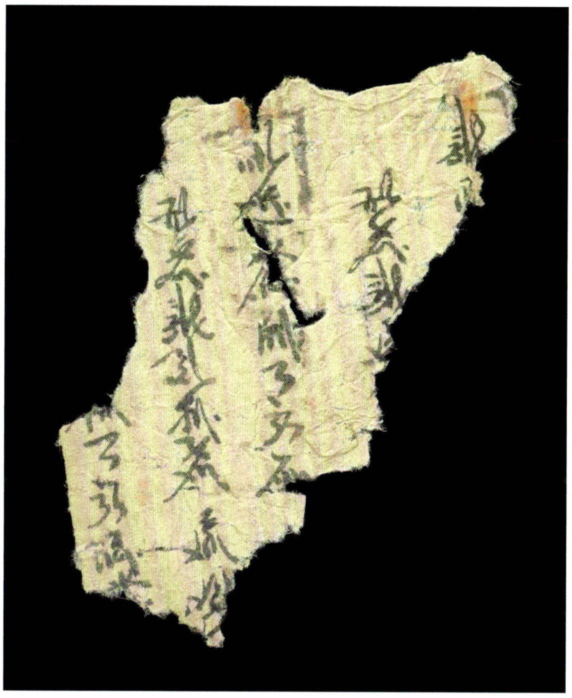

Or.12380/1536
（K.K.II.0282.b.xvi.19）
10.2 釐米 × 9.5 釐米

1537 殘片

Or.12380/1537
（K.K.II.0282.b.xvi.20）
10.5 釐米 × 6.3 釐米

1538 殘片

Or.12380/1538（K.K.II.0282.b.xvi.23）
4.3 釐米 × 4.5 釐米

1539 殘片

Or.12380/1539
（K.K.II.0282.b.xvi.25）
8.2 釐米 × 8.2 釐米

1540　佛書殘片

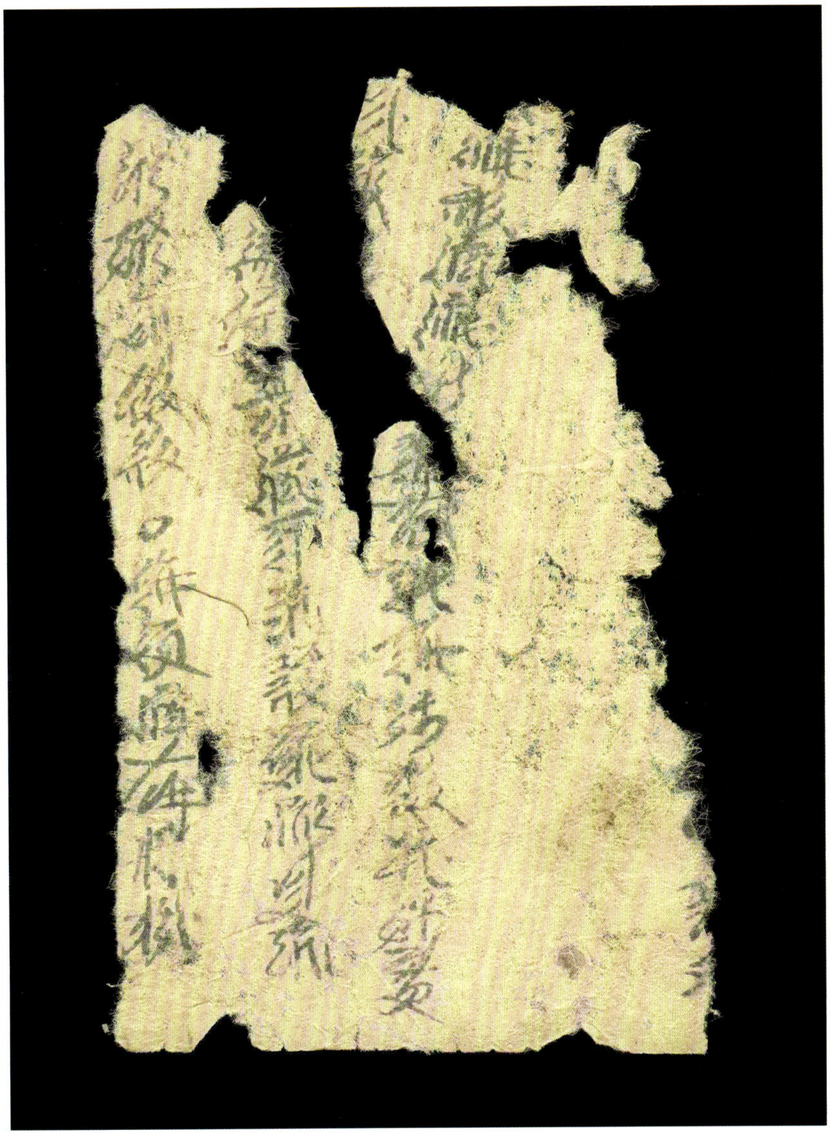

Or.12380/1540（K.K.II.0282.ee）
10.3 釐米 × 6.5 釐米

1541 修法殘片

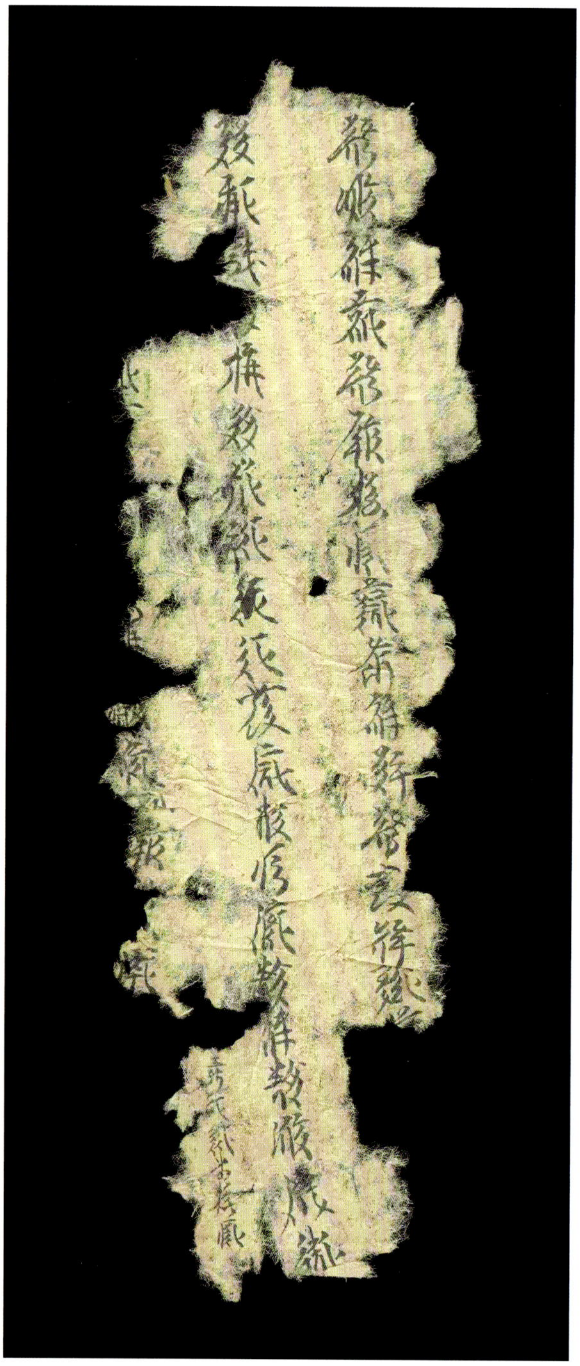

Or.12380/1541(K.K.II.0282.rr)
16.9 釐米 × 5.3 釐米

……爲或白純爲等一律纏蓋白懸爲散施赤……

……綫上□□二絲圓黑積燒應聚集者三波三烏堆積……

自設置亦一律

……五□等□彼……

1542　簿籍殘片

Or.12380/1542（K.K.II.0282.ss）
14.4 釐米 × 11.3 釐米

1543 亥母耳傳記殘片

Or.12380/1543（K.K.II.0295.n）
10.2 釐米×10.2 釐米

不修則利益微也……
中修亦師攝受及要門等無……
□色黑足師……
乃喚作其後寒……
所攝受此要門儀……（俄羅斯科學院東方文獻研究所藏本 инв. № 823）

1544　殘片

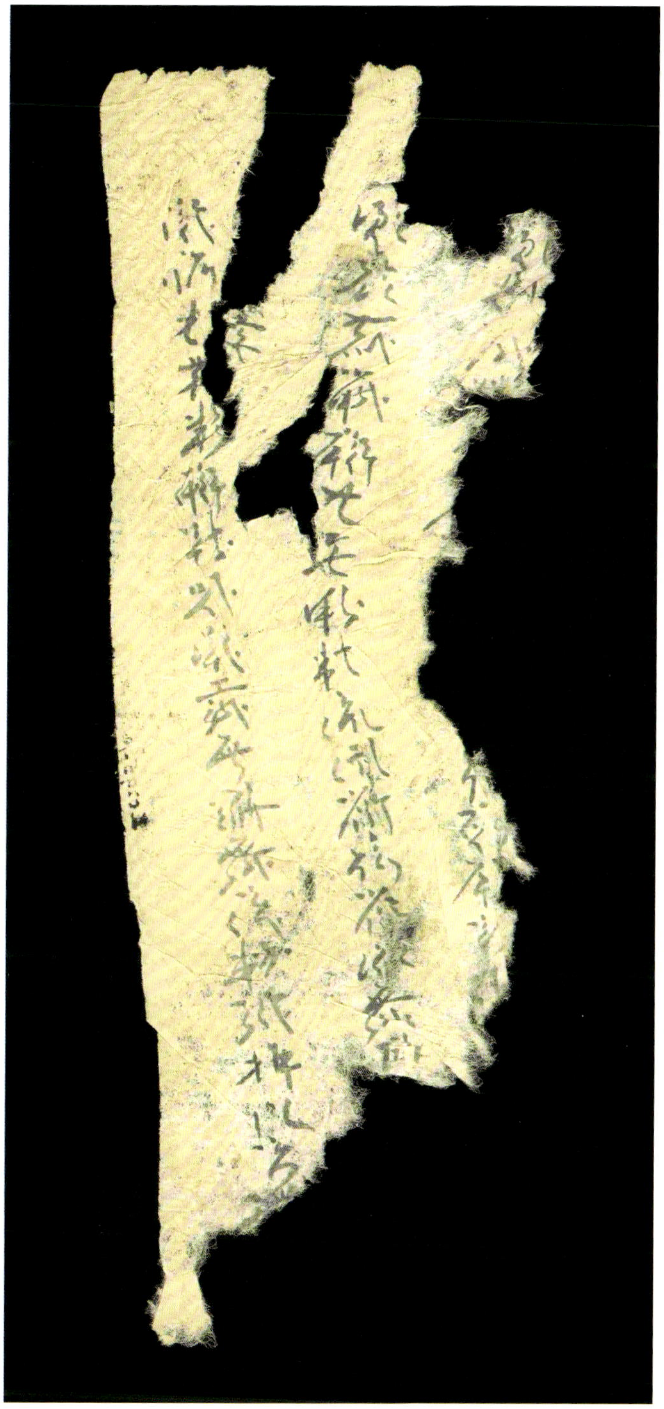

Or.12380/1544（K.K.II.0295.p）
18.6 釐米 × 6.8 釐米

1545 殘片

Or.12380/1545（K.K.II.0282.a.xv）
15 釐米 × 7.1 釐米

1546 佛書殘片

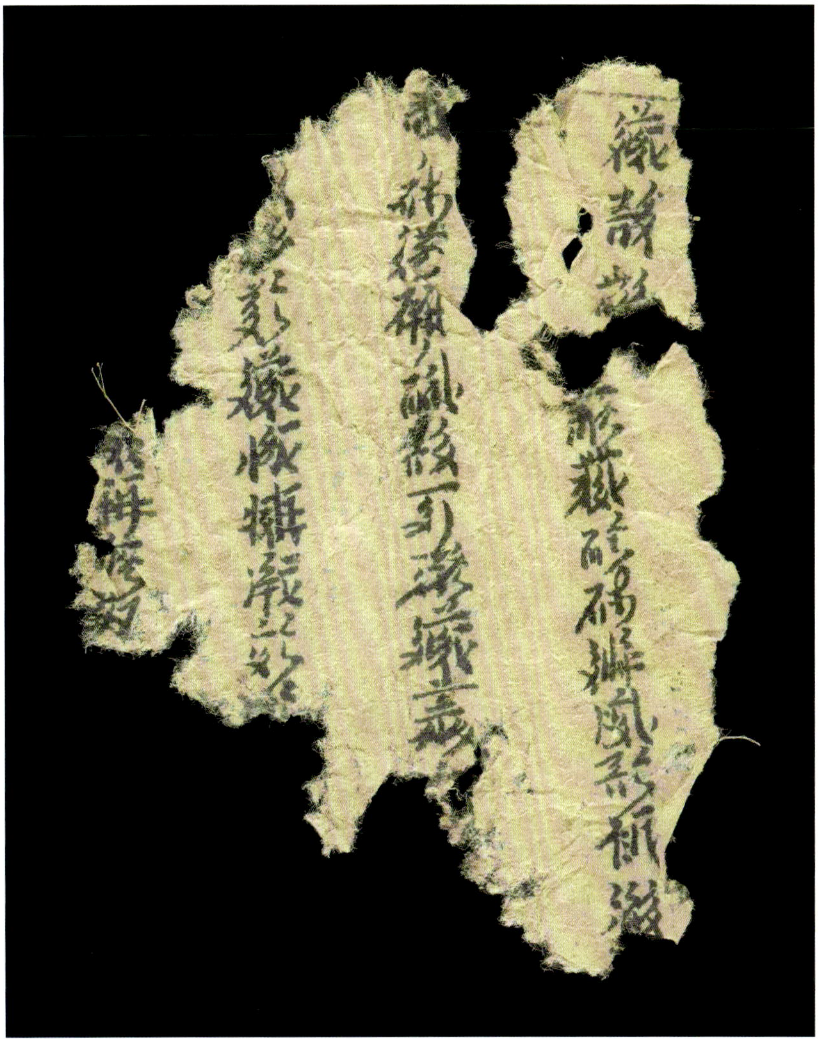

Or.12380/1546（K.K.II.0282.a.xxvi）
10.1 釐米 × 7.7 釐米

者三是□真遠語之共性氣本源……
真實之理真實使也第一者或……
……說者不依其設……
……敵者……

1547　殘片

Or.12380/1547（K.K.II.0282.a.xxviii）
9.9 釐米 × 10.5 釐米

1548　殘片

Or.12380/1548（K.K.II.0282.a.xxxi）
6.9 釐米 × 3.9 釐米

1549 佛書殘片

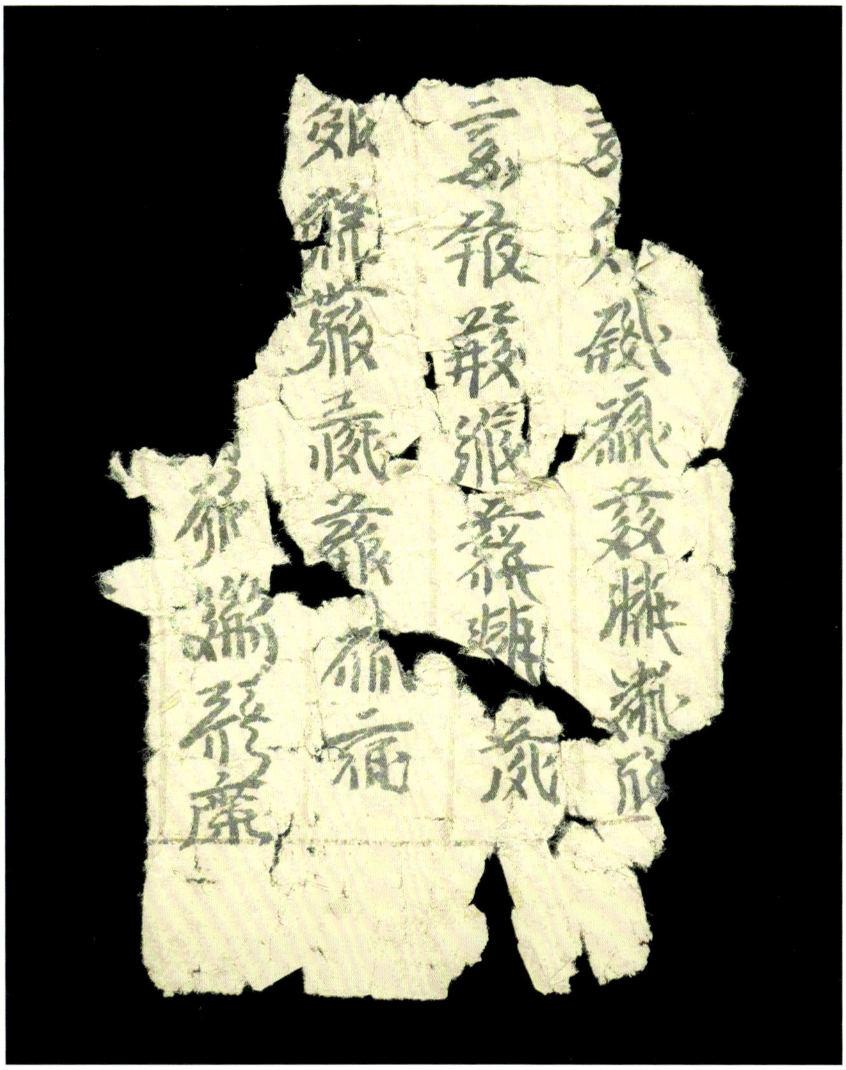

Or.12380/1549（K.K.II.0282.a.xxxii）
11.6 釐米 × 8.2 釐米

……安立法與依法□
……夜等何所得依諸
……惡相現嗔恚□發
……圓災爲王

1550 殘片

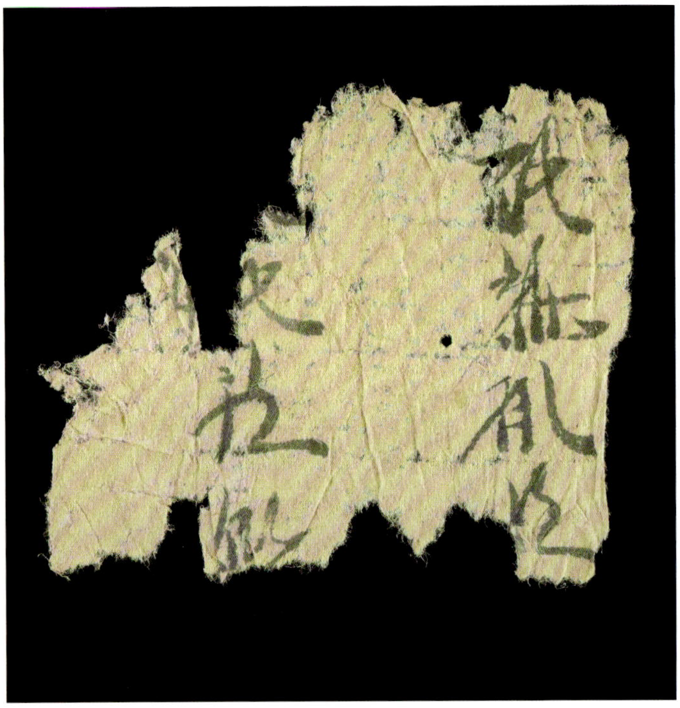

Or.12380/1550（K.K.II.0282.a.xlvi）
5.2 釐米 × 6.4 釐米

1551 殘片

Or.12380/1551（K.K.II.0282.b.xvi.1）
13.2 釐米 × 11.8 釐米

1552　殘片

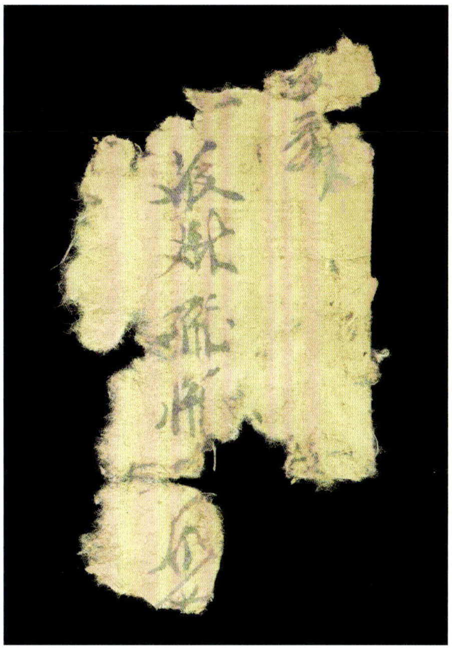

Or.12380/1552（K.K.II.0240.8）
10.2 釐米 × 6.1 釐米

1553　殘片

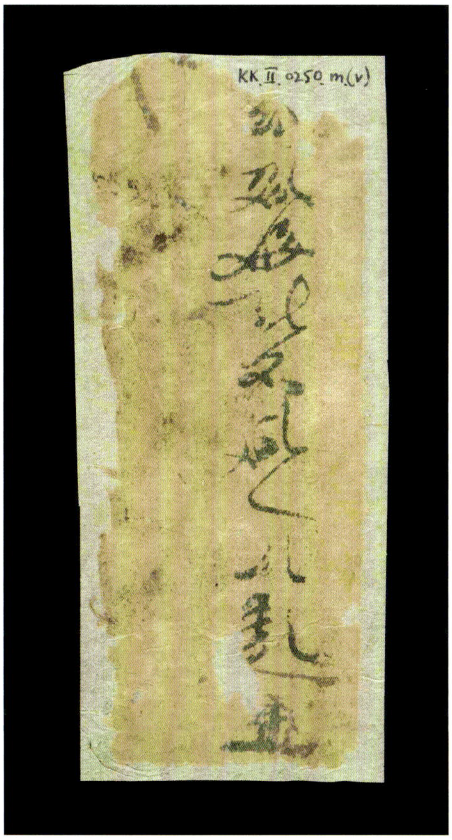

Or.12380/1553［K.K.II.0250.m.（v）］
12 釐米 × 5 釐米

1554 殘片

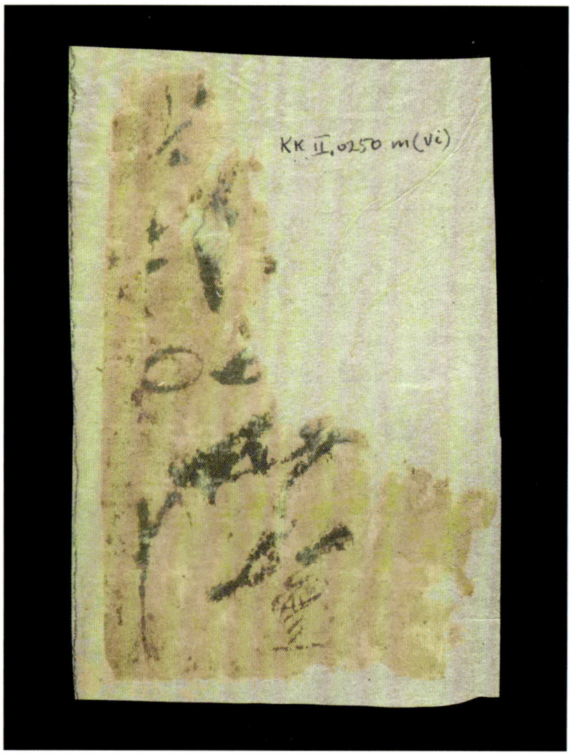

Or.12380/1554［K.K.II.0250.m.（vi）］
11.5 釐米 × 7.8 釐米

1555 殘片

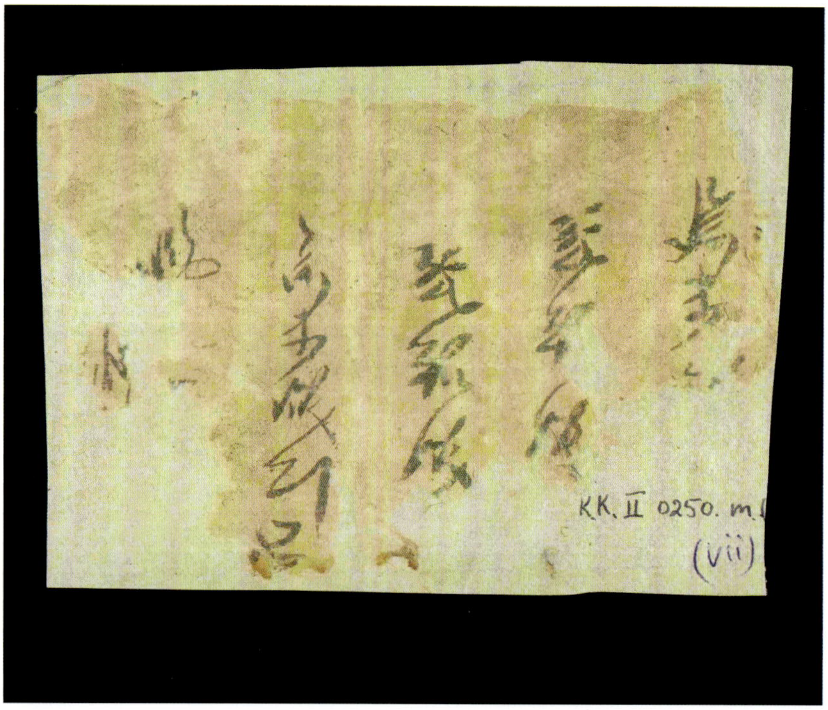

Or.12380/1555
［K.K.II.0250.m.（vii）］
7 釐米 × 11 釐米

1556　殘片

Or.12380/1556［K.K.II.0250.m.（viii）］
6.5 釐米 × 8.8 釐米

1557　殘片

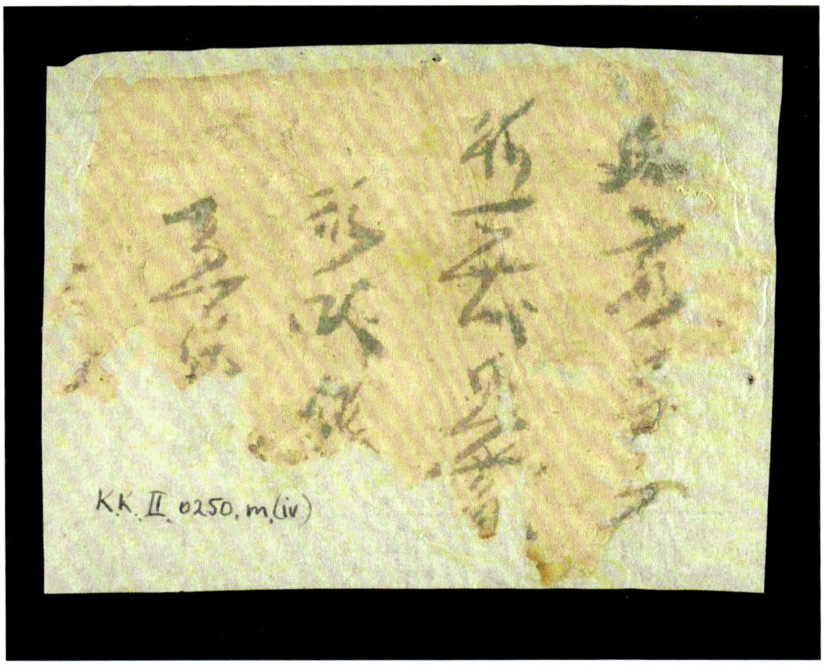

Or.12380/1557
［K.K.II.0250.m.（iv）］
8.5 釐米 × 10.2 釐米

1558 殘片

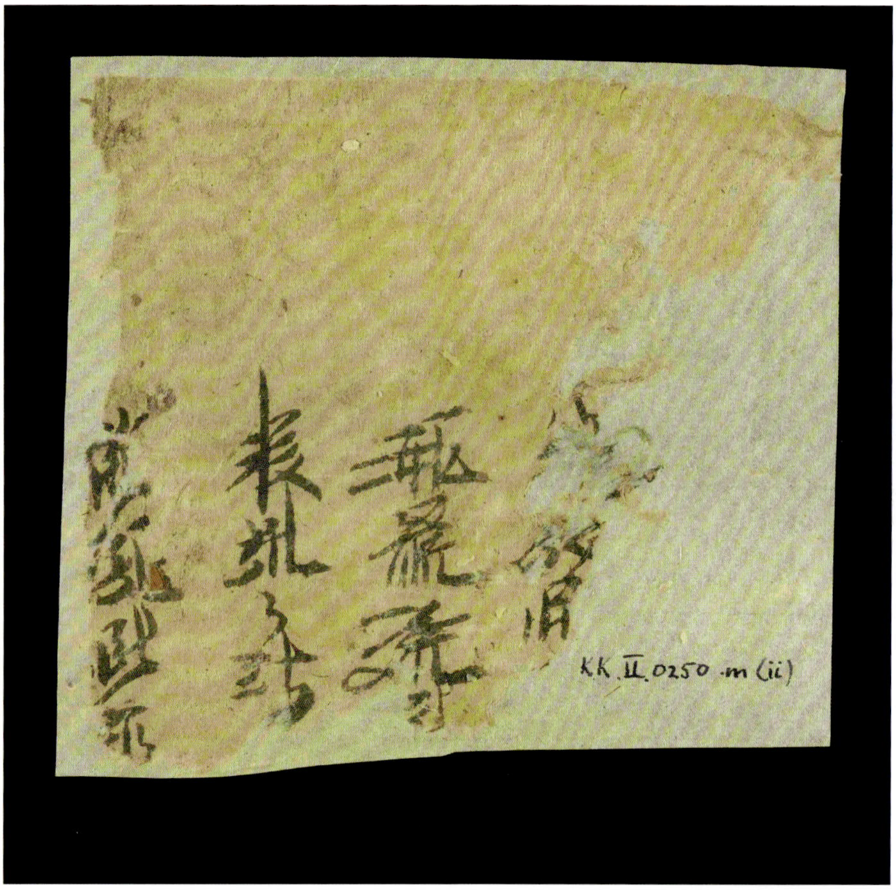

Or.12380/1558［K.K.II.0250.m.（ii）］
9.2 釐米 × 10.5 釐米

1559 法典殘片

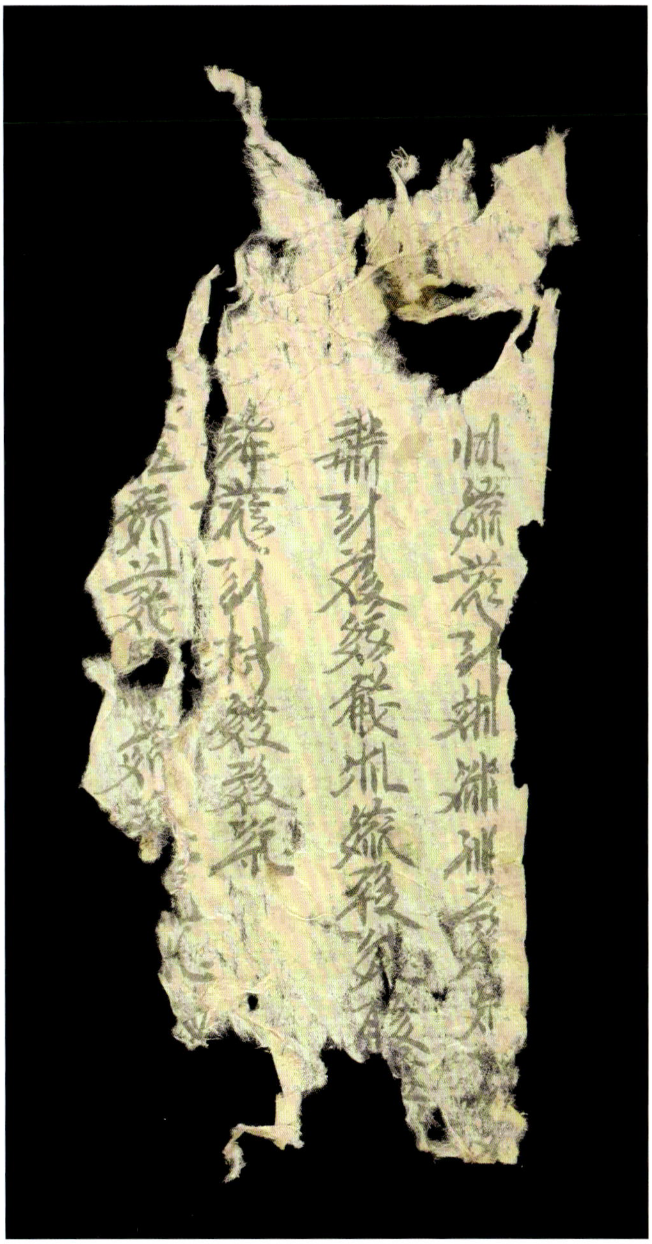

Or.12380/1559
（K.K.II.0240.g）
18.5 釐米 × 8 釐米

不有錮爲初始時夫……

免爲與相同人有主□未……

則錮一種所勿入

……寡公□婆……

1560 殘片

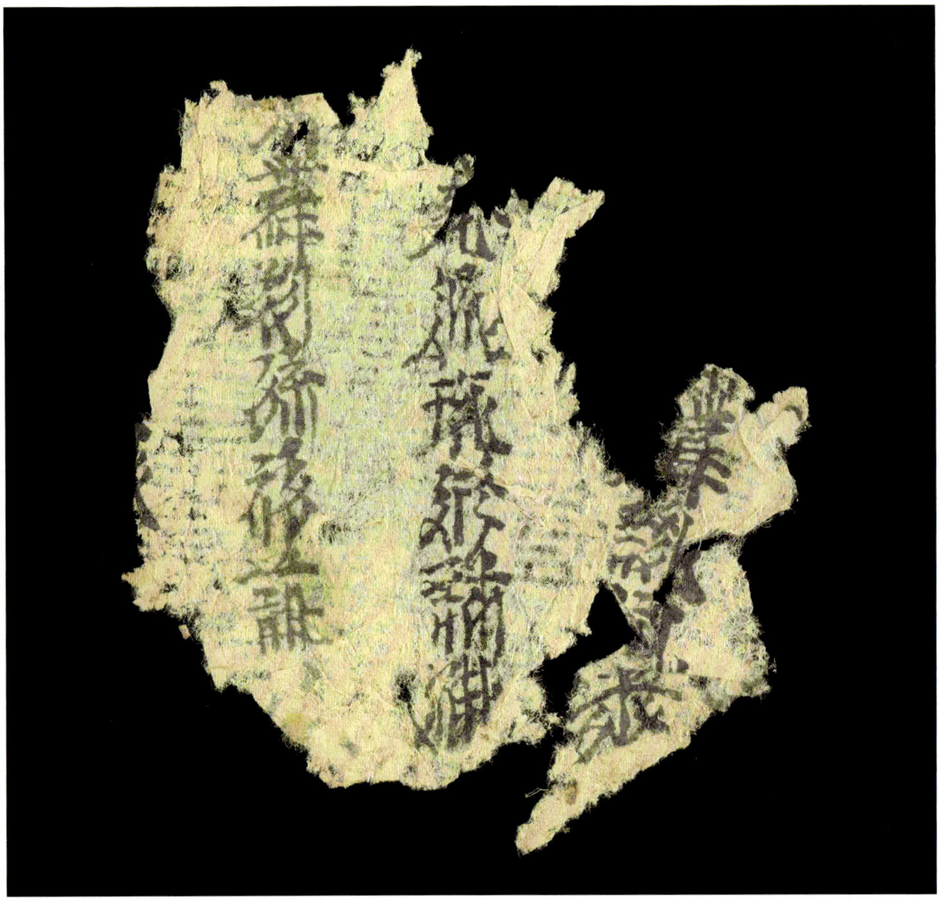

Or.12380/1560（K.K.II.0240.t）
8 釐米 × 7.5 釐米

1561　佛書殘片

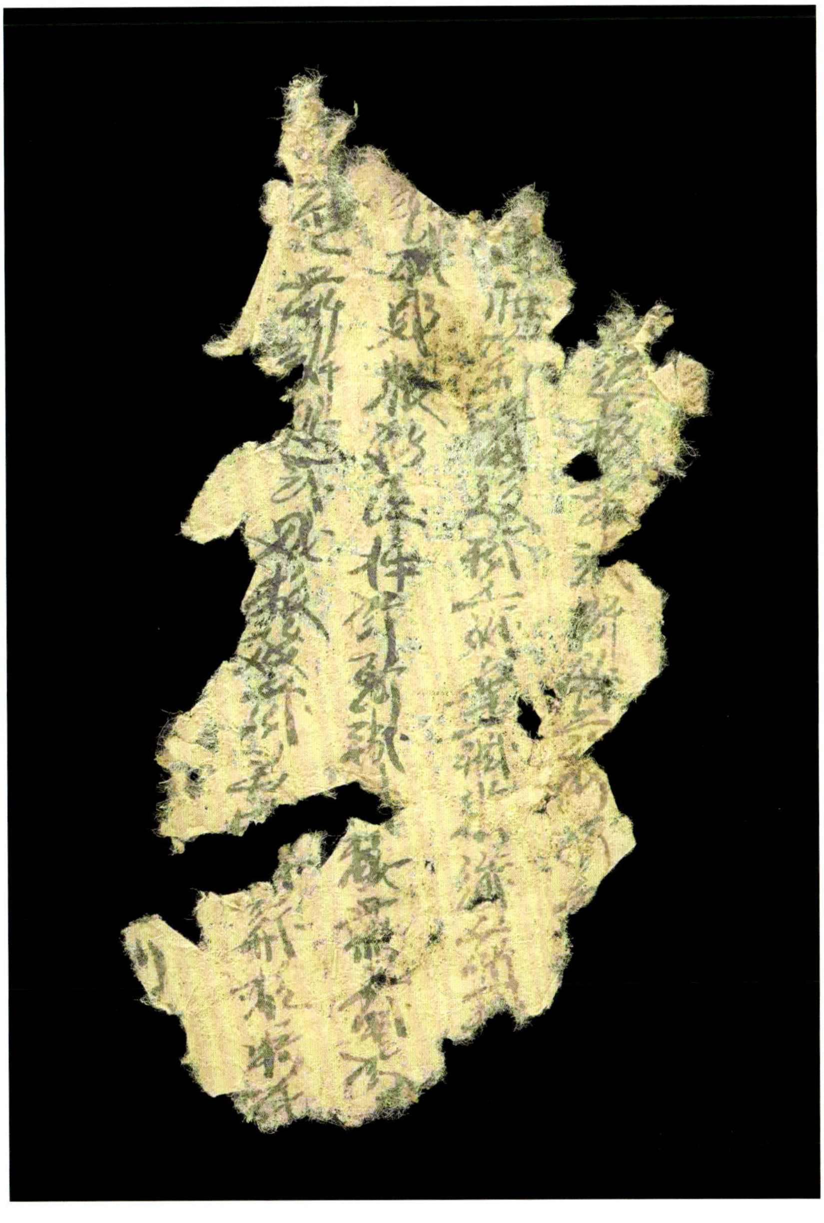

Or.12380/1561（K.K.II.0240.x）
11.7 釐米 × 6 釐米

1562 殘片

Or.12380/1562（K.K.II.0240.ss）
8.2 釐米 × 3.7 釐米

1563 殘片

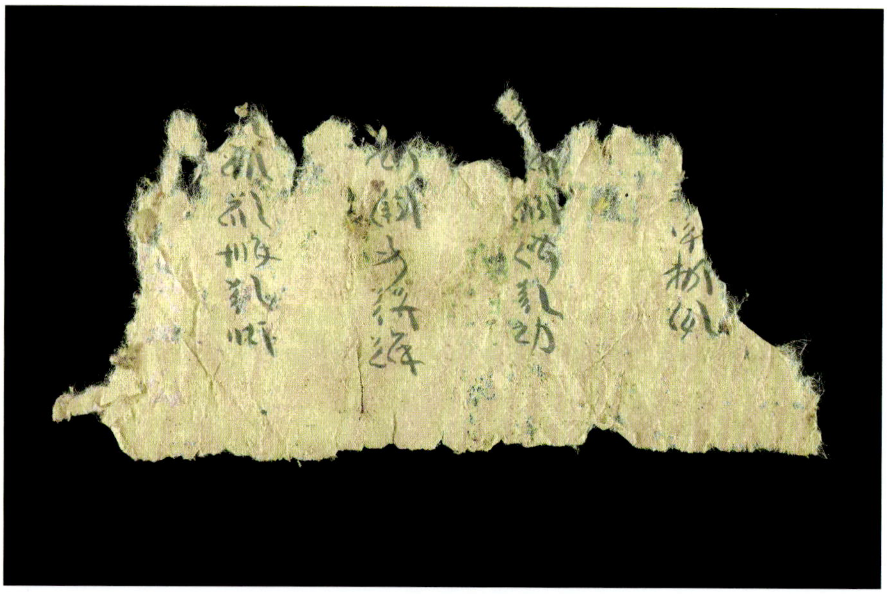

Or.12380/1563（K.K.II.0240.ss/18）
4.7 釐米 × 10.7 釐米

1564　佛書殘片

Or.12380/1564A（K.K.II.0239.yyy.7）
10 釐米 × 7 釐米

Or.12380/1564B
12 釐米 × 6.5 釐米

……今……
……處到來師語問者　所學汝……
……有神威□此師說所義受……

……發乃謂□□□往乃□□
……之師處前如乃苦舌……
……之得先説……

1565 殘片

Or.12380/1565（K.K.II.0329.yyy.22）
7.5 釐米 × 6 釐米

1566　經疏殘片

Or.12380/1566
（K.K.II.0239.yyy.5?）
18.8 釐米 × 8.8 釐米

主不具是十種具者一……

具足四業未倒此者五不斷苦不爲五宮上信……

處宮爲業過三寶諦上信者自依五種具足是也　一

明滿世尊此妙法宣説　三妙法功住　四彼因□隨……

……具足則……

1567 經疏殘片

Or.12380/1567（K.K.II.0239.yyy.23?）
14.7 釐米 × 12.5 釐米

……限一……
……○第六利益聚集……
……智者一品□愚亦業果等□□謂斷見……
……故法一切□□然定雖增義依惟□□自悟
……一□有謂○七隨意聚集者……
……上乃中以……

1568 殘片

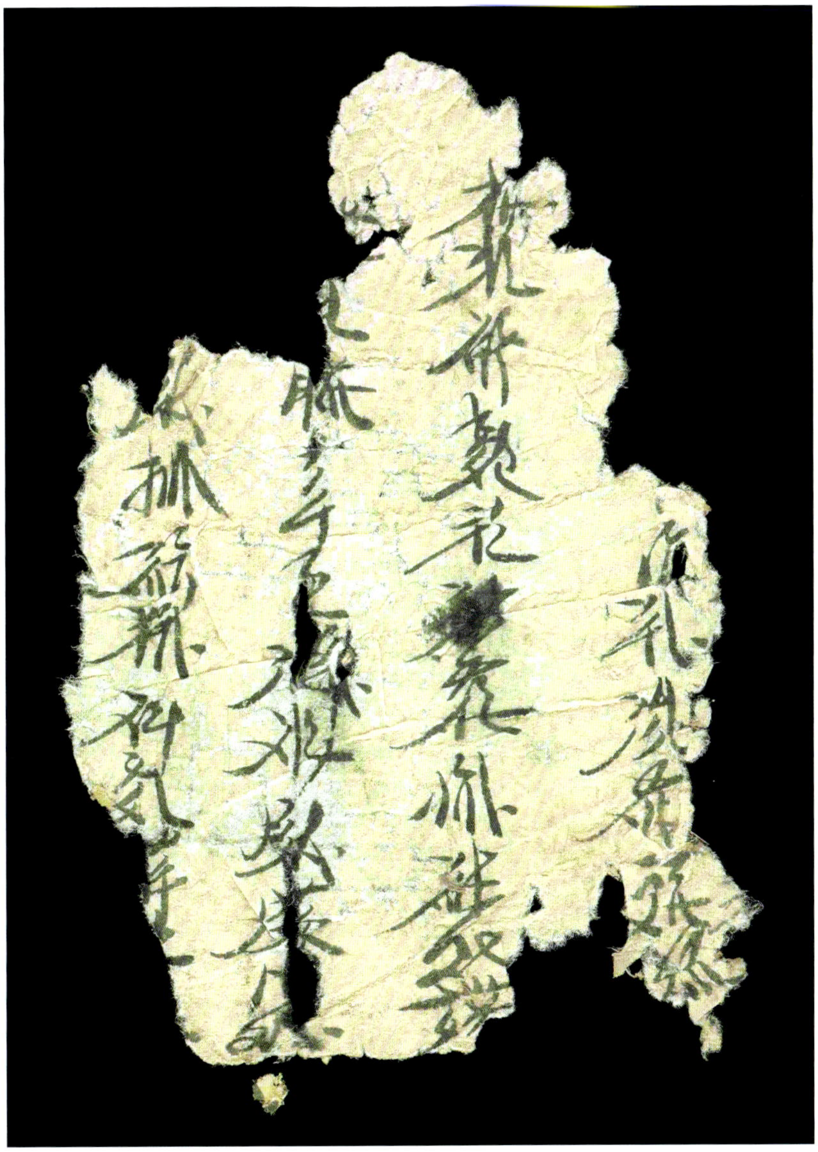

Or.12380/1568（K.K.II.0239.yyy.25?）

14 釐米 × 9.8 釐米

1569 殘片

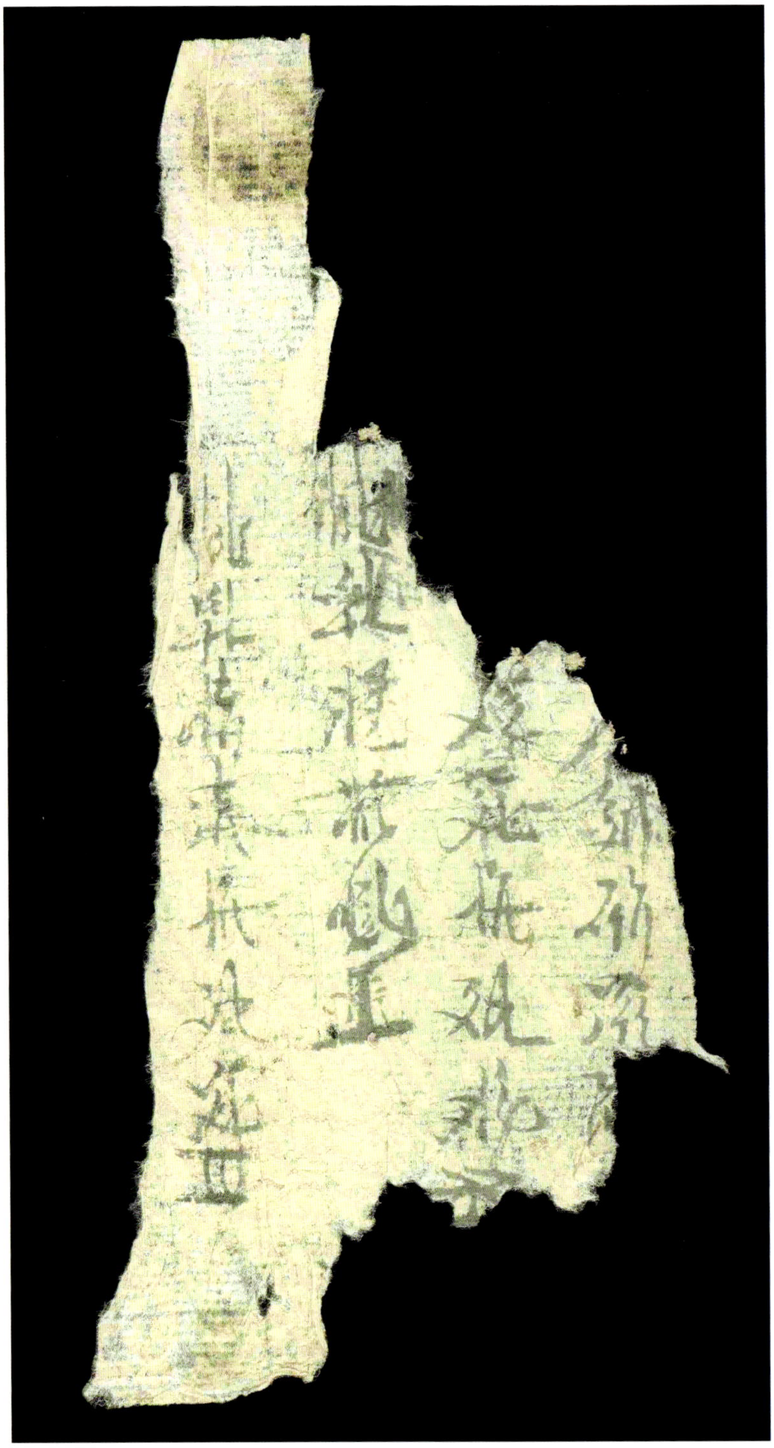

Or.12380/1569（K.K.II.0239.yyy.28?）
21 釐米 × 9.5 釐米

1570　修法殘片

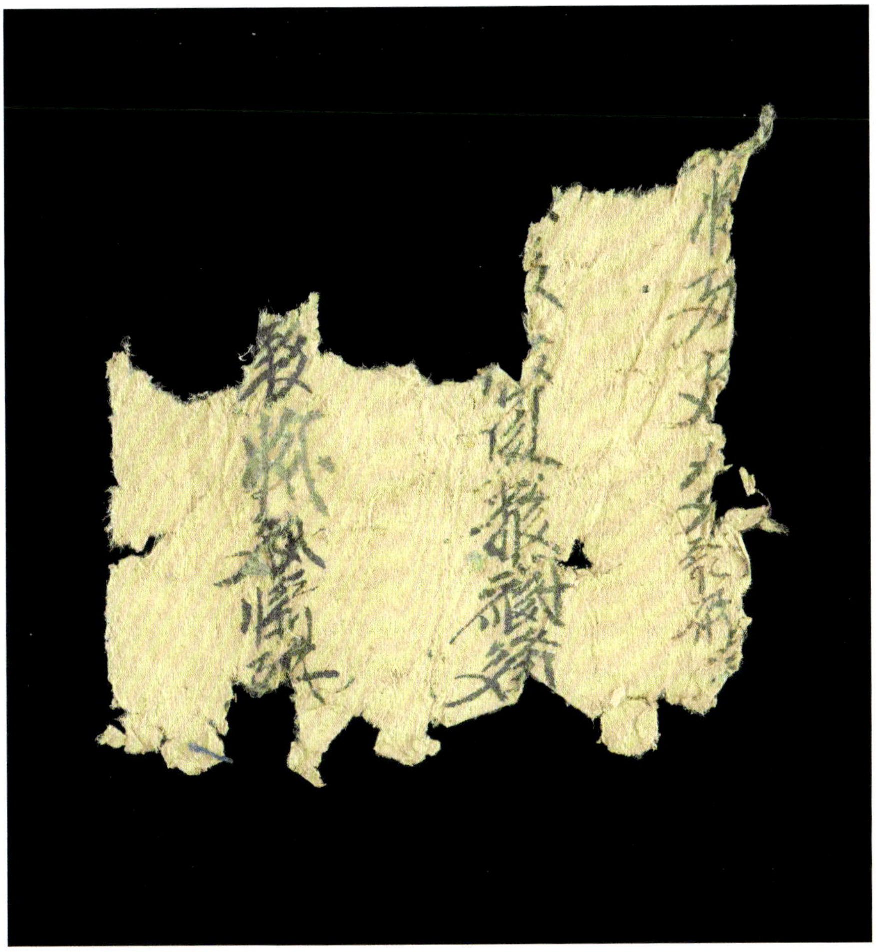

Or.12380/1570（K.K.II.0239.yyy.10?）
6.5 釐米 × 7 釐米

……師曰……
……八種法爲……
……然後思念……

1571 殘片

Or.12380/1571（K.K.II.0239.yyy.21?）
6.4 釐米 × 3 釐米

……做者

1572 佛書殘片

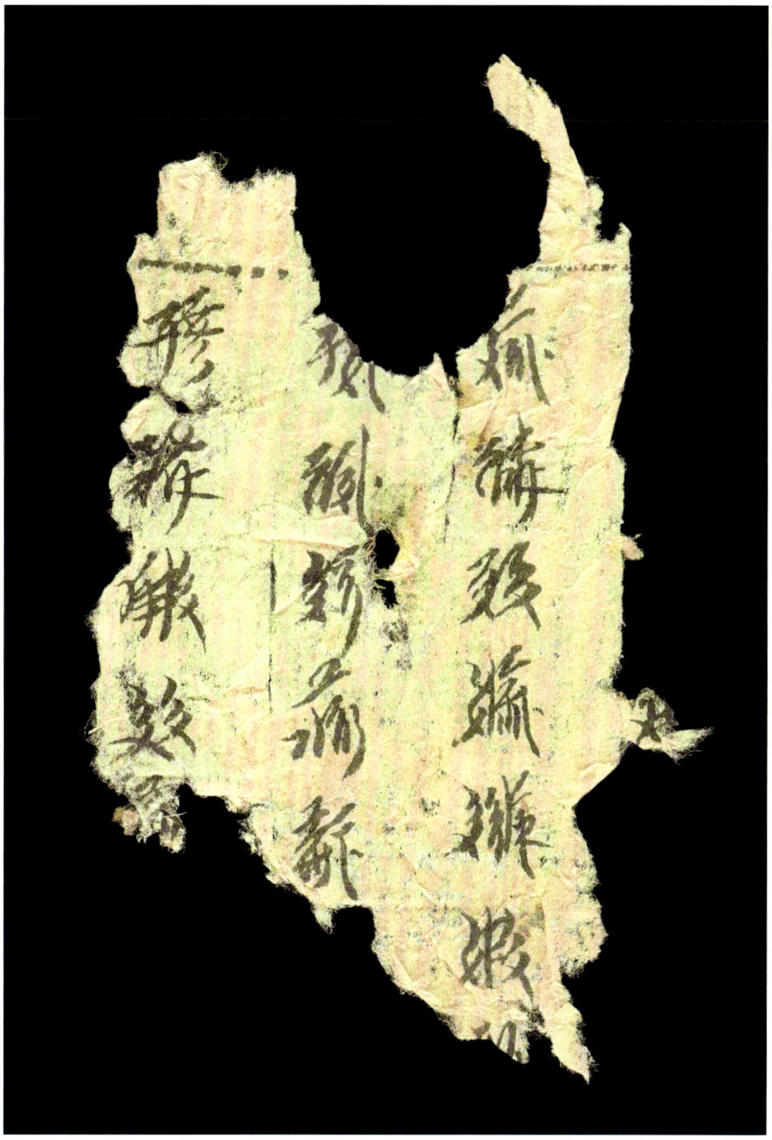

Or.12380/1572（K.K.II.0239.yyy.29?）
10.4 釐米 × 6.5 釐米

應本要時先後……

□異譬淨僞……

可業果……

1573 殘片

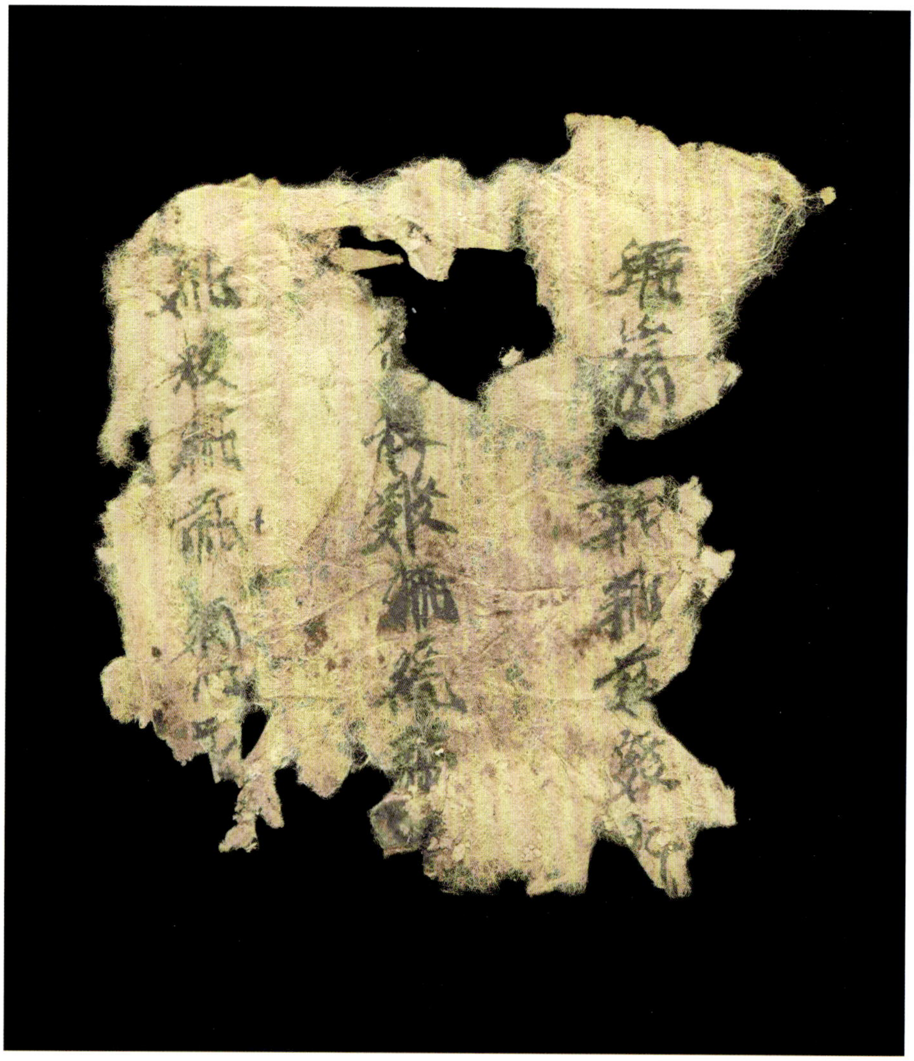

Or.12380/1573（K.K.II.0239.yyy.53?）
7.5 釐米 × 7.2 釐米

1574 殘片

Or.12380/1574(K.K.II.0239.yyy.61?)
9.5 釐米 × 3.5 釐米

……一者下根人情未足復天

1575 殘片

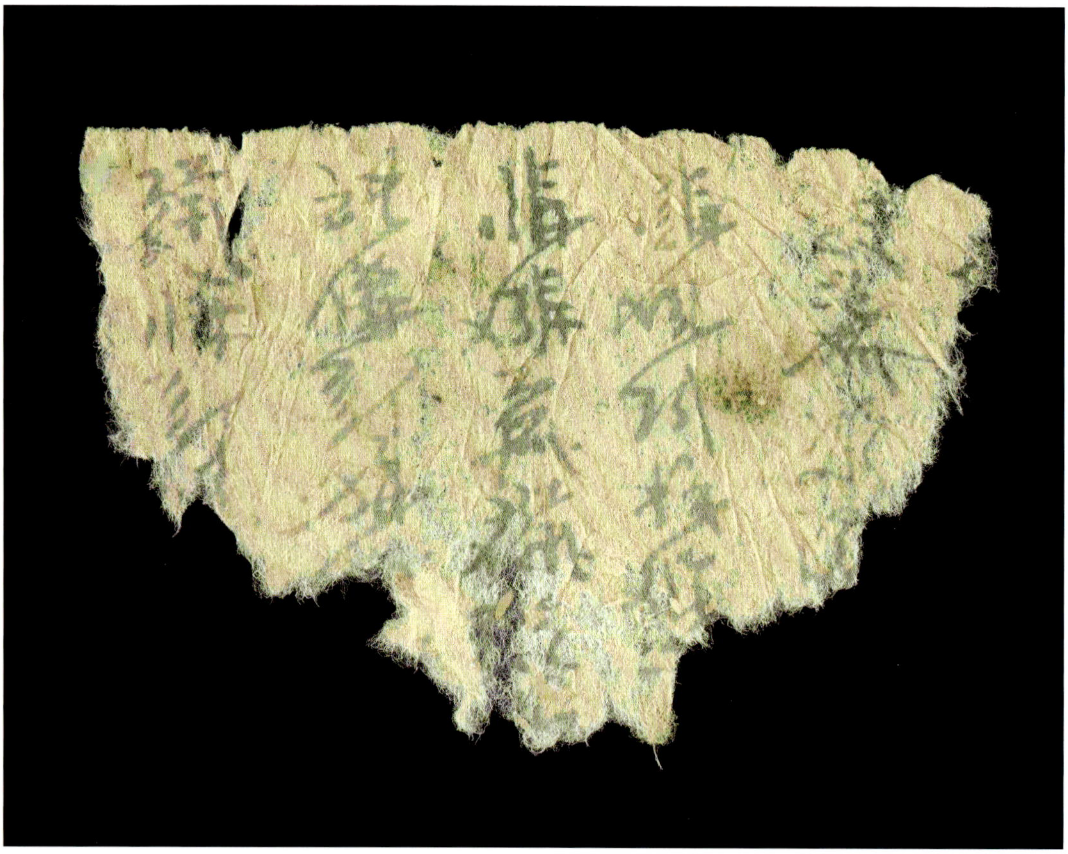

Or.12380/1575（K.K.II.0255.ee.11?）
6.3 釐米 × 9.5 釐米

1576　修法殘片

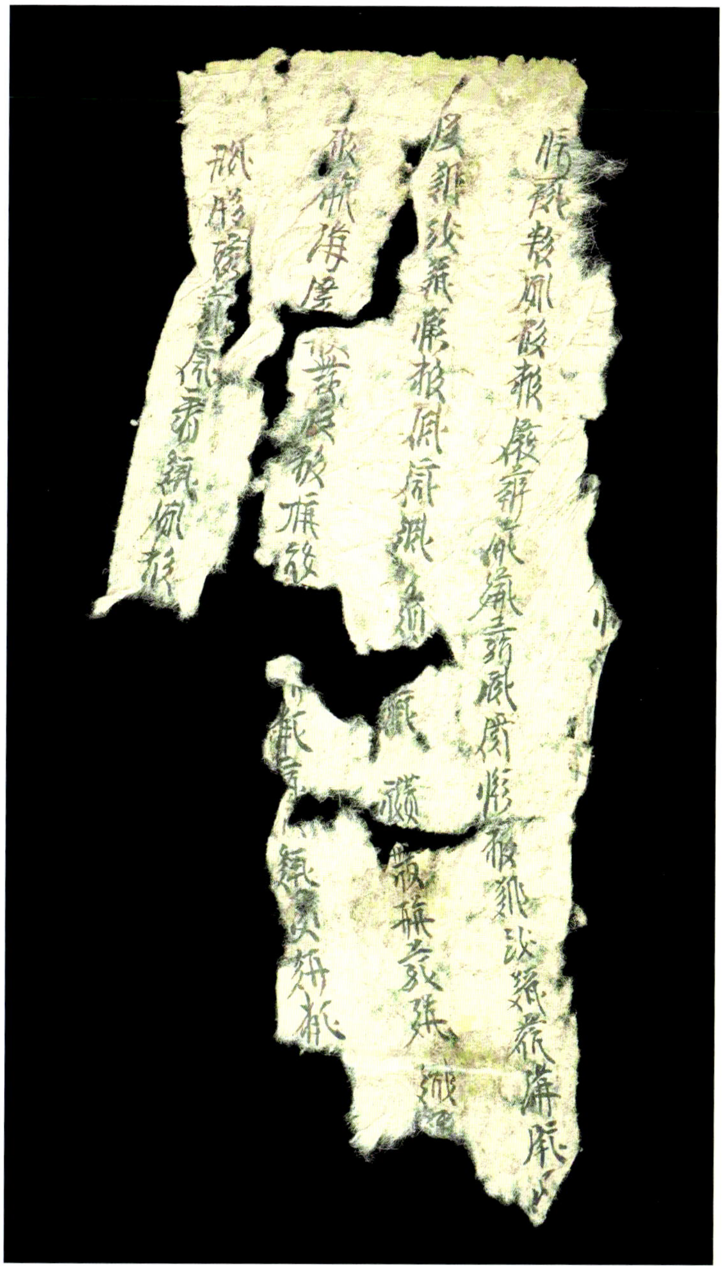

Or.12380/1576
（K.K.II.0239.yyy.43?）
17.7 釐米 × 8 釐米

集上三字等以攝持湯藥自性念而滿灑清有則彼……
手滿灑清念而奉所奉　咒□者　唵　訶哩你娑　我……
等留則養護始咒以二十……上始□百八遍上……
懺贊嘆所應求百字念……

1577 殘片

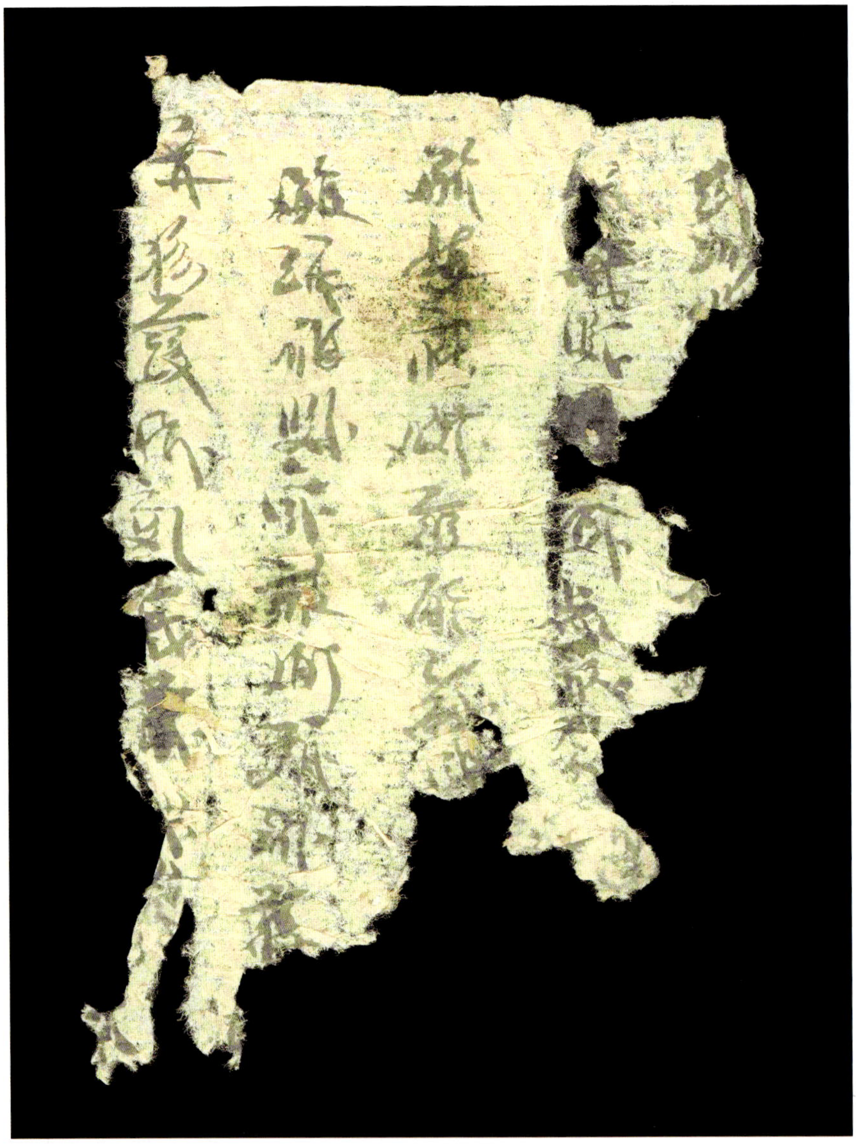

Or.12380/1577（K.K.II.0329.yyy.70?）
12.8 釐米 × 8.3 釐米

1578　佛書殘片

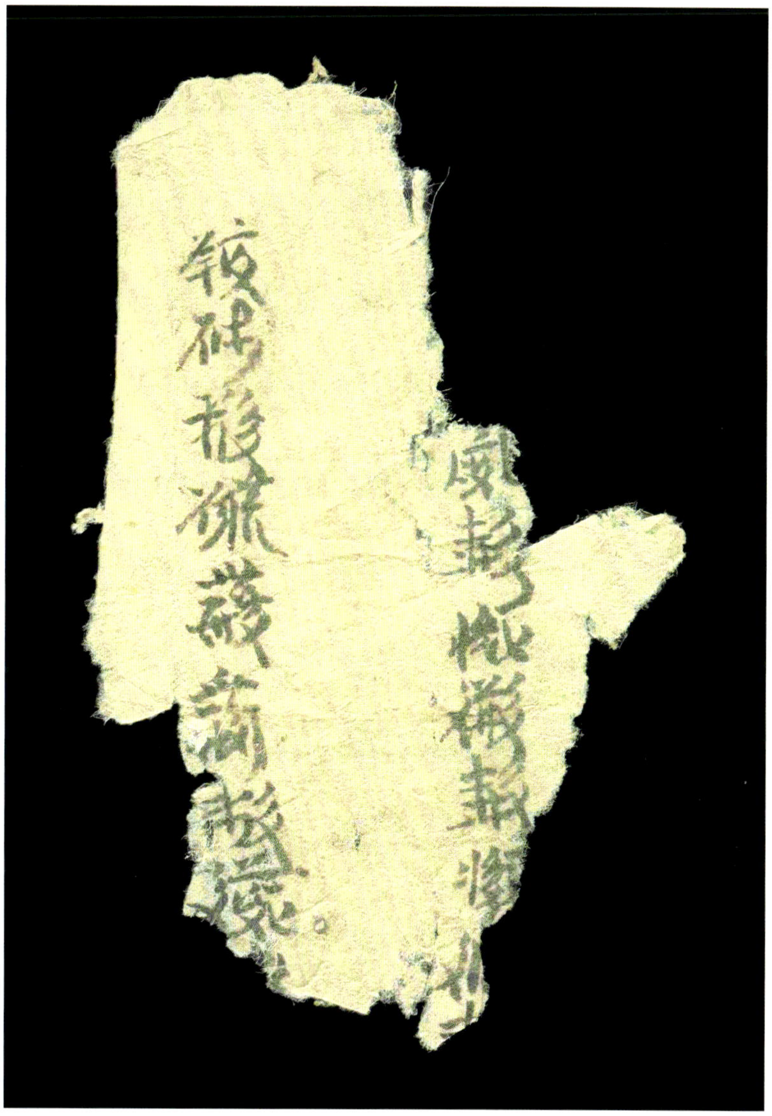

Or.12380/1578（K.K.II.0255.ee.14?）
7.4 釐米 × 4.6 釐米

……性及無常及爲……
等之種相乃成以者……

1579 佛書殘片

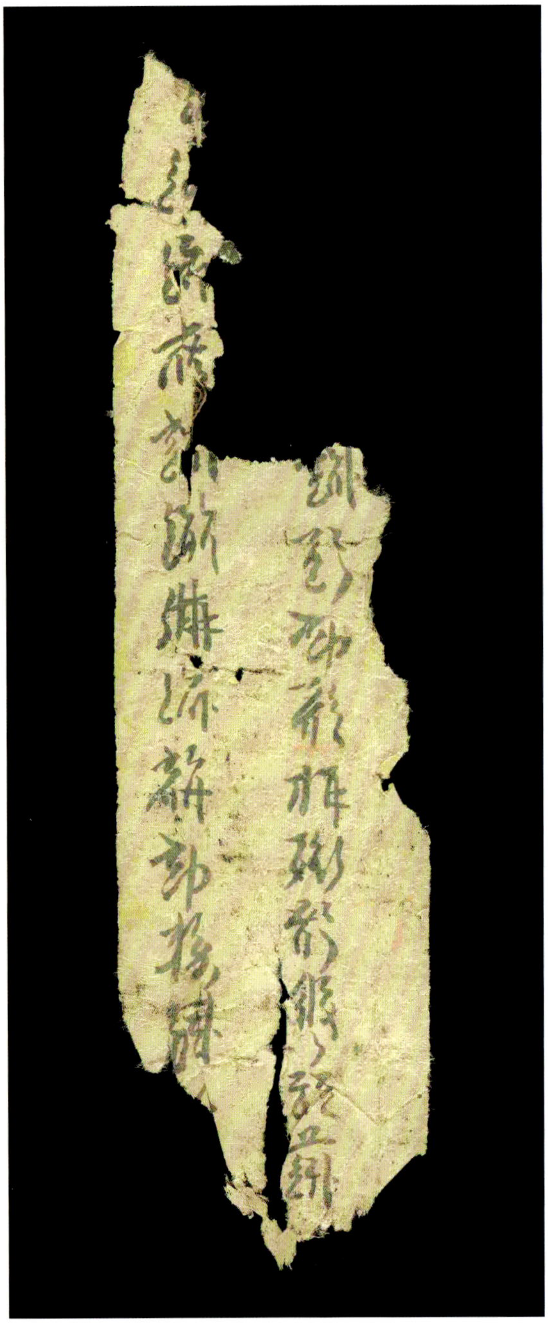

Or.12380/1579
（K.K.II.0255.ee.22?）
15.3 釐米 × 3.6 釐米

……乃白言第二師年年要門
……學者乃明了解悟即明……

1580 殘片

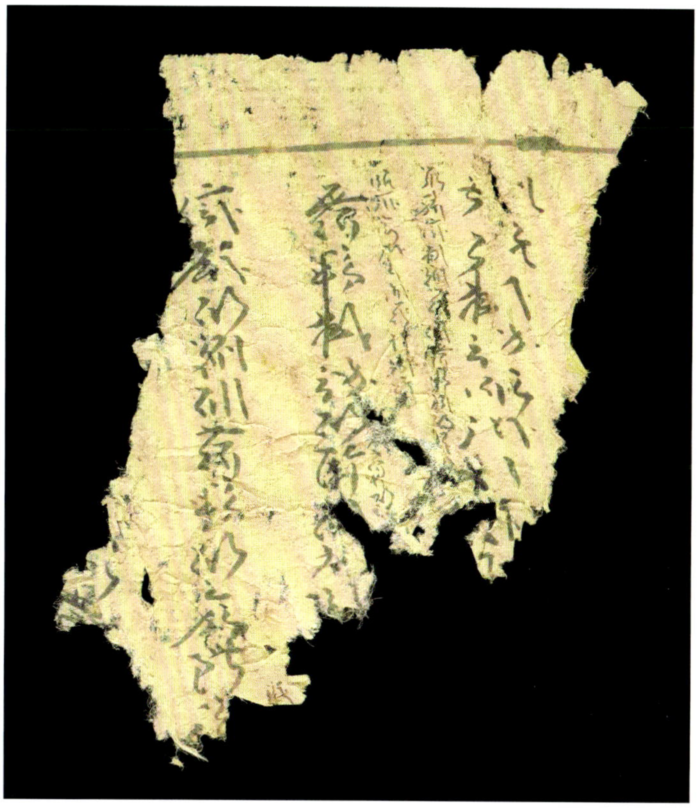

Or.12380/1580(K.K.II.0255.ee.26?)
10.2 釐米 × 8.5 釐米

1581 殘片

Or.12380/1581(K.K.II.0256.a.3?)
2.7 釐米 × 4.3 釐米

1582 殘片

Or.12380/1582（K.K.II.0256.a.5?）
9 釐米 × 5.4 釐米

1583 殘片

Or.12380/1583（K.K.II.0256.a.6?）
5.6 釐米 × 7.8 釐米

星曜禍……
星惡然在……
食味準備……

1584 殘片

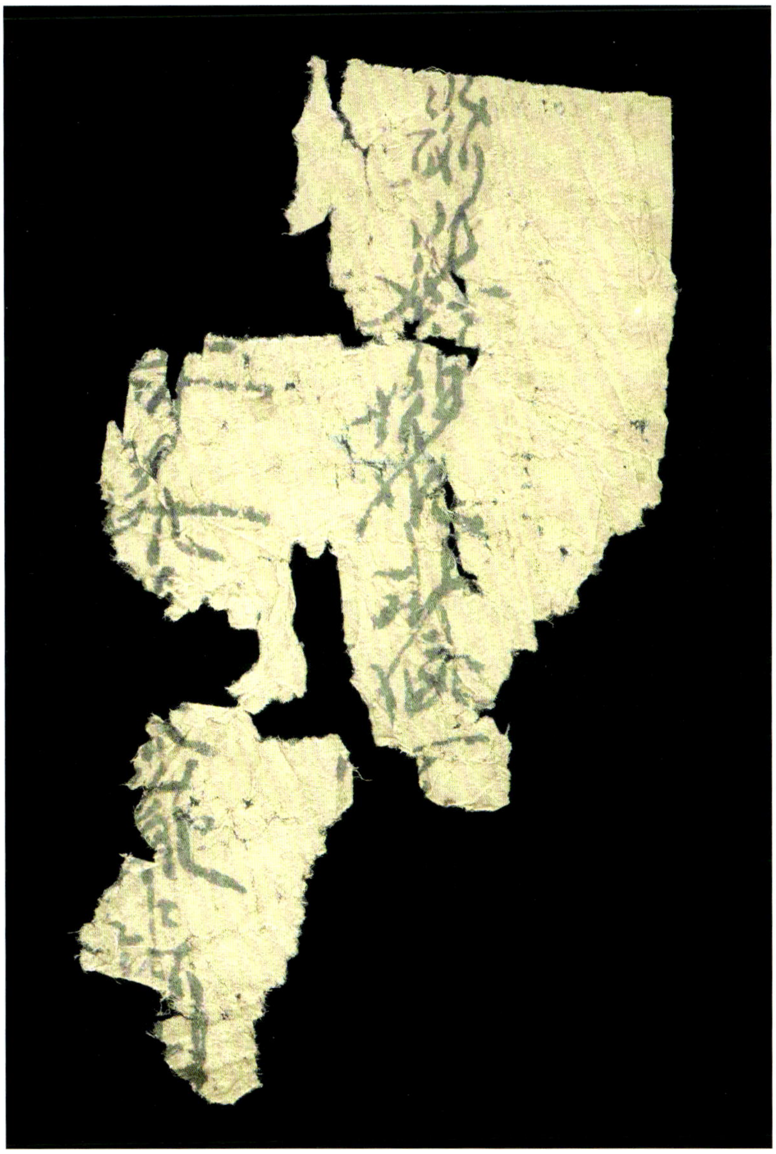

Or.12380/1584（K.K.II.0267.bb）
10.6 釐米 × 5.8 釐米

1585 殘片

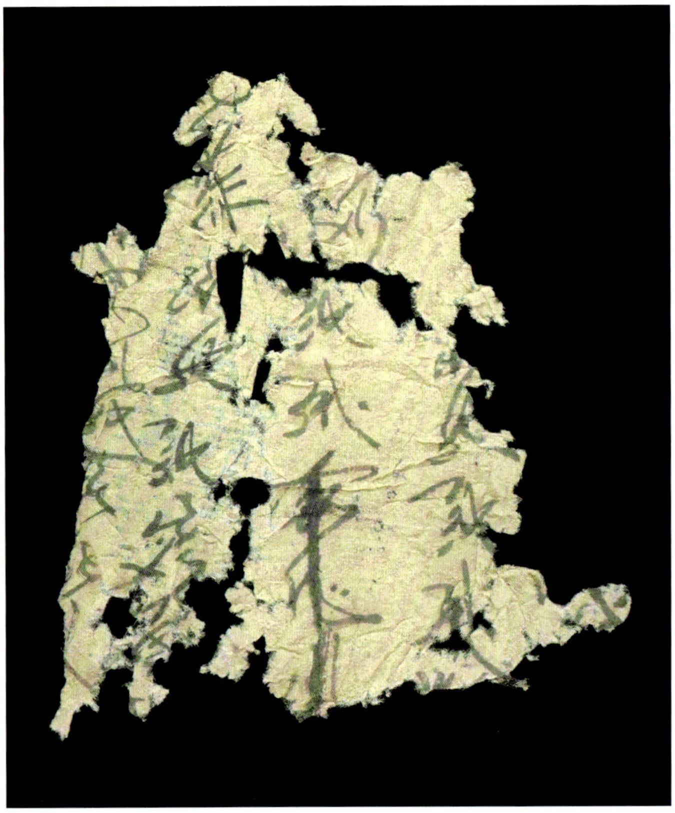

Or.12380/1585（K.K.II.0269.d.vi）
10.8 釐米 × 9.6 釐米

1586 殘片

Or.12380/1586（K.K.II.0269.d.vii）
6.2 釐米 × 8.3 釐米

1587　殘片

Or.12380/1587（K.K.II.0269.h.2?）
10.8 釐米 × 7.8 釐米

1588 殘片

Or.12380/1588（K.K.II.0269.h.6?）
9.5 釐米 × 3.7 釐米

1589 殘片

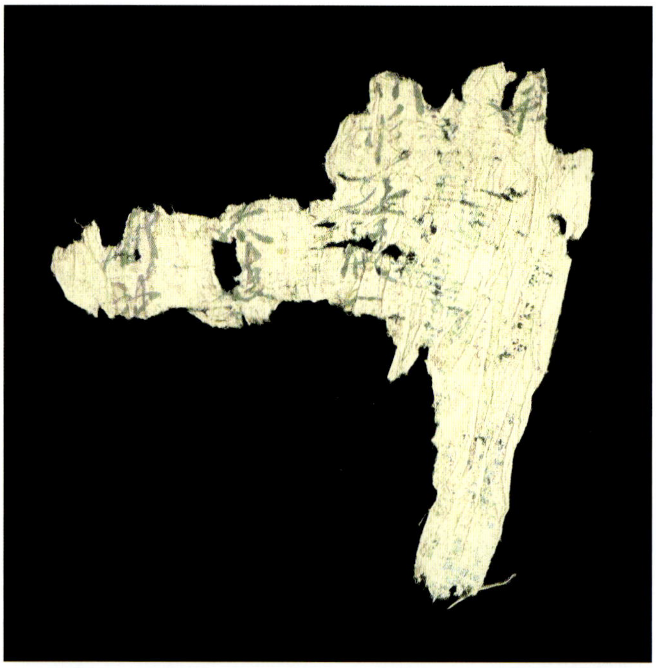

Or.12380/1589（K.K.II.0257.q.1）
10.3 釐米 × 10.4 釐米

1590 佛書殘片

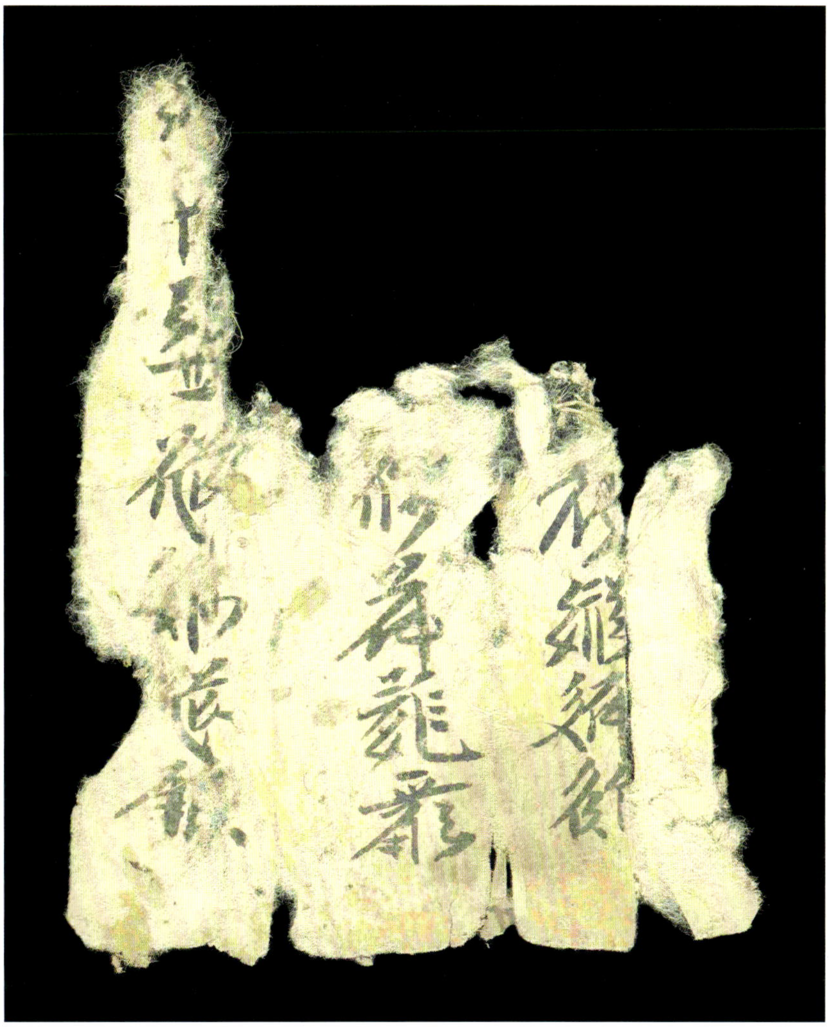

Or.12380/1590(K.K.II.0274.ff)
8.5 釐米 × 7 釐米

……者書寫愆
……之應安樂
……牀瘡□等

1591 佛書殘片

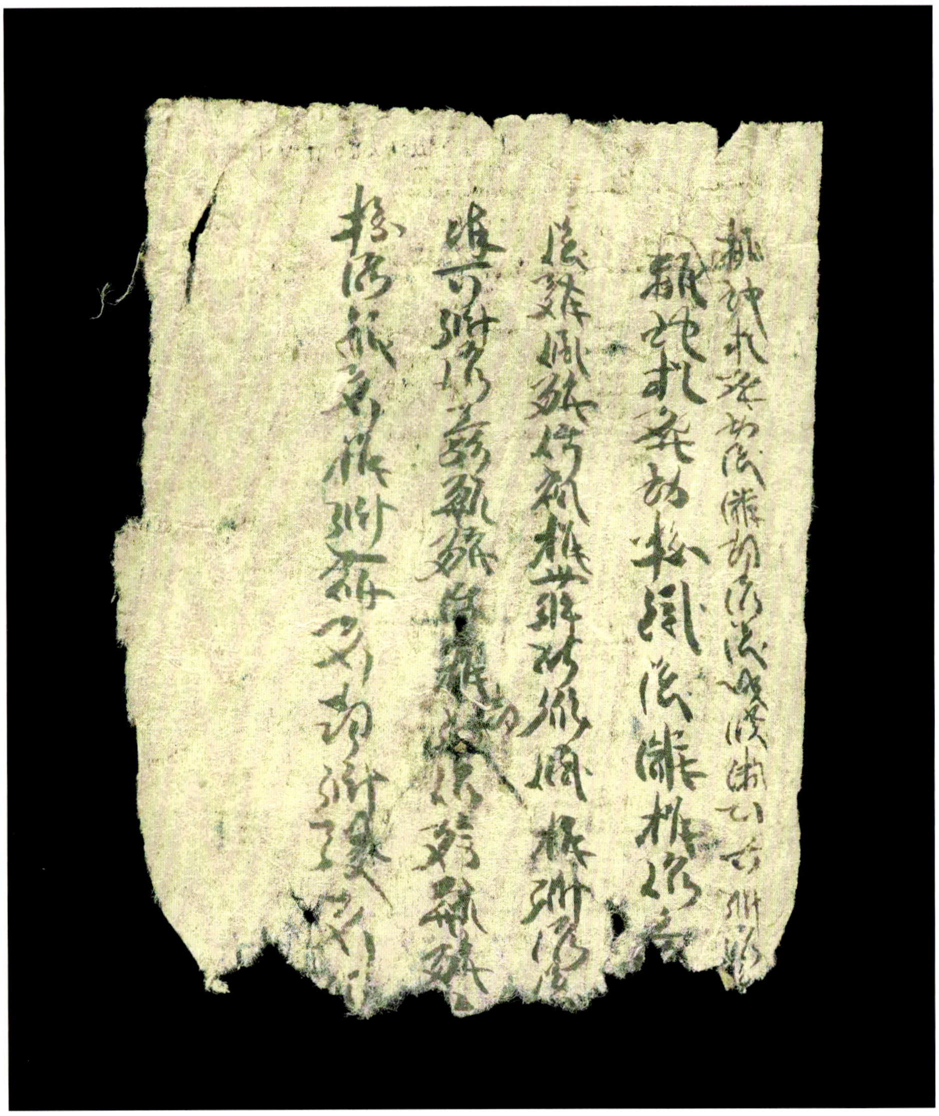

Or.12380/1591（K.K.II.0274.m）
10.2 釐米 × 8.1 釐米

1592　文契殘片

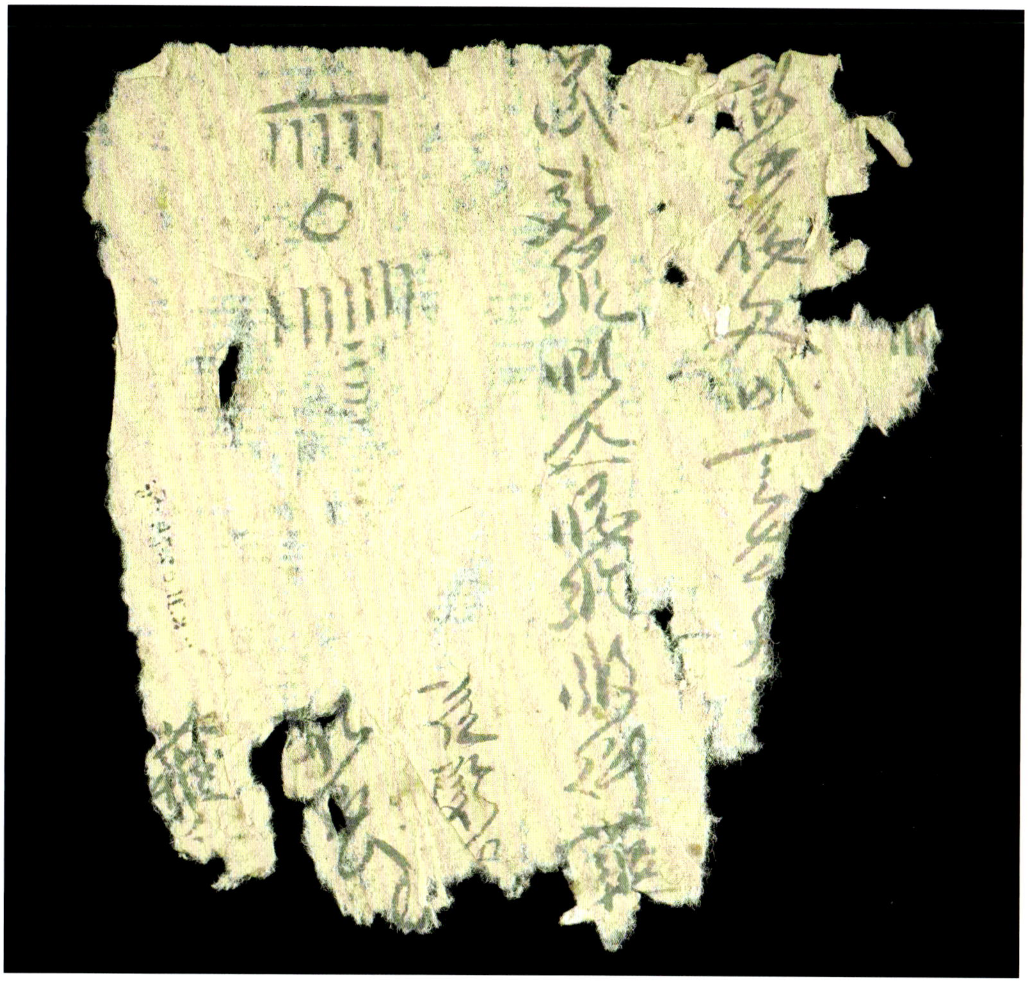

Or.12380/1592（K.K.II.0274.q）
11.3 釐米 × 10.8 釐米

1593 殘片

Or.12380/1593（K.K.II.0274.oo）
15.7 釐米 × 6.6 釐米

1594　佛書殘片

Or.12380/1594（K.K.II.0274.mmm.6?）
8.3 釐米 × 4.7 釐米

……益聚集者亦二種……
……二種誤能本……

1595 經疏殘片

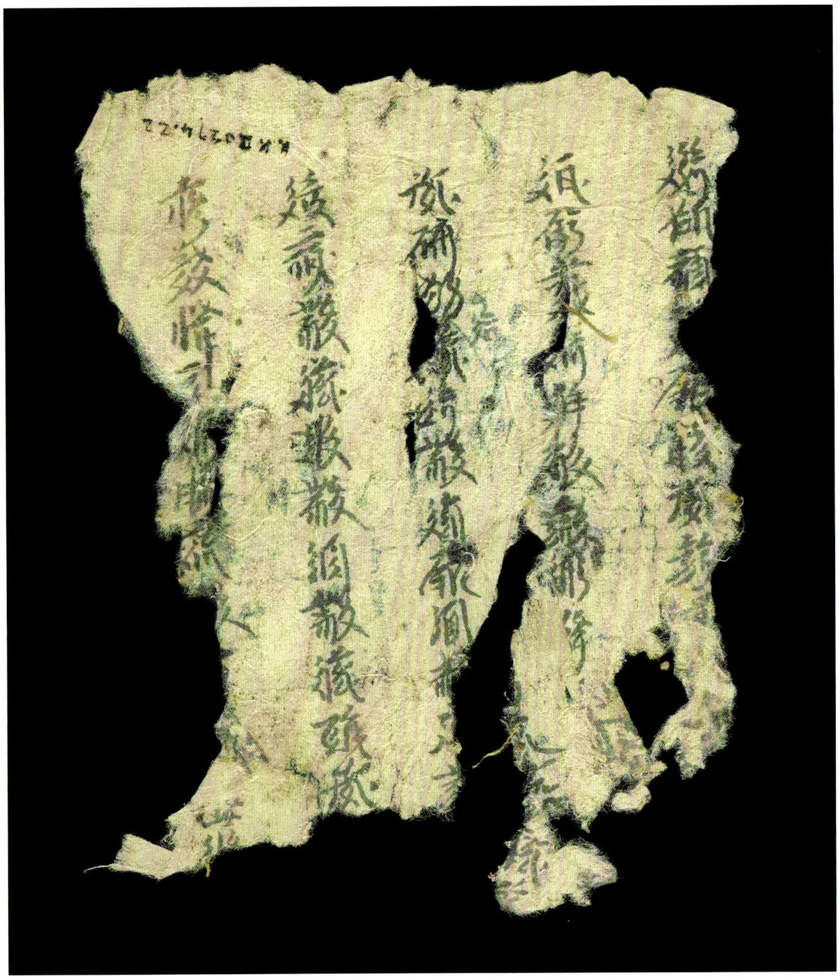

Or.12380/1595（K.K.II.0274.zz）
11.5 釐米 × 9.4 釐米

善根法□等取如能……
問曰□無心以如何……
如之謂地者地大名等字……
出生大者廣大四大者是如……
者無量無邊衆生……

1596　簿籍殘片

Or.12380/1596（K.K.II.0274.xx）
12 釐米×10.8 釐米

1597 簿籍殘片

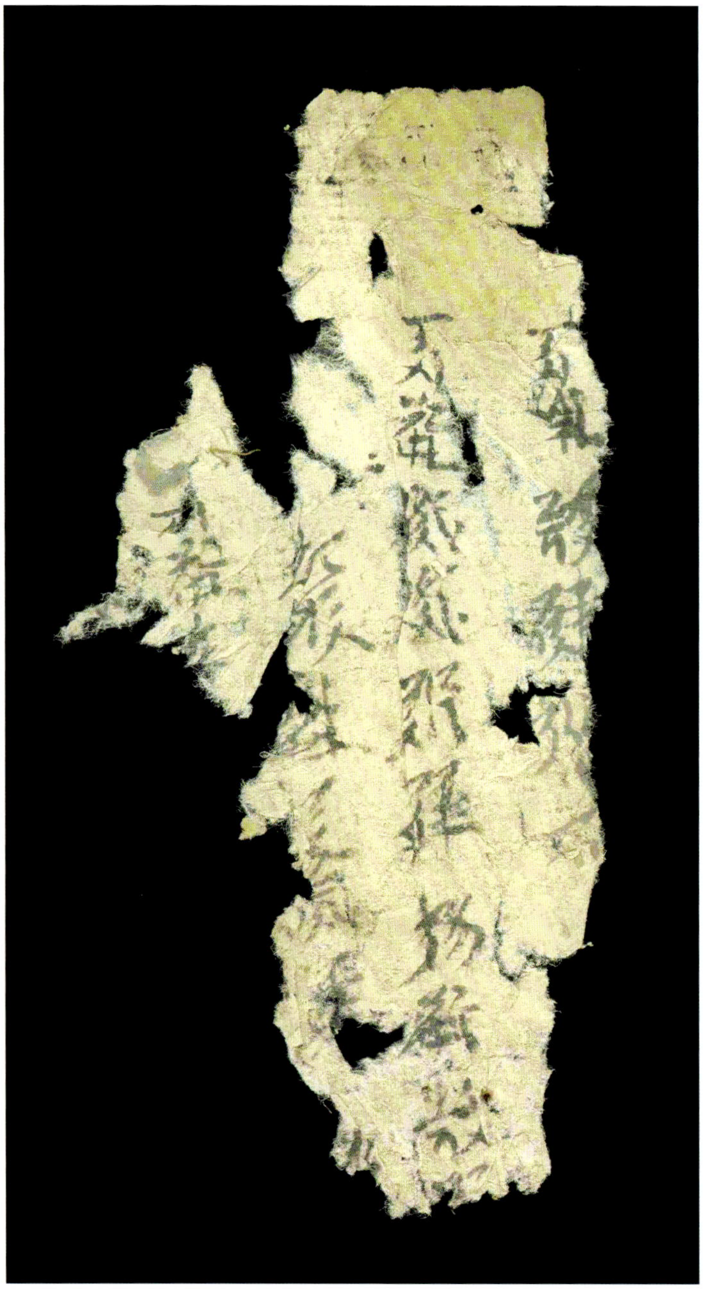

Or.12380/1597（K.K.II.0274.tt）
15.4 釐米 × 7.7 釐米

1598 佛書殘片

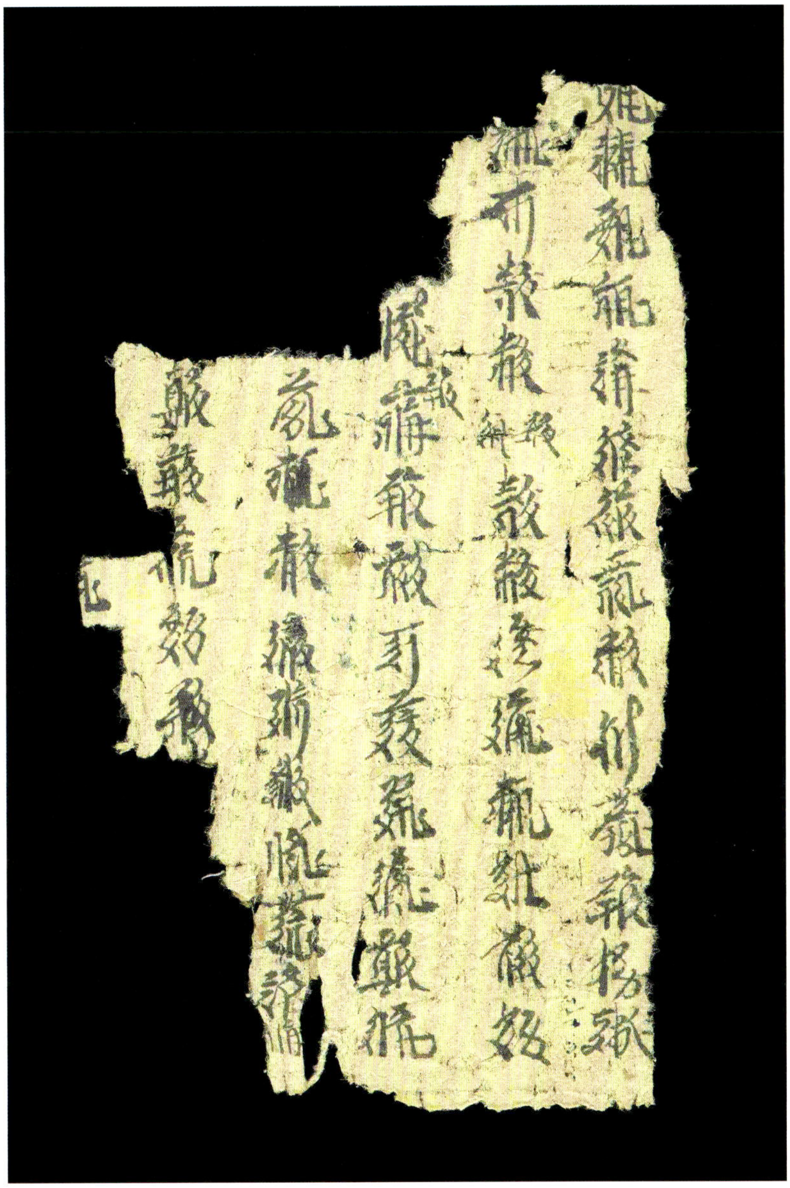

Or.12380/1598(K.K.II.0274.uu)
14.3 釐米 × 8.7 釐米

……是依行行則六惡道及六趣等一并
……亦三種另問三種理者何謂是謂
……新等和等是一美服者利益
……界上及色善因不現死後
……益何有謂也

1599 佛書殘片

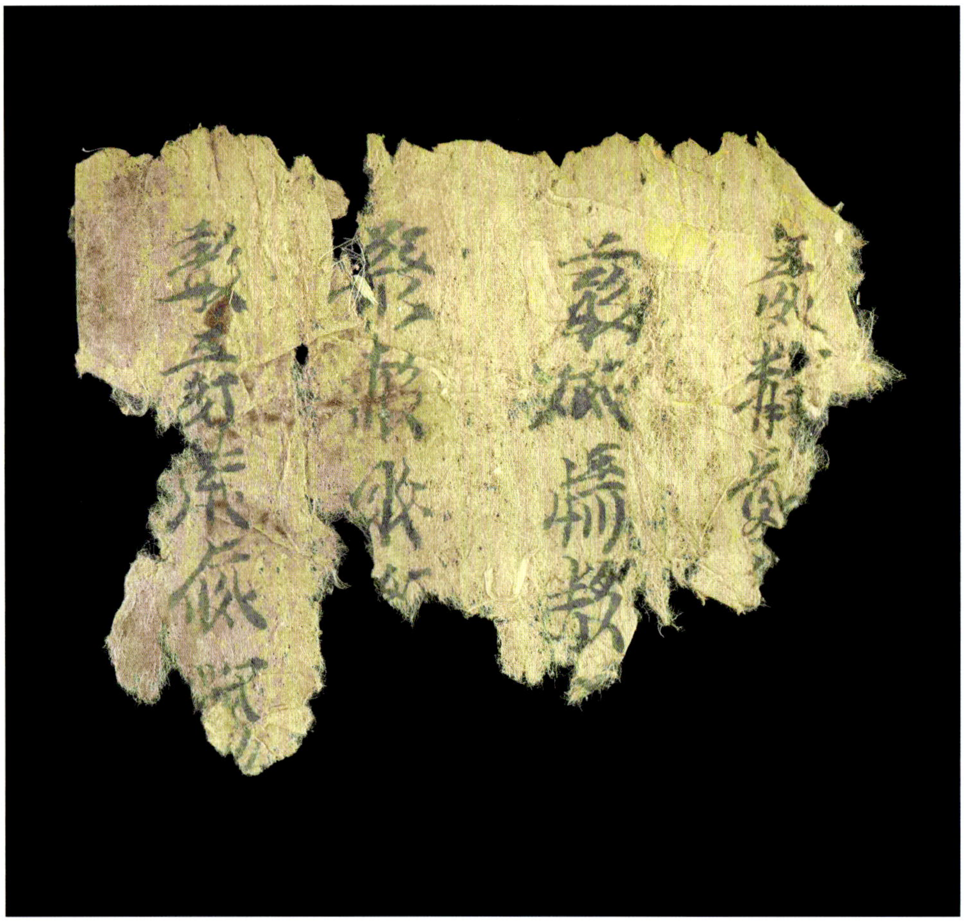

Or.12380/1599（K.K.II.0274.mmm.17?）
6 釐米 × 7.5 釐米

世及世……
聞供修三……
爲及他……
世身彼五……

1600　法典殘片

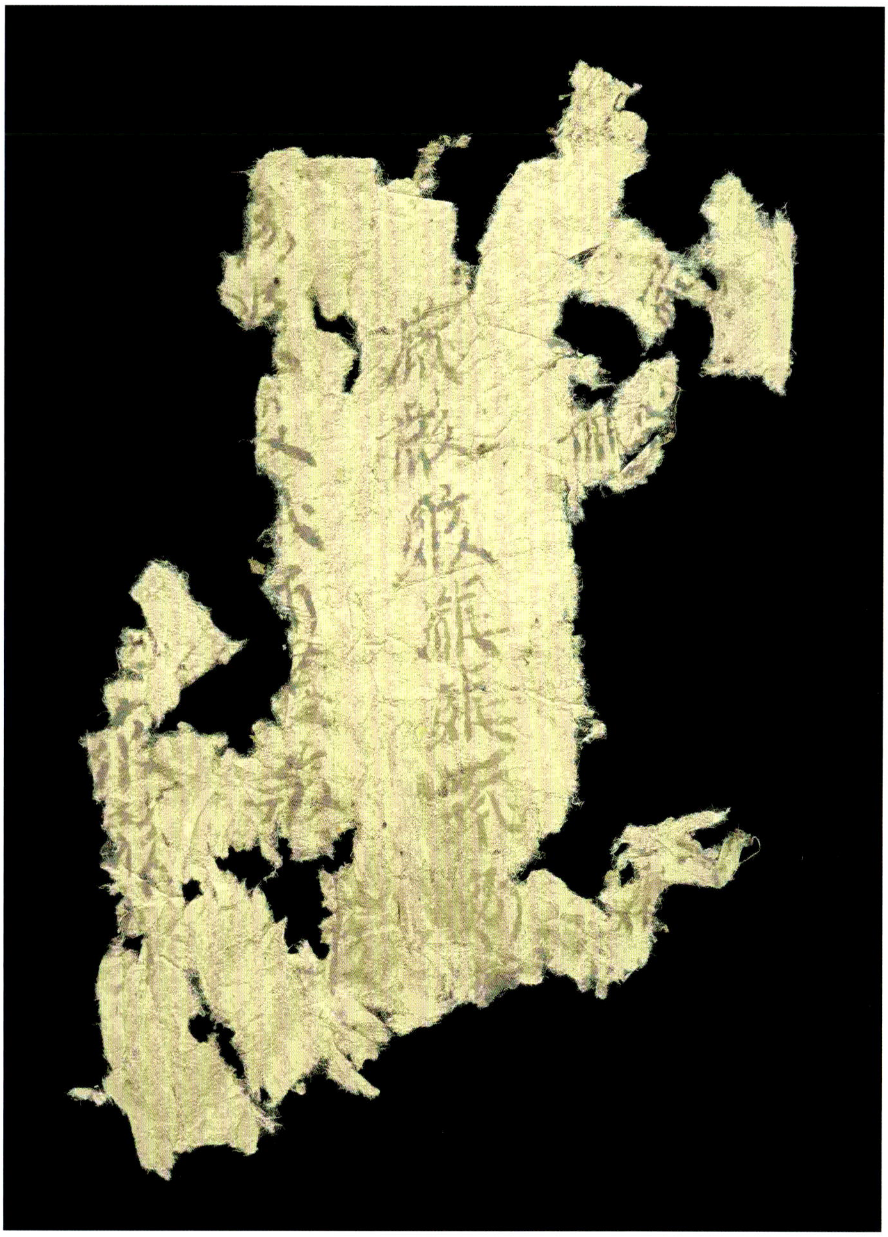

Or.12380/1600（K.K.II.0274.mmm.19?）
15.9 釐米 × 9.8 釐米

言之……

者是乎往昔彼在……

一款……

……寺壽……

1601 殘片

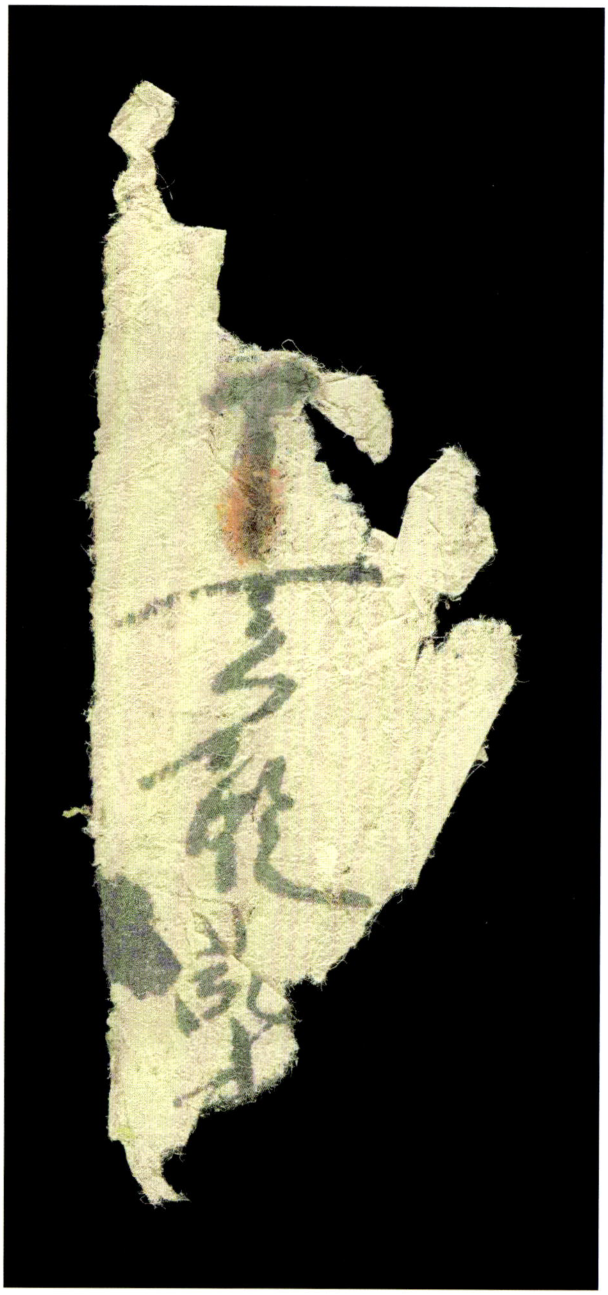

Or.12380/1601（K.K.II.0274.mmm.25?）
8.2 釐米 × 3.2 釐米

1602　佛書殘片

Or.12380/1602（K.K.II.0270.dd）
12.5 釐米 × 9 釐米

1603 殘片

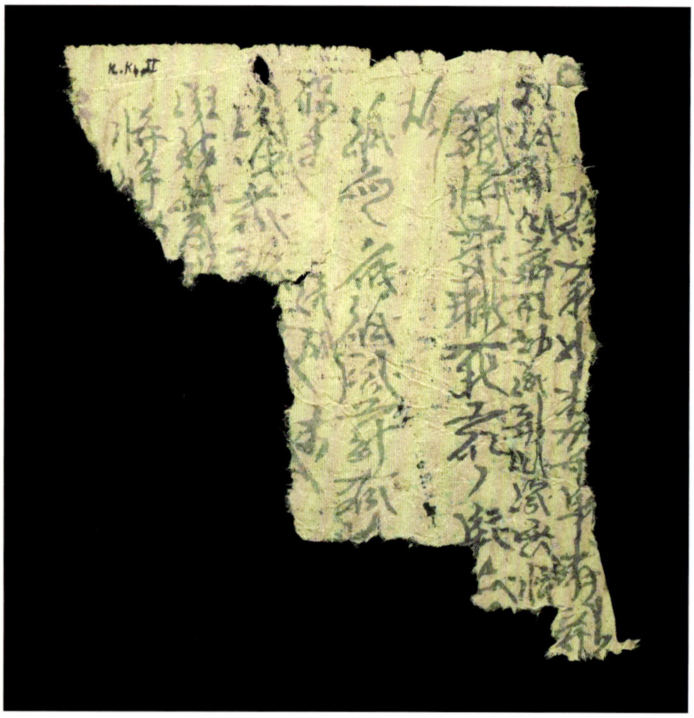

Or.12380/1603（K.K.II.0270.jj）
10.5 釐米 × 10.8 釐米

1604 殘片

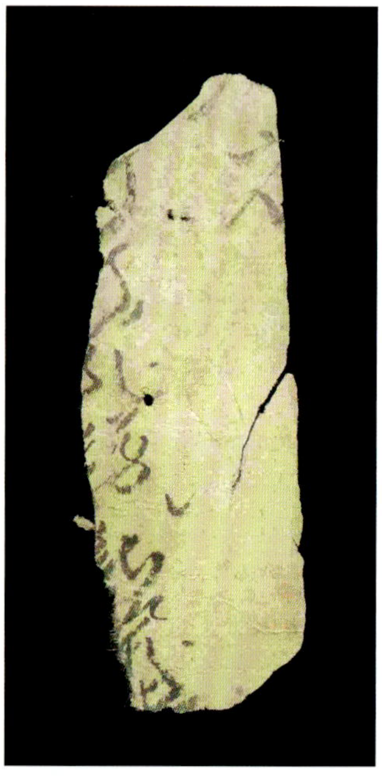

Or.12380/1604A（K.K.II.0270.tt.v）
8.5 釐米 × 3 釐米

Or.12380/1604B
8.5 釐米 × 3 釐米

Or.12380/1604C
8.5 釐米 × 3 釐米

1605 殘片

Or.12380/1605
（K.K.II.0270.uu.14?）
6.5 釐米 × 10 釐米

1606 殘片

Or.12380/1606（K.K.II.0270.uu.29?）
9.5 釐米 × 3 釐米

1607 殘片

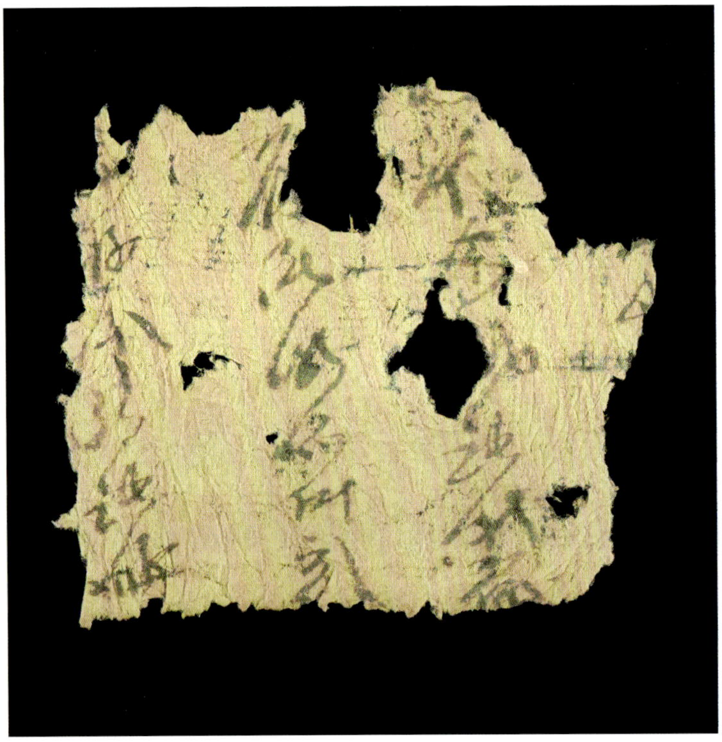

Or.12380/1607
（K.K.II.0270.uu.18?）
8.1 釐米 × 9.7 釐米

1608 殘片

Or.12380/1608（K.K.II.0270.uu.7?）
9.5 釐米 × 9.5 釐米

1609 佛書殘片

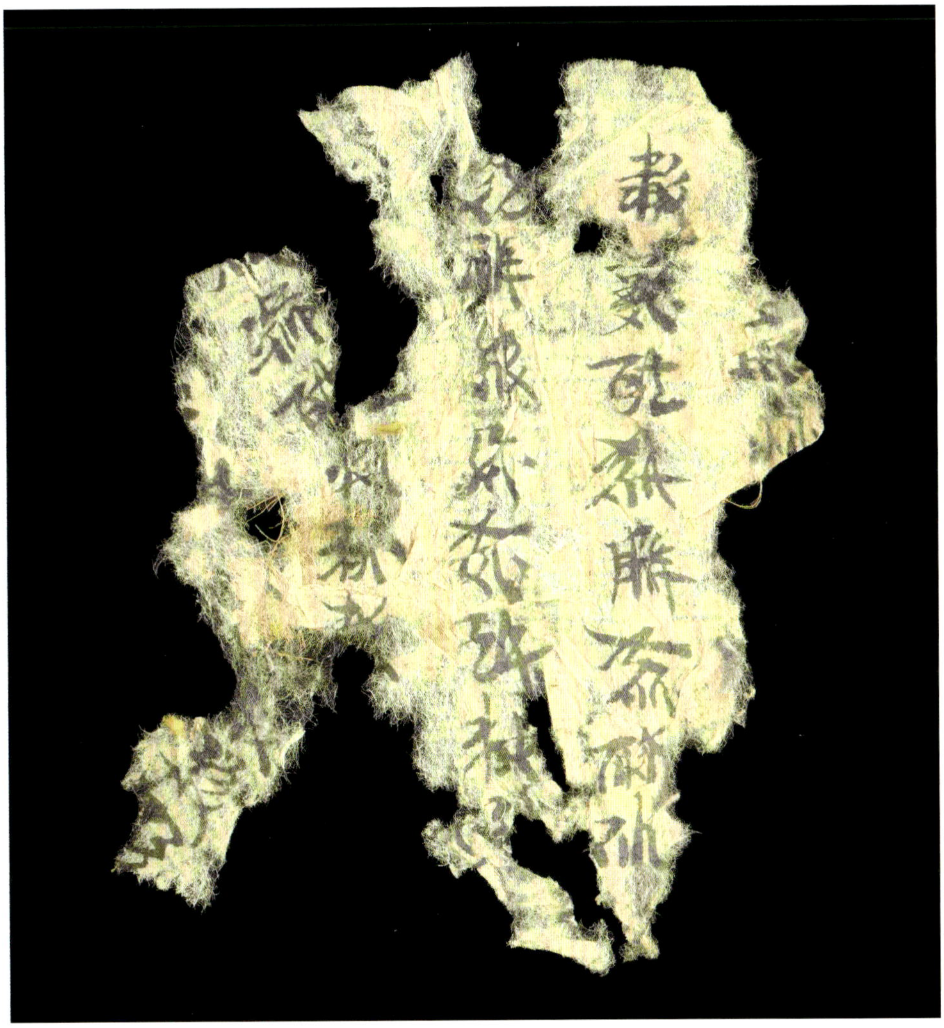

Or.12380/1609（K.K.II.0270.uu.10）
10.1 釐米 × 8 釐米

1610 殘片

Or.12380/1610（K.K.II.0270.uu.12?）
13 釐米 × 7 釐米

1611　佛書殘片

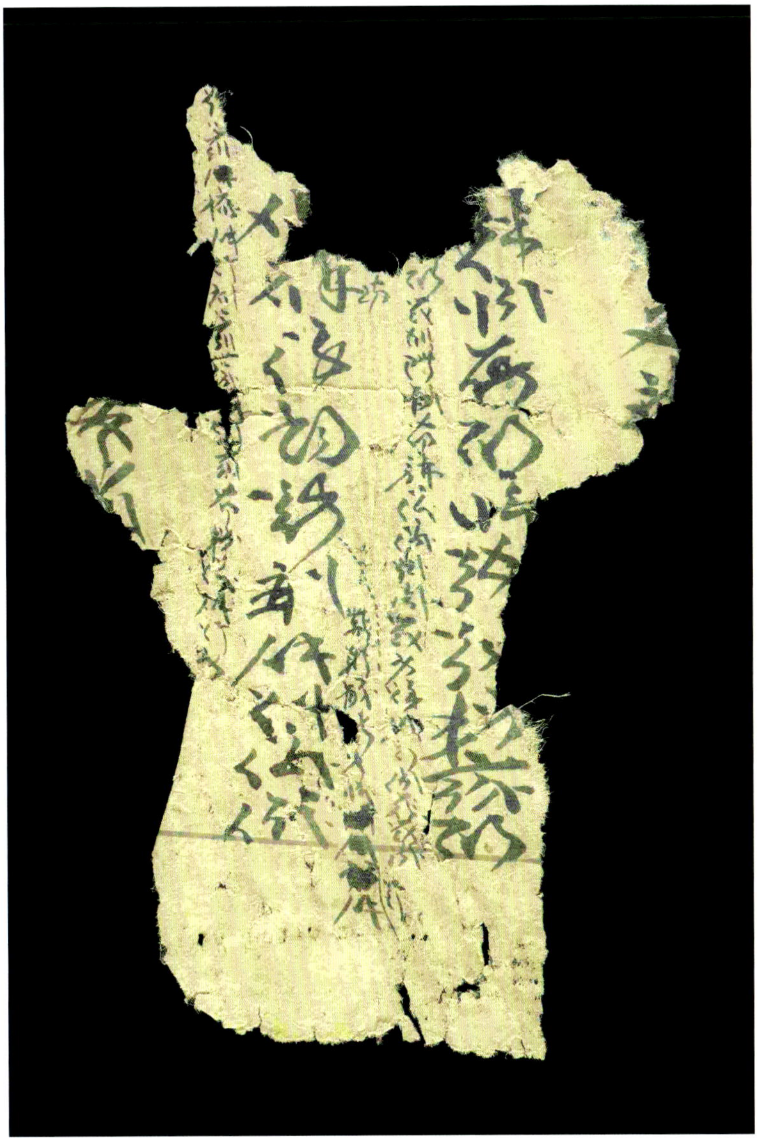

Or.12380/1611（K.K.II.0270.tt.vii）
9.3 釐米 × 6.2 釐米

1612 經疏殘片

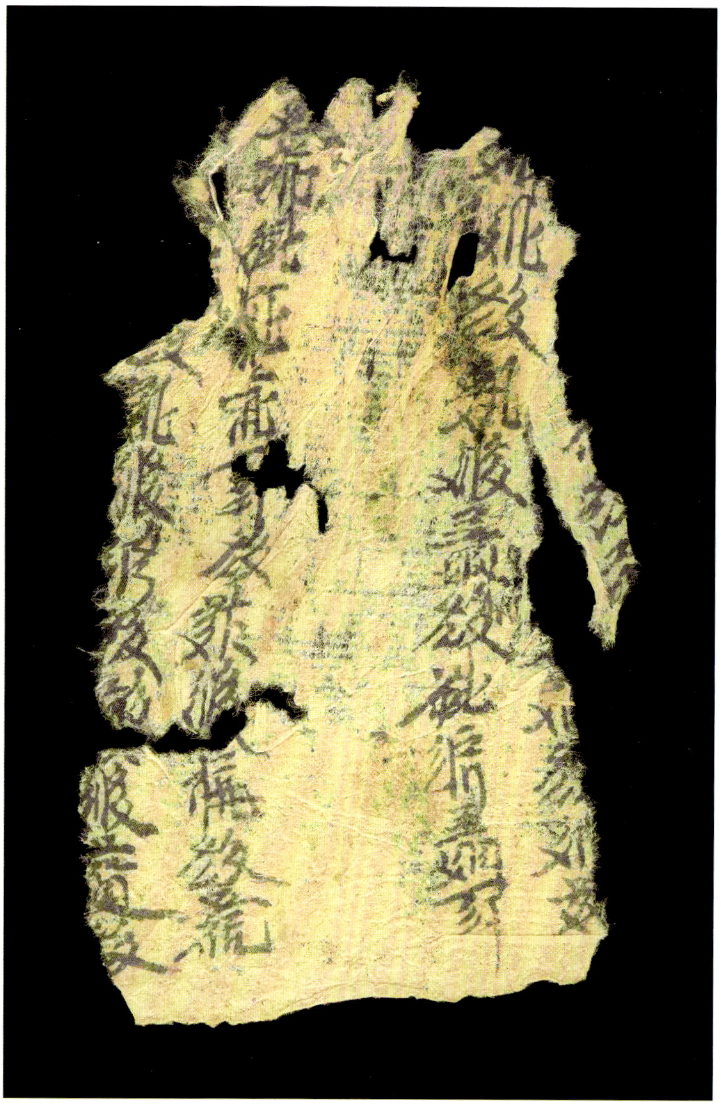

Or.12380/1612（K.K.II.0270.uu.33?）
12.8 釐米 × 7.5 釐米

……日六處
……九日行緣十日無名十一
……
……个月復始一日生緣二日有
……受緣六日觸緣七日

1613 殘片

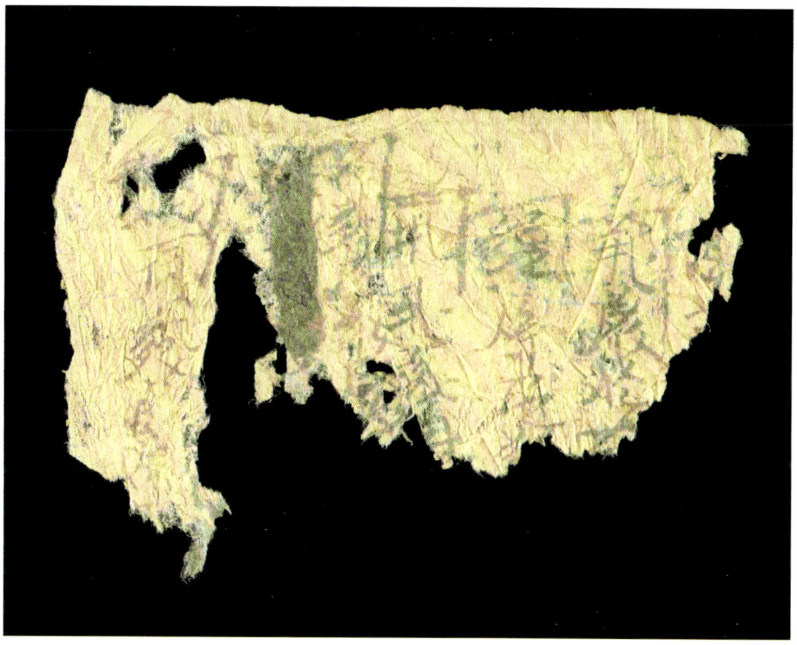

Or.12380/1613
(K.K.II.0270.uu.31?)
8 釐米 × 11.3 釐米

1614 殘片

Or.12380/1614
(K.K.II.0270.uu.36)
4.2 釐米 × 9 釐米

本何所言一……
及别現前買……
語亦除中彼……
能者己之分……
失能因願……
合……

1615 殘片

Or.12380/1615
（K.K.II.0270.uu.38）
7 釐米 × 11.6 釐米

1616 殘片

Or.12380/1616（K.K.II.0270.uu.41?）
6.5 釐米 × 3.3 釐米

1617 殘片

Or.12380/1617
（K.K.II.0270.uu.42?）
9.2 釐米 × 5.5 釐米

1618 殘片

Or.12380/1618（K.K.II.0277.lll.25）
5.8 釐米 × 11.5 釐米

1619 殘片

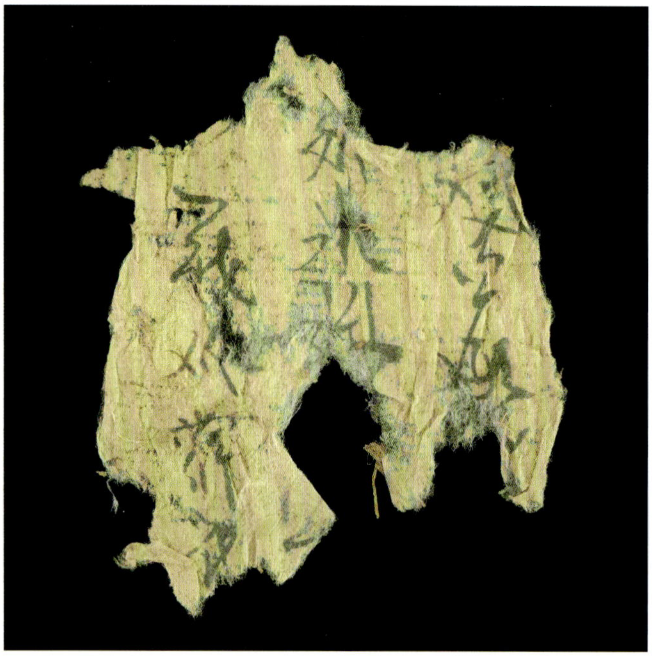

Or.12380/1619（K.K.II.0277.lll.22?）
8 釐米 × 6.5 釐米

1620 殘片

Or.12380/1620（K.K.II.0277.lll.19）
9.2 釐米 × 9 釐米

1621 殘片

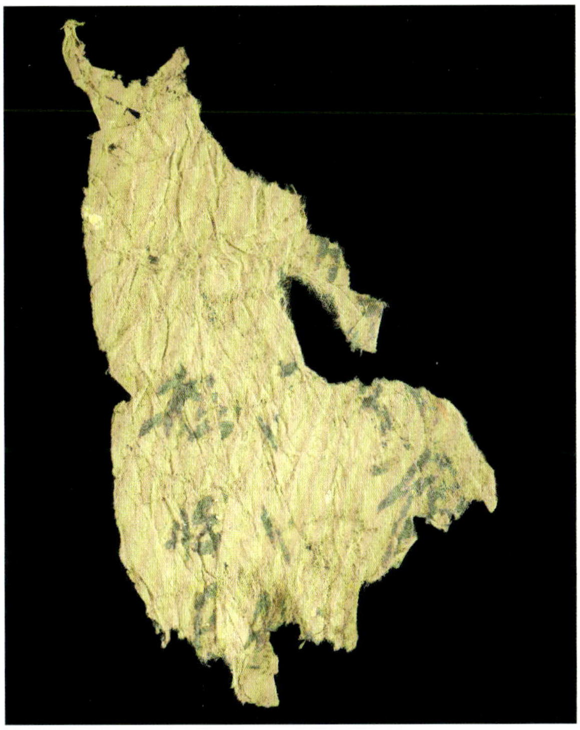

Or.12380/1621（K.K.II.0277.lll.17?）
9.1 釐米 × 5.2 釐米

1622 殘片

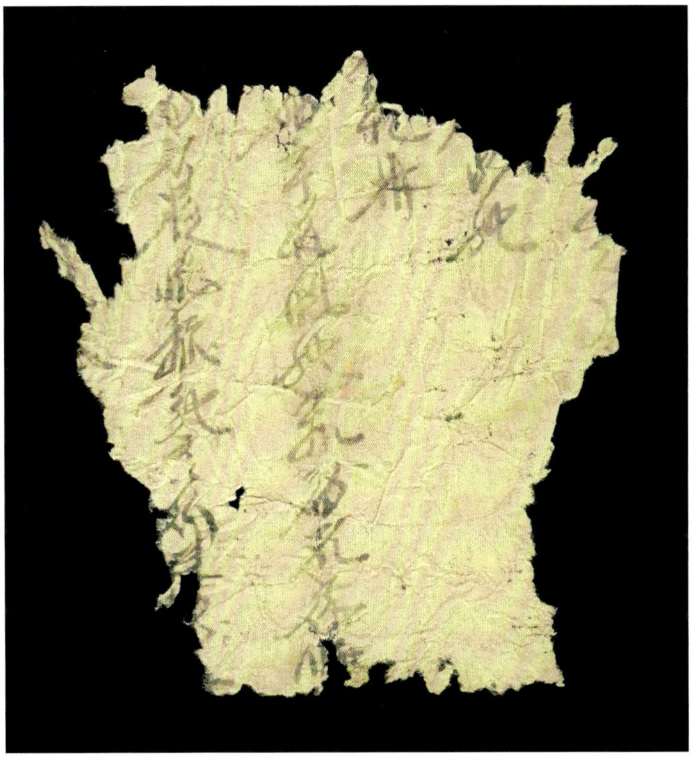

Or.12380/1622（K.K.II.0277.lll.20?）
11 釐米 × 9.5 釐米

1623 殘片

Or.12380/1623（K.K.II.0277.lll.21?）
6.7 釐米 × 6.2 釐米

……説所者此
……著依説所是
……前依量而著依

1624 殘片

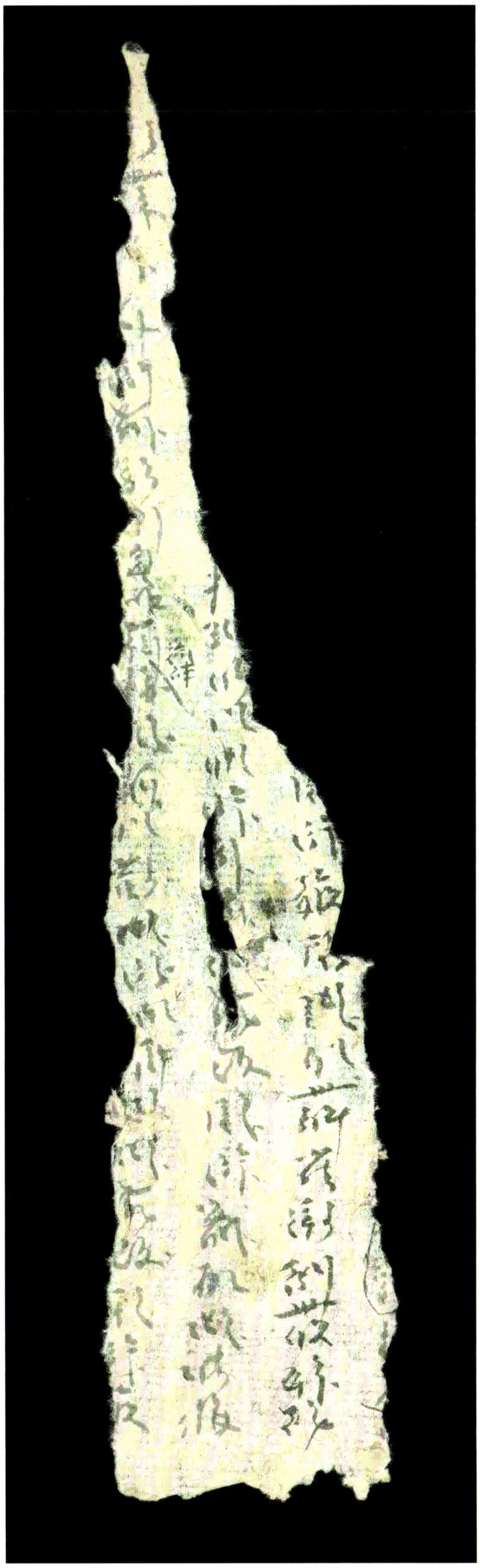

Or.12380/1624
（K.K.II.0277.lll.13?）
24 釐米 × 5 釐米

1625 殘片

Or.12380/1625
（K.K.II.0277.lll.8?）
5.2 釐米 × 5.5 釐米

……不應等
……敕言□

1626 殘片

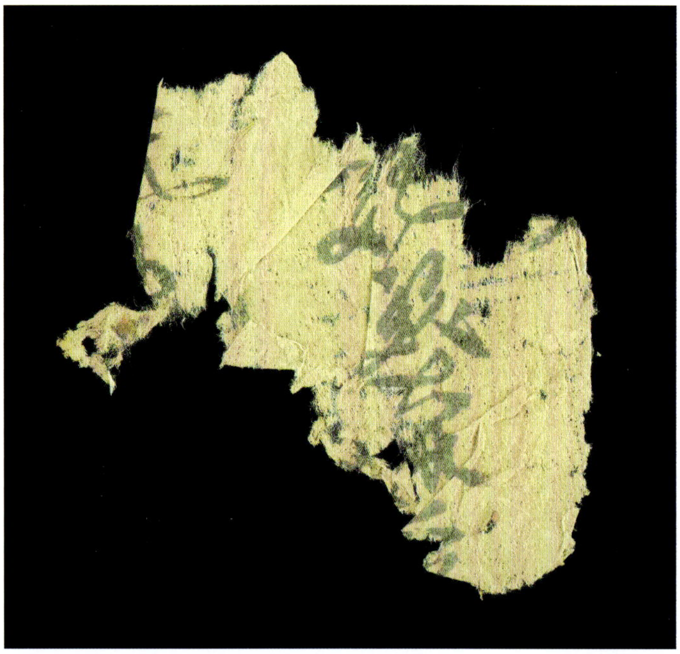

Or.12380/1626
（K.K.II.0277.lll.7?）
5.2 釐米 × 5 釐米

1627 殘片

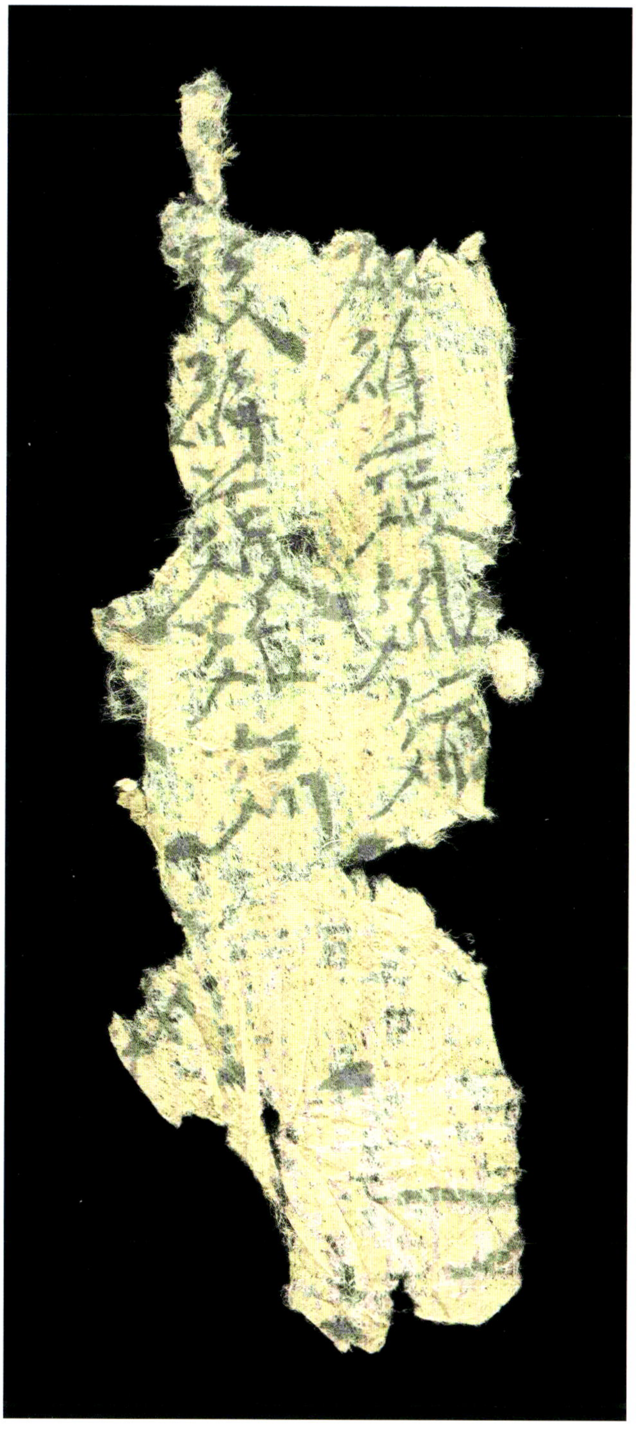

Or.12380/1627(K.K.II.0277.lll.2?)
11.3 釐米 × 4 釐米

1628　殘片

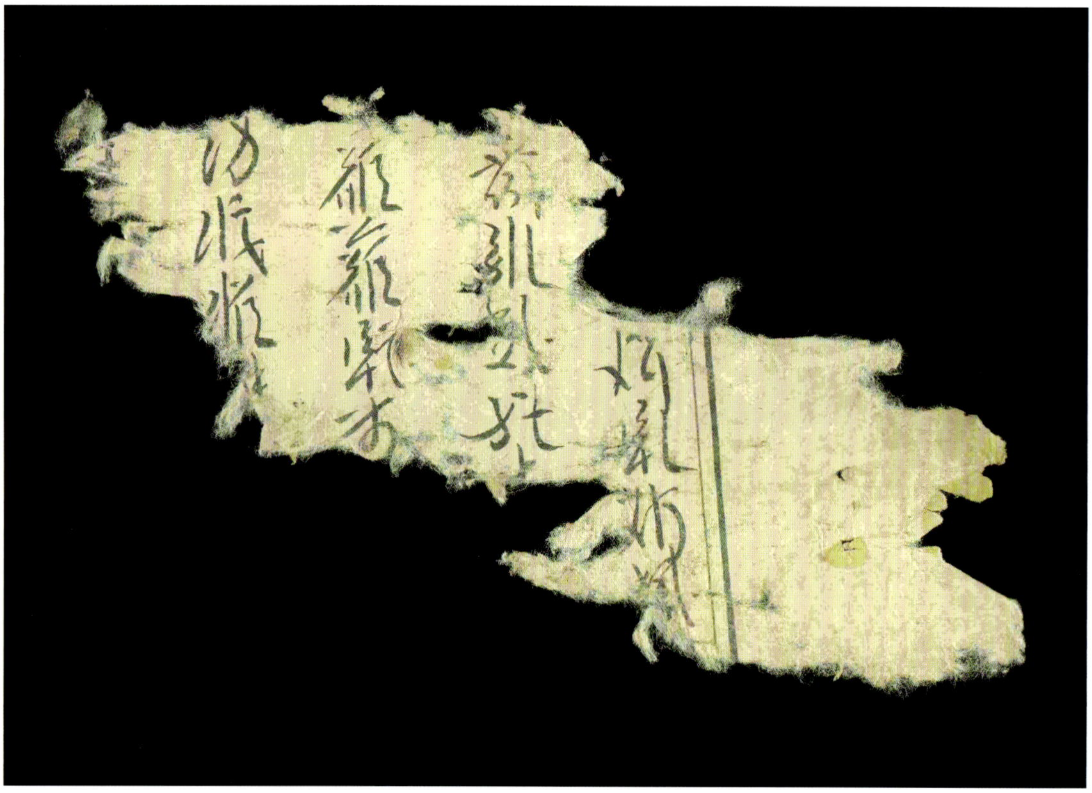

Or.12380/1628（K.K.II.0277.pp）
6 釐米 × 11.3 釐米

1629 殘片

Or.12380/1629
（K.K.II.0277.nn）
2.1 釐米 × 9.5 釐米

……可無
……無彼
……四念
……豈在
……羅蜜

……次依
……敬禮
……處九
……性非

1630 殘片

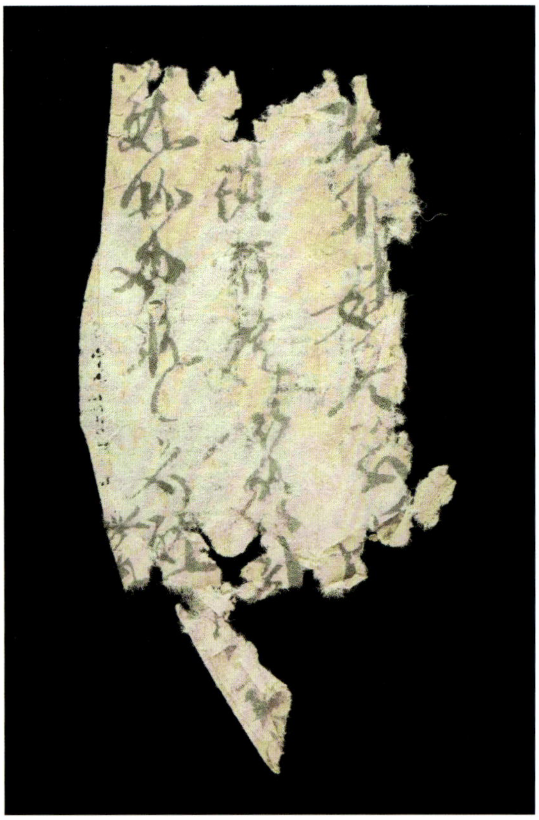

Or.12380/1630（K.K.II.0277.bbb.i）
10 釐米 × 5 釐米

1631 殘片

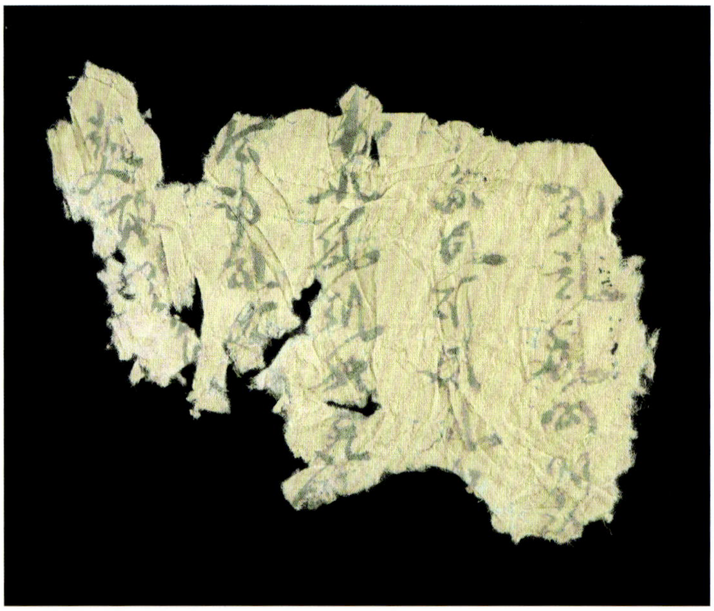

Or.12380/1631（K.K.II.0277.bbb.ii）
7.8 釐米 × 10 釐米

1632　殘片

Or.12380/1632（K.K.II.0265.p.5?）
13.2 釐米 × 4.1 釐米

1633 殘片

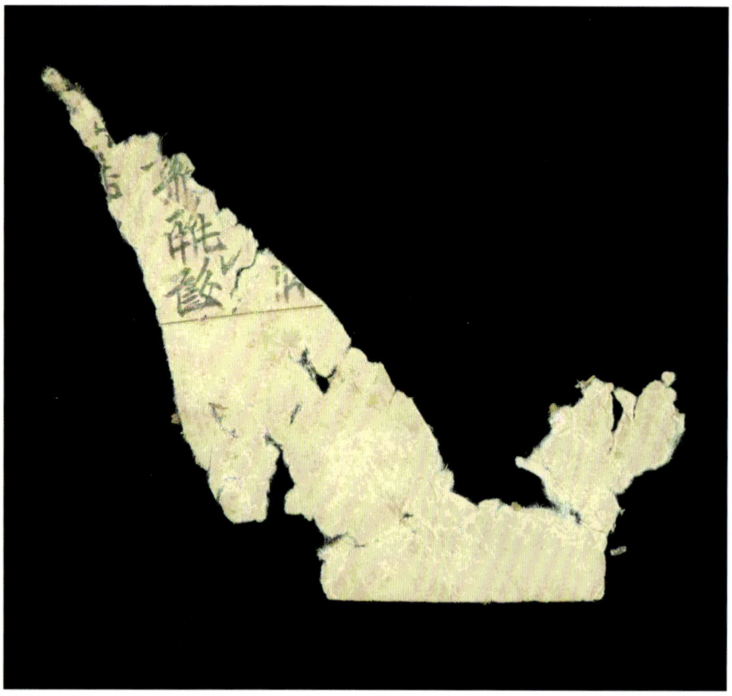

Or.12380/1633
（K.K.II.0265.p.2?）
7.8 釐米 × 9.3 釐米

……大地獄

1634 殘片

Or.12380/1634（K.K.II.0279.vvv.1?）
7.4 釐米 × 7.5 釐米

1635 大寶積經卷九十二

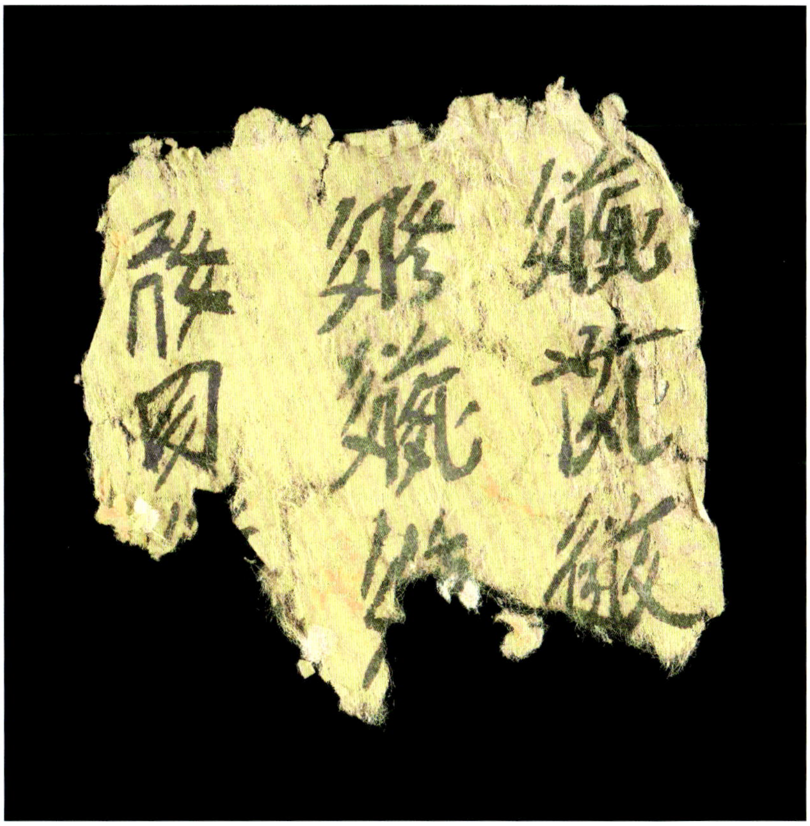

Or.12380/1635（K.K.II.0279.vvv.2?）
4.3 釐米 × 5 釐米

者諸惡……
六者心……
十八……

十四**者諸惡**知識速當值遇，十五者修行於道難得出離，十**六者**不悦意語數數常聞，十七者在在所生多諸疑惑，**十八**者常生難處不聞正法。（《大正藏》T11，p0527c）

1636 殘片

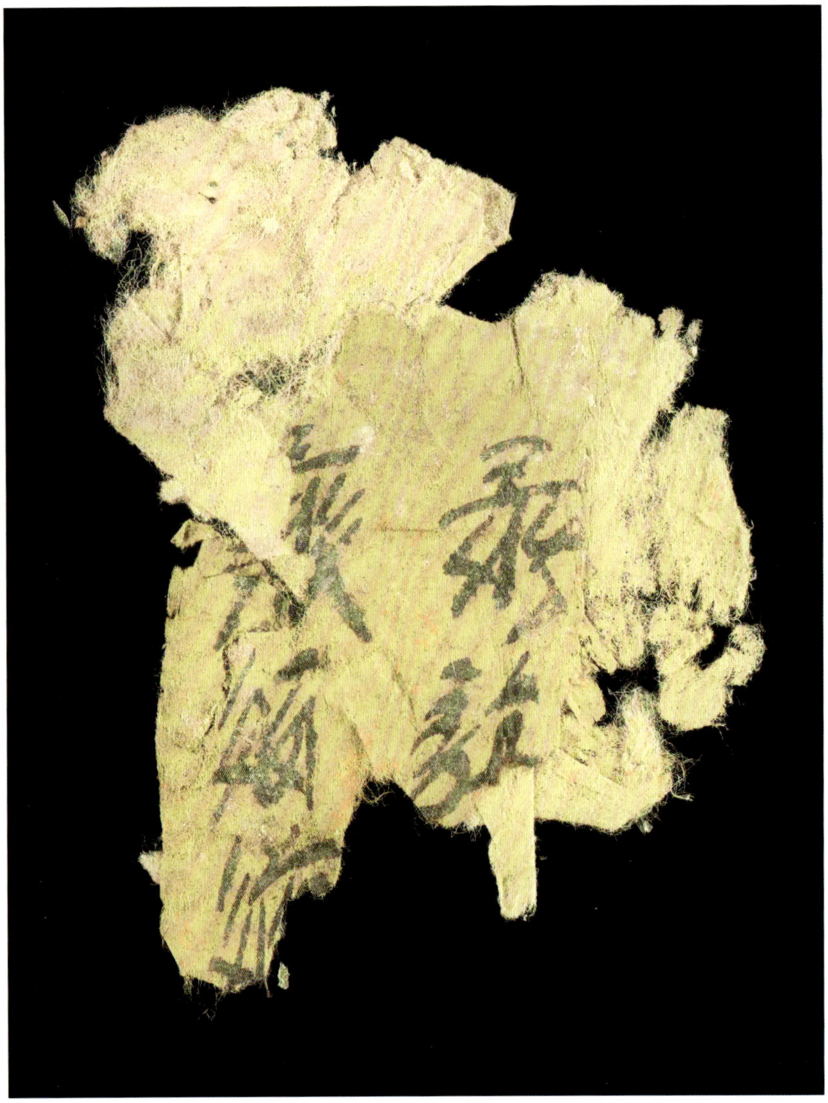

Or.12380/1636（K.K.II.0279.vvv.3?）

6 釐米 × 5 釐米

悲能……

□四者……

1637　殘片

Or.12380/1637(K.K.II.0279.tt)
14 釐米 × 10 釐米

1638 佛書殘片

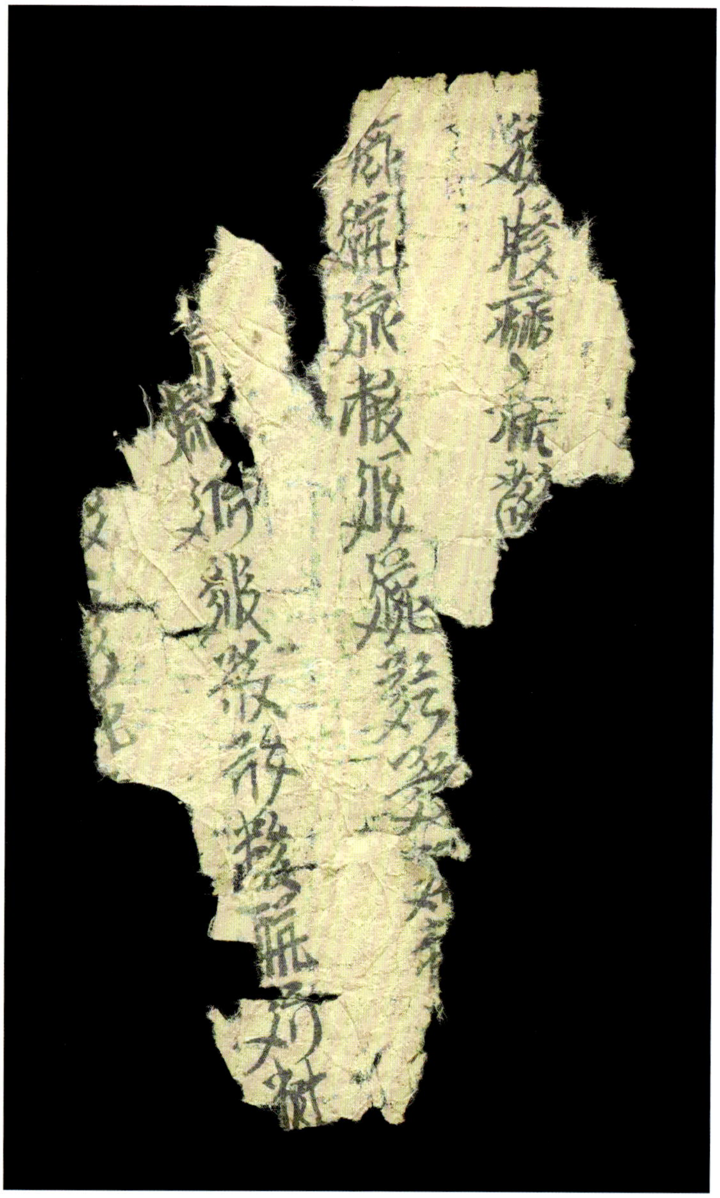

Or.12380/1638（K.K.II.0279.bbb）
12.7 釐米 × 7 釐米

者天一切皆是……
不穎悟及啞者説……
……時足故也十種得足……

1639　法典殘片

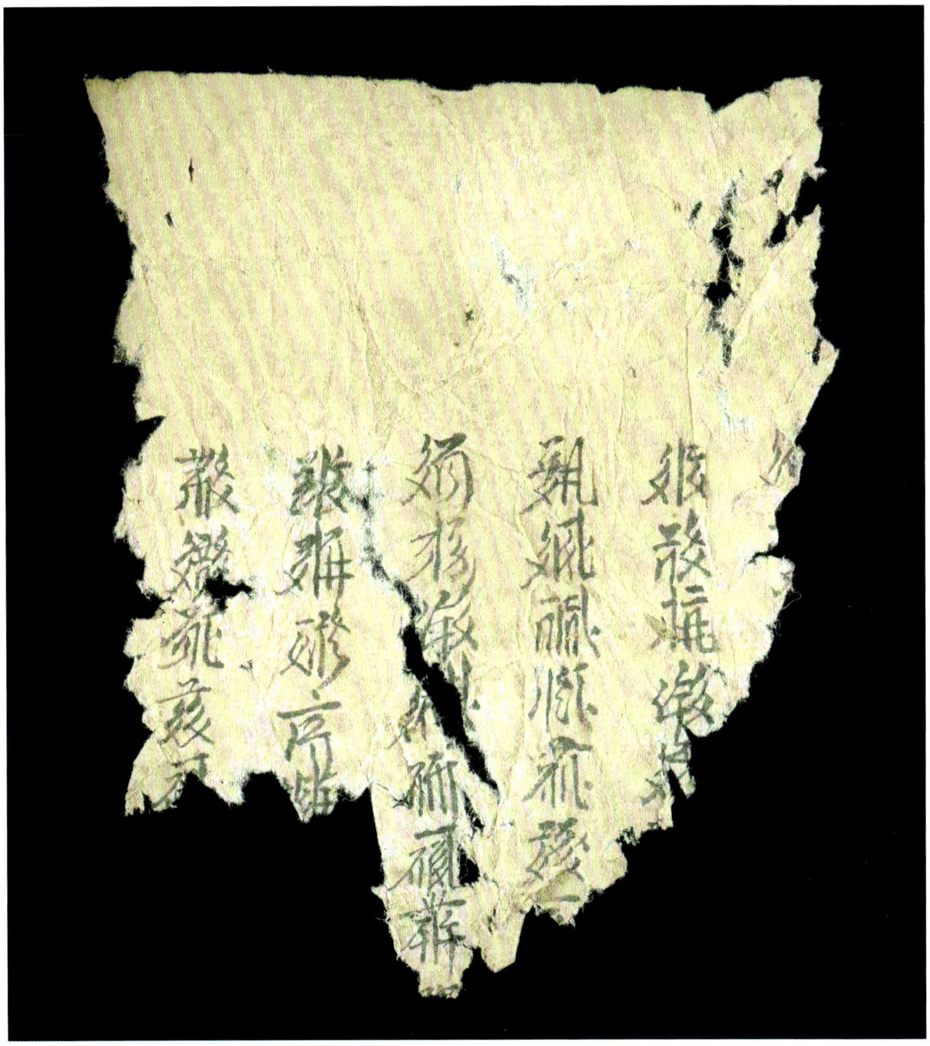

Or.12380/1639（K.K.II.0279.vvv.7?）
10.6 釐米 × 9 釐米

年十二人……
行奉使之外事……
員一人□之法執……
下末限位依……
大學院與法……

1640 佛書殘片

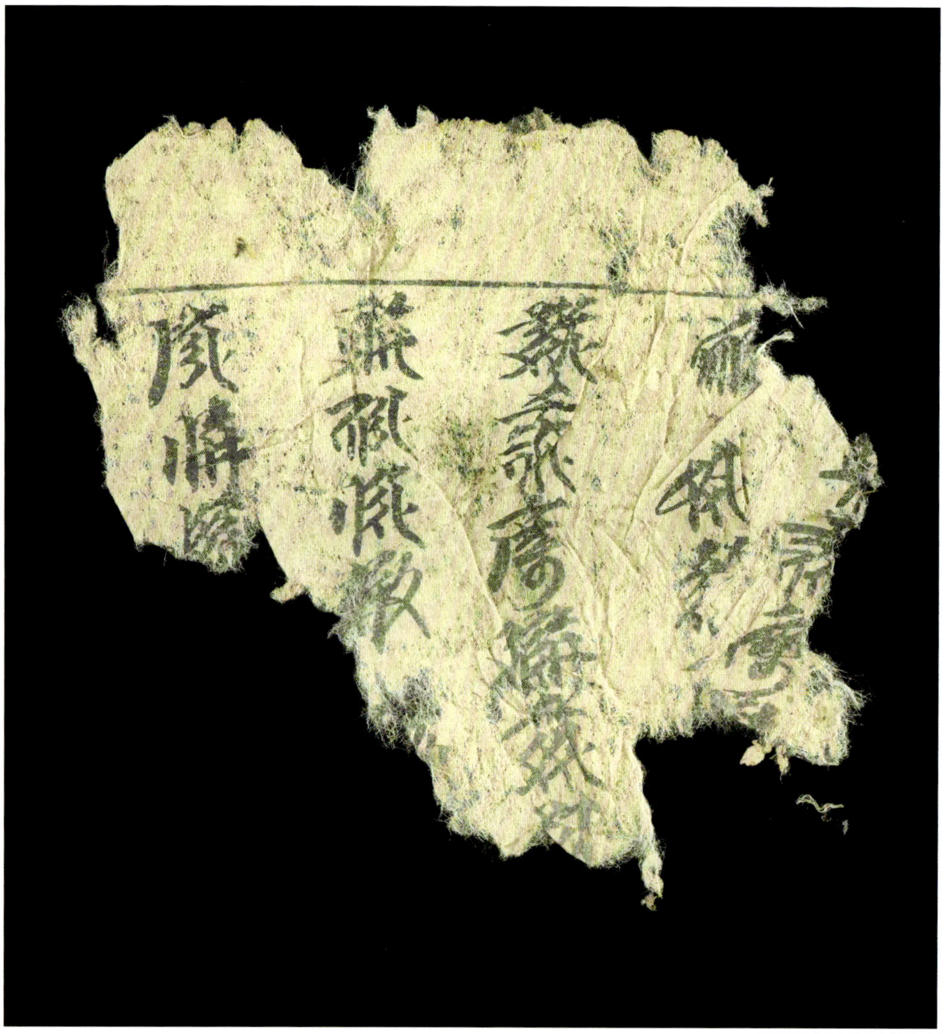

Or.12380/1640（K.K.II.0279.vvv.8?）
6.4 釐米 × 7 釐米

……金剛……
皆乃……
次金剛亥母處……
全使後方……
持内歸……

1641　殘片

Or.12380/1641（K.K.II.0272.o.1?）
9.1 釐米 × 6.5 釐米

1642　殘片

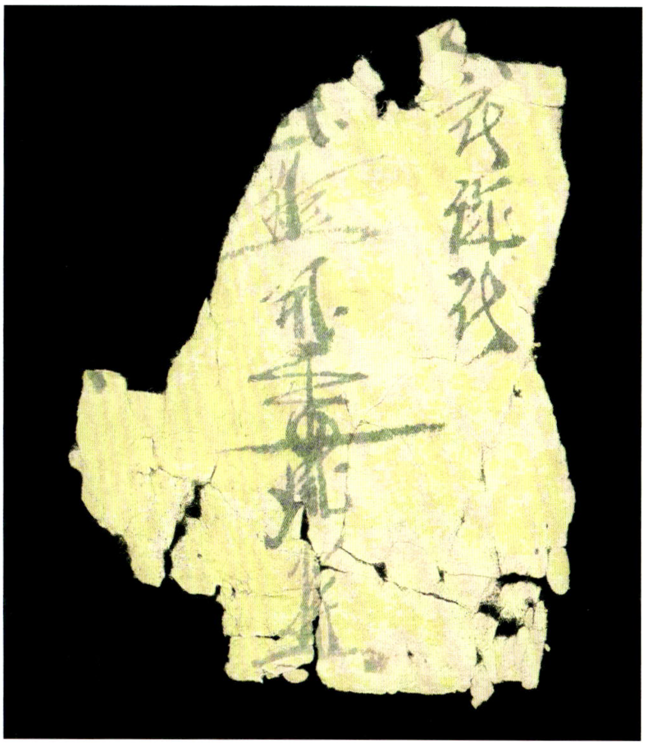

Or.12380/1642（K.K.II.0272.o.2?）
10.8 釐米 × 8.5 釐米

1643 殘片

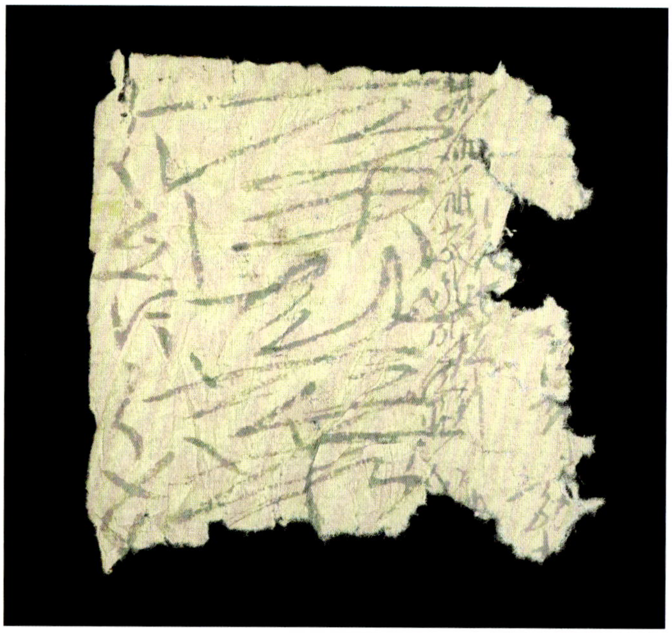

Or.12380/1643（K.K.II.0272.t）
9.2 釐米 × 9.5 釐米

1644 殘片

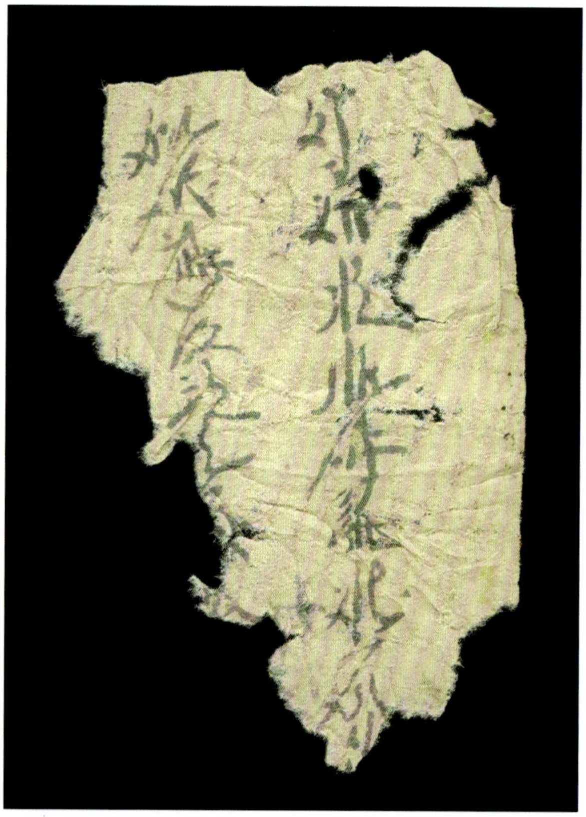

Or.12380/1644（K.K.II.0272.u）
9.6 釐米 × 6.5 釐米

1645 殘片

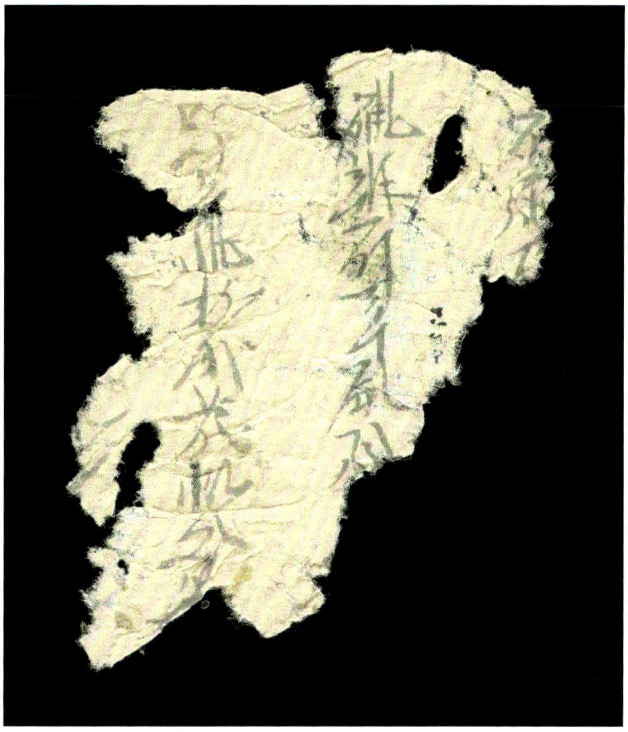

Or.12380/1645
（K.K.II.0272.v）
9 釐米 × 7.5 釐米

1646 殘片

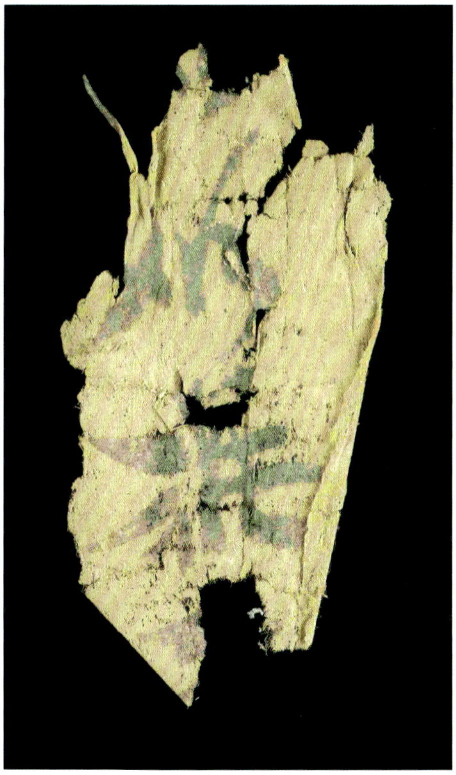

Or.12380/1646（K.K.II.0272.aa.1?）
5 釐米 × 2.4 釐米

1647 佛書殘片

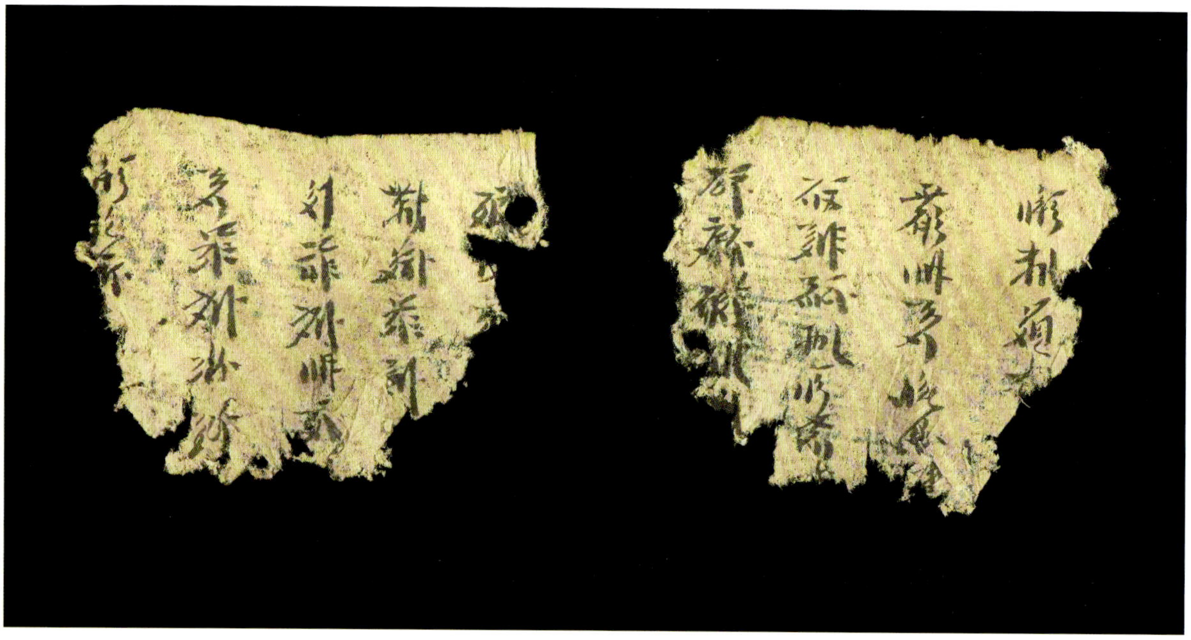

Or.12380/1647（K.K.II.0272.aa.3?）
5.3 釐米 × 7.3 釐米

1648 殘片

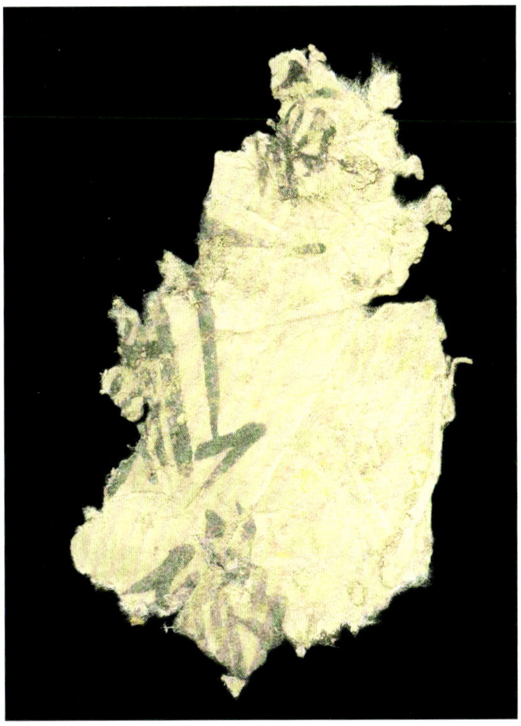

Or.12380/1648（K.K.II.0272.aa.5?）
9.5 釐米 × 5.5 釐米

1649 殘片

Or.12380/1649（K.K.II.0272.aa.7?）
4.8 釐米 × 3.4 釐米

1650 佛書殘片

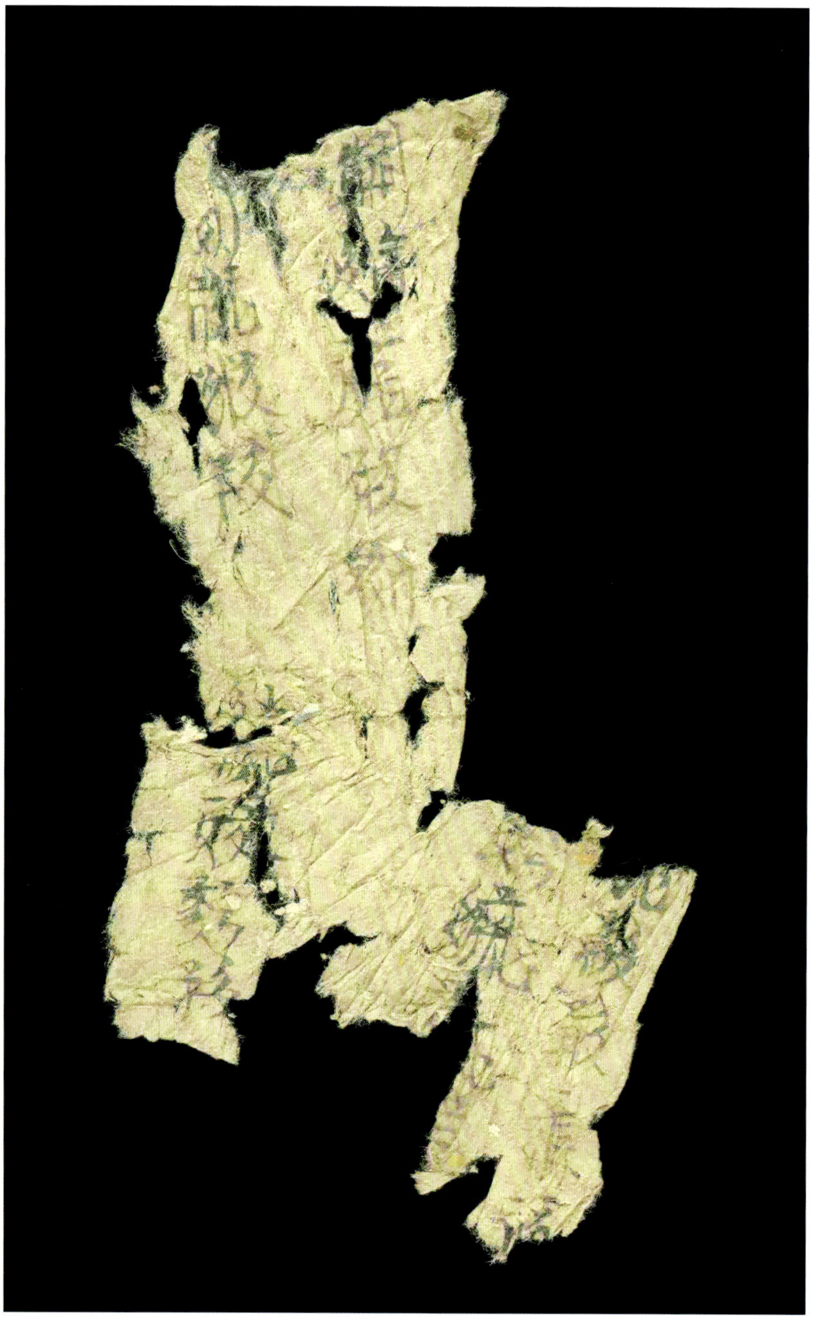

Or.12380/1650(K.K.II.0272.aa.11?)
13 釐米 × 6.7 釐米

1651　五星供養法殘片

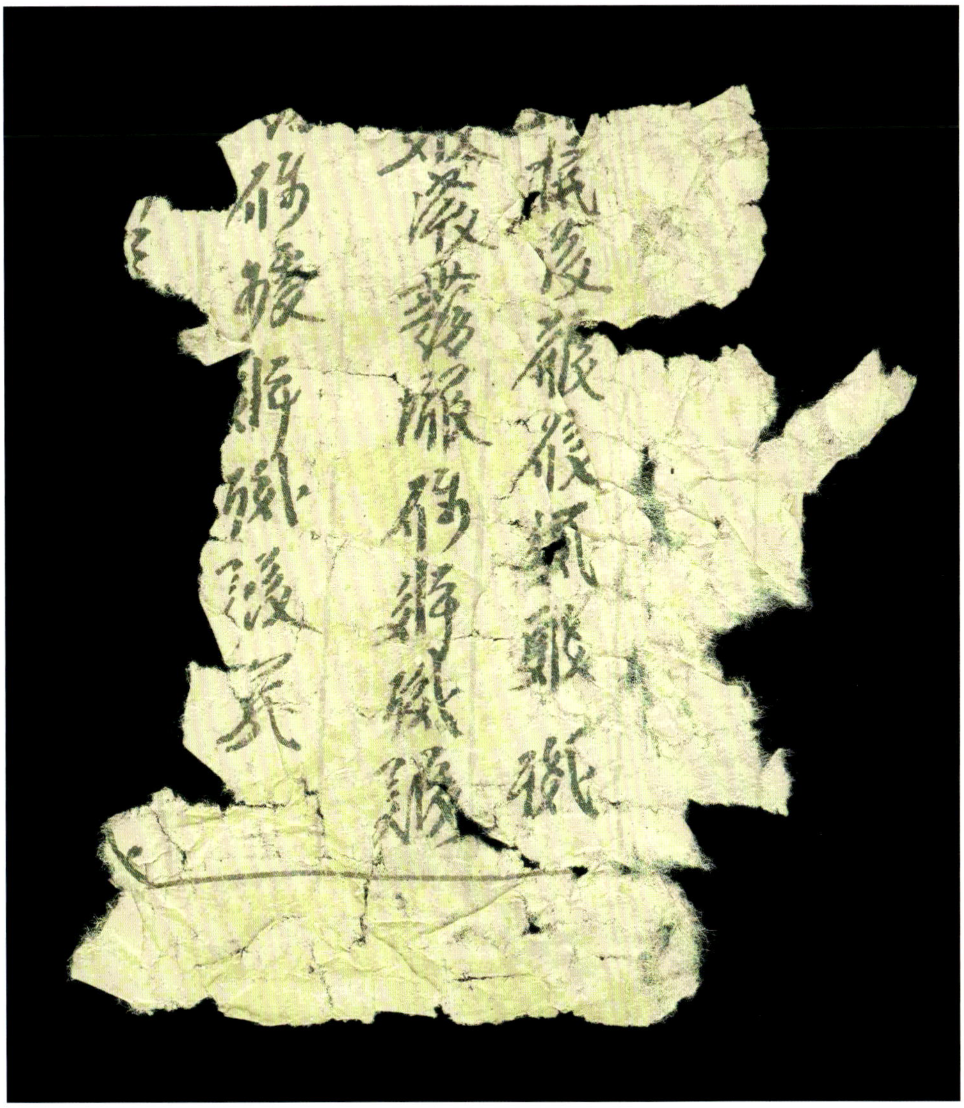

Or.12380/1651（K.K.II.0254.k.v）
11.2 釐米 × 10.2 釐米

……二手執弓箭如天
……水星尊之恭敬禮
……之恭敬禮拜之

1652 殘片

Or.12380/1652
（K.K.II.0254.1.2?）
5.8 釐米 × 6.7 釐米

1653 殘片

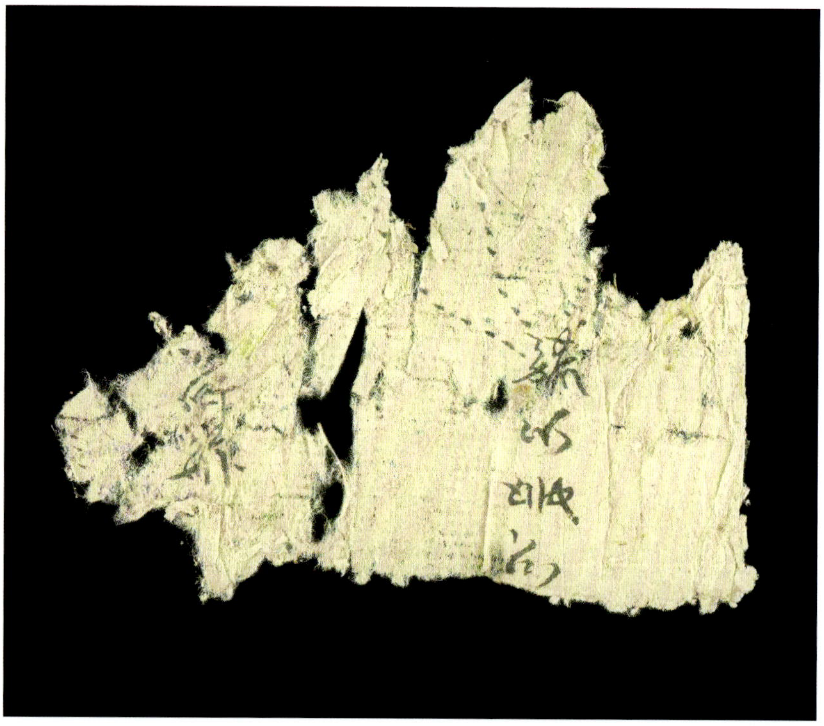

Or.12380/1653
（K.K.II.0254.s.6?）
7 釐米 × 10 釐米

1654　殘片

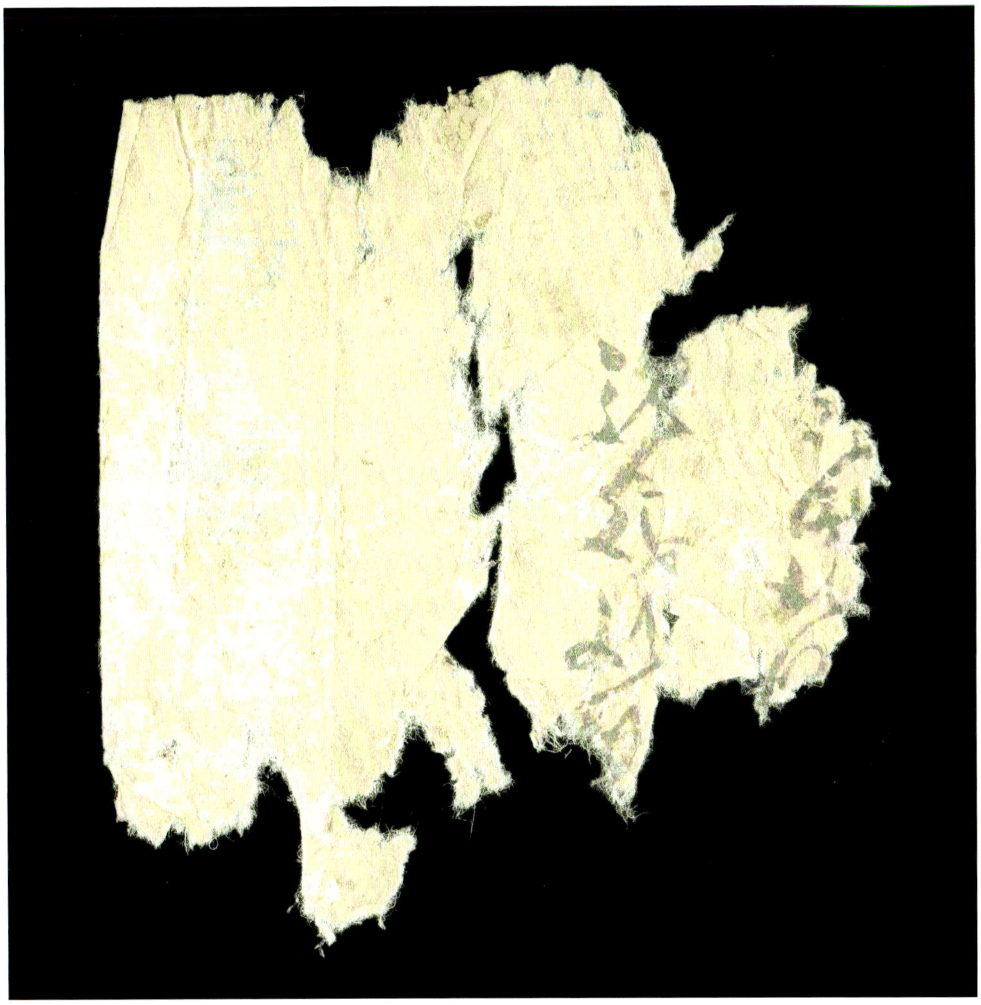

Or.12380/1654（K.K.II.0254.s.18?）
8.5 釐米 × 7.8 釐米

1655 佛書殘片

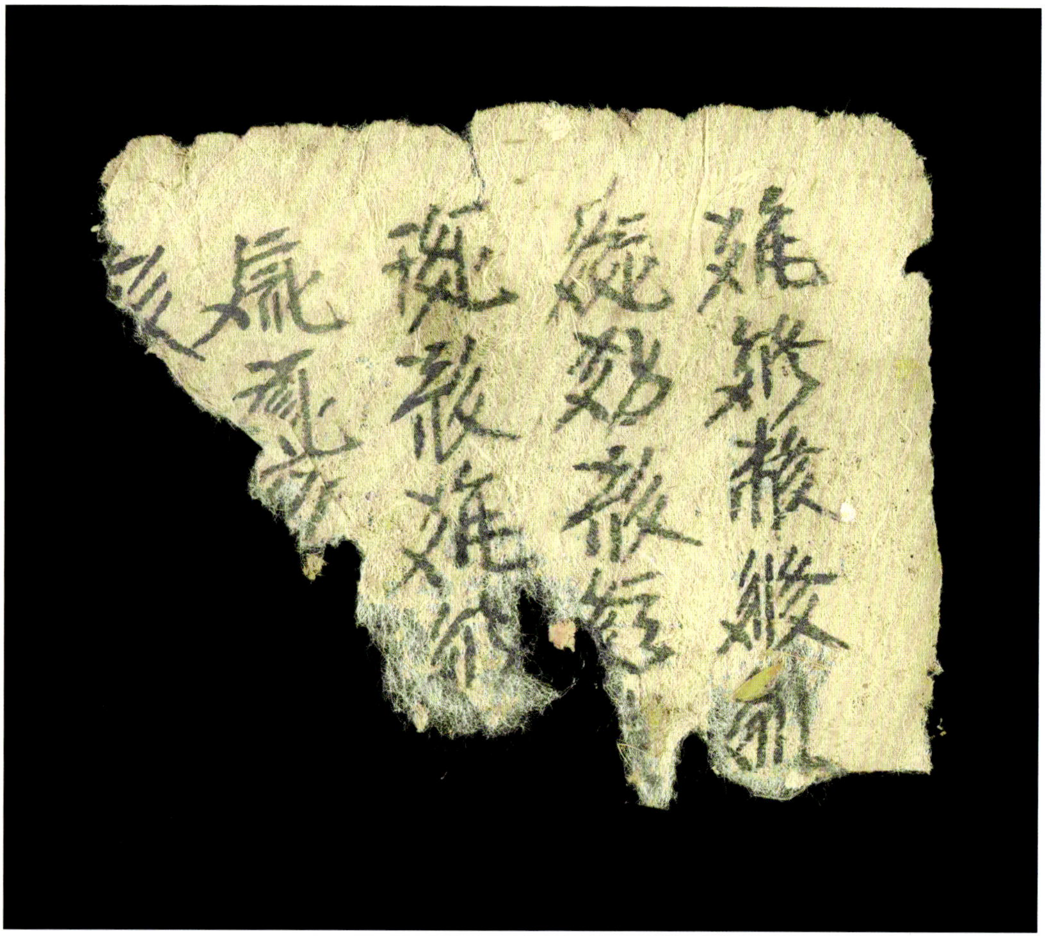

Or.12380/1655（K.K.II.0254.s.21?）
5 釐米×6.1 釐米

是六種因緣……
濟謂也譬……
如也是六……
應……

1656　殘片

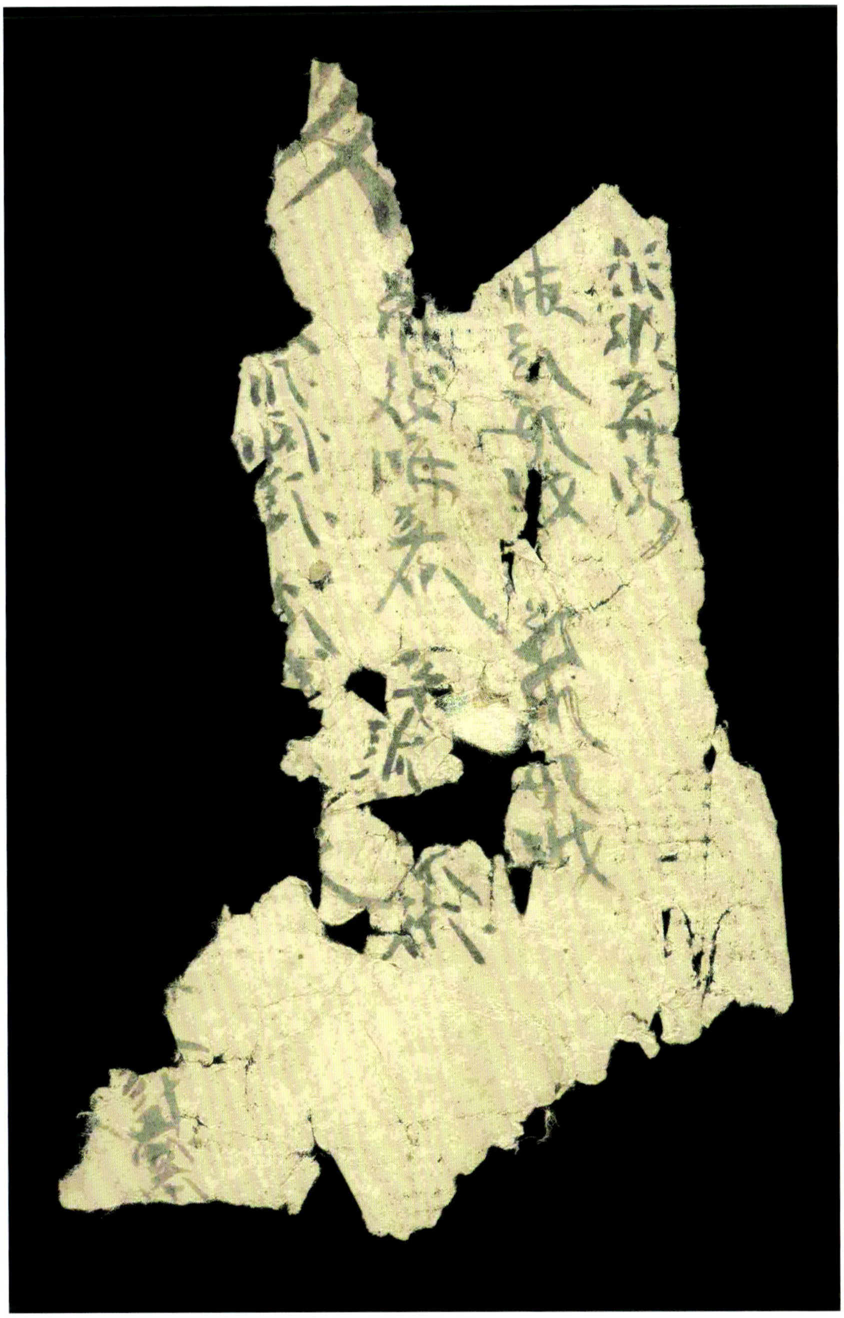

Or.12380/1656（K.K.II.0254.s.15?）
11.5 釐米 × 7.4 釐米

1657 殘片

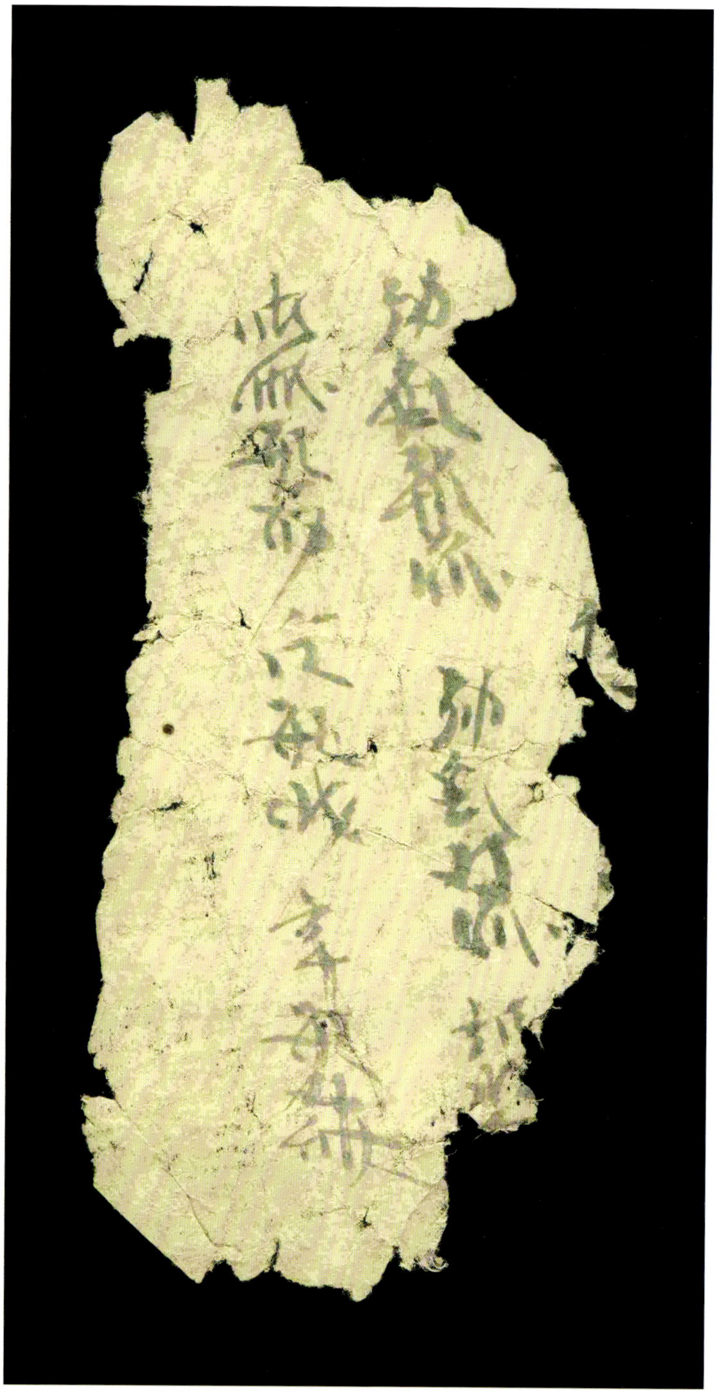

Or.12380/1657（K.K.II.0254.s.17?）

10.2 釐米 × 5 釐米

1658　佛書殘片

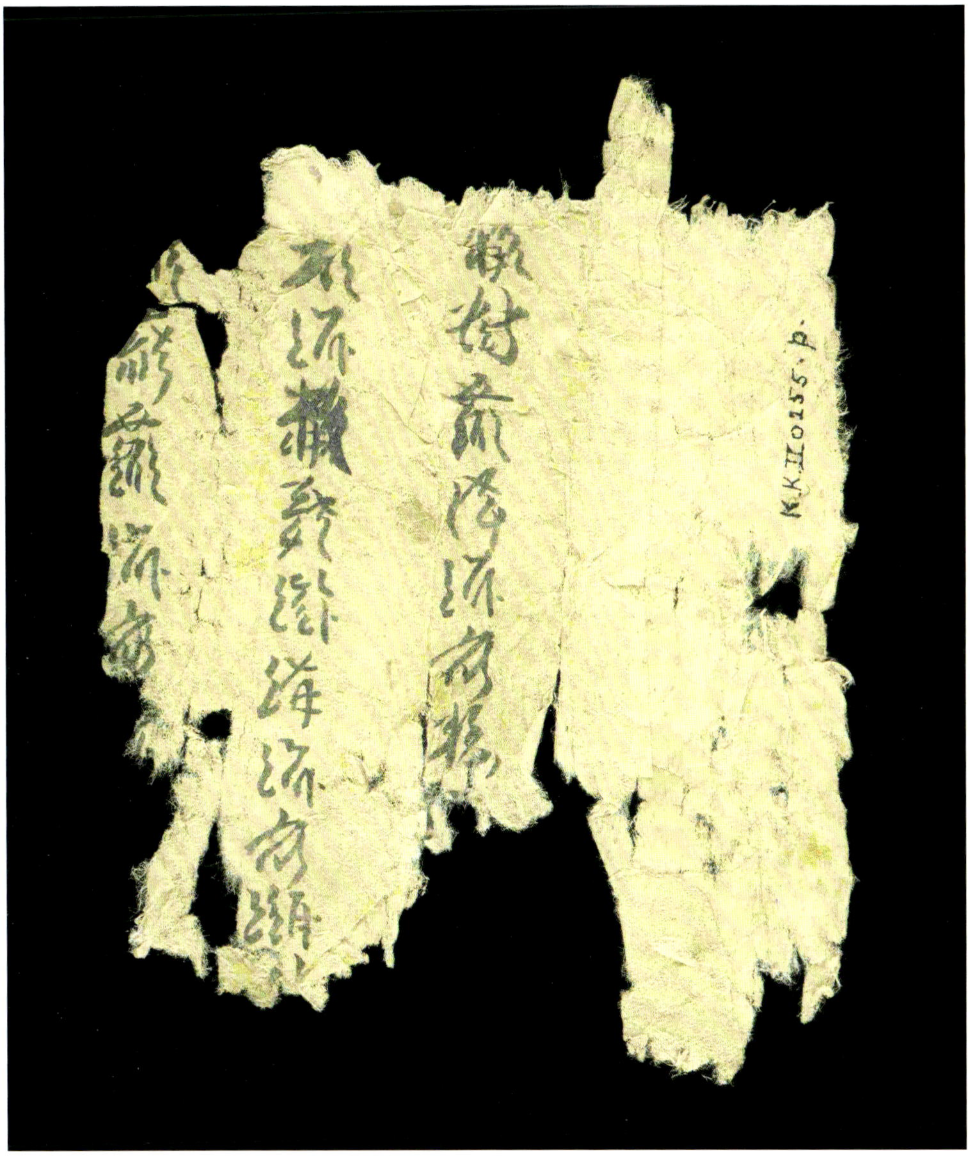

Or.12380/1658（K.K.II.0255.p）
9.7 釐米 × 7.7 釐米

1659 殘片

Or.12380/1659
(K.K.II.0255.y.ii)
4.8 釐米 × 3.3 釐米

1660 殘片

Or.12380/1660(K.K.III.021.qq)
9.3 釐米 × 9 釐米

1661 殘片

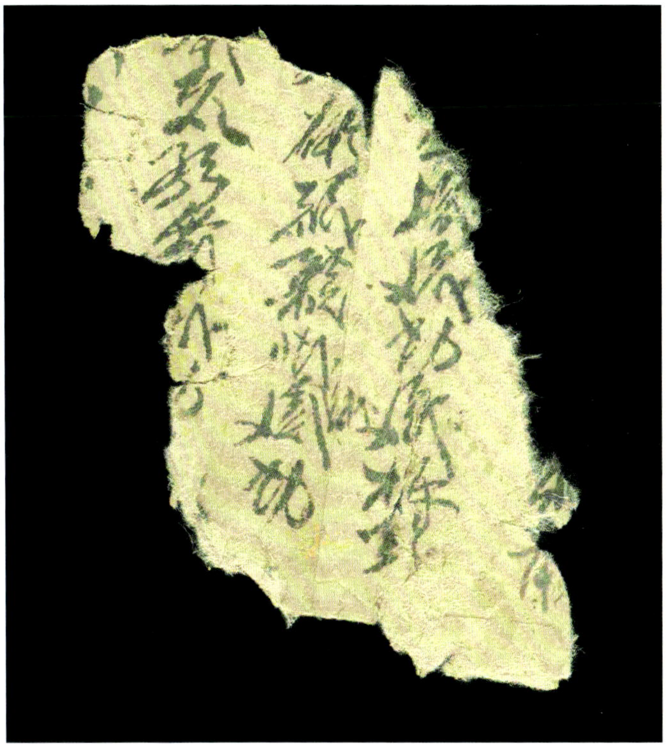

Or.12380/1661（K.K.V.b.024.m）
6.4 釐米 × 5.5 釐米

1662 殘片

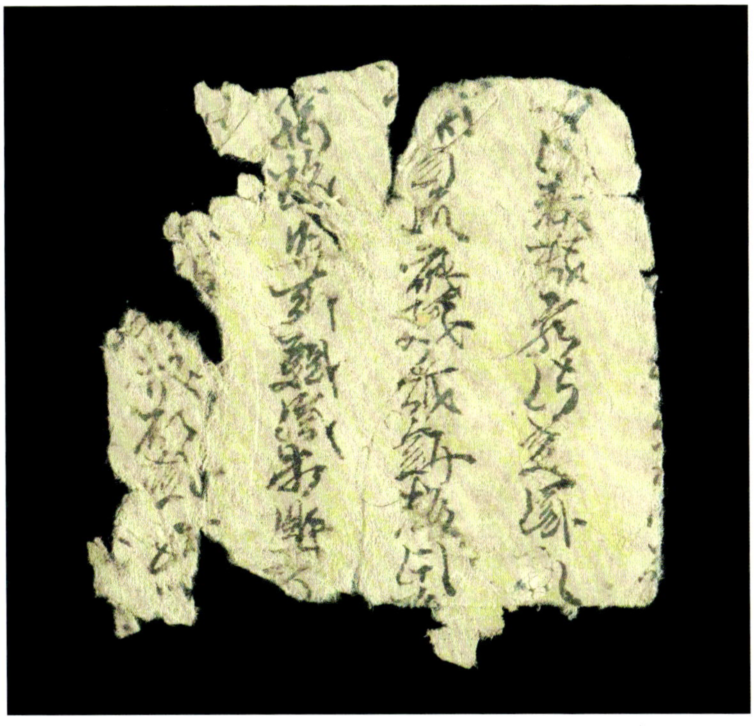

Or.12380/1662
（K.K.V.b.020.a.xlv）
8.2 釐米 × 8 釐米

1663 殘片

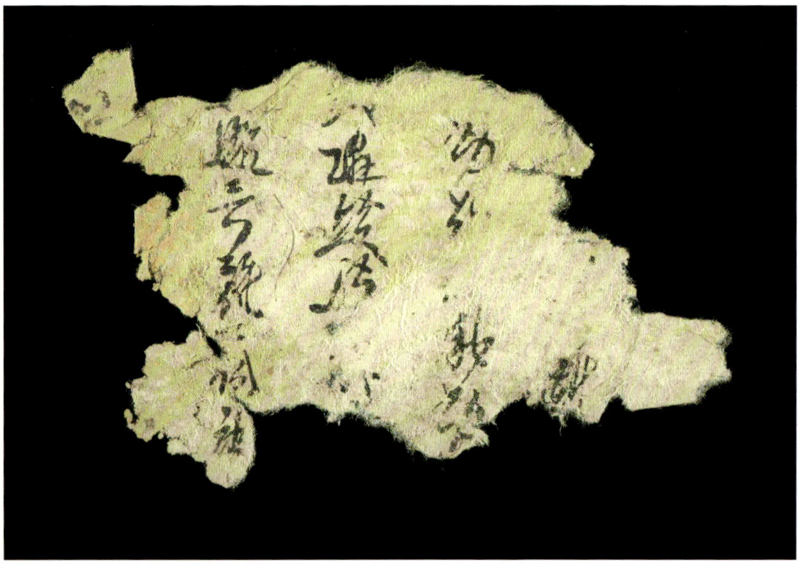

Or.12380/1663
（K.K.V.b.020.b.iv）
5.2 釐米 × 8.5 釐米

1664 殘片

Or.12380/1664
（K.K.V.b.020.b.vi）
7.7 釐米 × 4 釐米

1665 殘片

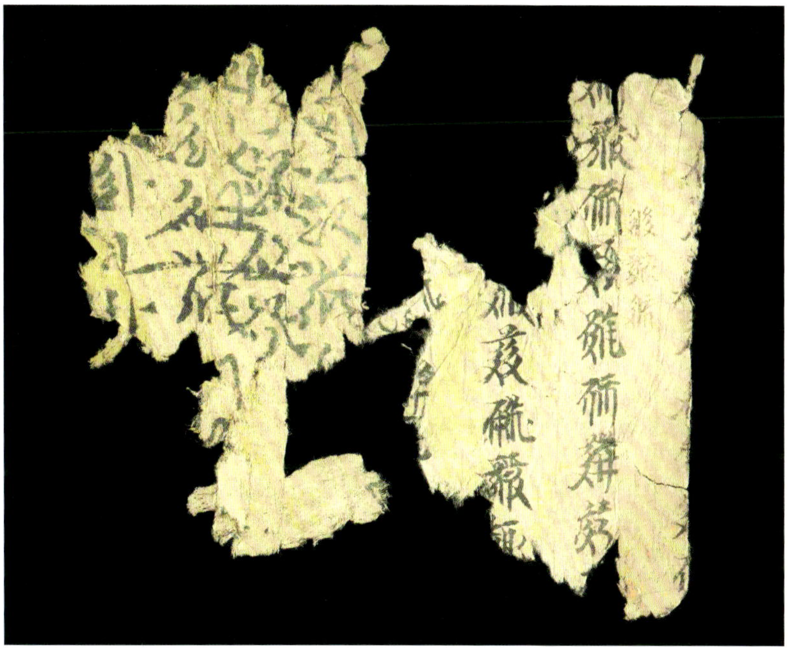

Or.12380/1665
（K.K.II.0121.h?）
8.5 釐米 × 4.8 釐米

……察之謂此之量設……
……與失察何……

1666 殘片

Or.12380/1666（K.K.II.0121.l）
5 釐米 × 6.5 釐米

1667 佛書殘片

Or.12380/1667（K.K.II.0121.m）
13.5 釐米 × 7.5 釐米

1668　殘片

Or.12380/1668（K.K.II.0230.eee.1?）
8.9 釐米 × 10.4 釐米

1669 金剛般若波羅蜜經

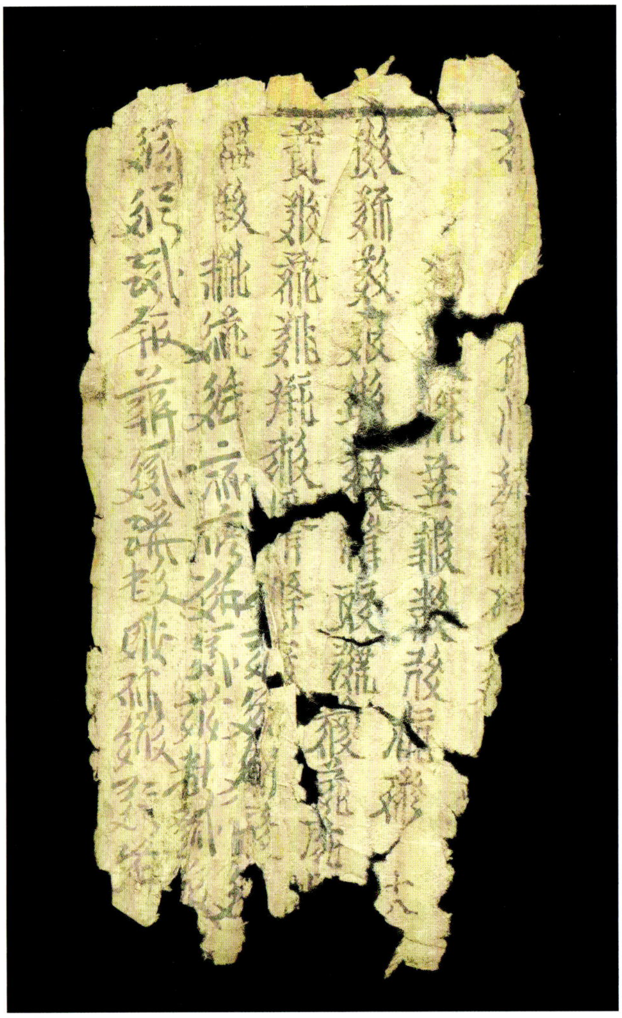

Or.12380/1669
（K.K.II.0232.p）
17 釐米 × 9 釐米

……相非是法相……
化□不實分三十二第
須菩提若人無量阿僧祇世界□
七寶純滿彼以布施若善男子□
女人菩提心發者此契經種乃□
四句偈等受持讀誦人爲演説則

所言法相者，如來説**即非法相**，是名**法相**。

應化非真分第三十二

須菩提！**若有人以滿無量阿僧祇世界七寶**持用**布施**，**若有善男子善女人發菩提心者**，**持於此經乃至四句偈等受持讀誦**，**爲人演説**，其福勝彼。（《大正藏》T85，p0008b）

1670　修法殘片

Or.12380/1670
（K.K.II.0243.f）
17.5 釐米 × 11 釐米

……場邊□□□淨連□髮……
及頂中輪白嚴身上衣無人……
頭骨鬘戴右手割刀左手充滿頭器……
種色蓮華日壇色黄死屍之心中著……
足趾大左足之下於各柱舞爲相如焚燒中……
行母者身色黑青左方羅母者色玄……
者色赤右方色多母者色黄始一面二臂三……
……頭上五人頭骨嚴項上人頭骨鬘戴……

1671 文契殘片

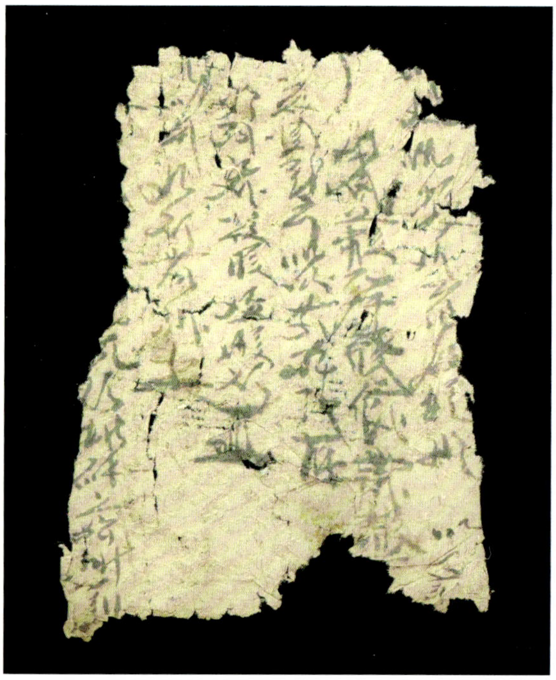

Or.12380/1671（K.K.II.0243.e）
13.9 釐米 × 10.4 釐米

1672 文契殘片

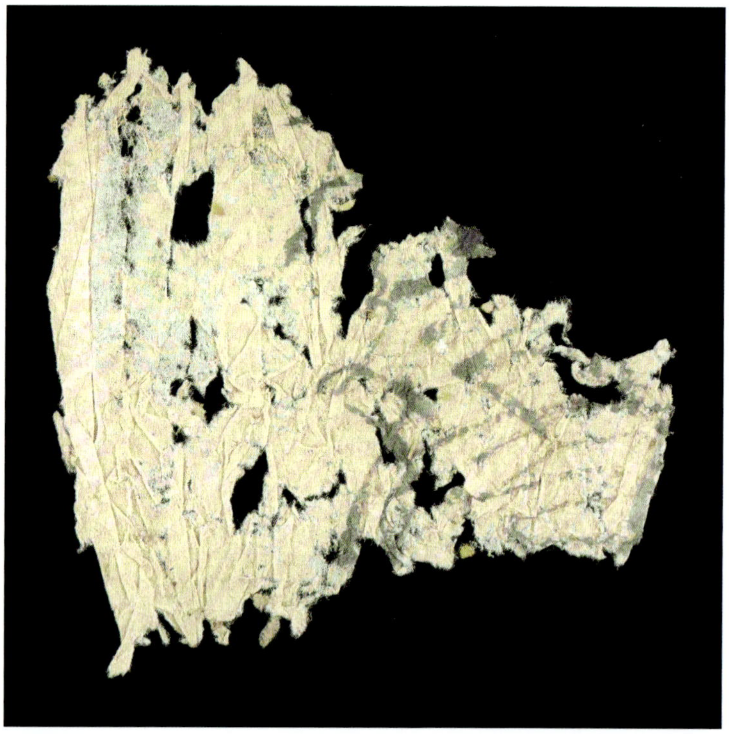

Or.12380/1672
（K.K.II.0230.uu.4）
10 釐米 × 10.5 釐米

1673 文契殘片

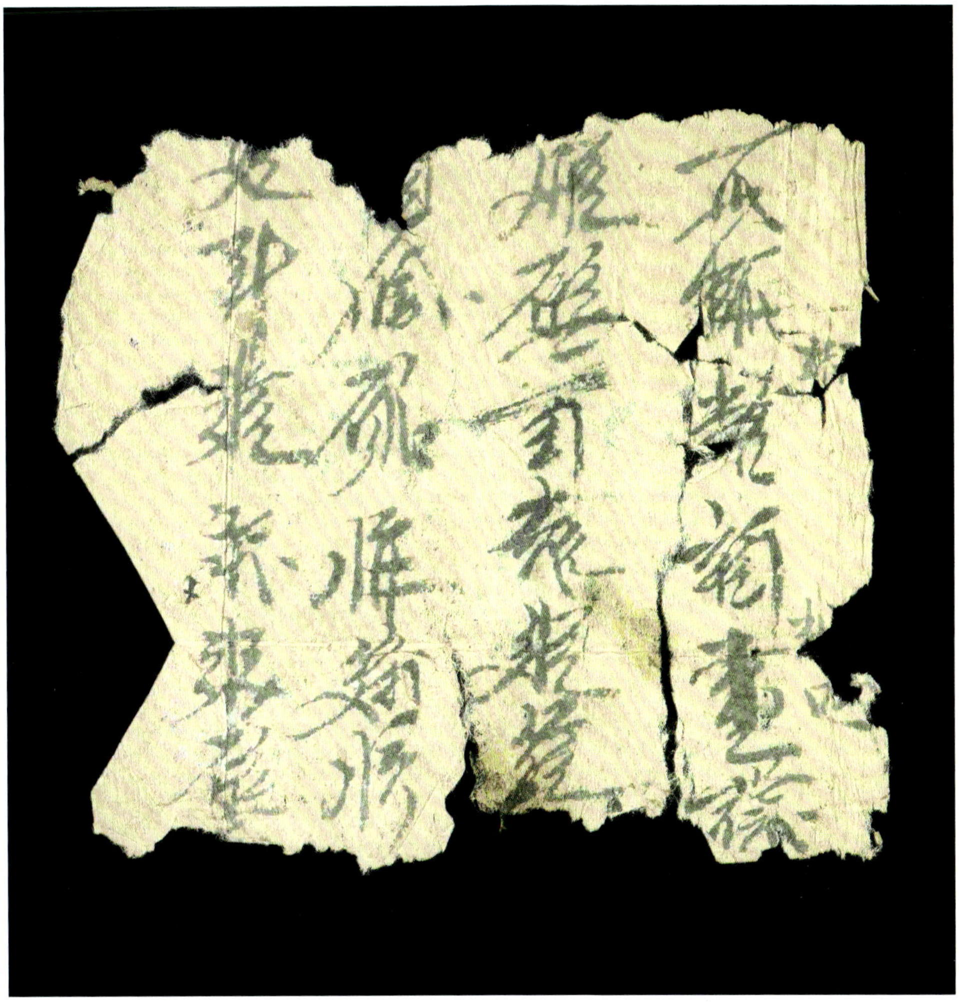

Or.12380/1673（K.K.II.0230.eee.2?）
9.2 釐米 × 10.7 釐米

1674 佛書殘片

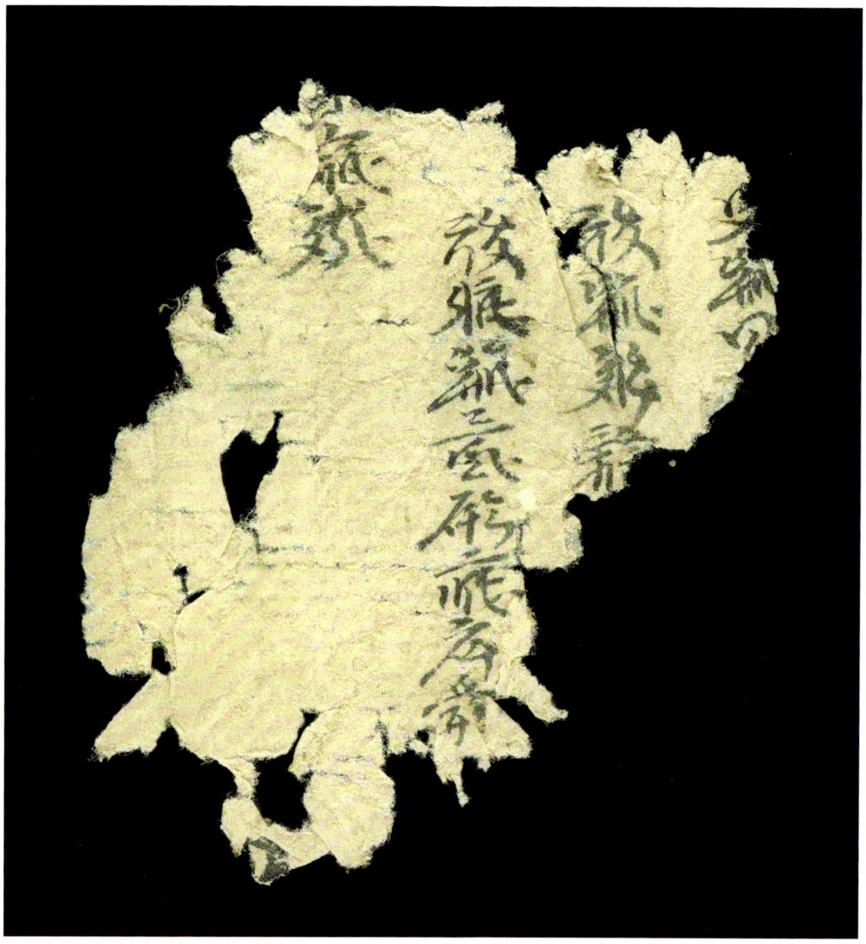

Or.12380/1674（K.K.II.0230.qqq）
8.5 釐米 × 7.5 釐米

……八願……
……十願財寶……
……十二願萬語皆當成……
……送法

1675　殘片

Or.12380/1675
（K.K.II.0230.mmm.1?）
12.5 釐米 × 6.5 釐米

1676　殘片

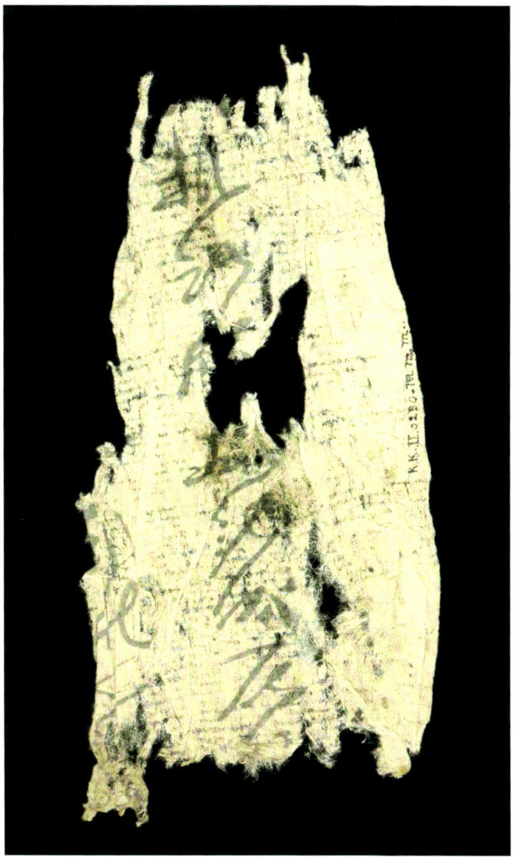

Or.12380/1676
（K.K.II.0230.mmm.2?）
14 釐米 × 6.6 釐米

1677 殘片

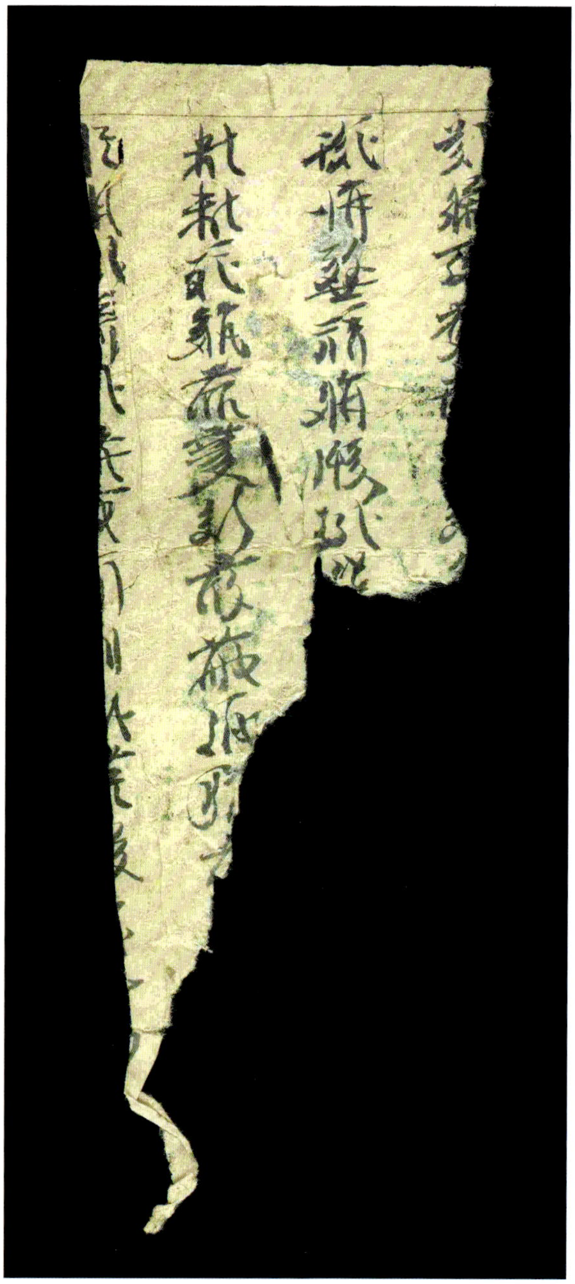

Or.12380/1677
（K.K.II.0230.hhh.1?）
13.2 釐米 × 4.8 釐米

一時……

城内坐寂闇高處……

種種食味準備做見乃問……

1678 殘片

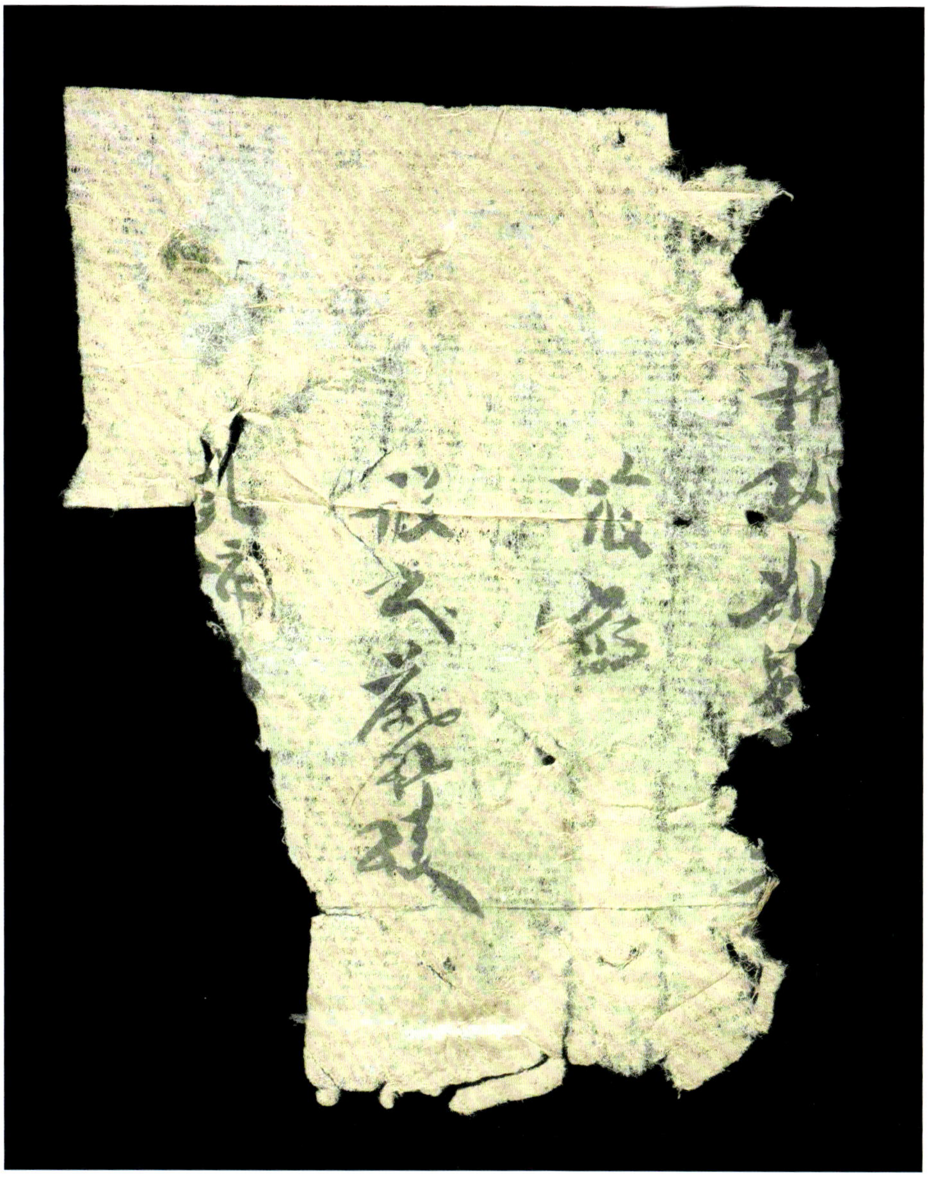

Or.12380/1678（K.K.II.0230.hhh.2?）
13.2 釐米 × 10.6 釐米

1679 佛書殘片

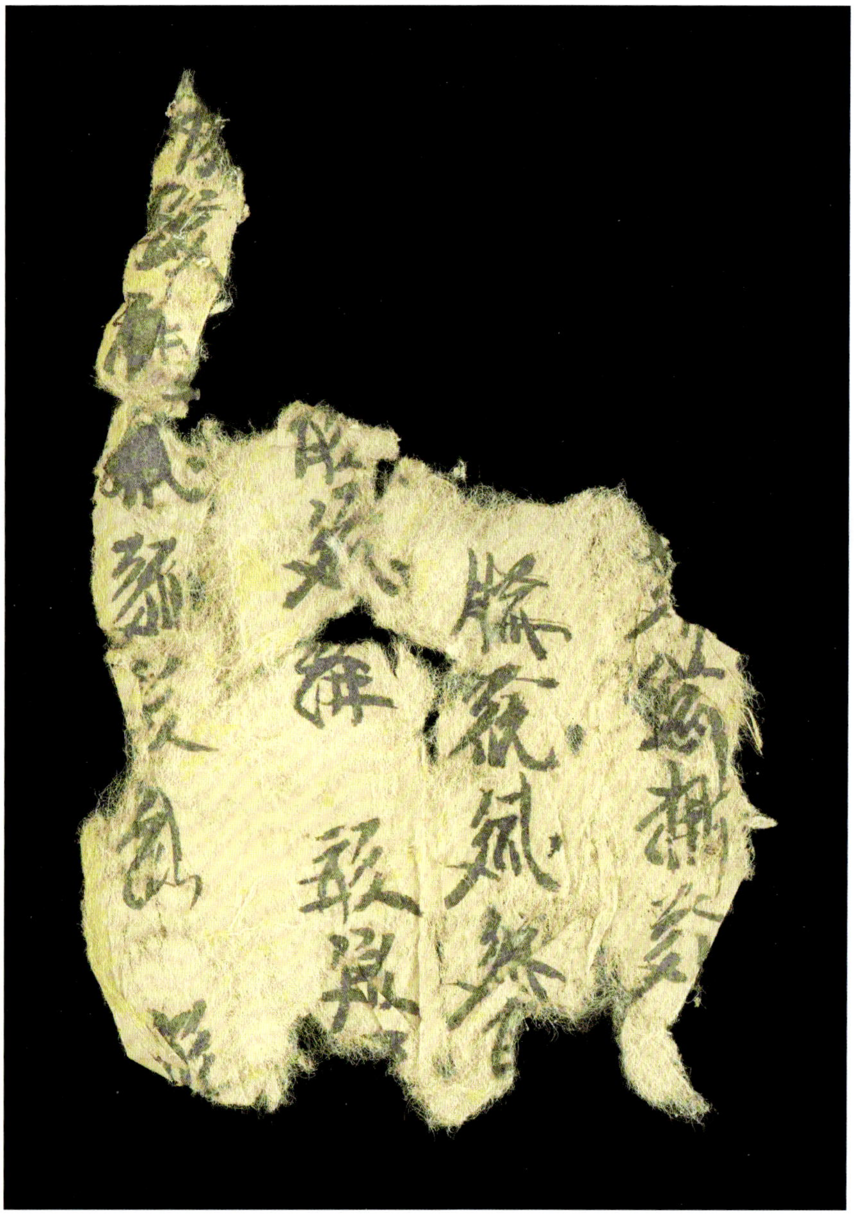

Or.12380/1679（K.K.II.0233.xx.1?）
9 釐米 × 6 釐米

……者中說……
……有情正覺……
……了悟則　他方……
……菩提是……

1680 簿籍殘片

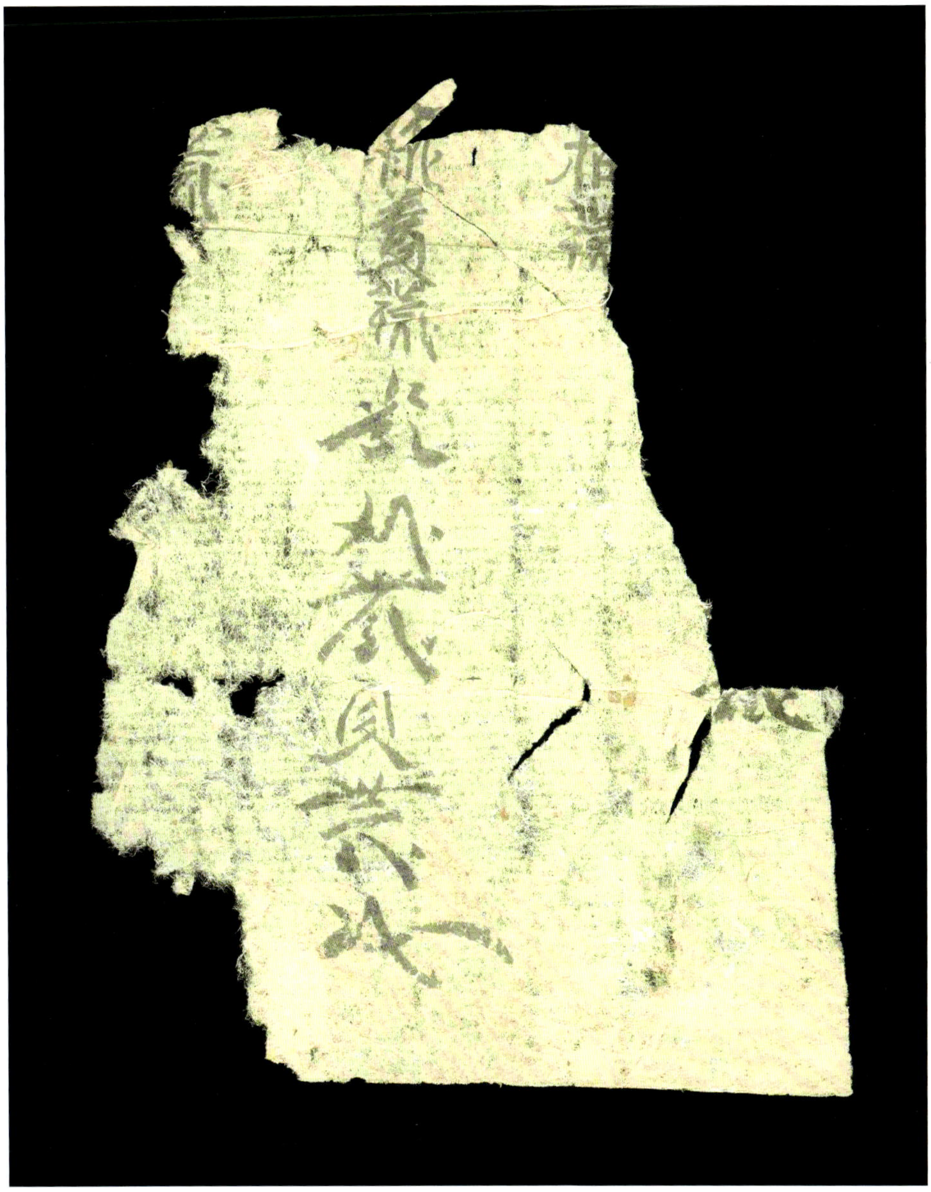

Or.12380/1680(K.K.II.0230.hhh.3?)
13.7 釐米 × 10.5 釐米

1681 殘片

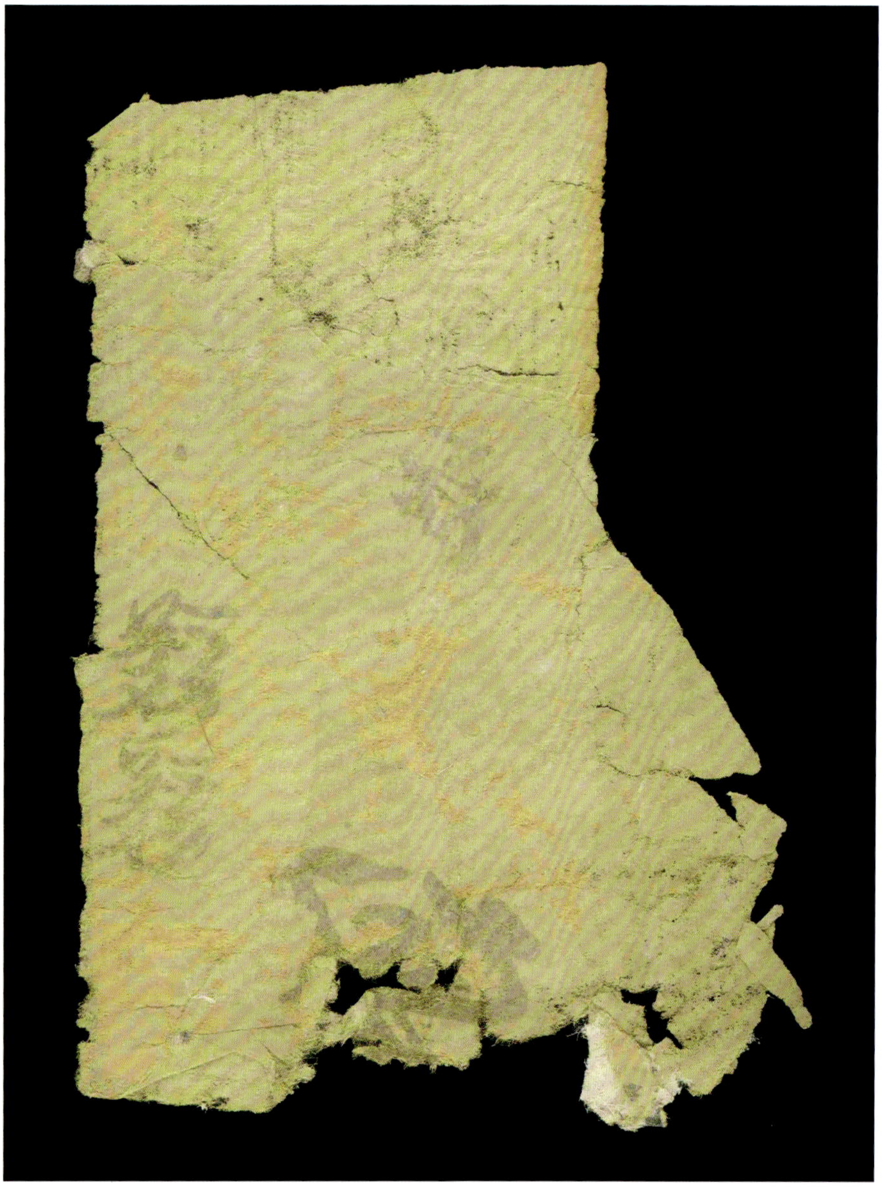

Or.12380/1681（K.K.II.0230.hhh.4?）
11 釐米 × 7.5 釐米

星星

1682　佛書殘片

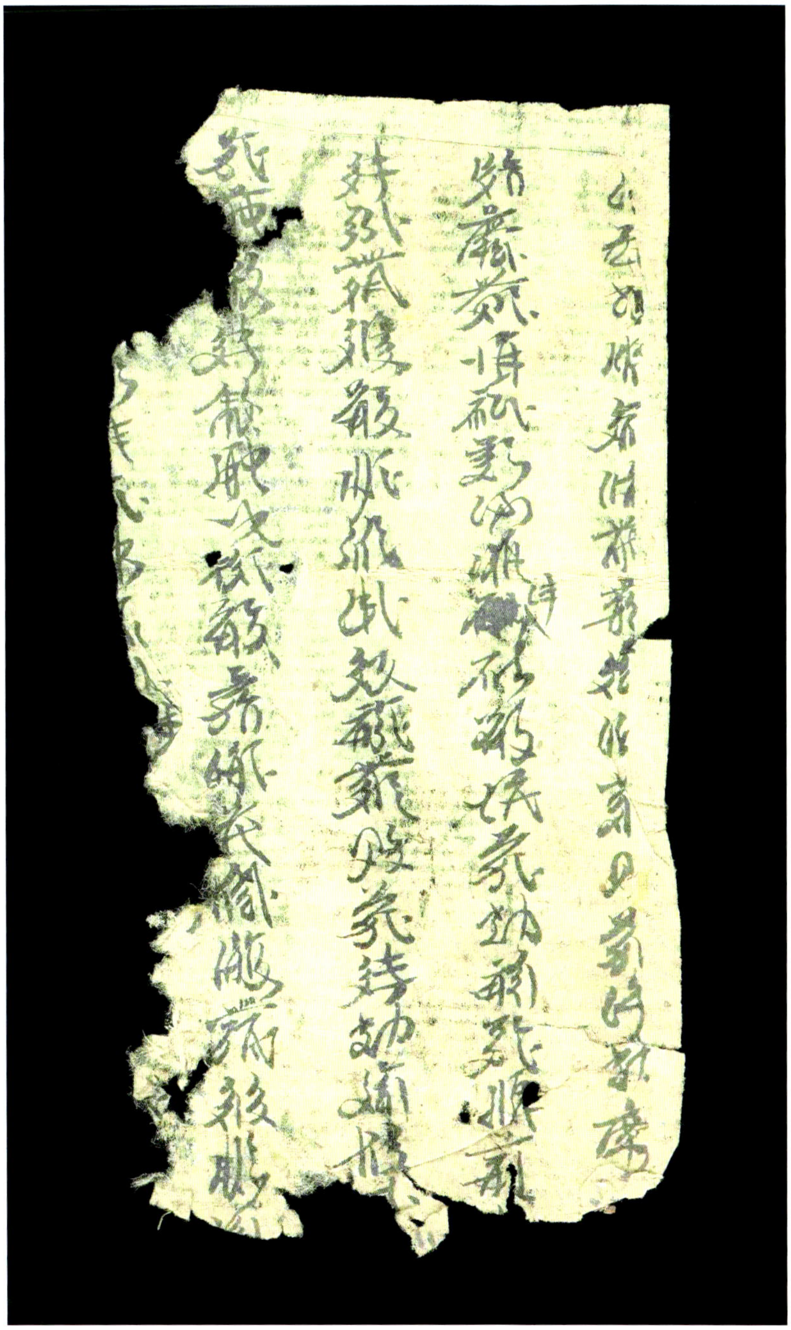

Or.12380/1682（K.K.II.0230.hhh.5?）
13.2 釐米 × 6.7 釐米

1683 佛書殘片

Or.12380/1683（K.K.II.0233.xx.2?）
12.1 釐米 × 7.5 釐米

1684 佛書殘片

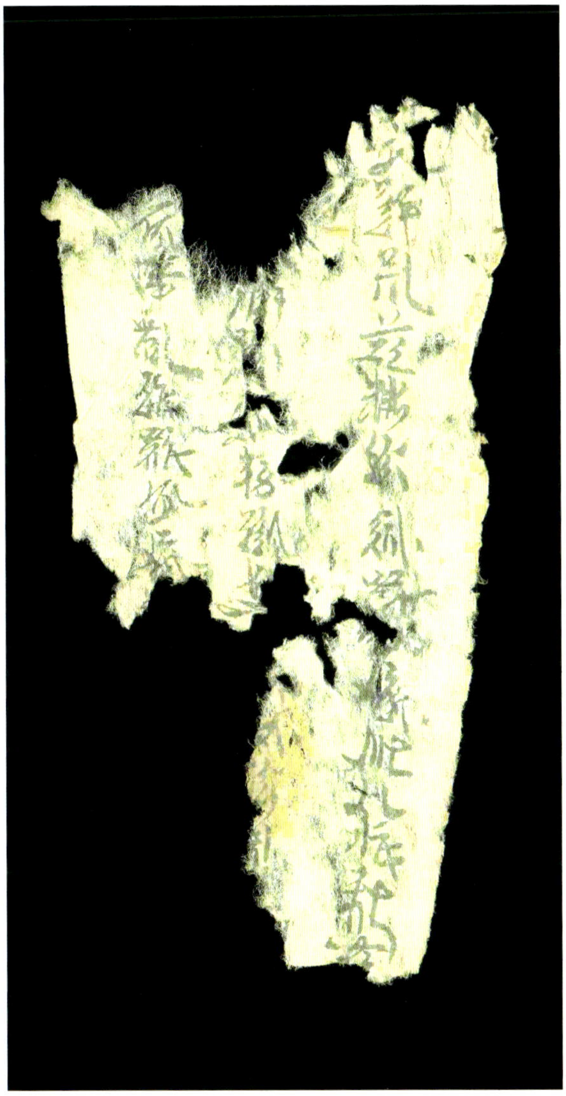

Or.12380/1684A（K.K.II.0231.k.1?）
12.7 釐米 × 6.5 釐米

Or.12380/1684B
12.7 釐米 × 7.4 釐米

1685 殘片

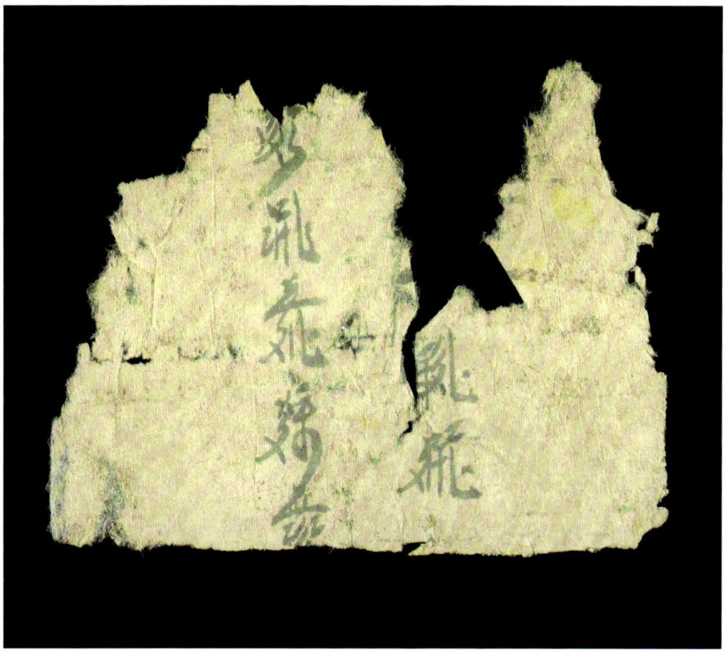

Or.12380/1685
（K.K.II.0233.xx.3?）
7.4 釐米 × 9.5 釐米

1686 殘片

Or.12380/1686（K.K.II.0231.k.2?）
10.2 釐米 × 10 釐米

1687 殘片

Or.12380/1687
（K.K.II.0270.vv.ii）
8.5 釐米 × 10.5 釐米

1688 殘片

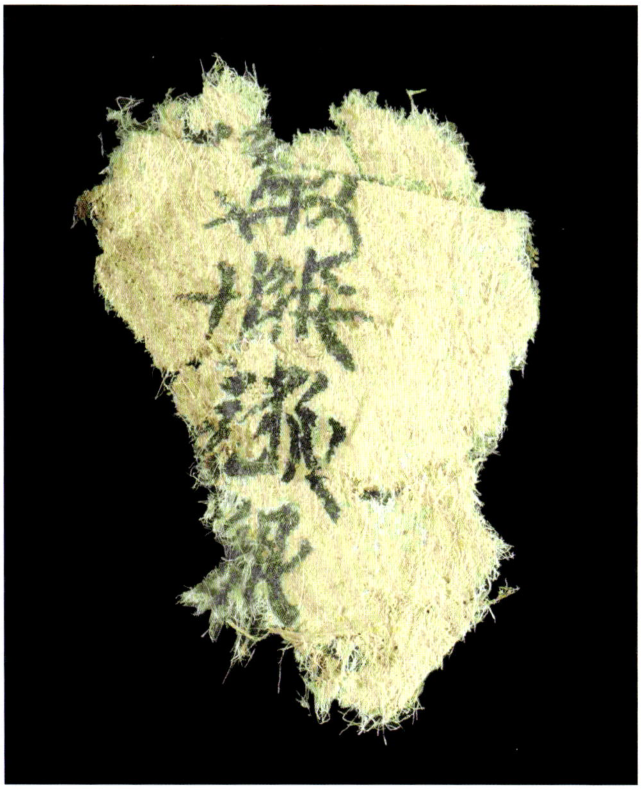

Or.12380/1688（K.K.II.0240.mm?）
1.7 釐米 × 1.3 釐米

1689 殘片

Or.12380/1689
（K.K.II.0239.x）
10.4 釐米 × 10.1 釐米

1690 殘片

Or.12380/1690（K.K.II.0239.aa）
11.1 釐米 × 11 釐米

1691　殘片

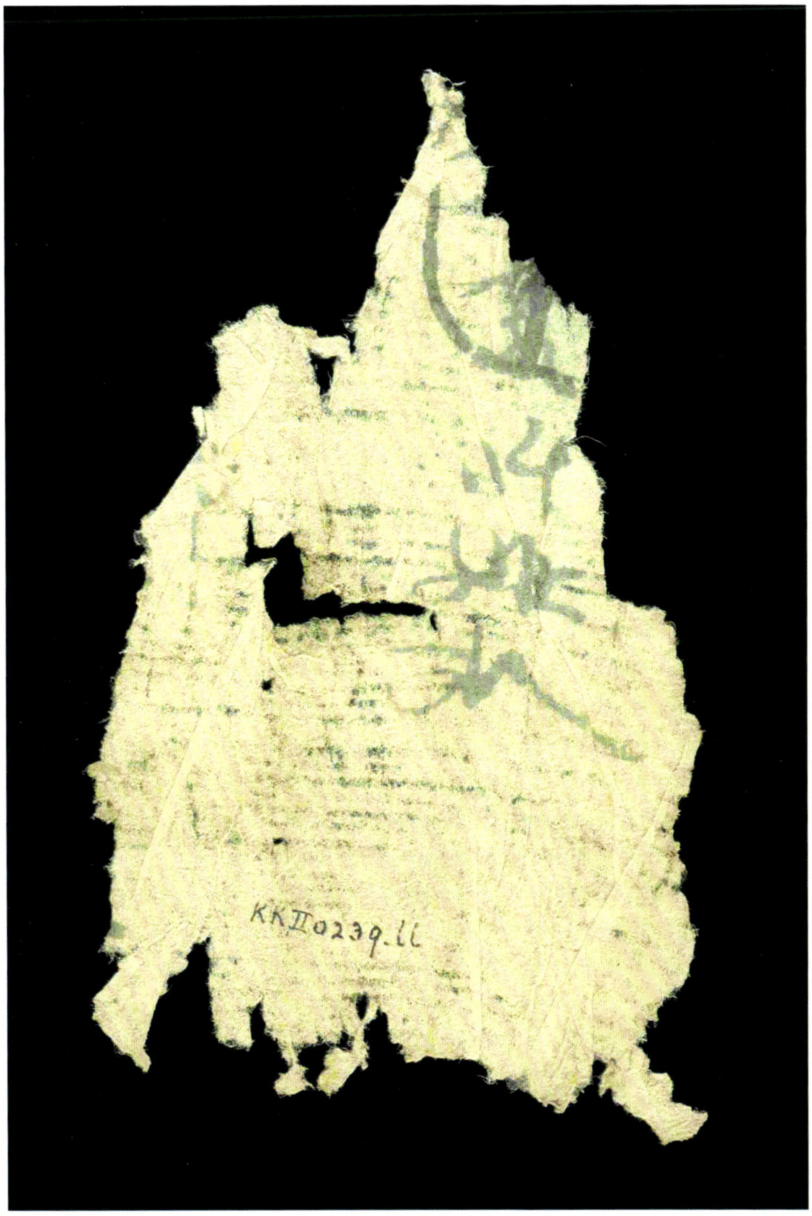

Or.12380/1691（K.K.II.0239.ll）
8.7 釐米 × 5.3 釐米

1692 殘片

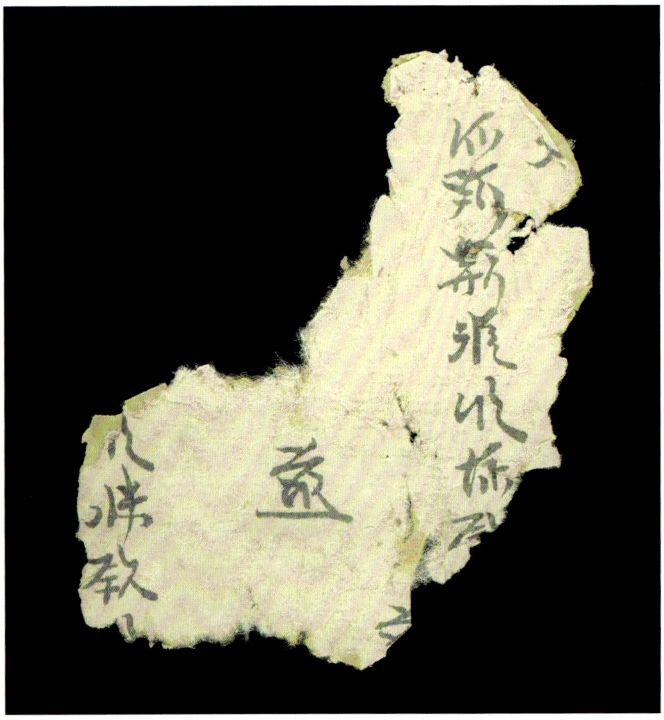

Or.12380/1692（K.K.II.0239.jj）
9.7 釐米 × 8.2 釐米

1693 殘片

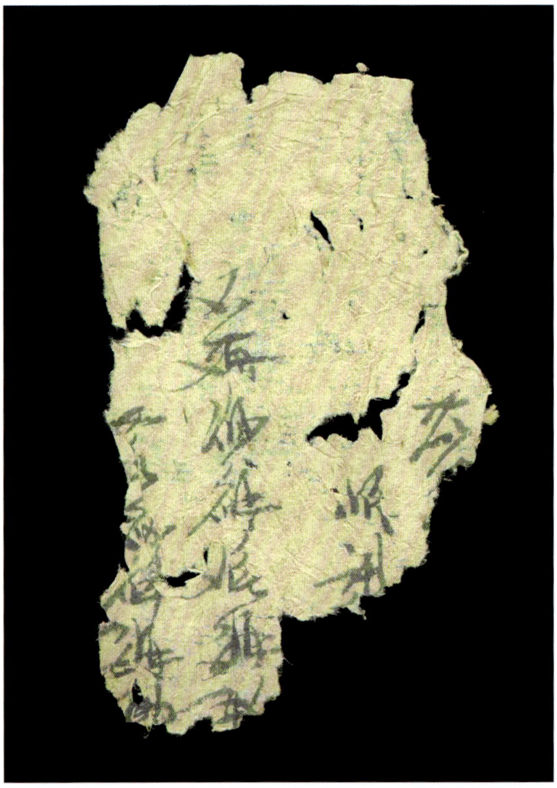

Or.12380/1693（K.K.II.0239.ff）
12.8 釐米 × 8.1 釐米

1694　殘片

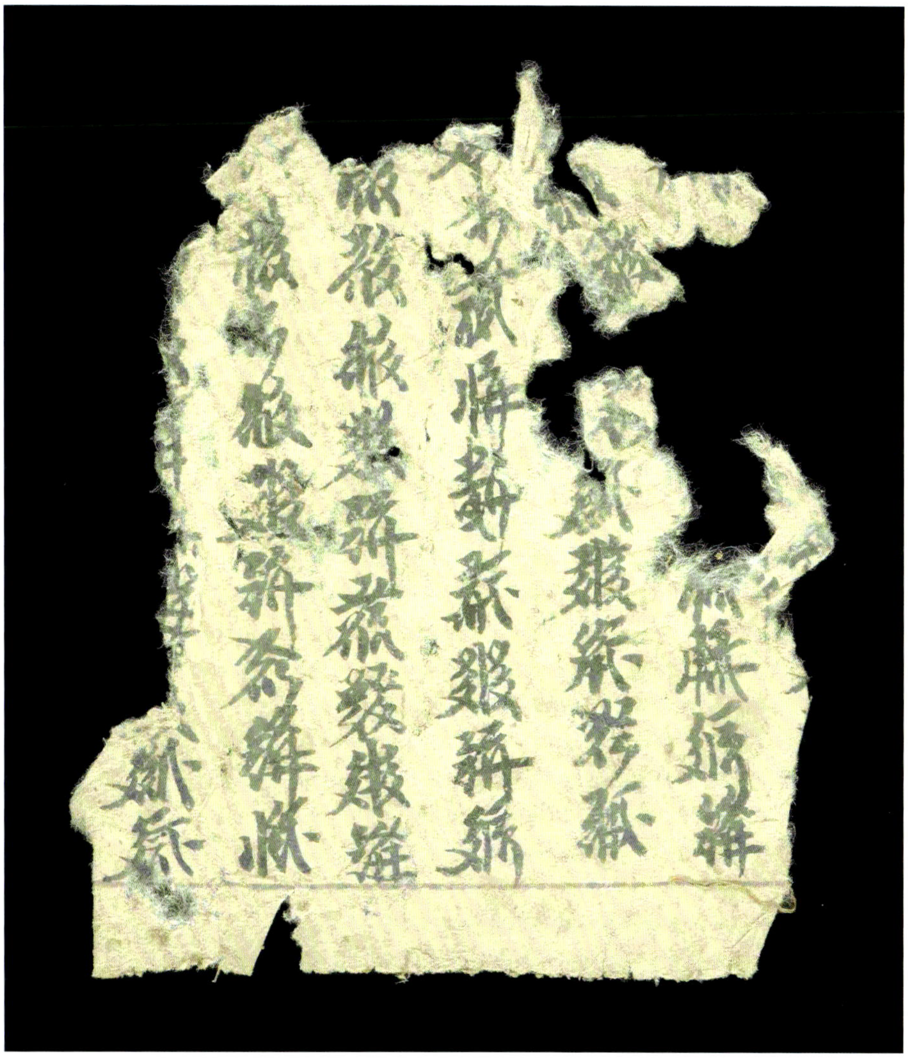

Or.12380/1694（K.K.II.0239.gg）
9.4 釐米 × 10.9 釐米

……情無則
……中□受時其師上
……亦道内盜僞中禁無
……是也畏中禁有未破則
……是亦畏中禁有則不
……受應

1695 殘片

Or.12380/1695
（K.K.II.0239.tt.5?）
15.9 釐米 × 8.7 釐米

1696 殘片

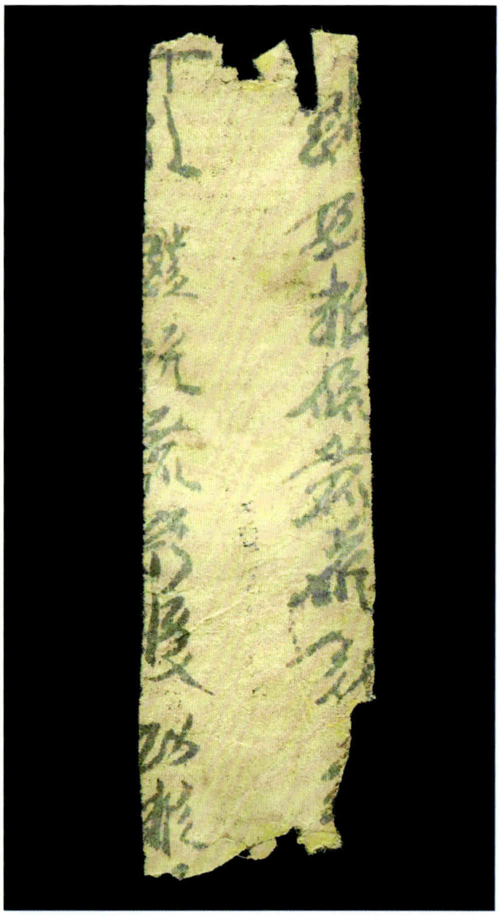

Or.12380/1696
（K.K.II.0239.rrr）
9.3 釐米 × 2.7 釐米

1697 大方廣佛華嚴經卷四十八

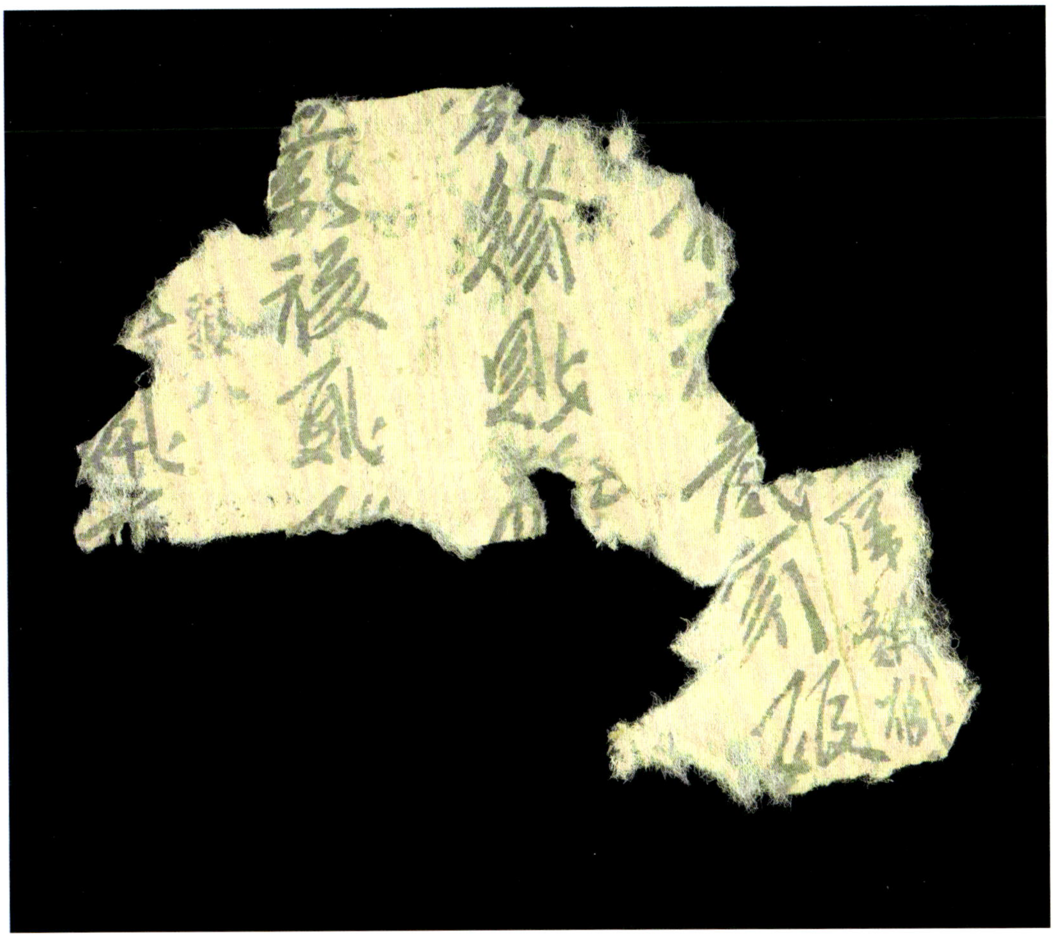

Or.12380/1697（K.K.II.0283.a.xiv.2?）
6.6 釐米 × 8.7 釐米

……癡行多……
……萬一千……
……在光明……
……金網輪……

瞋行多者二萬一千，**癡行多**者二萬一千，等分行者二**萬一千**，了知如是悉是虛妄。如是知已，成就香幢雲，自**在光明**，清淨善根。若有衆生見其蓋者，種一清淨**金網**轉**輪**王一恒河沙善根。（《大正藏》T10，p0257a）

1698 殘片

Or.12380/1698A（K.K.II.0283.a.xvi）
8.8 釐米 × 13.4 釐米

Or.12380/1698B

Or.12380/1698C

1699 殘片

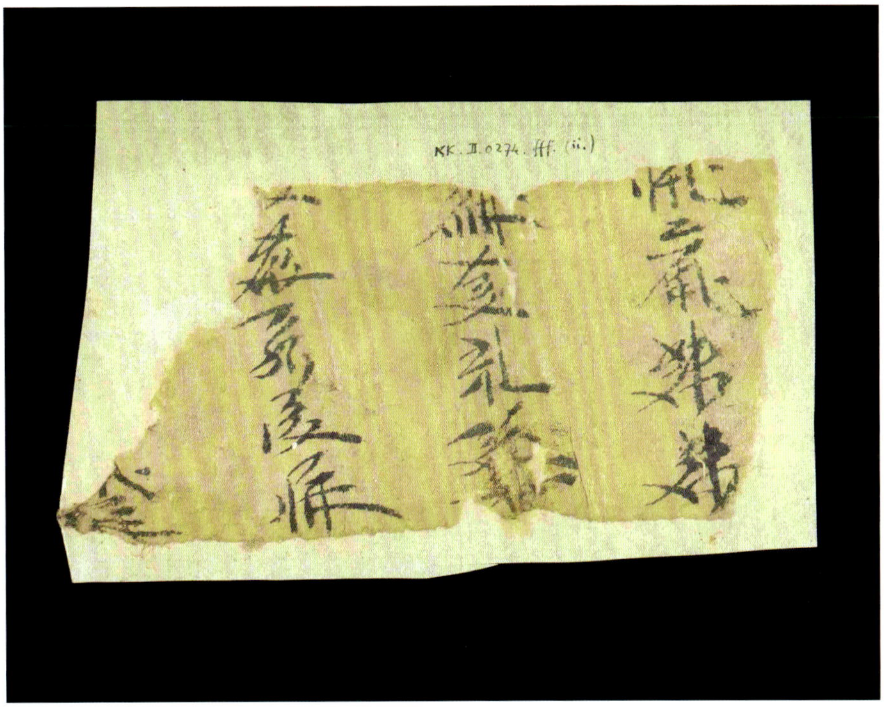

Or.12380/1699（K.K.II.0274.fff.ii）
6.3 釐米 × 10.8 釐米

1700 殘片

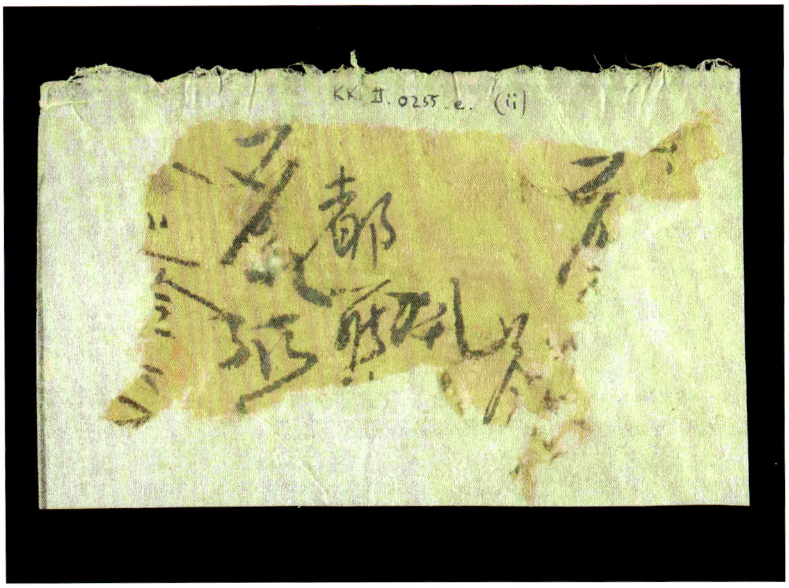

Or.12380/1700（K.K.II.0255.e.ii）
4.4 釐米 × 7.1 釐米

1701 殘片

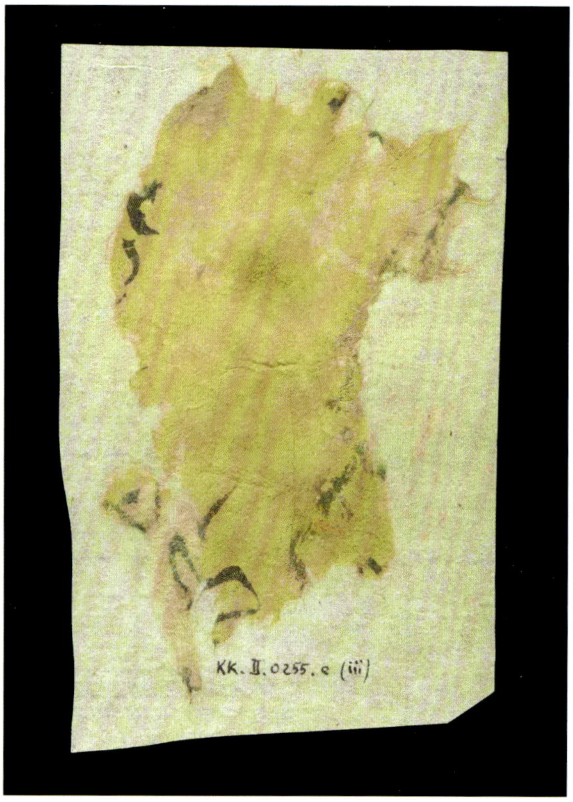

Or.12380/1701（K.K.II.0255.e.iii）
7.4 釐米×4.3 釐米

1702 殘片

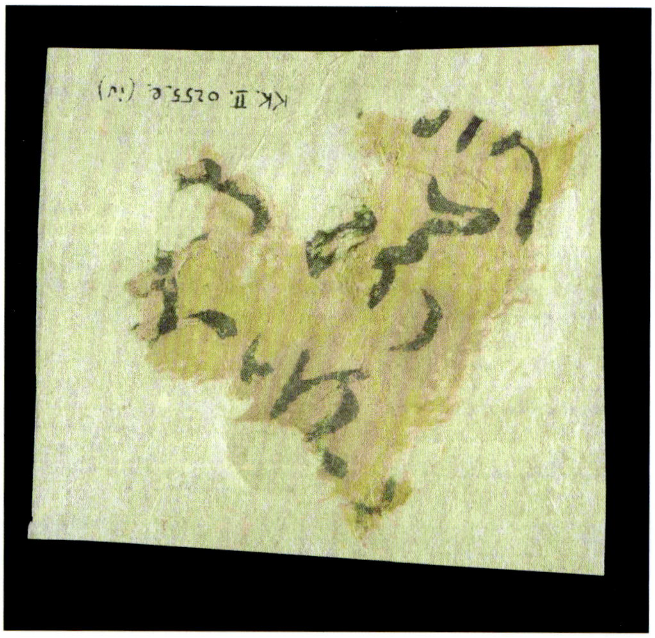

Or.12380/1702（K.K.II.0255.e.iv）
4.1 釐米×4 釐米

1703　殘片

Or.12380/1703（K.K.II.0255.e.vi）

2.8 釐米 × 3.4 釐米

1704 佛書殘片

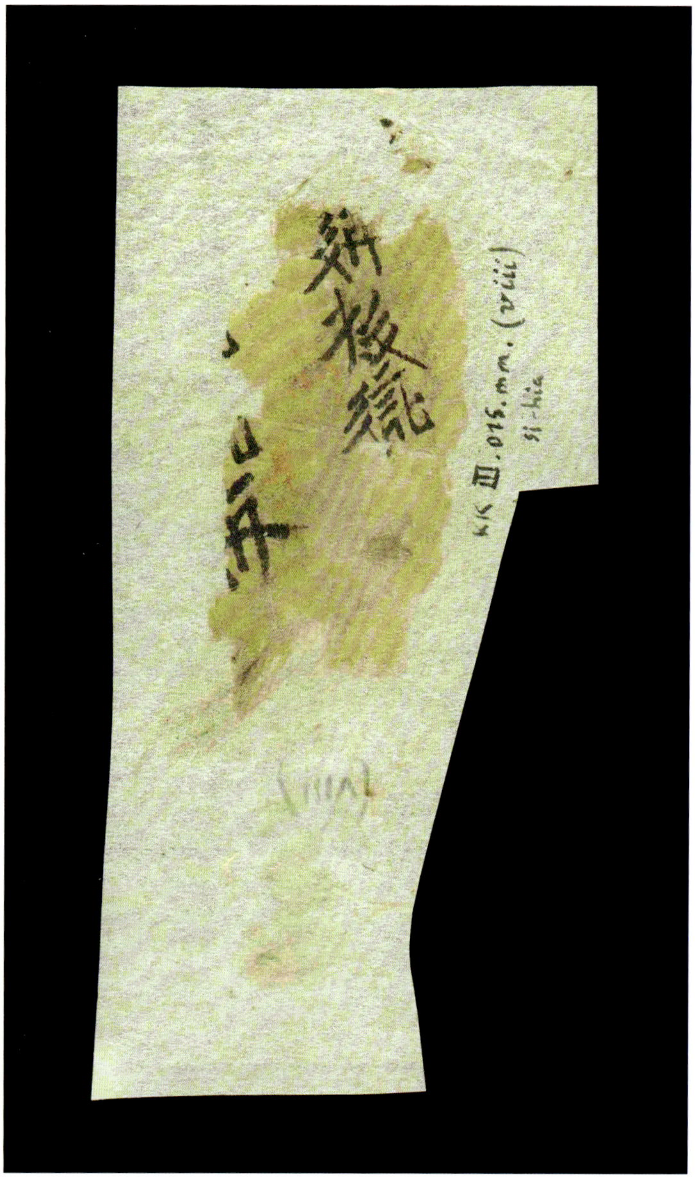

Or.12380/1704（K.K.III.015.mm.viii.si–hia）
3.8 釐米 × 1.9 釐米

……番誦應
……番

1705 殘片

Or.12380/1705A（K.K.II.0233.sss）
15.6 釐米 × 9.3 釐米

Or.12380/1705B
8.5 釐米 × 11 釐米

1706 殘片

Or.12380/1706
（K.K.III.015.ww?）
6.6 釐米 × 4.1 釐米

1707 殘片

Or.12380/1707A
（K.K.III.021.tt?）
9 釐米 × 17.4 釐米

……蒻此……

……中威……

Or.12380/1707B
5.6 釐米 × 10.5 釐米

……法太……
……太……
……爲獨説……

Or.12380/1707C
3.8 釐米 × 2 釐米

1708 佛書殘片

Or.12380/1708A（K.K.III.020.ii）
7.8 釐米 × 25.4 釐米

驛中……

Or.12380/1708B

……所得……

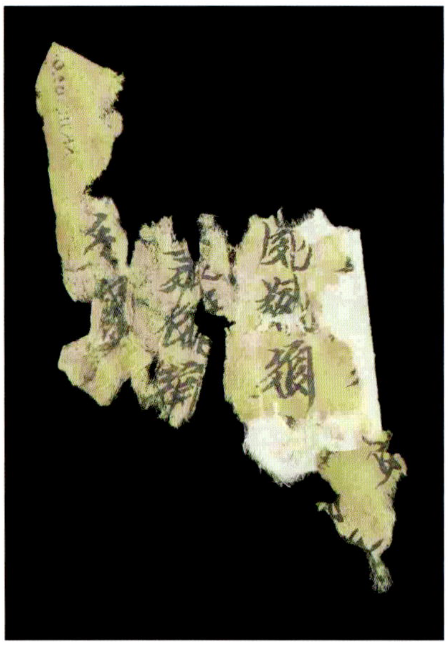

Or.12380/1708C

……鬘咒……
……咒……

Or.12380/1708E

……吽
……囉　吽

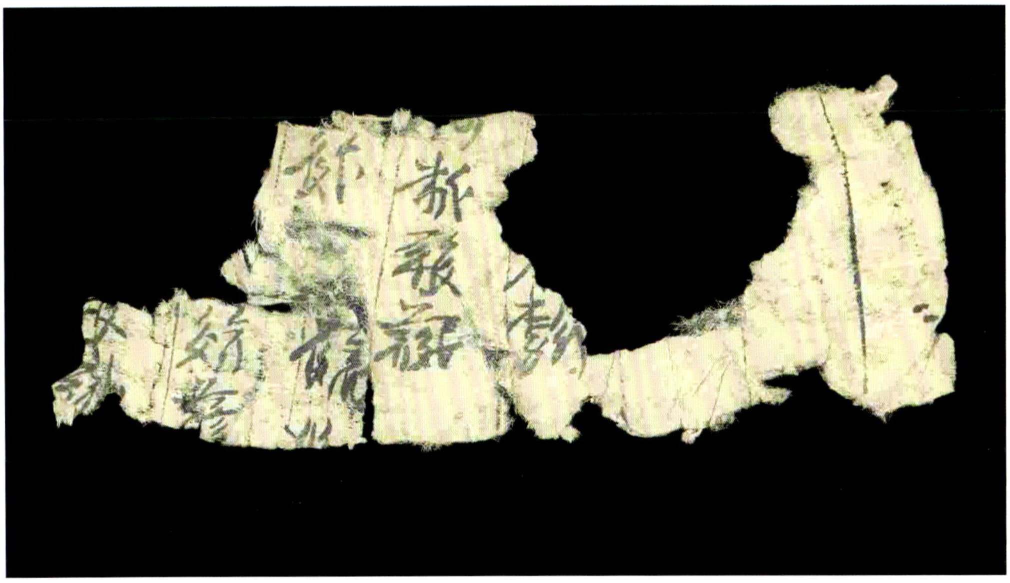

Or.12380/1708D

……忍

……上等無

……做□相……

……地祇……

1709 殘片

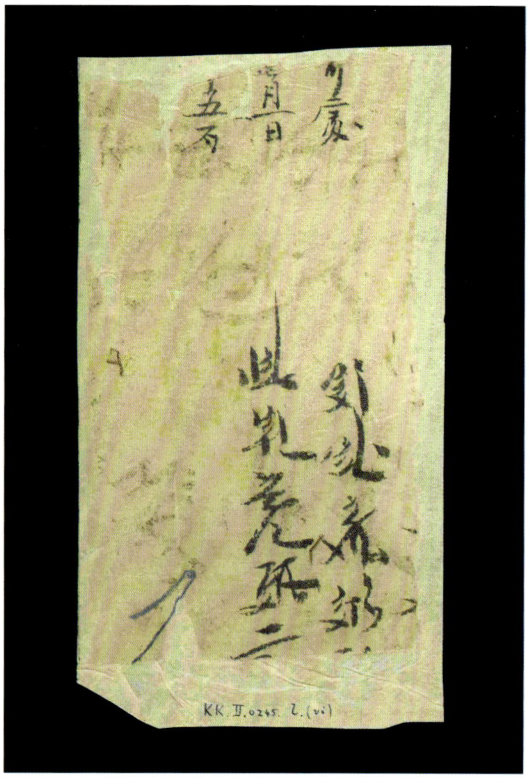

Or.12380/1709
（K.K.II.0245.l.vi?）
12.2 釐米 × 6.9 釐米

1710 殘片

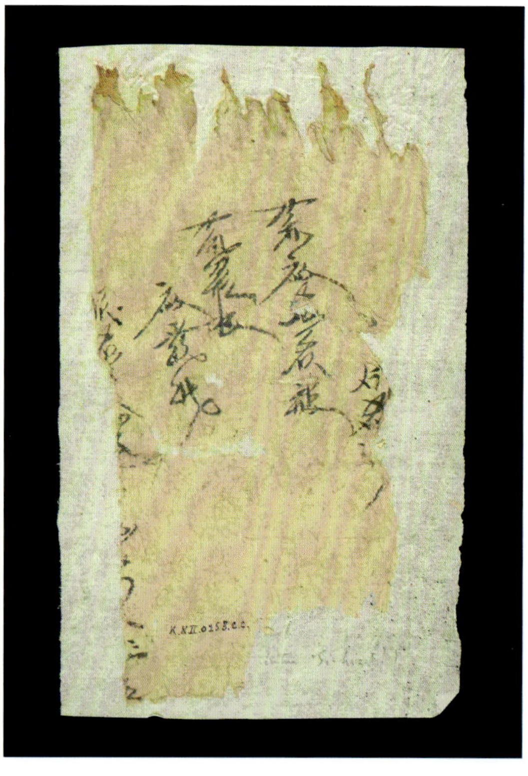

Or.12380/1710
（K.K.II.0253.cc）
17.4 釐米 × 9.5 釐米

1711 殘片

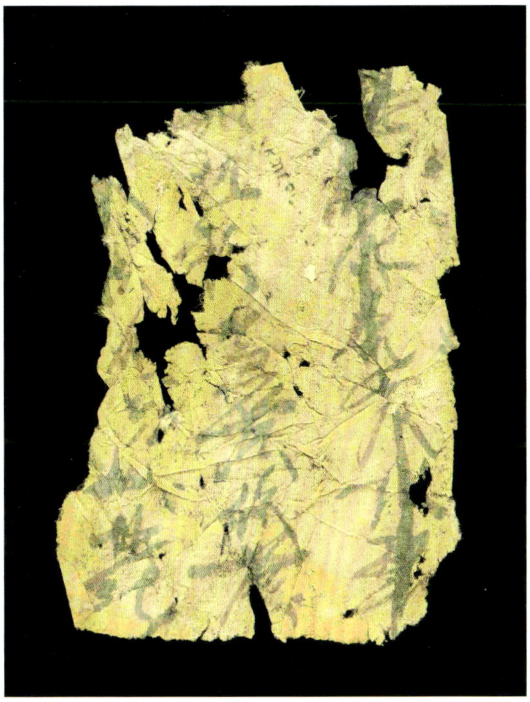

Or.12380/1711（K.K.III.017.bb）
10.3 釐米 × 7.4 釐米

1713 殘片

Or.12380/1713A（?）
12.2 釐米 × 12.1 釐米

Or.12380/1713B

Or.12380/1713C

Or.12380/1713E

Or.12380/1713F

1714 殘片

Or.12380/1714（K.K.III.024.w）
9.4 釐米 × 5 釐米

1715　殘片

Or.12380/1715（K.K.III.024.r）
7.7 釐米 × 3.5 釐米

1716　佛母大孔雀明王經卷下

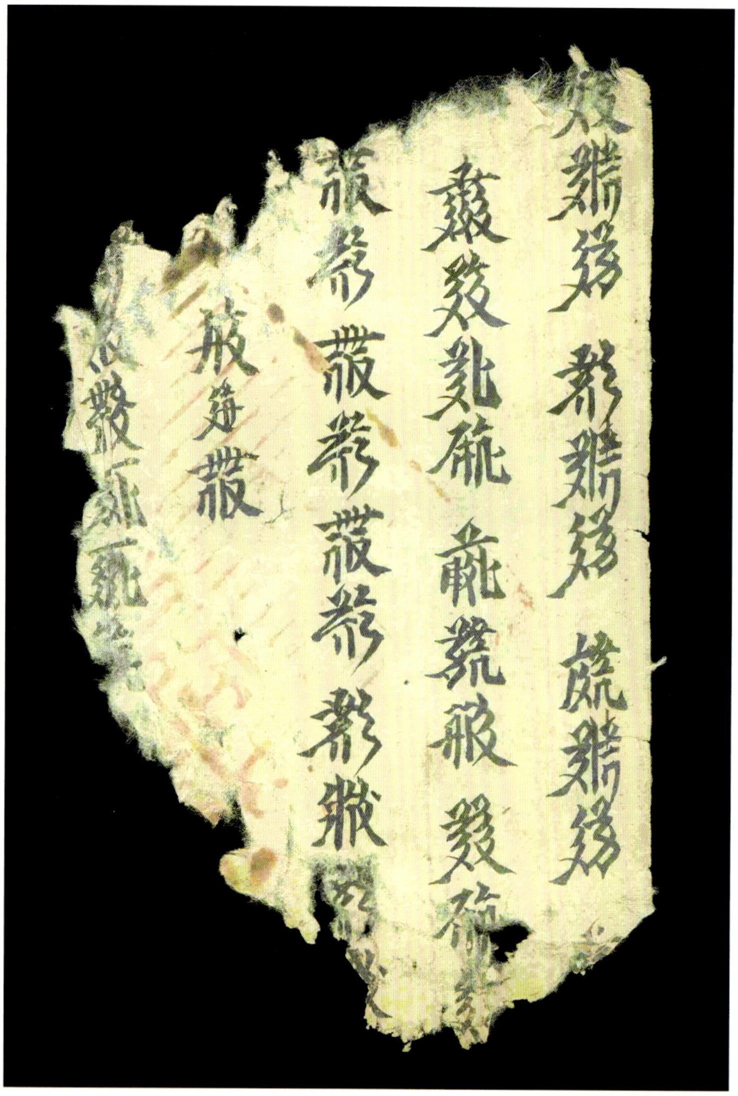

Or.12380/1716
（K.K.II.0261.j）
15.7 釐米×9.7 釐米

……頞拏𠽋　鉢拏𠽋　建拏𠽋……
……呰謀嚩底　滿訶曼膩底計……
……賀囉　賀囉賀囉　跛輸跛……
……娑嚩賀
……大孔雀……

怛儞也二合他引　**頞拏**上𠽋　**建拏**𠽋　曼拏𠽋　騫去拏𠽋　呰謀　呰謀曩儞　**呰謀嚩底**　**滿**帝**曼膩底計**　阿麼𠽋　僧係　賀囉**賀囉**　**賀囉賀囉**　**跛輸跛**輸跛輸　跛輸跛輸　鉢底悉底**娑嚩**二合引**賀**引

阿難陀！我釋迦牟尼如來正遍知者亦隨喜宣説此佛母**大孔雀**明王真言。（《大正藏》T19, p0434a）

1717　殘片

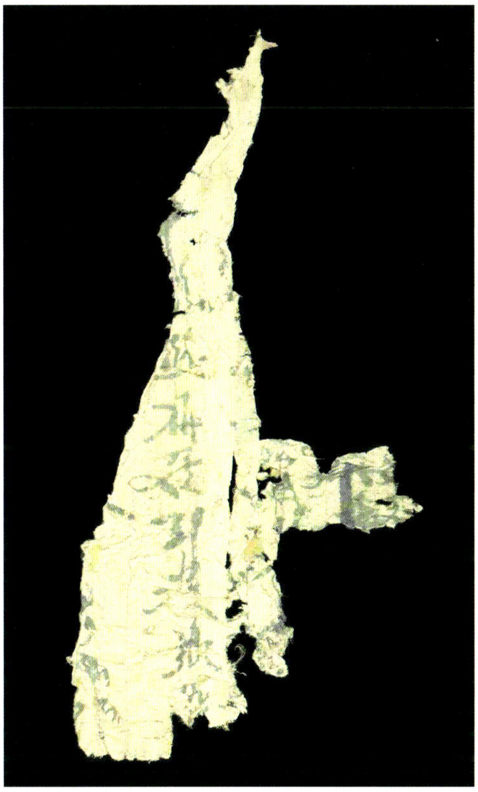

Or.12380/1717
（K.K.II.0260.x.5?）
15.9 釐米×7.9 釐米

1718　殘片

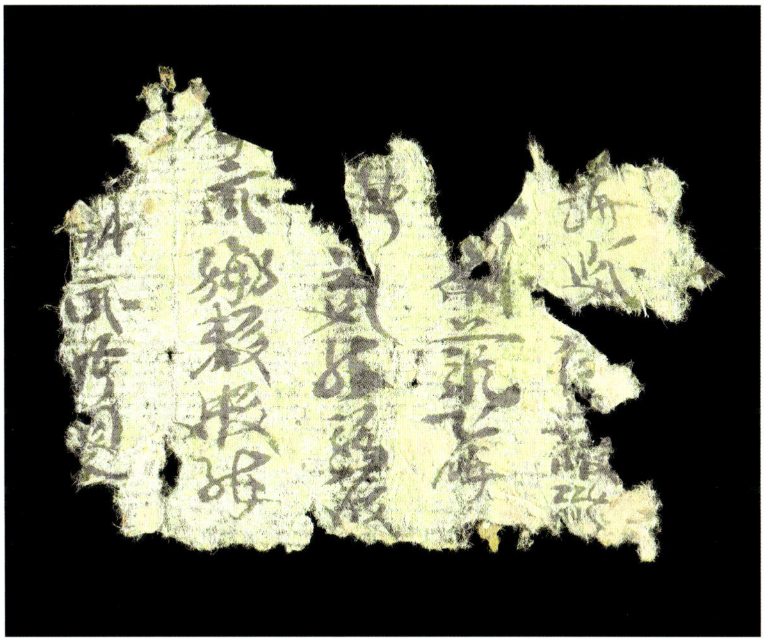

Or.12380/1718
（K.K.II.0260.x.6?）
6.7 釐米×9.2 釐米

1719 殘片

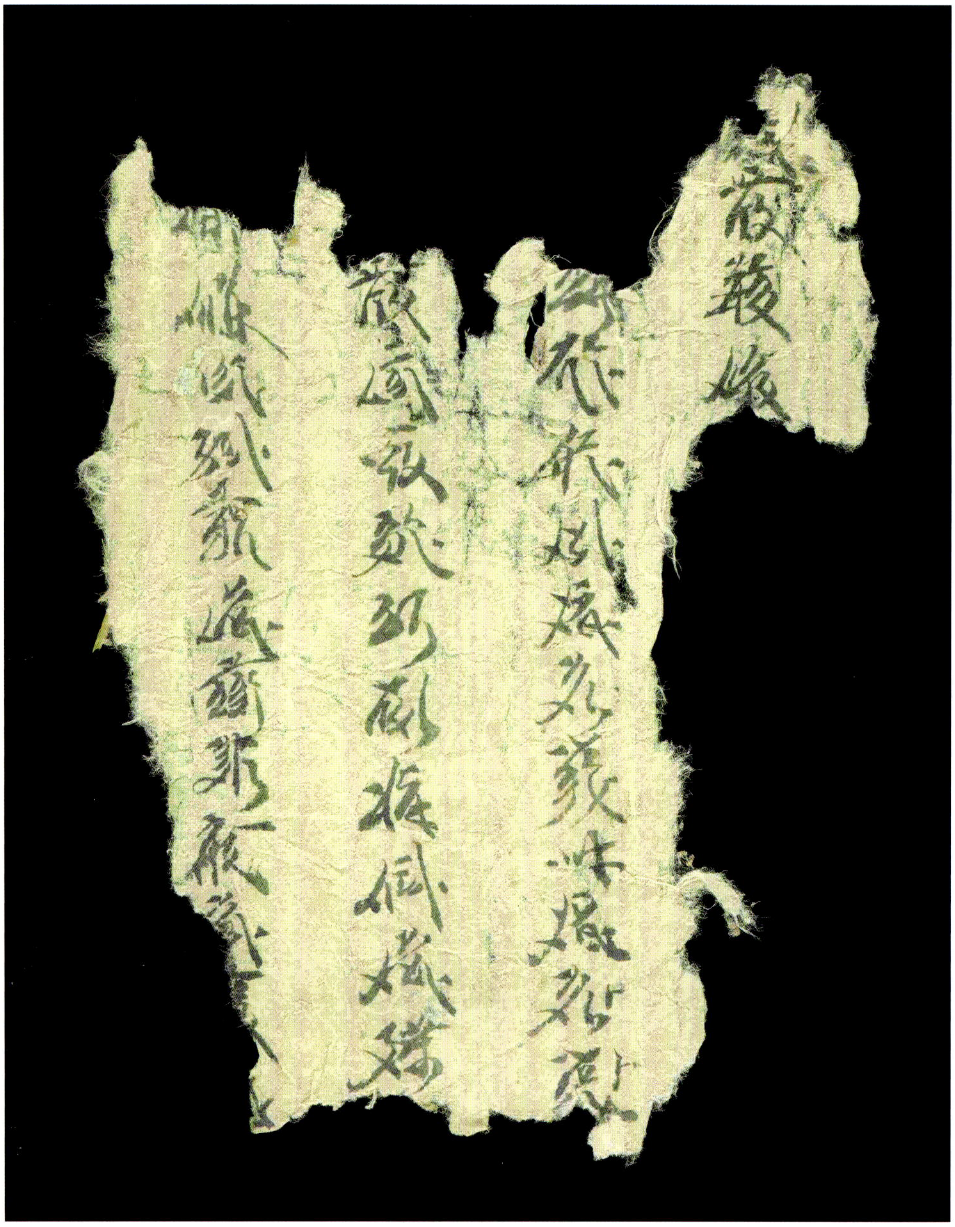

Or.12380/1719（K.K.II.0260.x.17?）
11.4 釐米 × 8.6 釐米

1720　佛書殘片

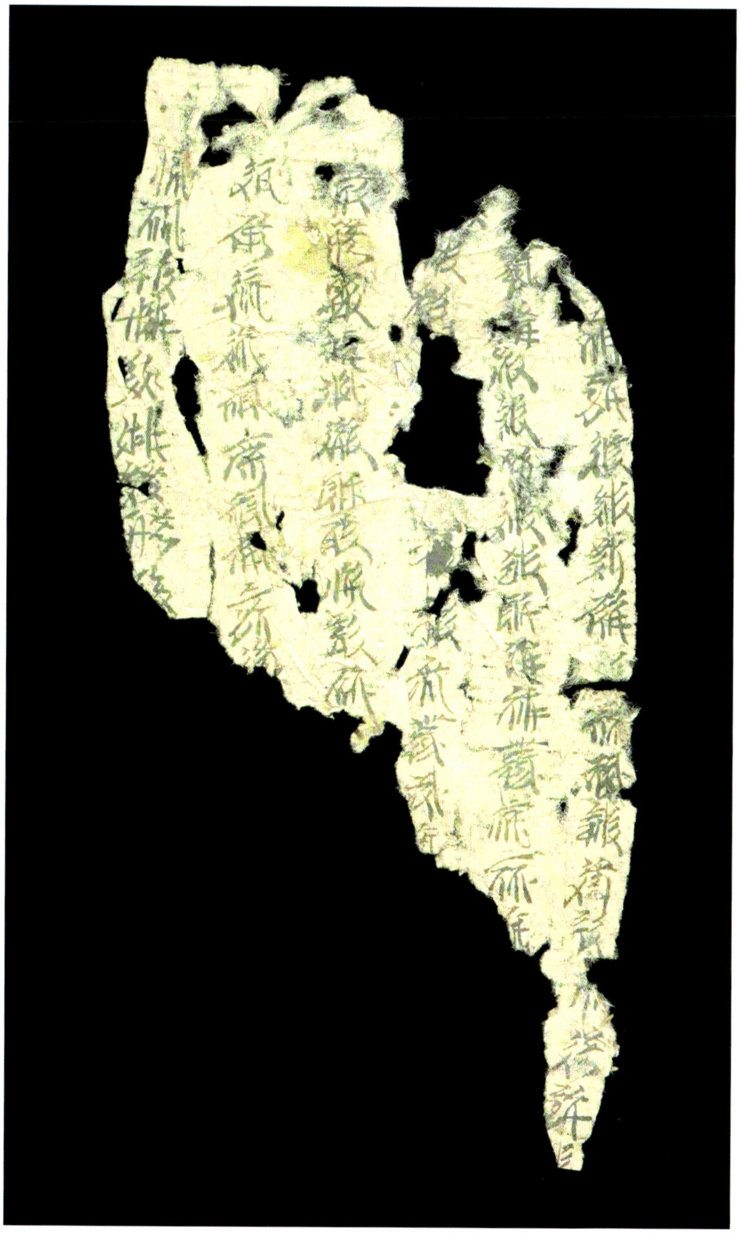

Or.12380/1720
（K.K.II.0260.x.19?）
16.8 釐米 × 8.2 釐米

……能因緣故此□□異分爲也□應能……
……向量過各謂因緣具則本趣皆發……
□□是……後回向異者……
見應利益後至功未來世留……
問曰無上□王法上自在……
來使等依解明所應……

1721 殘片

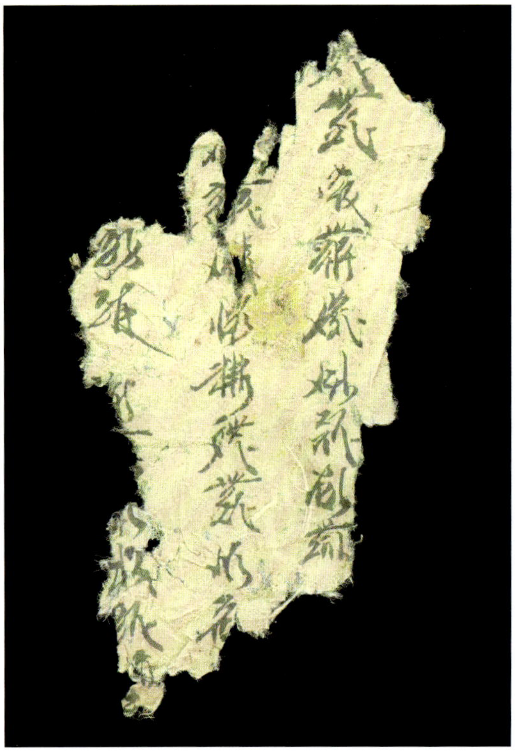

Or.12380/1721（K.K.II.0260.x.21?）
10.6 釐米 × 6.1 釐米

1722 殘片

Or.12380/1722（K.K.II.0260.x.28?）
6.8 釐米 × 5.5 釐米

1723 殘片

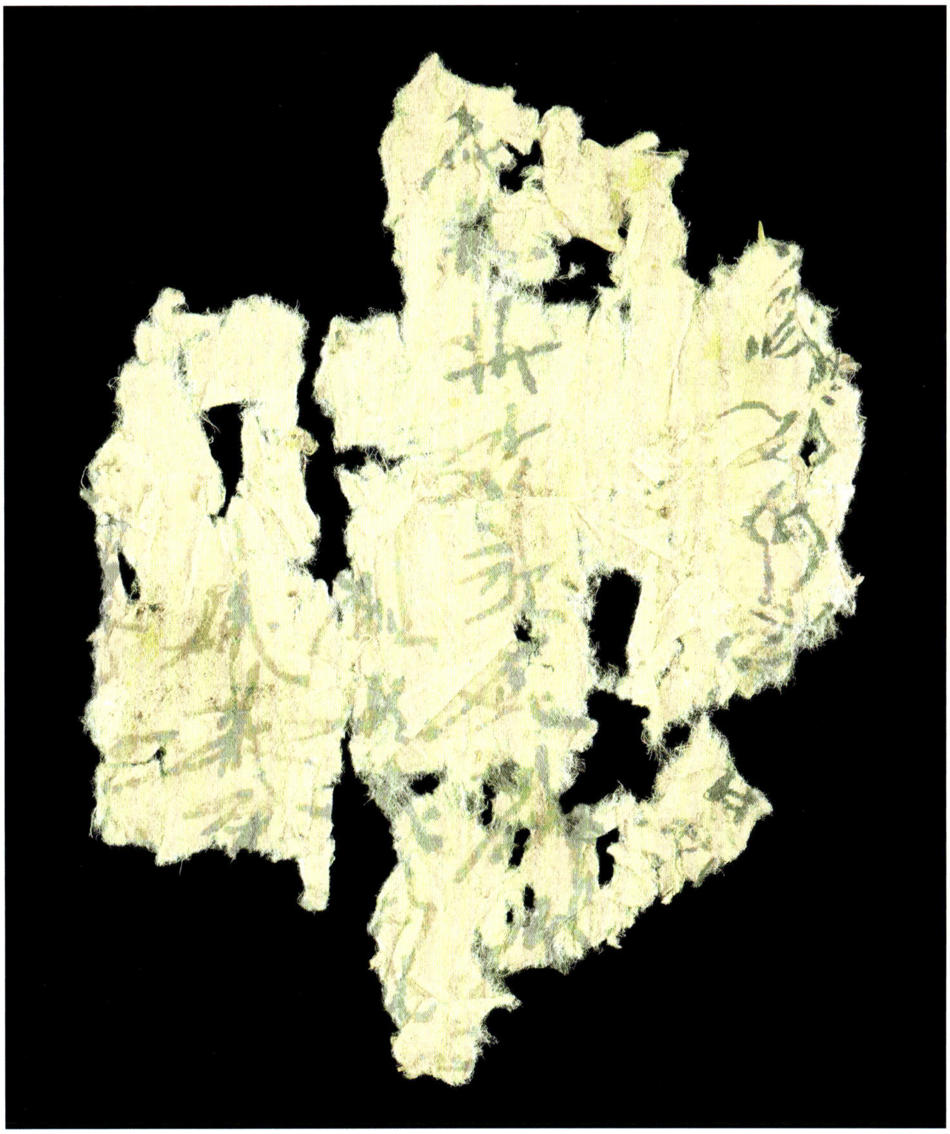

Or.12380/1723（K.K.II.0260.x.31?）
13.2 釐米 × 10.4 釐米

1724 佛書殘片

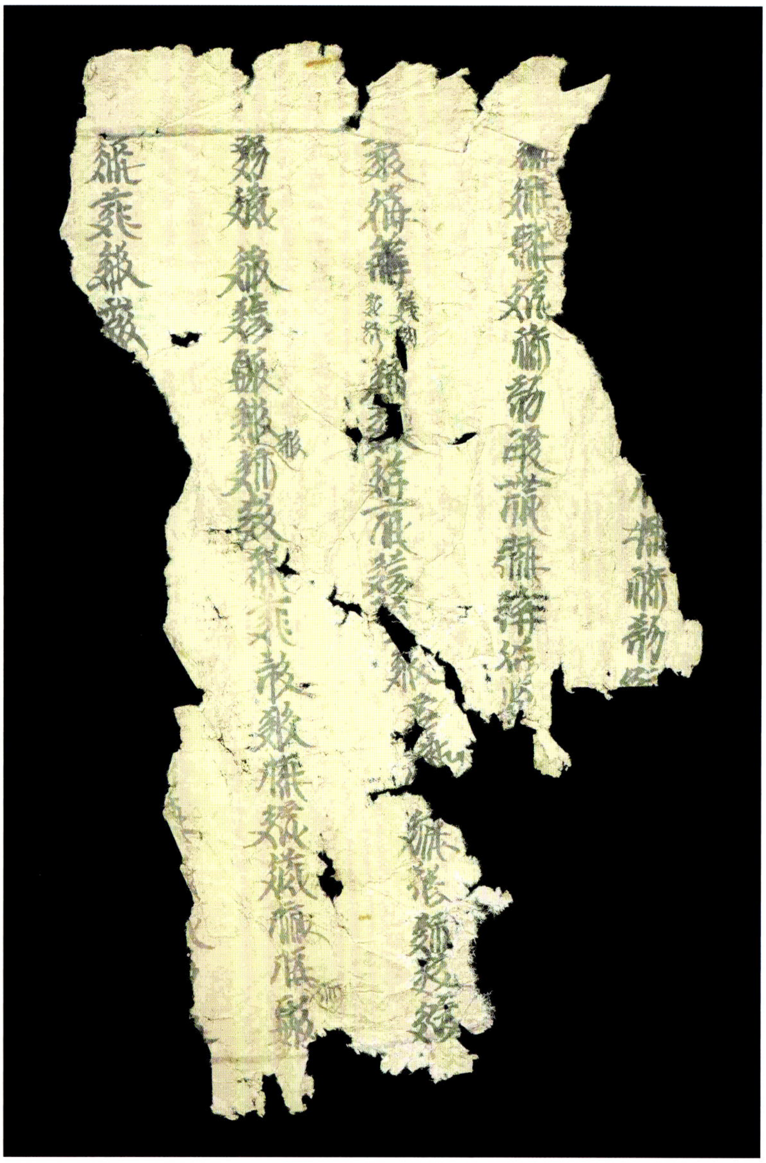

Or.12380/1724（K.K.II.0275.ww）
17.9 釐米 × 11.4 釐米

……依殊勝……

……先前所歸依殊勝未發因則……

或瑪巴路贊訛師菩提心發他□真實究竟菩提欲

謂者　惟他利益以菩提得願三寶歸依者雙雙之利

益願故也

1725 殘片

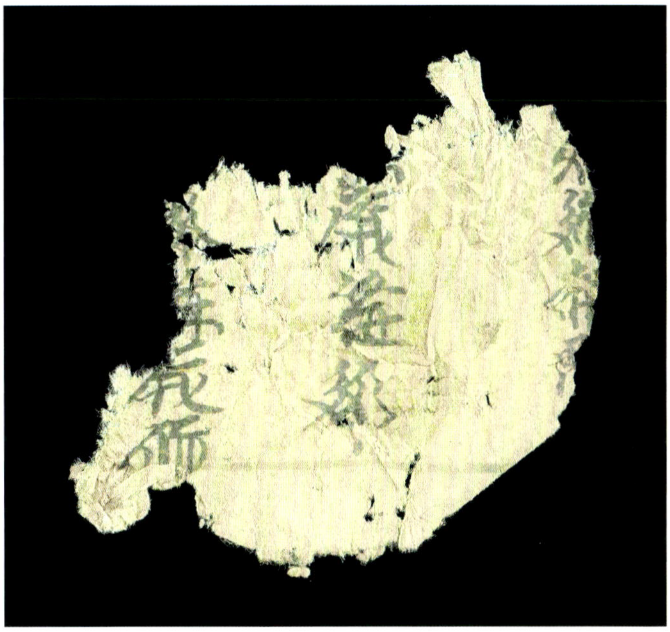

Or.12380/1725
（K.K.II.0275.a.xviii.7?）
5.8 釐米 × 6.2 釐米

……彼則再
……則彼之

1726 殘片

Or.12380/1726（K.K.II.0275.a.xviii.13?）
8.5 釐米 × 6.3 釐米

1727 殘片

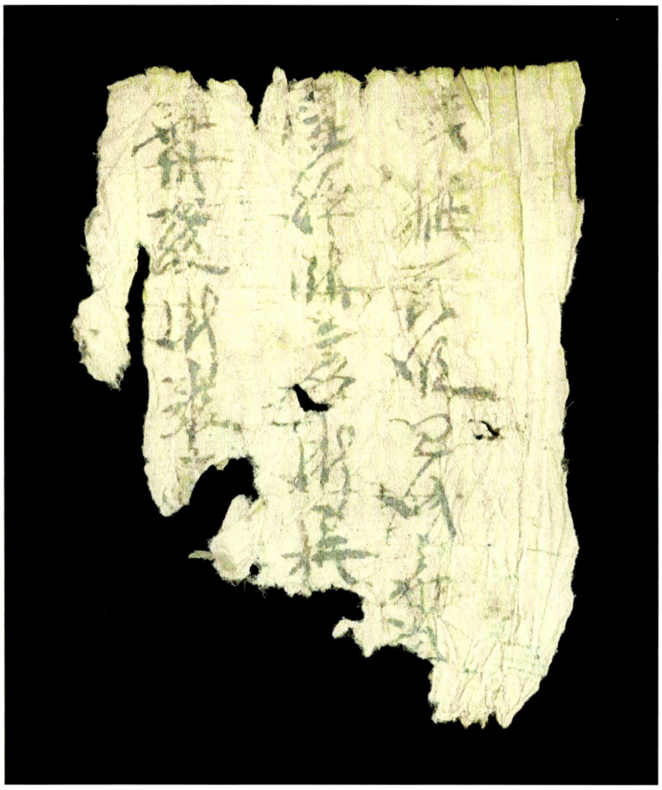

Or.12380/1727
（K.K.II.0275.a.xviii.25?）
11.3 釐米 × 9 釐米

1728 殘片

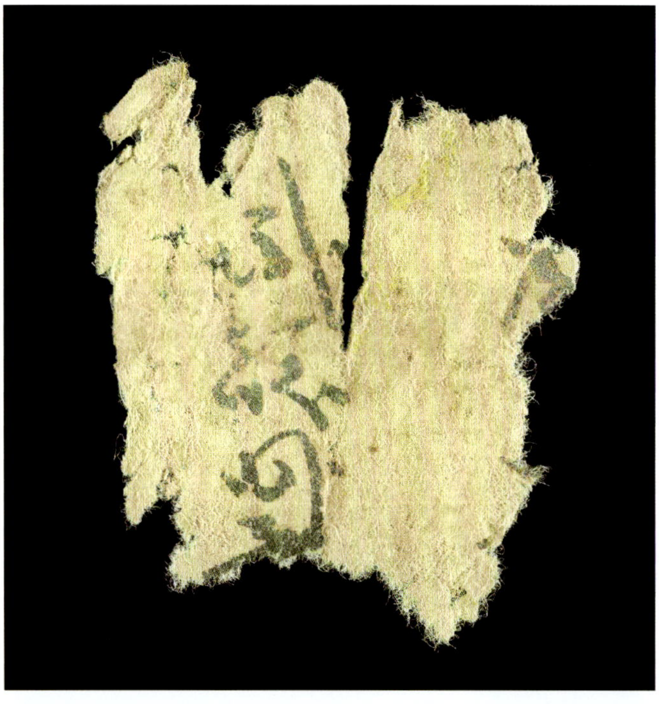

Or.12380/1728
（K.K.II.0275.a.xviii.36?）
3.9 釐米 × 3.4 釐米

1729 經疏殘片

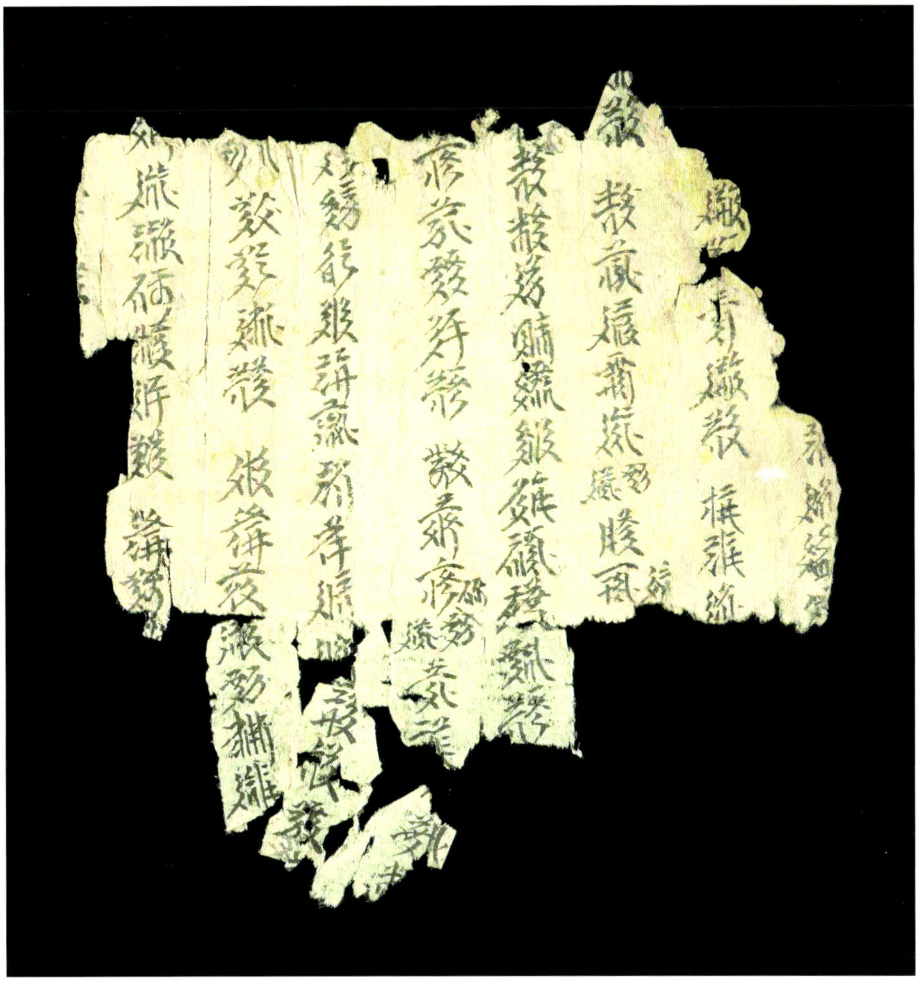

Or.12380/1729(K.K.II.0275.ooo)
10.3 釐米×9.9 釐米

……命靈……
……至□身至也　二昔命……
……也　三眼色成就謂者天上地……
……三種功能有故此法事乃做……
……者等乃在爲　大悲者之謂者觀世音菩……
……乃正中止過錯應無□智乃茂……
……解説法竟　後實文疏謂中前……
……上尊之恭敬禮　實菩……

1730 殘片

Or.12380/1730
(K.K.II.0276.jjj.1?)
9.8 釐米 × 9.5 釐米

……定二諦……

1731 殘片

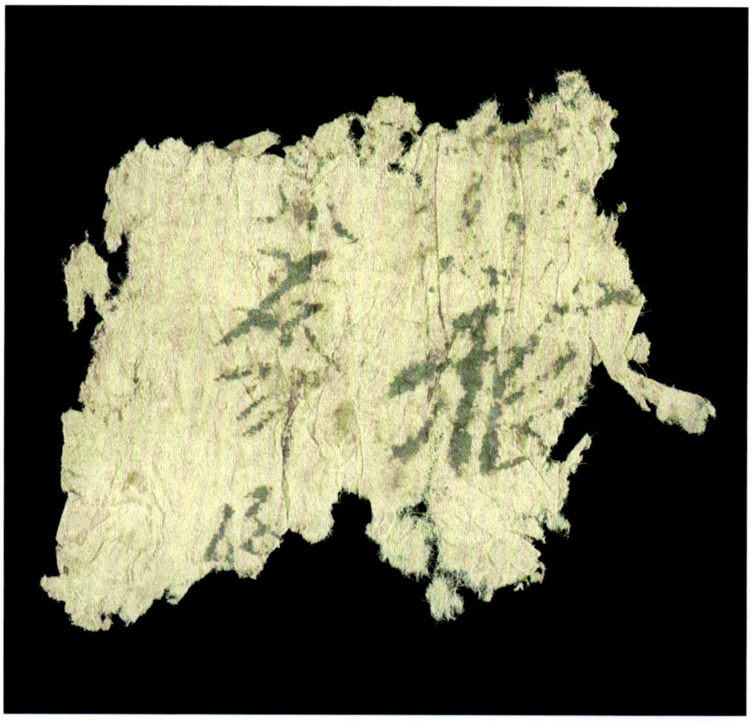

Or.12380/1731(K.K.II.0276.jjj.3?)
6.6 釐米 × 8.1 釐米

1732 殘片

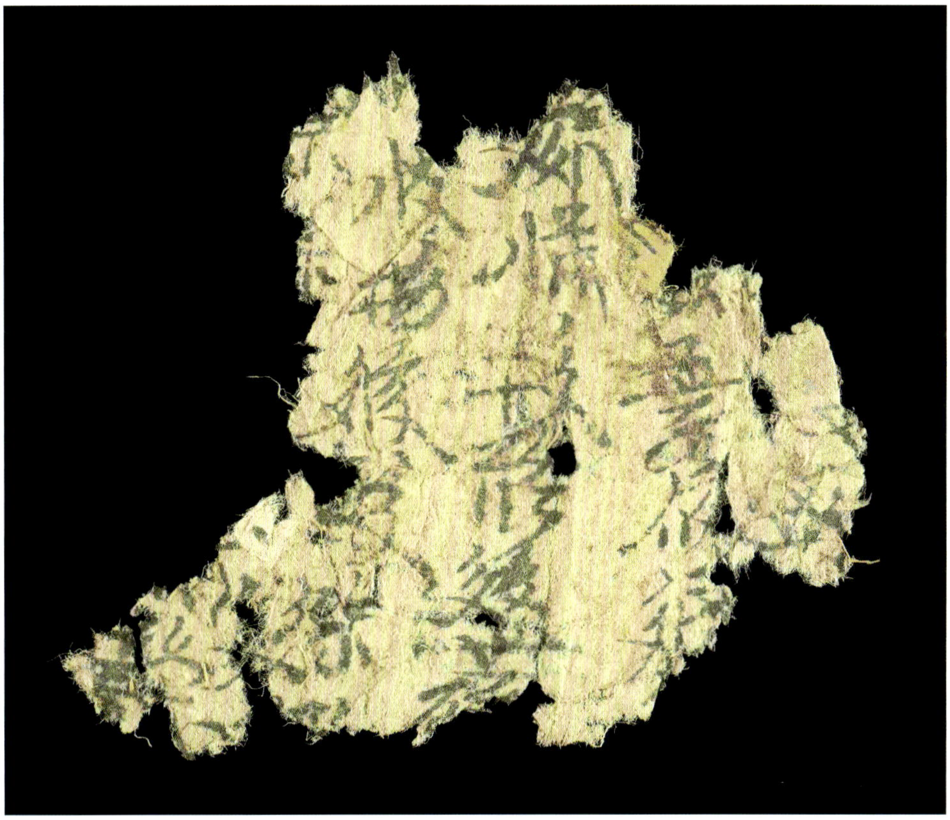

Or.12380/1732（K.K.II.0276.jjj.4?）
5.4 釐米 × 6.3 釐米

……幢五色……
……善山遮爲色……
……僕欲□善……

1733 殘片

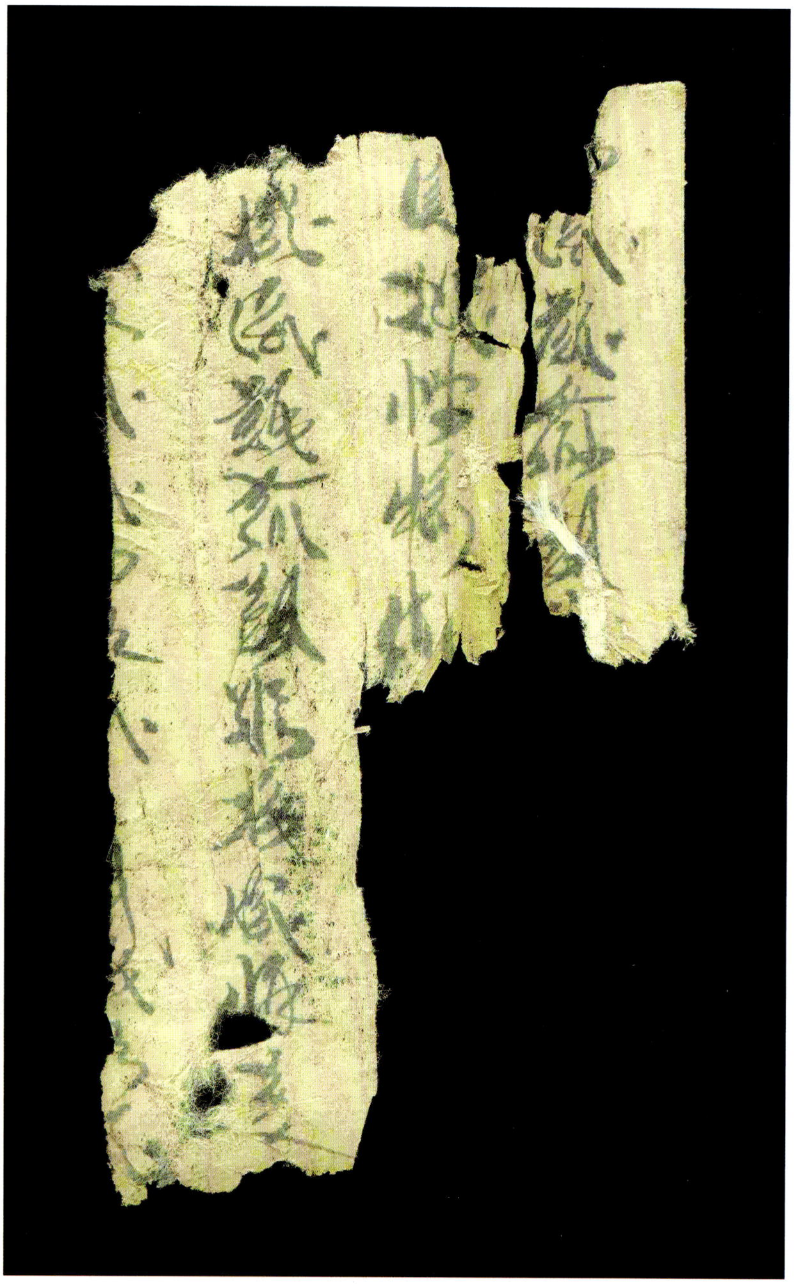

Or.12380/1733（K.K.II.0276.jjj.5?）
9.8 釐米 × 5.4 釐米

1734 佛書殘片

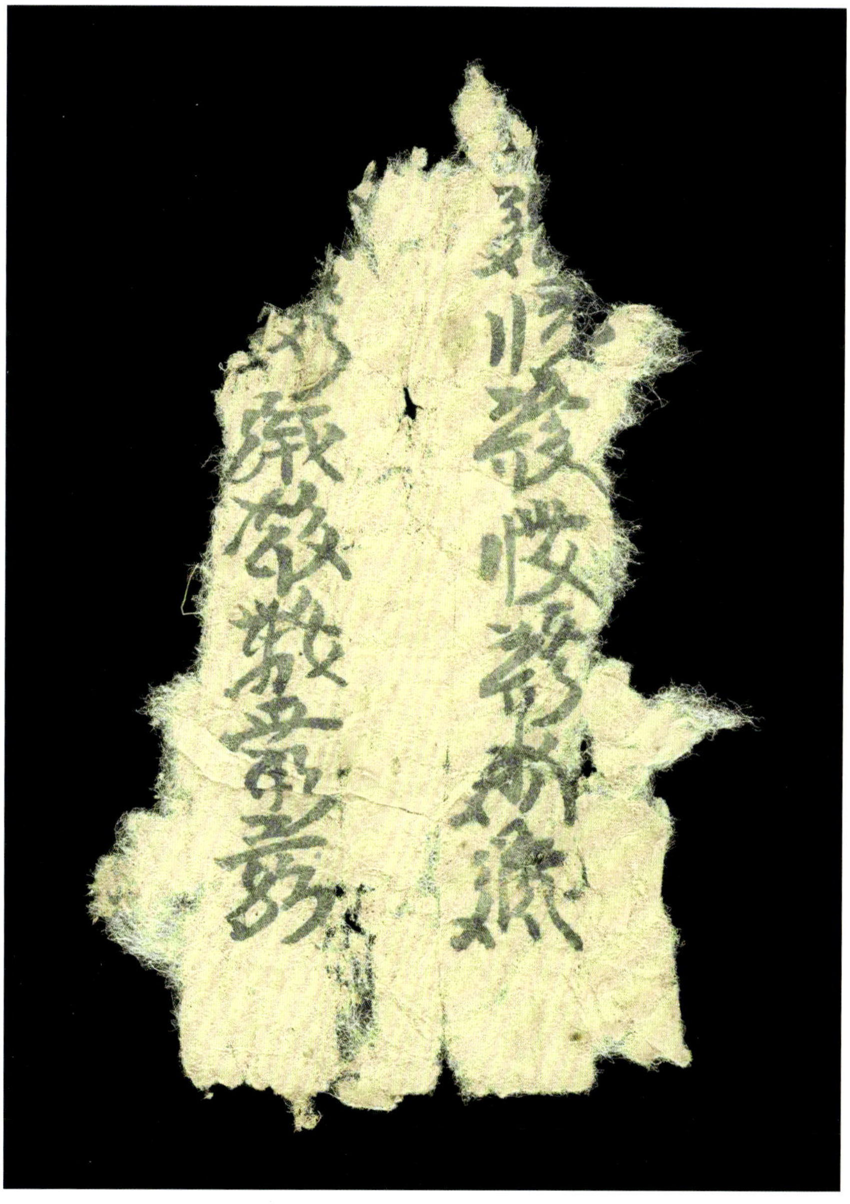

Or.12380/1734（K.K.II.0276.jjj.20?）
7.5 釐米 × 4.9 釐米

……集畢入定法者
……彼等大喜樂

1735 殘片

Or.12380/1735（K.K.II.0276.jjj.24?）
6.9 釐米 × 4.8 釐米

1736　大方廣佛華嚴經卷四十八

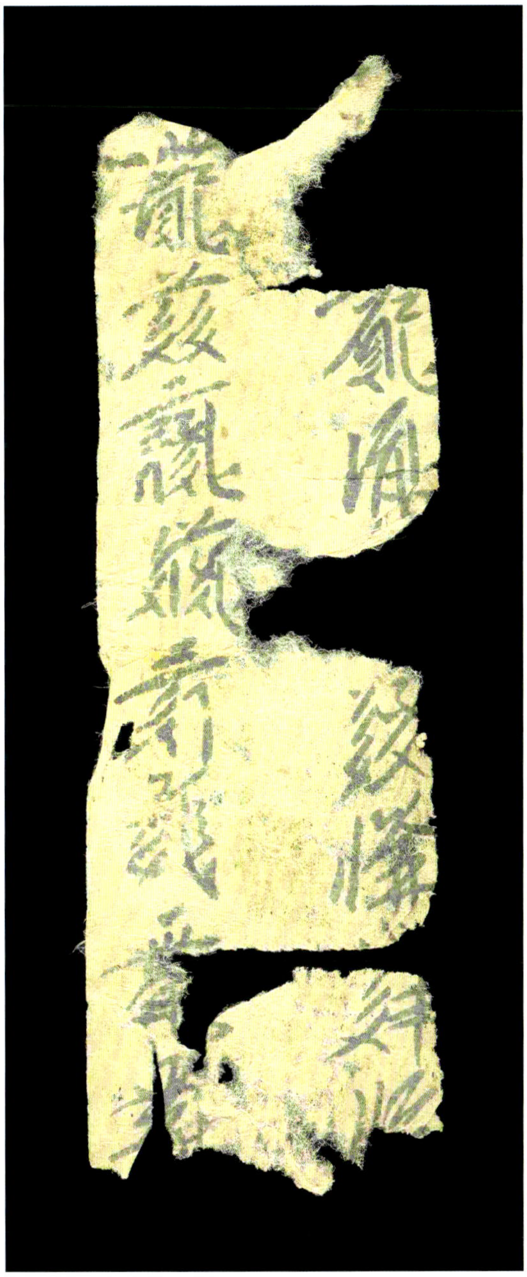

Or.12380/1736
（K.K.II.0282.b.iii.2?）
11.4 釐米 × 3.7 釐米

……香雲□無量佛刹……
香與遇者身安樂……

其諸**香雲**普雨**無量佛刹**微塵數世界。若有衆生身**蒙香者**，其**身安樂**。（《大正藏》T10，p0257a）

1737 大方廣佛華嚴經卷四十八

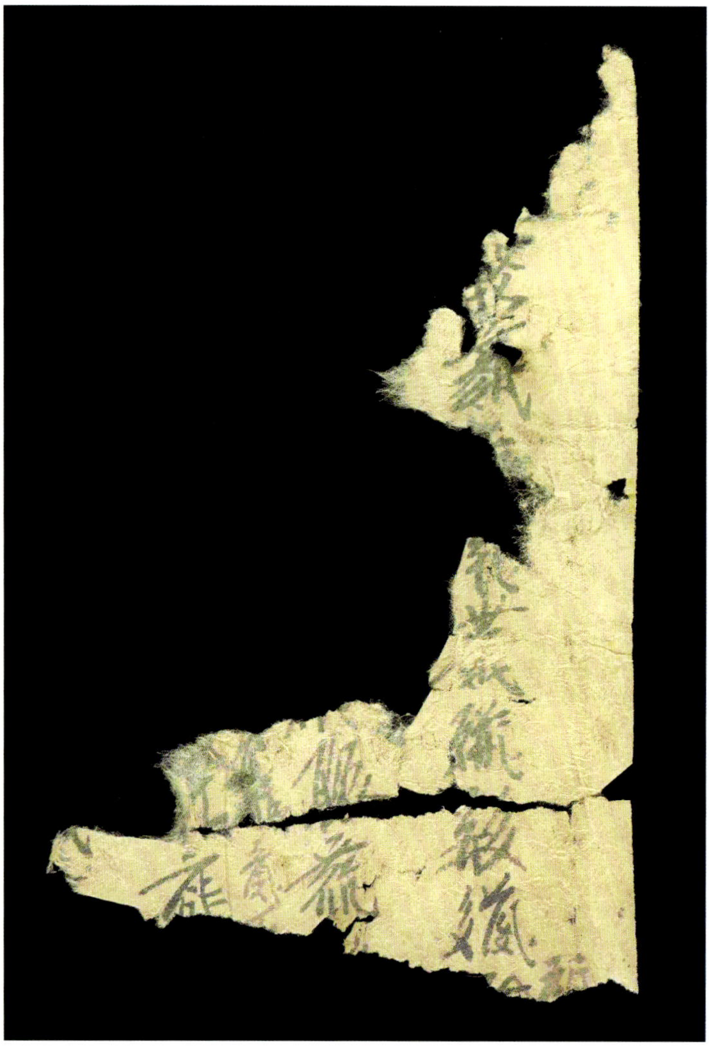

Or.12380/1737（K.K.II.0282.iii.1?）
13.3 釐米 × 8.6 釐米

……銷滅□聲香味觸者……
……惱有
……者二萬一……
……悉……

譬如比丘入第四禪，一切業障皆得**銷滅**。若有聞者，彼諸衆生於色**聲香味觸**其内具有五百煩惱，其外亦**有**五百煩**惱**。貪行多者二萬一千，瞋行多者二萬一千，癡行多**者二萬**一千，等分行者二萬一千，了知如是**悉**是虚妄。（《大正藏》T10，p0257a）

1738　佛書殘片

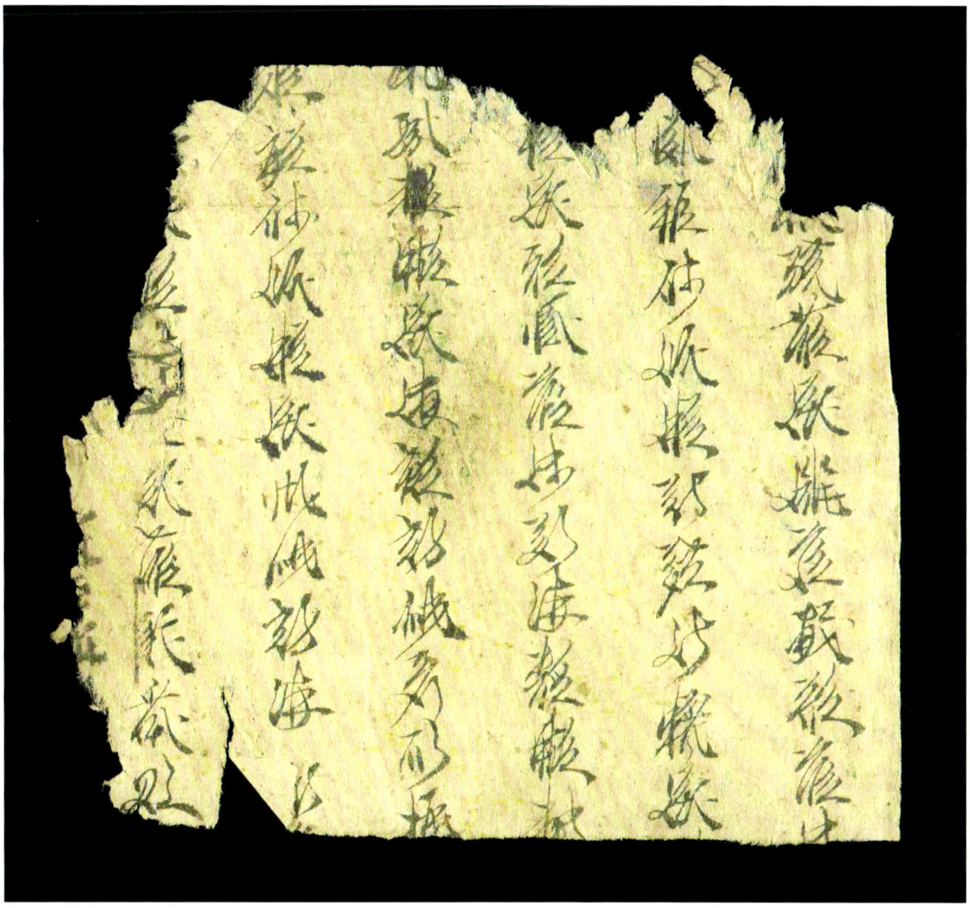

Or.12380/1738（K.K.II.0245.j.i）
9.6 釐米 × 10.6 釐米

1739 殘片

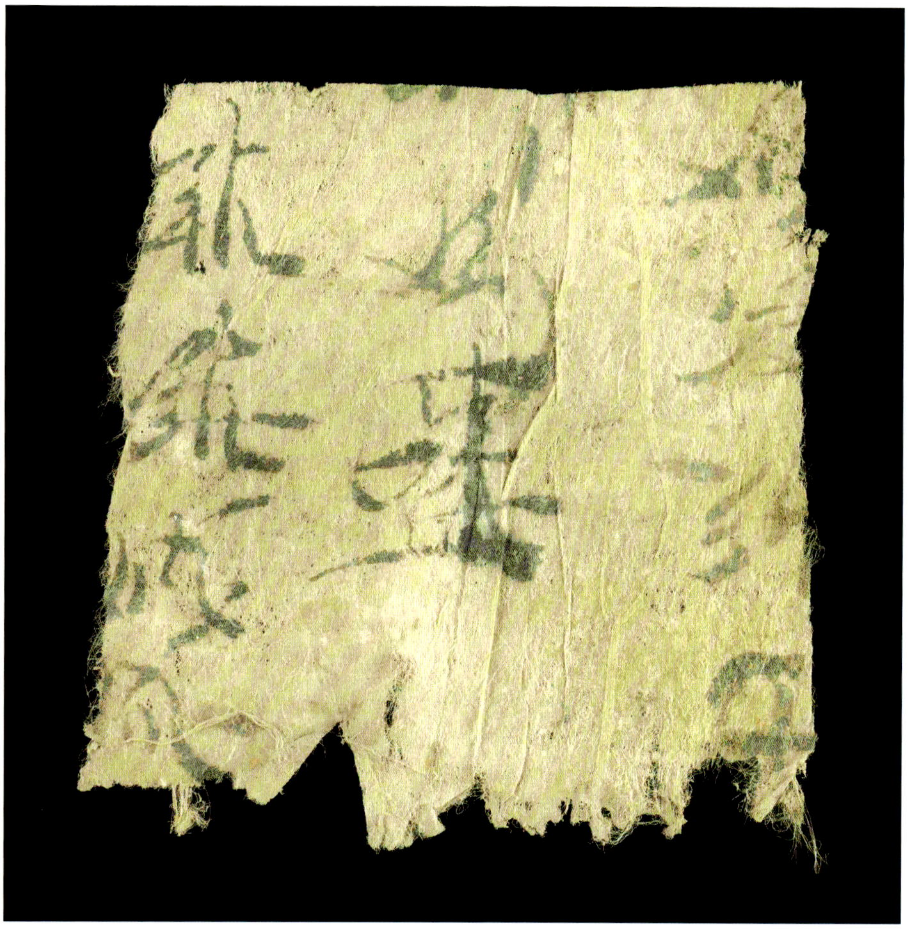

Or.12380/1739（K.K.II.0238.j.ix?）
6.4 釐米 × 6.2 釐米

1740　文契殘片

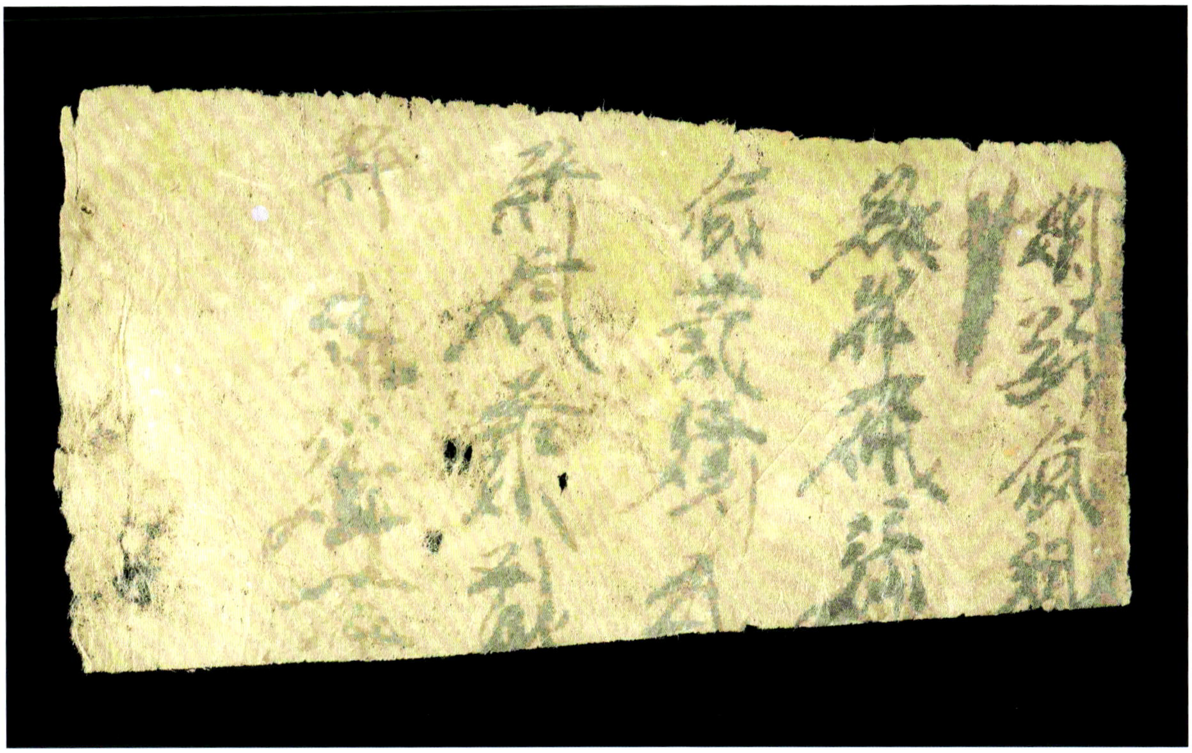

Or.12380/1740（K.K.II.0238.j.viii）
5.4 釐米 × 10.4 釐米

1741 佛書殘片

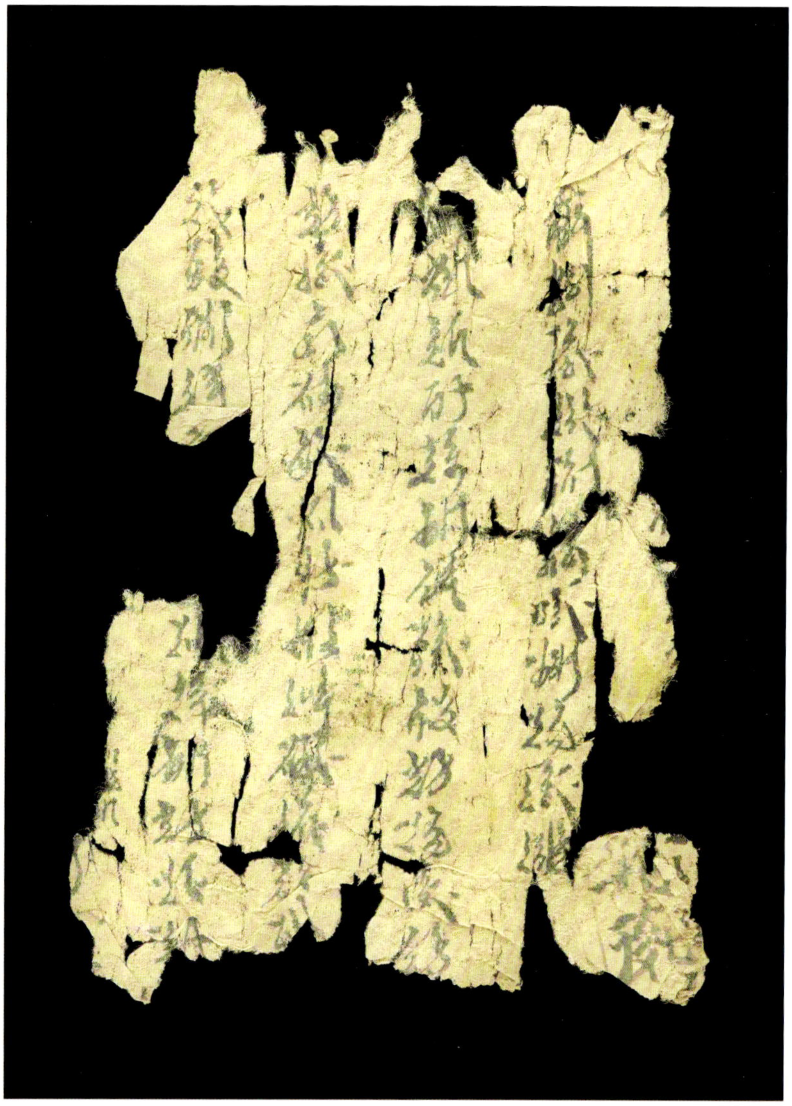

Or.12380/1741（K.K.II.0237.e.i?）
10.2 釐米 × 7.2 釐米

1742　殘片

Or.12380/1742A（K.K.II.0237.h）
5.7 釐米 × 8.1 釐米

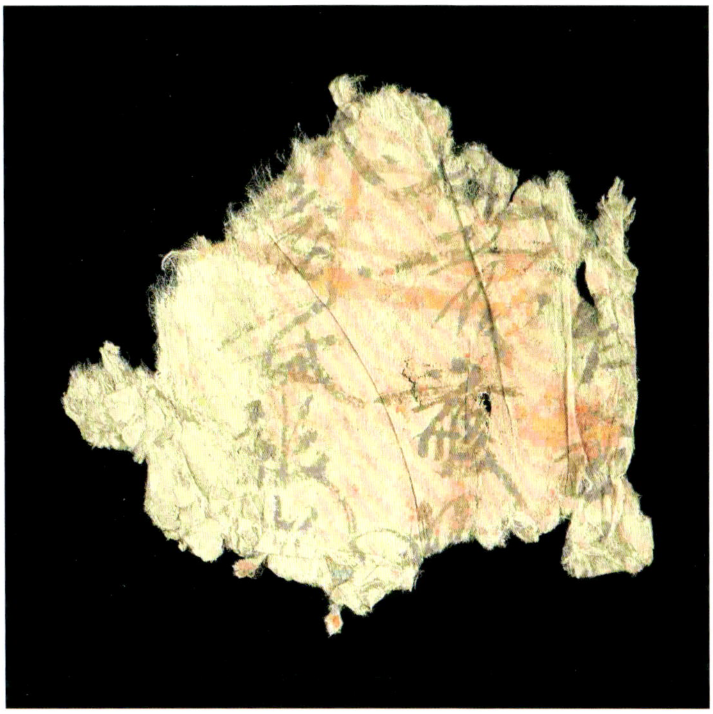

Or.12380/1742B

1743 殘片

Or.12380/1743（K.K.II.0237.i.i）
14.7 釐米 × 4.6 釐米

1744 殘片

Or.12380/1744
（K.K.II.0237.i.ii）
4.7 釐米 × 6.1 釐米

……縛半
……忍持

1745 殘片

Or.12380/1745（K.K.II.0236.ss.ii）
2.3 釐米 × 3.9 釐米

1746 殘片

Or.12380/1746(K.K.II.0237.i.iii)
9.4 釐米 × 5 釐米

1747 殘片

Or.12380/1747(K.K.II.0236.ss.i?)
9.6 釐米 × 2.5 釐米

1748　殘片

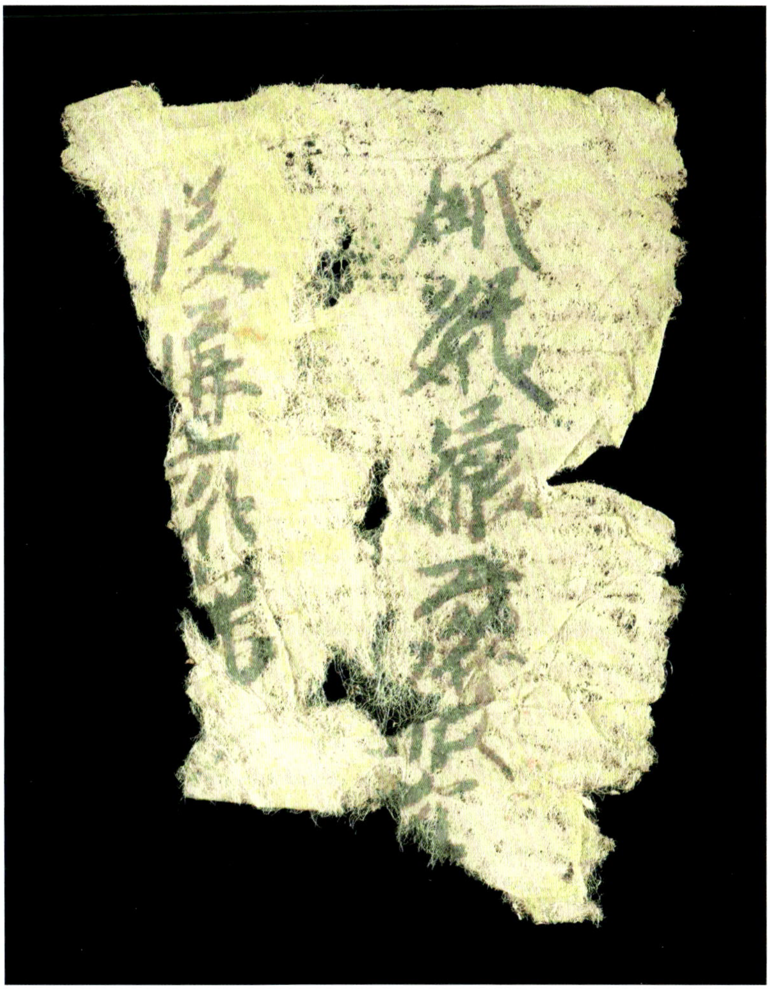

Or.12380/1748（K.K.II.0236.qq）
6.4 釐米 × 4.9 釐米

卷面色黄……
手内置……

1749 殘片

Or.12380/1749（K.K.II.0236.mm）
15 釐米 × 12 釐米

1750 殘片

Or.12380/1750（K.K.II.0236.ll）
9.3 釐米 × 8.8 釐米

1751　佛書殘片

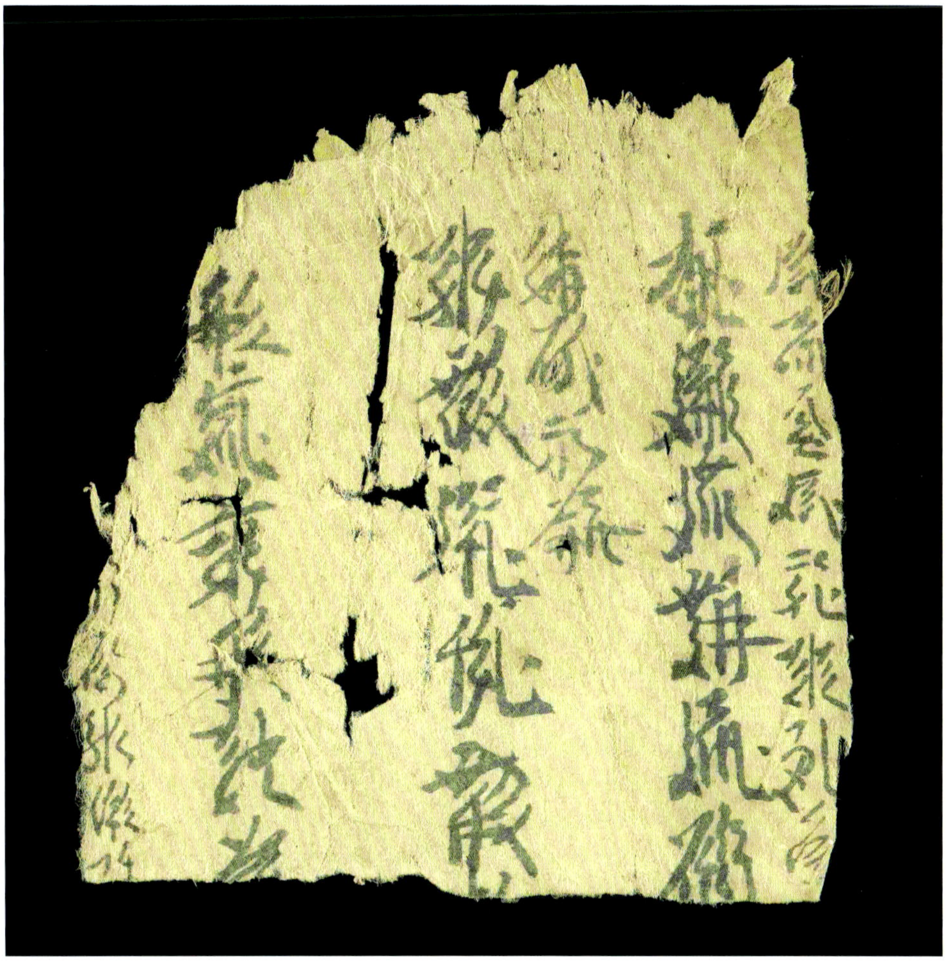

Or.12380/1751（K.K.II.0236.gg）
7.1 釐米 × 6.8 釐米

1752 殘片

Or.12380/1752(K.K.II.0236.ii)
11.6 釐米 × 10.4 釐米

1753　修法殘片

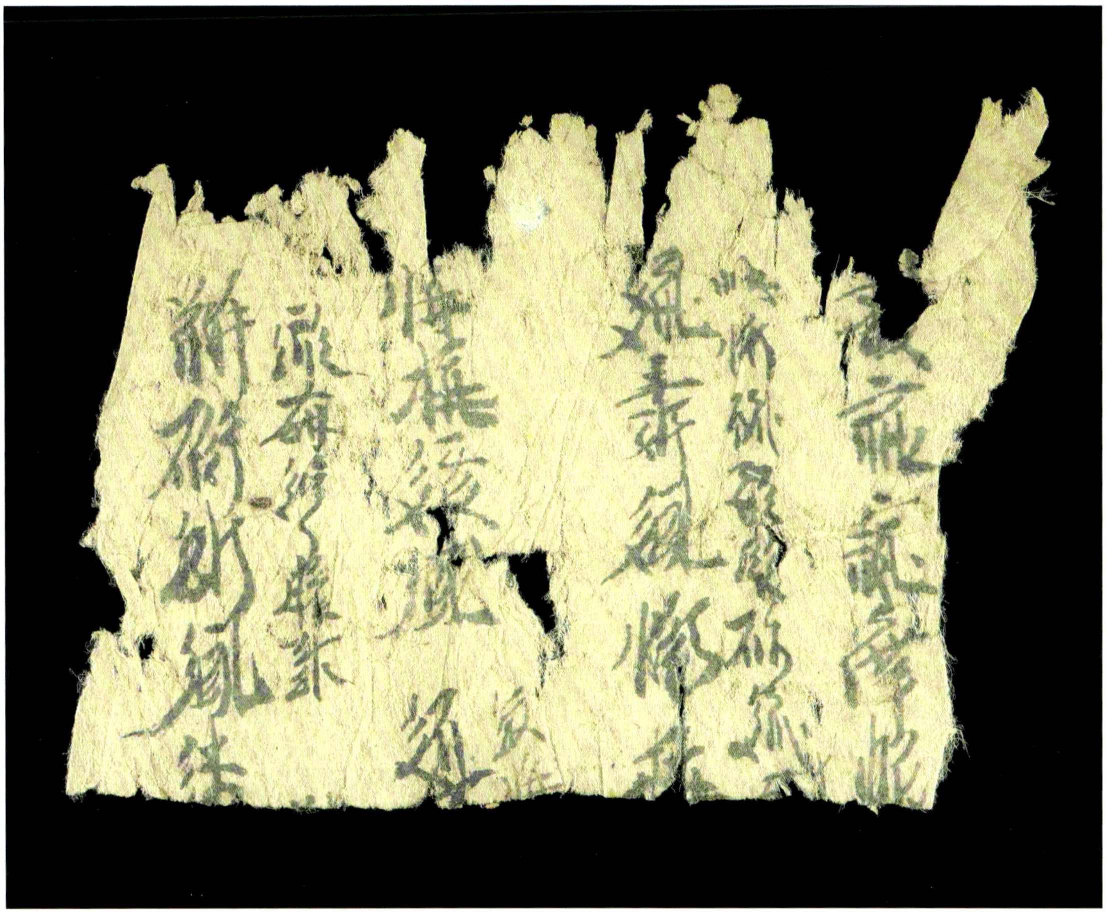

Or.12380/1753（K.K.II.0236.bb）
6.5 釐米 × 9.1 釐米

1754 殘片

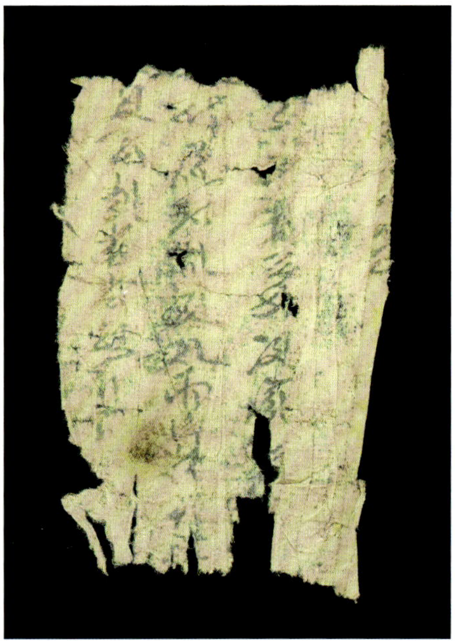
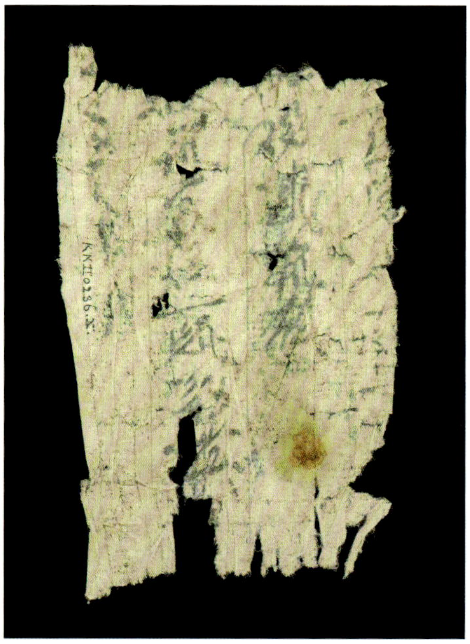

Or.12380/1754（K.K.II.036.x）
10.4 釐米 × 6.7 釐米

1755 殘片

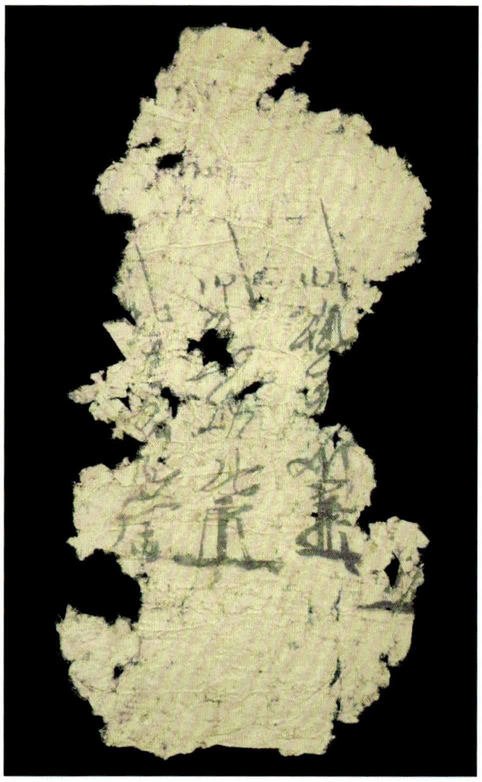

Or.12380/1755（K.K.II.0236.r）
17.4 釐米 × 9.3 釐米

1756 殘片

Or.12380/1756（K.K.II.0227.u）
15.2 釐米 × 10.3 釐米

1757 佛書殘片

Or.12380/1757（K.K.II.0227.r）
5.9 釐米 × 7.3 釐米

……一契經二
……七比況八起
……有經是做二

1758 殘片

Or.12380/1758A
（K.K.II.0227.q.ii?）
6.1 釐米 × 6.5 釐米

Or.12380/1758B
3 釐米 × 6.5 釐米

1759 殘片

Or.12380/1759
（K.K.II.0244/1?）
4.4 釐米 × 5.8 釐米

1760 殘片

Or.12380/1760（K.K.II.0244/3?）
5.2 釐米 × 5 釐米

1761 殘片

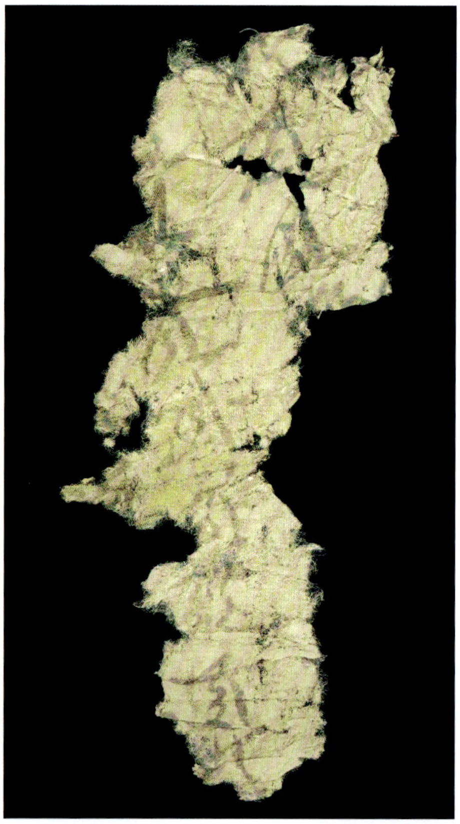

Or.12380/1761（K.K.II.0244/5?）
13.2 釐米 × 6 釐米

1762 殘片

Or.12380/1762（K.K.II.0244/13?）
4.6 釐米 × 6.1 釐米

1763 佛書殘片

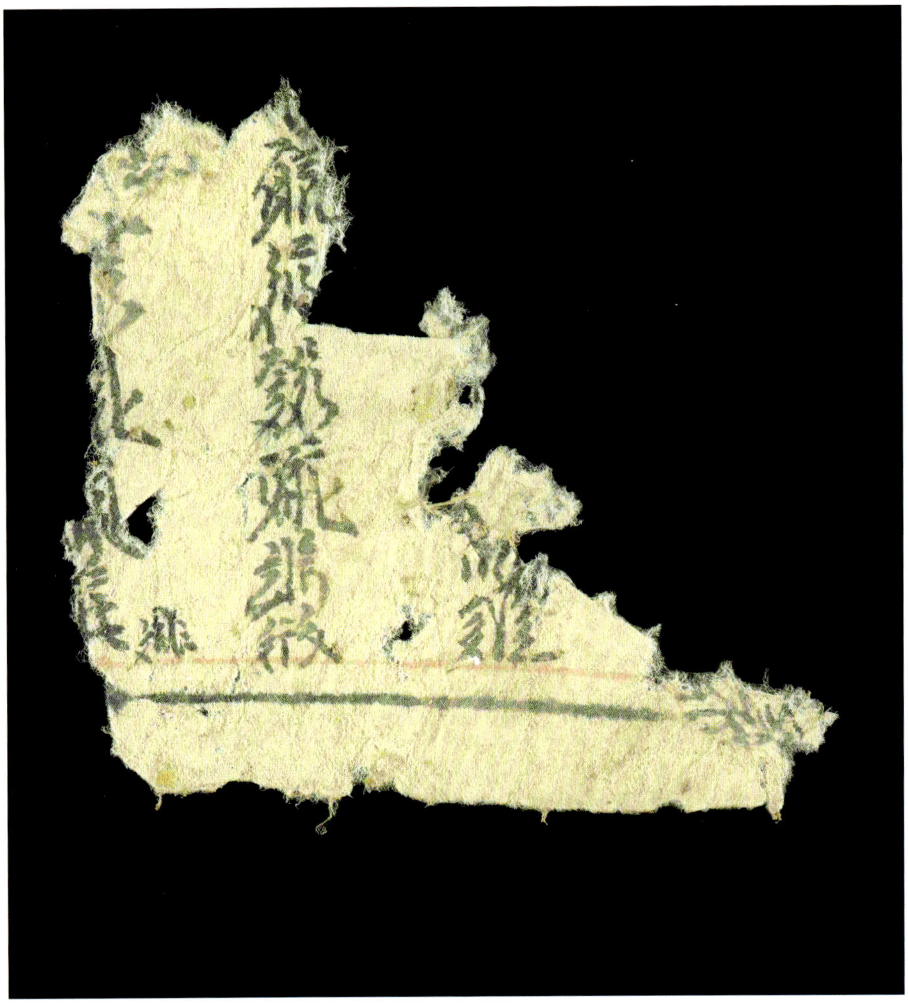

Or.12380/1763（K.K.II.0244/15?）
5.7 釐米 × 6 釐米

……敬禮

……相句合香善花

……我

1764 殘片

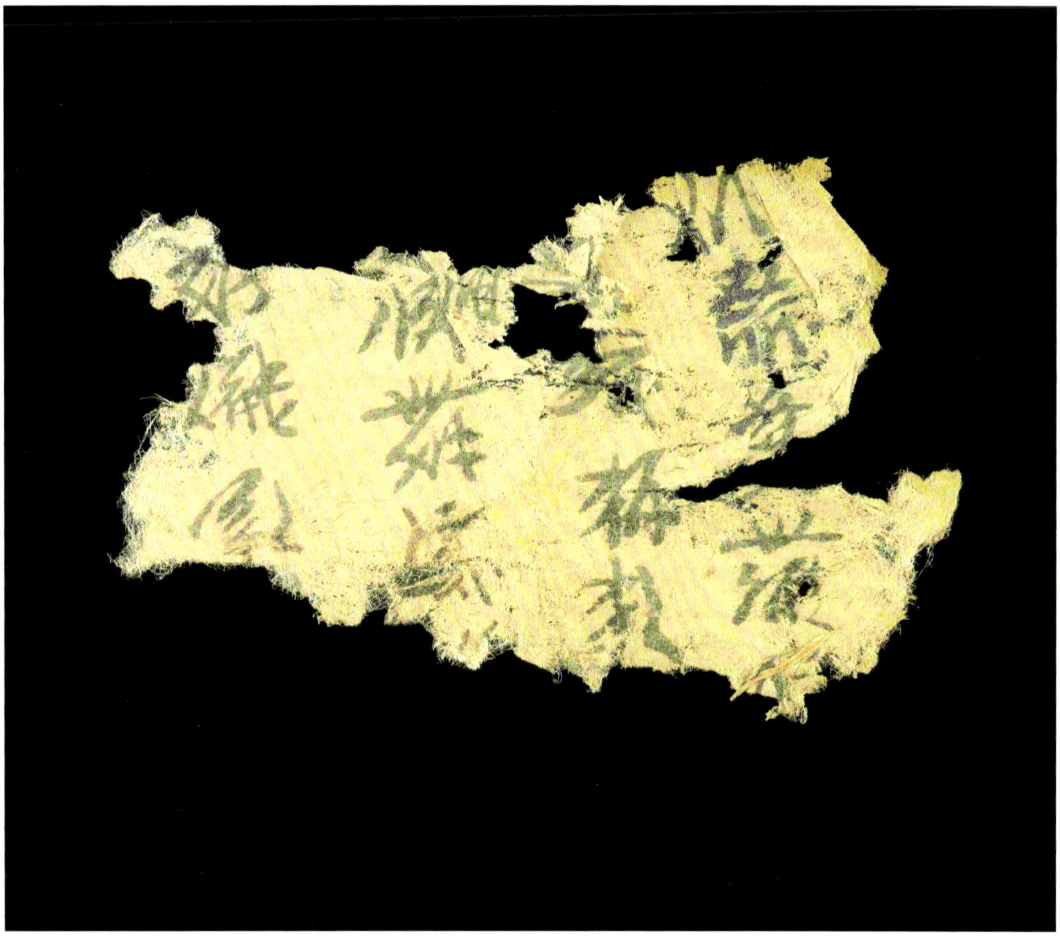

Or.12380/1764（K.K.II.0244/16?）
3.4 釐米×5.4 釐米

……子□現……
……番遣……
……處往……
……家人……

1765 殘片

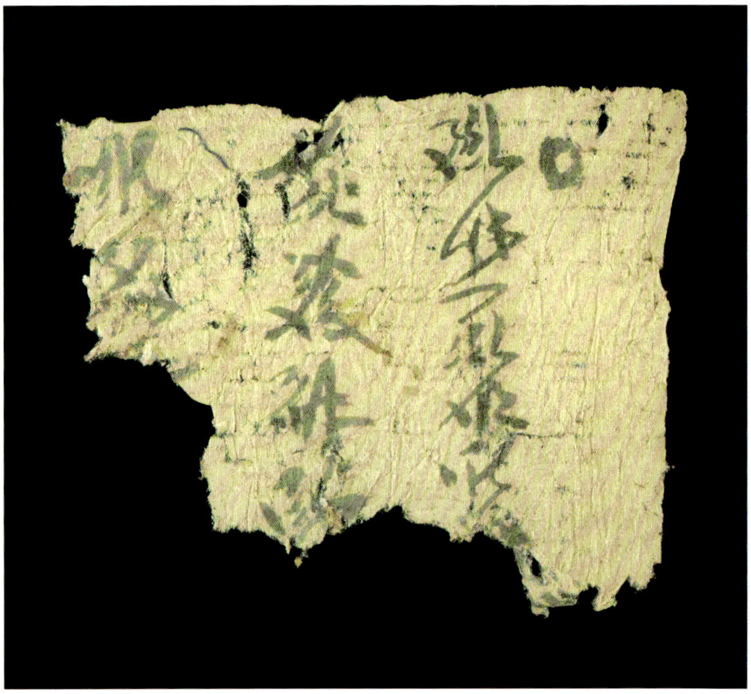

Or.12380/1765
（K.K.II.0244/20?）
7.5 釐米 × 8.7 釐米

1766 殘片

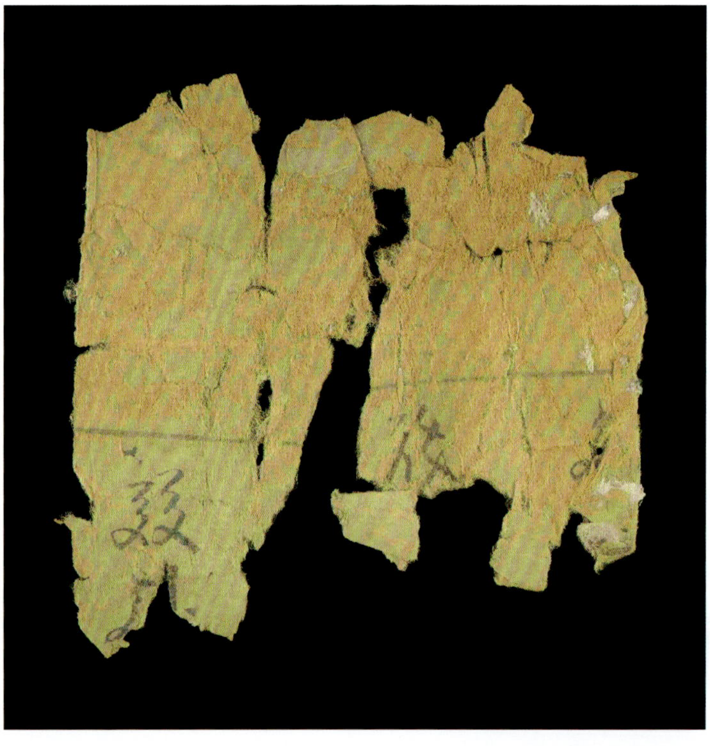

Or.12380/1766（K.K.II.0244/24?）
6.3 釐米 × 6.5 釐米

1767　殘片

Or.12380/1767（K.K.II.0244/25?）
8.4 釐米 × 3.3 釐米

1768 佛書殘片

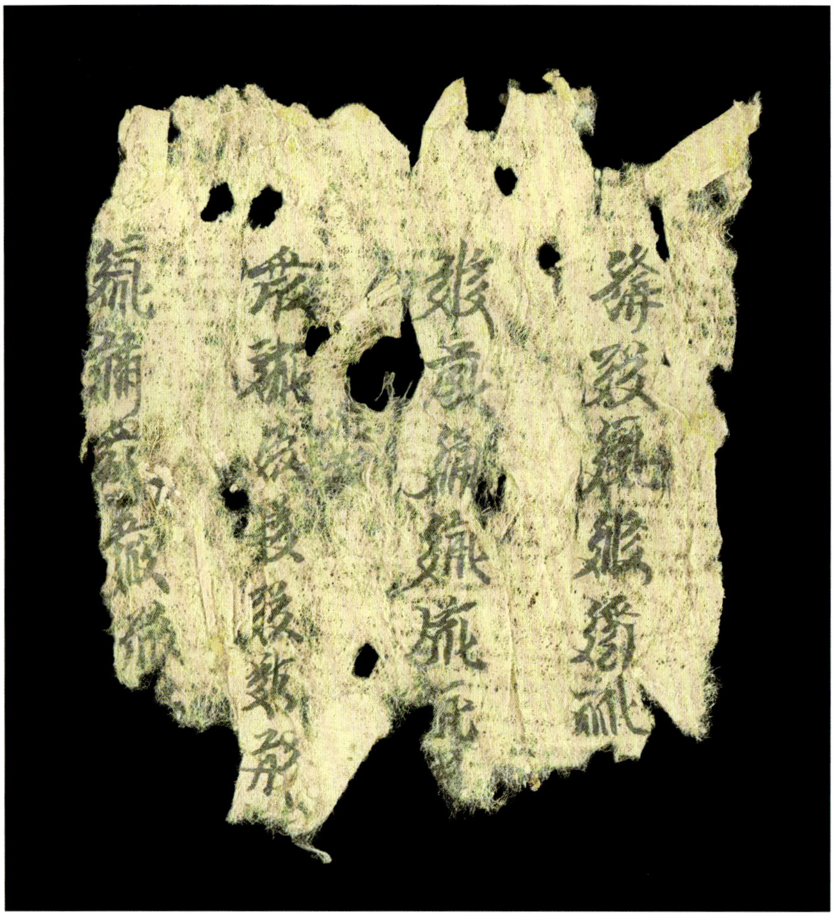

Or.12380/1768(K.K.II.0244/26?)
7.7 釐米 × 7.1 釐米

實等持緣爲令……
時界膏藥宫行……
見法上遣斷等生智……
應本樂空過……

1769　殘片

Or.12380/1769（K.K.II.0244.oo）
10.2 釐米 × 3.3 釐米

1770 佛書殘片

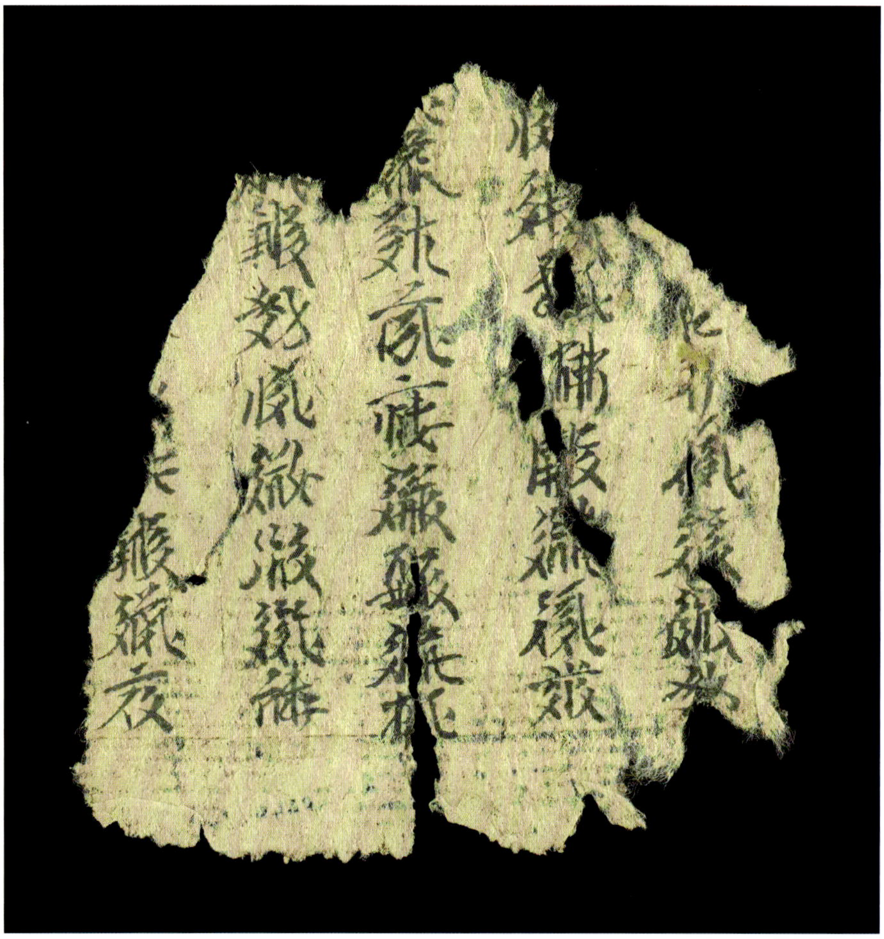

Or.12380/1770（K.K.II.0244.qq）
8.6 釐米 × 8 釐米

……法緣破謂
……中今昔契經
……衆生界皆至利益上
……分謂復惟過能本
……分者文

1771　佛書殘片

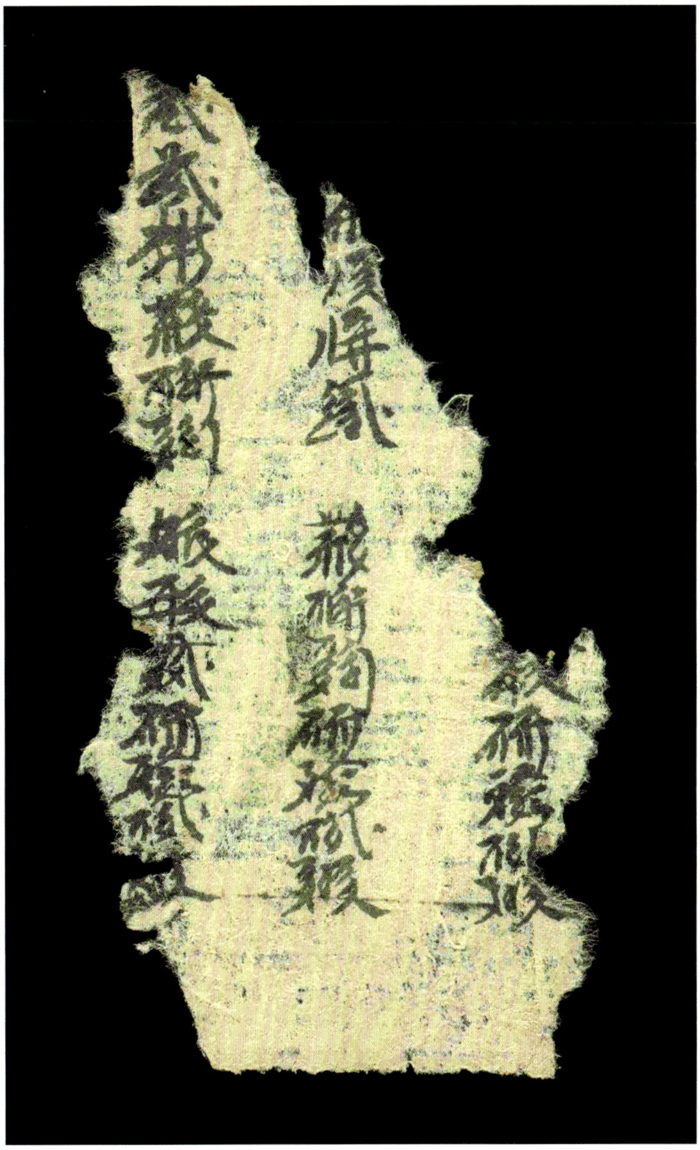

Or.12380/1771（K.K.II.0244.vv）

9.4 釐米 × 5 釐米

□□□□□□□　□□□之贊敬禮

□□□□手中持　大勝勢之贊敬禮

□諸界中大勝勢　除礙母之贊敬禮

1772 佛書殘片

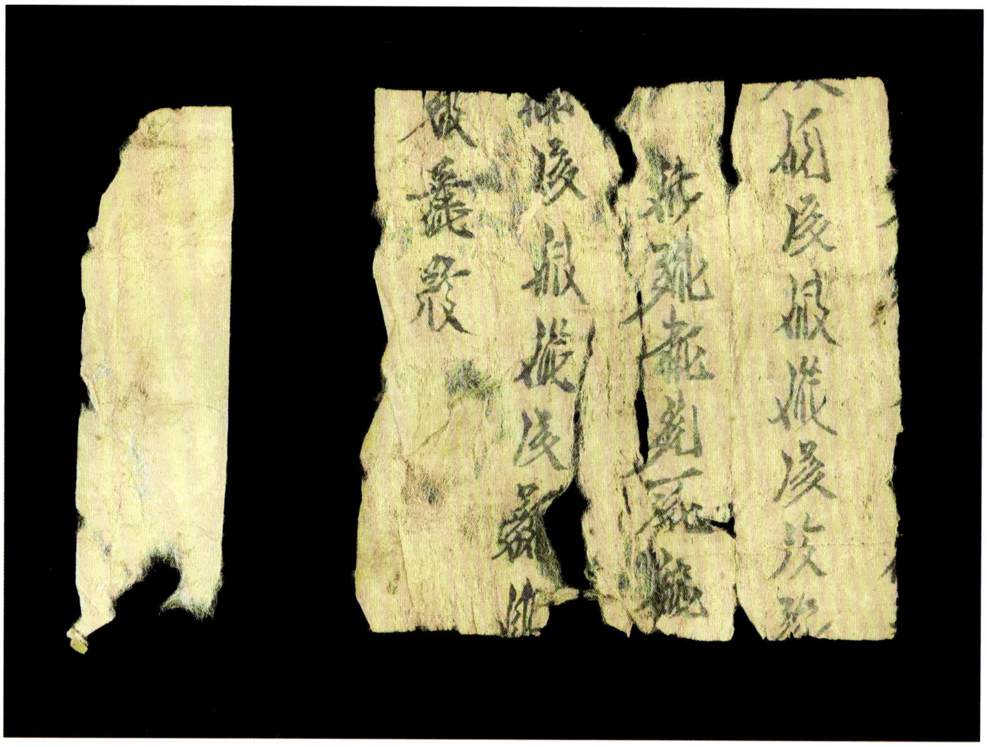

Or.12380/1772（K.K.II.0244.aaa.4?）
6.9 釐米 × 11.6 釐米

……四臂右上臂珠……
……齊頟上日上……
……臂右上臂劍……
……甲也

1773 殘片

Or.12380/1773（K.K.II.0244.aaa.2?）
7 釐米 × 7.9 釐米

1774 殘片

Or.12380/1774
（K.K.II.0244.aaa.5?）
6.9 釐米 × 6.1 釐米

1775 殘片

Or.12380/1775（K.K.II.0244.ddd.2?）
4.2 釐米 × 5 釐米

1776 殘片

Or.12380/1776（K.K.II.0244.ddd.3?）
4.9 釐米 × 4.4 釐米

1777 殘片

Or.12380/1777（K.K.II.0244.ddd.4?）
4.6 釐米 × 5 釐米

1778　佛書殘片

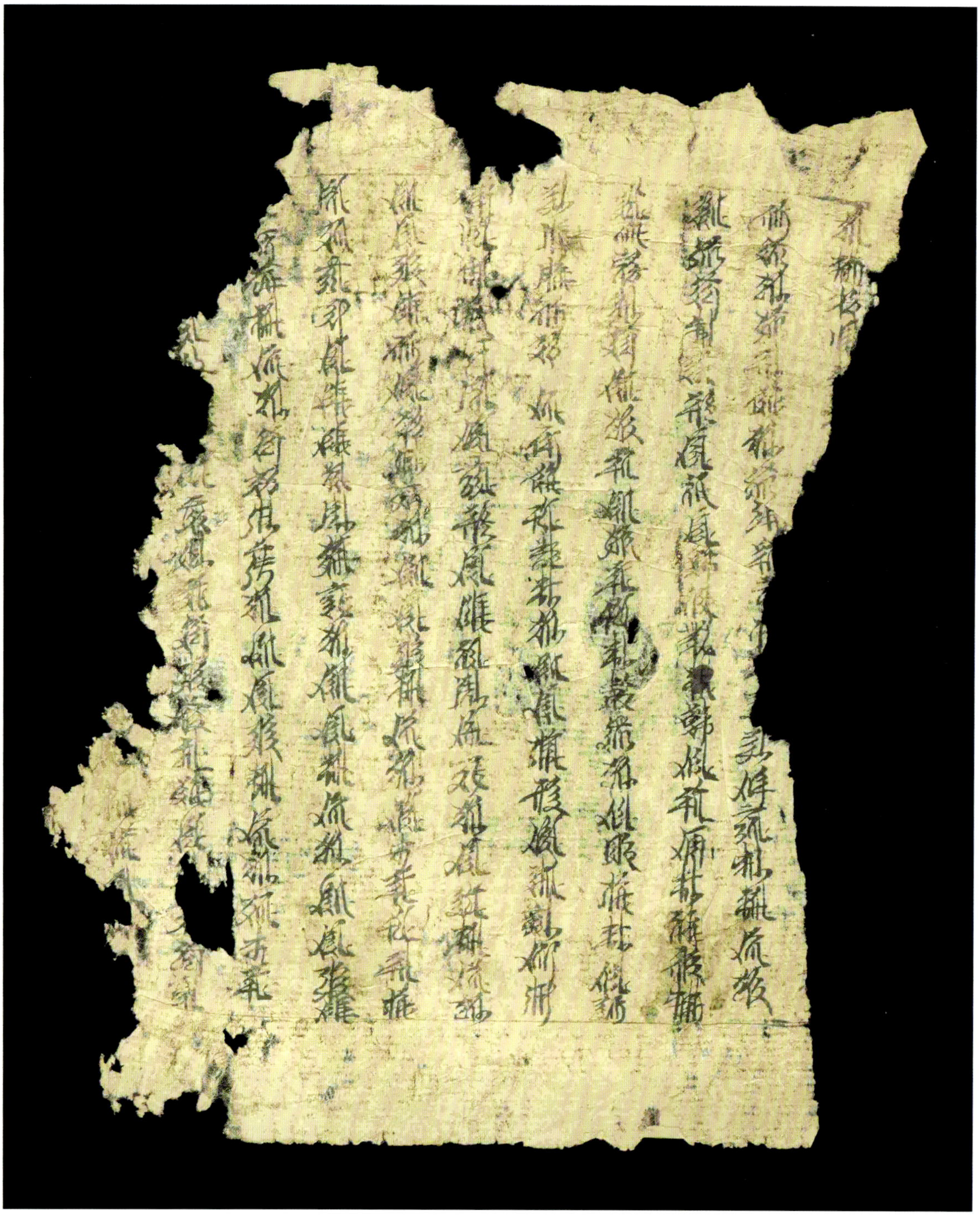

Or.12380/1778（K.K.II.0258.e）
22.6 釐米 × 19 釐米

1779　殘片

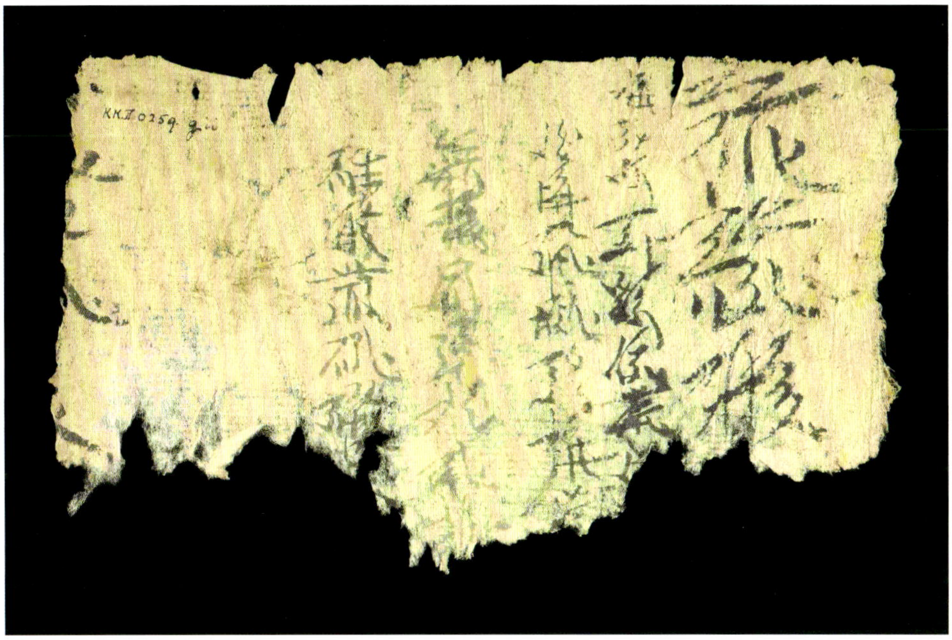

Or.12380/1779（K.K.II.0259.g.ii）
10.6 釐米 × 17.8 釐米

1780　殘片

Or.12380/1780
（K.K.II.0259.g.i）
10.1 釐米 × 13.2 釐米

1781 案卷殘片

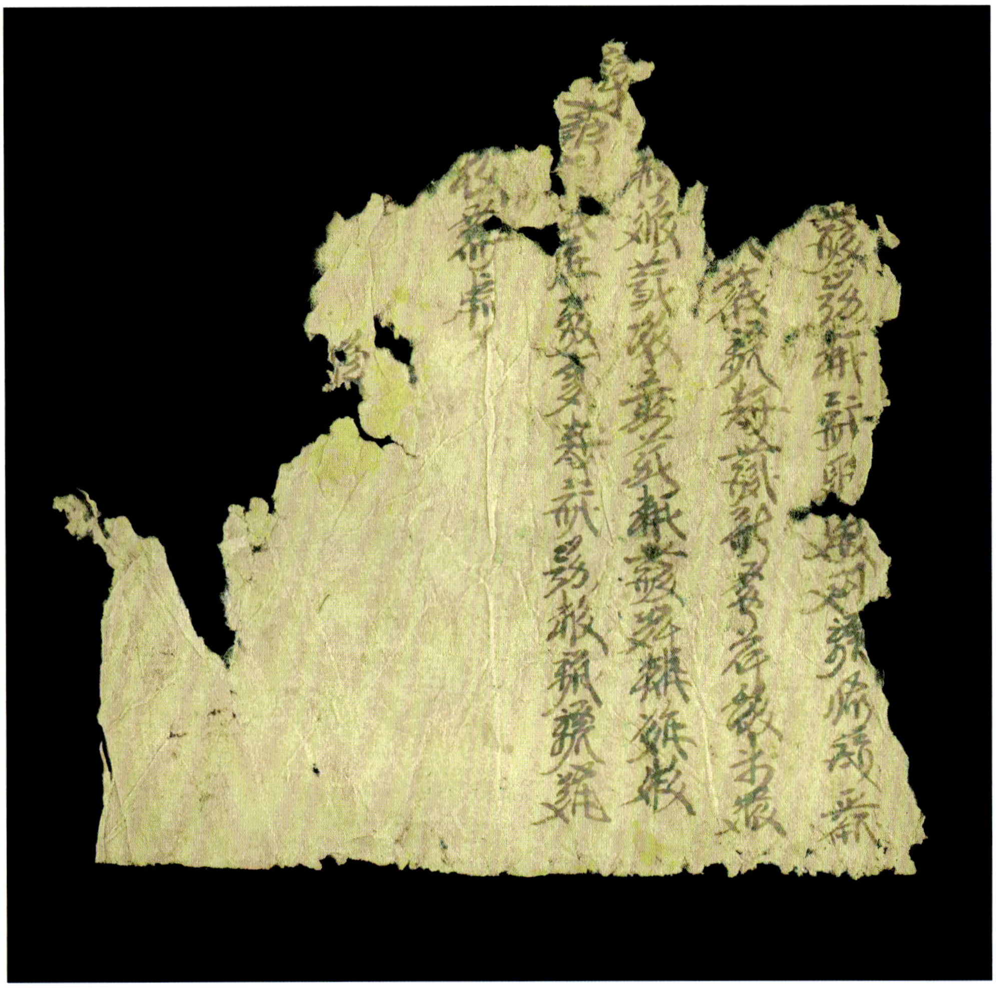

Or.12380/1781（K.K.II.0274.i）
13.6 釐米 × 14.8 釐米

……乃入上虛詐常住財無貧富
……庫財盜持爲實實當是而惡
……惡住滯自人上乃有因此後
……等轉……内未舉盜詐入而錢財失
……當還造
竟

1782　亥年新法第十一

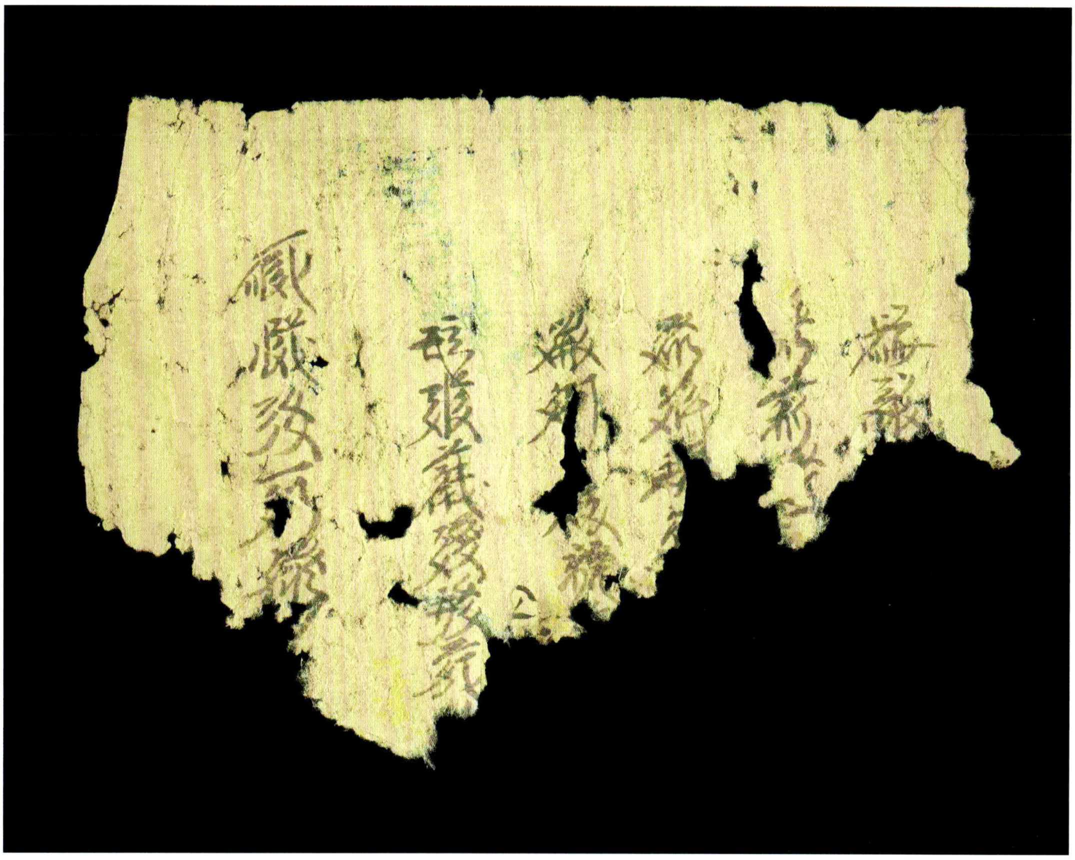

Or.12380/1782（K.K.II.0274.v）
9.3 釐米 × 13.6 釐米

　　邪事……
　　□真……
　　禁心……
　　常□□財……
　　無時庫管勾等……
新法第十一……

1783 殘片

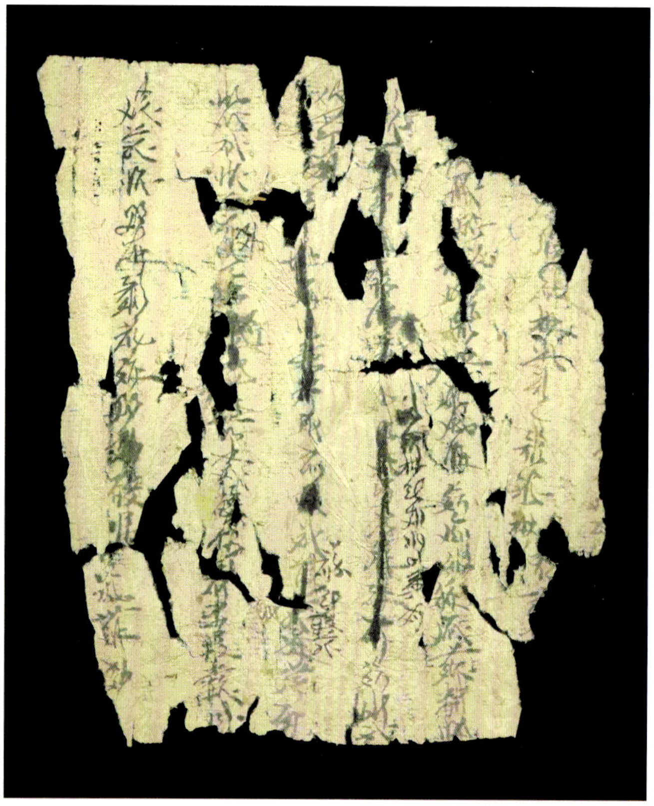

Or.12380/1783
（K.K.II.0274.cc）
19.7 釐米 × 16.9 釐米

1784 殘片

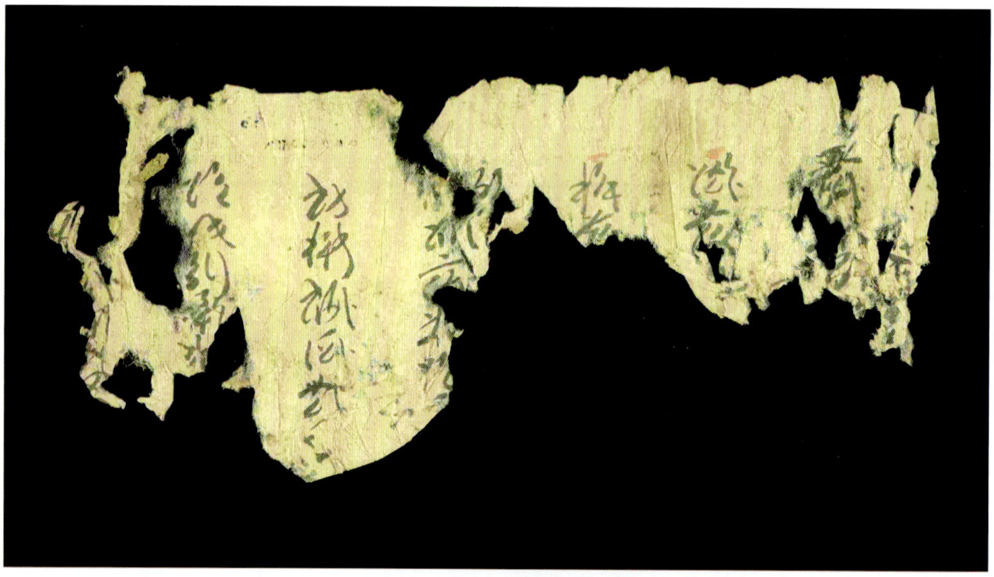

Or.12380/1784（K.K.II.0274.gg）
7.8 釐米 × 16.9 釐米

1785 經疏殘片

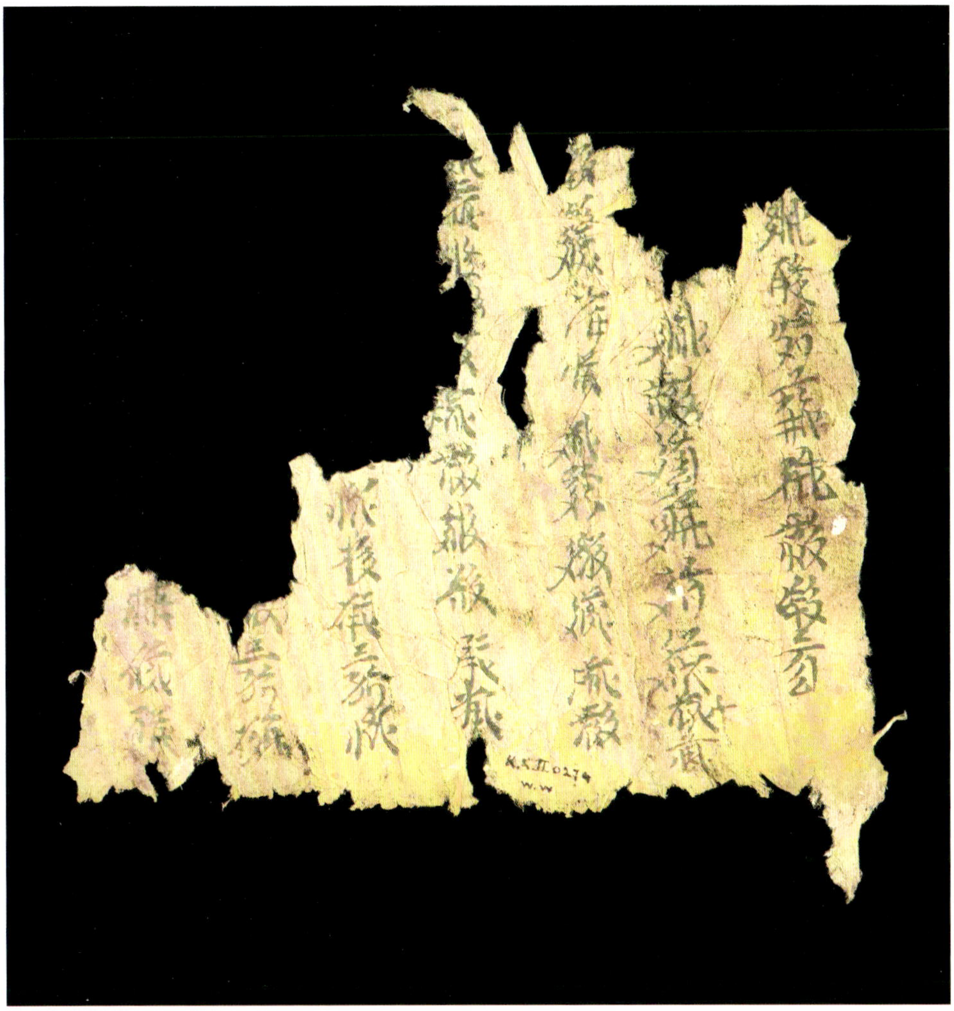

Or.12380/1785（K.K.II.0274.ww）
13.4 釐米 × 14.5 釐米

……地分地界遠是一身
……多是主具足者別眼
……者實來我說律者宮是
……宮是故也其上
……彼自不
……自此
……因五具

1786　殘片

Or.12380/1786（K.K.II.0274.ccc）
4.1 釐米 × 18.3 釐米

1787　殘片

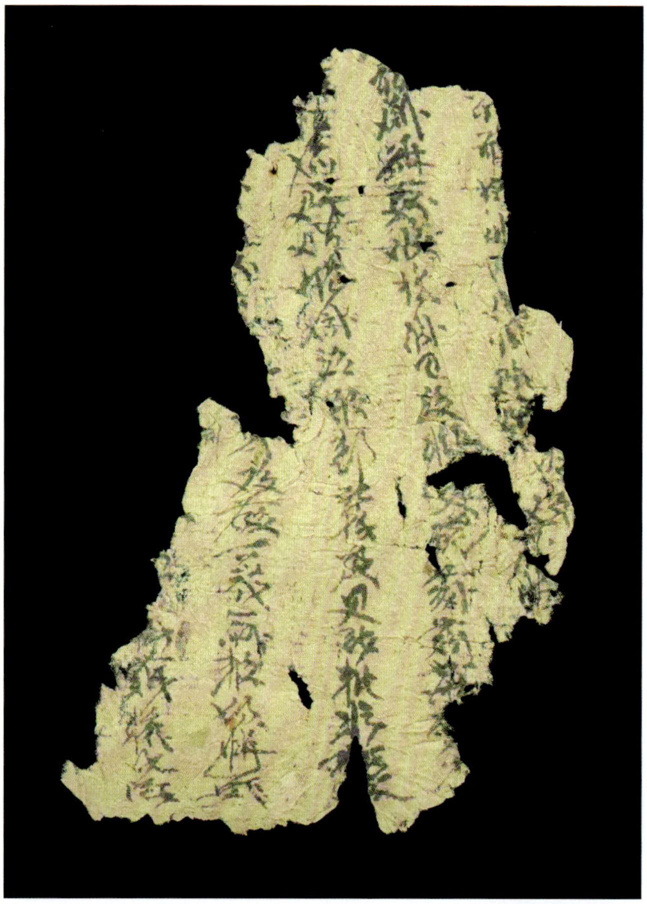

Or.12380/1787
（K.K.II.0274.yy）
15.4 釐米 × 10.5 釐米

1788 殘片

Or.12380/1788（K.K.II.0274.mmm.44?）
18.8 釐米 × 8.7 釐米

1789 殘片

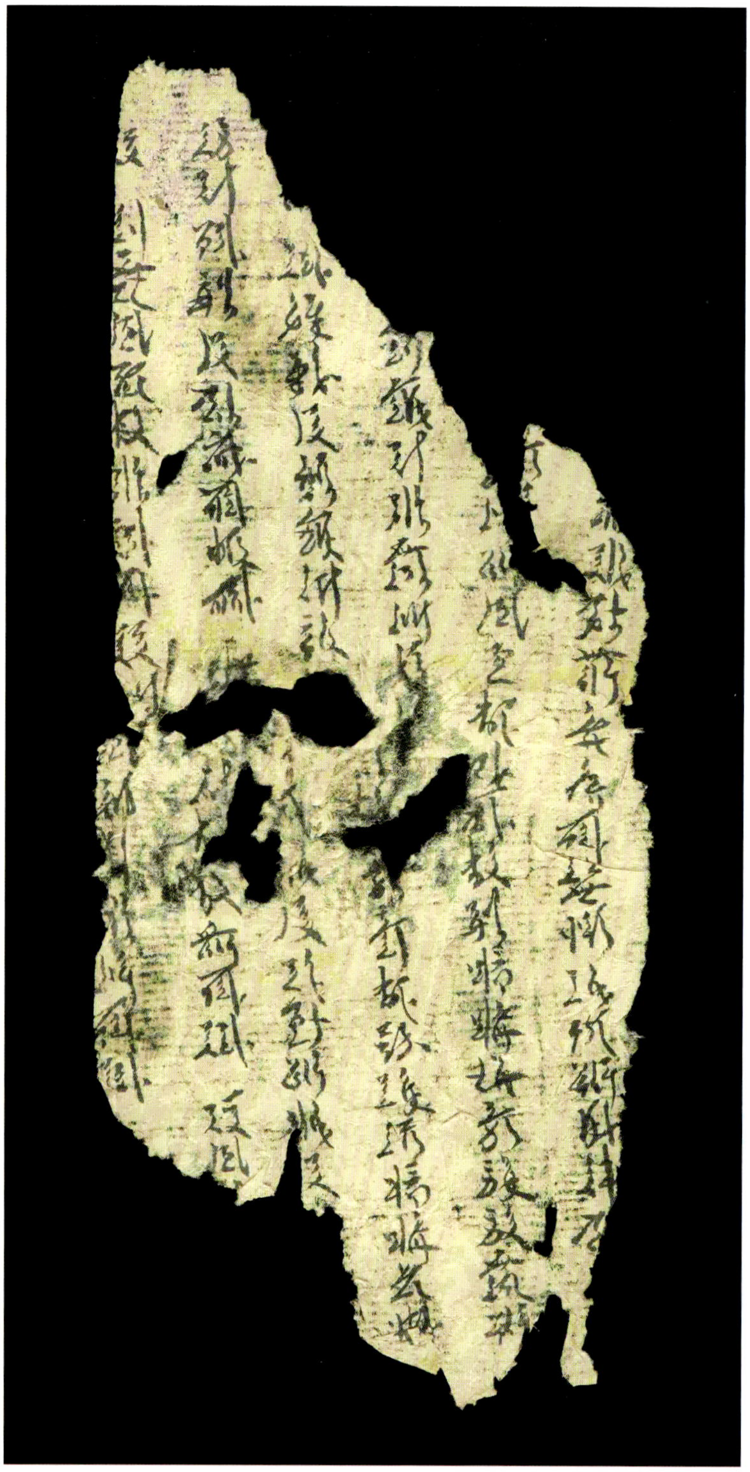

Or.12380/1789(K.K.II.0270.u)
22.8 釐米 × 9.8 釐米

1790 殘片

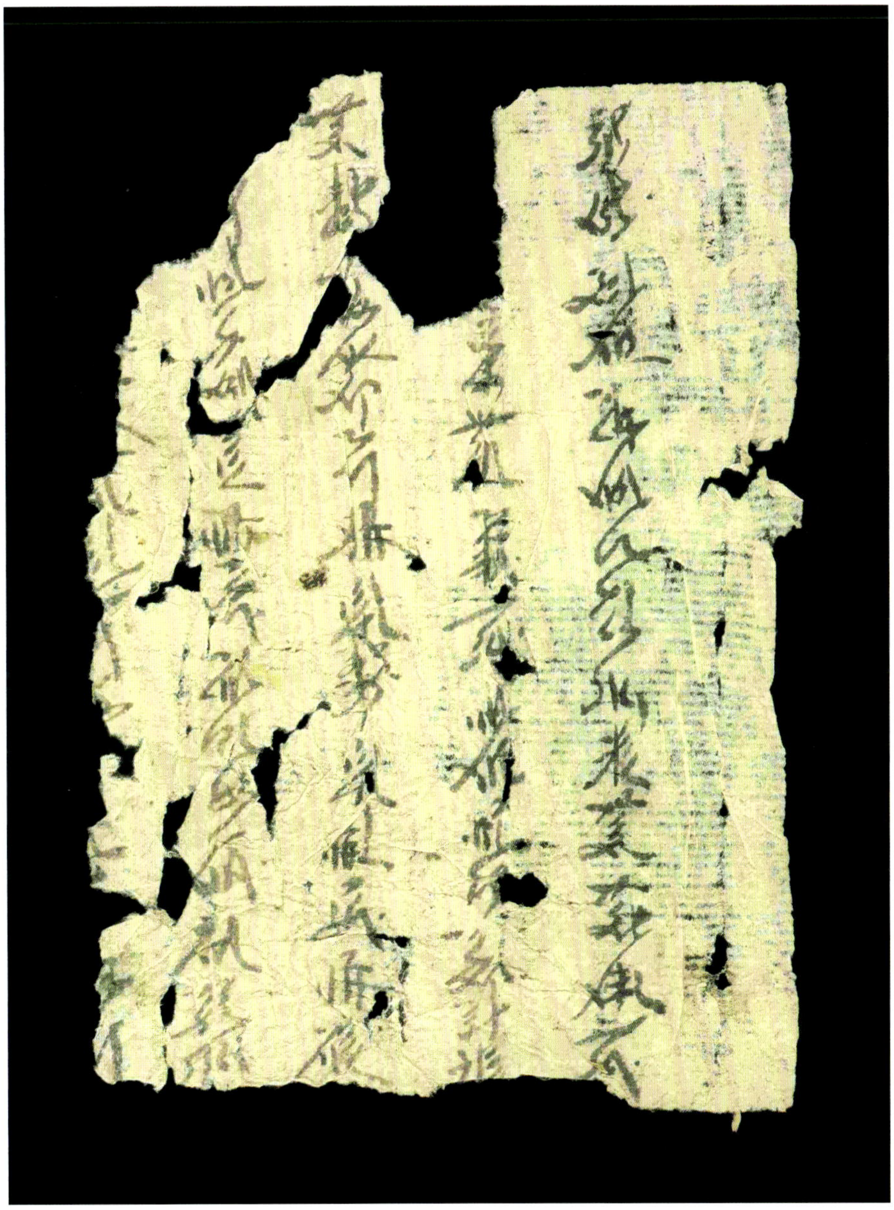

Or.12380/1790(K.K.II.0270.v)
18.8 釐米 × 13.5 釐米

1791　殘片

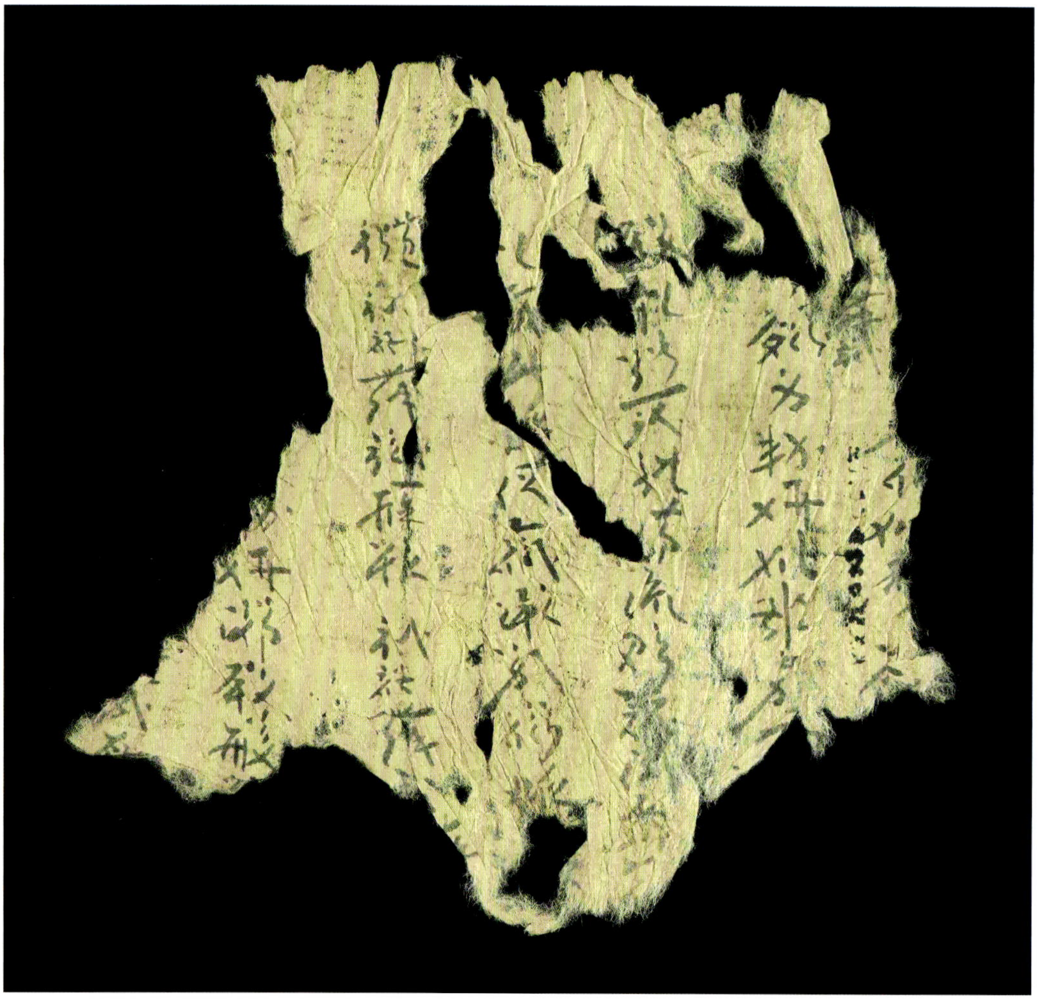

Or.12380/1791（K.K.II.0270.tt.ix）
11.1 釐米 × 11.5 釐米

1792　佛書殘片

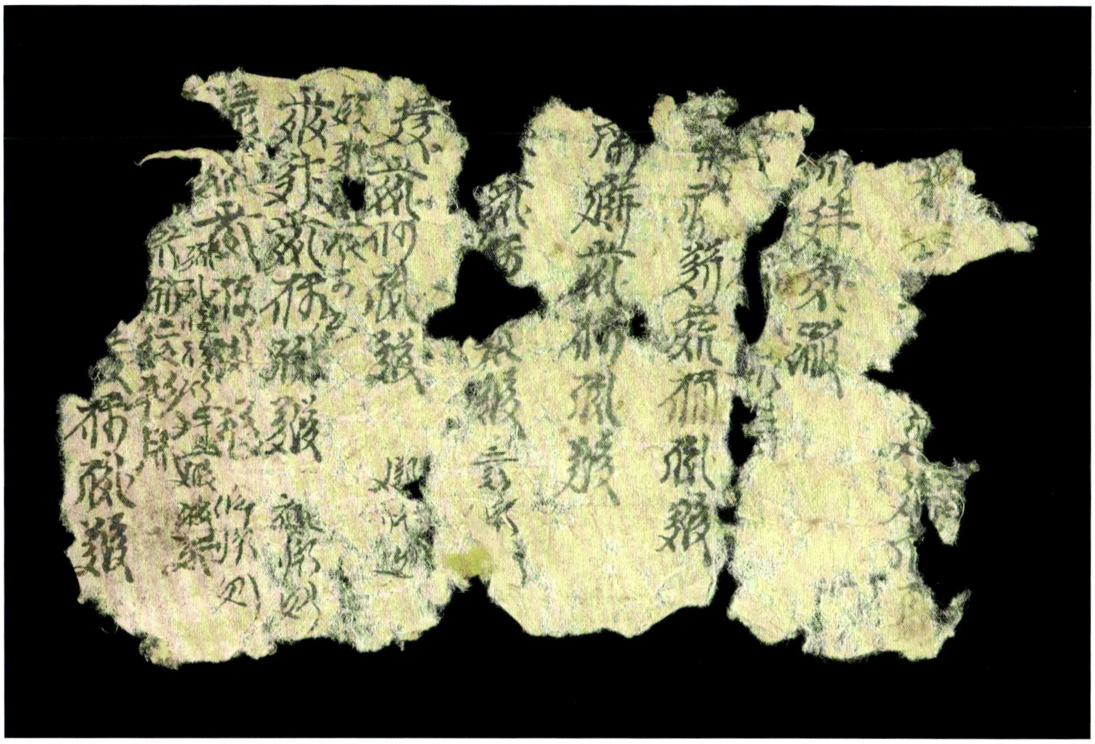

Or.12380/1792(K.K.II.0274.mmm.44?)
8.9 釐米 × 14.7 釐米

……佛世尊
……形魯割之敬禮
……母之□禮
……羅母之敬禮
……頂生母之敬禮
……色□母之敬禮
……囉没羅也
……之敬禮

男□

1793 殘片

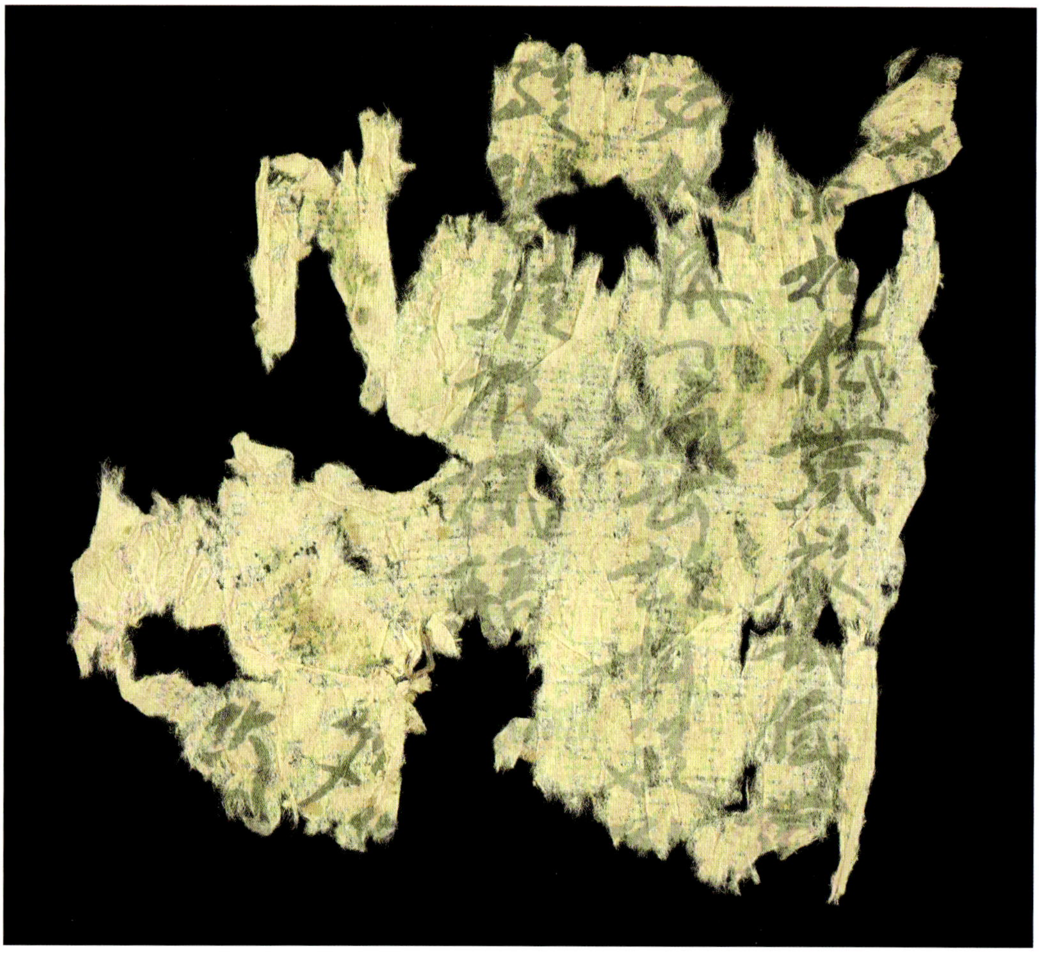

Or.12380/1793（K.K.II.0269.d.ii）
12.6 釐米 × 13.5 釐米

1794　法典殘片

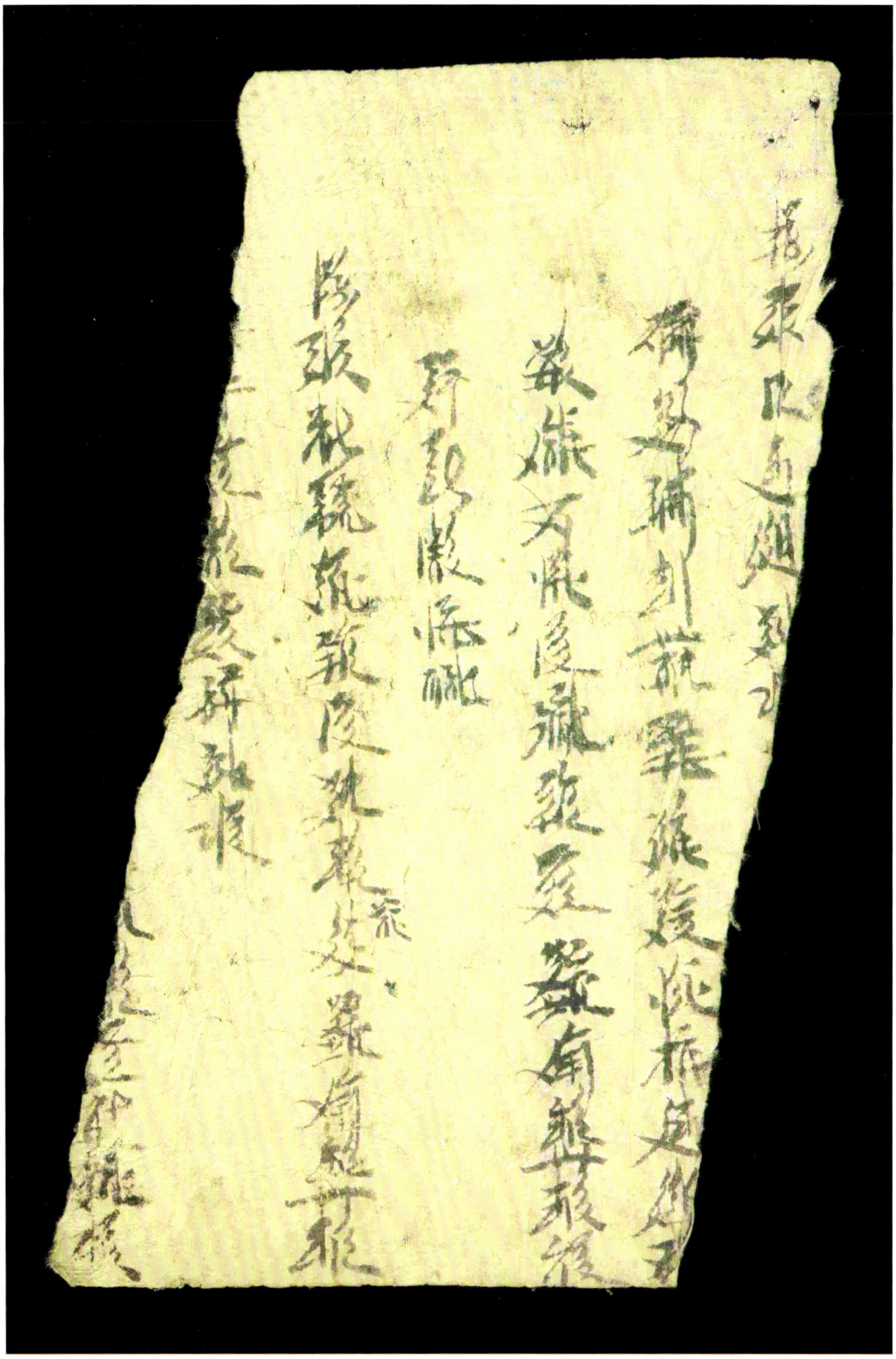

Or.12380/1794（K.K.II.0263.a）
20.5 釐米 × 12.9 釐米

1795 佛書殘片

Or.12380/1795（K.K.II.0274.mmm.41?）
20.7 釐米 × 8.9 釐米

□願受能法……無著師及□海師等願及
之戒亦分別入菩提心發及彼之戒亦異願生禁戒護持
二十禁中善男子法持誰何汝菩提勇……菩提
方願生乎謂問……

1796　百六吉凶歌

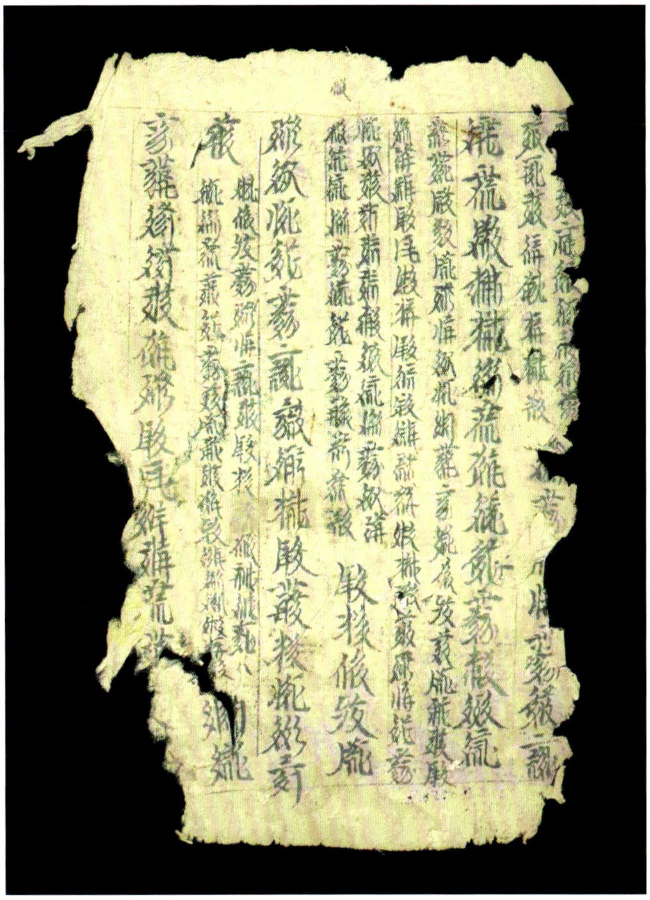

Or.12380/1796
（K.K.II.0258.h）
18.9 釐米 × 13.6 釐米

□□時皆凶四十六七歲上時及死喪亡也善星□内災星逢

富貴樂中有亡災此者災星宜論處

在金木紫炁宮限内復與晝火夜土孛計同宮時有官則先官高後死無官人先得財後亡也如限中災星

不在時故應細細論處災星在則應思量災星者有慢於忌曜也剥官孛計宫

限在更逢忌曜何因死官既剥再復轉

身逢月孛計都限内時失官散財染疾病有憂撓災如與忌曜同宮時此人先受災後亡也晝土

夜火爲主時此限有官高心喜火……

惟官祿宮上逢空限，最凶必於四十六七身亡。善星限内逢災忌，稱意中亡是此基。只有災星宜詳審，剝官孛計限仍知。更逢忌曜因何死，失職中亡請細推。若人行金木炁限，晝火夜土，與計孛同宮，即有祿者遷官而死，無祿者進財而亡。如星限中只有災星不是忌曜，即須子細消息定之，蓋災星慢於忌曜故也。孛計限仍知失官散財，憂撓疾病，如更於忌曜同行，此人必有災而後身亡。晝土夜火如是主，限逢稱意主官資。（《星學大成》卷七）

1797 文契殘片

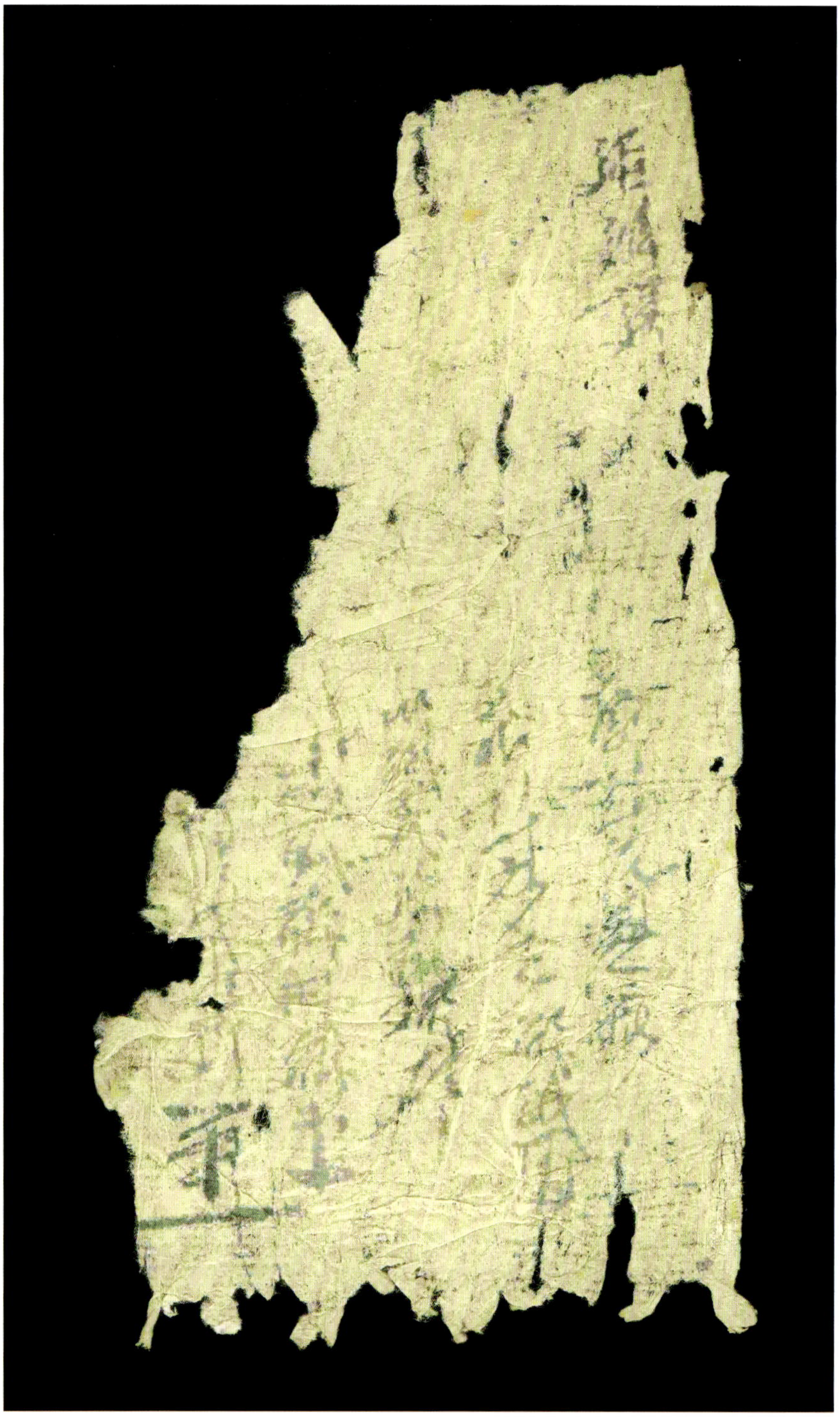

Or.12380/1797(K.K.II.0260.g)
19.6 釐米 × 10.5 釐米

1798　殘片

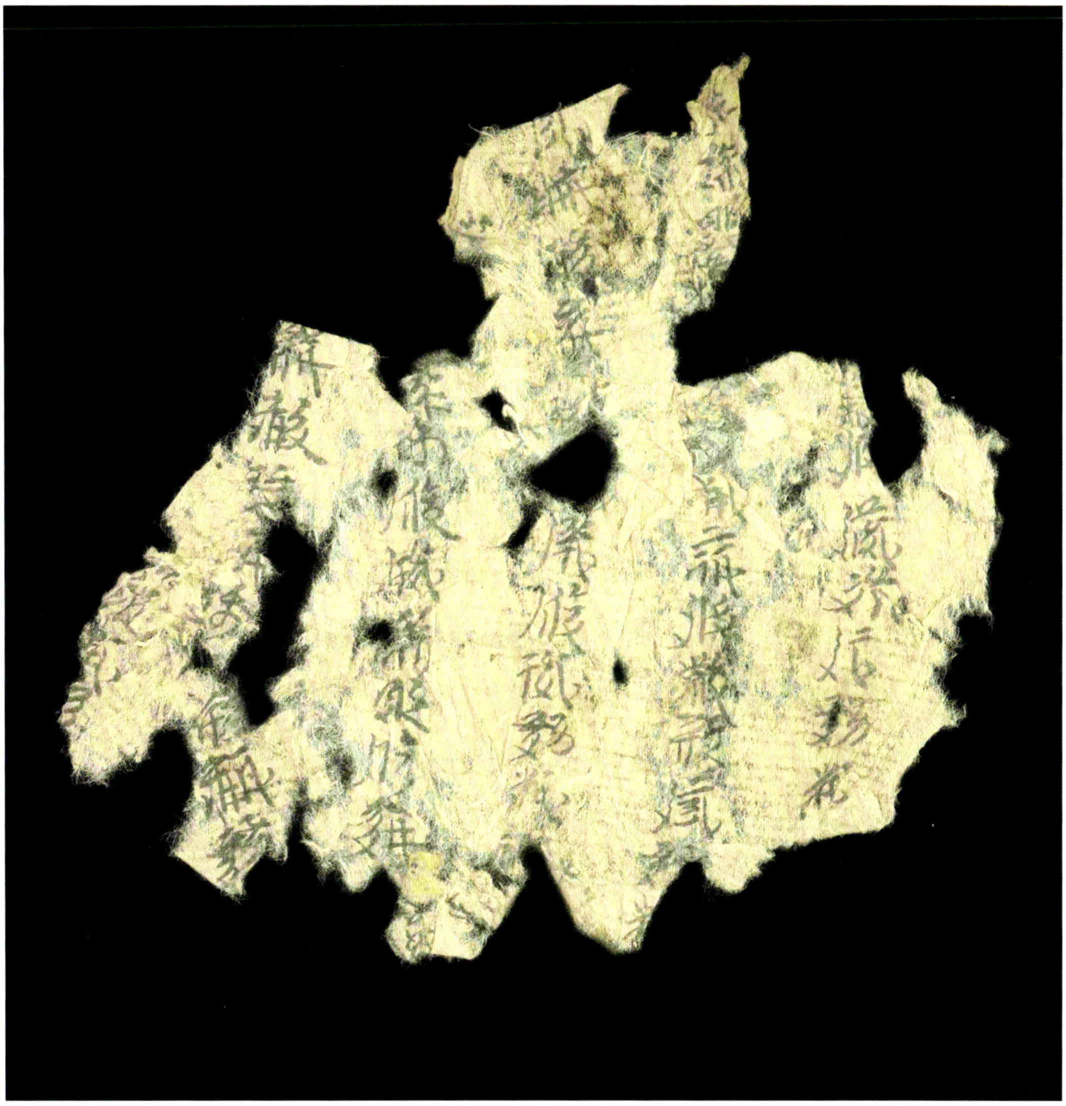

Or.12380/1798（K.K.II.0269.h.8?）

13.2 釐米 × 13.8 釐米

1799 殘片

Or.12380/1799A
（K.K.II.0269.m）
7.6 釐米 × 6.3 釐米

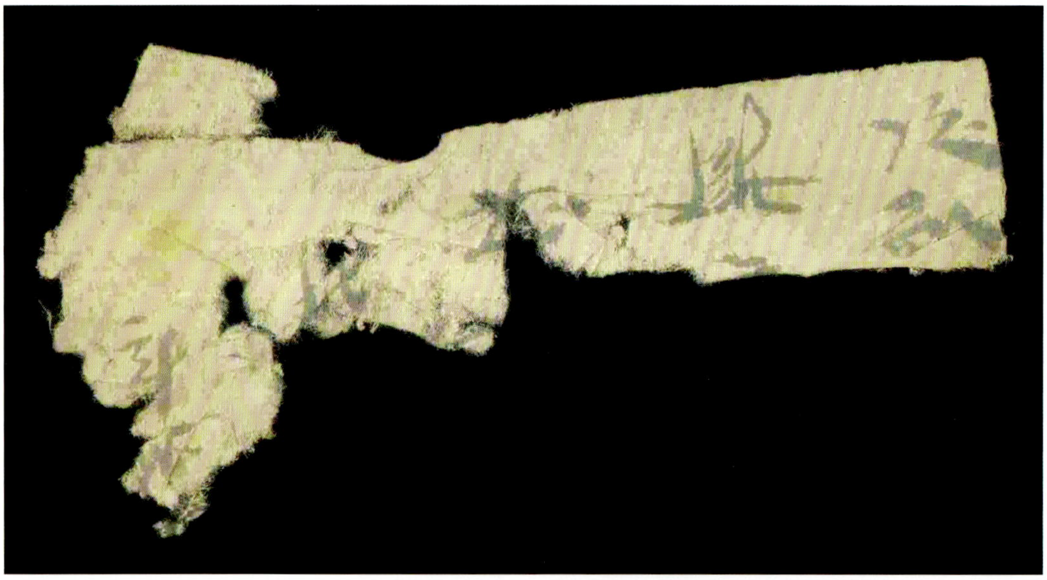

Or.12380/1799B
5.6 釐米 × 11.5 釐米

Or.12380/1799C
6.4 釐米 × 11.7 釐米

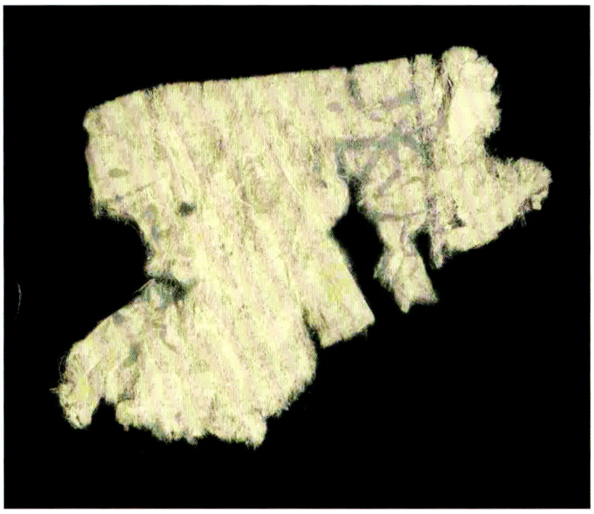

Or.12380/1799D
6.2 釐米 × 8 釐米

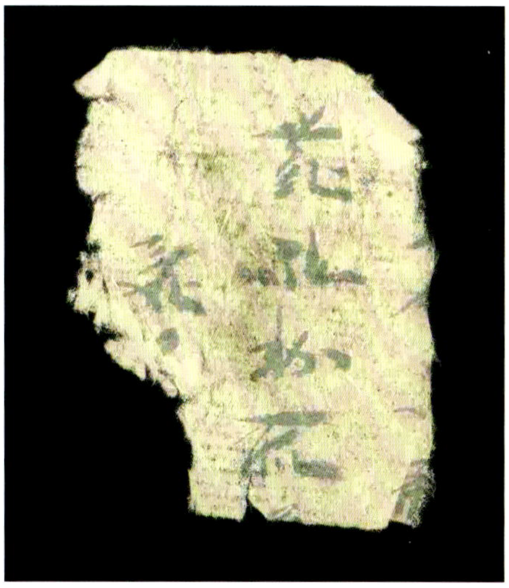

Or.12380/1799E
6.2 釐米 × 5 釐米

Or.12380/1799F

1800 殘片

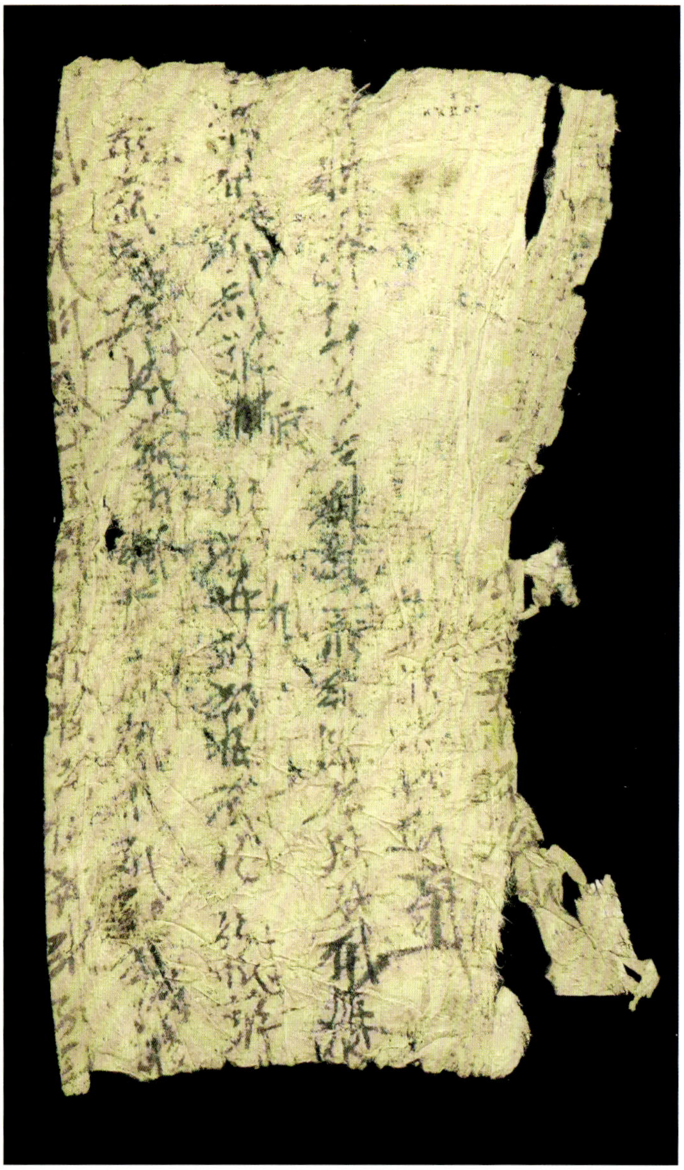

Or.12380/1800A（K.K.II.0260.o）
19.8 釐米 × 12.2 釐米

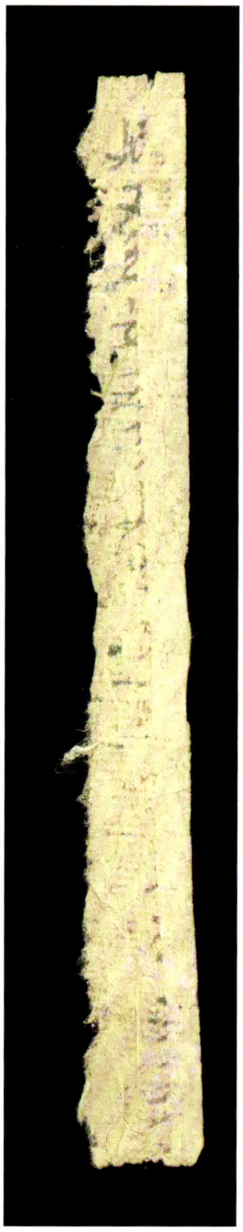

Or.12380/1800B
19.6 釐米 × 2 釐米

1801　法典殘片

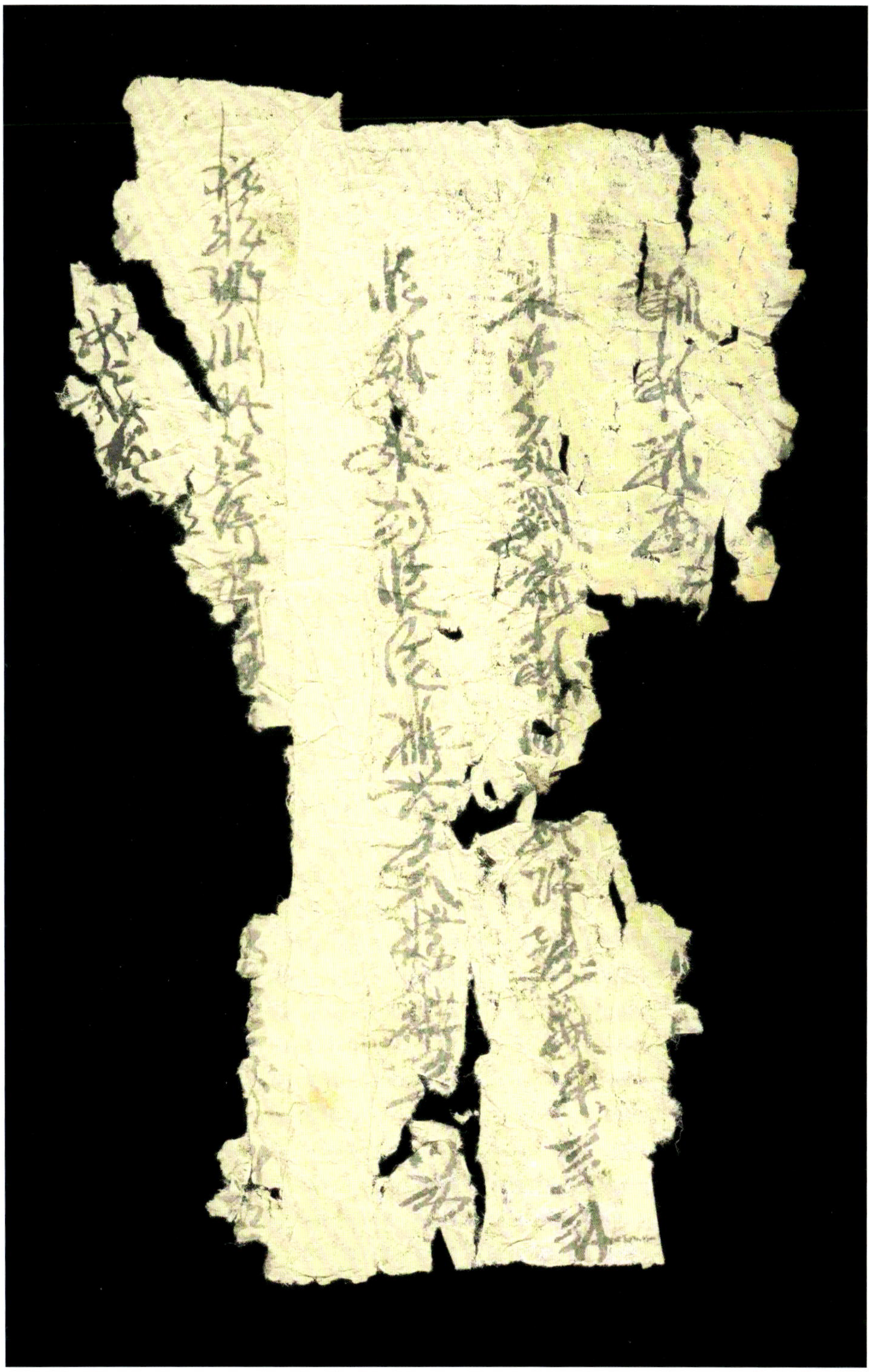

Or.12380/1801（K.K.II.0275.y）
19.2 釐米×12.4 釐米

1802 法典殘片

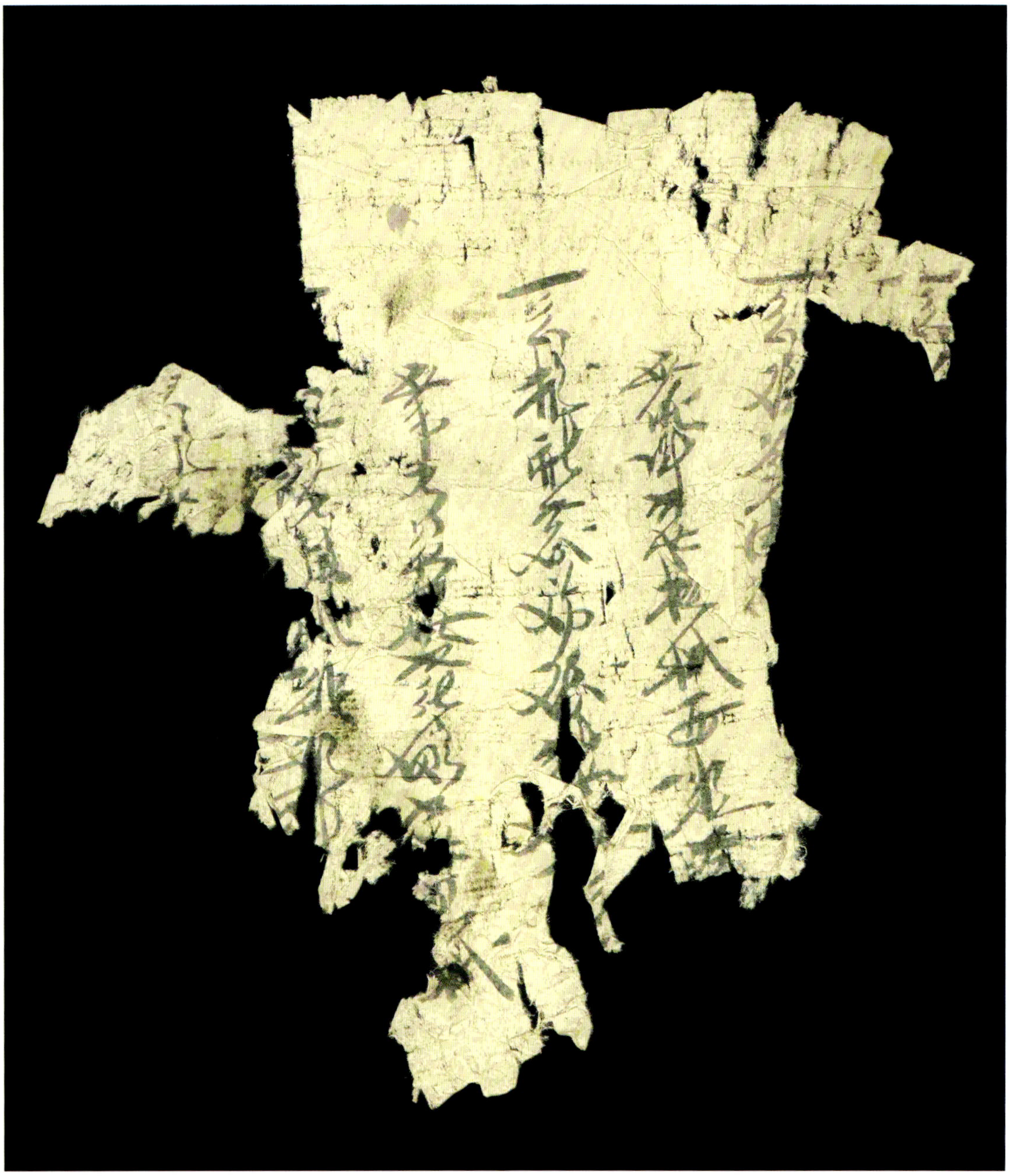

Or.12380/1802（K.K.II.0275.ff）
19 釐米 × 19.5 釐米

1803 殘片

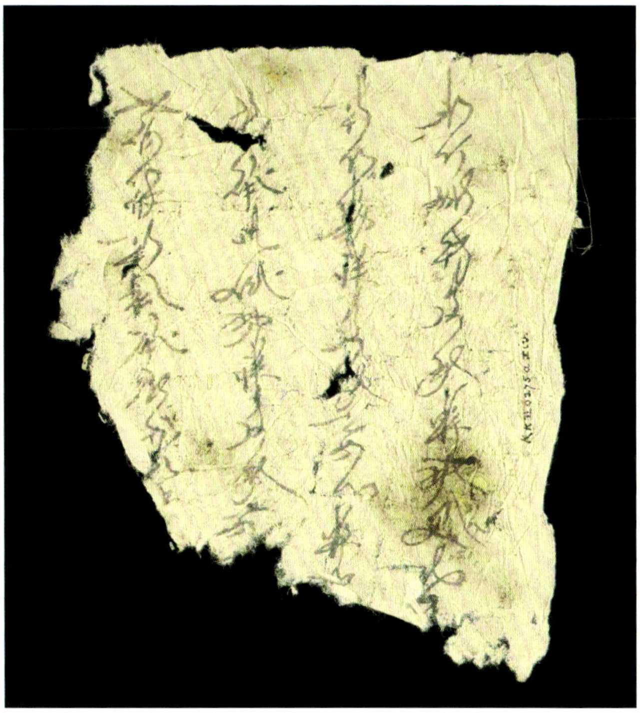

Or.12380/1803
（K.K.II.0275.a.xiv）
14.1 釐米 × 12.3 釐米

1804 殘片

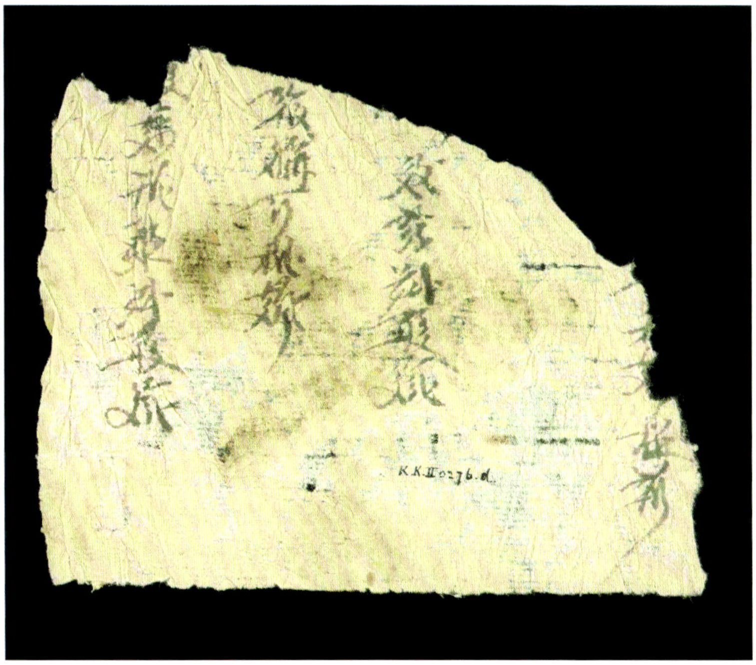

Or.12380/1804
（K.K.II.0276.d）
11.5 釐米 × 15 釐米

1805 陀羅尼殘片

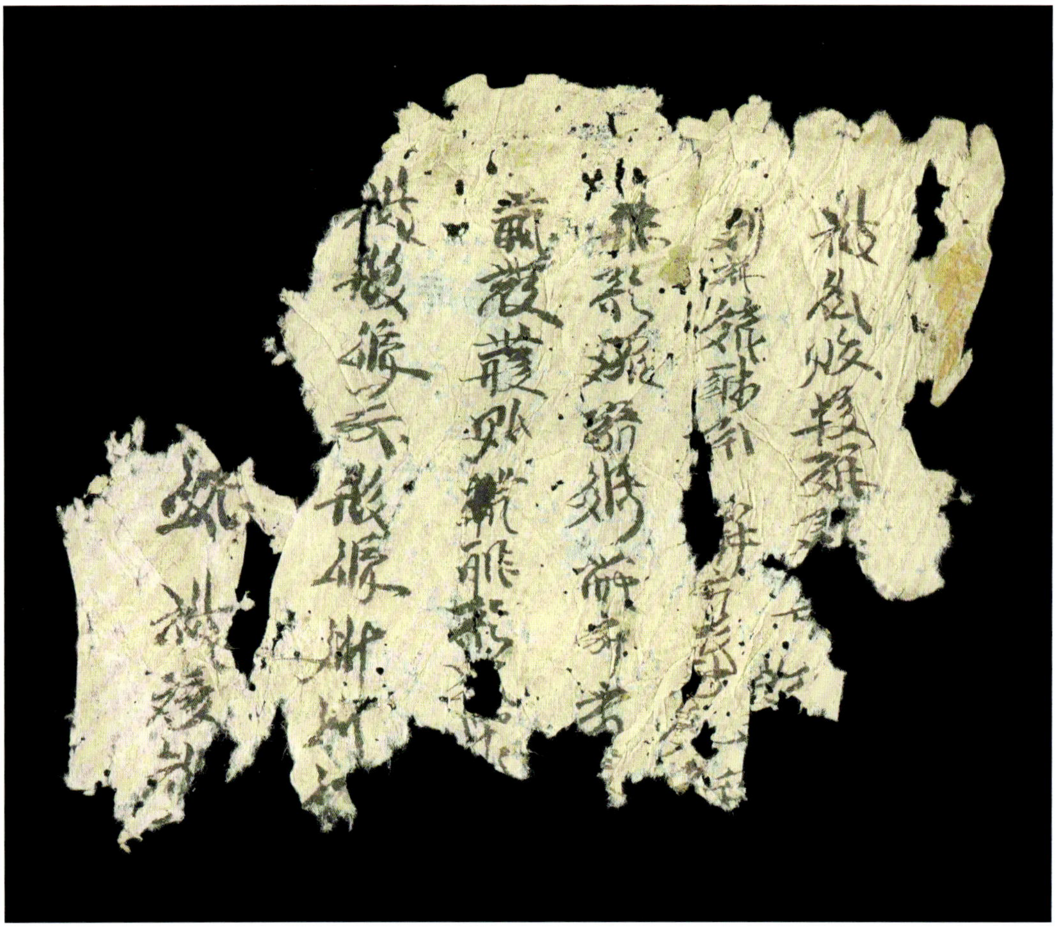

Or.12380/1805(K.K.II.0276.n)
15.1 釐米 × 15.9 釐米

1806　陀羅尼殘片

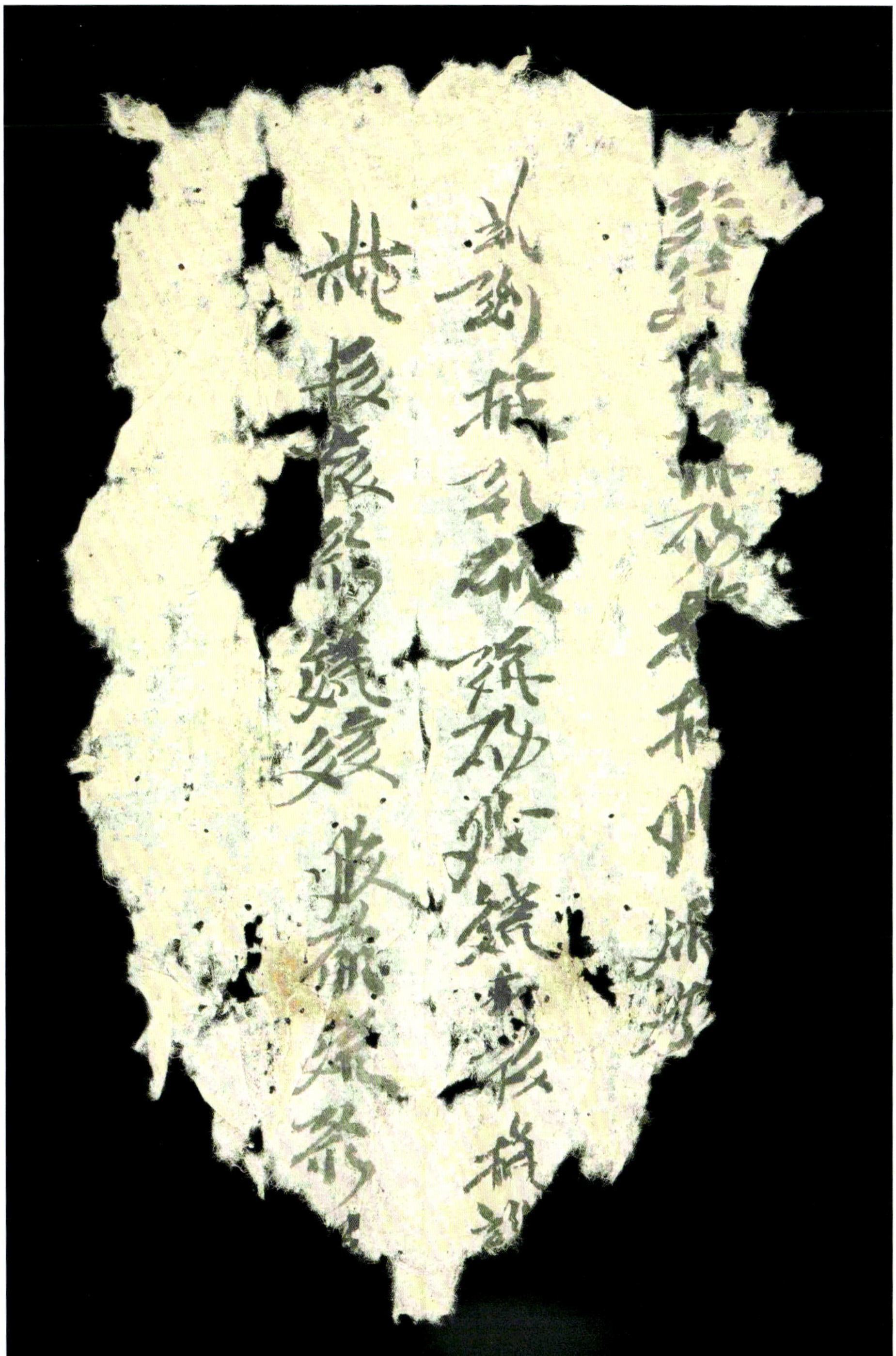

Or.12380/1806(K.K.II.0276.e)
19.2 釐米×11.8 釐米

1807 殘片

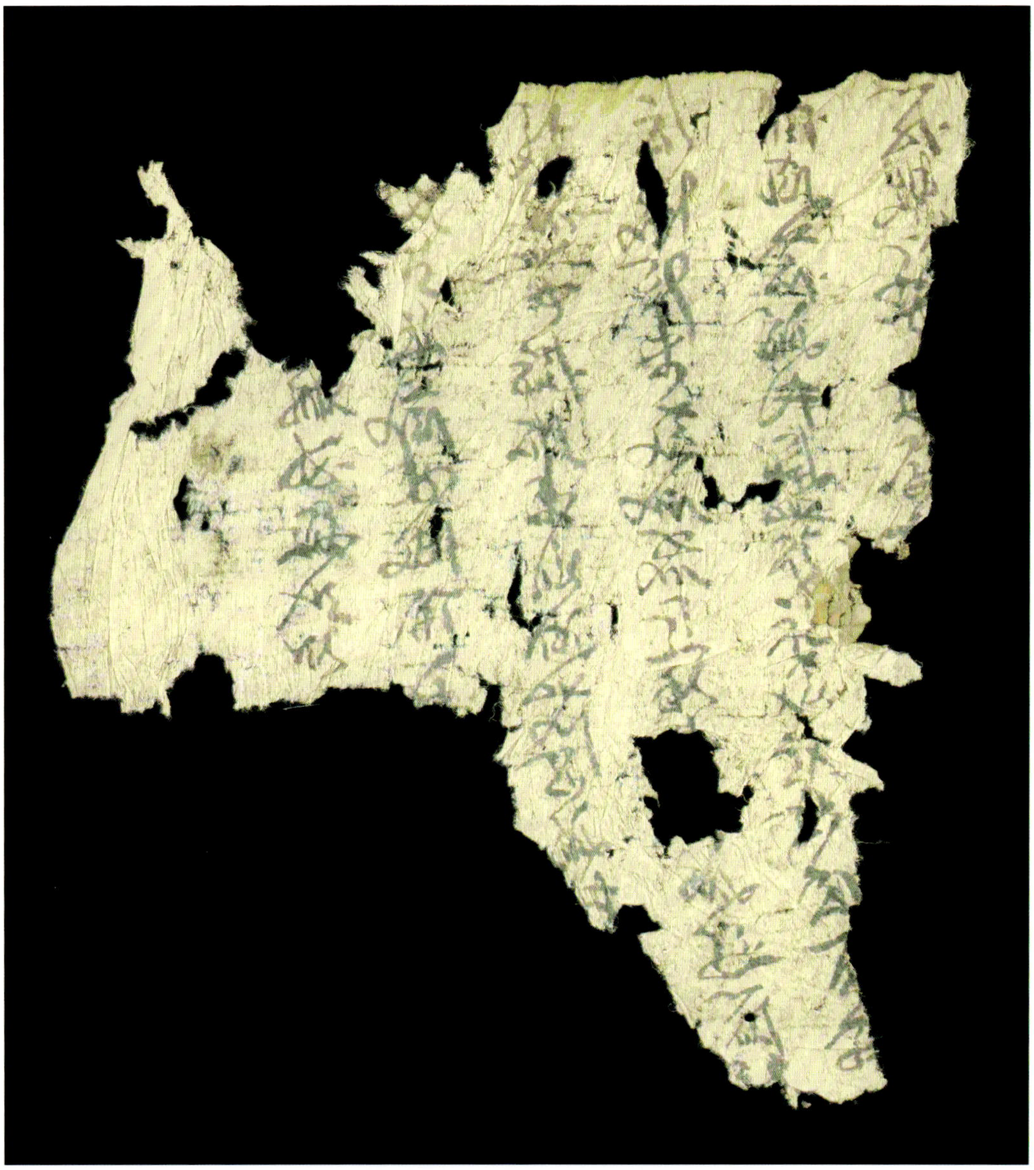

Or.12380/1807（K.K.II.0275.tt）
17.1 釐米 × 15.8 釐米

1808　簿籍殘片

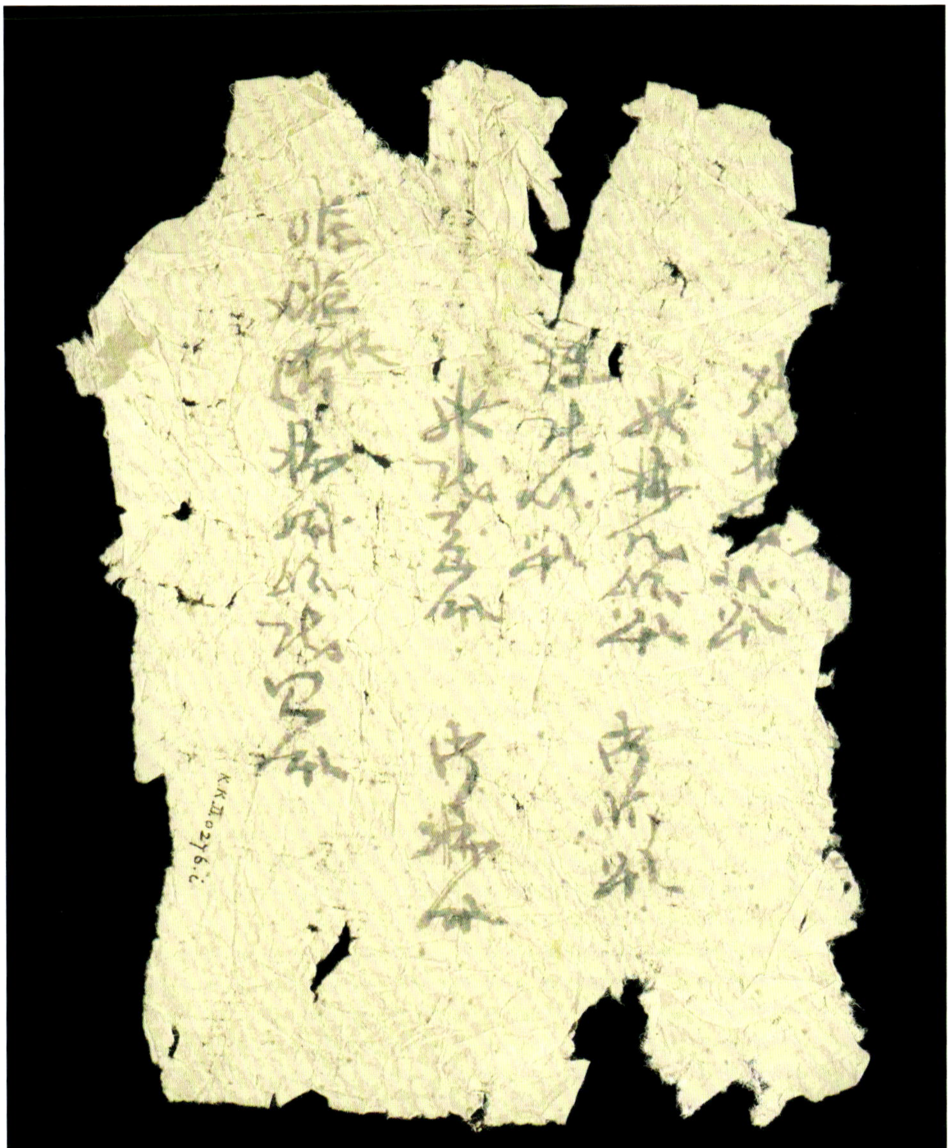

Or.12380/1808（K.K.II.0276.i）
17.8 釐米 × 14 釐米

1809 佛書殘片

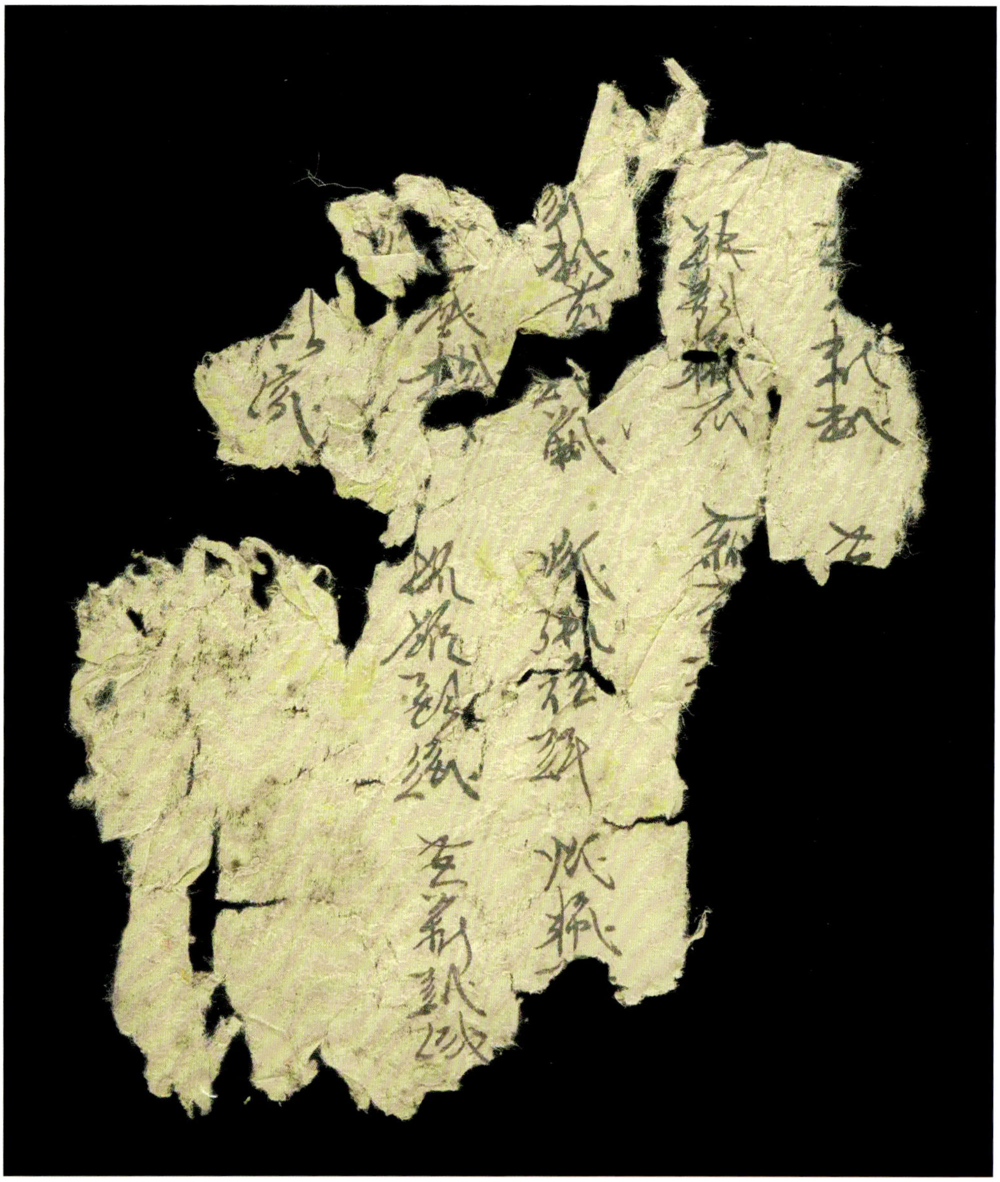

Or.12380/1809（K.K.II.0276.jjj.29?）
12.9 釐米 × 10.9 釐米

1810 殘片

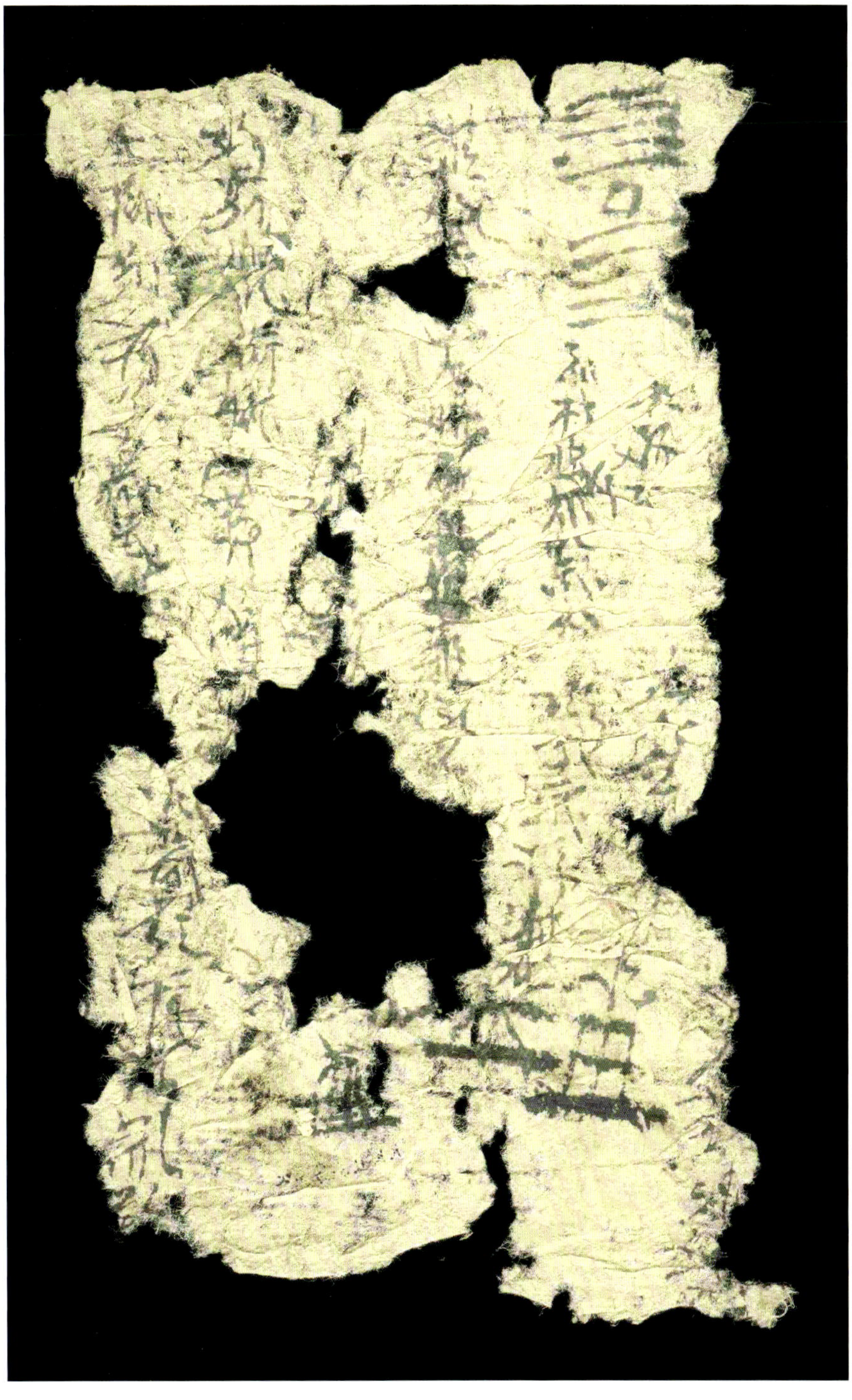

Or.12380/1810（K.K.II.0276.x）
18.4 釐米 × 11.2 釐米

1811 殘片

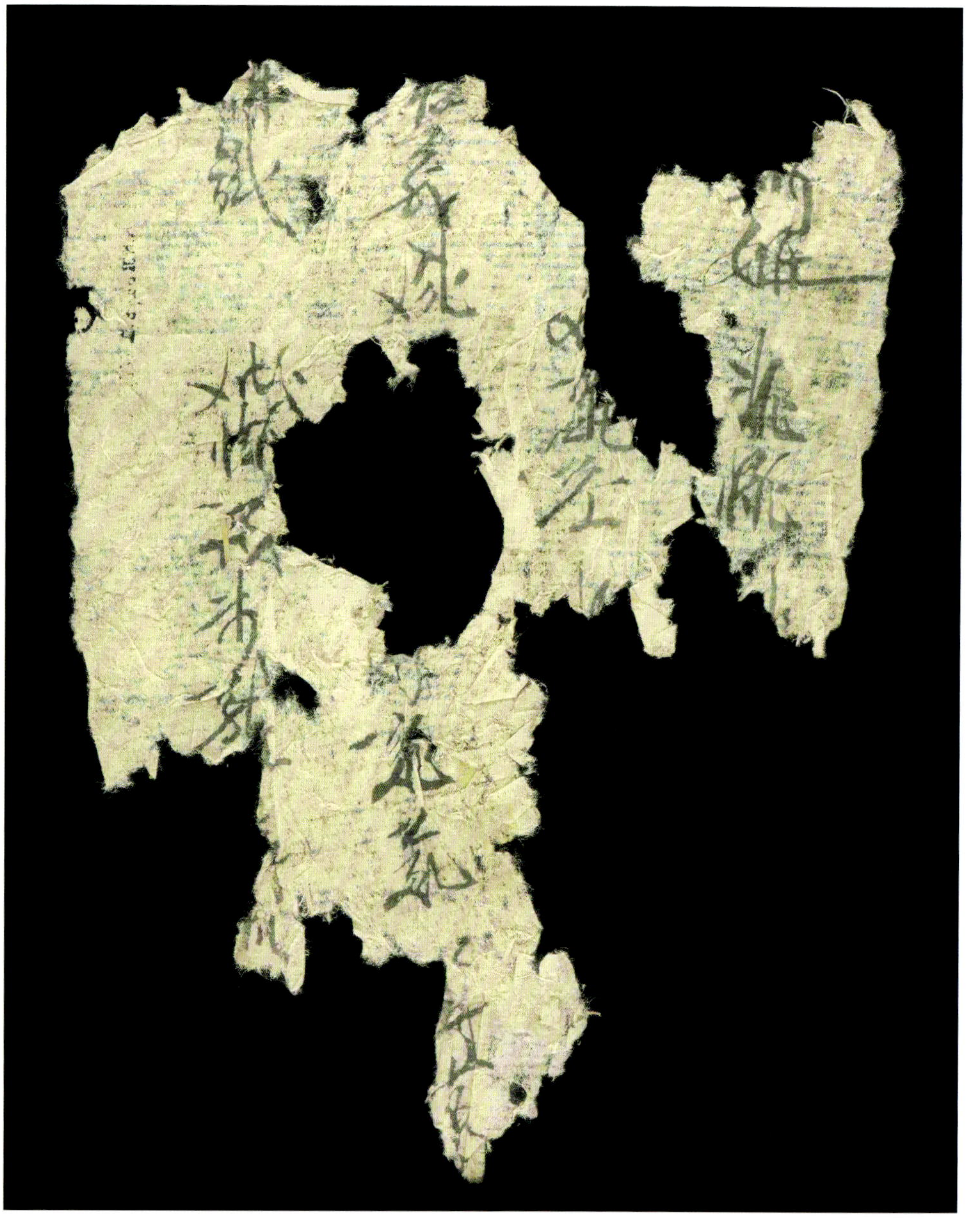

Or.12380/1811（K.K.II.0276.z.iii）
17.3 釐米 × 12.4 釐米

1812　法典殘片

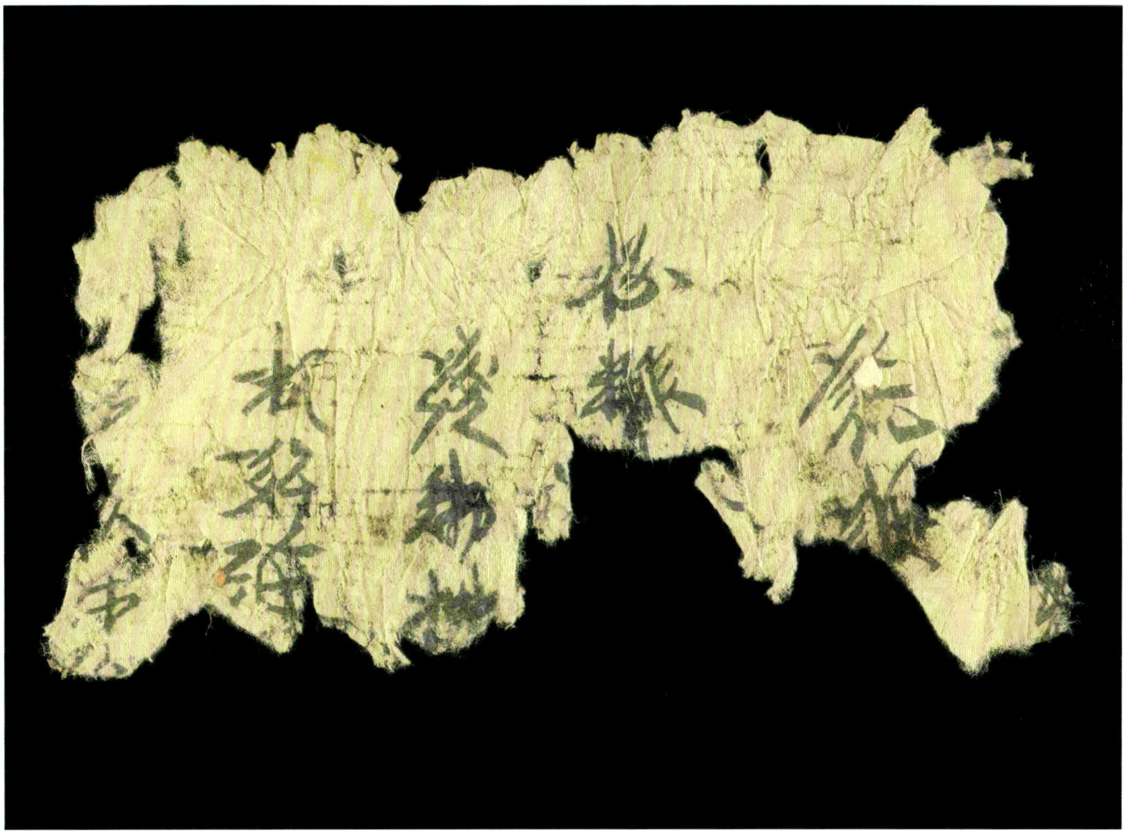

Or.12380/1812（K.K.II.0274.mmm.43?）
6.9 釐米 × 12.5 釐米

1813 簿籍殘片

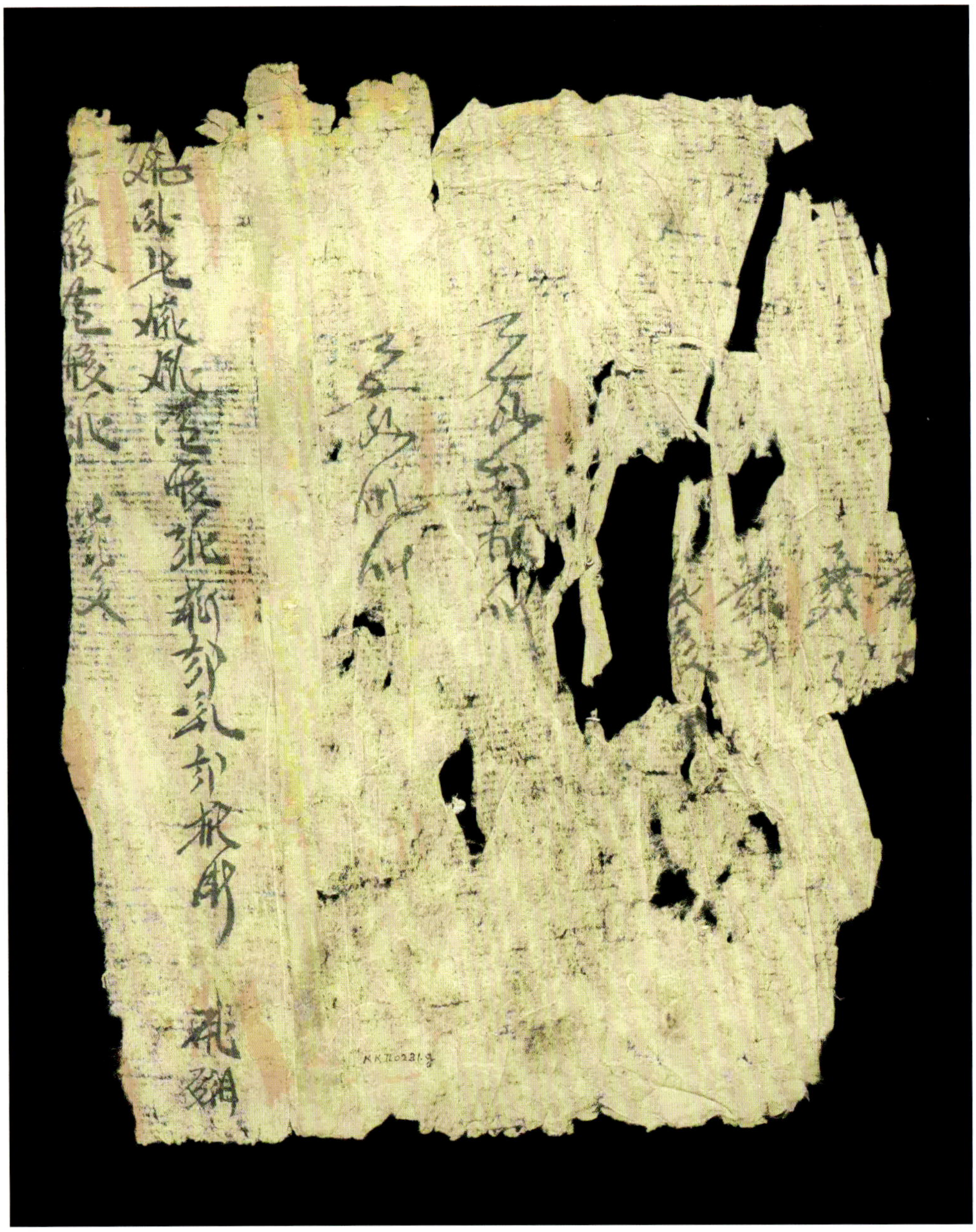

Or.12380/1813(K.K.II.0231.g)
21.1 釐米 × 17.5 釐米

1814　佛書殘片

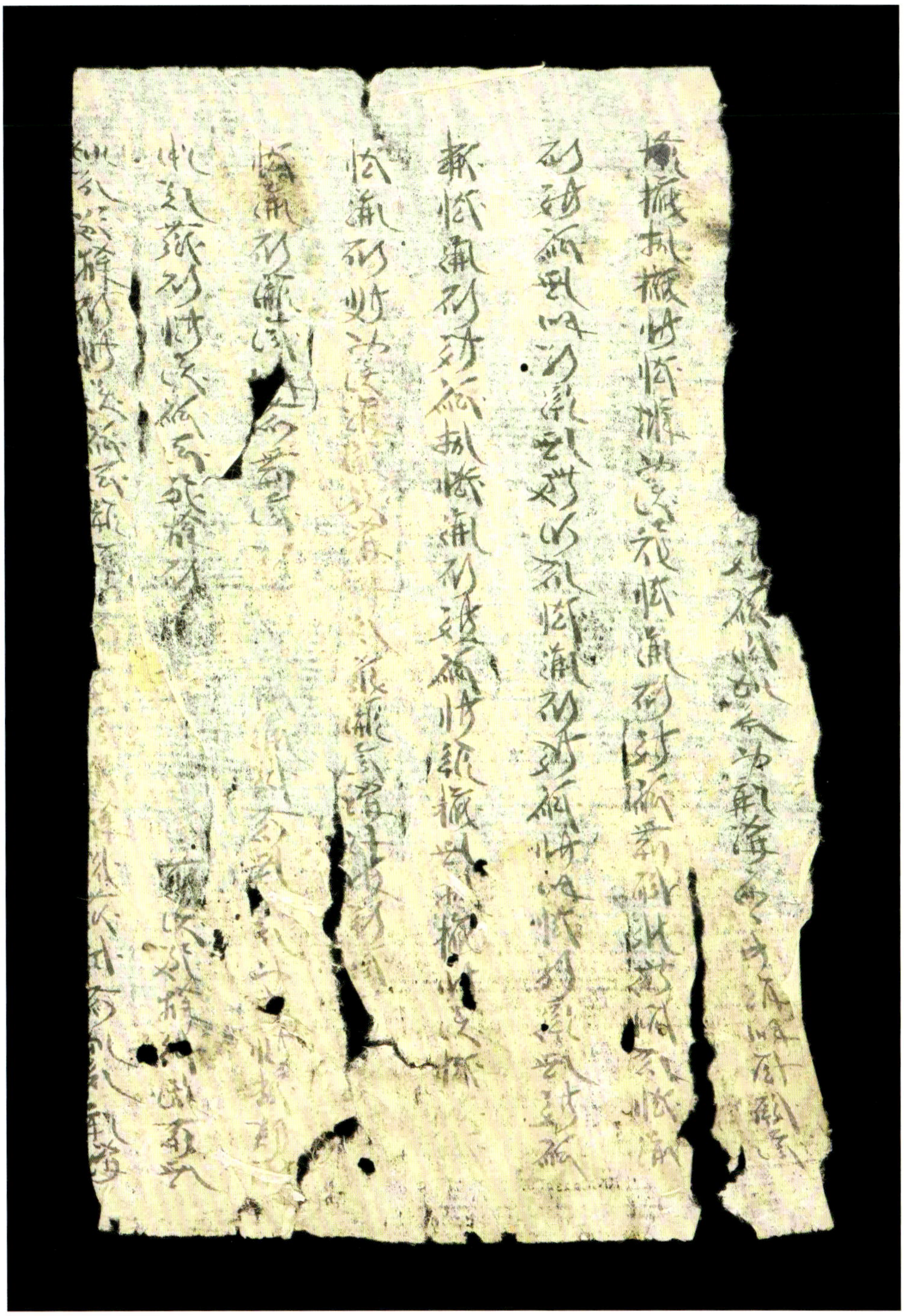

Or.12380/1814（K.K.II.0239.b）
20.7 釐米 × 13.6 釐米

1815 殘片

Or.12380/1815（K.K.I.ii.02.s）
17.9 釐米 × 10.1 釐米

1816 殘片

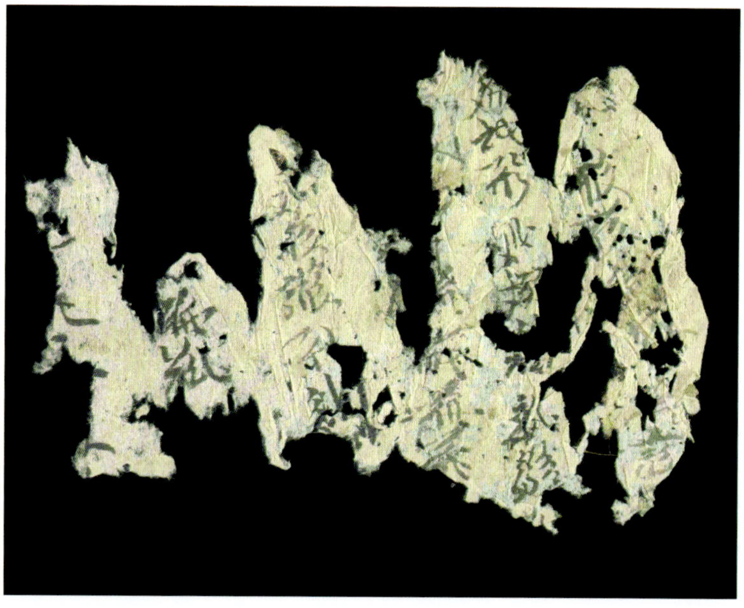

Or.12380/1816（K.K.II.0276.jjj.30?）
10 釐米 × 14.3 釐米

1817　佛説聖佛母般若波羅蜜多經

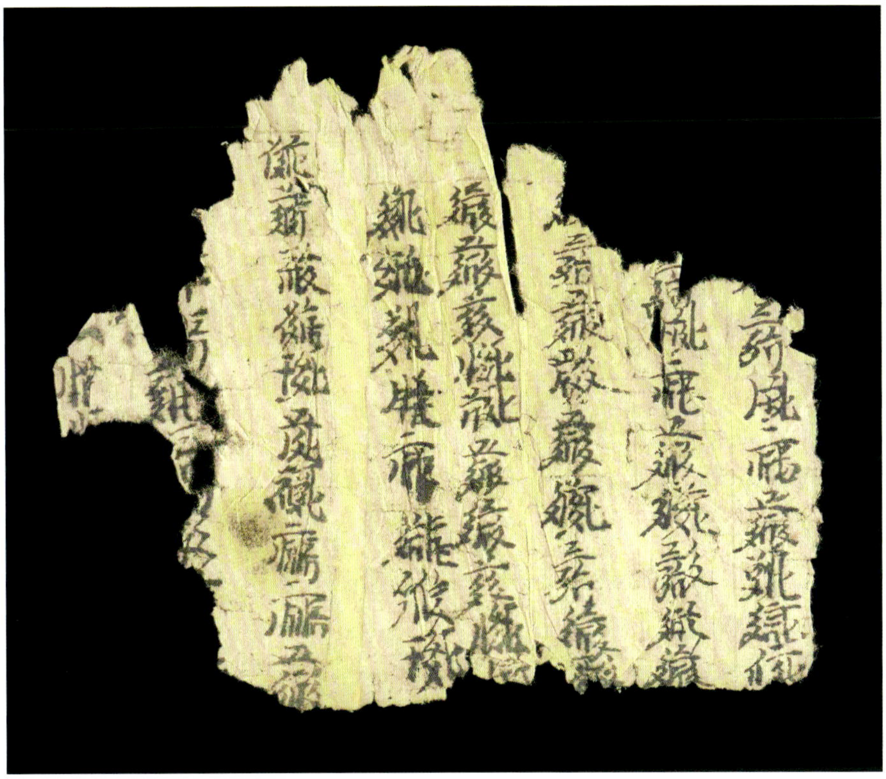

Or.12380/1817（K.K.II.0239.i）
12.8 釐米 × 14.9 釐米

……自性皆空觀當五……
……自性皆空者何謂色……
□即是空空者即是色……
色與空不異空與色不……
受想行識皆如前述
舍利子如是一切諸法空……
……不滅……
……非……

若善男子善女人樂欲修學此甚深般若波羅蜜多法門者，當觀五蘊自性皆空。何名五蘊自性空耶？所謂即色是空，即空是色，色無異於空，空無異於色，受想行識，亦復如是。舍利子！此一切法如是空相，無所生無所滅，無垢染無清淨，無增長無損減。（《大正藏》T08，p0852b）

1818 修法殘片

Or.12380/1818(K.K.II.0276.jjj.28?)
13 釐米×14.5 釐米

……末唧囉　斡……
……吽　發吒　發吒　娑訶……
……捞□□吽吽　發吒　娑訶　謂此
……爲亦難也定出欲時此
……爲謂回向應定
……之初始與不離
……學習法
……法要門

1819 殘片

Or.12380/1819
（K.K.II.0239.rr.3?）
16.6 釐米×11.1 釐米

1820 殘片

Or.12380/1820A（K.K.II.0239.rr.4?）
5 釐米×2.6 釐米

Or.12380/1820B
5.1 釐米×2.6 釐米

Or.12380/1820C
8.4 釐米×2.5 釐米

Or.12380/1820D
5.8 釐米 × 9 釐米

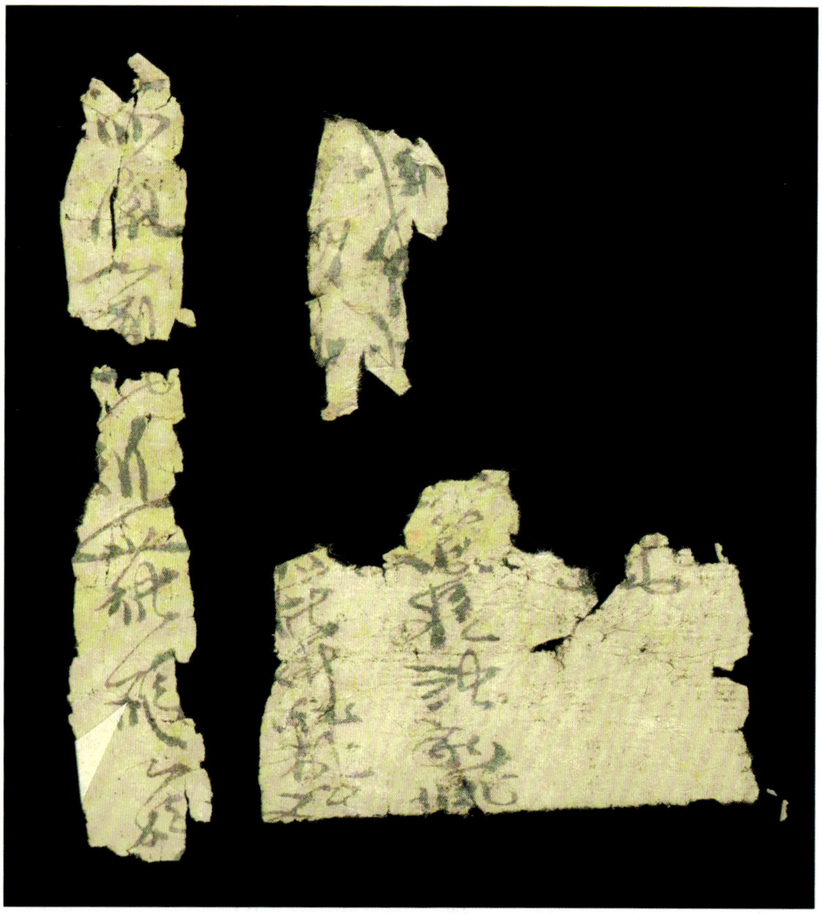

Or.12380/1820E

1821 殘片

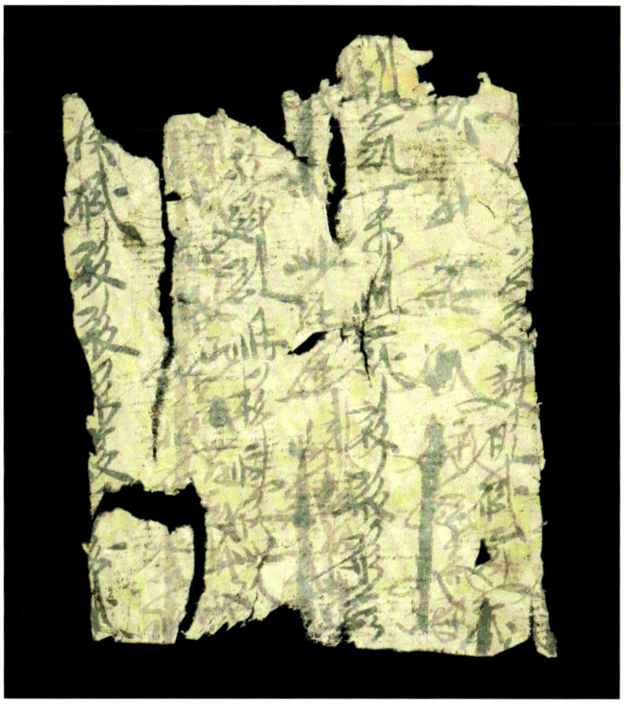

Or.12380/1821
（K.K.II.0239.rr.2?）
14.5 釐米 × 12 釐米

1822 殘片

Or.12380/1822
（K.K.II.0239.rr.1?）
19.2 釐米 × 11.3 釐米

1823 佛書殘片

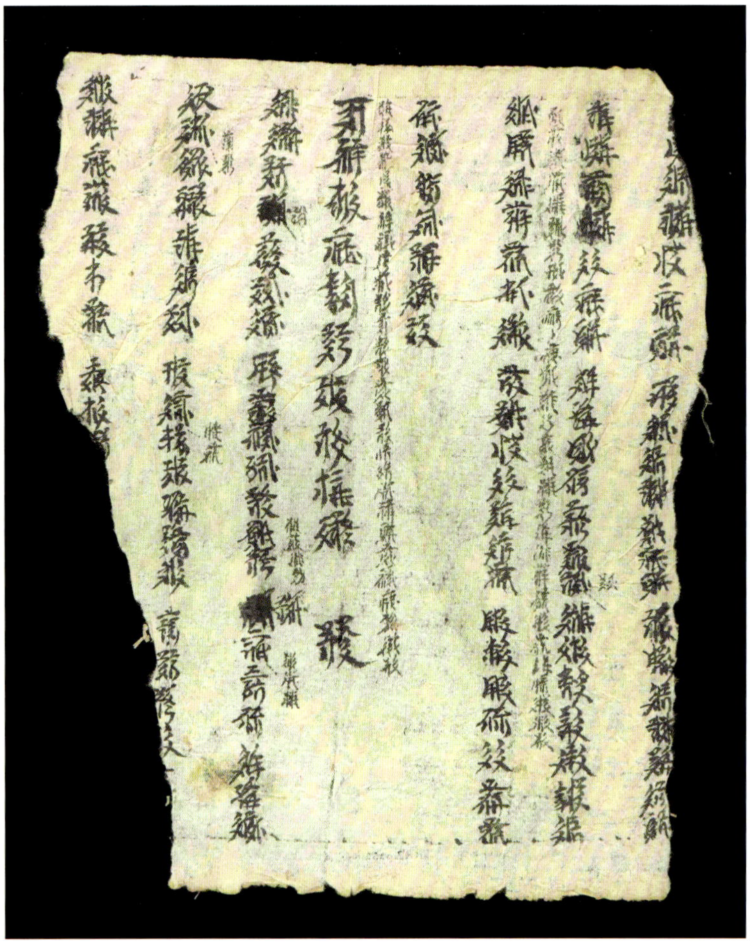

Or.12380/1823
（K.K.II.0232.h）
20.1 釐米 × 16.5 釐米

□□無故定皆全　取舍無故行皆全　出壞無故記句全
往昔成故果皆全　心實光明真空處　前後三世方分無
夫見法者前所説如是一切皆圓滿雖若行依説則我執相人有則修斷盡也
何時我執有上至　見行定果記句有　業及業之果報有
苦離福德積者要
此一門大手印白法理上三身三寶諸行茂集男宫本具諸法皆監能也
一白以皆忍説品十二第　竟

勤勞我謂　故是以
我今足和臭污者　近侍法意學行爲　子始已之心實者
疏説　有情
住法謗彌昔無處　伏所一品度拔故　疏説爲□□□□
是故普現門亦有　悲以……

1824　殘片

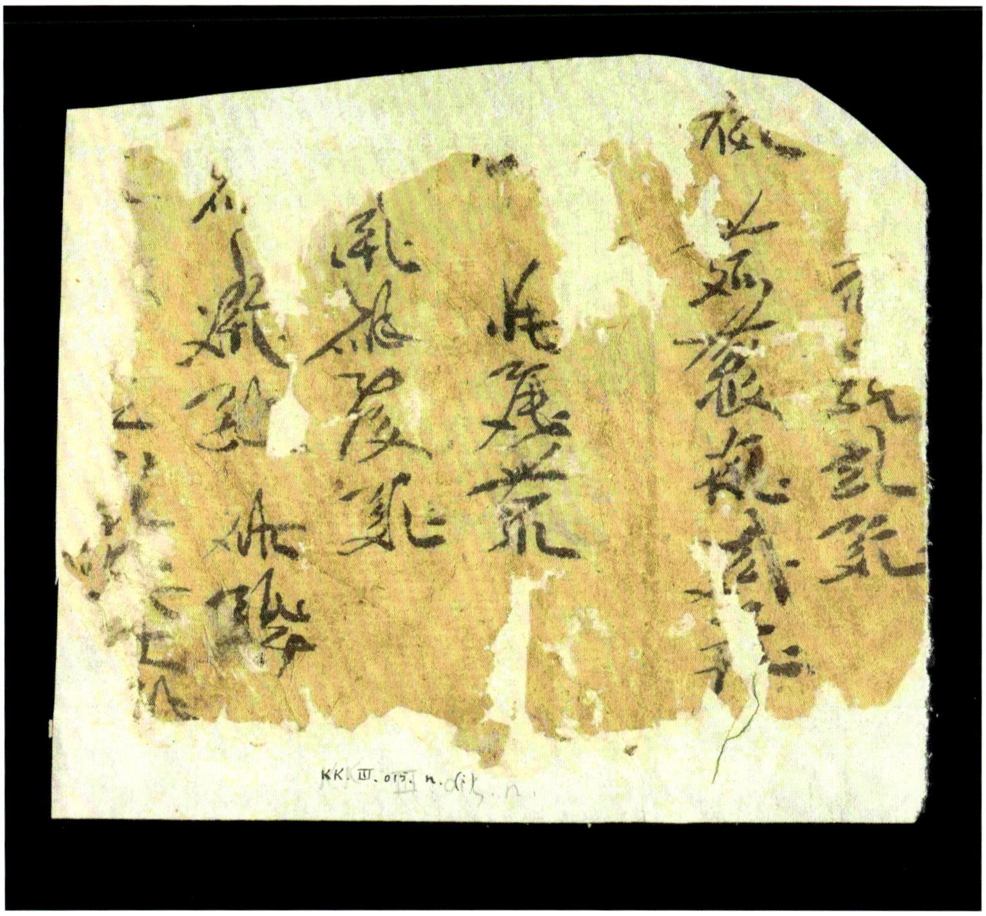

Or.12380/1824（K.K.III.015.n.1）

10.8 釐米 × 14.2 釐米

1825　經疏殘片

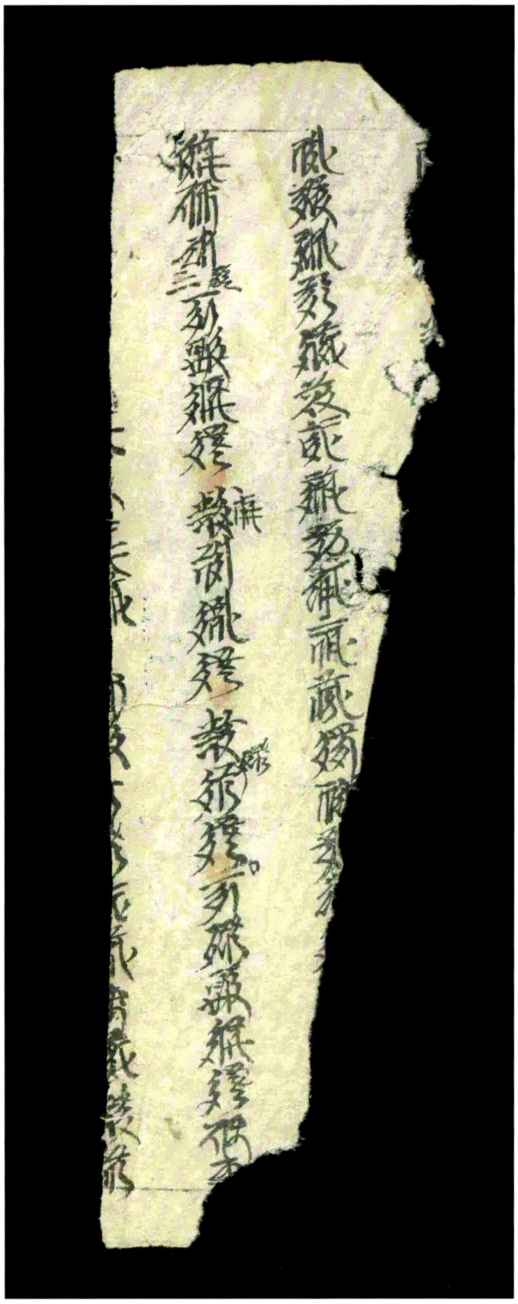

Or.12380/1825（K.K.II.0233.k）
20 釐米 × 6.1 釐米

敬禮法説者文游走謂上始目爲……

此之亦分三一利益義　二集圍義　第三句義　第一利益義之亦

1826　經疏殘片

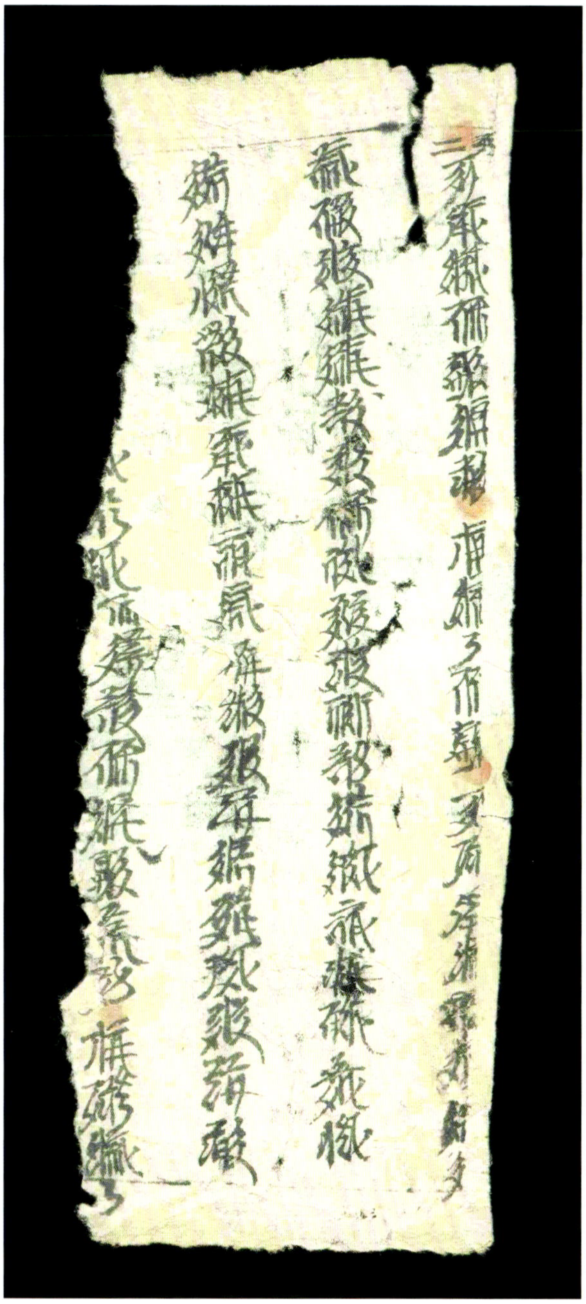

Or.12380/1826（K.K.II.0233.d）
20.2 釐米 × 7.9 釐米

分二一其時之利益論　第一其時□□□□
做來時首先三寶之敬禮時殊勝善想發因相失不
善心歸是因彼因發應内外禁制無是如禁制及
……根□了畢之利益有謂第二時

1827 修法殘片

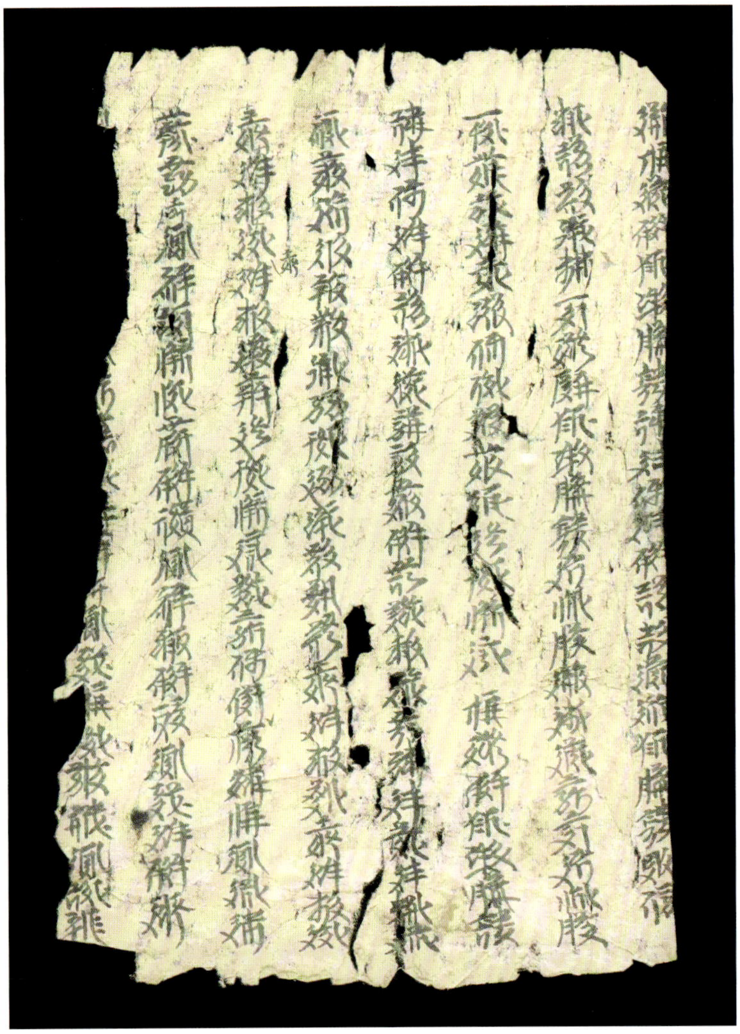

Or.12380/1827（K.K.II.0240.b）
19.1 釐米 × 13.3 釐米

至二者中根人行識本佛之心中入三者上根行識光明上入也其中第一下根人行識兜率天至法者自身兜率天上往慈氏世尊之敬禮道問猶如念應　第二中根人行識本佛之心中入法者面前空中師次及上師本佛諸佛菩薩護法善神等大雲積如在彼等行爲悲心以觀悲心以濟悲心以濟悲心以攝持猶如念應次己之淨梵族中頭子下趨訶昂字白一念復頂中唵字白喉中阿字紅心中吽……字紅二足下耶字深青

1828　佛書殘片

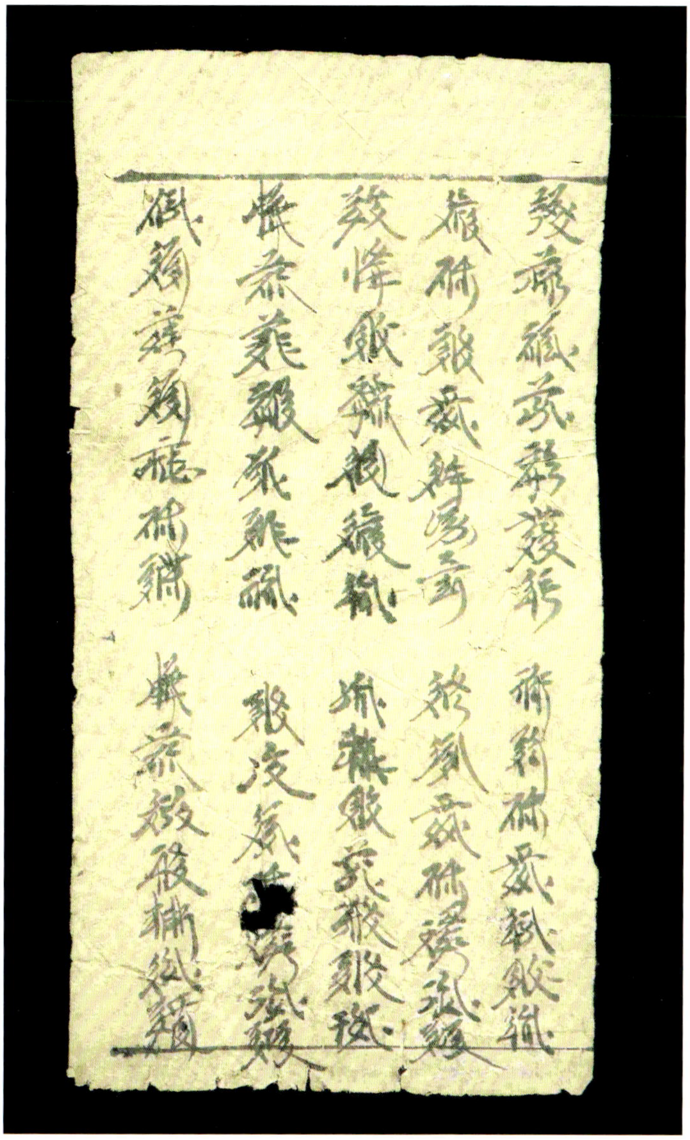

Or.12380/1828（K.K.II.0227.e）
18.9 釐米 × 10 釐米

清淨法界無垢染　和勢之母多光明
色之天母入心身　六字母之贊敬禮
無量光炬多妙色　隨意摩尼如大寶
有情如願使圓滿　執寶珠之贊敬禮
明咒密咒遍之體　拔濟有情流傳中

1829 禮佛文殘片

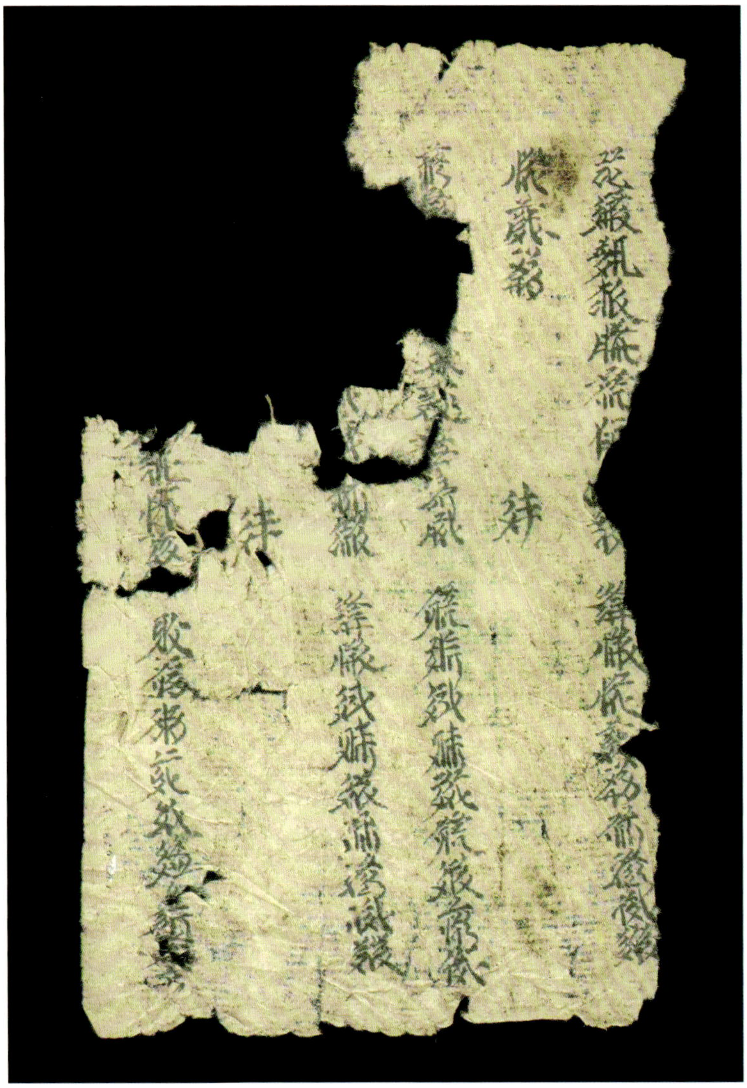

Or.12380/1829（K.K.II.0236.j）
19.7 釐米 × 12.2 釐米

以慈力行有情根□□　如來那羅延之贊敬禮
那羅延　　　　　佛
真□□□□□實自性　善相功德面相如蓮華
□□□□□□□上尊　如來功德華之贊敬禮
　　　　　　　　佛
□□□□□□□不染　光明游行神通□□□

1830　殘片

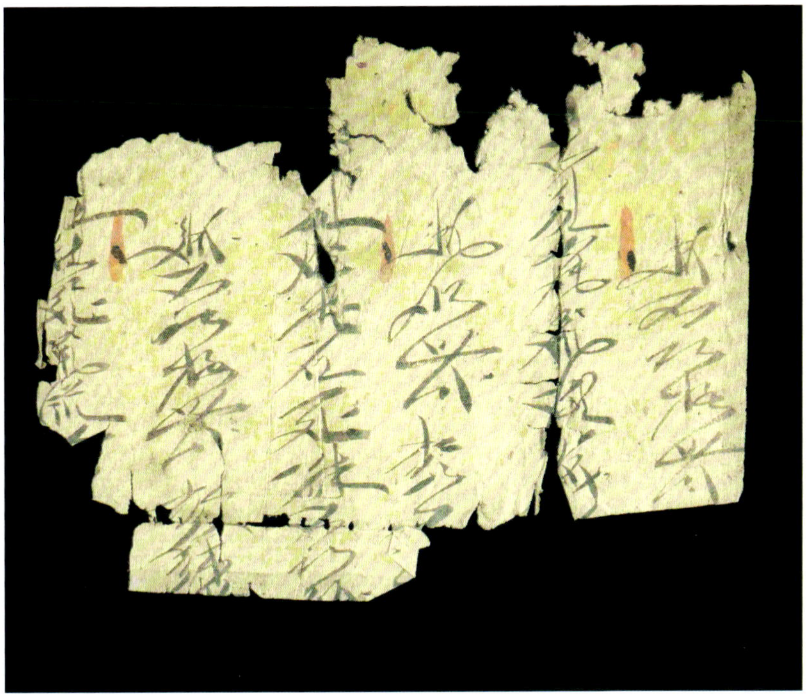

Or.12380/1830
（K.K.II.0275.a.xvi.3?）
12.7 釐米 × 16.5 釐米

1831　殘片

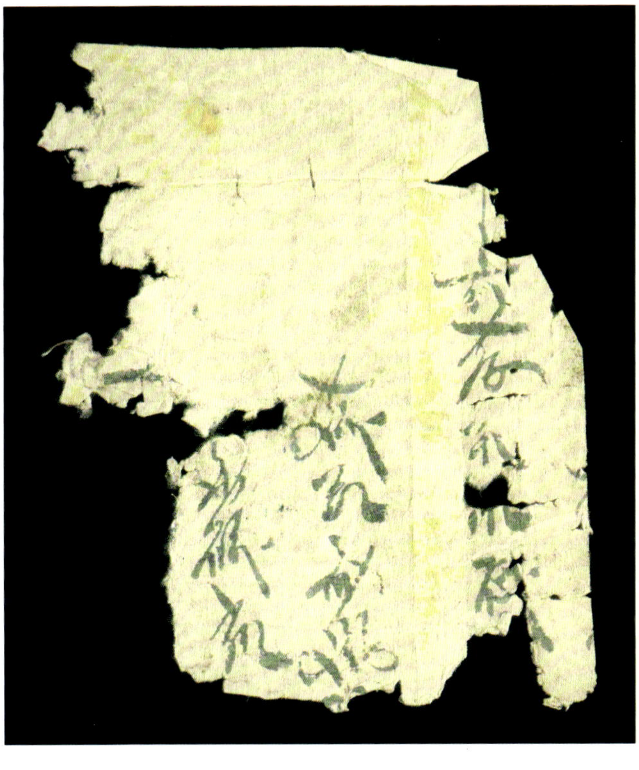

Or.12380/1831（K.K.II.0275.a.xvi.1?）
14.5 釐米 × 14.7 釐米

1832 殘片

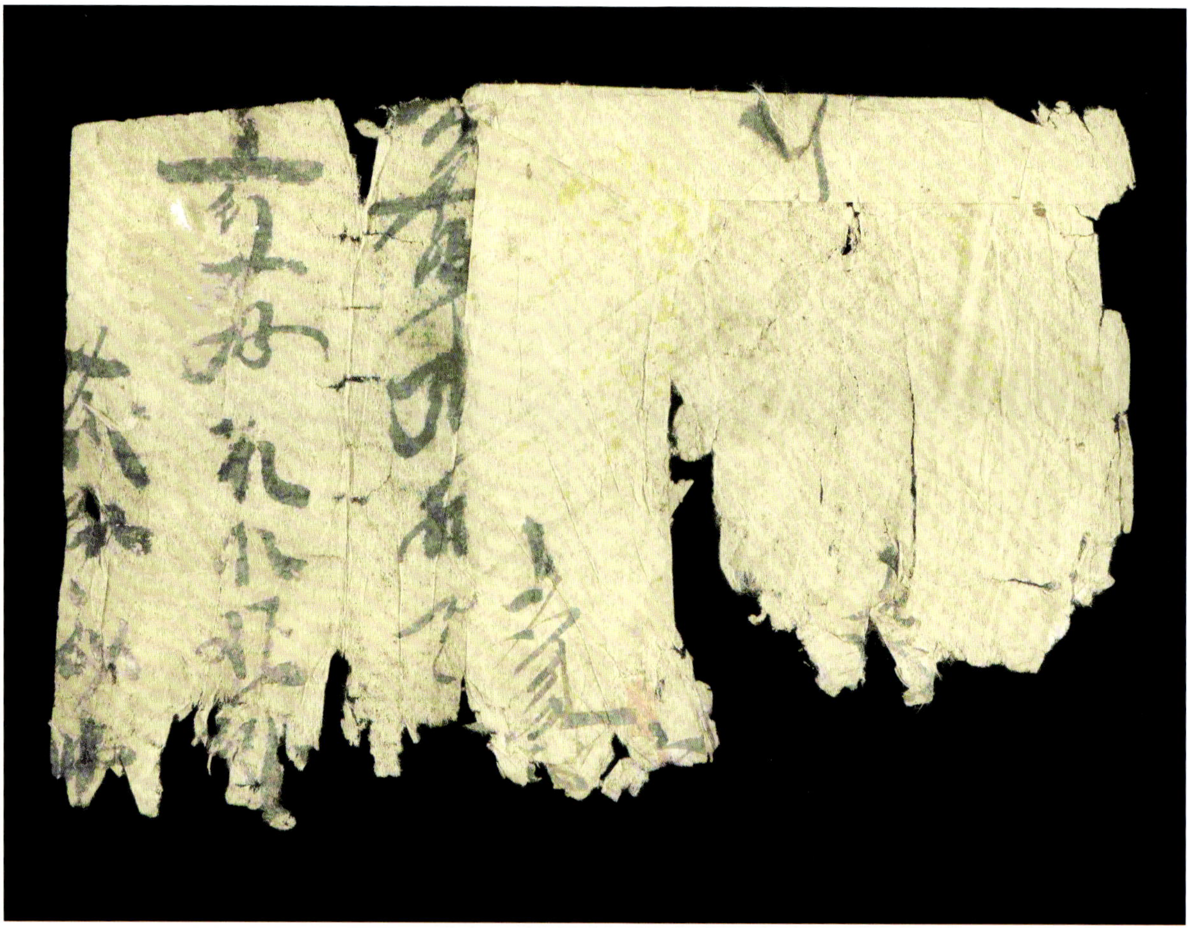

Or.12380/1832(K.K.II.0275.a.xvi.2?)
11.5 釐米 × 16.5 釐米

1833　佛書殘片

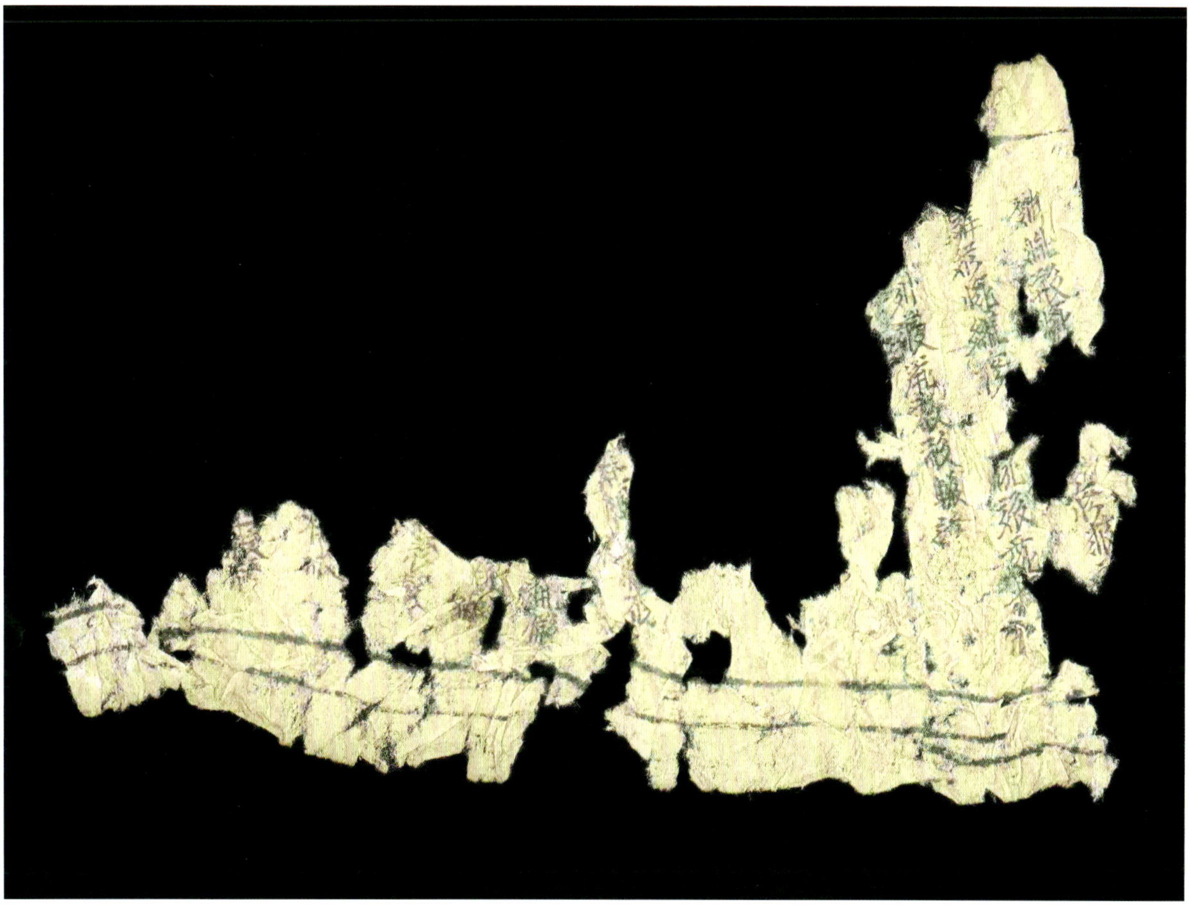

Or.12380/1833A（K.K.II.0240.ss.20?）
13.3 釐米 × 20 釐米

瑜伽智不……者以……
記句不有者　□陰母……
……設若彼等犯墮則
……

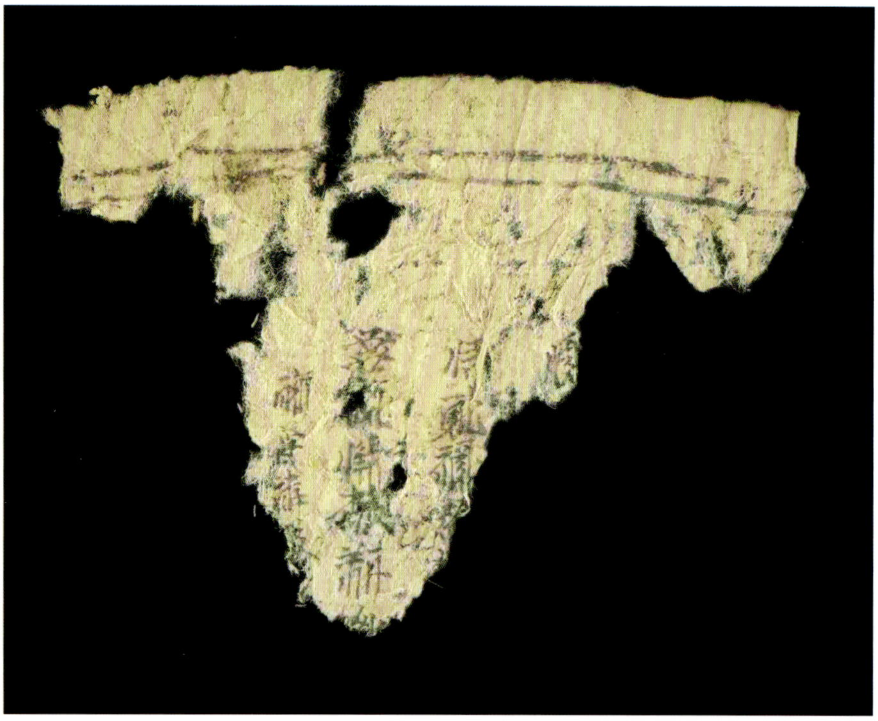

Or.12380/1833B
7.2 釐米 × 10 釐米

律……
聚輪法……
實如念以罪……
勝慧本……

Or.12380/1833C
3.4 釐米 × 2.2 釐米

……四方道場佛……
……身……

1834 佛書殘片

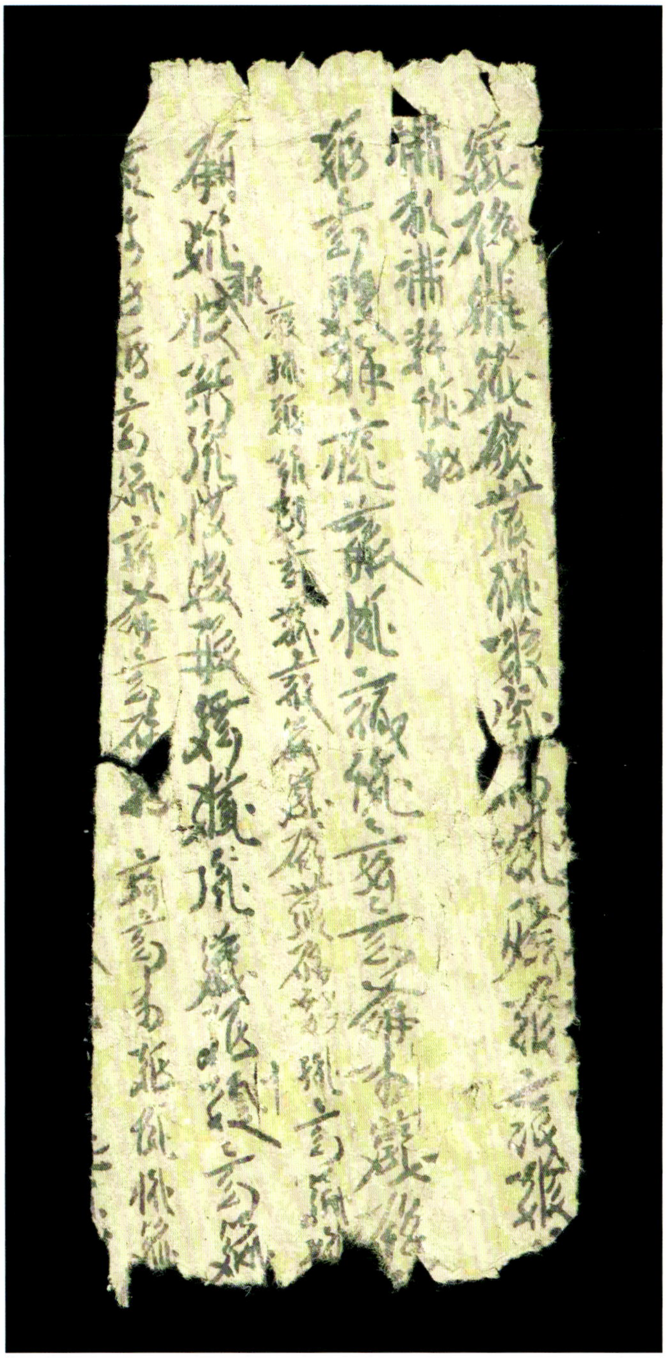

Or.12380/1834（K.K.II.0236.i）
18 釐米 × 7.4 釐米

1835 佛書殘片

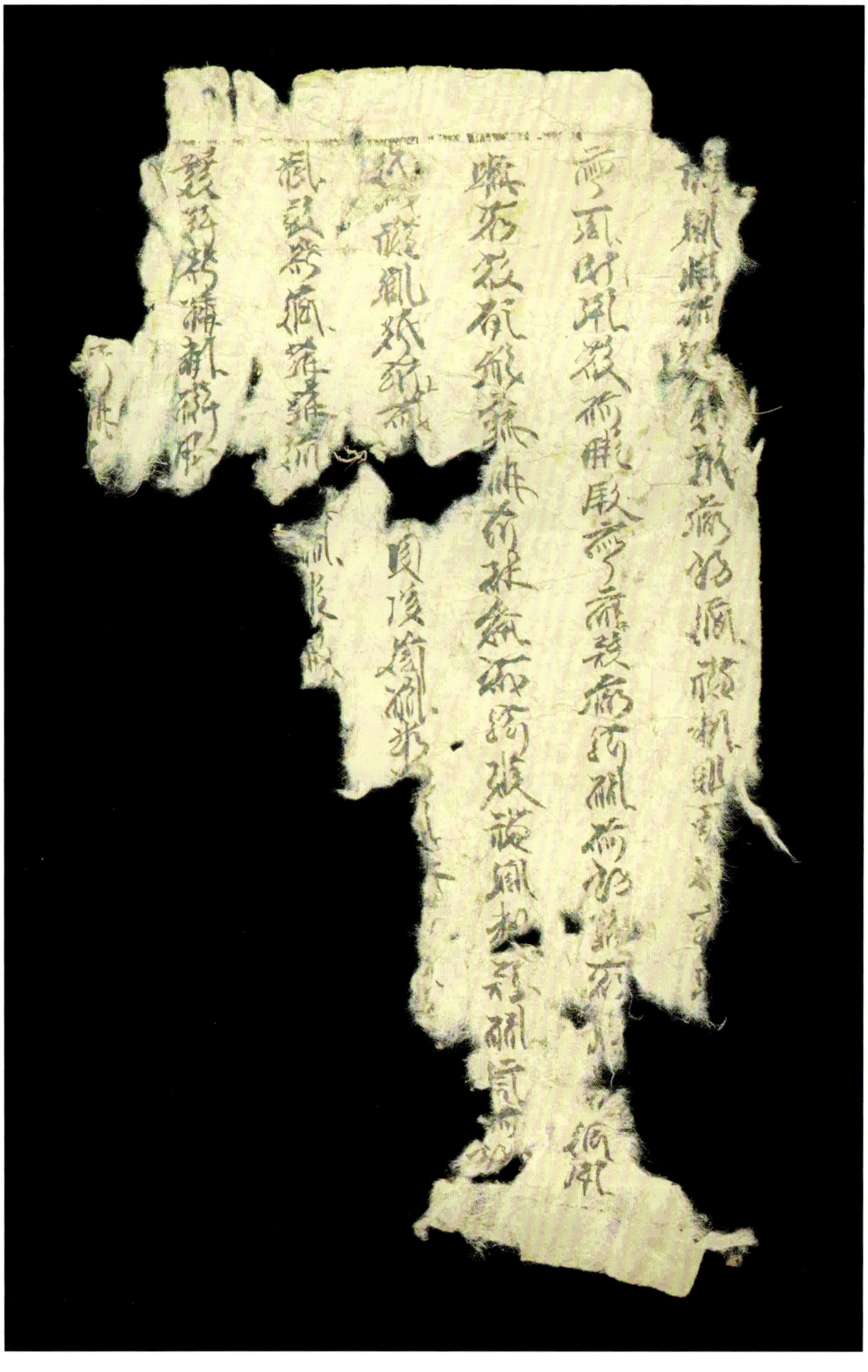

Or.12380/1835（K.K.II.0236.h）
18.8 釐米 × 11.6 釐米

1836　佛書殘片

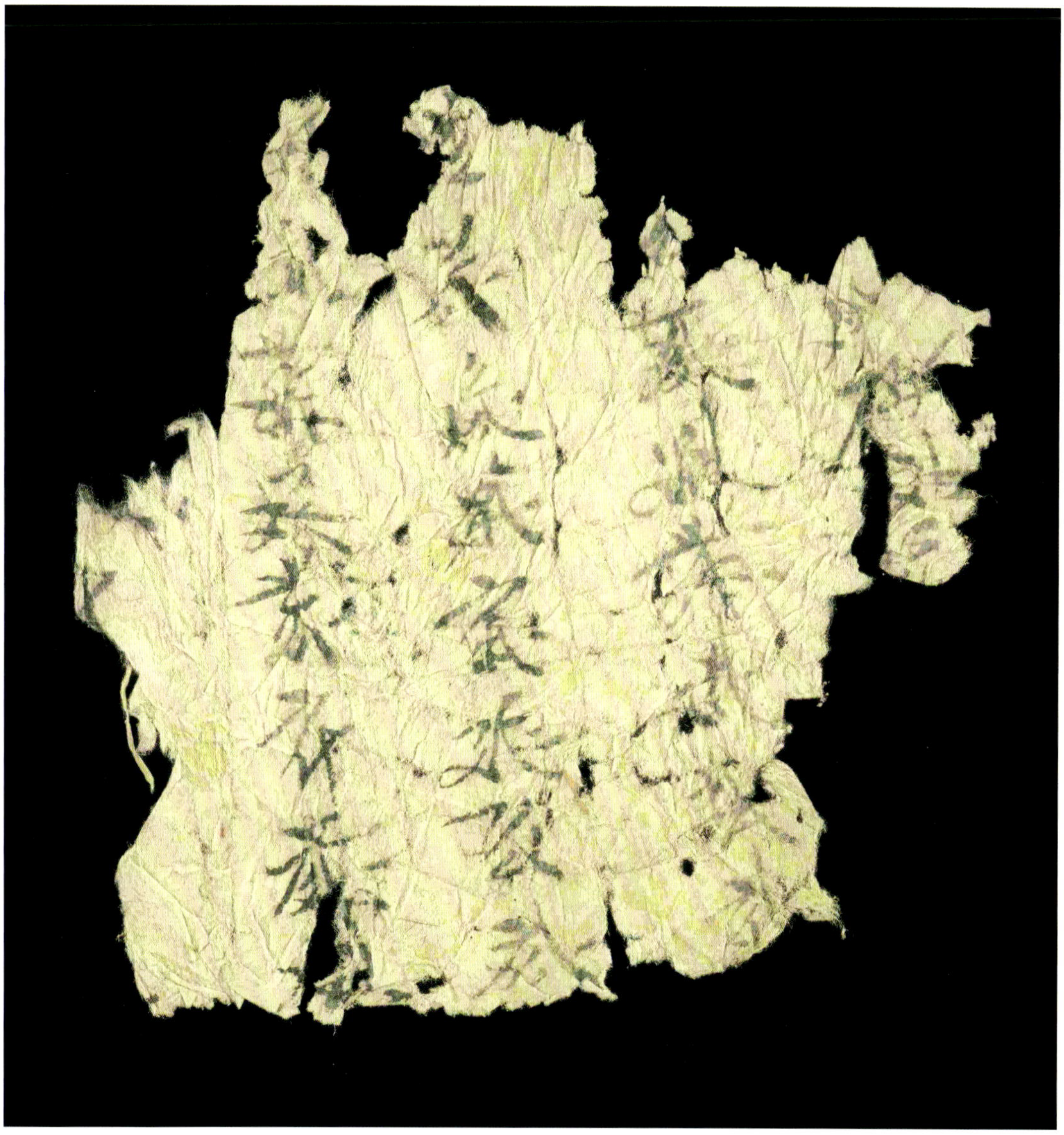

Or.12380/1836（K.K.II.0236.e）
12.6 釐米 × 12.9 釐米

1837　佛書殘片

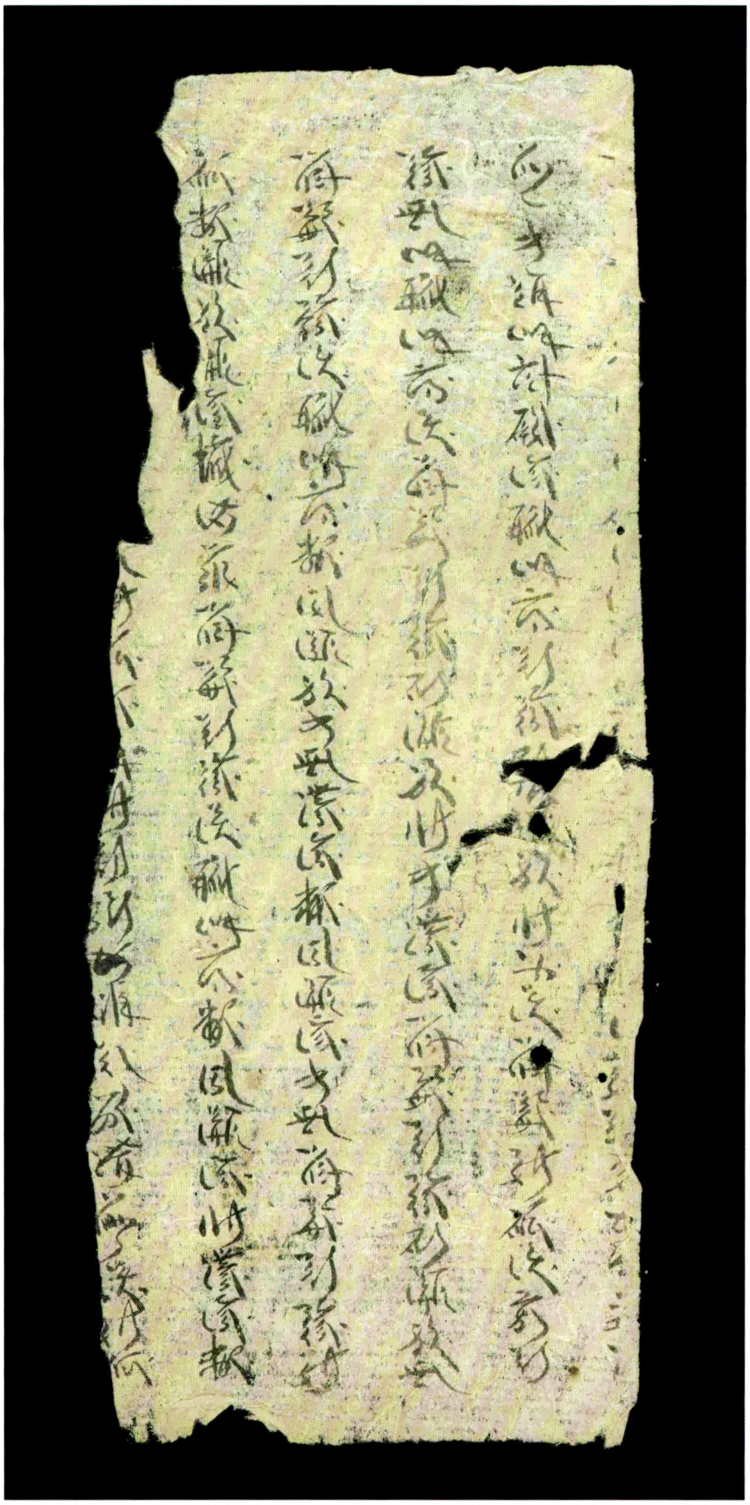

Or.12380/1837（K.K.II.0236.c）
20.9 釐米 × 9 釐米

1838　佛經科判殘片

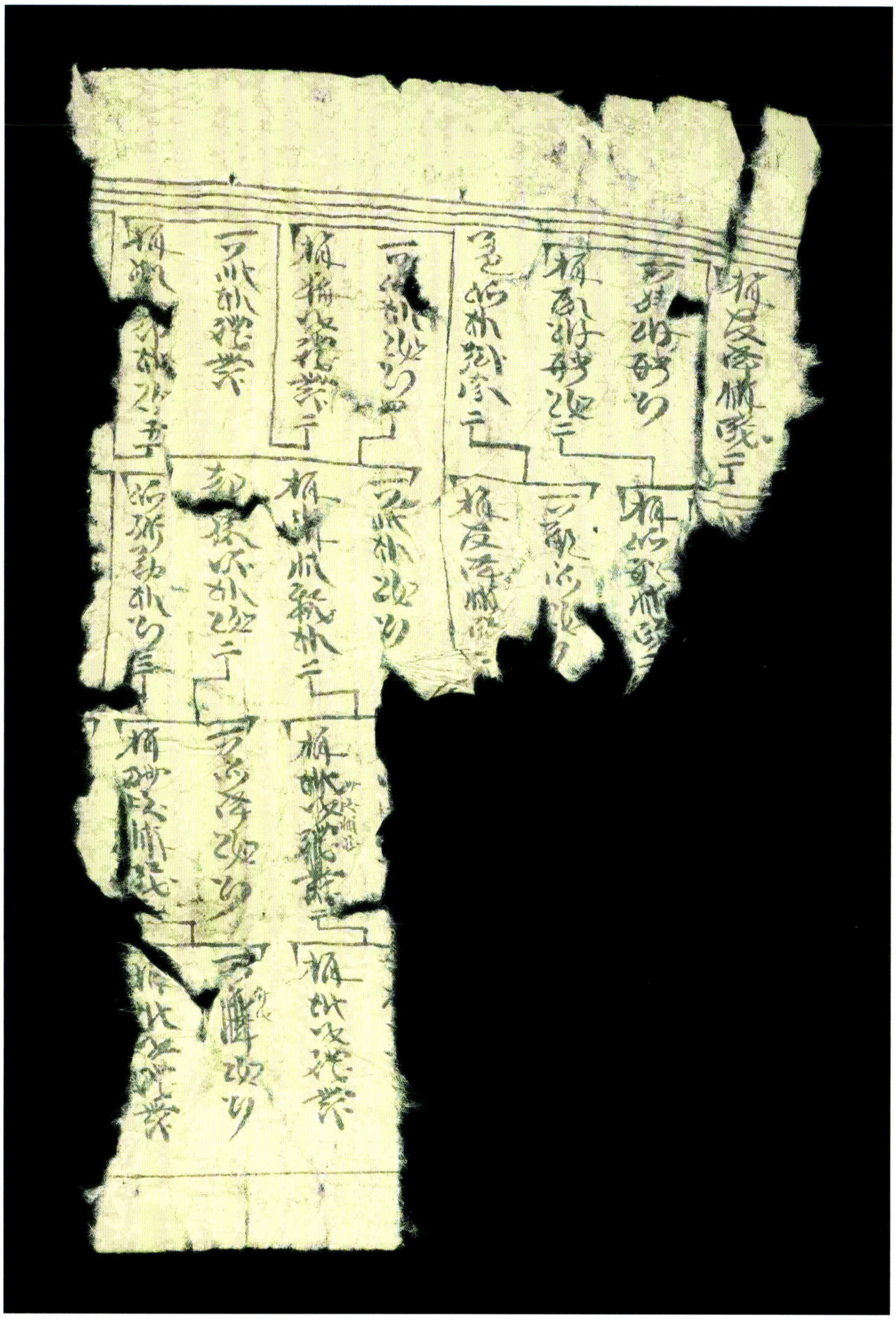

Or.12380/1838（K.K.II.0227.j）
19.1 釐米 × 12.6 釐米

1839 文契殘片

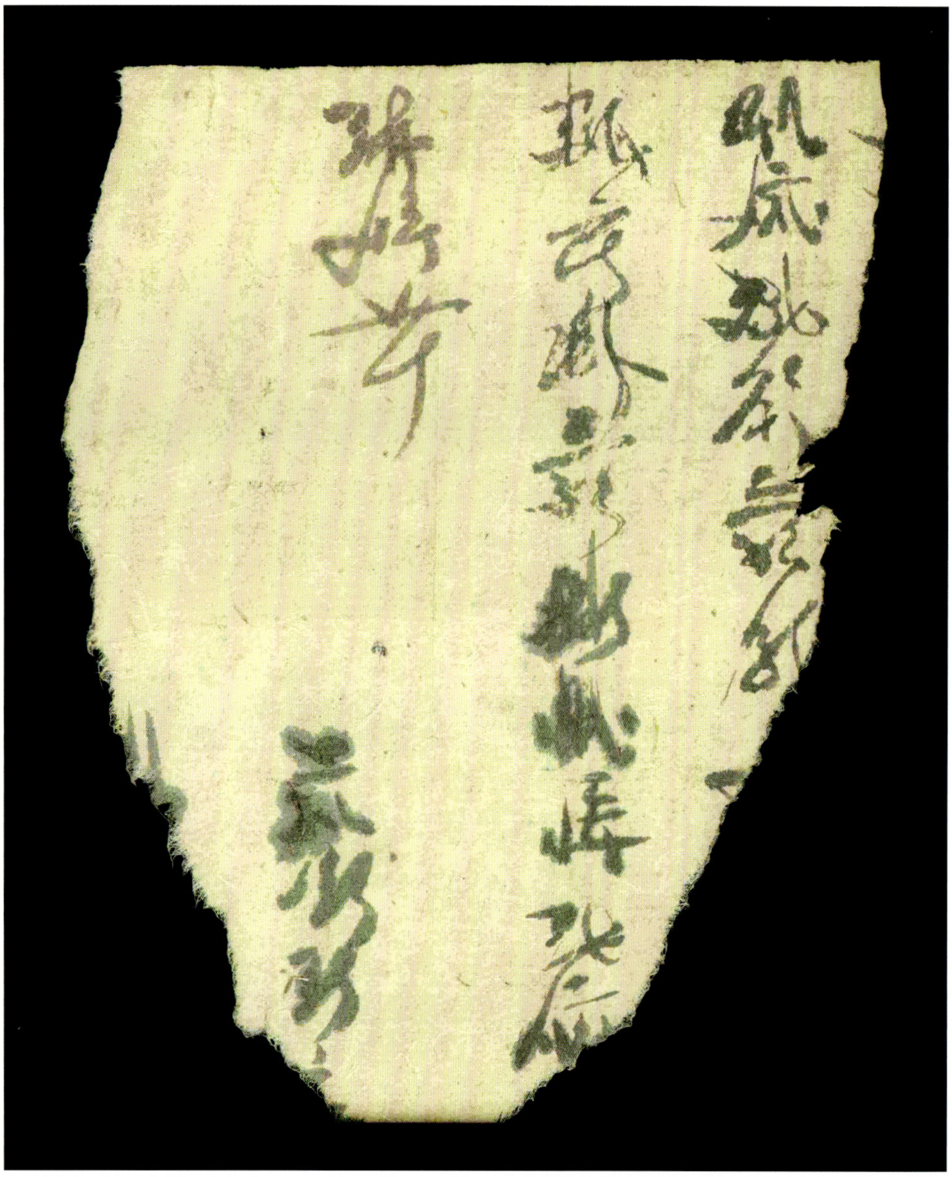

Or.12380/1839(K.K.II.0262.q)
15.5 釐米 × 12.5 釐米

1840 將苑

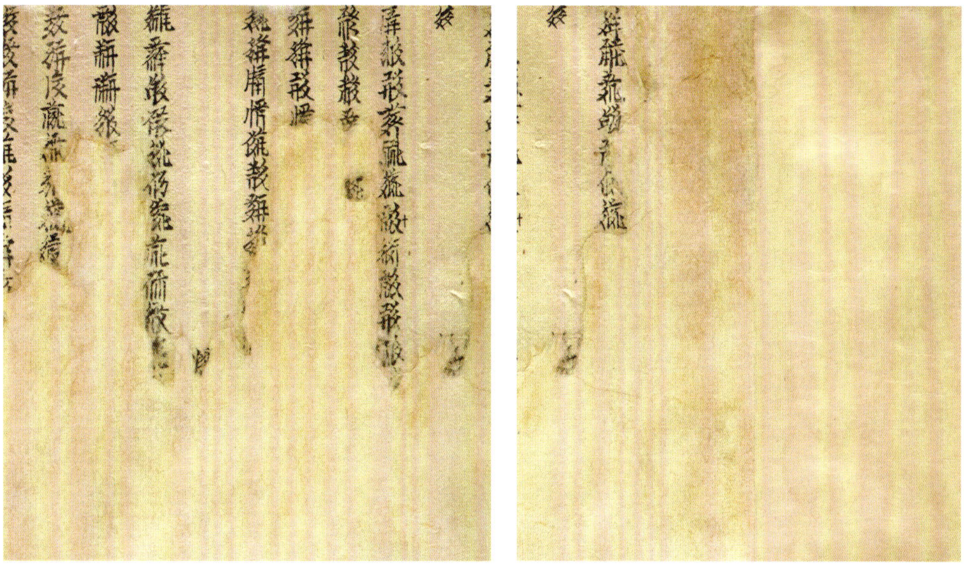

Or.12380/1840(none)
19.7 釐米 × 256.4 釐米

愚以智克令者福也智以……
概三種有□不……
能則智非……
能則勇非此三能則……
　　法……
先祖人曰：鐸鼓者耳之禁……
是刑罰令……
不禁在目禁止者色……

心同相信十五者……
四

……四曰分，知止足也；十五曰謀，自料知他也。

機形

夫以愚克智，逆也；以智克愚，順也；以智克智，機也。其道有三：一曰事，二曰勢，三曰情。事機作而不能應，非智也；勢機動而不能制，非賢也；情機發而不能行，非勇也。善將者，必因機而立勝。

重刑

吳起曰：鼓鼙金鐸，所以威耳，旌幟，所以威目，禁令刑罰，所以威心。耳威以聲，不可不清；目威以容，不可不明；

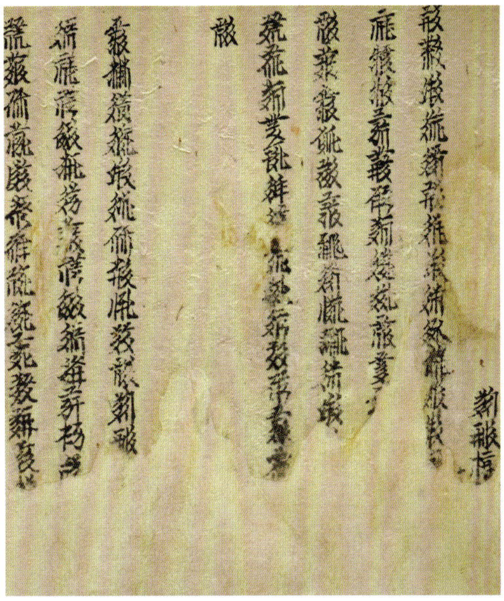

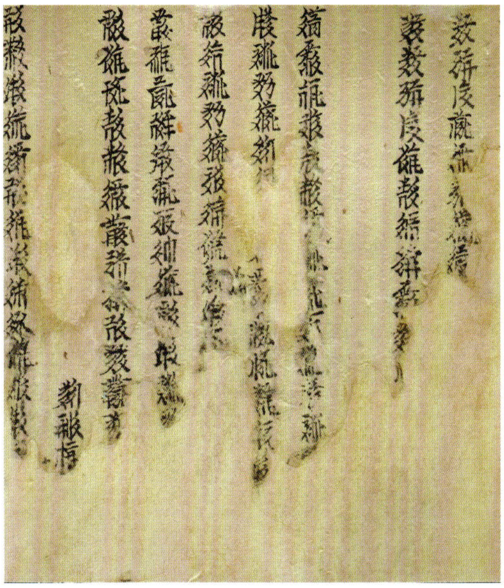

智大人上爲智弱人下在此故人……

皆敬畏自所言議戰具準備……

是若士卒惰慢隊長驚慌下人……

事純議逃於心歸相處句要言空……

是

……

軍中將者人命之懸縛所是成敗……

無皆賞罰上假若賞罰無則猿猱……

可不禁在此三無則軍……

……

將兵行時三種□勢有一者天勢……

天勢謂者日月□□□星度不違彗孛……

是地勢謂者陰陽相鬥人……

崖峻萬丈水上千里者是人勢……

是此如三種見已知則何所向……

勝敗二……

心威以刑，**不可不嚴**。三者不立，士可怠也。故曰：將之所麾，莫不心移；將之所指，莫不前死矣。

……

兵勢

夫**行兵之勢有**三焉：**一**曰**天**，二曰地，三曰人。**天勢者**，**日月**清明，五**星合度**，**彗孛**不殃，風氣調和。**地勢者**，城**峻**重**崖**，**洪波千里**，石門幽洞，羊腸曲沃。**人勢**者，主聖將賢，三軍由禮，士卒用命，糧甲堅備。善將者因天之時，就地之勢，依人之利，**則所向**者無敵，所擊者萬全矣。

勝敗

賢才居上，**不肖居下**，三軍悦樂，士卒**畏服**，**相議**以勇鬥，相望以威武，相勸以刑賞，此必勝之徵也。**士卒惰慢**，三軍**數驚**，**下**無禮信，人不畏法，相恐以敵，相語以利，相囑以禍福，相惑以妖言，此必敗之徵也。

假權

夫**將者**，**人命之所縣也**，**成敗**之所系也，禍福之所倚也。而上不**假之以賞罰**，是猶束**猿猱**之手而責之以騰捷，

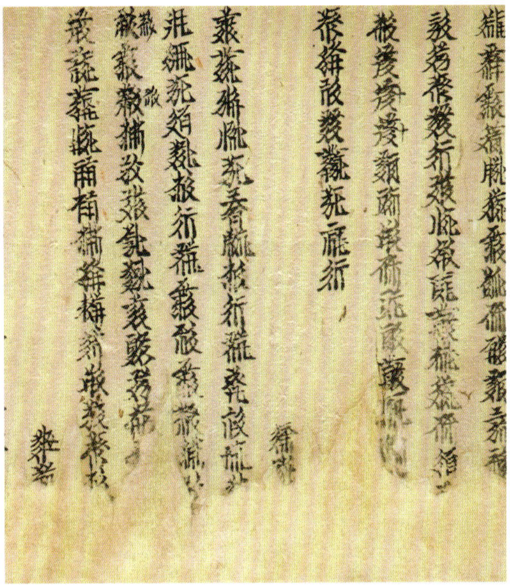
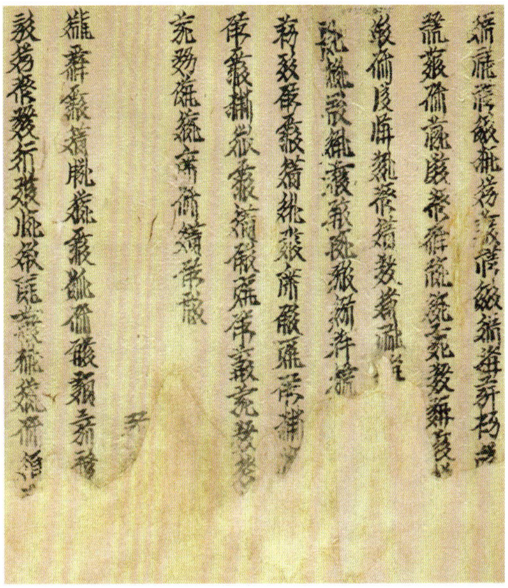

先靠已勝時後方隨已死者之泣……
憫畜養飢人之食予已寒……
爲則何所向方皆捷
　　利法……
若草木集處游逸以利得山林塞處……
溝谷處伏設以利得兵少兵衆中擊……
大軍寡中擊時清晨與合弓弩……
水深火風暗昧中則察放人盛爲以……

離婁之目膠爲白黑分辨與……
人之手内置爲將不在令則……
吕韓信白起等如謀略雖有……
孫武曰將軍出時君命令語中……
曰軍中唯將軍命令語聞知不而……
之謂此者君之詔語是
　　哀……
先祖統軍善者士卒之畜養己子……

膠離婁之目而使之**辨青黄**，不可得也。若賞移**在**權臣，罰**不由主將**，人苟自利，誰懷鬥心？**雖伊吕之謀**，**韓白**之功，而不能自衛也。故**孫武曰**：“**將之出**，**君命**有所不受。”亞夫曰：“**軍中聞將軍之命**，不聞有天子之詔。”

哀死

古之善將者，**養人**如養**己子**，有難則以身**先**之，**有功**則以身後之；傷者，泣而撫之；**死者**，哀而葬之；**飢者**，捨食而**食之**；**寒者**，解衣而衣之；智者，禮而禄之；勇者，賞而勸之。將能如此，**所向必捷**矣。

……

便利

夫**草木叢集**，**利以游逸**。重**塞山林**，利以不意。前林無隱，**利以潛伏**。**以少擊衆**，利以日莫。**以衆擊寡**，利以**清晨**。**强弩**長兵，利以捷次。逾淵隔**水**，**風大暗昧**，利以搏前擊後。

……

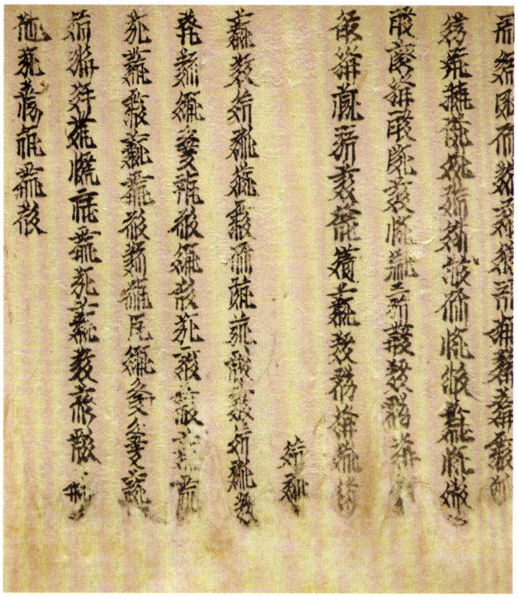

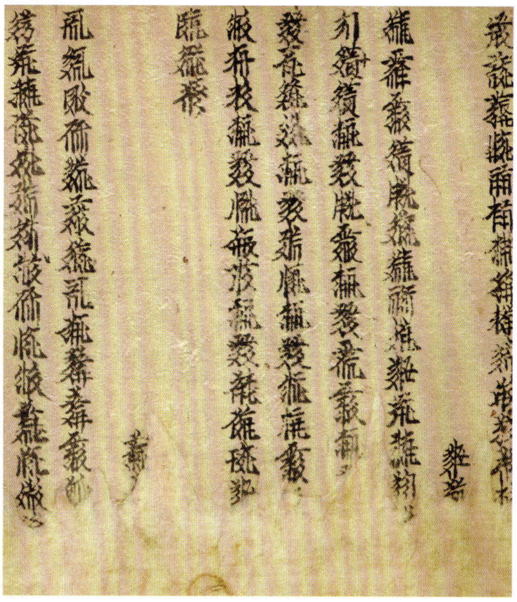

不中則未射與不有自進不勇則……
中則目盲與同戰將不勇則首領……
地勢……
戰場地勢者兵之助能是若地勢不……
山陵岩谷丘阜川廣處步兵戰利……
處車兵戰利丘陵高山岩澗谷深……
平草垂往還皆利處戰場真是……
映处矛用利也

揣能……
先祖統軍善者先强弱揣彼因勝……
聖將何如賢糧何如豐卒何……
如强戎馬何如善法何如嚴二軍……
懼財貨何如多民庶何如安此由揣……
先明爲
戰……
蛇蝎他之傷害者毒上依靠士卒……
恃彼因戰具善敵人之不畏甲不堅……

揣能

古之善用兵者，揣其能而料其勝負。主孰**聖**也？**將孰賢**也？吏孰能也？**糧餉孰豐**也？**士卒孰練**也？**軍容孰整**也？**戎馬孰逸**也？形勢孰險也？賓客孰智也？鄰國孰**懼**也？**財貨孰多**也？**百姓孰安**也？**由此觀**之，强弱之形，可以决矣。

輕戰

螫蟲之觸，負其毒也；**戰**士能勇，**恃**其備也。**所以鋒鋭甲堅，則人輕戰**。故**甲不堅**密，與肉袒同；射**不能中**，**與無矢同**；中不能入，與無鏃同；探候不**謹**，**與無目同**；**將帥不勇**，與無**將**同。

地勢

夫**地勢者**，**兵之助也**。不知**戰地**而求勝者，未之有也。**山林土陵**，**丘阜大川**，此**步兵**之地；土高山狹，蔓衍相屬，此**車**騎之地；**依山附澗**，**高林深谷**，此弓弩之地；**草淺**土**平**，可前可後，此長戟之地；蘆葦相參，竹樹交**映**，此槍**矛**之地也。

……

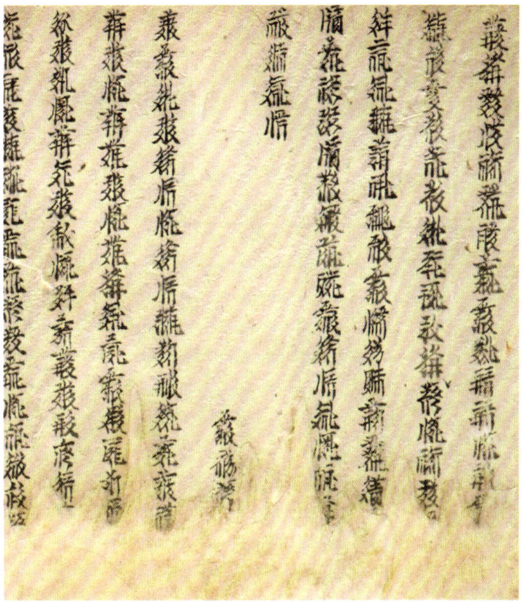
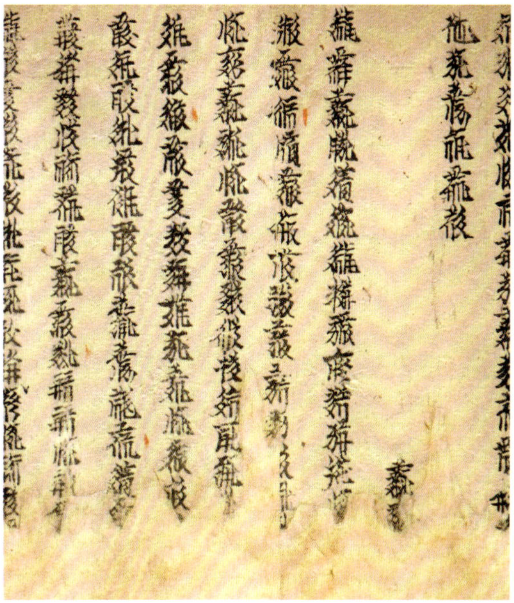

戰勢……

先祖善鬥將者先探察者遣爾然後……

用糧絶國空庶民愁怨自謂……

不修戰勢不習兵增續斷地程長……

弱兵賤準備不能往方相不見對……

艱險不出水渠不度槍矛亂有將……

進則必定勝得不戰軍置困乏不覺……

先足備也入也出也其上擊爲則不勝可……

心發正依判斷隊小兵足勝功成得將……

國鄰和睦國大力助糧食聚集正法行則……

攻擊可非

師整爲……

若師出時聚集不聚集依勝敗分別若將……

持時不持往時不往則百萬師引領亦……

居時禮法持動時威儀有自進時當者無……

擊勢

古之善鬥者，必**先探**敵情而**後**圖之。凡師老**糧絶**，**百姓愁怨**，軍令**不習**，器械**不修**，計不先設，外救不至，將吏刻剥，賞罰輕懈，營伍失次，戰勝而驕，可以攻之。若用賢授能，**糧食羨餘**，甲兵堅利，**四鄰和睦**，大國應援，敵有此者，引而計之。

整師

夫**出師**行軍，以整爲**勝**。**若**賞罰不明，法令不信，金之**不**止，鼓之**不進**，**雖有百萬之師**，無益於用。所謂整師者，**居則有禮**，**動則有威**，**進不可當**，退不可逼，

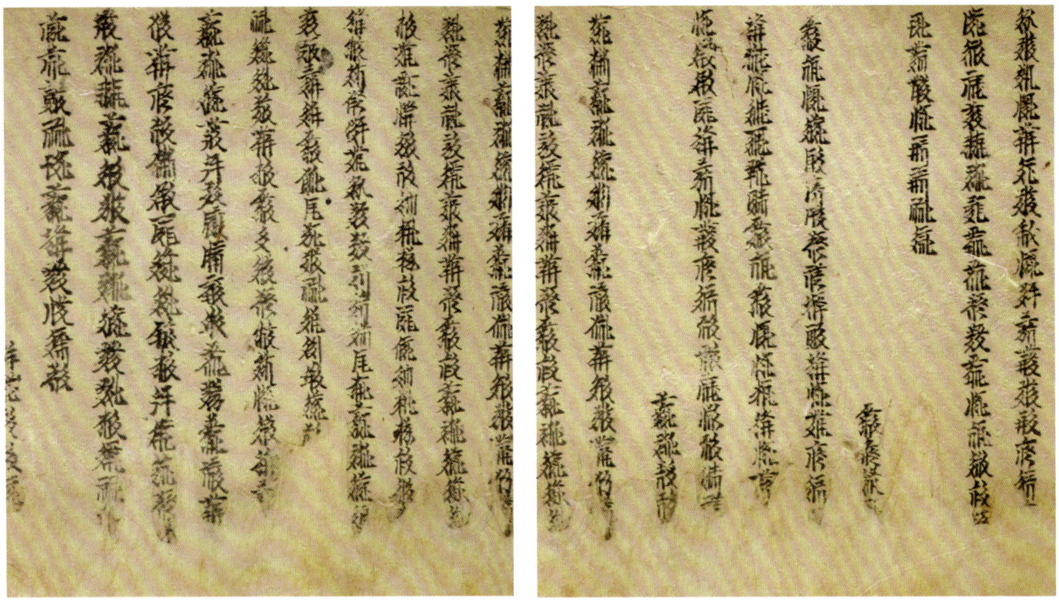

設爲或前部動或後執爲軍林戰道者軍械……
而往路測度十里遠一隊引五里遠一隊接……
則敵人惶恐行居處處迷地高低上戰道者伏……
與宜輕捷軍士高處立令纖弱人者……
令兵器短持而軍腰斷爲敵人不出則……
戰道者舟楫要害勇敢人純擇旗幟執……
箭持者中心方引兵器等以舟逼迫爲……
水流順擊夜下戰道者倏忽而動令……
耳目亂令如攻則必定利矣

左右皆與應法安穩純爲不安不行唯隊爲……
上遣用不疲乏令可
兵勵法……
兵行道者爵位加爲賞施贍則不至者無……
則死不憂患恩功畜行軍法不易則不服……
後力方隨則自進者無少是皆計微小賞……
戰道三十……
林中戰道者晝間旌旗多執夜下金鼓……

前後應接，左右應旋而不與之危，其衆可合而不可離，可用而不可疲矣。

勵士

夫用兵之道，尊之以爵，贍之以財，則士無不至矣；接之以禮，勵之以信，則士無不死矣；畜恩不倦，法若畫一，則士無不服矣；先之以身，後之以人，則士無不勇矣；小善必錄，小功必賞，則士無不勸矣。

戰道

夫林戰之道，晝廣旌旗，夜多金鼓，利用短兵，巧在設伏，或攻於前，或發於後。叢戰之道，利用劍楯，將欲圖之，先度其路，十里一場，五里一應，偃戢旌旗，特嚴金鼓，令賊無措手足。谷戰之道，巧於設伏，利以勇鬥，輕足之士凌其高，必死之士殿其後，列强弩而衝之，持短兵而繼之，彼不得前，我不得往。水戰之道，利在舟楫，練習士卒以乘之，多張旗幟以惑之，嚴弓弩以中之，持短兵以捍之，設堅栅以衛之，順其流而擊之。夜戰之道，利在機密，或潛師以衝之以出其不意，或多火鼓以亂其耳目，馳而攻之，可以勝矣。

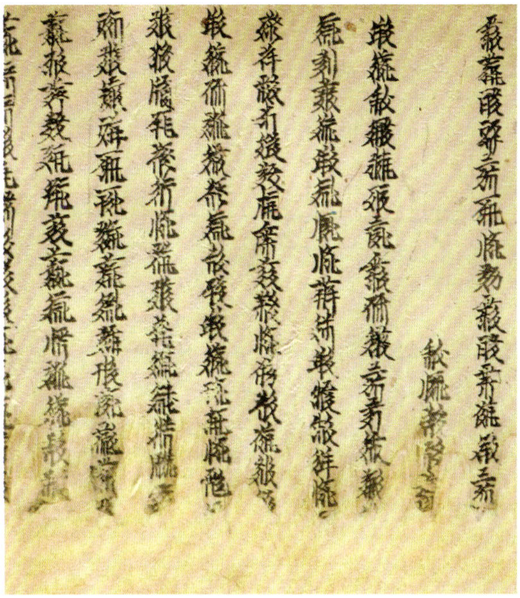 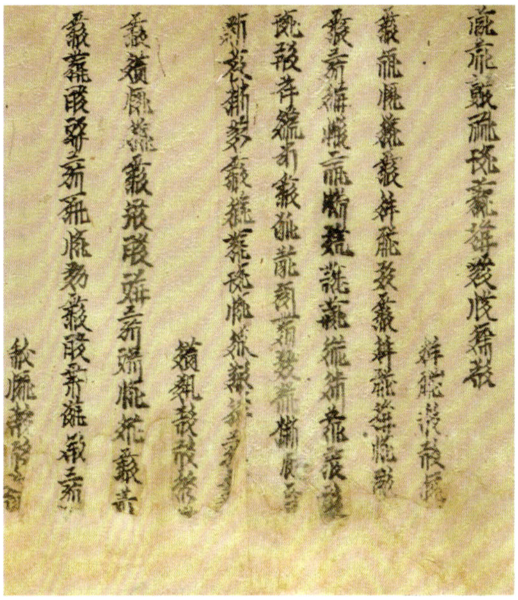

威儀三十七□……
人者威力以千萬軍之統自身禁止……
所若乃上人正法不執下人敬畏心不……
限雖是而桀紂二王與大不分也此緣……
人者之道視爲應廣主人者城上不居……
時漢國伐爲勝不得時山谷沿逃遁……
飢時乳飲寒時裘服圍張獸射生……
戰以服未可彼與戰所非道者三種……

心同三十五□
軍行道者軍心同要軍心同則不命……
君自共願發帳事野入上下相猜是……
如智雖有而士卒單獨議不得中……
故書中曰兵者火如不禁止則……
將行三十六□
統軍道者軍水未飲自渴不思軍或……
軍火未然自寒不言軍未涼此方自……

和人

夫用兵之道在於人和，人和則不勸而自戰矣。若**將吏相猜**，士卒不服，忠謀不用，**群下謗議**，讒慝互生，雖有湯武之智而不能取勝於匹夫，況衆人乎？

將情

夫**爲將之道，軍井未汲**，將**不言渴**；**軍**食未熟，將不言飢；**軍火未然**，將**不言寒**；**軍**幕未施，將不言困。夏不操扇，雨不張蓋，與衆同也。

威令

夫一**人**之身，**百萬之衆**，束肩斂息，重足俯聽，莫敢仰視者，法制使然也。**若乃上無刑罰，下無**禮義，**雖**有天下，富有四海，而不能自免者，**桀紂之類也**。夫以匹夫之刑令以賞罰，而人不能逆其命者，孫武穰苴之類也。故令不可輕，勢不可通。

北狄

北狄居無城郭，隨逐水草，勢利則南侵，**勢失則北遁**，長山廣磧，足以自衛。**飢則捕獸飲乳**，**寒則**寢皮**服裘**，奔走**射獵**，以殺爲務，未可以道德懷之，**未可以兵戎服之**。漢**不與戰**，其略有三。

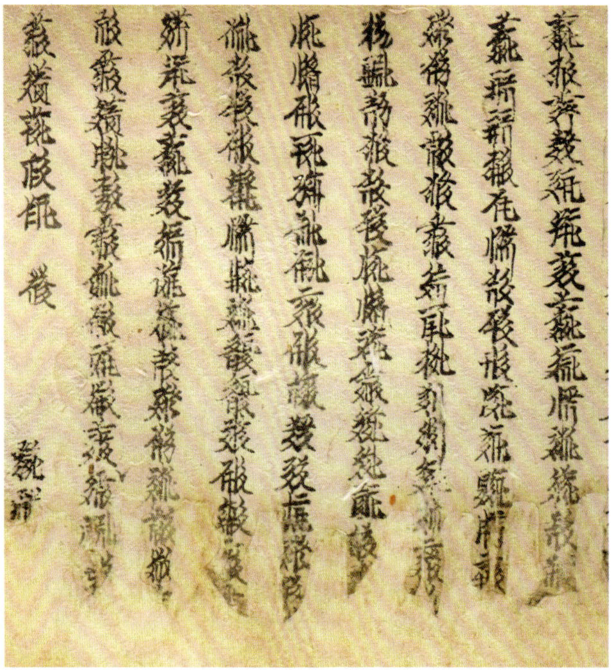

戰疲憊怯弱多虜主獸射敏捷勇敢……
第分法是漢軍地程遠一日百里步……
一倍超漢虜主後逐食糧兵器各肩……
後逐馬上迅疾及行馬步不等二第分……
步多虜主馬騎多風順疾馳時騎疾步……
大彼與戰可無此者三地分法是唯……
擊將軍良遣士卒命令常視御令……
將軍樹林本　竟　　校同

漢卒且耕且**戰**，故**疲而怯**；**虜但牧獵**，故**逸而勇**。以疲敵逸，以怯敵勇，不相當也，此不可戰一也。**漢長於步，日馳百里**；虜長於騎，日乃**倍之**，**漢逐虜**則**齎糧負甲**而隨之，虜**逐**漢則**驅疾騎而運之**。運負之勢已殊，**走逐**之形**不等**，此不可戰二也。漢戰**多步**，**虜**戰**多騎**。争地形之勢，則**騎疾于步**，遲疾勢縣，此**不可戰三也**。不得已，則莫若守邊。守邊之道，**揀良將**而任之，**訓鋭士而禦之**，廣營田而實之，設烽堠而待之，候其虚而乘之，因其衰而取之，所謂資不費而寇自除矣，人不疲而虜自寬矣。

1841　新集錦合辭，佛書殘卷

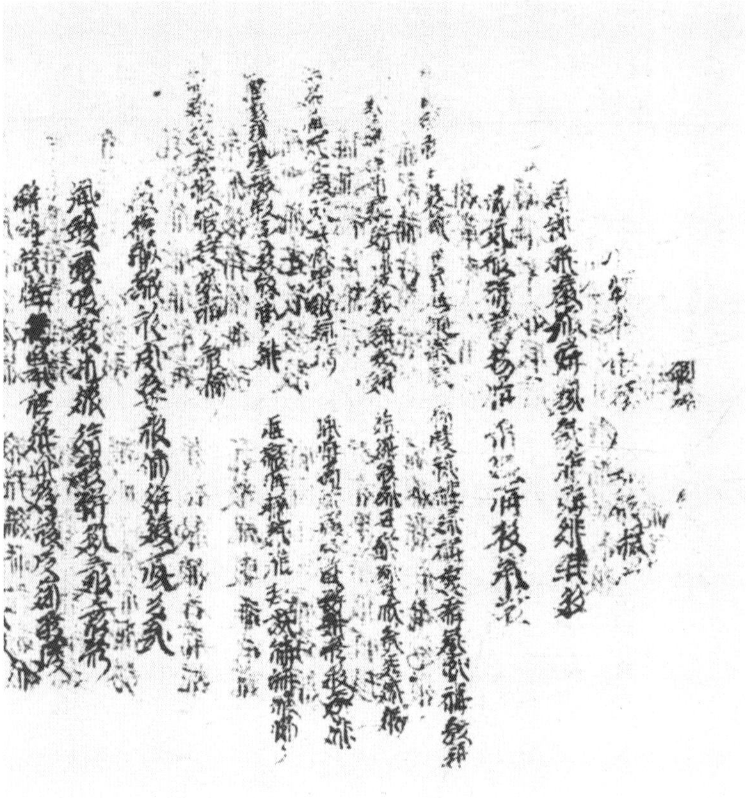

Or.12380/1841（K.K.II.0302.a）　新集錦合辭
18.3 釐米 × 205.7 釐米

……秋……

百牛乳狗喝去晨朝喝去中午擠

有降世白三已降牧農二商其三

無遺險黑三又去賊騙二賭其三　西天黑可消除祖公黑色不肯除

赤銅銚破又破岳母赤口不肯破　男爲子謀半獨半謀當無不獨説

婦給女食半水半食當無不加水　寧爲危境虎噬不爲溝中狐食我

寧與能人哭泣不與賤人嬉戲我　二山中間獐出生母足長子尖細

江河灘邊蛙出生母均勻子均勻

大喉白鳥蹲地上心欲吃蛙目一斜

雲間垂鷲亦望影地上老虎喜相見

畜馬十價騎者劣脊折斷絶名未出

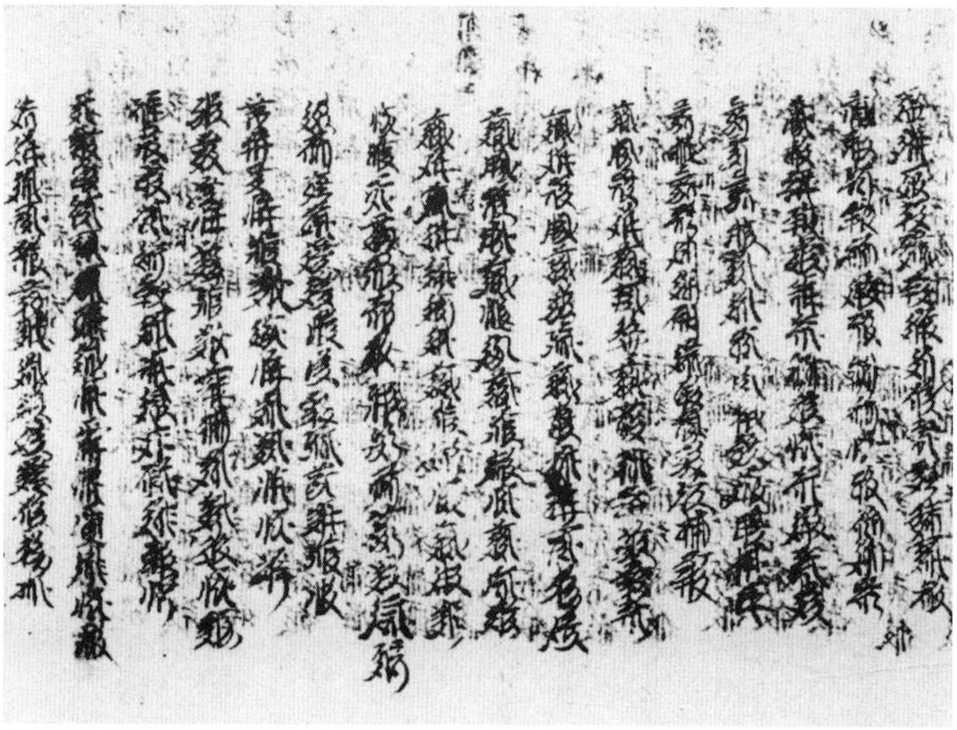

女人千價有主貧箭舌杖齒雜嫉妒
女雖等死危仰急脱不脱危凶禍作
利器等配開袋速入不入袋長齒折
自貴自身黑頭鶴射而不中飛而高
自爲自賤灰妒子衆人面前灰中滚
父良劣子坐父上父死去則掉下來
父劣良子在父下父死去則出其上
父良良子寬父居父去世又立父捨
父劣劣子逐父出父去世又增父羞
不貴食饌盛少少口濕顎濕當無礙
測量喜衣裁窄窄手可以過礙於肩
牦牛皮中裝入草放在灘中牛不嗅
貓兒皮中裝入餅放在庫中鼠不咬
未曾見白在塔頂上舐禽糞并非我
未曾見紅在鷄頭上拔鷄冠不是我
劣男頭上敵已降打頭捶胸一支箭

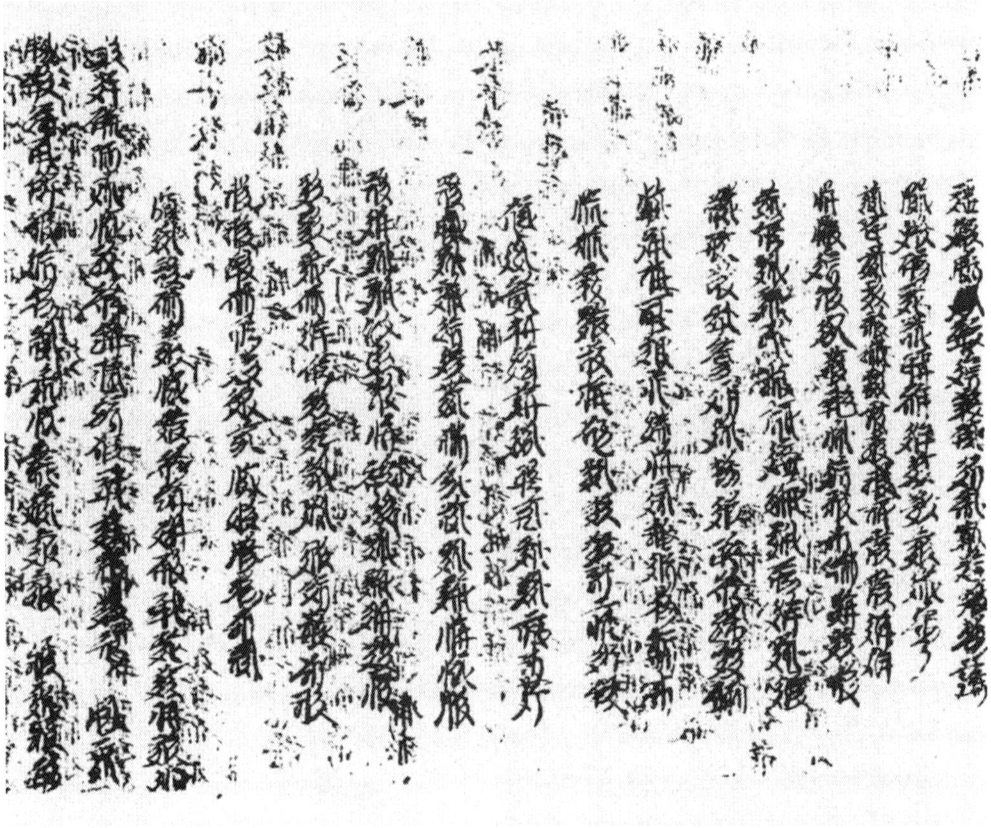

賤女帳内客來睡咬舌抓咽一壺水
母羊赤驢生白羊于心莫喜算示現
能父美母生賤子見時生厭心愛惜
爲使來客羞過夜童子打後放下來
緣者所往送糧食主家馬驢心所愛
新愛三日蜣螂一命爲近親腿細瘦
風雲二上雷聲大當雨無雨都着急
宰殺羖攊十二份放置莫錯皆怨主
獨賣殘骨期親眷放置在上皆信伏
良男所去狹地樹中黑鹿去角也不礙
劣男所去寬平地中蛾子去尾却已礙
近親之屬不説心話晚夕明日亦相厭
厭惡之人不出惡語其後活業會相遇
救國之男或不爲殺則與灰狼赤豺二獸同
有孕之畜食不爲散則與盲電跛霜所作同　勇者
求勇穴境老虎倘相遇互不咬者愛美　敬者求敬

宴上賓同日坐言不惡者惜羞　已高貴者豹皮安
袋虎皮官服上置真華麗　已貧賤者牛皮安袋牛皮内
所置白灰皮　一時和合可以享樂却不愛多行仁德讓
中讓　福緣未到正在受苦却不嫌常持淨道益中
益　勇連連　美姻連　牧人睡　草堆摧　賊要招
賭要輸　兔子逃　人語躲　彌藥狂　天地狂　善心同
爲德同　冰融水現　雲散月顯　富貴安居　綾錦躲雨
善親勝戚　大婚重姻　聖賢嫡親　日月親戚　修整網頭
拂試筆唇　追趕踢踏　鳴聲頻發　拂拭瑞室　修蓋神宫
遠行安詳　犢歲乃苦　羔歲乃罰　善復伴惡　美後倚醜
雷聲哀哀　電光閃閃　銀肚已共　金乳必同　愛惜美衣
節省甘食　拂拭族耳　重整父威　美目二妹　物心二弟

兄弟相繼　珠寶縷縷　虎豹威儀　黑鹿美譽　鵪鶉專命

雄鳥伸頸　鬆盛柏茂　葦虚蒲空　醜陋自嘆　美麗自瞻

吃頭在下　説頭向上　愚童已妄　寬心相幫　坡頭築室

樹下鋪氈　要承父禄　先去祈福　一呼都住　算去皆全

空中鳥不圍　地上智無窮　山頭樹不凍

水中石不溶　汲而喝下肚　十户已渴死　騎馬上山峰

下馬在泥中　説話時緊目　飲酒時腹脹　愚童訟權貴

野馬制于索　流水深處坦　博學音不昂　天熱去照日

親眷加親眷　所放滿當當　一挖乾瘪瘪　善心中涕泣

美上淚流出　天陰將下雨　語善好授與　自視不見鼻

背後抓著尾　細毛料續斷　粗毛料無毛　還價畜匱乏

爲食腕斷絶　不看頭看尾　不敬大敬小　十羊中有肥

兩家中有智　驕慢無朋友　獨飲不樂助　强健人獨力

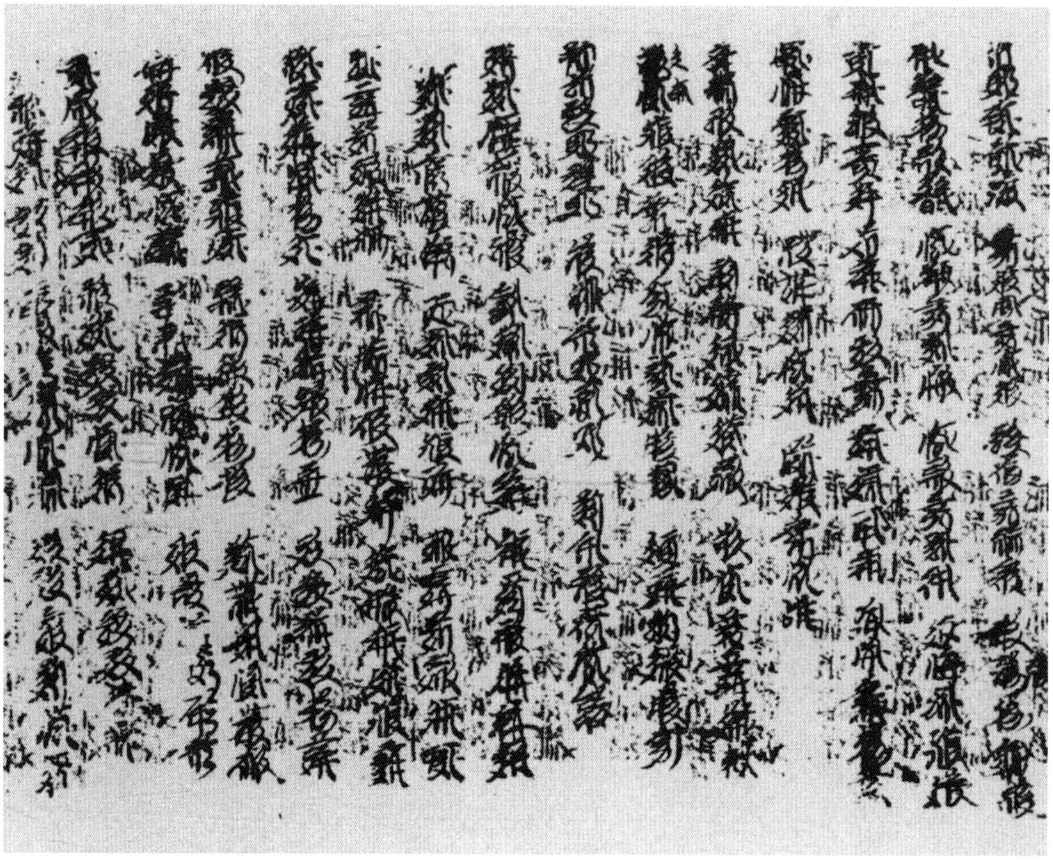

待乳犢獨乳　善禳自不禳　明燈自成影　戲者急速戲
馳馬闊處馳　不呼自己來　不敢自跑開　意出於口中
怕集於身上　縫衣要針線　衣服要領襟　旌高舉雲端
劍懸掛風中　出家不貢奉　宰羊不潤刀
山中積雪者高　人中有德者尊　背後而視家遠
腰中去找刀無　夜聞鹿鳴天曉　日見鵲啼天晚
逗牛犢真歡喜　作脚踏想哭泣　勇力男春不游
岳母女秋不游　晚夕日曬不幹　老時子利得難
話□説争吵忘　放的食狗吃光　取槽足跡井上
取碓足跡家中　富家中甜已盡　大象身肉已没
食面時風已起　治飲時水已濁　無美衣穿線縷
無甜食吃菜蔬　常無物求者絶　傻子去失禮節
尸軟鋼鐵難纏　壽長步短難接　千子心和説話
百牛并駕俱來　子面不等無禮　妻面不等有式
吃少可飲莫多　話少可説不活　愛美麗不會貴

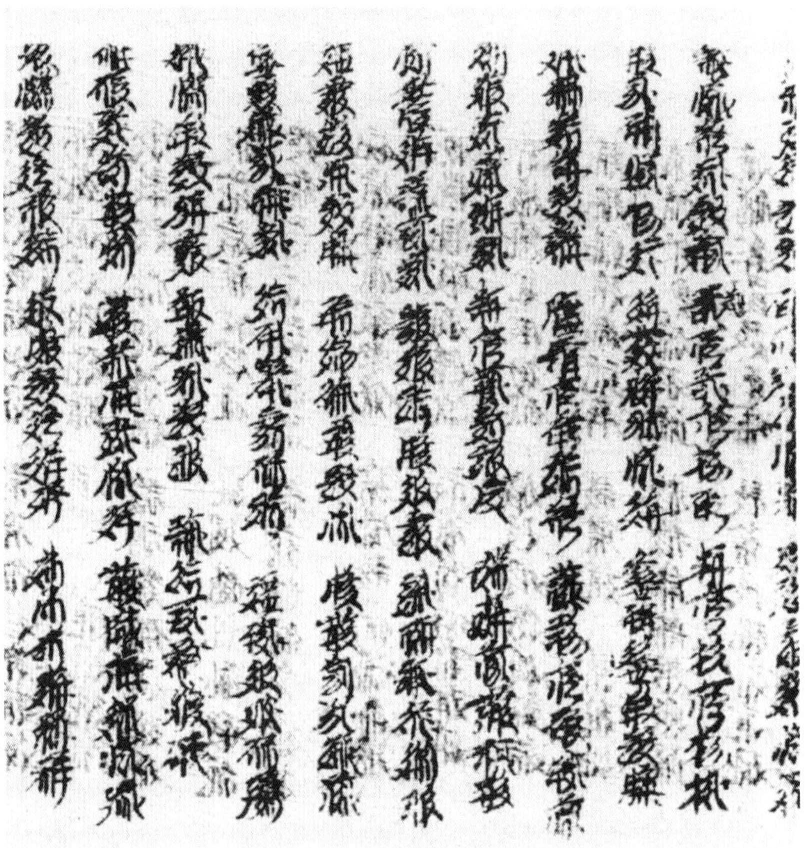

作威儀莫如德　盜賊騙子一語　買者賣者一價
天邊灰風一起　地邊黑草不植　聚中坐人不識
群中放要不得　求親人說好言　入野者訴苦衷
狼吃食留殘食　賊偷搶有足跡　喉大目注於碗
貪吝心在物上　胃囊好天神愛　馬鞭長鬼神畏
蠻婦汲不識井　猛畜吃不知時　天已晚當睡覺
氈已到當置枕　男騎馬自己好　女擠牛它無乳
家多人未曾錯　户衆意未曾□　生而居陸地上
死遂丢赤險坑　已耻没有兩面　已死没有兩命
水劣然而蛙好　嘴硬然而心慈　小狐小尾端白

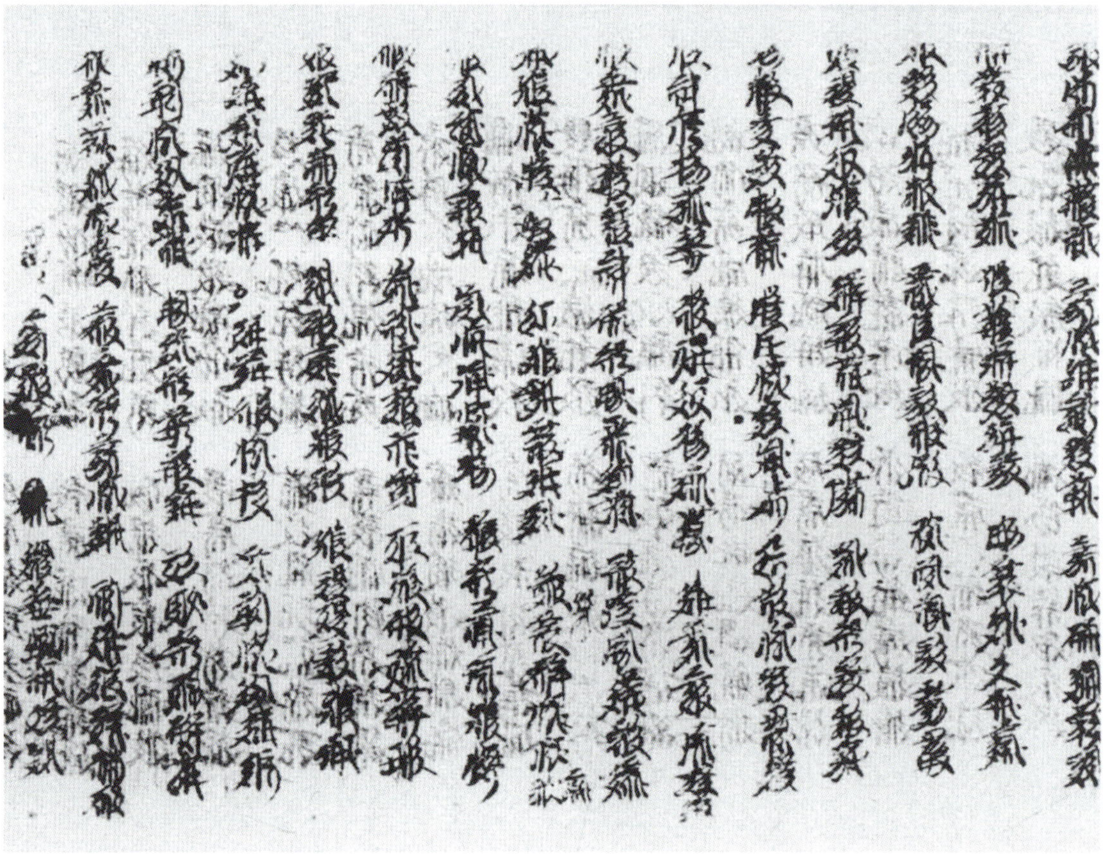

小狸小狗擇黑　自不潤已塗酥　自不肥已有膏
肝雖墜未曾倒　箭已盡不會降　腸流出纏於腰
肚已穿以草塞　窳曲頭前偏斜　黑面頭前戴星
嘻笑而嘴易裂　翻滚則背易傷　不爲所及可及
不終已及易及　高天不在雲下　地廣不在路狹
□杖者一律坐　鳴蛙嘴一律向　族相愛室已近
交相愛乃連姻　善養畜入富名　善養子衆稱貴
雲消散天晴朗　土刮去石可見　白石粒不錯亂
□黑穀不改變　下雨風雲突變　作弓作袋相連
白霄親舅心軟　黑土愛甥聲柔　千飛禽受餌誤
萬赤面爲罪苦　以有伴命如雙　如歡喜壽則長
□泉薄飲不盡　□繩相連不斷　諸人不住無禮
舍不住人往奉　作巧面失羡慕　作美光失於空
有死相命不惜　作睡相自不變　禄賤對官事忠
……丈夫淨　鳥蹲胸對著風

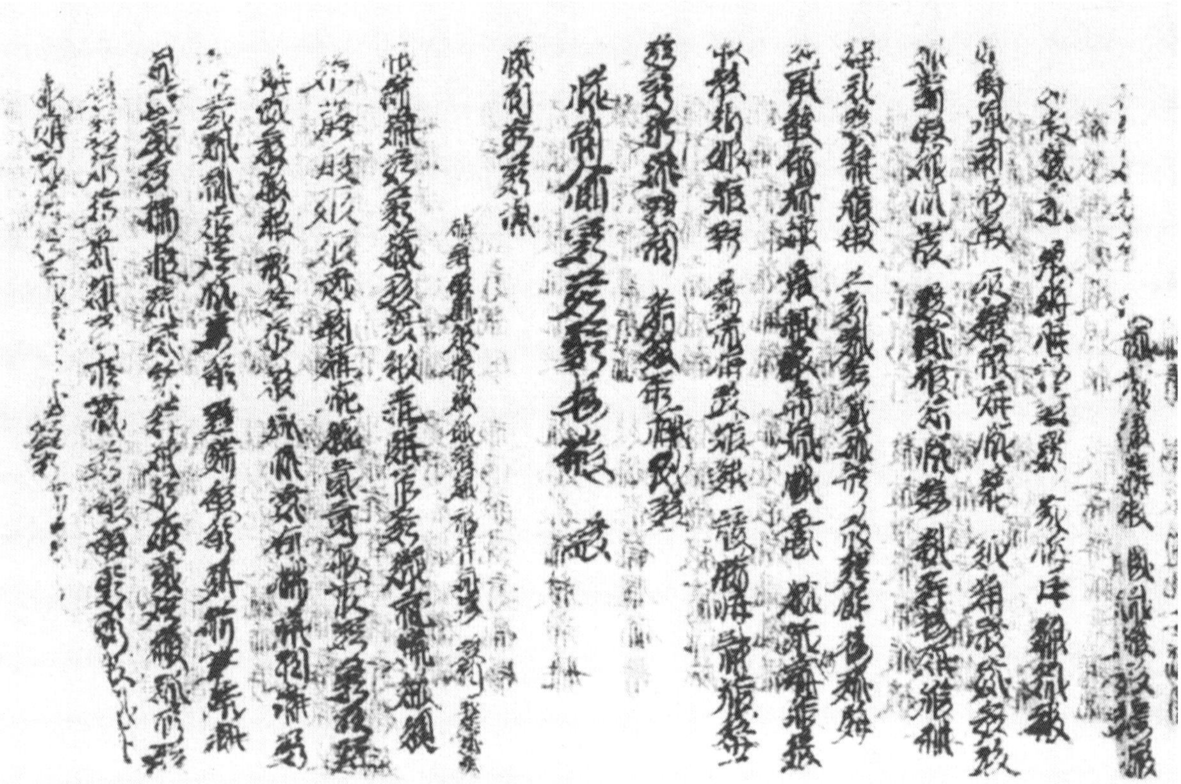

□□□□□□　□子母步先後　勇頭美禽擇過
□□□博者愛　水草二痴者好　鹿角高露草頂
天中雲求異人　千飛禽鳴不像　九獸子面不同
役使人不惜命　射出箭不擇地　紅鷹鳴叫下賤
媳婦逃跑醜惡　權貴説屬下做　十杖連專用打
趕路程有志到　鐵長短功在鋼　無憂慮胖已出
無苦樂肚已大　針耳中穿進綫　婚室中坐新娘
諺語句我已集　好壞語你自取
　　新集錦合道理一卷　竟
新集道理序
　　御史承旨番大學院教授　正梁德養　所集　仁持新校
序曰今諺語者人生後往昔言説自古至今妙
句流傳千千萬萬諸人不弃禮萬萬民庶諺語興盛
如此愛信雖是然句數繁多諸本中差異故説
□人乃衆句義不中欲本體正確具足故
德養諸書中種事引驗辯才語尋系聯諸義語□
選擇句句斟酌智者説道章章和順……
……如此……

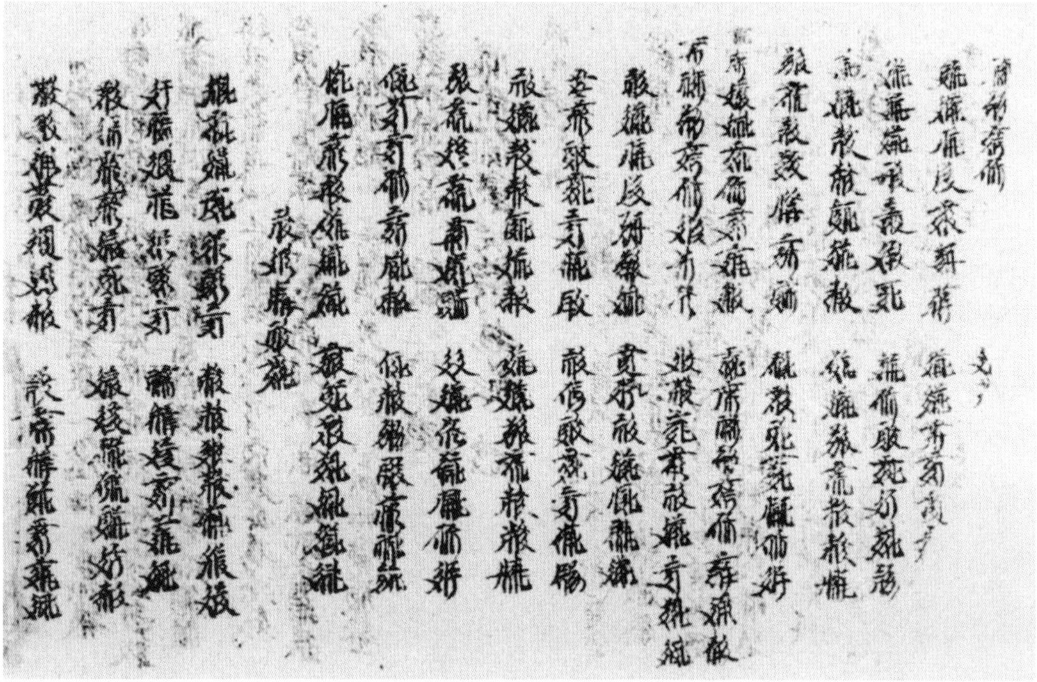

佛書殘卷

殊勝密之
悟者二手執頭器　湯藥凉熱軟□□
取上味藥散十方　味之天母舌處入
二者三種了悟及　此者有壞種種依
有壞自體無量世　法數分食汝之有
王多見母之供養故　金剛殊勝之歌唱及
王殊勝密中神亦爲　大神安樂奏者身處奉
奏者二手既有印　柔軟奏者依法者
真實天母身上散　奏明天母身上入
奏者三種了悟及　此者有壞種種依
有壞有義成就體　果者造作汝之有
五蘊身之自性及　五種煩惱能令淨
不二真智此湯藥　空行等處我供奉
十六勇天母
琉璃如藥句合身　種種大寶上生出
畢利妙音句合身　金剛鉢羅奉供養
身如無數真金色　顔色明相具足以
大寶歌笛妙唱以　金剛波舍奉供養

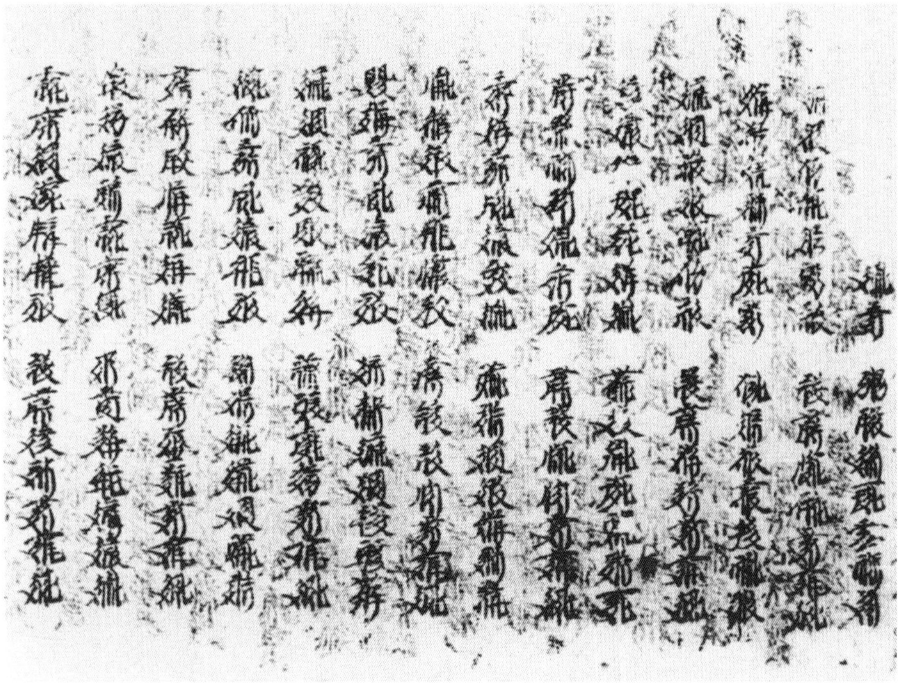

……身　煩惱灾上實勝勢
□妙鼓上句合奏　金剛滯留奉供養
合如摩羅哩怛身　無名夢幻令斷故
最妙大寶擊戰鼓　金剛摩嚕奉供養
顏色如□慈心多　香烟如雲散好□
頂尊勝勢如堅蓋　金剛部陛奉供養
悲心自性黃色多　好香妙花摩怛哩
撒散曇鉢青蓮花　瞻葡悉陛奉供養
歡喜自性紅色女　吉祥最妙持燈燭
最妙法幢光焰交　般阿羅醯奉供養
捨之自性青色女　旃陀藥草好妙香
密中圍內圓點者　金剛迦提奉供養
專心青色持金剛　柔軟系聯美色多
金剛妙視勇識女　金剛羅細奉供養

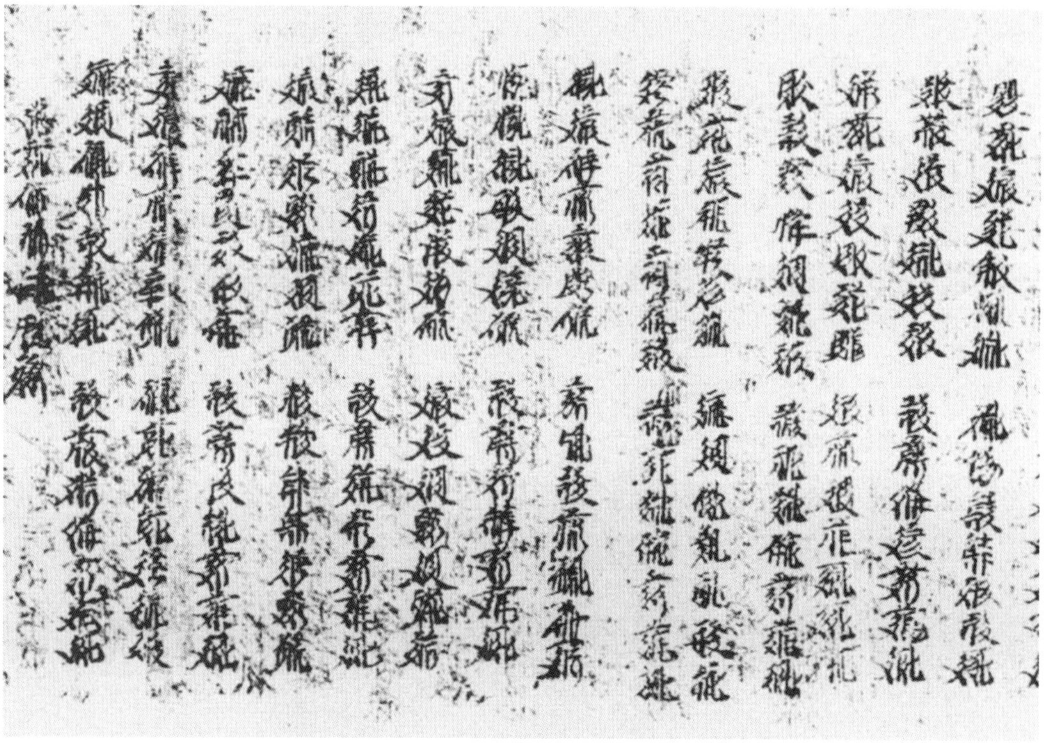

喜母色紅威儀多　悦樂出行持瓔珞
大寶生長正等女　金剛摩羅奉供養
哭母顔色紅光耀　蓮花妙音□孔雀
光世無量妙觀女　般吃哩底奉供養
舞母青色專心多　最妙行做轉輪行
有理成就出獲成　般你哩底奉供養
月色白淨愛著相　自性清淨無穢濁
不暗取月妙鏡相　金剛嚕波奉供養
身色紅彤專心相　顔色妙合妙好香
百味具足持齋食　金剛薩囉奉供養
青色句合最妙相　種種住舍句合相
最勝柔皮莊嚴衣　金剛剎那奉供養
身色白淨少壯相　法界游戲了義故
最妙法生持三隅　金剛陀摩奉供養

亥母之根本頌贊

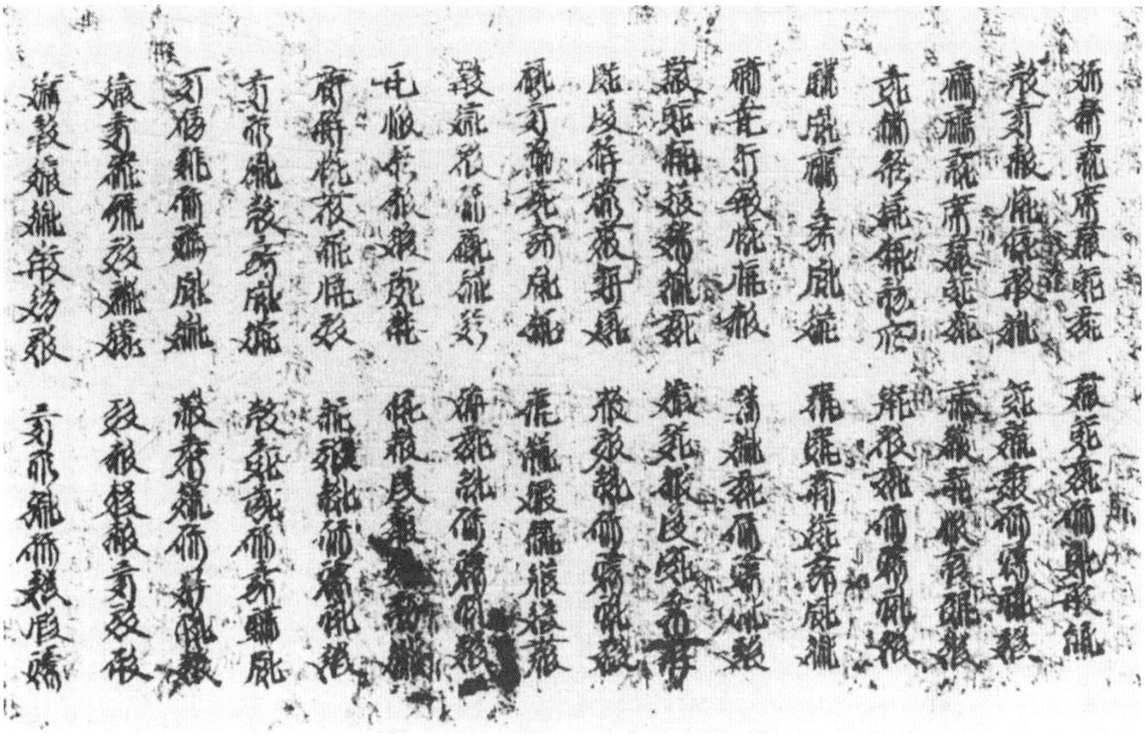

吉祥金剛空行母　空行母之轉輪行
三身及後有五智　巡行護之贊敬禮
一切金剛空行母　普遍妄測縛此時
入於世間所爲者　彼等母之贊敬禮
一切體性自性上　往昔成就自性多
尋求勝慧不二以　瑜祇母之贊敬禮
出自空行瑜祇母　紅色右手持割刀
右手白淨持頭器　大女汝之贊敬禮
法身游離自性上　因視昔願乃現生
所學等之法宣説　亥母汝之贊敬禮
作半思而居如官　五種手印殊勝緣
頂中不動冠來美　厲女汝之贊敬禮
身語意三自性解　三世界之自體性
一明滿之體性有　具大悲之贊敬禮
色身形相莊嚴者　人以入及身莊嚴
有少壯色專心女　身語意之禮贊頌

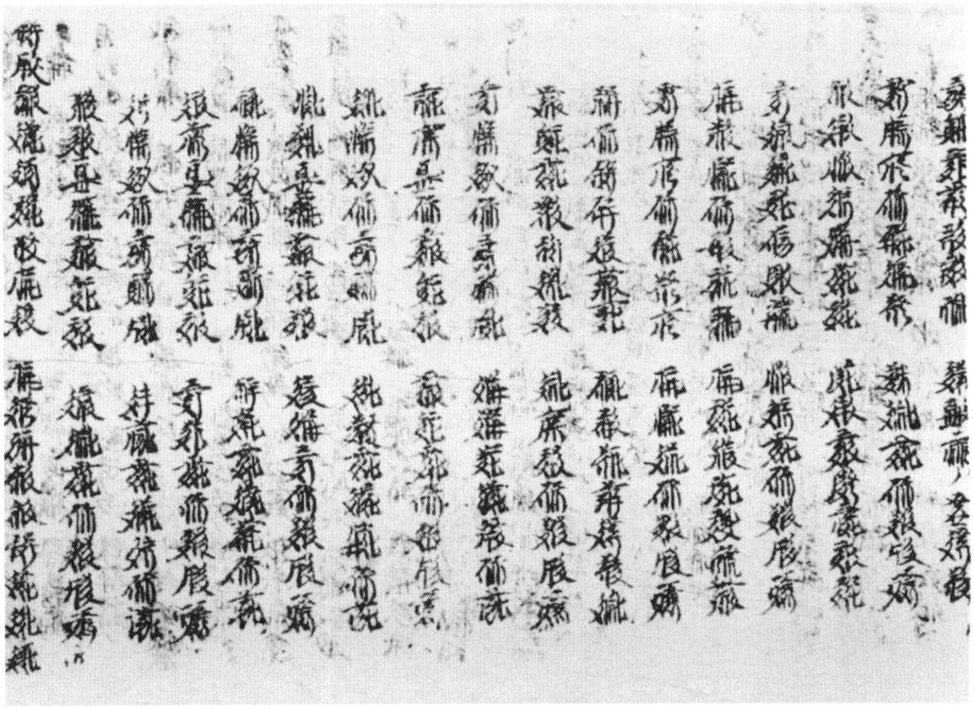

自悟安樂使興盛　利他一切實了畢
供修者之利益爲　瑜祇母之禮贊頌
左方無算亥母面　右方愛著嗔女面
身色赤紅放光明　無算母之禮贊頌
二種諦之取解故　猶如二面化相現
供修者之治爲者　解二諦之禮贊頌
心之正中得出現　法既受用究竟多
空行母等集繞處　尊者女之禮贊頌
身念住之自體性　摩摩計者水中界
金剛種之空行女　空行母之禮贊頌
受念住之自體性　拔濟母者風之界
行爲種依空行女　羅摩身之禮贊頌
法念住之自體性　白衣母者火之界
蓮花種依空行女　生身母之禮贊頌
心念住之自體性　佛眼母者地之界
大寶種依空行女　色多母之禮贊頌
中圍尊者四面十二顔　二六爾以畏懼所護持

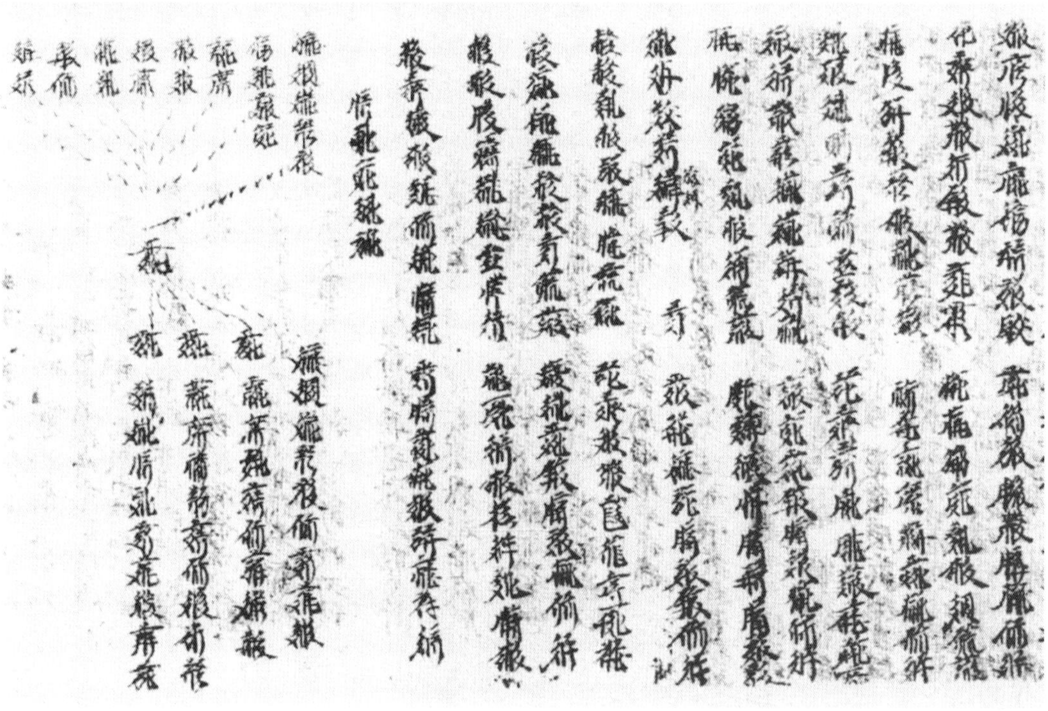

空者能失無嗔變女圍　破壞諸魔大勇諦之敬
尋求廣大慈悲大安樂　游行不二以行現妙相
二手既作印而衆漂流　勝慧金剛亥母汝之敬
百千功德自體實可尋　慈悲自性虛空衣當著
無漏大樂暫使湯藥前　空行母等勇女汝之敬
游行不二以行現四相　左端將來勇男勇女等
解散頭髮色心少女身　首段最酌勇女等之敬
種種行以依順治有情　廣大慈悲魔鬼位上居
所學從根種種身相現　鳥頭母等勇女汝之敬
恭而贊頌我今實呼告　無雜亂而一心觀念以
大悲如以我之應憶念　供修道上皆當無所分

集輪奉食法

最妙上師等　最妙上師等之供養故
明滿空行　母　金剛殊密之樂歌及
金剛　母　樹王殊勝密之舞亦爲
大寶　母　母　瑜伽集輪供養已持汝
蓮花
做爲
智之
記句

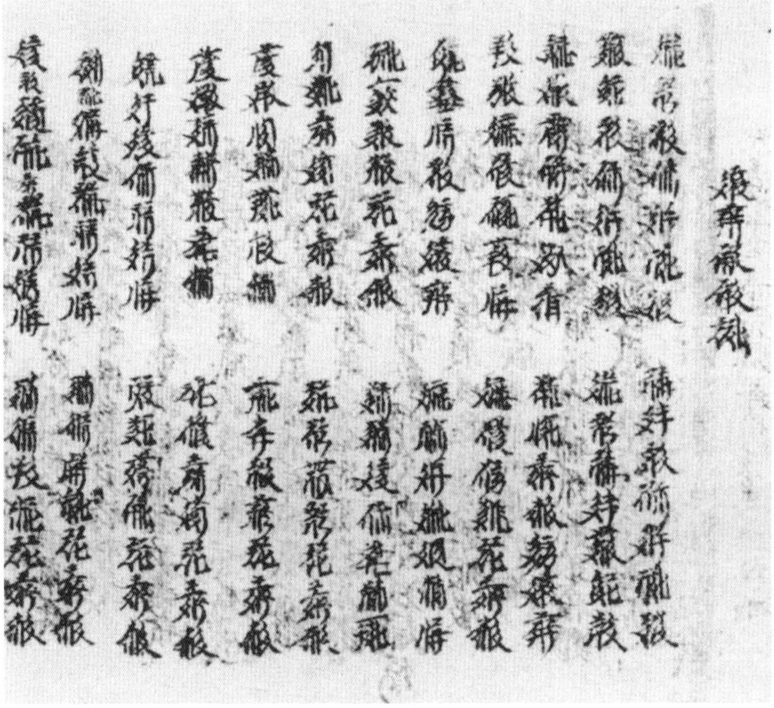

攝持敕旨偈

上師等之恭敬禮　本佛等之恭敬禮

空行等之恭敬禮　上師本佛空行三

永世頂中求居住　居後以悲將攝持

其下最終法堂内　最終明滿慈悲以

此聚集等將攝持　最勝既有妙殿内

解意大寶慈悲以　補怛羅之山尖上

聖觀自在慈悲以　薩囉訶師慈悲以

南方畢多林苑中　龍樹真心慈悲以

南方吉祥大山中　山墓自在慈悲以

劫比羅之静室内　阿伐婆底慈悲以

撈哩摩那哩静室内　怛斡頗那慈悲以

羅悉多底昂哩静室内　怛斡野部慈悲以

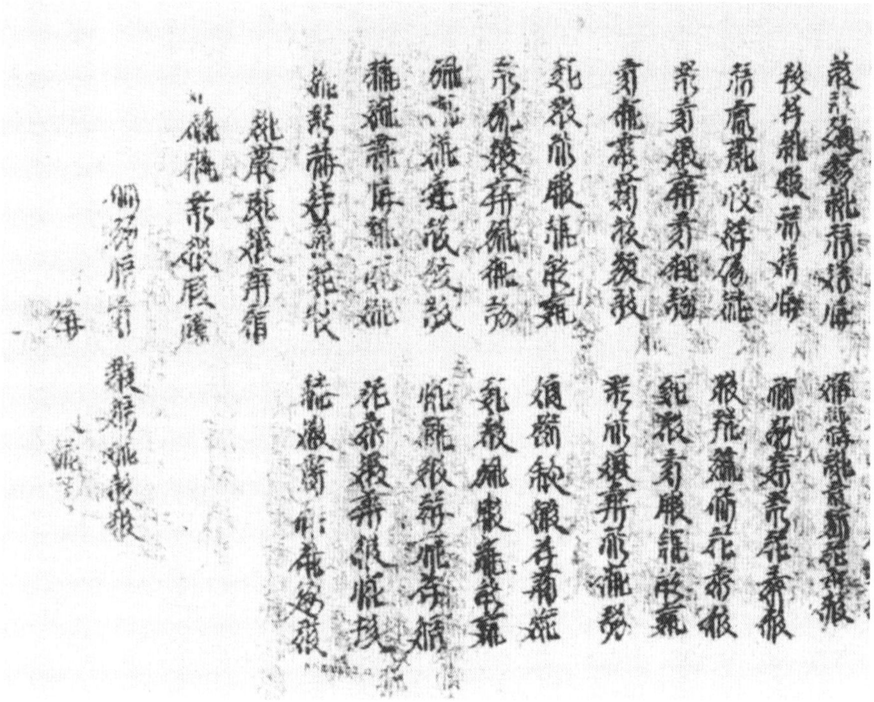

補悉多醯那靜室内　摩彌俄那瞿波慈悲以

雅謁那摩靜室内　殊勝少師慈悲以

寂靜園苑遍稱心　具大恩之慈悲以

攝持師身身上入　沙數身業教消滅

身上樂暖已興盛　攝持師語語上入

沙數語業教消滅　咒語威力當成就

攝持師意意上入　沙數意業教消滅

意上了慧已茂盛　不依分爾皆當無

依順道内導引長　攝持慈悲續不斷

上師本佛空行三　永久頂中居住時

□江漂如求攝持　……

□法依師續贊頌　……

……聚集身　無比上智寶……

……如……解……

1842 經疏殘片（西夏文 / 藏文）

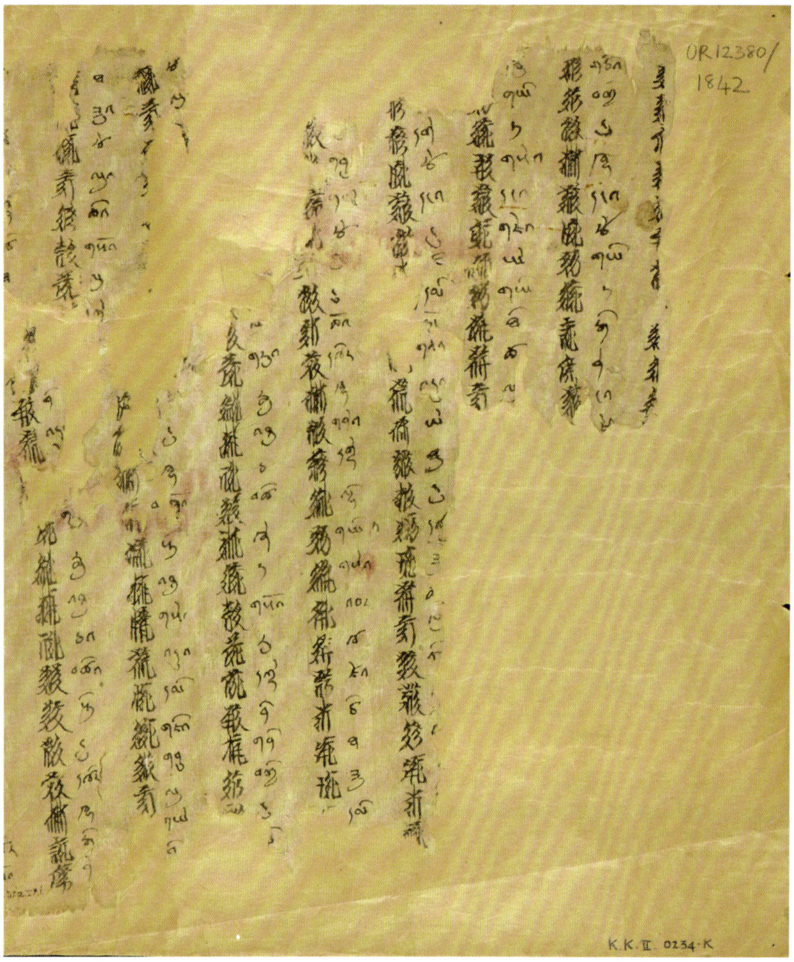

Or.12380/1842-1
（K.K.II.0234.k）
26.2 釐米 × 38.9 釐米

……

gtsi' bgyi ngu khha dnga' rtse g.yi ta rgi ne nga' -e

第 詞 是 中 空 性 謂者石 王空……

-u g.yi ta gse' dnga' gje' ye g.yi thi tsha lu……

□□者 智 空 輪 之謂 此 報 身……

……dge rtse dnga' ngu dz- dmi -o gse' 'du' ye thu ngu d.w- zu tsha lu ki……

……真 性 空 是□ □□□ 有 之 察 以 轉 如 報 身 已 顯然彼亦法……

……-u gnu g.ye rtse lu ngu cho' dwir khha gne' dghe lhi g.yi' gse' 'bar wa dze' tsi tha zu……

……是 □ 自 □ 身 是 故 文 中 迫 真 有 謂 今 瑪 巴 師 亦 彼 如……

……gru' rmu 'bu ca btshi zhe ta gso' ru dkre ni gni bgyi……

……世 俗 依 敬 禮 所者三 世 界 等 二 詞 是……

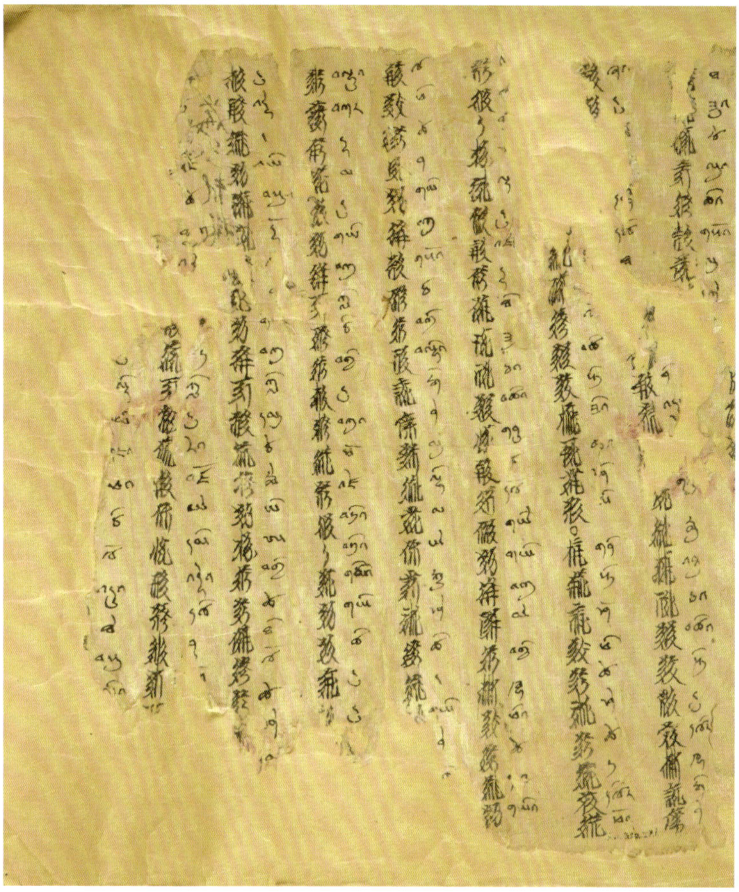

Or.12380/1842-2

tha zu’ rtse lu’ chi’ gso’ u …… ni ’ du’ gru rmu ’ bu ca’ btshi’ sti ngu dwir khha rgi ne
□□ 法身 六 三 世……等 有 世 俗 依敬 禮 處是 文 中 石王
zha’ ngu …… d– dtshi tha …… wo btshi sti zi’ cha’ shi li gni sti sho phi tshe she tshe ta dwir pho’
□ 以 ……□ □ □ 勝 義 禮 處最 上 往也○二願 發 解 說 所 說 者 文 上
…… b– ……lda ngu ’ dz– dha thi zu ca’ btshi’ gnu wa dwo g.yie g.yi bku me bgyi khha phi’ tshe ng– g.yi’
師續續一 偈 是 餘 言 此 如 敬 禮 復 何 做 將 謂 故 漸 詞 中 述 說 我 謂
wa phi tshe na g.yi ’ ku gso’ tsa bgyi blhi’ rgi ne mu lhi ma ye rkyu she tshi nga g.ye –ne ch–……
何 述 說 汝 謂 故 三 第 詞 取 石 王 默 有 母 之 供 法 述 我……
blhu’ bkar dha ma ngu g.yi bku kli tsi bgyi bku’ pho ’ dze bti’ bti’ gtsi’ g.yi tshi ngu ngu……
增 補 言 疑 是 謂 故 一 第 詞 以 上 師 續 續 次 謂 要 語……
ngu ’ dhe nga –yi bsu’ dho …… n– g– bku kli dmu tse rme yi ·a bgyi tshe thi wo tshe –she –m–……
以 轉 我 謂 誰 處 □ 汝 謂 故 一 種 知 者 謂 一 詞 謂 此 義 謂……
……tshi ……ta kli ngu re’ bdzo ye dmi ’ dhe’ dwi nu –o……
……者一 是 多 人 之 不 轉 作 緣 故……
……–u ldi yi bj–’ pha’ tsi wo ’ du’ the bsu –i’ ……

1843　三才雜字

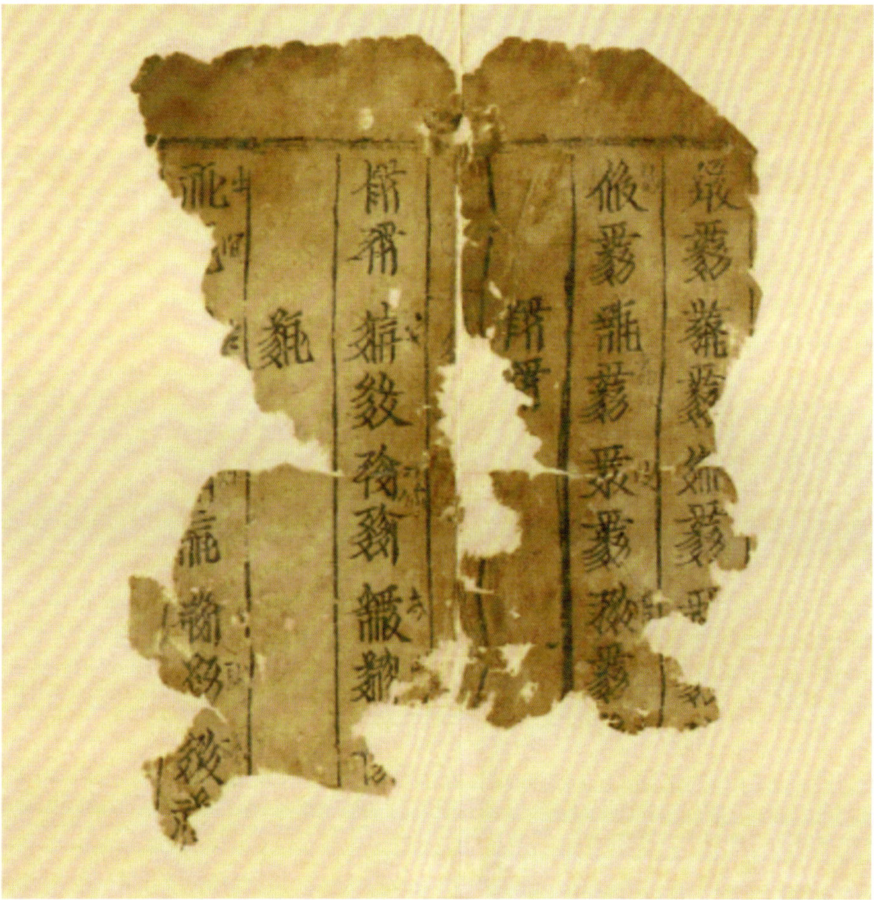

Or.12380/1843B［K.K.III/019.b（a）?］
16.8 釐米 × 17.5 釐米

字雜一品　□天第一
天乾　穹霄白　皇天　上來……
聖靈　天聖　虛空　一清　上
帝　父日
太陽　君主　金烏　□□　靄
□白　太陽　月……
……樹　光……（《俄藏黑水城文獻》10，p40）

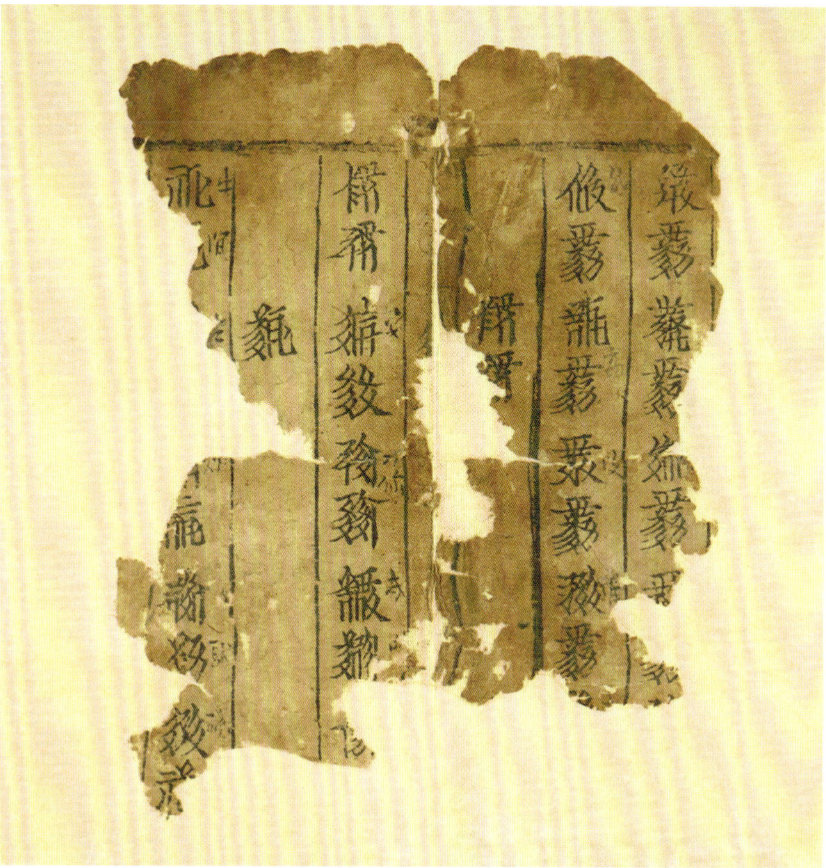

Or.12380/1843C（K.K.III.019.b）
16 釐米 × 12 釐米

水星　火星　土星　金星……
月孛　房宿　牛宿　女宿……
　　　虹霓
虹霓　陽氣　彩帶　秋卷……
　　　雷
震……發　天鼓　暴聲……（《俄藏黑水城文獻》10，p44）

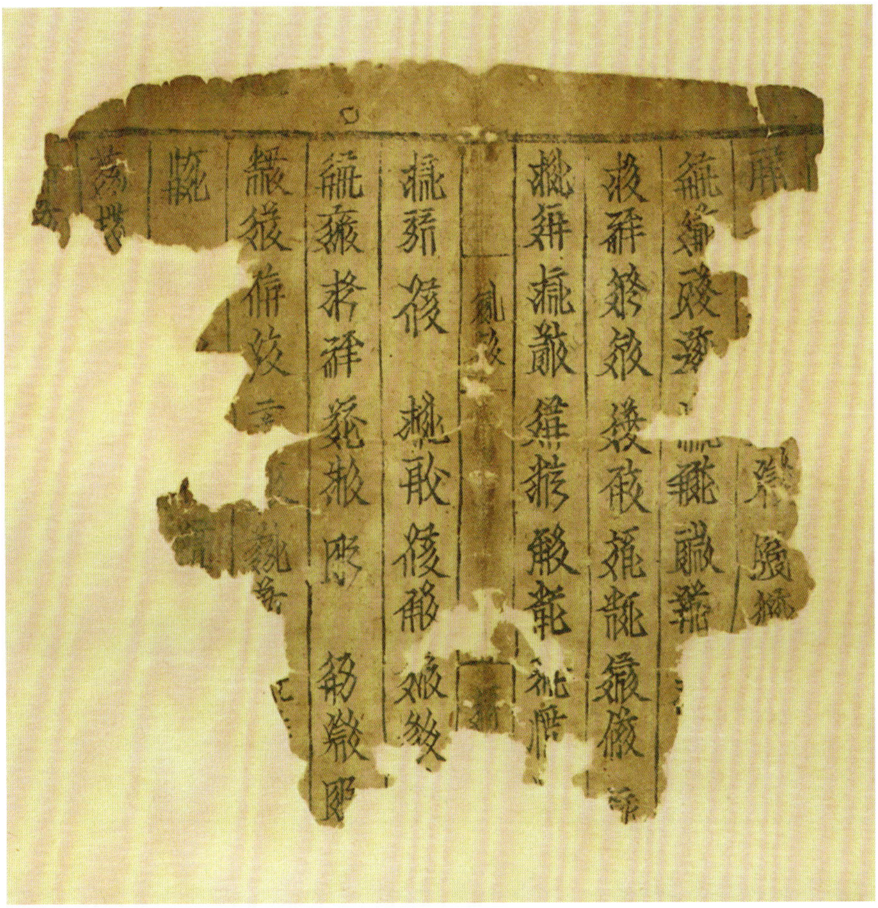

Or.12380/1843D
17.4 釐米 × 18.7 釐米

霧……坎　國雨……
籽藥　灑雨　□治　天恩……
雪白　六花　碎末　細粉　覆色……
寒團　雹粒　碎屑　白黍　□非
　　字雜　　　　　四
雹冷　霜　寒白　白霜　□生……
傷籽　白霜　農畏　露　草水　露
秋出　海珠　□□　星……
風……相……
苗……（《俄藏黑水城文獻》10，p44–45）

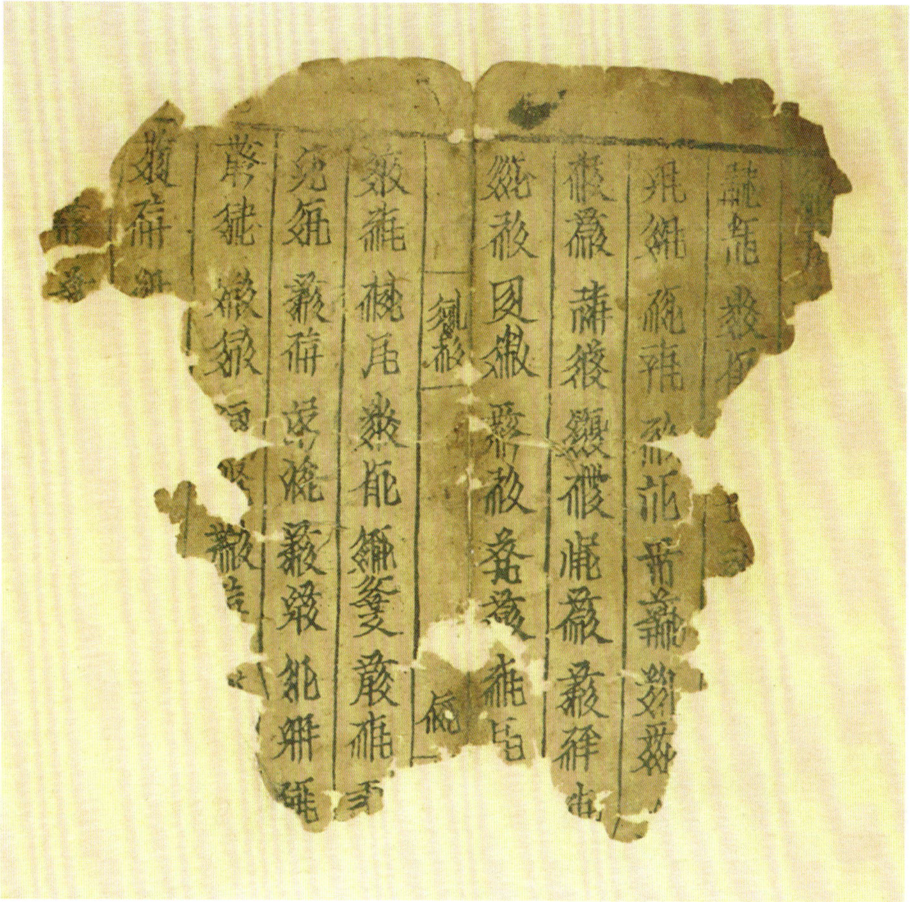

Or.12380/1843E

17.6 釐米 × 18.7 釐米

久蔽　寶根　……

溝洫　山陵　丘原　勾連　帝母……

山峰　本源　末尾　山坡　白河……

暗坡　八下　金坡　山峰　高上……

字雜　　　　五

高聳　高霄　寶根　岩谷　危險……

砂礫　河海　大海　河水　九曲　源……

流長　長流　□□　大……

西海　……

□鑰……（《俄藏黑水城文獻》10，p45）

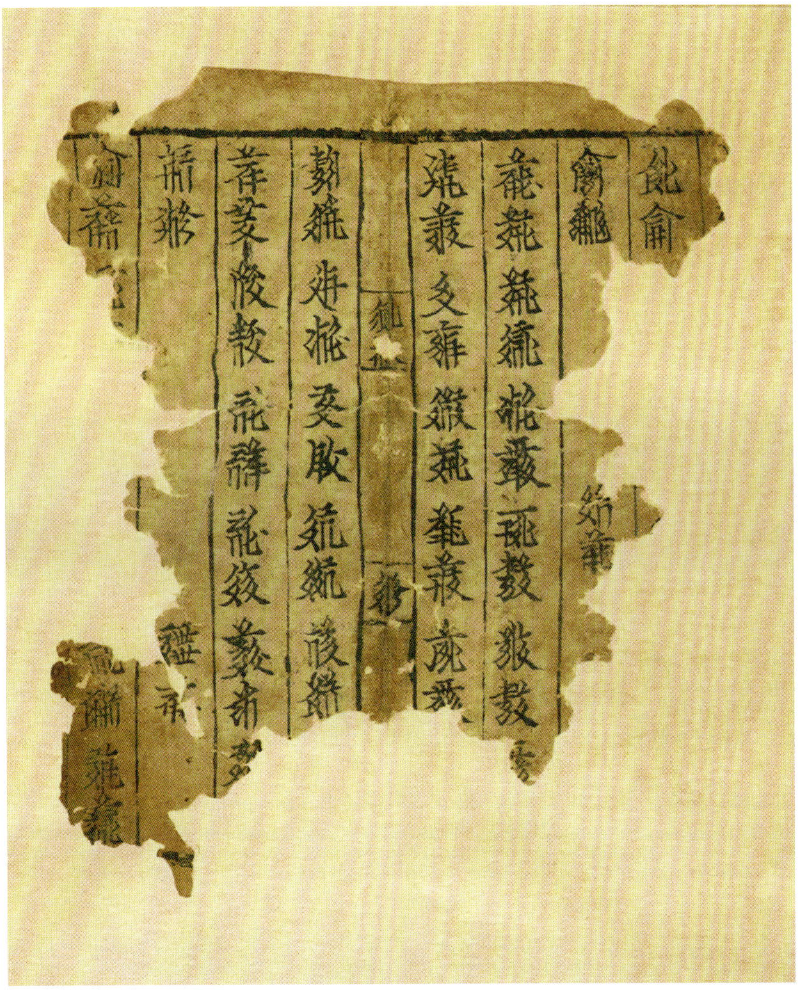

Or.12380/1843F
19.5 釐米 × 17.2 釐米

布帛……
絲條　　　　　　　男服
衣服　穿著　冠戴　斗篷　圍裙……
汗衫　腰帶　皮裘　圍巾　朝冠……
　　　字雜　　　　　六
緊衣　髮冠　圍腰　珂貝　裹脚……
裓襴　掖箍　氈子　氈帳　袍子　窄□
襯衣　　　　　　　女服
錦袍……耳環　腕釧（《俄藏黑水城文獻》10，p45–46）

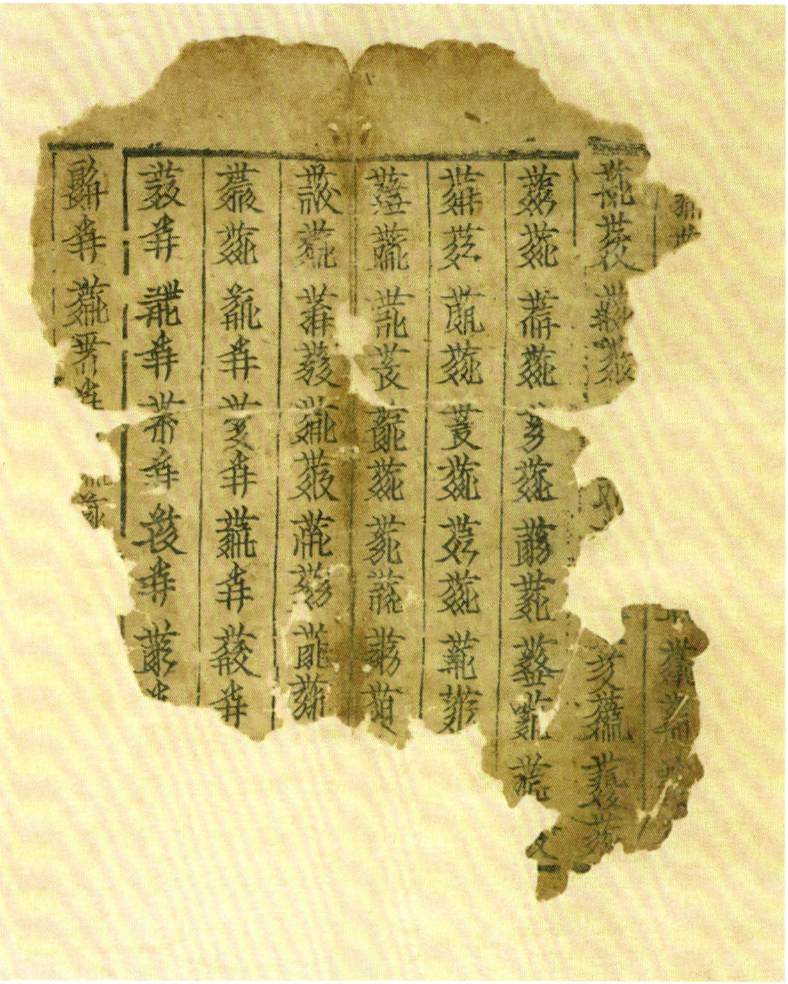

Or.12380/1843G
20.2 釐米 × 16.5 釐米

麻……没棋……

棣拉　壽鬆……皮夷　橘樹

果木　海棠　桑樹　茹桔　胡器　荆□

毒藜　竹子　圍樹　簷樹　柯橤　□□

沉香　毒樗　香木　啦拿　白檜……

葡萄　蕪拉　柰都　牛莖　荆棘……

彩木　竹樹　桂樹　梨樹　李樹……

栗樹　果樹　荔樹　柿樹　蔗樹……

椒樹　葡萄樹……（《俄藏黑水城文獻》10，p46）

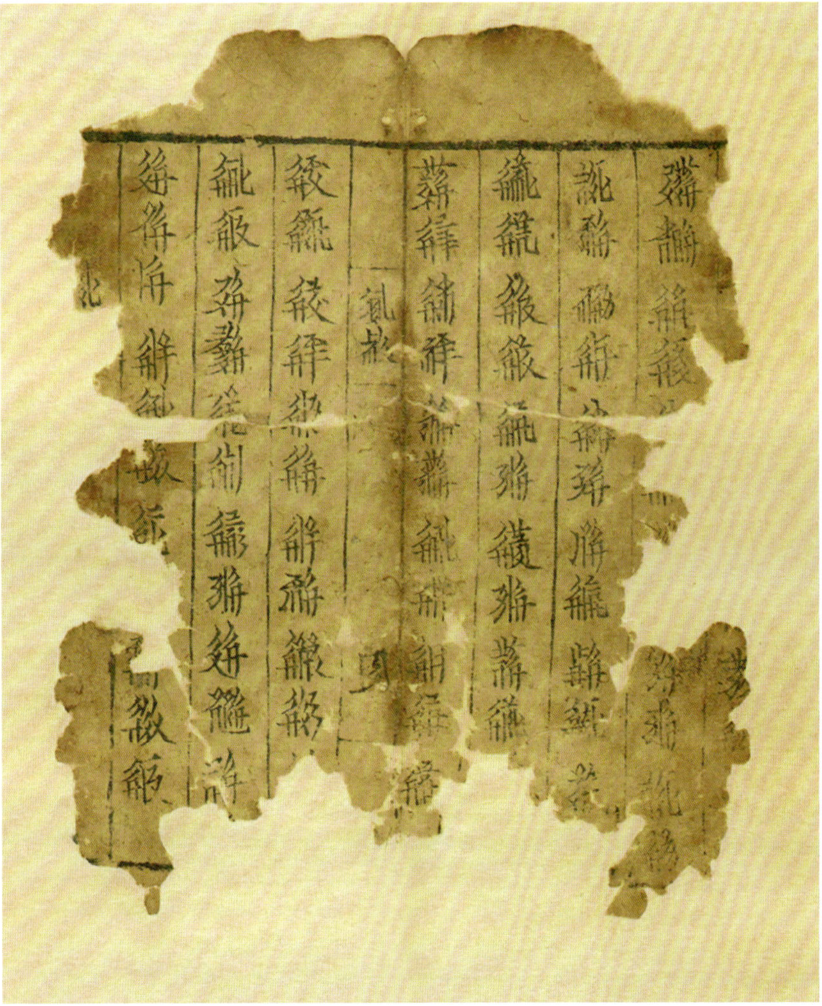

Or.12380/1843H
20 釐米 × 16.5 釐米

代行　飼養……草　蒲葦
蒲草　蓑草　蒲蘆　茵莎　勒苣　芷□
節荑　毒草　蓆草　俗草　苦笋　□□
小笋　白茅　蓍栴　茹葦　呼侯　葏□
　　字雜　　　　　　八
枯萎　夏泮　棘草　葦勒　土勒　□□
艿都　虧窪　蘆蔗　果草　莉稅　拉□
莉屋每　葦□□　稊□　□蘭都（《俄藏黑水城文獻》10，p46–47）

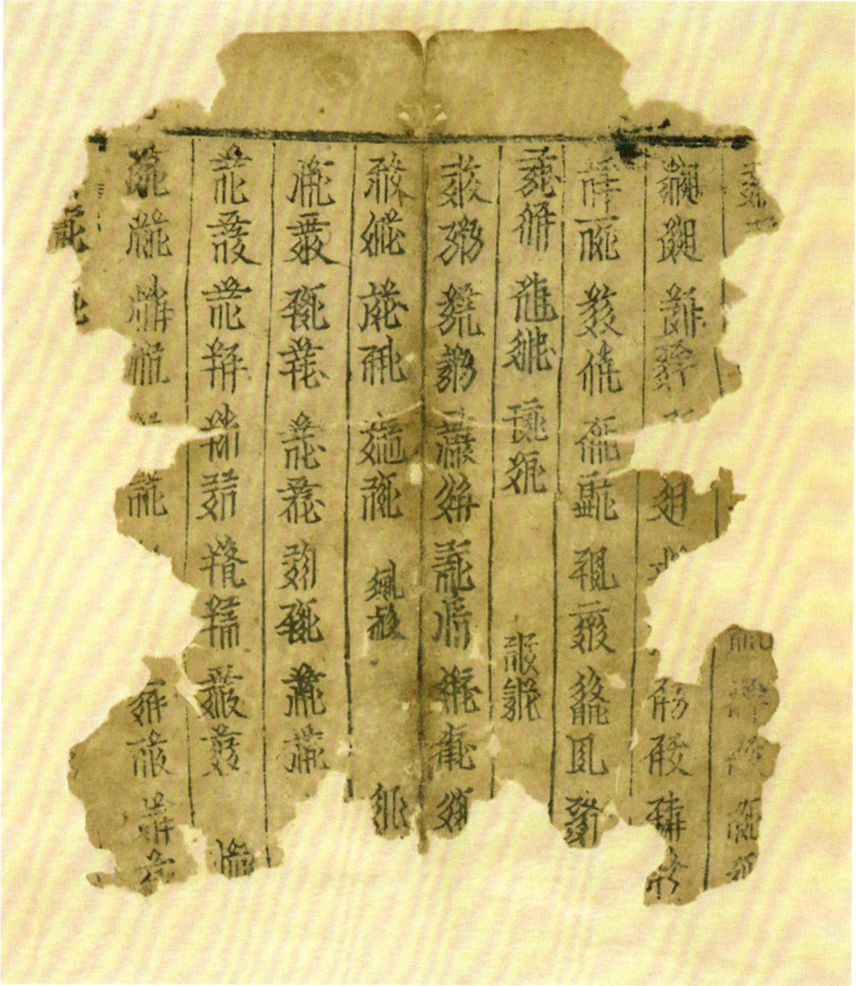

Or.12380/1843I
19.3 釐米 × 16 釐米

馬……純白　黑□

灰白　駁紅　□茄　□□　棕驥　純墨

白蹄　斑紋　種馬　奔走　飛奔　死□

病馬　肋病　筋腱　　駱駝

駱駝　黃駝　板牙　聚齒　老駝　峰□

鼻繩　輜重　黑瘡　字雜　九

牛牛　牛牛　老牛　壯牛　象牛　□□

拍牛　牛牛　牛犢　犢齒　配齡　羊

羊羊　羖攊　□羊　□□　羔羊　羊□（《俄藏黑水城文獻》10，p47）

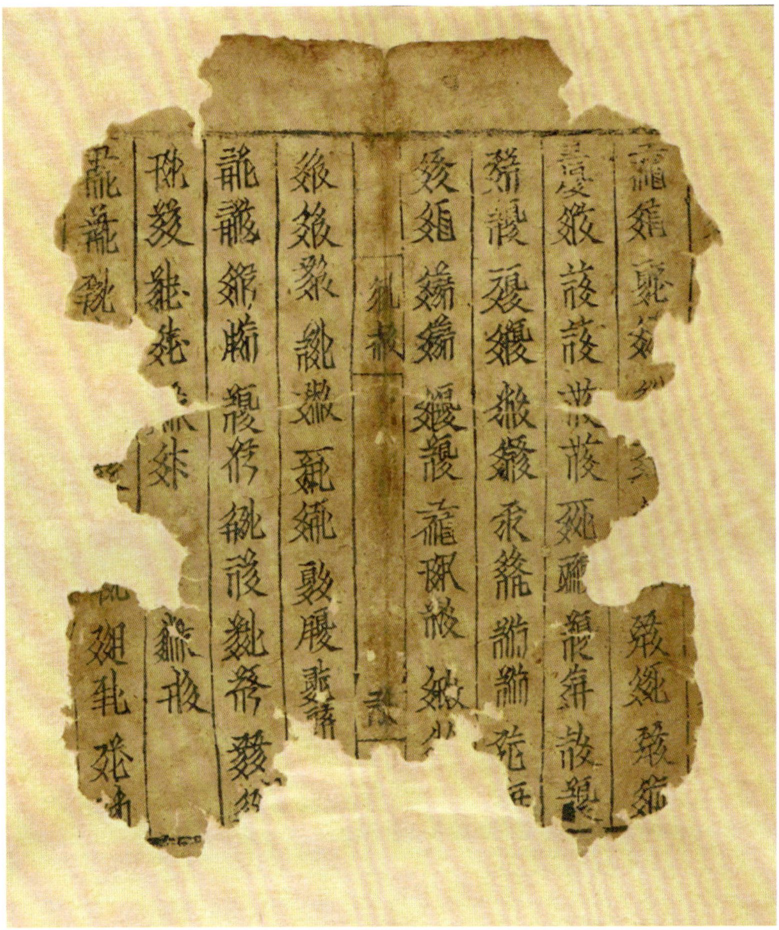

Or.12380/1843J
19.9 釐米 × 16.1 釐米

老鴟　鵂鶹……水鳥　皛鳥
鵂鶅　鶉鴿　斑鳩　鶏鶩　雀子　飛鳥
鴾鵚　墨麻　燕子　鶺鶉　式式　皛□
黄鶯　鳺鳺　鷹雕　鷂飛鴟　鵶□□
　　字雜　　　　　十
蝙蝠膜　鷹隼　孵卵　垂翼　羽翼　□□
誘餌　禽舍　鳥栖　網羅　設置　已捕
捕獲　降服　□糞　　　野獸
辰龍　獅……豺狼　狐□（《俄藏黑水城文獻》10，p47–48）

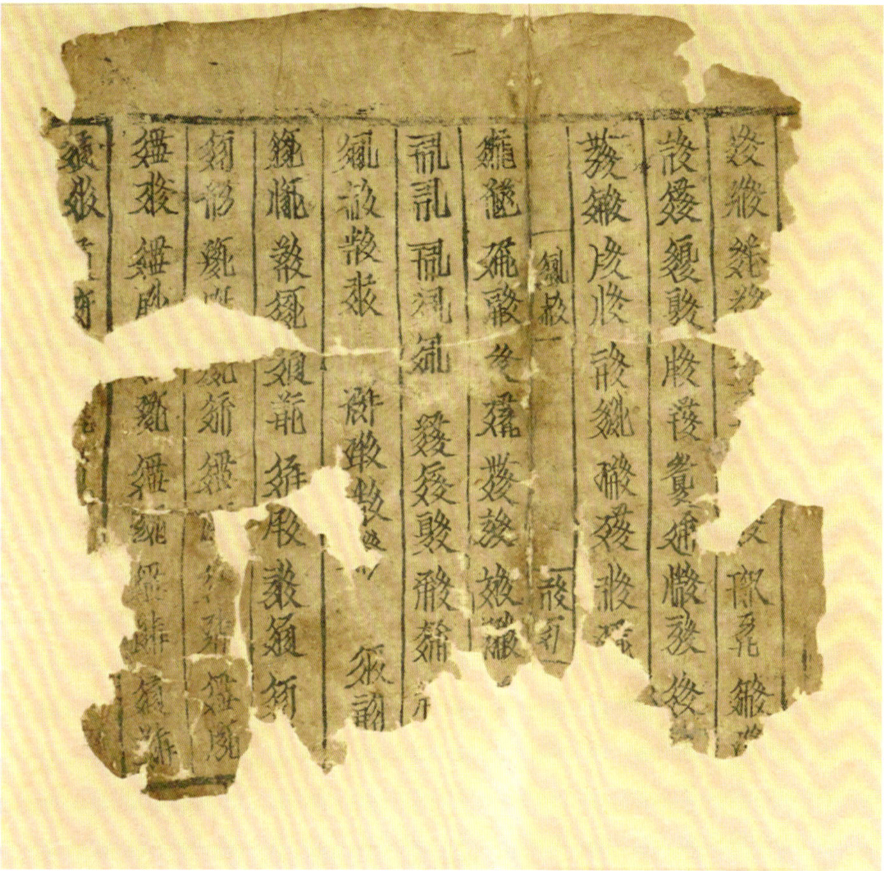

Or.12380/1843K

21 釐米 × 21 釐米

蜜蜂　紅……蝴蝶　牛□

虻蚋　蚊蠅　蠛蠓　蜣螂　螳蜣　蜘□

刺蝟　蝸牛　螞蟻　疙瘩　蛙□　□□

字雜　　　　　　　十一

虱蟣　犬蚤　虼蚤　蝌畢　恰蠣　□□

毒蛇　毒蛇蝎　蚍蜊蜊　蚍巨　□□

字雜三品　中人第三　番族□

嵬名　吴啄　訛褱　埋卧　浪訛　黎□

利施　遇□　□玉　息□　□尚　息部

息捷　息牢　□遇　息斤　息王　吟汝

吟狄……（《俄藏黑水城文獻》10，p48）

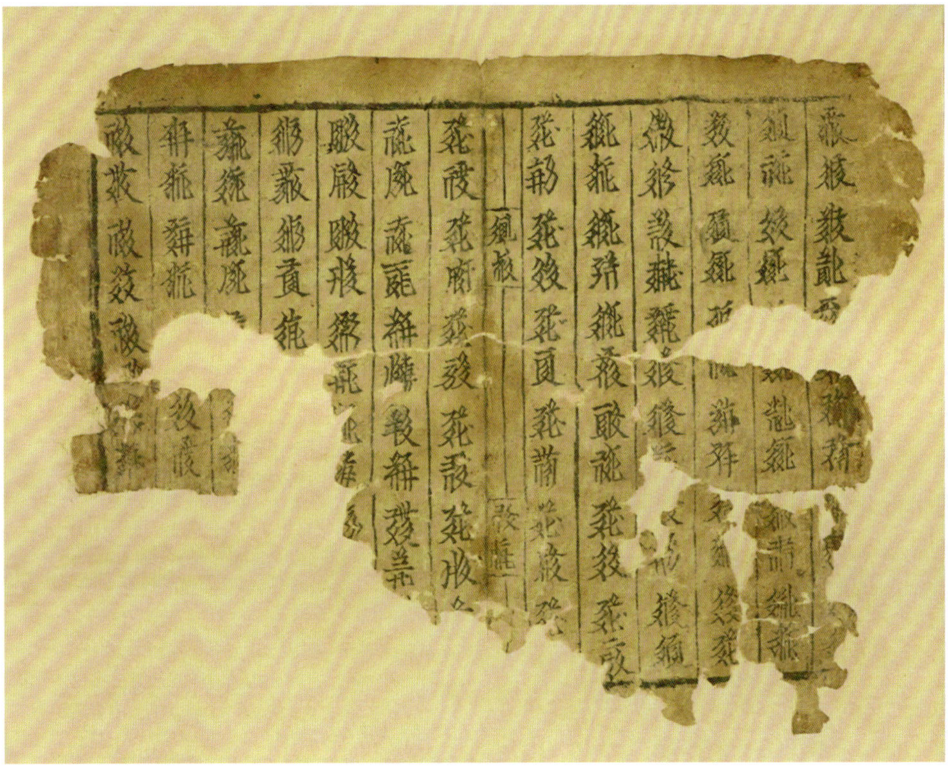

Or.12380/1843L
20.5 釐米 × 28 釐米

貞卧　迺佘　□□　都都……
訛羅　蹠哆　□□　匹哆　鋪主　羅邪
醜哆　多哆　□□　没梁　□□　哆訛
逵狄　嵬胡　得没　没□　□□　没訛
嵬哆　嵬迎　嵬噁　嵬那　訛大　訛二
訛三　訛四　訛五　訛六　訛七　訛□
　　　字雜　　　　　　　十二
訛利　訛哆　訛没　訛哆　訛名　□□
囉部　囉朔　衛慕　耶衛　特利　□□
徐青　徐逋　巴藏……
埋村　埋郭　骨……
令部　令謀……
左哆　李哆　□□　千玉……
折吟　折牧　折……（《俄藏黑水城文獻》10，p48-49）

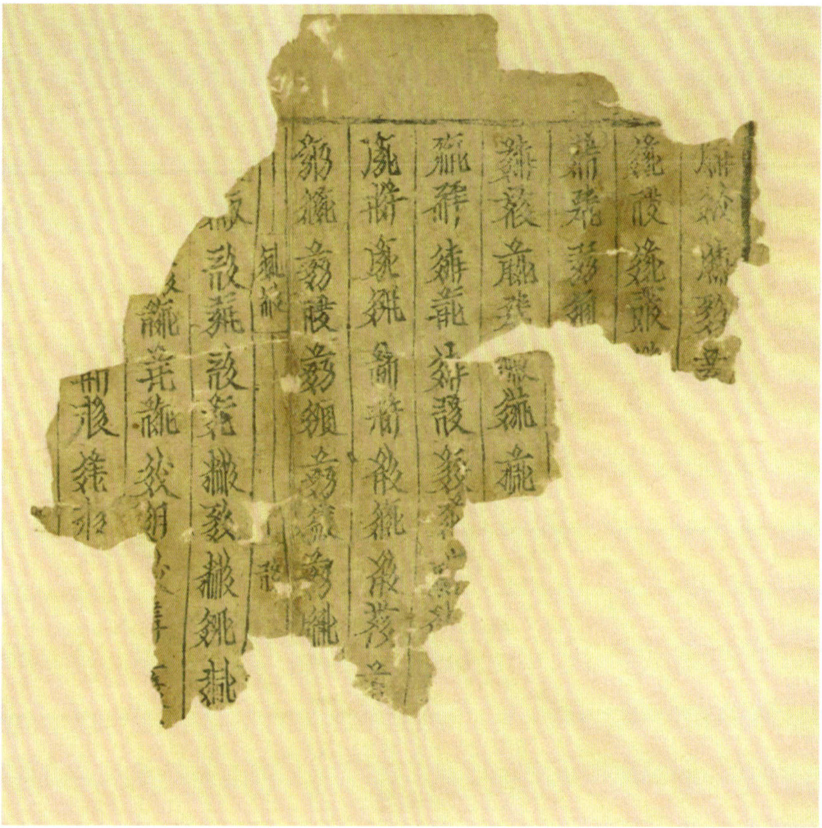

Or.12380/1843M
18.5 釐米 × 19.2 釐米

果六　果寧　如……
魏利　魏青……
平尚　葛訛……
汝嘸　摩尚　珂申　泊……
畏龐　莫藏　莫畛　歲訛……
部嵬　部藥　荼嵬　叔嵬　叔倉……
赭族　野利　野龍　野額　野茹……
　　字雜　　　十
□□　鮮卑　鮮吉　波寧　波祭　來……
□□　□祀　日祀　佊契……
□□　□□　咩布　魯布……（《俄藏黑水城文獻》10，p49）

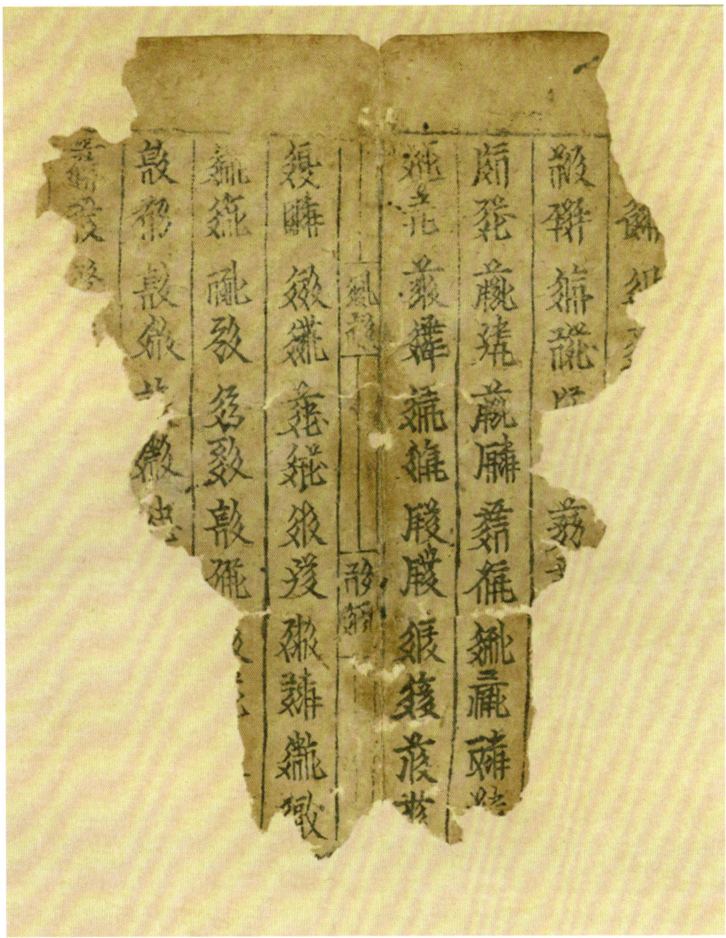

Or.12380/1843N

19.2 釐米 × 15.5 釐米

□卒……

乜勒　桑盧　□□　夷……

屈叻　戛尚　戛門　守鞘　折名　紀□

翁力　塔末　允娑　竇代　潘蜀　塞□

字雜　　　　　十四

奚藥　吕良　什鶴　庶合　乘賽　梁

黎呤　溫布　雜年　屈……

唥施　唥嵬　□嵬……

鄂利……（《俄藏黑水城文獻》10，p49）

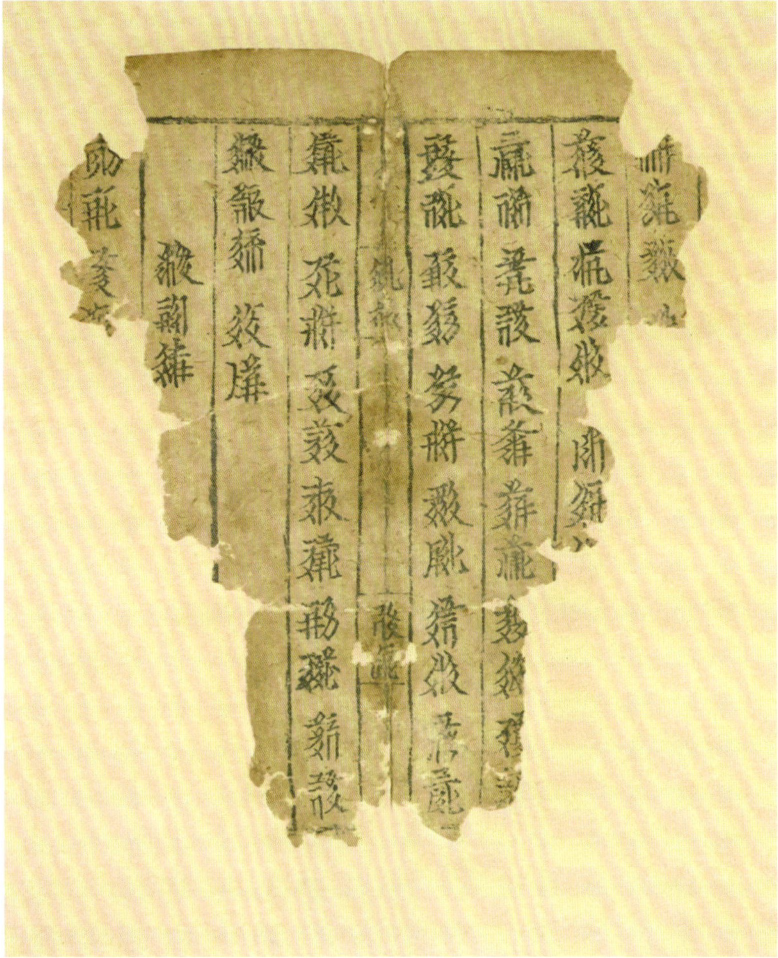

Or.12380/1843O

19.5 釐米 × 16.5 釐米

□獸所……

奇母　小狗賢　細礫……

女足　瘦子　美香　花女　臭蕃　狗□

黑羌　佛希　喚戌　舅塚　盧賢　萬金

字雜　十五

醜女　戌狗　舅美　拉娘　獨僕　孤兒

夏娃吉　達家

漢族姓

張王　李……（《俄藏黑水城文獻》10，p49-50）

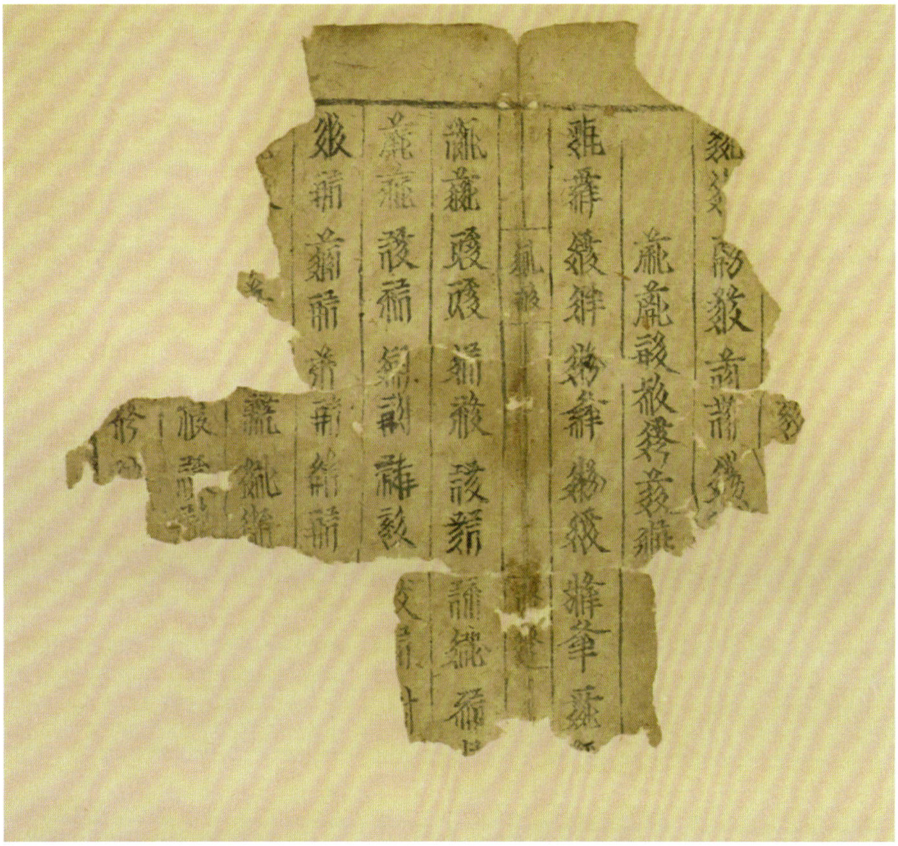

Or.12380/1843P
18.5 釐米 × 19 釐米

……年……

陳□　閻叢　蔡陸　桑……

　　節親他雜義與合

祖父　祖舅　阿祖　祖母　爸爸　媽□

　　字雜　　　　　　十六

子父　哥哥　童子　男子　曾孫　玄□

侄女　侄子　兄弟　姐妹……

三子　四子　五子　六子……

……物　充足……

……姻　婚……

……爲……（《俄藏黑水城文獻》10，p50）

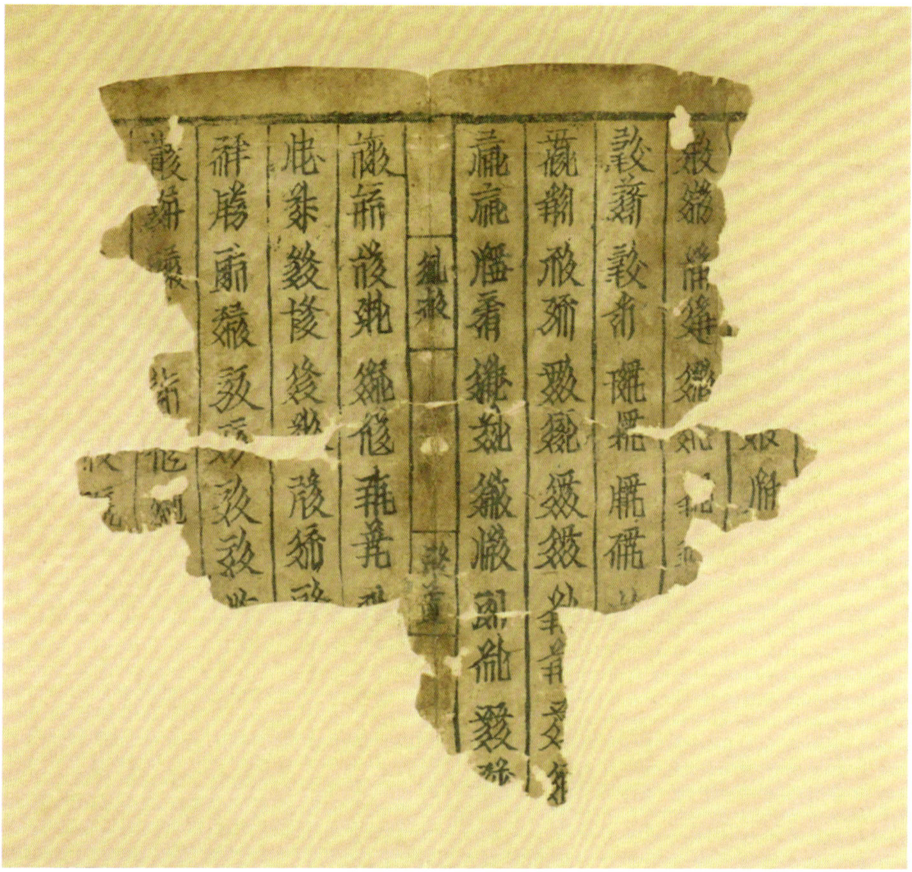

Or.12380/1843Q
18.7 釐米 × 19.2 釐米

……媳……

男女　夫妻　妻眷……

姐夫　小妹　姑表　姨表……

弟兄　嫡親　舅甥　舅舅　尋常　□□

嫁女　娶媳　安家　來至　婚禮　已□

　　　字雜　　　　　　　十七

步脛　腫足　胸肋　寬襟……

誕生　生産　生育　降生……

白紵　青衿　五官　美麗……

已洗　乳……（《俄藏黑水城文獻》10，p50）

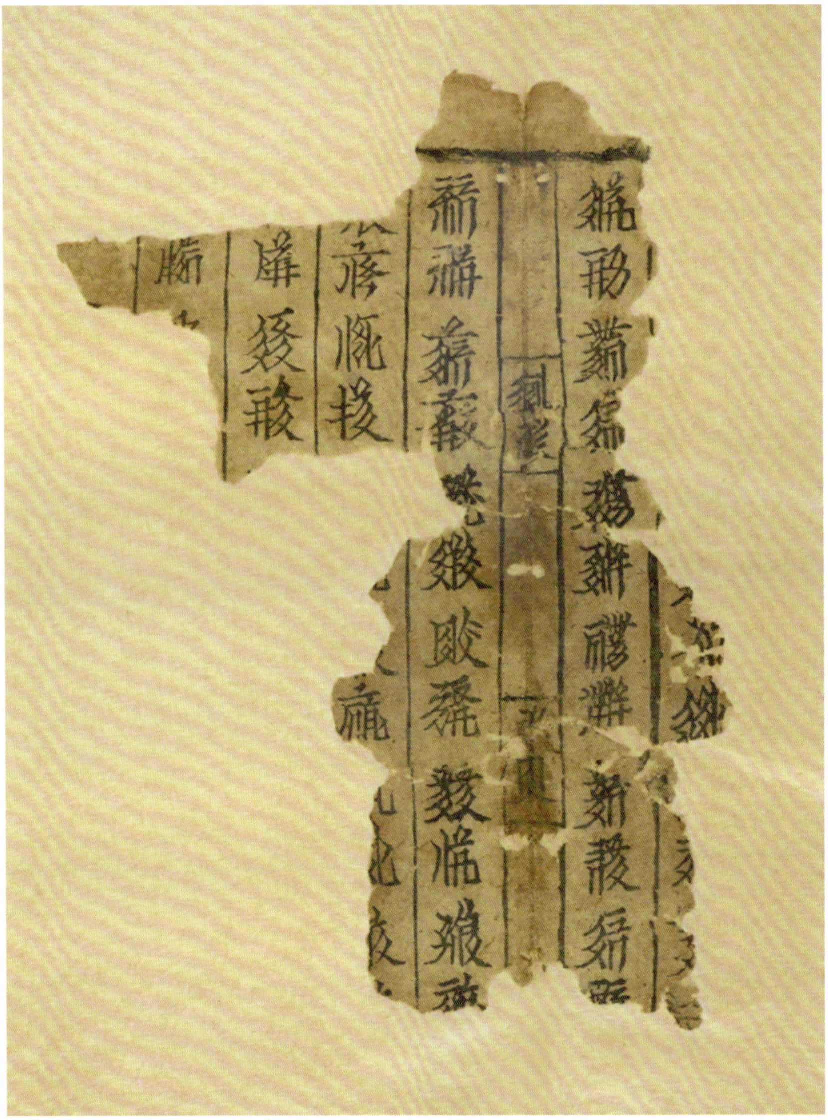

Or.12380/1843R
18.8 釐米 × 13.8 釐米

……鳴……

清差　策使　奴僕　奴婢　孤兒　寡□

　　字雜　　　　　　　十八

鰥寡　孤獨　寡婦　再醮　所來　所往

□者　不斷……送……

□家　使者……

□帳……（《俄藏黑水城文獻》10，p51）

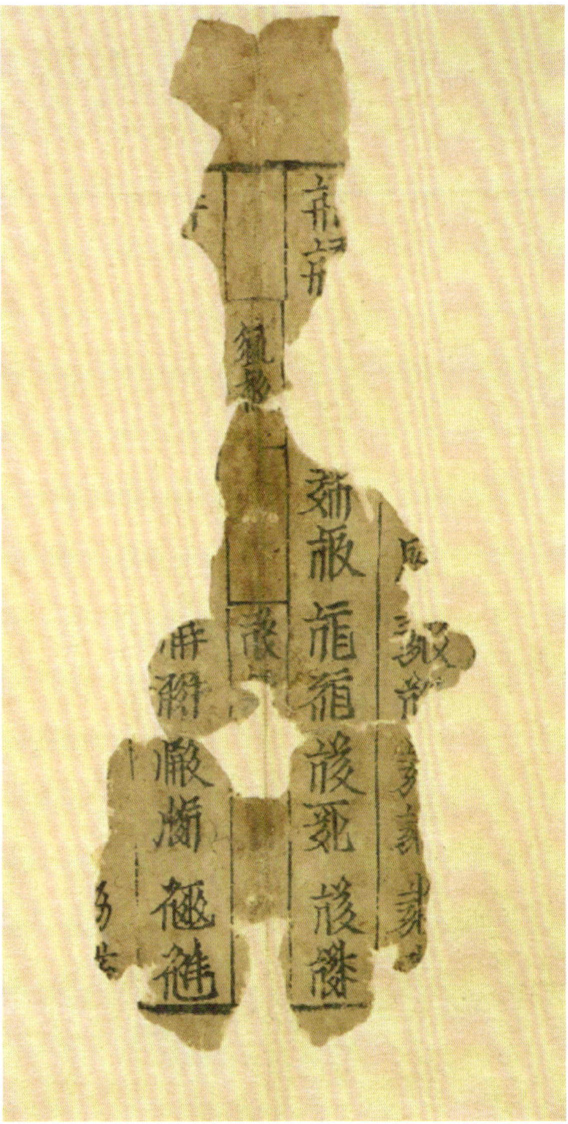

Or.12380/1843S

20 釐米 × 7.4 釐米

……腹……

下肢　□□　腿脛　脚脛　脚踝　脚跟

字雜　　　　　十□

……内中　内西　心肺（《俄藏黑水城文獻》10，p51）

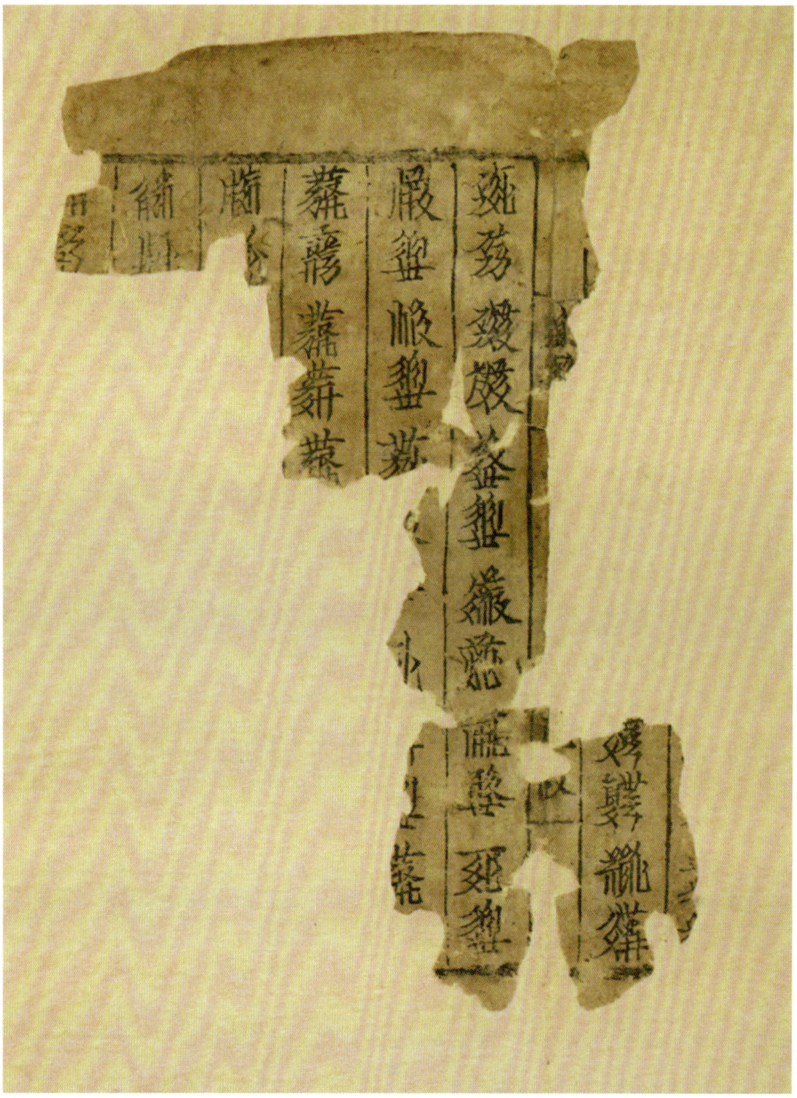

Or.12380/1843T
20 釐米 × 14 釐米

……瓦　磚墼

字雜　　　　　　　　□十

泥土　塗泥　坐座　卧床　枕氈　倚座

矮床　交床　欄……火□

火盆　火箸　火……

帳……

茅舍……

□垢……（《俄藏黑水城文獻》10，p51–52）

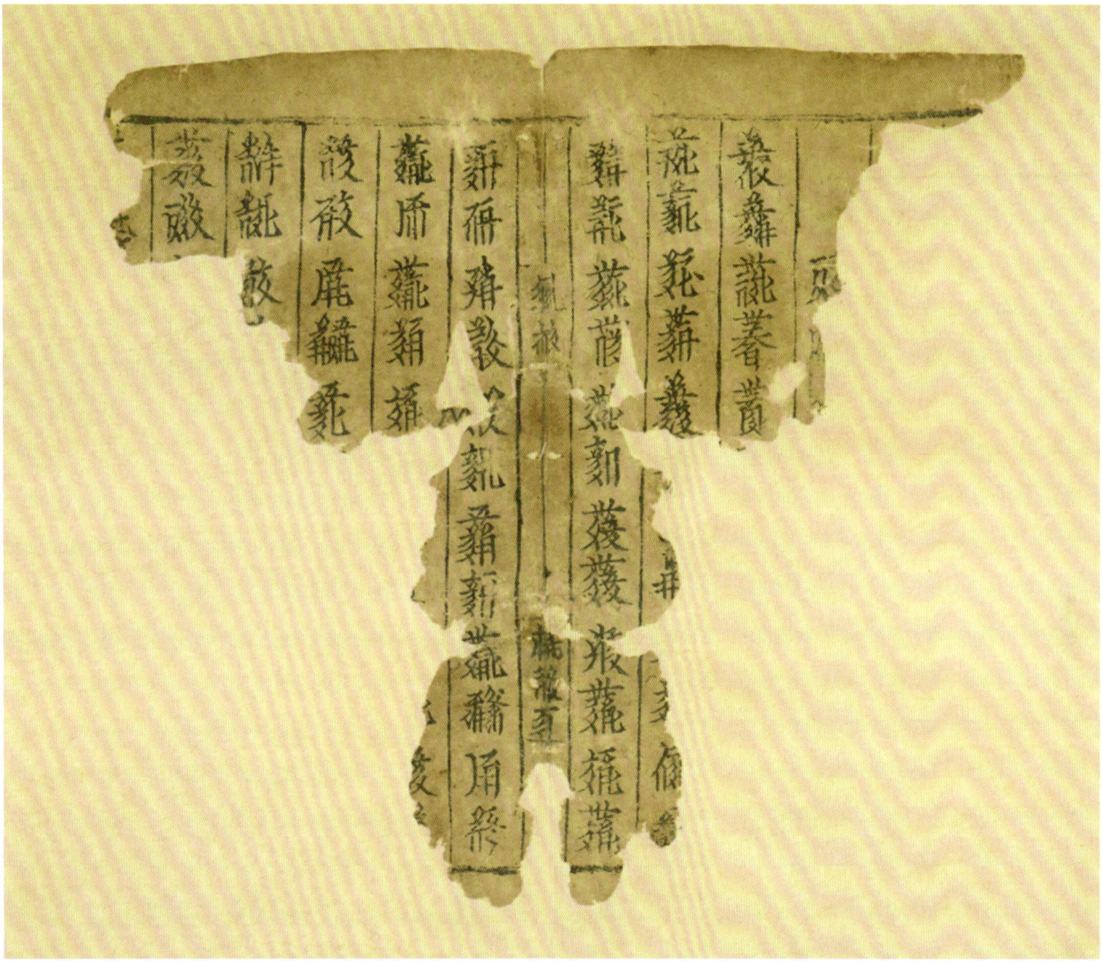

Or.12380/1843U
20 釐米 × 22.2 釐米

飲……
鼎鐺　盔盂　鉢……
碟子　雙箸　爐……
陶瓶　木桶　木匣　桌盤　瓶盞　燈盞
字雜　　　　　　　二十一
器鏊　急隨　□罐　茶臼　茶杵　搗和
茶杯　搗茶　濾……
糠末　簸箕　磨……
米麵　粉……
燒餅……（《俄藏黑水城文獻》10，p52）

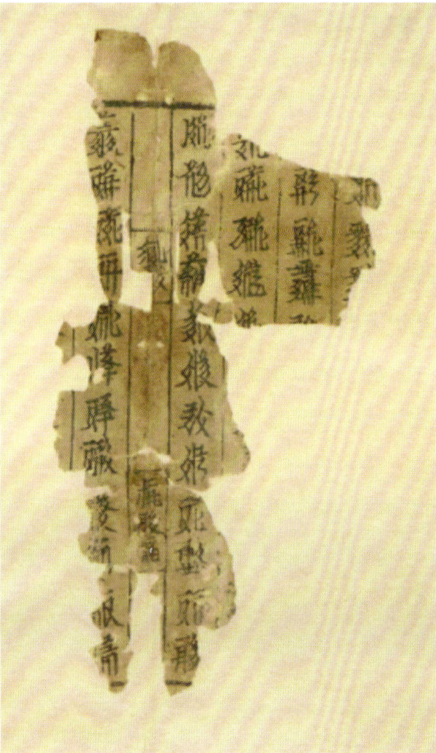

Or.12380/1843V
20 釐米 × 10 釐米

Or.12380/1843W
5.5 釐米 × 4.5 釐米

中書……
（《俄藏黑水城文獻》10，p52）

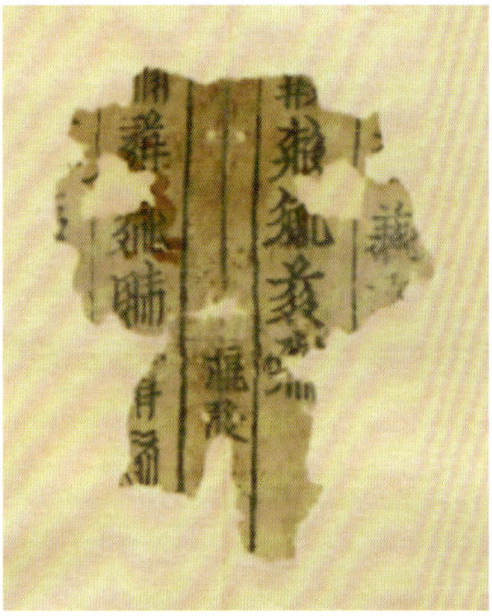

Or.12380/1843X
9 釐米 × 7.5 釐米

Or.12380/1843Y
8 釐米 × 6 釐米

……冬……
……用字與合
……二十□
……殿前　功德……
（《俄藏黑水城文獻》10，p63）

……投失　捨亡　欺騙……
……二十□
……險列　借貸……
（《俄藏黑水城文獻》10，p63）

Or.12380/1843Z
8.5 釐米 × 3.3 釐米

……日……

二十□

Or.12380/1843AA
4.6 釐米 × 5 釐米

Or.12380/1843AB
3 釐米 × 2.5 釐米

二十六

Or.12380/1843AC
7.5 釐米 × 4.3 釐米

捕……

字雜

Or.12380/1843AD
3 釐米 × 3 釐米

Or.12380/1843AE
2 釐米 × 1.5 釐米

字雜

Or.12380/1843AF
3.5 釐米 × 4 釐米

Or.12380/1843AH
2.6 釐米 × 1.7 釐米

……讒……

Or.12380/1843AI
4 釐米 × 1.8 釐米

……大德丁巳

1844　音韵學殘片

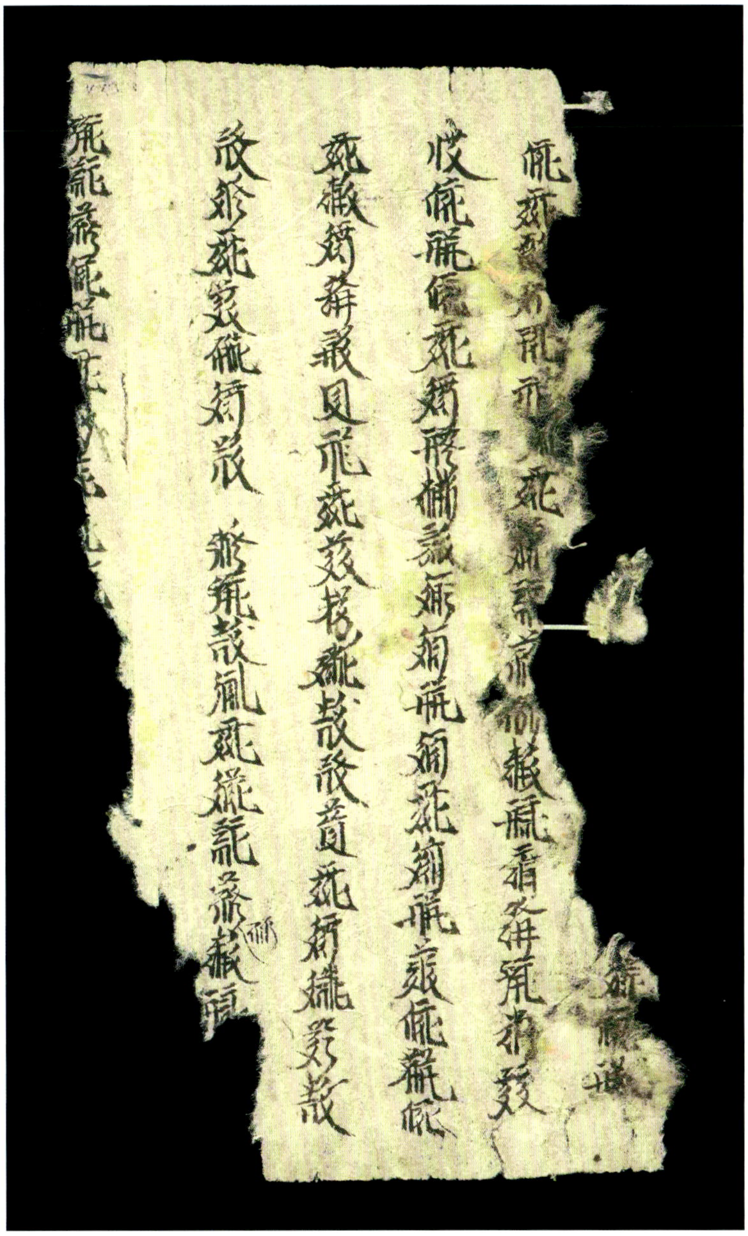

Or.12380/1844
（K.K.II.0253.g）
22 釐米 × 12.5 釐米

……者五得

五母是舌上聲母者正齒之雖借用則彼亦所

定五得五母爲應中如何四得四母名得若五得五

母雖爲則他八聲母與一并三十七母爲前説三

十六母與違爲也　答彼三字母者正齒之雖借

彼正齒五得母……

1845 音韵學殘片

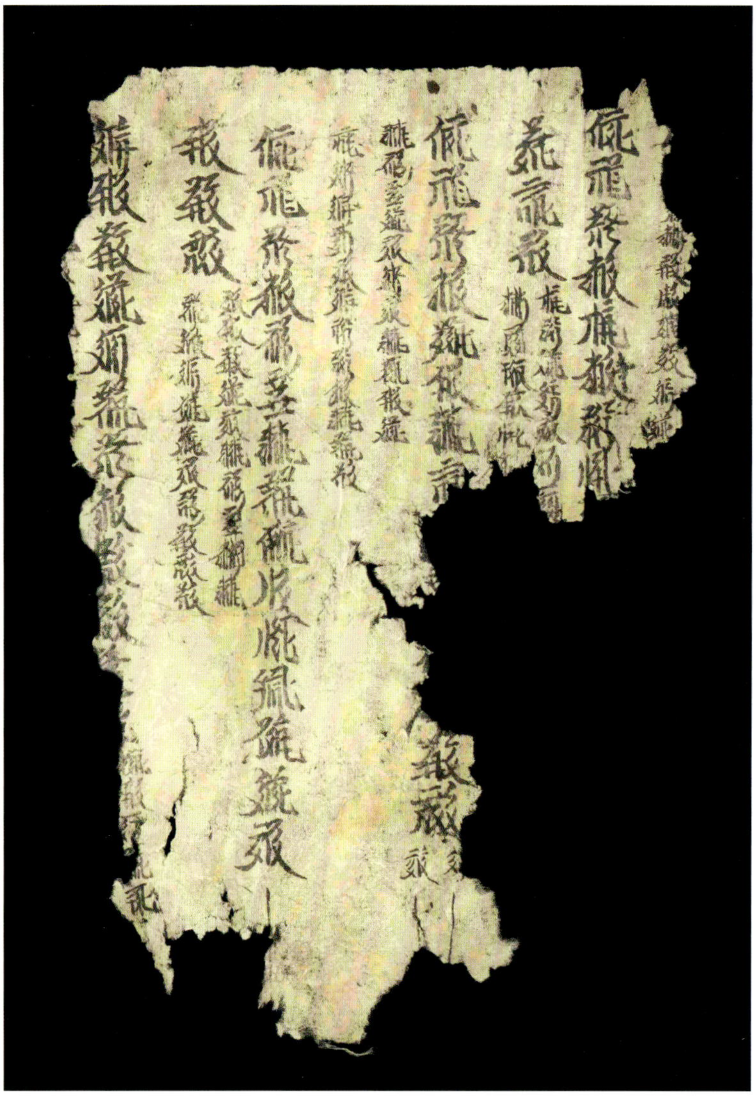

Or.12380/1845
(K.K.II.0275.f)
22 釐米 × 14.8 釐米

……中差别入可無悟……

五音爲以二以合連……

相生也二合者如唇舌齒……中齒喉等連……

五音爲以轉换韵生……門是□切

韵正濁者陰屬切韵轉换者皆屬陽故陰陽和合而韵得也

五音爲以正濁韵得遺忘不有此者陰

轉門是陰轉門者切韵正濁中韵得礙無此者陰正門是也

陽轉門者四得爲而差别□□轉换□□上……

1846 現在賢劫千佛名經

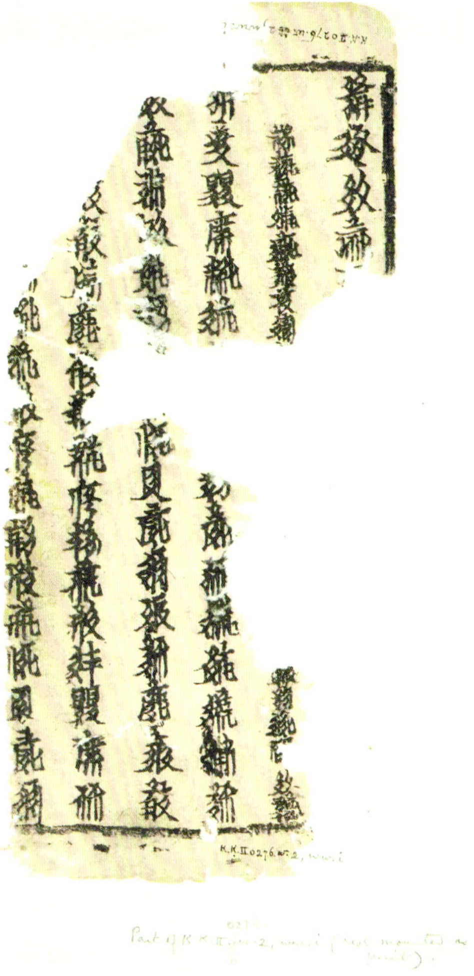

Or.12380/1846
（K.K.II.0276.w.i）
13.8 釐米 × 7.8 釐米

現在賢劫

天奉道顯武耀文宣……皇帝嵬名　御譯

爾時喜王菩薩□□□言世尊今此衆中菩

薩摩訶薩是三□□復八萬四千波羅蜜門

□□□門陀羅尼門得者或有耶佛喜王之

……菩薩大士是三昧得復八萬四

現在賢劫千佛名經

爾時喜王菩薩白佛**言：世尊！今此衆中**頗有**菩薩摩訶薩**得**是**三昧，**亦得八萬四千波羅蜜門**、諸三昧**門**、**陀羅尼門者不**？**佛**告**喜王**：今此會中有**菩薩大士得是三昧**，**亦**能入**八萬四**千諸波羅蜜及諸三昧陀羅尼門。（《大正藏》T14，p0383b–0383c）

1847 殘片

Or.12380/1847A［K.K.II.0303（24）?］
15 釐米 × 9.2 釐米

Or.12380/1847B
14.2 釐米 × 7.8 釐米

1848 殘片

Or.12380/1848［K.K.II.0305(25)?］
13.1 釐米 × 14.3 釐米

1849 法典殘片

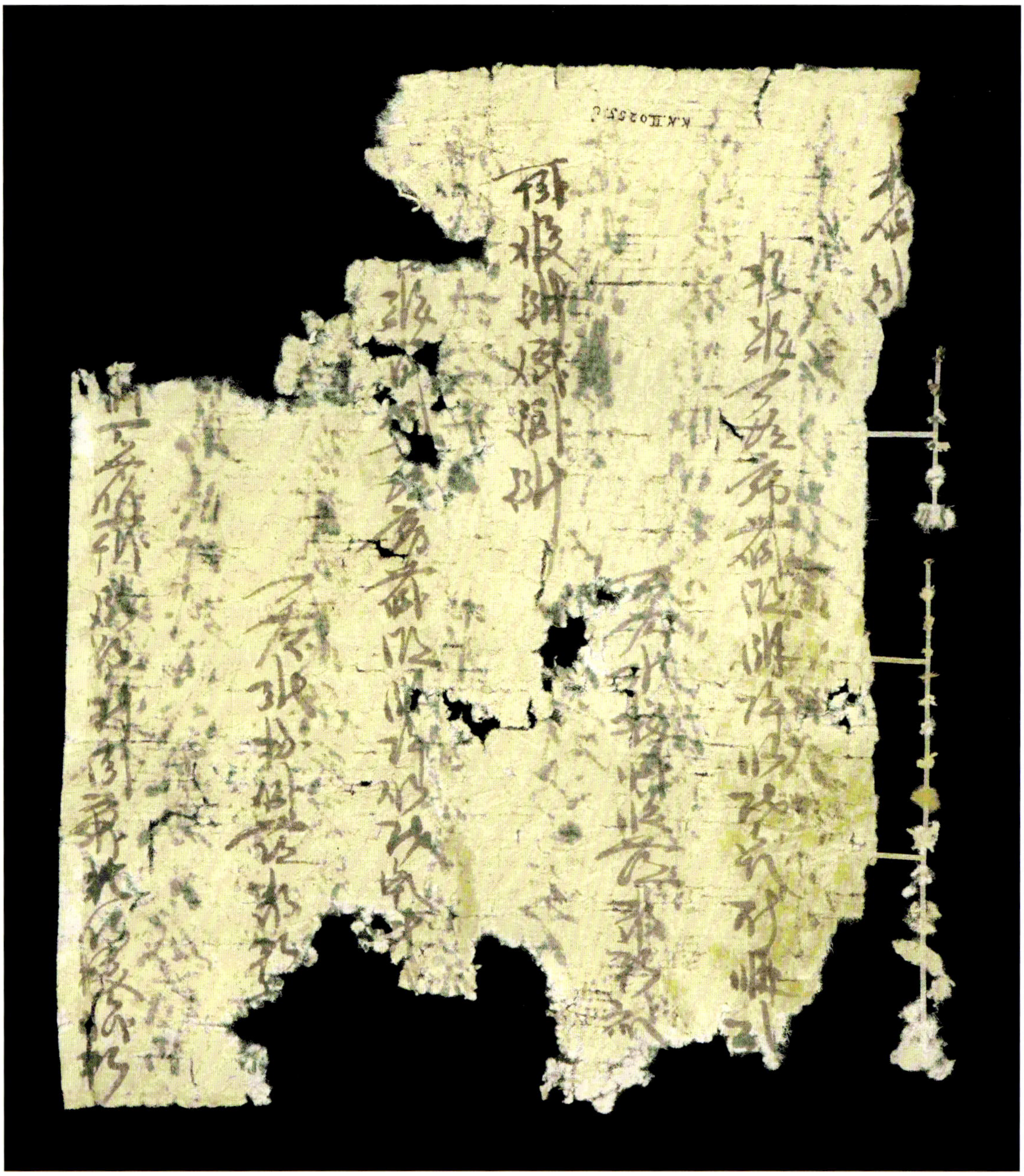

Or.12380/1849（K.K.II.0255.i）
19.8 釐米 × 17.4 釐米

1850　殘片

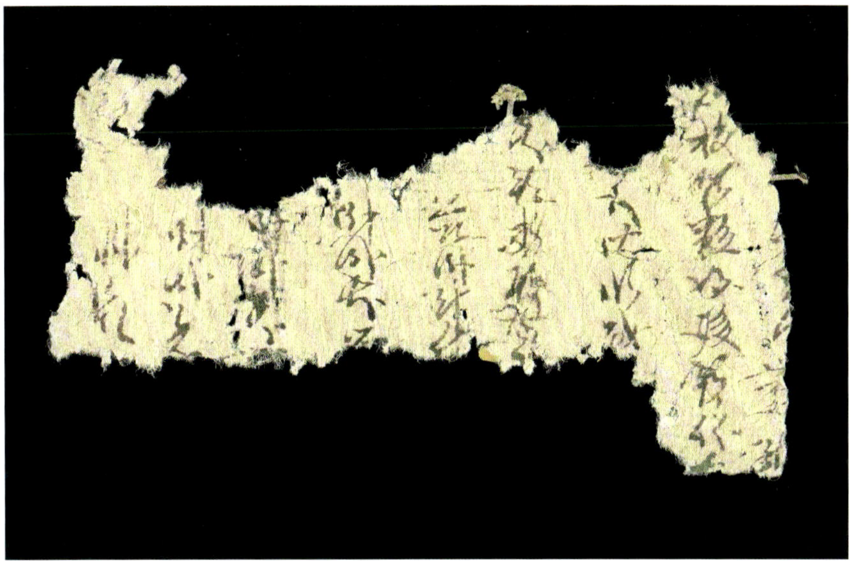

Or.12380/1850（K.K.II.0282.a.xxxv）
7.1 釐米 × 13.4 釐米

1851　殘片

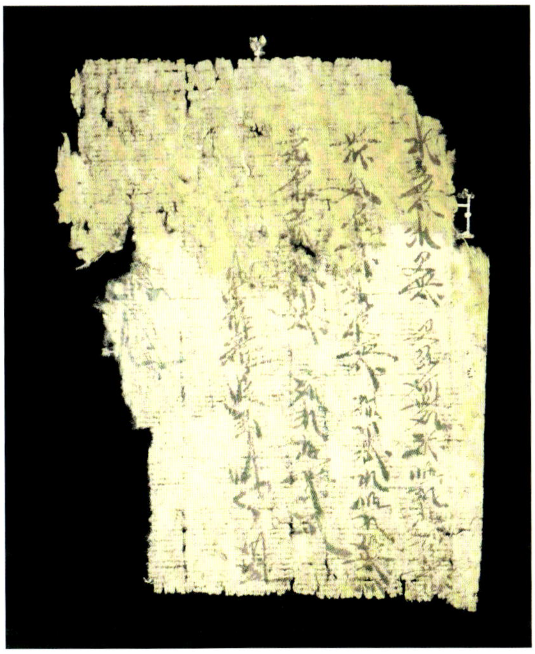

Or.12380/1851（K.K.II.0297.a）
20.7 釐米 × 16.2 釐米

1852 殘片

Or.12380/1852（K.K.II.0292.a.xiv）
11.9 釐米 × 9.4 釐米

1853　文契殘片

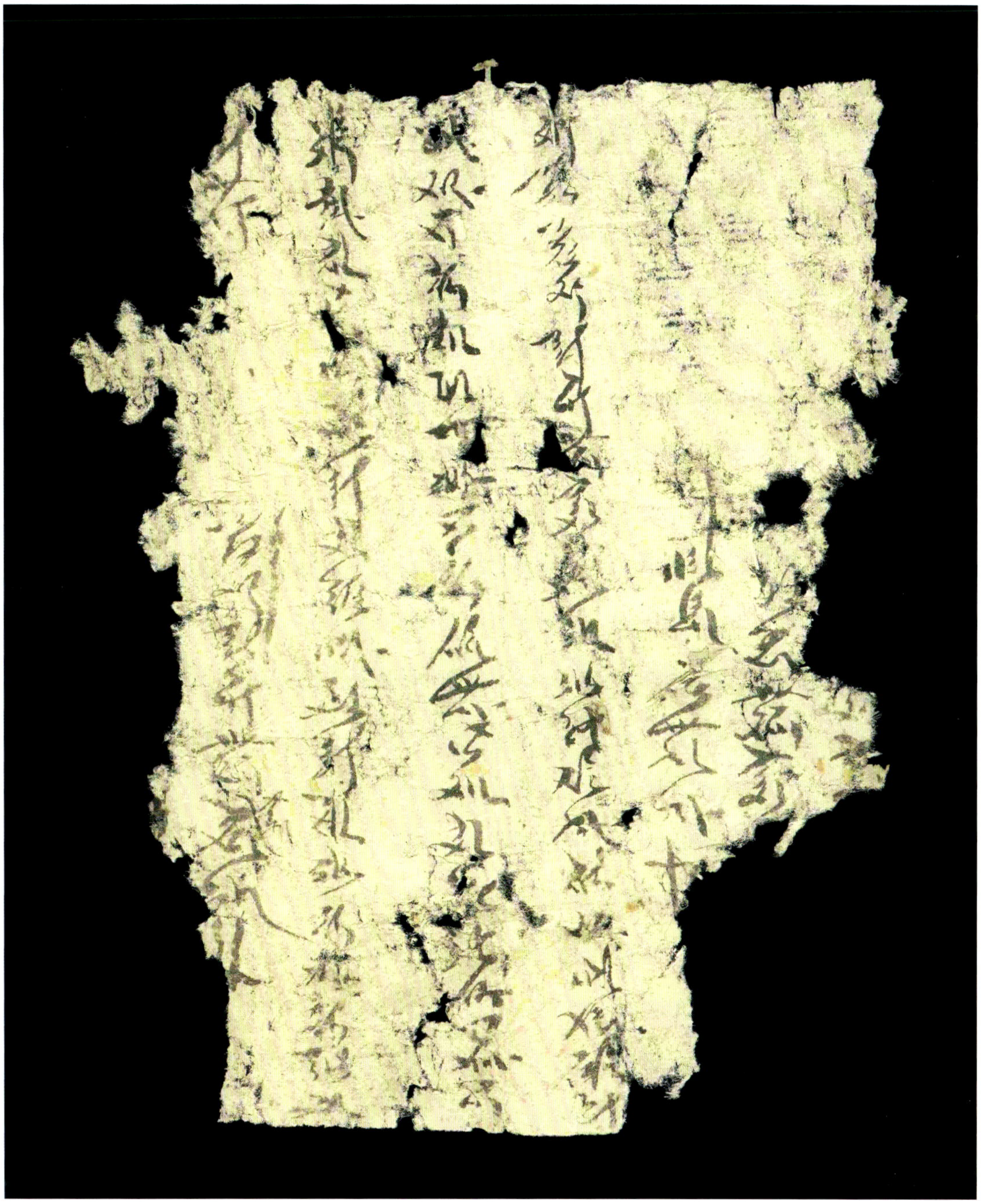

Or.12380/1853（K.K.II.0281.s）

18.8 釐米 × 15.1 釐米

1854 殘片

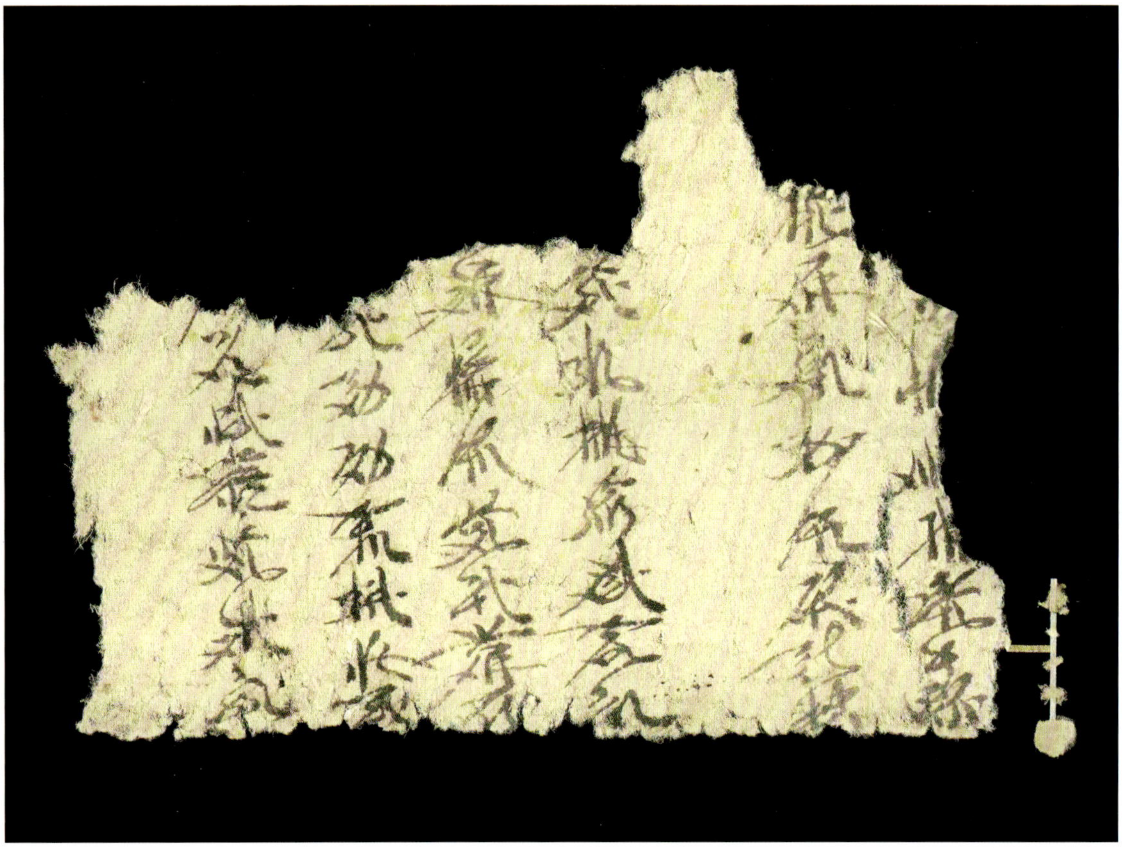

Or.12380/1854（K.K.II.0281.t）
10.3 釐米 × 15.5 釐米

1855　大白傘蓋總持

Or.12380/1855(K.K.II.0270.g)
11.6 釐米 × 17.7 釐米

……真色光如目
……目及如來目
……大金剛受持母
……變　善相天母金光多
……母　蓮華相如目多母
……多母　月光功德了知母
……切之威力以我等圍繞與
……一切之已守護我
……囉捨悉底　薩嚩怛他遏
……鉢怛喇　吽
……醯喇　室怛羅没

1856 佛書殘片

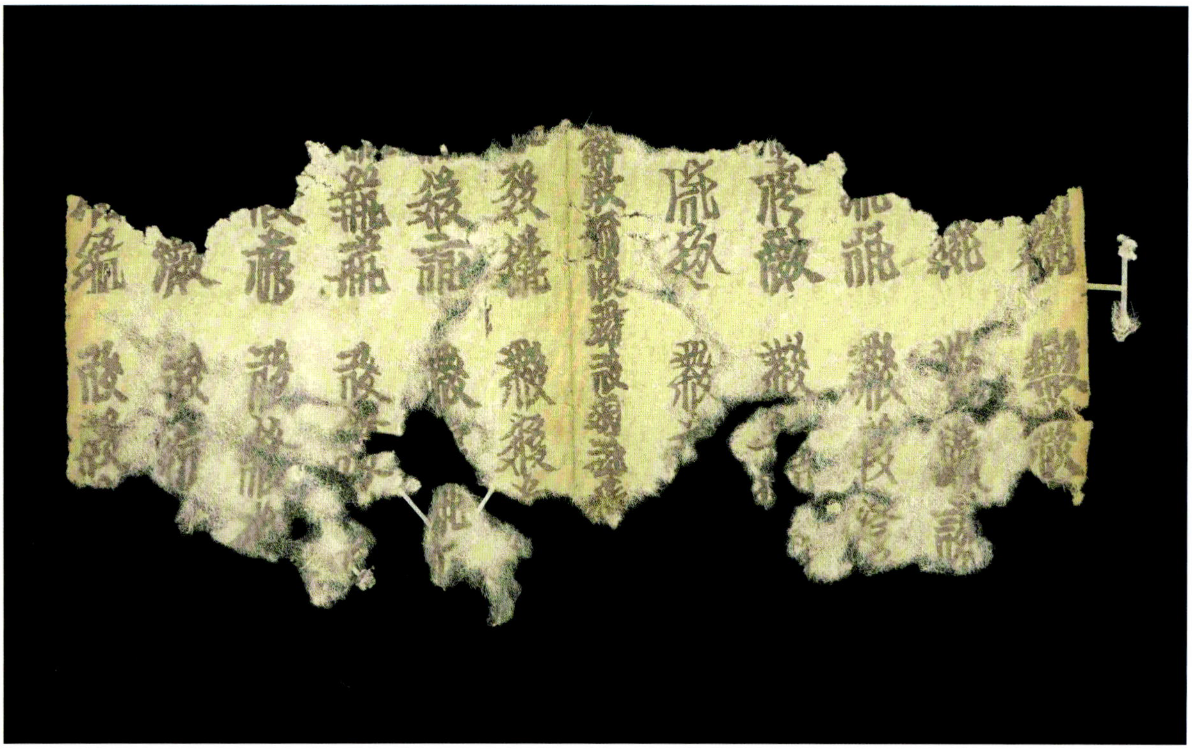

Or.12380/1856（K.K.II.0267.aa）
7.8 釐米 × 17.3 釐米

……災　力大……
……能　大……
……行　大主……
……者是　大……
……宫住　大……
……中圍之贊頌十四偈……
……等覺　大舞……
……生發　大……
……證得　十……
……淨　十種……
……贊　十地……
……有　十清……

1857　聖觀自在大悲心總持功能依經錄

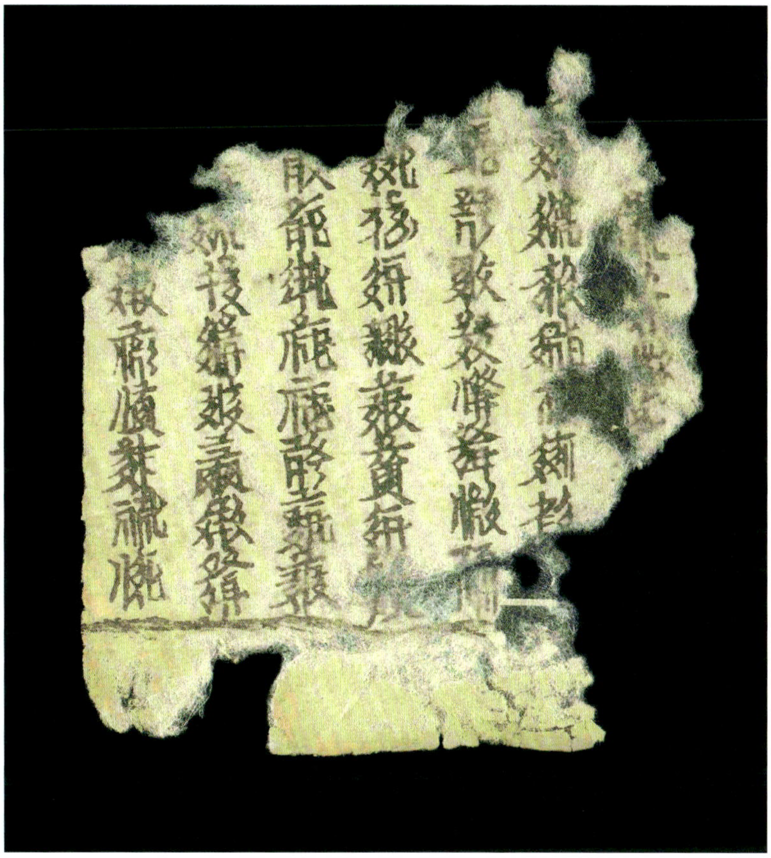

Or.12380/1857A（K.K.II.0260.x.23?）
7.9 釐米 × 7.2 釐米

……心歸而我之名念□
……師光無量如來之
……持一遍或者七遍□
……罪重悉皆消滅若
……命斷時十方如
……方淨土生令又

如是發誓願已，**志心稱念我之名字**，亦應專念我導**師無量光如來**，然後應誦總**持一遍或七遍**者，即能**超滅**百千億劫生死**重罪**。**若**有誦持《大悲咒》者，臨**命終時**，**十方**諸神皆來授手，隨願往**生**諸**淨土中**。**又**白佛言：若有衆生誦《大悲咒》墮惡趣者，我誓不取正覺。（《俄藏黑水城文獻》4，p42）

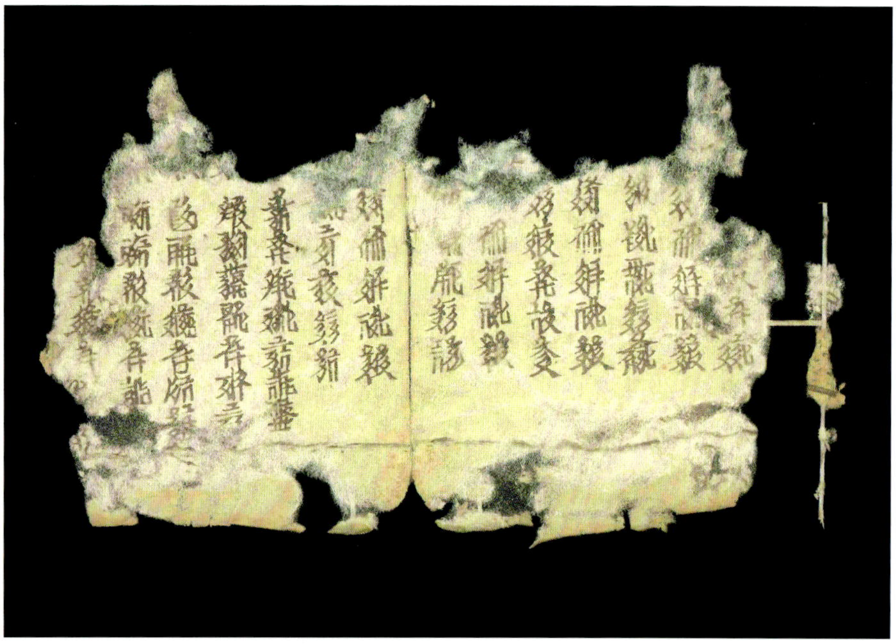

Or.12380/1857B
9.4 釐米×16.1 釐米

……當能
……在之恭敬禮
……戒足道速得
……在之恭敬禮
……涅盤山早登
……之恭敬禮
……宮速入
……在之恭敬禮
……身與速同
……水熱燒煮當温和
……地獄等者當枯竭
……餓鬼等者當飽□
……等者當□□

敬禮大悲觀自在，願我速**得**越苦海。**敬禮**大悲觀自**在**，願我**速得戒足道**。
敬禮大悲觀自**在**，願我**早登涅盤山**。**敬禮**大悲觀自**在**，願我**速入**無爲**宮**。
敬禮大悲觀自**在**，願我**速同**法性**身**。
我若向刀山，**刀山自摧折**。我若向沸湯，**沸湯自清涼**。
我若向地獄，**地獄自枯竭**。我若向餓鬼，**餓鬼自飽**滿。
我若向非天，惡心自消滅。（《俄藏黑水城文獻》4，p42）

1858　禪籍科判殘片

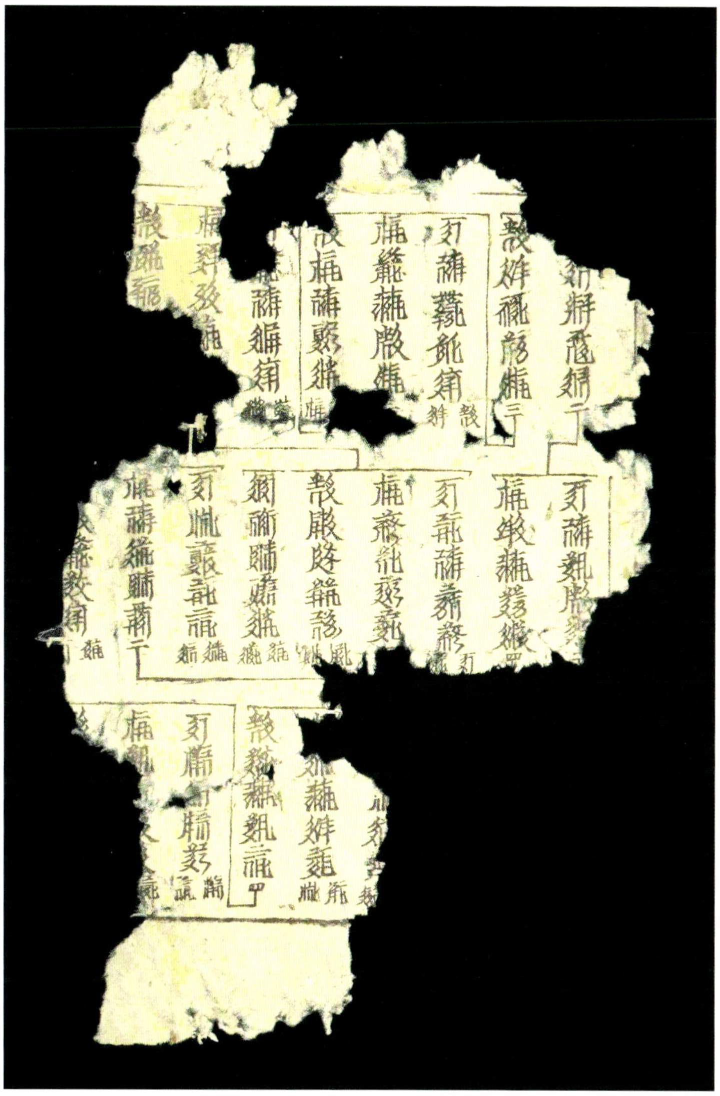

Or.12380/1858
（K.K.II.0239.kkk）
25 釐米 × 15.9 釐米

□泯盡依無二	一別説本行……	
三頓顯心法三	二因人抉擇四……	
一宗趣内得三心	一妄本即真一性……	
二因類異顯□□	二離真修造……善	
三續二本合□二	三止業入證性虚	□□依心安彼知
□□本共許此中	四續贊勝功此者	三次第發行四
二洪州……	一知迷妄起無始	一無念説行念起
三荷澤……	二本悟成功二	二行□□□萬□
……	□□類解得此□	三……

1859 勝相頂尊總持功能依經錄

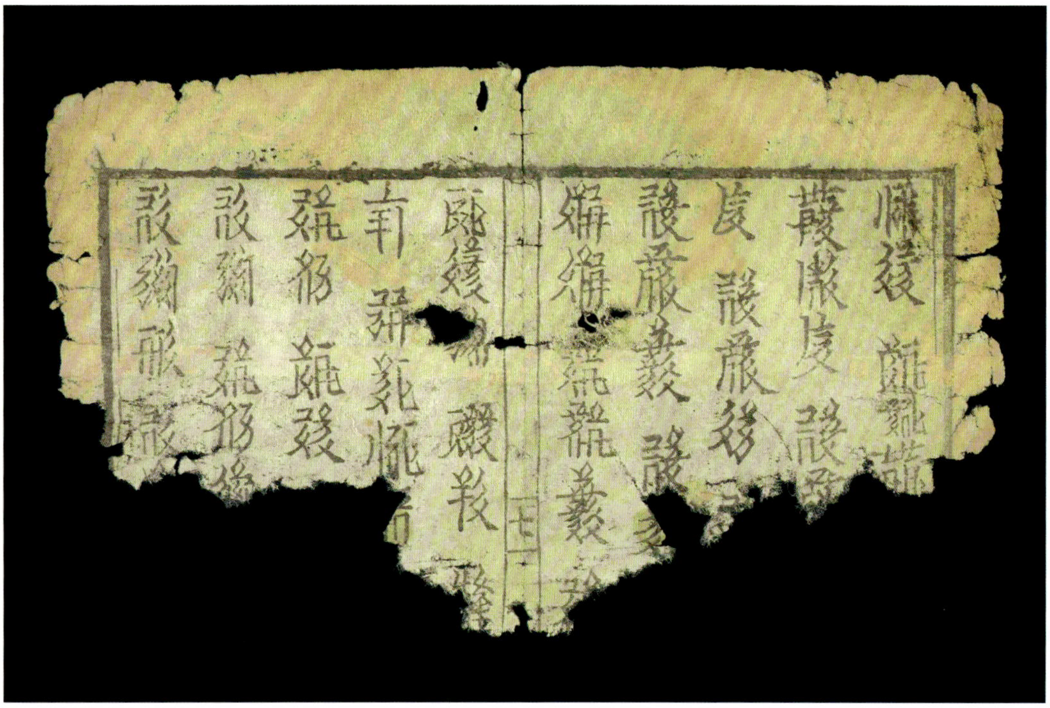

Or.12380/1859A（K.K.II.0253.m）
8.9 釐米 × 15.3 釐米

撮辣 遏哩唅……
哤末永 末日……
永 末唄吟……
末唄囉 末……
麻麻 折哩囉 薩……
咄喃□ 葛也 鉢……
寧 末斡丌……
薩嚩 遏帝……
實撈 薩嚩怛……
實撈嚩 薩……

末日羅二合**撮辣** **遏哩**二合唅重覓嘐也 末唄哴哤三合**末永** **末日**羅二合三末**永** **末唄吟**二合 末唄哩二合你 **末唄囉末斡**丌 **麻麻** **折哩囉**合口 **薩嚩**薩**咄喃**撈**葛**引也 **鉢哩熟寧** **末斡**丌銘薩嚓引 **薩嚩遏帝** 鉢哩熟彌**實撈**二合 **薩嚩怛**達引遏怛**實撈**二合嚩 **薩**麻引說引薩衍丌（《俄藏黑水城文獻》4，p48）

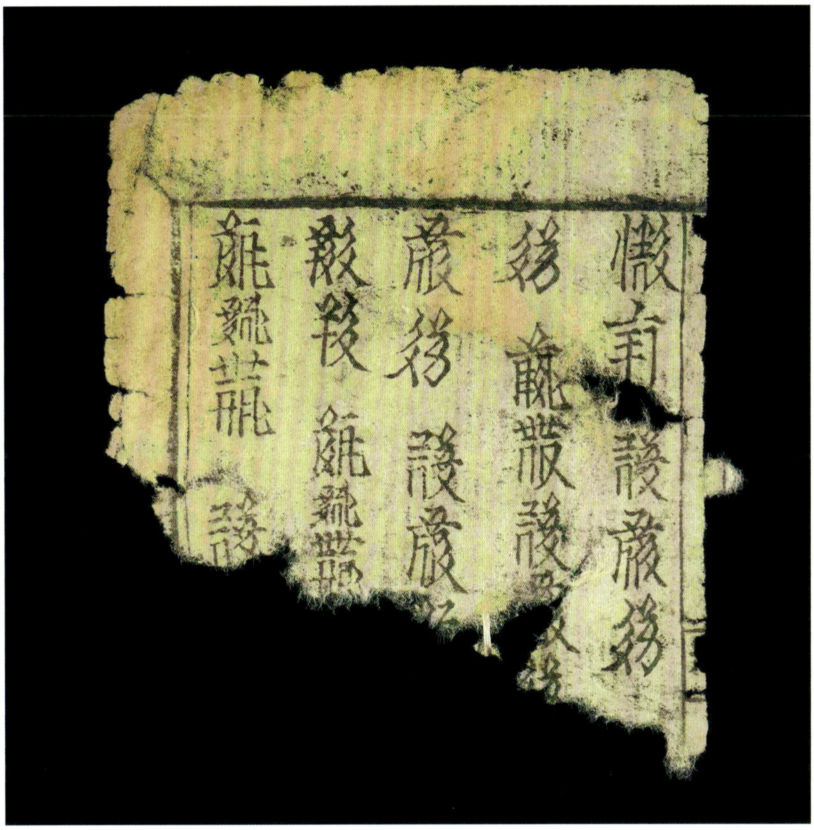

Or.12380/1859B
8.8 釐米 × 7.8 釐米

目寧　末唎吟……

吟　麻訶末……

唎吟　末日……

嘐也　遏哩喻……

遏哩喻　末……

目寧**目寧**　**末**唎吟二合末唎吟二合　**麻訶**引末唎吟　須末唎吟　**末日**羅二合遏哩二合喻重　嘐**也遏哩**二合喻重　覓嘐也**遏哩**二合喻重　**末**日羅二合撮辣（《俄藏黑水城文獻》4，p48）

1860 發願文殘片

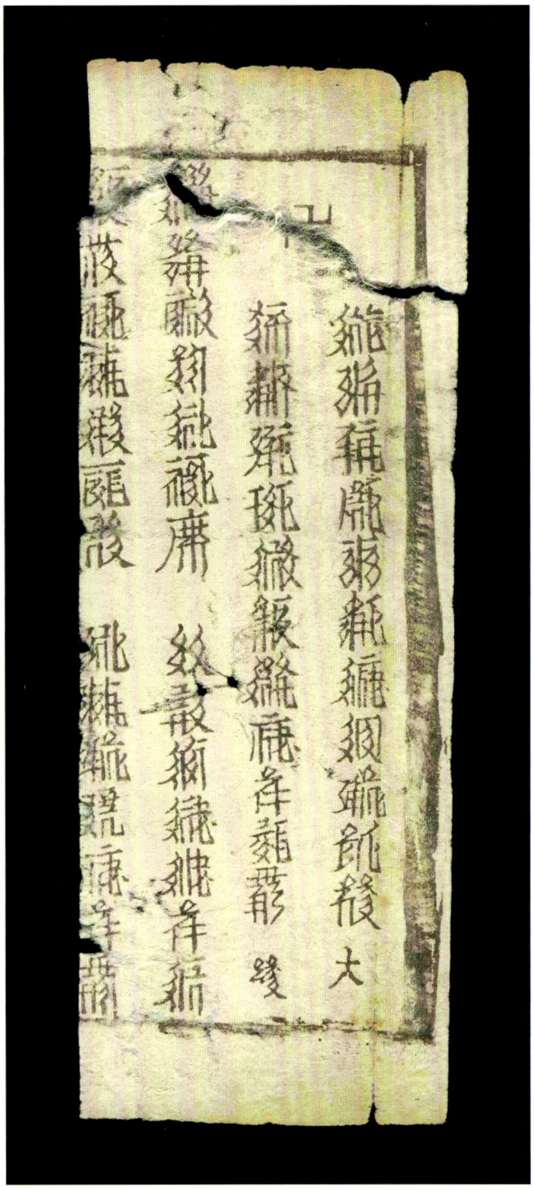

Or.12380/1860（K.K.II.0252.j）
3.9 釐米 × 7 釐米

於上草壁宫旁甚妙願娑訶
吉祥如彼夏祖今皆當安樂
當今皇帝正法王　御壽福長病當無
教導庶民望依法　隨意願事皆當成

1861　金剛般若波羅蜜經

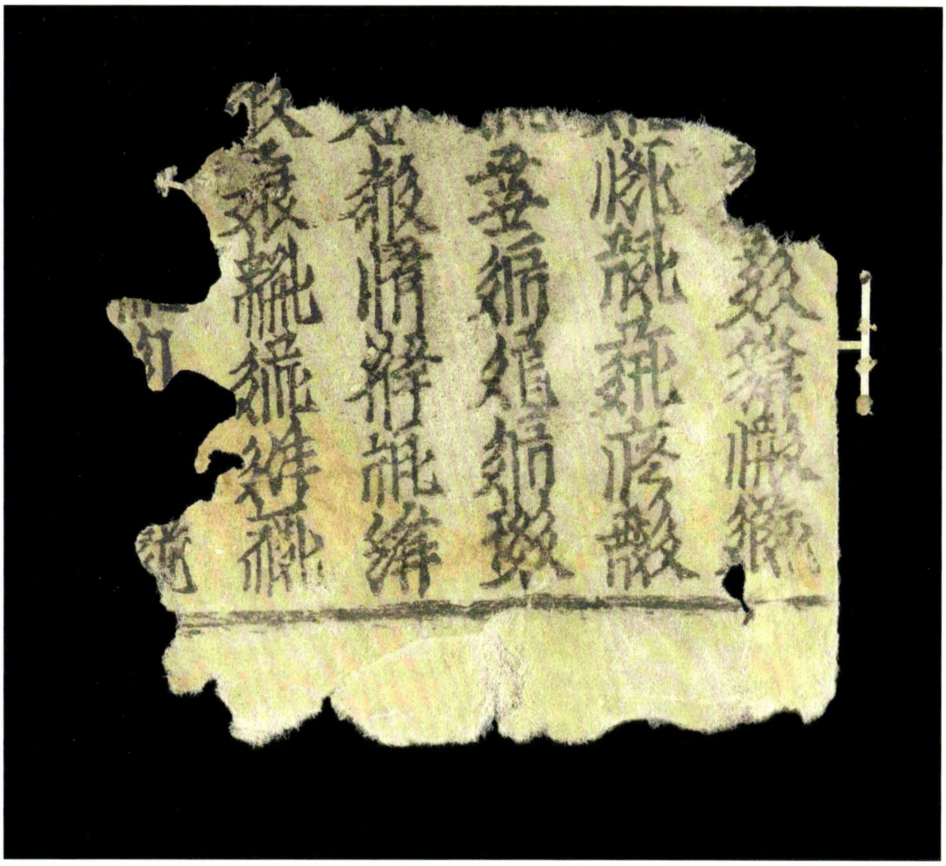

Or.12380/1861A(K.K.III.026.e)
6.9 釐米 × 8.2 釐米

……提如來者
……不異語者是
……實無虛無須
……而布施行則
……若菩薩心法

Or.12380/1861B
7 釐米 × 7.9 釐米

……受持讀誦則
……知是人悉見
……得
……第
……日初分恒

須菩**提**！**如來是**真語者、實語者、如語者、不誑語者、**不異語者**。

須菩提！如來所得法，此法**無實無虛**。**須菩提**！若菩薩心住於法**而行布施**，如人入闇，**則**無所見。**若菩薩心**不住**法**而行布施，如人有目日光明，照見種種色。須菩提！當來之世，若有善男子善女人能於此經**受持讀誦**，**則**爲如來以佛智慧悉**知**是人，**悉見是人**，皆**得**成就無量無邊功德。

持經功德分**第**十五

須菩提……若有善男子善女人，**初日分**以**恒**河沙等身布施，中日分復以恒河沙等身布施，後日分亦以恒河沙等身布施，如是無量百千萬億劫以身布施。（《大正藏》T85，p0005b-0005c）

1862　金剛般若波羅蜜經科文

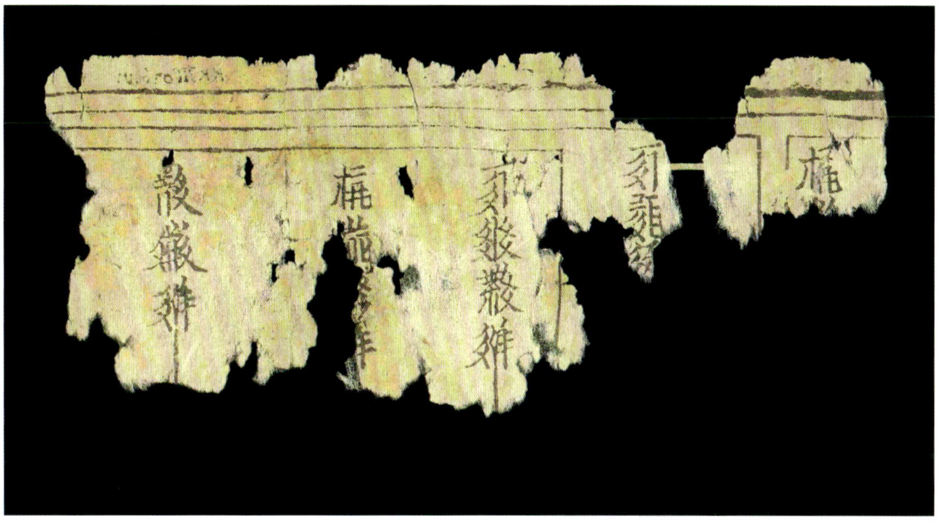

Or.12380/1862A（K.K.III.026.v）
5.4 釐米 × 6.2 釐米

二……
一安住……
一廣大心……
二上第心……
三常心……

Or.12380/1862B（K.K.III.014.a）
4.2 釐米 × 1.9 釐米

四不……

四心者，一廣大心，二者第一心，三者常心，四者不顛倒心。（《大正藏》T33，p0101c）

1863 佛書殘片

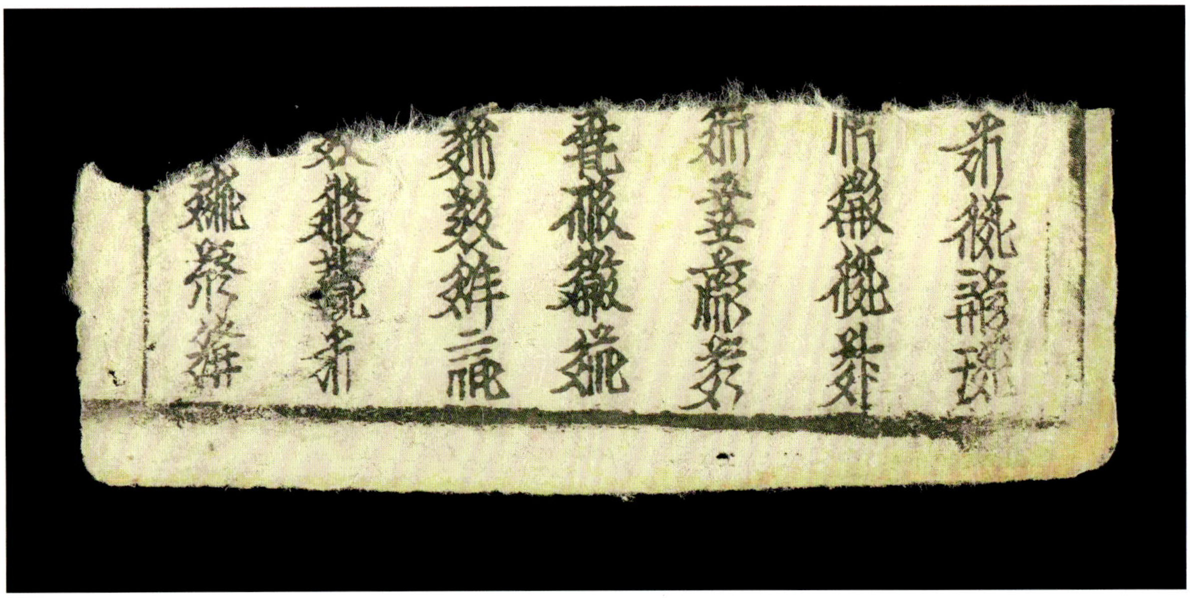

Or.12380/1863（K.K.II.0244.xxx）
4.5 釐米 × 12.2 釐米

……亦悶絶如
……無常死生
……無實淨説
……慧岸至悟
……菩提心發
……緣趣亦
……法爲則

1864 佛書殘片

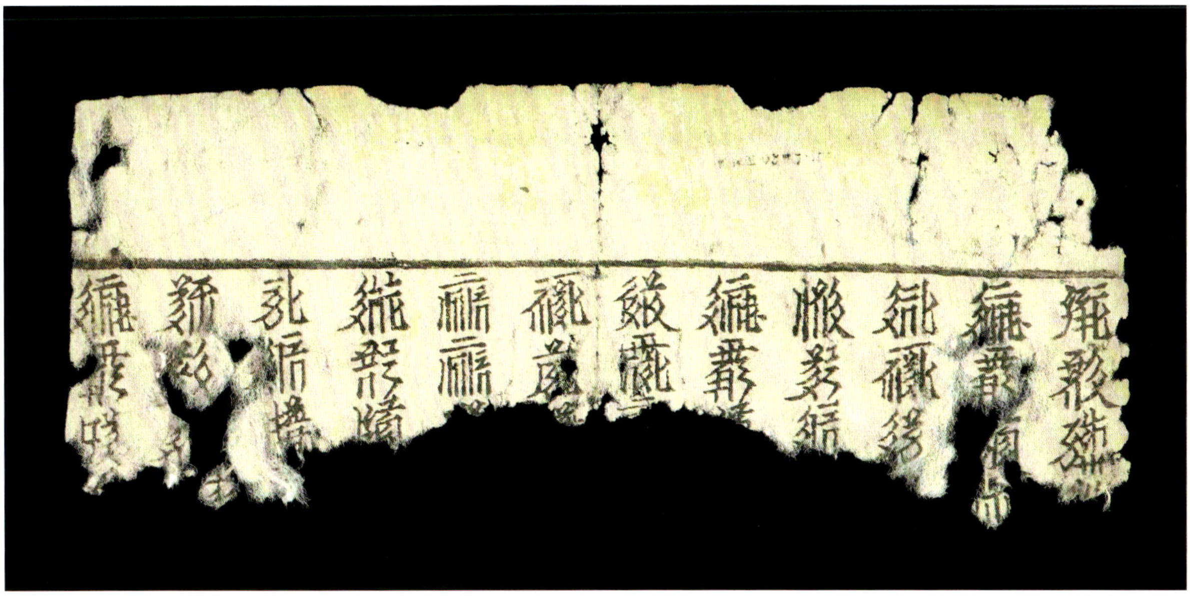

Or.12380/1864（K.K.II.0242.n）
6.9 釐米×17.6 釐米

彼等迅……
極樂國……
正法運……
思議無……
極樂……
惡道……
法界……
一切……
上師國……
邊無情……
菩提……
極樂加……

1865　現在賢劫千佛名經

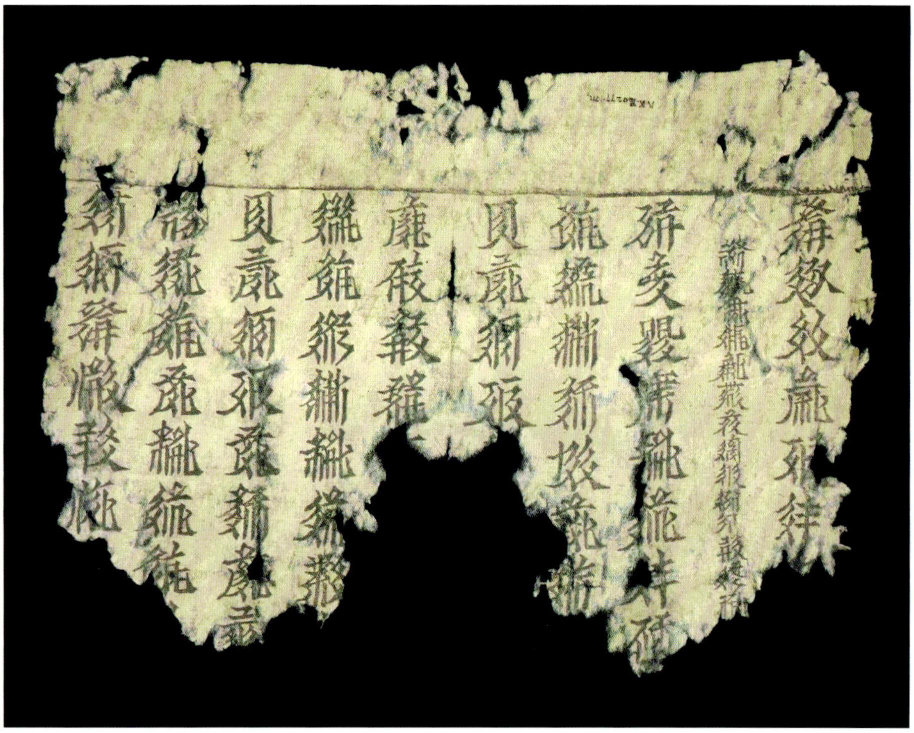

Or.12380/1865
（K.K.II.0277.m）
20.2 釐米 × 27.6 釐米

現在賢劫千佛……

天奉道顯武耀文宣神謀睿智義制……

爾時喜王菩薩佛之……

此衆中菩薩摩訶……

八萬四千……

羅尼門得……

今此會中菩薩大……

八萬四千諸波羅蜜……

入能此諸菩薩是……

爲四如來除復……

現在賢劫千佛名經

爾時喜王菩薩白**佛**言：世尊！今**此衆中**頗有**菩薩摩訶**薩得是三昧，亦得**八萬四千**波羅蜜門、諸三昧門、陀**羅尼門**者不？佛告喜王：**今此會中**有**菩薩大**士得是三昧，亦**能入八萬四千諸波羅蜜**及諸三昧陀羅尼門。**此諸菩薩**於**是**賢劫中皆當得阿耨多羅三藐三菩提，**除四如來**於此劫中得成佛已。（《大正藏》T14，p0383b–0383c）

1866 殘片

Or.12380/1866（K.K.II.0282.a.iv）
5.3 釐米 × 10.9 釐米

之……
欲……
離……

1867 佛書殘片

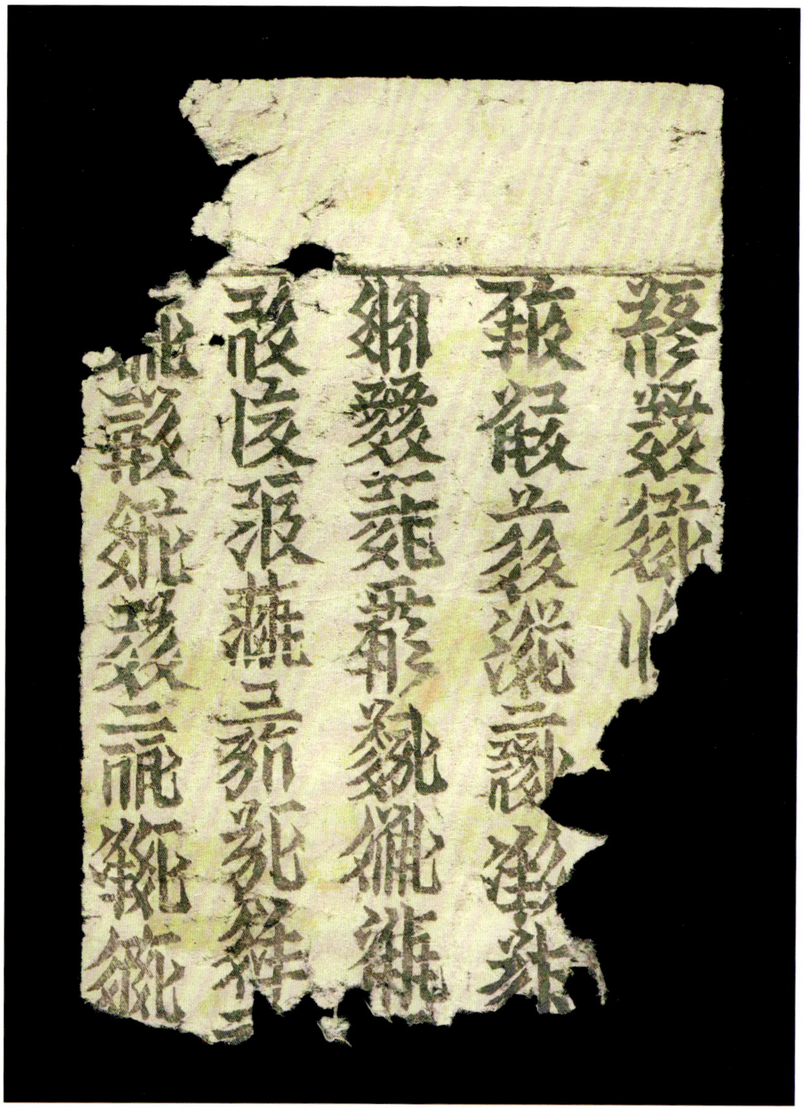

Or.12380/1867（K.K.II.0230.n）
16.4 釐米 × 11.3 釐米

爲未能……

等苦與或離人生……

日所安穩晨檢查……

豈有依順自各心……

□他思莫生憂惱……

1868　慈悲道場懺法卷二

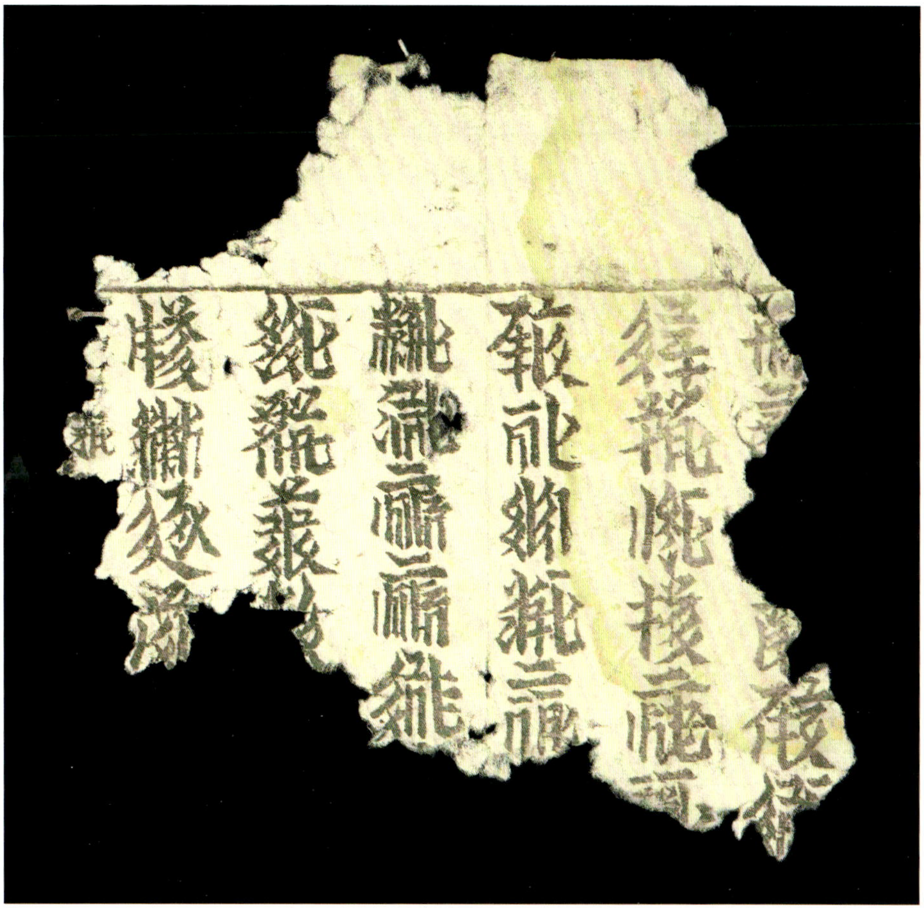

Or.12380/1868
（K.K.II.0282.ooo）
14.8 釐米 × 14.5 釐米

滅除□羅尼解……
辯才不斷俱法……
等今日從始……
一切衆生我……
曾得若……
天中在諸……
□誰……

若有衆生得聞我聲，心即安穩，**滅除**罪垢，得陀**羅尼解**脱三昧，具足大忍，**辯才不斷**，**俱**登**法**雲，成等正覺。某甲**等從今日**去，願生生世世在在處處**一切衆生**，得聞**我**名皆悉歡喜**得**未**曾**有。**若**到三途，斷除衆苦。若**在人天**，盡**諸**有漏。所向自在，無不解脱。某甲等從今日去，願生生世世在在處處於一切衆生無有與奪之心，無有怨親之想。（《大正藏》T45，p0930b–0930c）

1869　佛説聖佛母般若波羅蜜多經

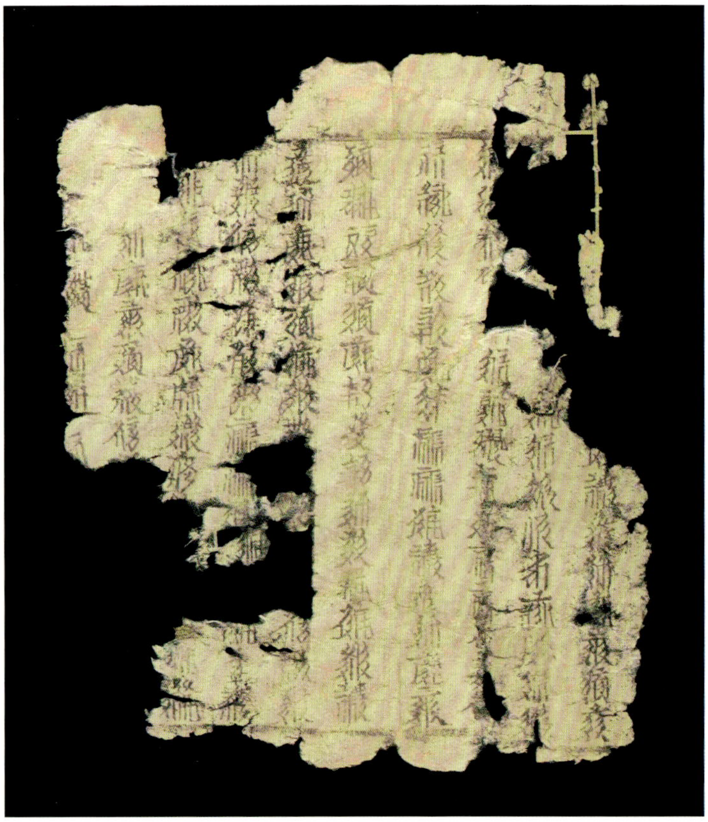

Or.12380/1869
（K.K.II.0233.yy）
17.8 釐米 × 15.5 釐米

……薩般若波羅蜜多與
……所無罣礙亦無著無礙
……顛倒妄想一切……
寂究竟三世諸佛一切此般若波羅蜜
多依阿耨多羅三藐三菩提得是故般
若波羅蜜多者廣大□□□□明是等
無等明是故苦惱一切□□□是真實
□虚妄法諸修學者□□□□□我今
□□波羅蜜多大明……
□□□　唵　誐帝　誐……

由是無得故，菩薩摩訶薩依般若波羅蜜多相應行故，心無所著，亦無罣礙。以無著無礙故，無有恐怖，遠離一切顛倒妄想，究竟圓寂。所有三世諸佛依此般若波羅蜜多故，得阿耨多羅三藐三菩提。是故應知，般若波羅蜜多是廣大明，是無上明，是無等等明，而能息除一切苦惱，是即真實無虚妄法。諸修學者當如是學。我今宣説般若波羅蜜多大明曰：

怛鞥他　唵　誐帝誐帝　播囉誐帝　播囉僧誐帝　冒提莎賀（《大正藏》T08，p0852b-0852c）

1870 佛書殘片

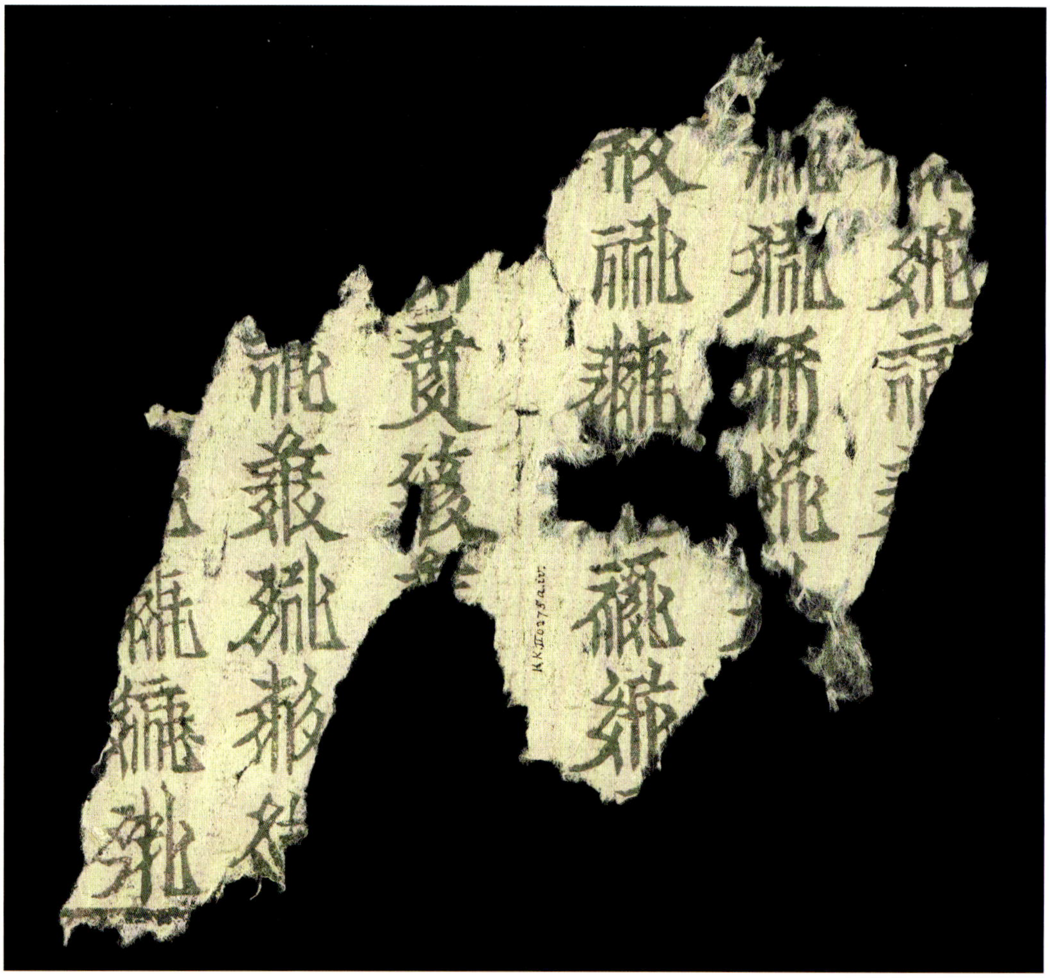

Or.12380/1870（K.K.II.0275.a.iv）
15.4 釐米 × 16 釐米

……思發……
……有之命……
……使依□法思……
……細滑……
……發若意以□
……依最重

1871　金剛般若波羅蜜經

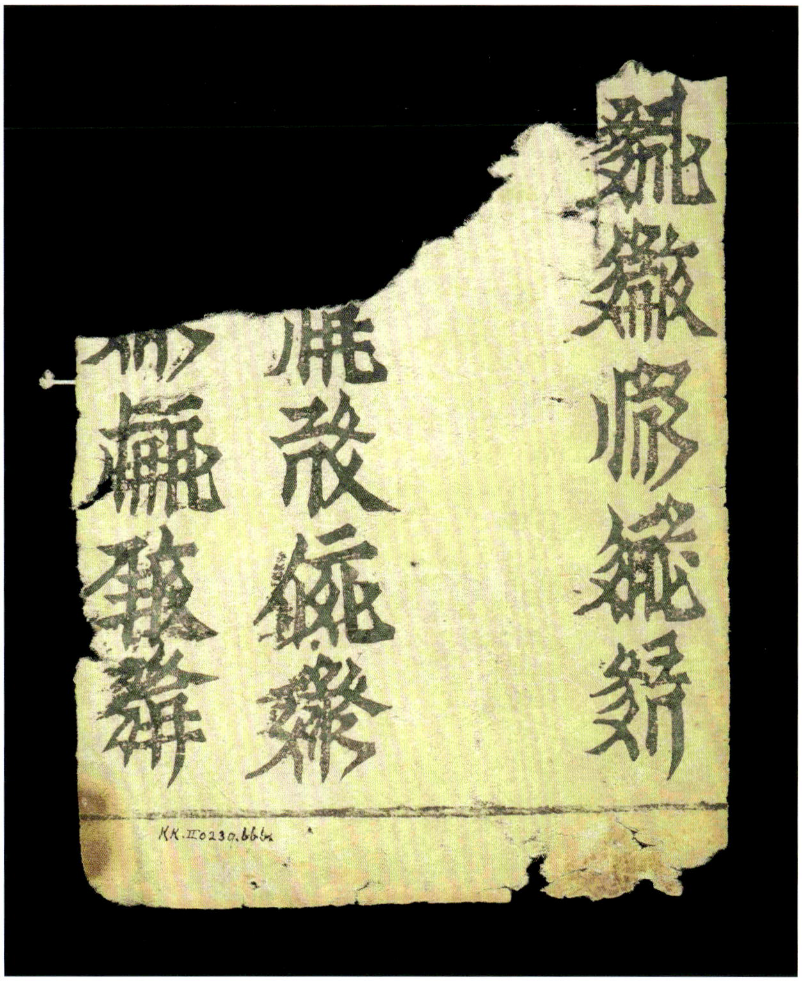

Or.12380/1871（K.K.II.0239.bbb）
14.3 釐米 × 11.4 釐米

……乃至算數譬

……

……二十五第

……汝等如

百千萬億分**乃至算數譬**喻所不能及。

化無所化分**第二十五**

須菩提！於意云何？**汝等**勿謂**如**來作是念，我當度衆生。（《大正藏》T85，p0007b–0007c）

1872 殘片

Or.12380/1872［K.K.II.0305（19）?］
15 釐米 × 15.5 釐米

1873 殘片

Or.12380/1873［K.K.II.0305（21）?］
15.1 釐米 × 14.4 釐米

1874 殘片

Or.12380/1874［K.K.II.0305（16）?］
14.7 釐米 × 14.8 釐米

1875 殘片

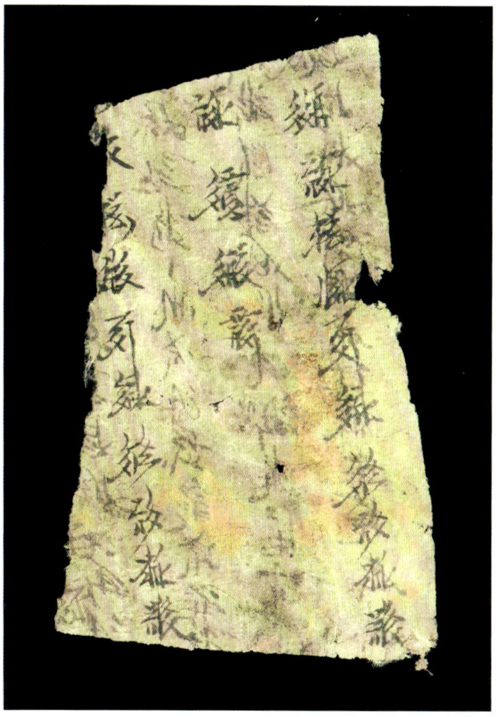

Or.12380/1875［K.K.II.0305（17）?］
15.2 釐米 × 9.7 釐米

1876 殘片

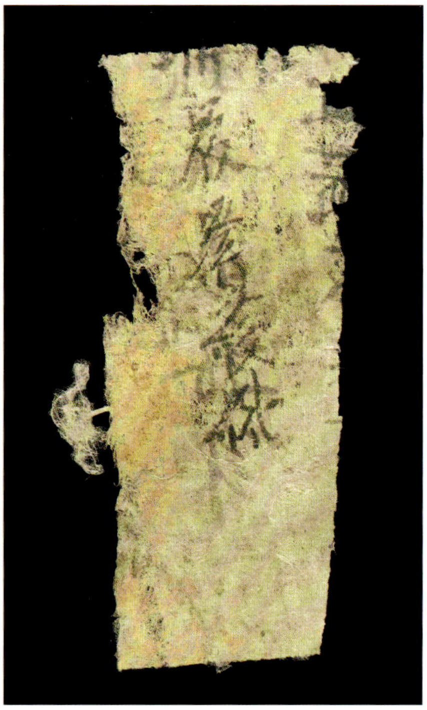

Or.12380/1876［K.K.II.0305(20)?］
10.1 釐米 × 5.3 釐米

1877 殘片

Or.12380/1877
［K.K.II.0305(22)?］
15.2 釐米 × 15.6 釐米

1878　殘片

Or.12380/1878［K.K.II.0305(23)?］
14.3 釐米×14.9 釐米

1879 殘片，正法念處經卷十一、卷十四，佛說大方廣善巧方便經卷二

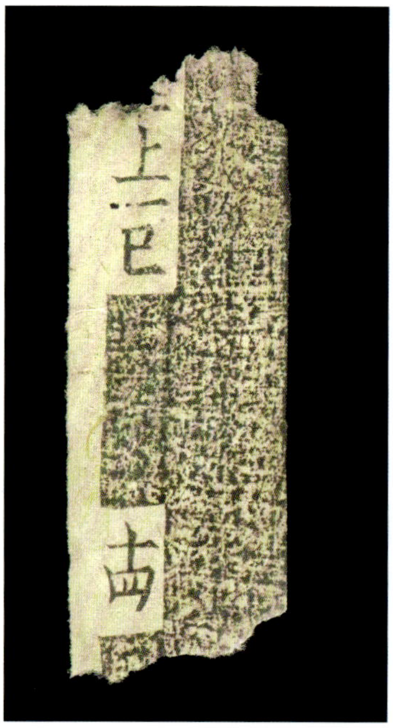

Or.12380/1879A
［K.K.II.0122(59)?］ 殘片
7.7 釐米 × 2.8 釐米

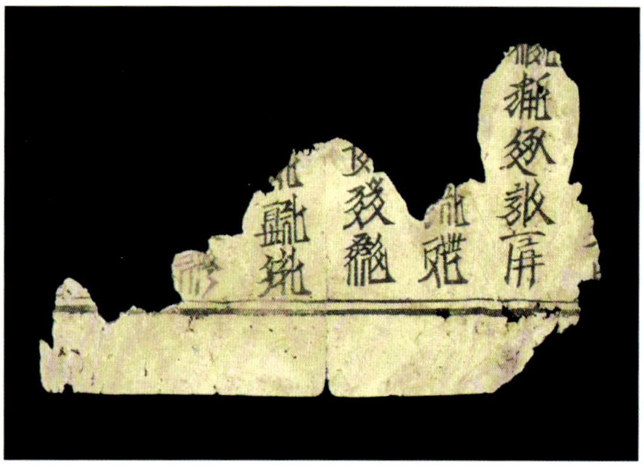

Or.12380/1879B［K.K.II.0122(60)?］
正法念處經卷十一
7.9 釐米 × 13 釐米

……法上住愚癡
……意分
……等活
……倍重
……許。

障礙正法，**住**不善**法**，以**愚癡**故，作惡道行。自謂有智，恃智我慢，自**意分**別，不實語説，受大苦惱。所謂苦者，如前所説**活等**地獄所受苦惱。彼一切苦，此中具受，五**倍**更**重**。復有勝者，所謂彼處閻魔羅人以極細鉗稍拔其肉如毛根**許**。（《大正藏》T17，p0061c）

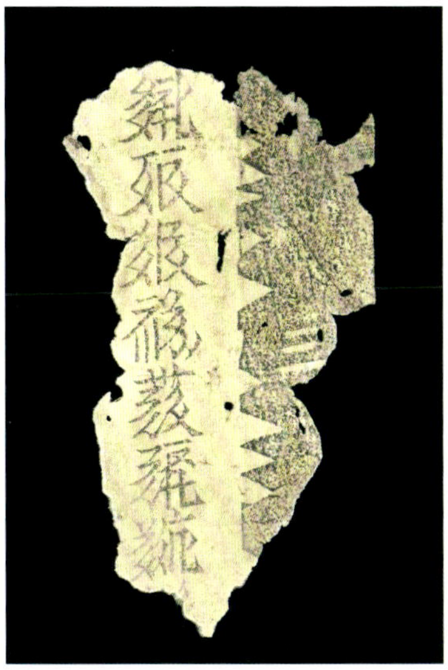

Or.12380/1879C[K.K.II.0122(61)?]
正法念處經卷十四
10 釐米 × 5.5 釐米

……百千年整燒煮壞……

如是無量**百千年歲燒煮**破**壞**，又復更生。（《大正藏》T17，p0079c）

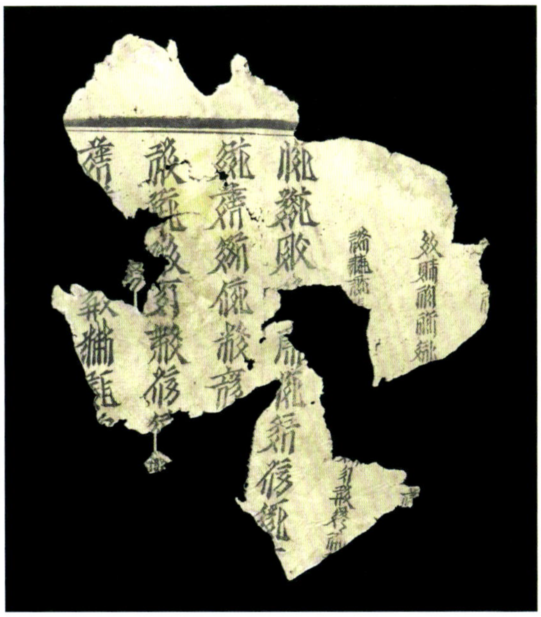

Or.12380/1879D[K.K.II.0122(62)?]
佛説大方廣善巧方便經卷二
15.7 釐米 × 13 釐米

神功祿勝德……淨……

奉天顯道……睿智制義……

復次光□王又如明持……

善祕密五種縛……

越是人一大明……

祕□□門中安……

復次光聚王，又如持明人善修瑜伽悉地法門，於祕密五種縛中而受繫縛。隨所作法，不越三昧。是人以一大明句力，悉能斷除彼一切縛而獲安住祕密行門。（《大正藏》T12，p0169a–0169b）

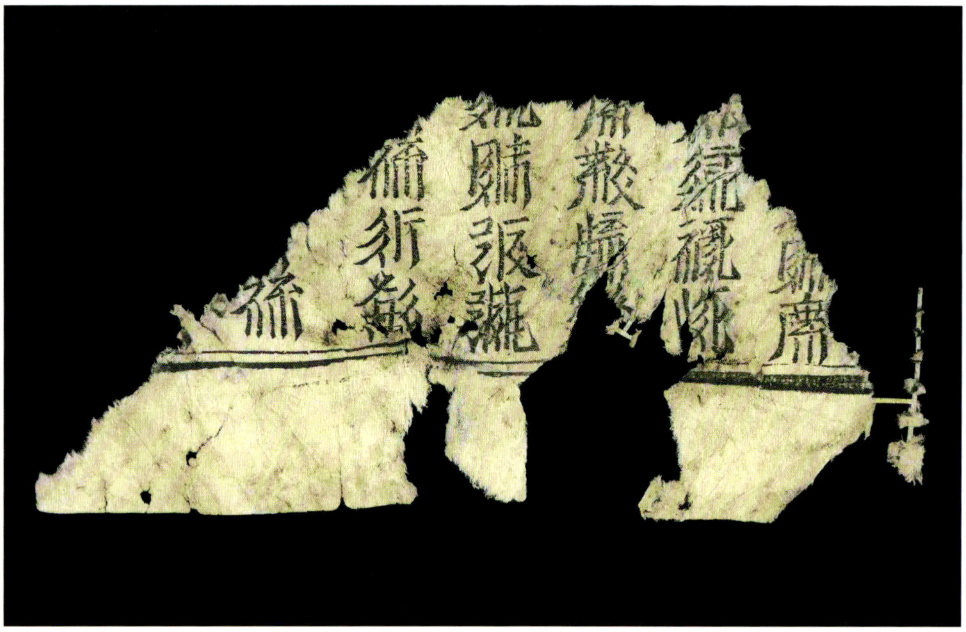

Or.12380/1879E［K.K.II.0122.(64)?］ 殘片
7.4 釐米 × 15.7 釐米

……王
……應法又
……王大修□
……功依順
……之利尋
……之

1880　發菩提心經論卷上

Or.12380/1880A（K.K.II.0122）
7.7 釐米 × 5.2 釐米

Or.12380/1880B
19.4 釐米 × 11.4 釐米

……成就……
……清淨畢竟忍……
……覺願作與不和……

……不報五者無常想觀六者慈
……心不放逸八者□□□樂等事
……恚……是
……摩
……
……於

四者惡來**不報**，**五者觀無常想**，**六者**修於**慈**悲，七者**心不放逸**，**八者**捨於飢渴苦**樂等事**，九者斷除瞋**恚**，十者修習智慧。若人能成如**是**十事，當知是人能修於忍。菩薩**摩**訶薩修**於清淨畢竟忍**時，若入空無相無願無作，**不與**見**覺願作和**合。（《大正藏》T32，p0512c）

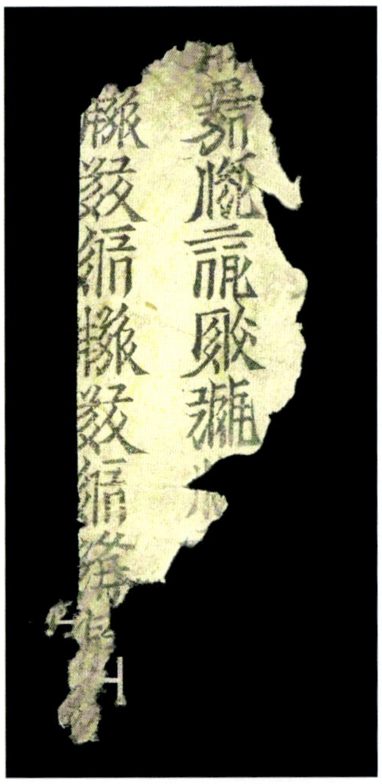

Or.12380/1880C
12 釐米 × 4 釐米

Or.12380/1880D
8.7 釐米 × 11.3 釐米

……自不生他從……
……壞可無壞可無則盡……

……諸
……淨畢
……和合不
……可無

不猗盡結寂滅**諸**結，生死皆空。如是忍者是無二相，是名清**淨畢**竟忍也。若性**不自生**，不**從他**生，**不和合**生，亦無有出，**不可**破**壞**。**不可壞**者，**是不可盡**。（《大正藏》T32，p0513a）

Or.12380/1880E
1.4 釐米 × 2.1 釐米

……如……

1881　正法念處經卷十一，佛書殘片，佛説大方廣善巧方便經卷二

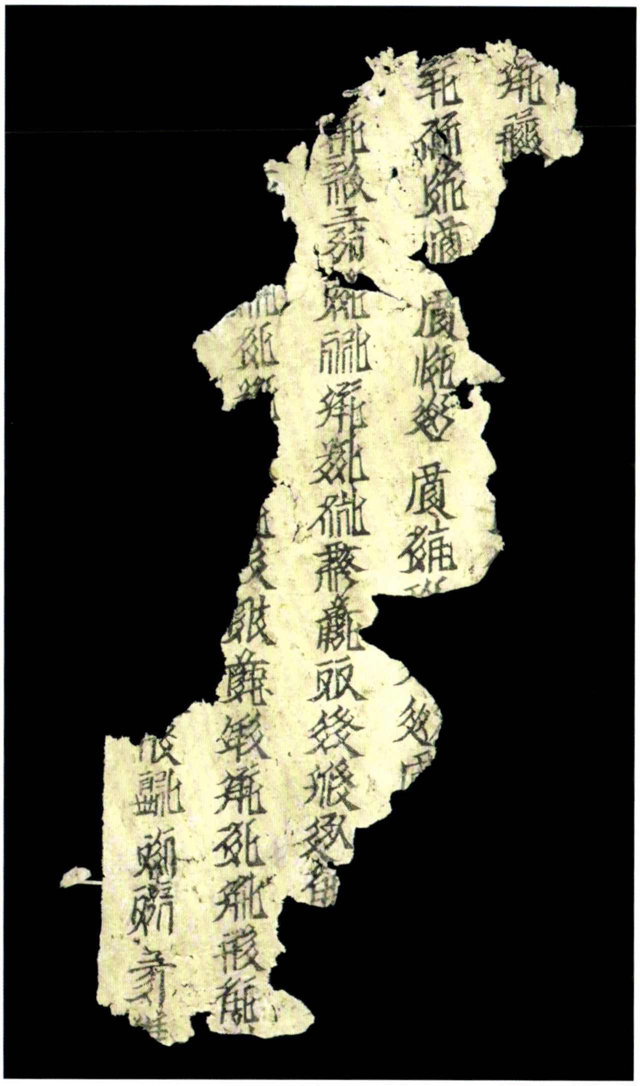

Or.12380/1880A（K.K.II.0122）
7.7 釐米×5.2 釐米

……彼更……
……彼之肉拔拔已復拔是如□復拔……
……驅自食令彼處多金剛嘴蜜蜂在罪……
……鹹□□□□魔羅人彼鹹血取罪……
……十倍飢渴身心……

復有**勝**者，所謂彼處閻魔羅人以極細鉗稍**拔其肉**，如毛根許。**拔已復拔**，**如是連拔**，置其口中，**驅令自食**。**彼處多有金剛嘴蜂**，觸罪人身，有熱血出，味**鹹**如鹽。閻**魔羅人取彼鹹血**置罪人口，驅令食之。彼既食已，**十倍飢渴**，燒其**身心**。（《大正藏》T17，p0061c–0062a）

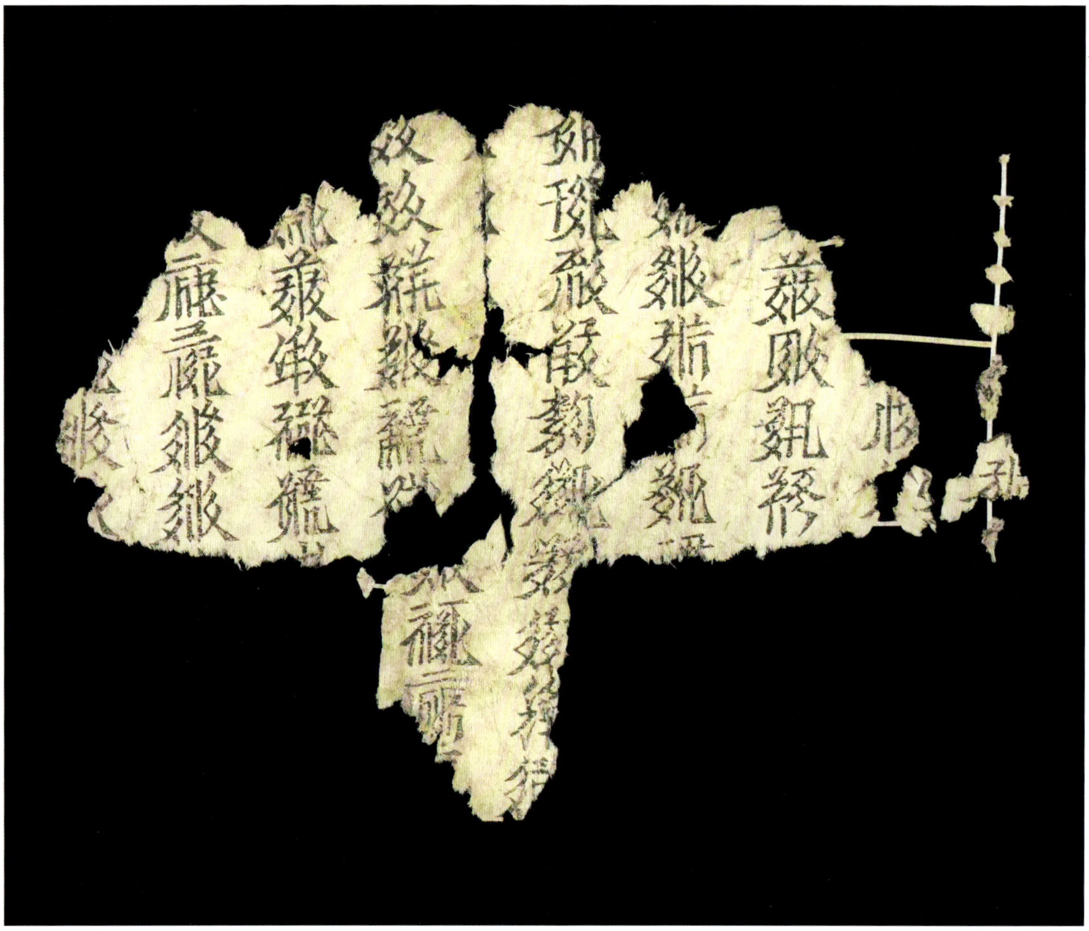

Or.12380/1881B［K.K.II.0122(55)?］ 佛書殘片
12.6 釐米 × 17.6 釐米

……定……
……若他行爲……
……故好好觀察……
……是如微苦忍受不能則……
……美得寶財□□法一……
……若人形相……
……皆嗔緣故……
……故……

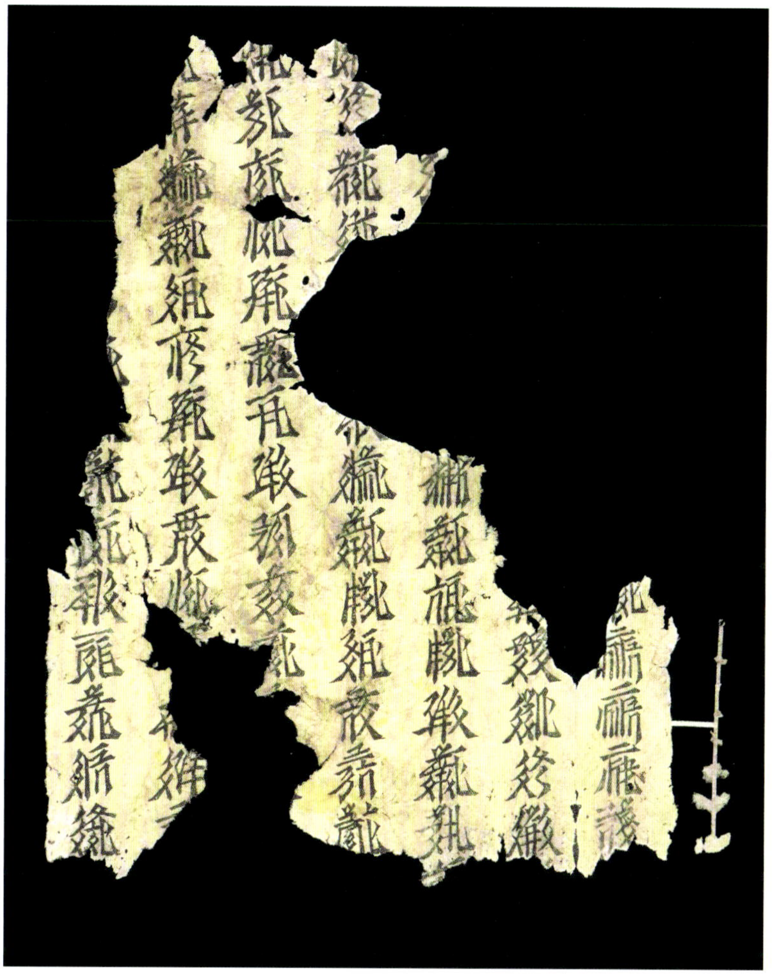

Or.12380/1881C［K.K.II.0122（56）?］ 佛說大方廣善巧方便經卷二
18.4 釐米 × 15.4 釐米

……一切悉清……
……已受雖常……
……間劍用善人劍用……
……時劍利隱覆自獨……
……處行後其路半一人與遇……
……持時劍隱者彼人見後□□心……
……獨行伴侣相無器……

是菩薩以一智慧明力，**悉**能**清**淨**一切**染法，於一切智心而能安住。**雖受**五欲樂，**常**生梵天界。光聚王！又如世**間善用劍者**，於其**劍**法巧妙精熟。是人**一時隱覆利劍**，**獨行**曠野險難之**處**，於**其中路**忽**見一人**，單己無伴，復無器仗。**時用劍人見彼人**已，生悲愍**心**，即相附近而謂言曰：汝今**獨行**一**無伴侣**。又無**器**仗，將何護身？（《大正藏》T12，p0169b）

1882 正法念處經卷十二，佛書殘片，正法念處經卷十八

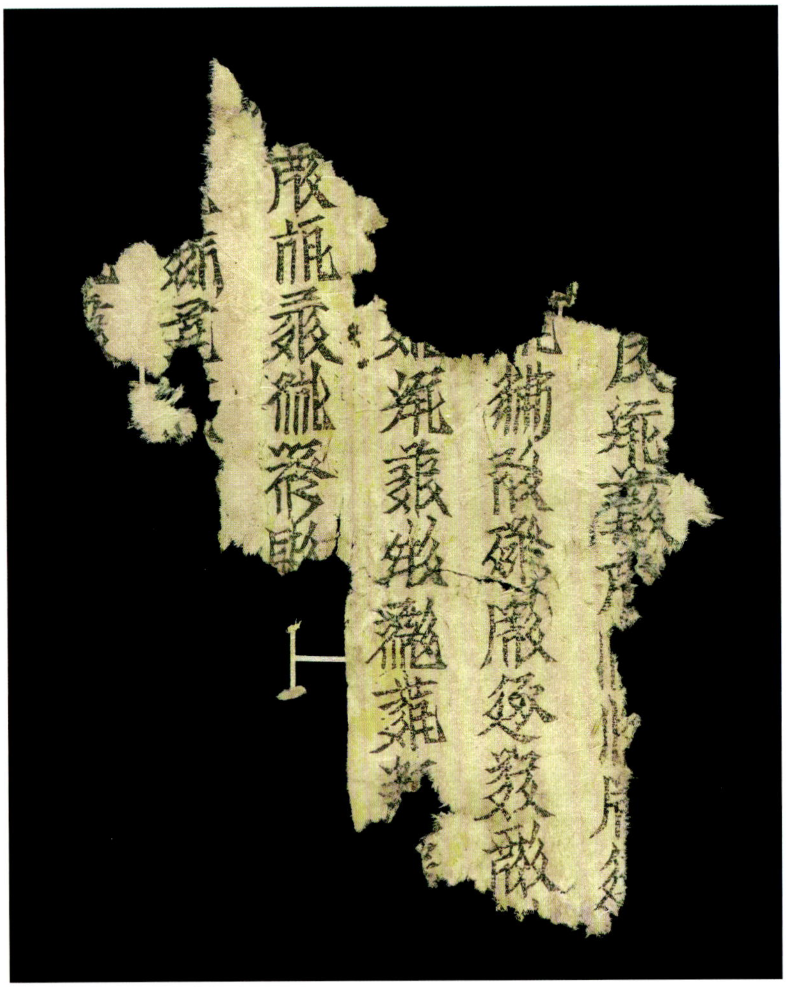

Or.12380/1882A［K.K.II.0122（51）?］ 正法念處經卷十二
14.7 釐米 × 11.4 釐米

……有彼聞見……
……第十别住處是……
……彼若人生殺偷……
……見行樂多作業……
……善比……

又彼比丘知業果報，觀大焦熱之大地獄復**有**何處。**彼見聞**知，復有異處，名苦鬘處，**是**彼地獄**第十别處**。衆生何業生於彼處？**彼見有人**殺生偷盗，邪行飲酒，妄語邪見，**樂行多作**。**業**及果報如前所説。復有惡婬。有**善比**丘持戒正行，於律無犯，種姓有事，故生怖畏。《大正藏》T17，p0070c）

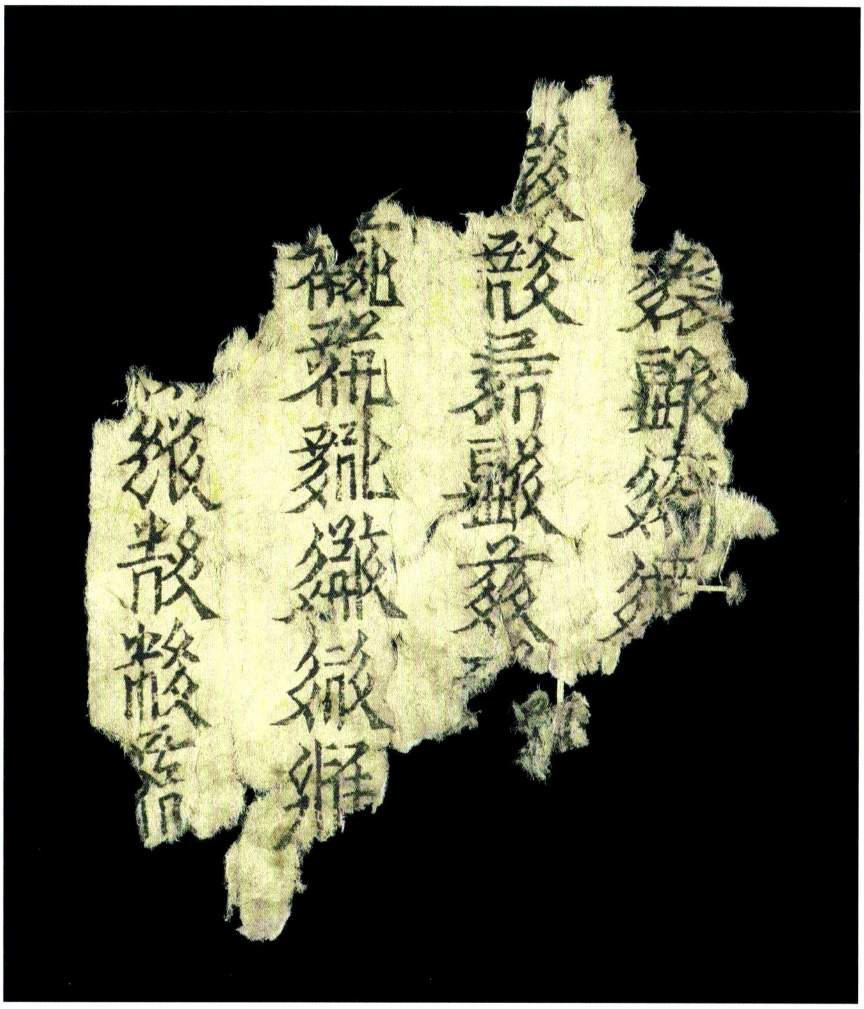

Or.12380/1882B［K.K.II.0122（52）?］　佛書殘片
15.5 釐米 × 9 釐米

……舊業依乃來是亦忍應
……虛合五蘊故和□受者誰
……如我今慈
……者二種有一實
……則我事

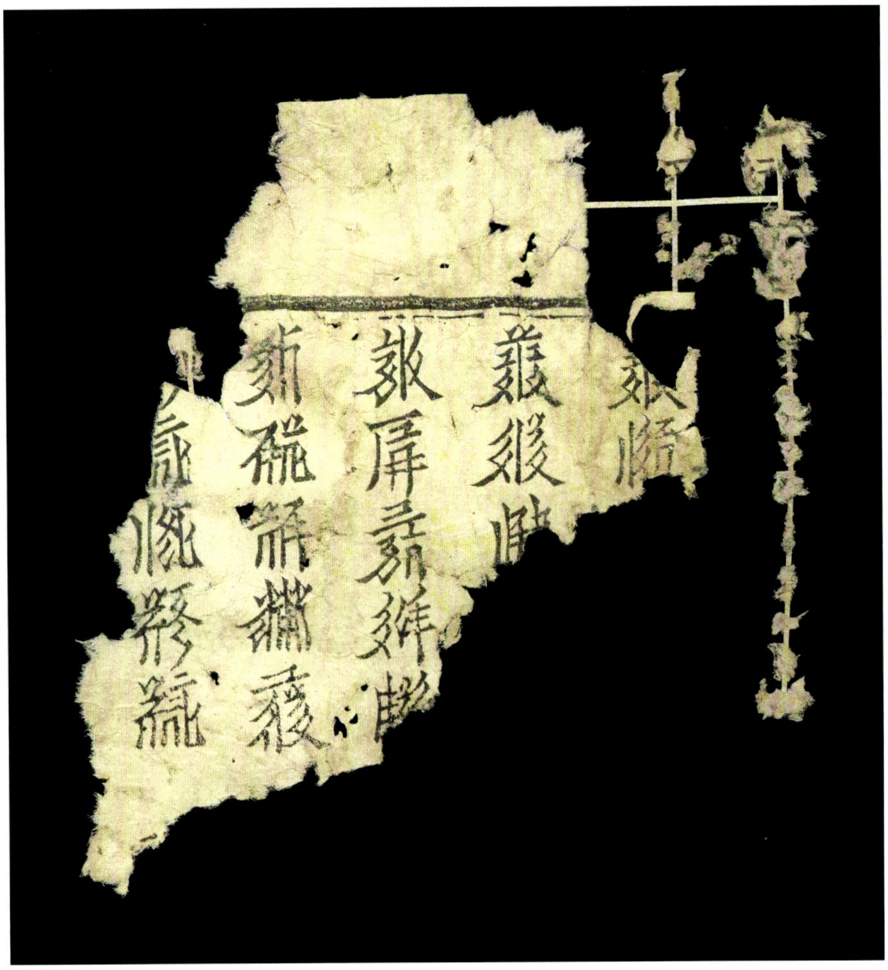

Or.12380/1882C［K.K.II.0122（53）?］ 正法念處經卷十八
12.4 釐米 × 12 釐米

若貪……
或打縛……
愚癡自心壞……
故畜生中墮……
□應不造作……

若行**貪**嫉者，墮餓鬼畜生。
互共相殘害，**或打縛**繫閉，
則受餓畜生。故應捨愚癡，
愚癡自壞心。遠離於戒施，
爲愛所誑惑，**則墮畜生中**，
不識行邪正，食所不應食，
應作而**不作**，不解法非法。（《大正藏》T17，p0105a-0105b）

1883　正法念處經卷十四，發菩提心經論卷上，佛書殘片

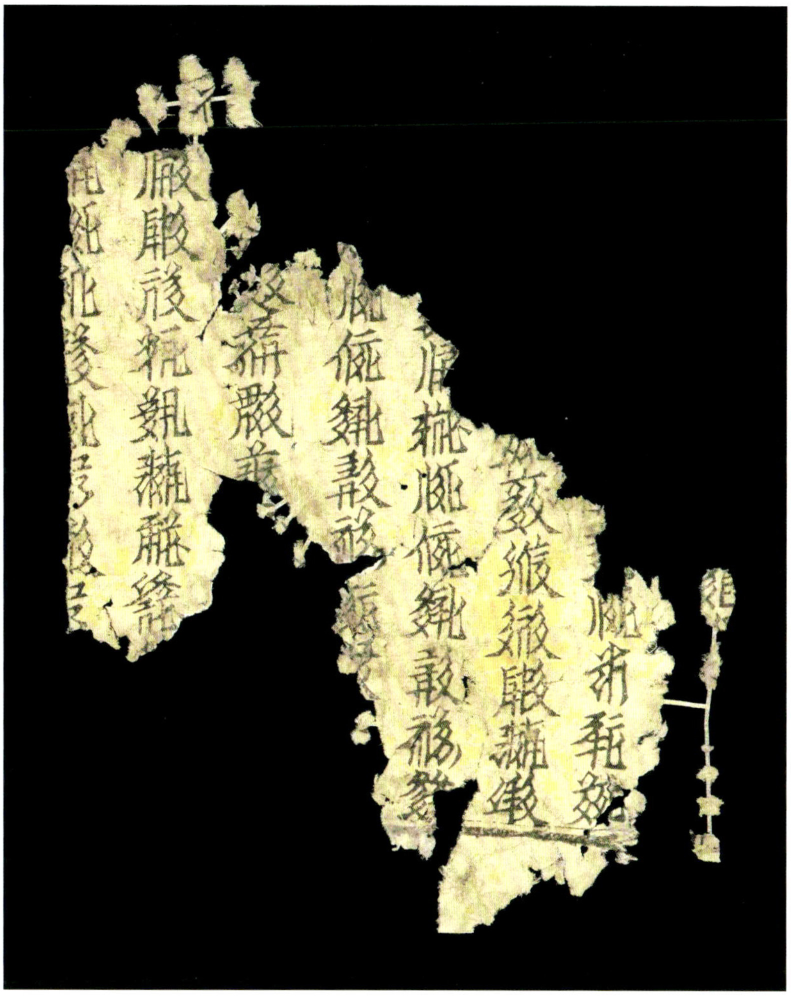

Or.12380/1883A
正法念處經卷十四
18.2 釐米 × 14.3 釐米

……復亦彼處
……脱過去業依人
……中死復五百世整生
……復五百世整行……
……果報是若……
……來業網轉行依相似……
……得是如觀已偈言乃説

復於**彼處**迭相食噉，受大苦惱。若**脱**彼處，**過去業**力得生**人**中，於五百世胎**中**而**死**，**復五百世**生已而死，爲烏所食，**復五百世**未**行**而死，是彼惡業餘殘**果報**。**若**後殘業果報盡已，於無始時，**業網轉行**，**相似**得果有下中上。彼比丘**如是觀已**，而**説偈**言。（《大正藏》T17，p0082c）

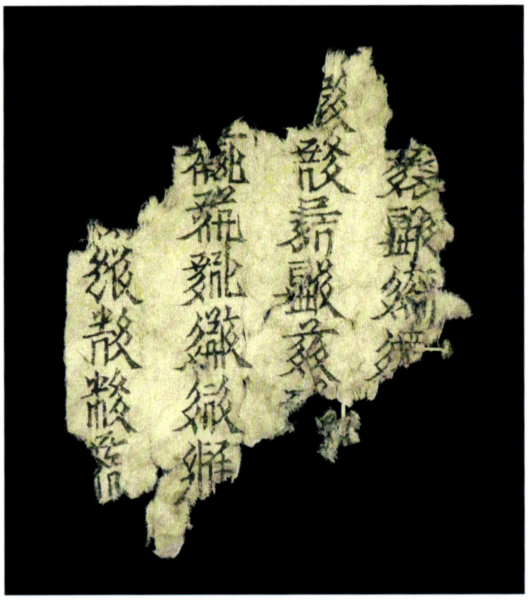

Or.12380/1883B
發菩提心經論卷上
10.1 釐米 × 8.3 釐米

……他利名爲……
……教化己利與……
……獲得乃至漏盡……
……戒三種有……

教化衆生令不犯惡，**是名利他**。以己所修向菩提戒，**化**諸衆生，令**同己利**，是名俱利。因修持戒，**獲得**離欲**乃至漏盡**成最正覺，是名莊嚴菩提之道。**戒有三種**：一者身，二者口，三者心。（《大正藏》T32，p0511c）

Or.12380/1883C
佛書殘片
6.4 釐米 × 4.3 釐米

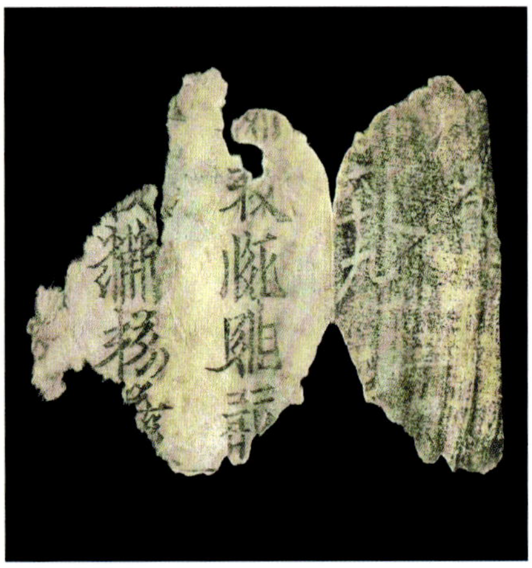

Or.12380/1883D
佛書殘片
6.5 釐米 × 7.8 釐米

……惡趣解脱……
……中逃……

……賣復虚誑……
……中一……

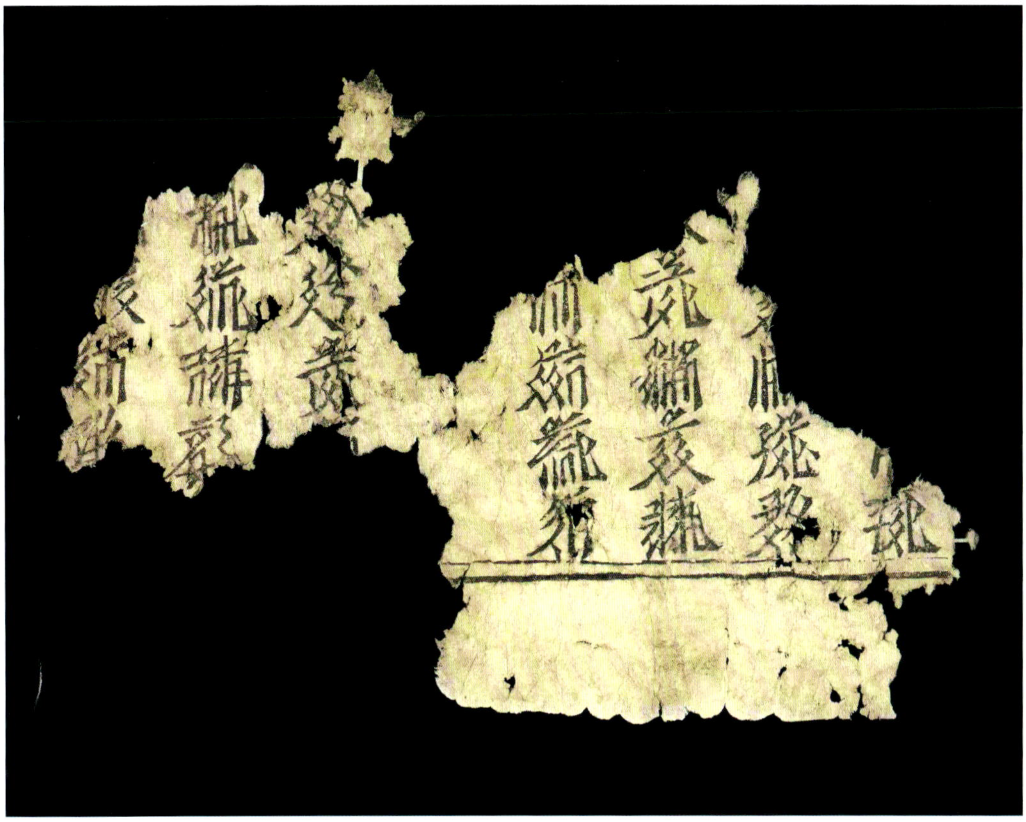

Or.12380/1883E　佛書殘片
10.5 釐米 × 15.5 釐米

……上
……然謂
……世間與依
……之善作方
……在然世……
……菩薩本垢……
……下人……

1884 王法正理論，佛書殘片，妙法聖念處經卷一

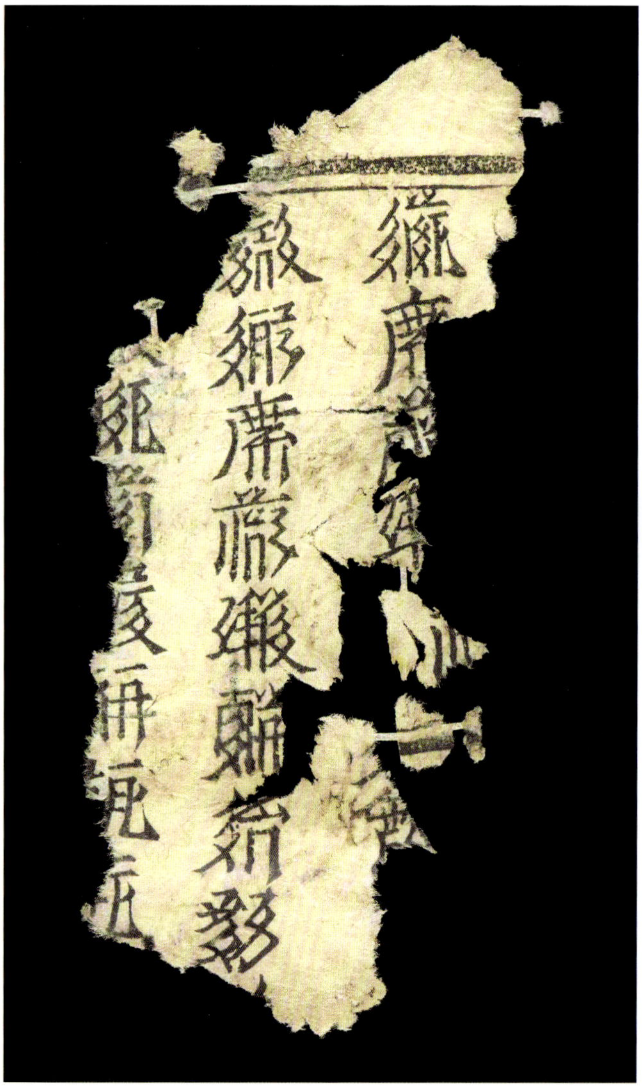

Or.12380/1884A［K.K.II.0122(36)?］ 王法正理論
12.9 釐米 × 6.2 釐米

者王淨信……

云何王淨信具足謂……

□□及婬欲邪行……

云何名王具足**淨信**？謂有國王信解他世，信解當來淨不淨業及愛非愛果與異熟。如是**名王具足淨信**。

云何名王具足淨戒？謂有國王遠離殺生**及**不與取**婬欲邪行**妄語飲酒諸放逸處。（《大正藏》T31， p0859a）

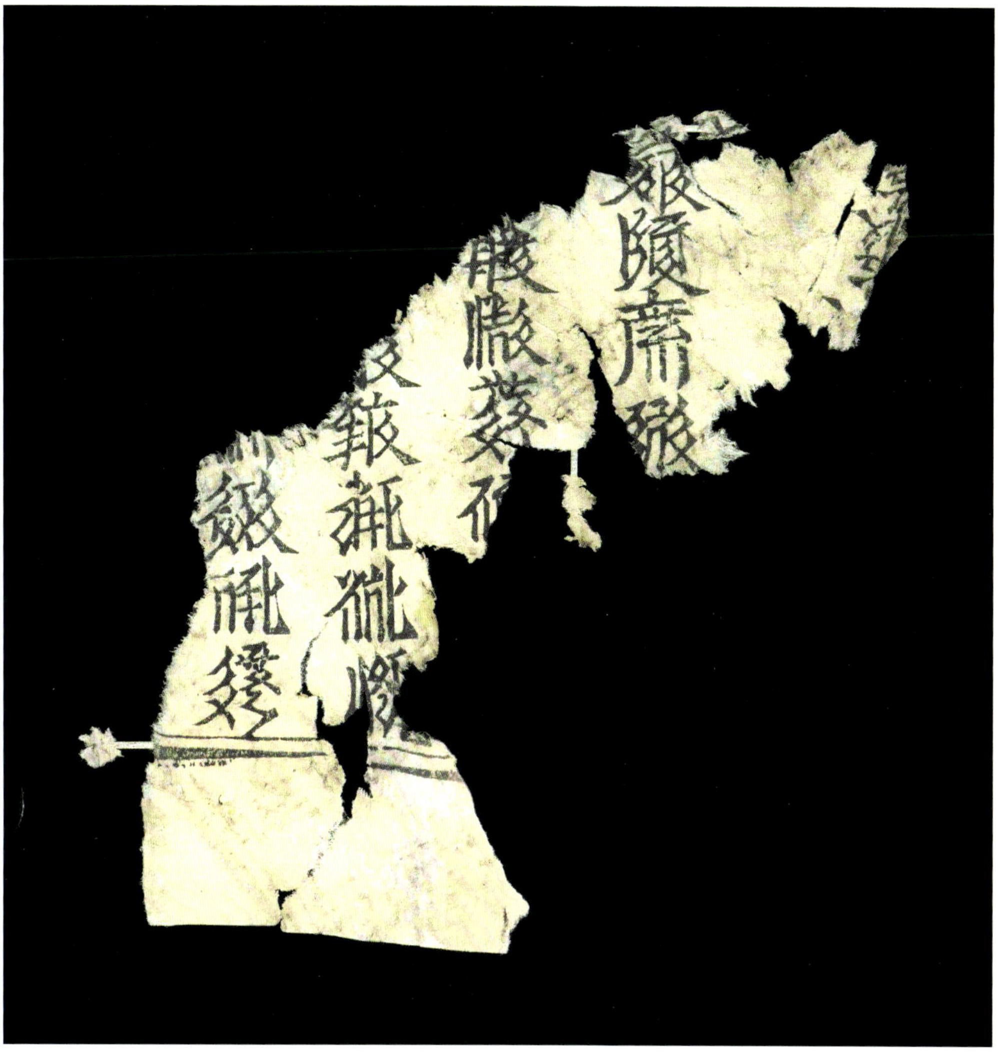

Or.12380/1884B［K.K.II.0122（37）?］　王法正理論
11.7 釐米×11.9 釐米

……若國王……
……降伏……
……等於多不
……刑罰應

謂有**國**王，計策無惰，武略圓滿，未降伏者而**降伏**之，已降伏者而攝護之，廣營事業如前，乃至**不甚**耽樂博弈戲**等**。又善觀察應與不應，勤於僚庶**應刑罰**者正刑罰之，應攝養者正攝養之。（《大正藏》T31，p0858c-0859a）

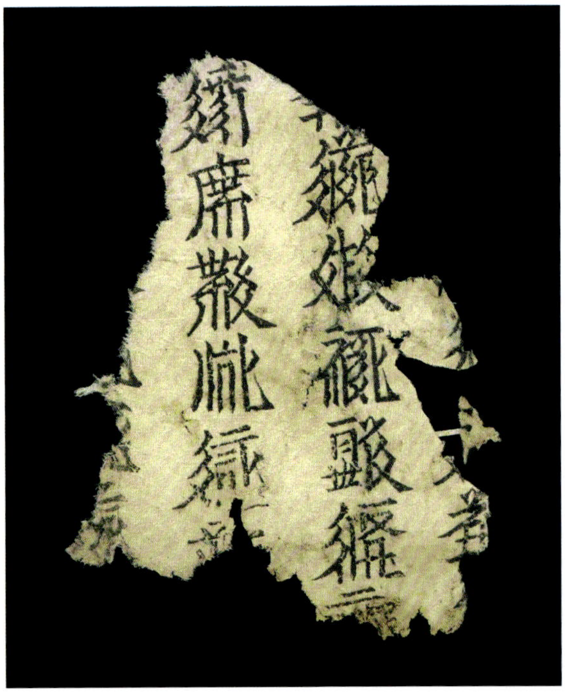

Or.12380/1884C
[K.K.II.0122(38)?]
王法正理論
8.3 釐米 × 6.4 釐米

……者後法利益……
……爲王大知當……

如是五種能引發王可愛之法，能引諸王現法**後法**所有**利益**。謂初四種能引發王現法利益，最後一種能引發王後法利益。

復次**大王當知**，我已略説王之過失。（《大正藏》T31，p0859b）

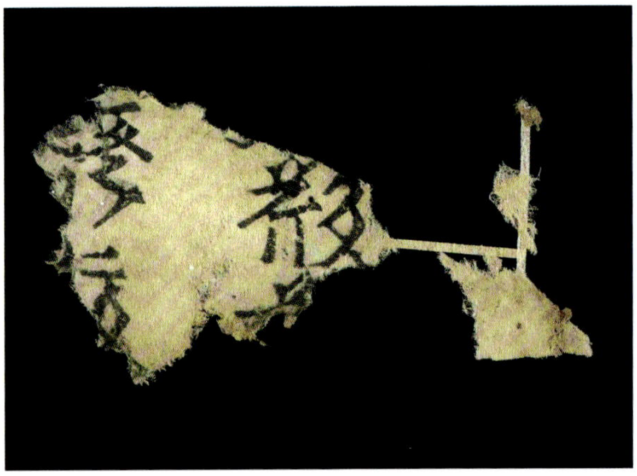

Or.12380/1884D
[K.K.II.0122(39)?]
佛書殘片
2.6 釐米 × 5.1 釐米

……也……
……爲……

Or.12380/1884E［K.K.II.0122(40)?］　佛書殘片
5.5 釐米 × 6.3 釐米

……闇法
……
……言

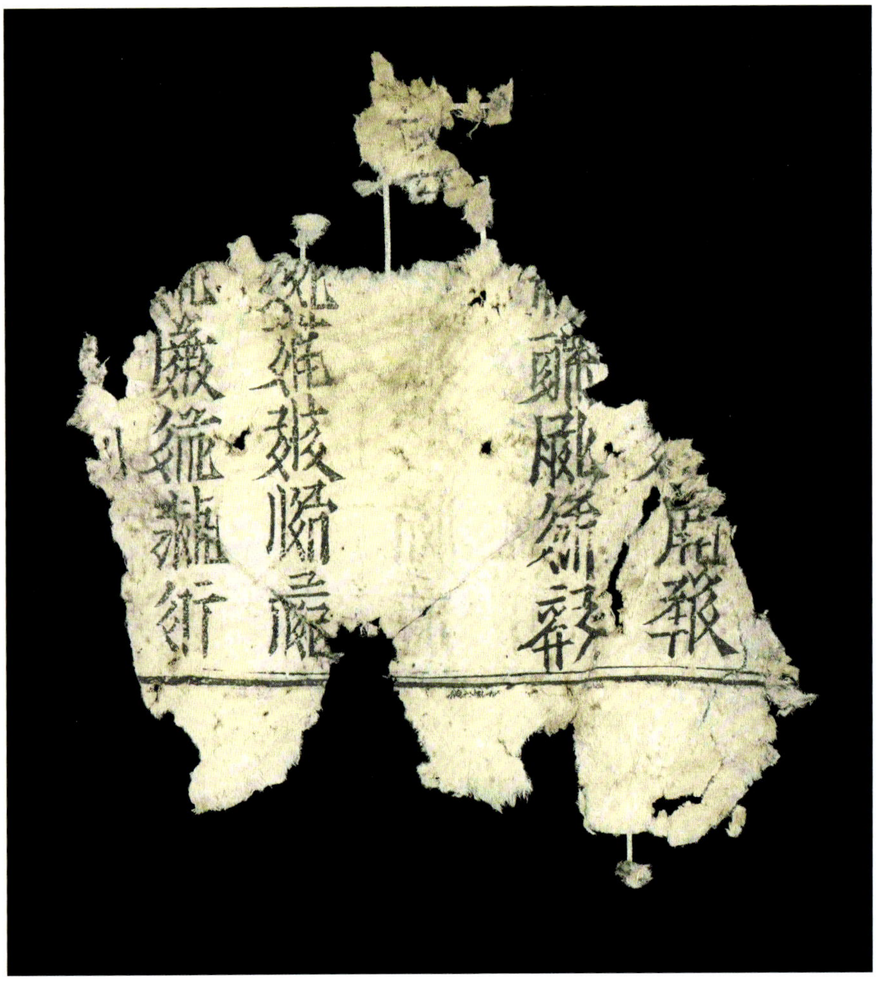

Or.12380/1884F［K.K.II.0122（36–40）?］ 妙法聖念處經卷一
12.5 釐米 × 11.7 釐米

……苾芻
……體性塵垢
……
……處往時貪恚
……辛了因方

苾芻應知，於諸境界離染侵害，譬如金**體**，**性**離**塵垢**。

比丘當知，若至親友及**往**非親，應離**貪恚**，**了**知損益，若罪非罪，安隱艱**辛**，**方**便降伏，爲說法要。（《大正藏》T17，p0420b）

1885 佛書殘片

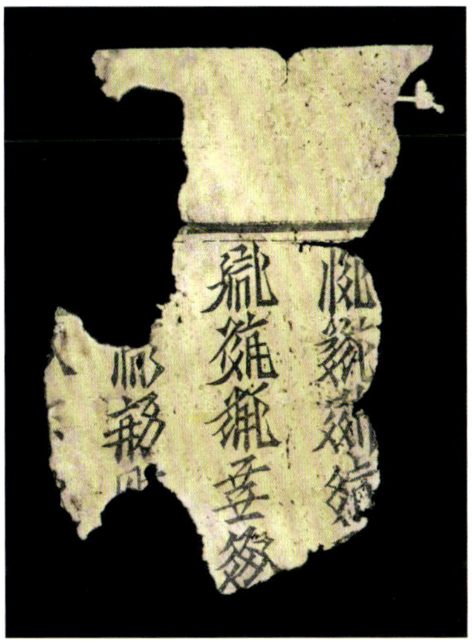

Or.12380/1885A（K.K.II.0122）
10.1 釐米 × 7.6 釐米

復次善男……
有此於實在……
□淨三摩……

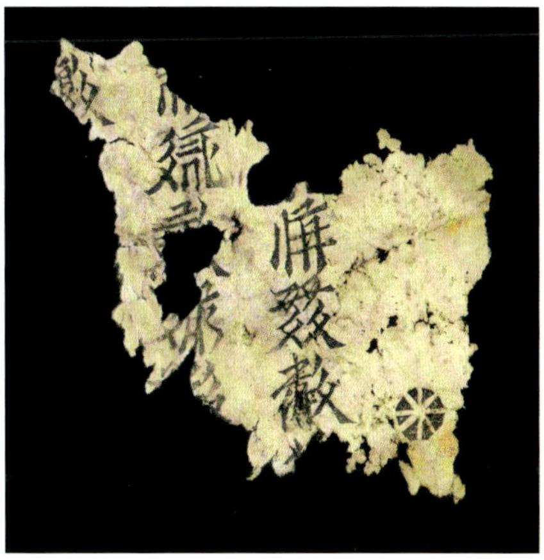

Or.12380/1885B
7.8 釐米 × 7.7 釐米

……内所論……
……應云何也……

Or.12380/1885C
5.5 釐米 × 7.5 釐米

……業果報……
……摩羅業……
……羅網墮……
……命救魚……

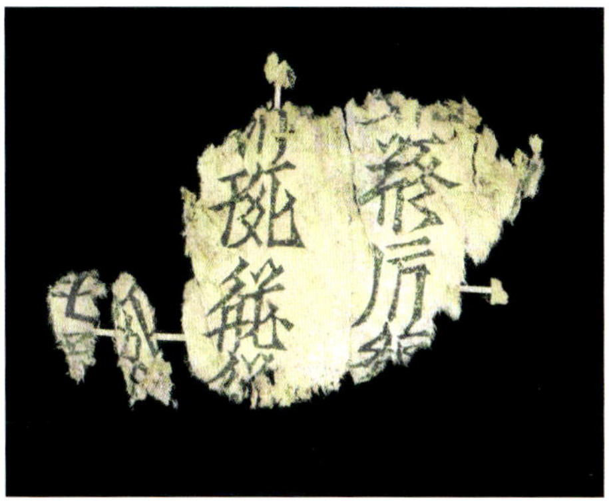

Or.12380/1885D
7.8 釐米 × 7.7 釐米

……爲波……
……如段……

Or.12380/1885E
12.2 釐米 × 2.4 釐米

Or.12380/1885F
4.1 釐米 × 4.9 釐米

……若人……
……爲業……

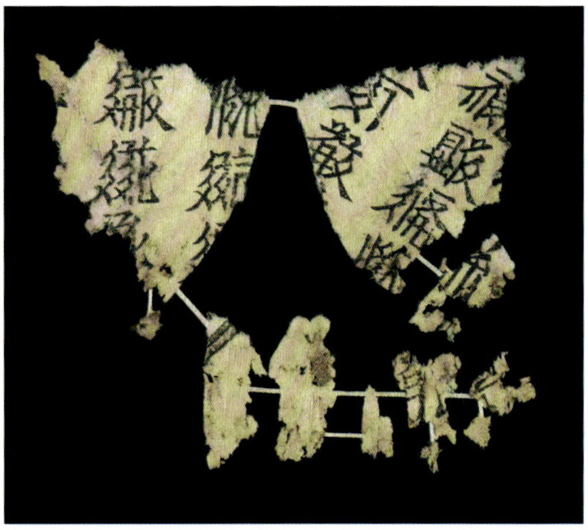

Or.12380/1885G
7.6 釐米 × 9.1 釐米

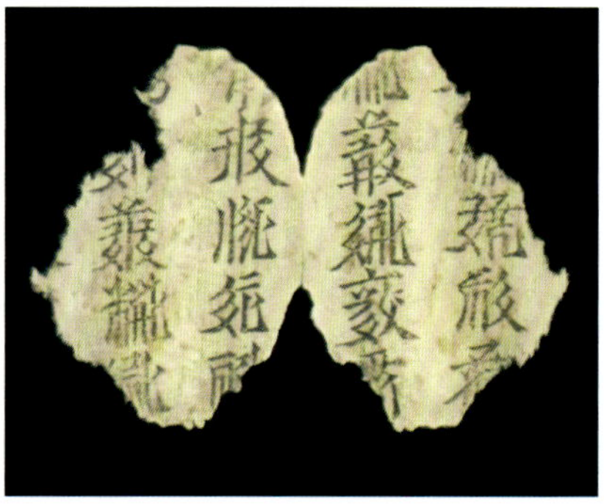

Or.12380/1885H
6.4 釐米 × 9.2 釐米

……法利益……
……一門……
……不善……
……至能……

……事微有……
……聞解脱……
……伏不起令……
……若衆生……

Or.12380/1885I
6 釐米 × 6.8 釐米

……若國……
……得……
……一切處……

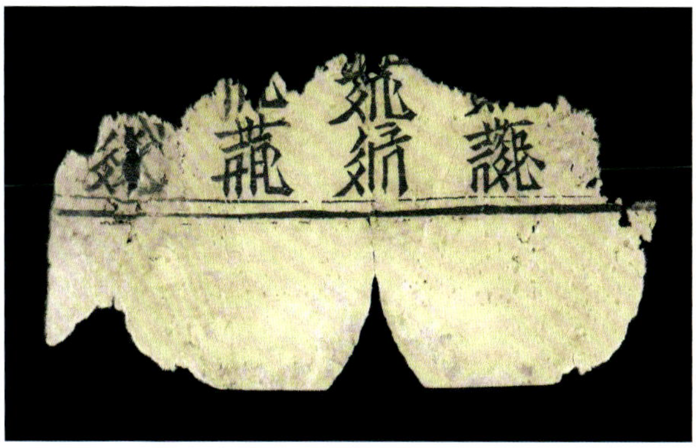

Or.12380/1885J
4.9 釐米 × 9.1 釐米

……野
……無
……側

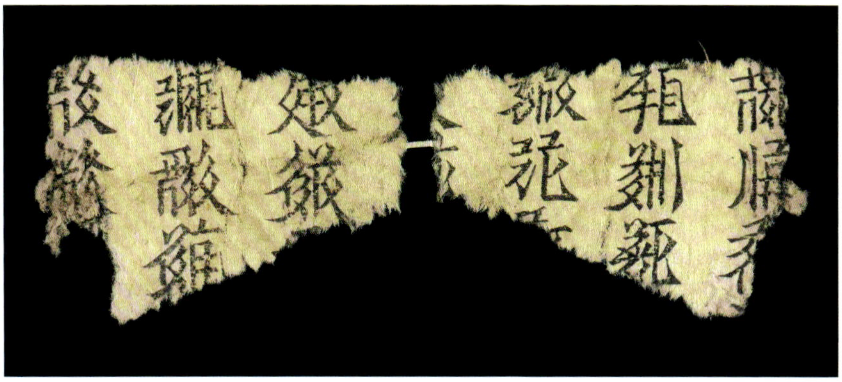

Or.12380/1885K
4.3 釐米 × 13 釐米

……道内……
……剥裂分……
……慈……
……
……醜惡……
……因是此……
……十種……

1886　佛書殘片

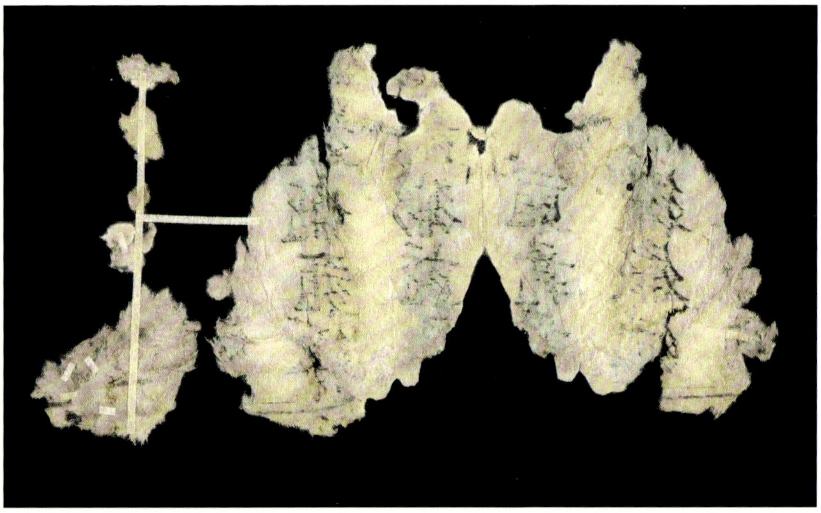

Or.12380/1886A
（K.K.II.0122）
7.2 釐米 × 14 釐米

……於安□
……游行□
……導苾□
……受常□

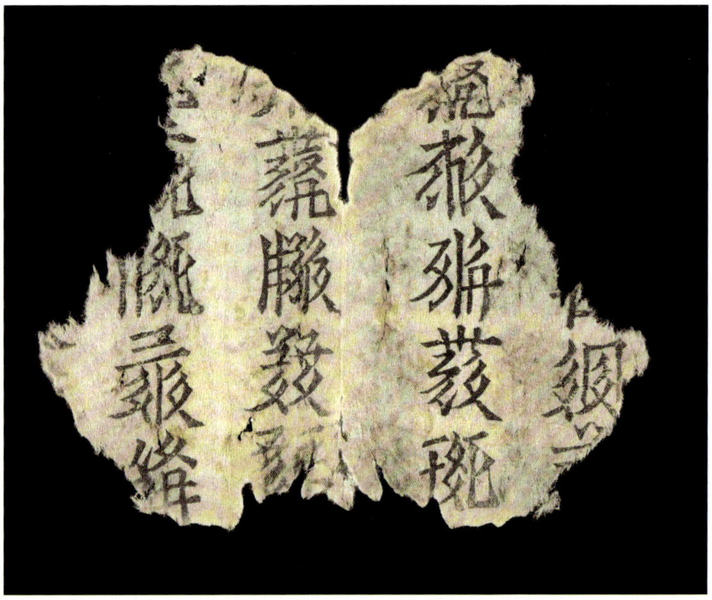

Or.12380/1886B
6.4 釐米 × 8.5 釐米

……妙……
……而草燒如……
……火毀未肯……
……不愛則……

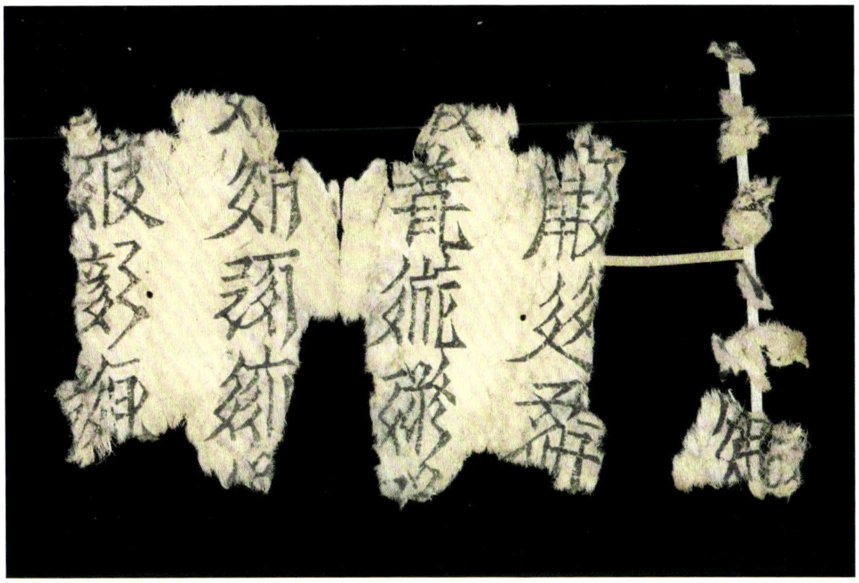

Or.12380/1886C
5.1 釐米 × 7.3 釐米

……業果報……
……慧上限……
……地一名……
……油誰……

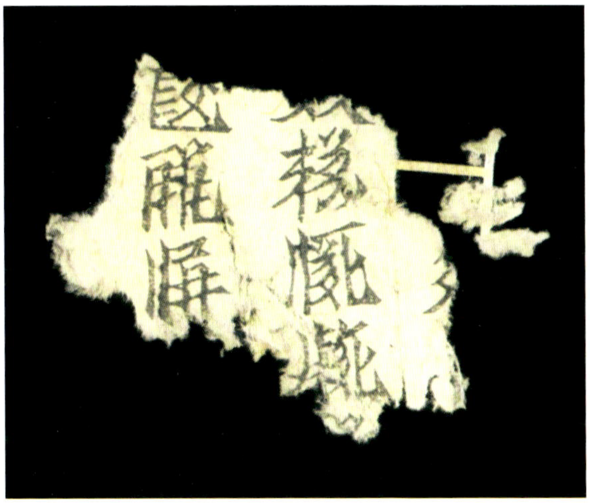

Or.12380/1886D
6.2 釐米 × 8.1 釐米

……亦爾復……
……地獄内……

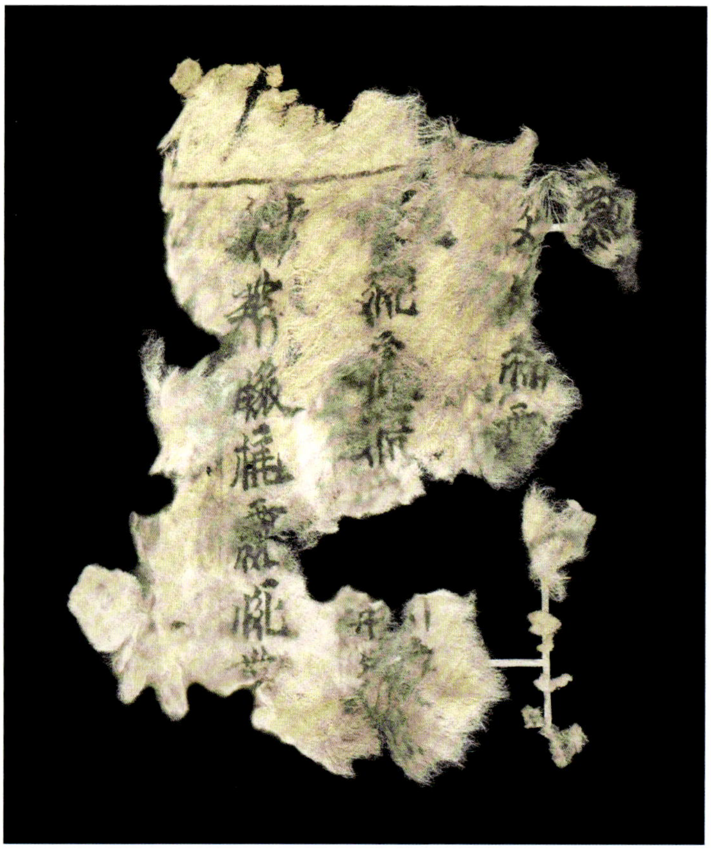

Or.12380/1886E
13 釐米 × 10.6 釐米

空……本母……
□者有無……
□持毁二道復……

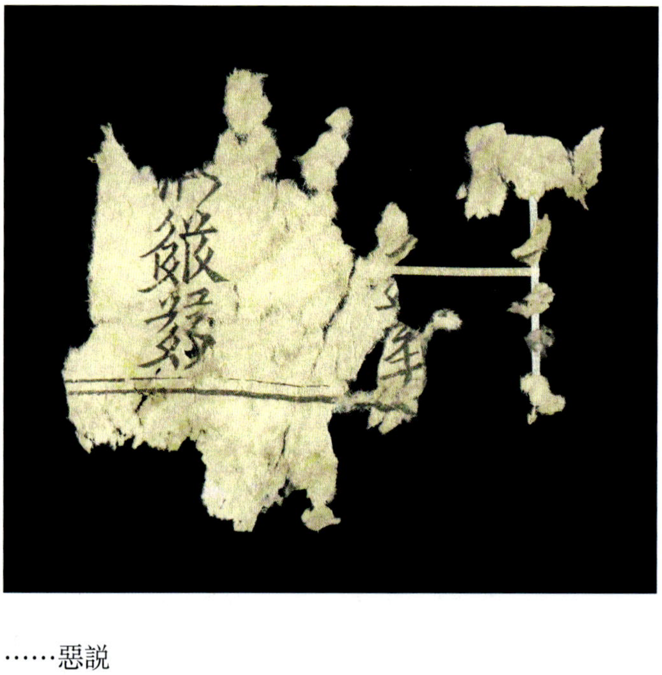

Or.12380/1886F
7.2 釐米 × 8.8 釐米

……惡説

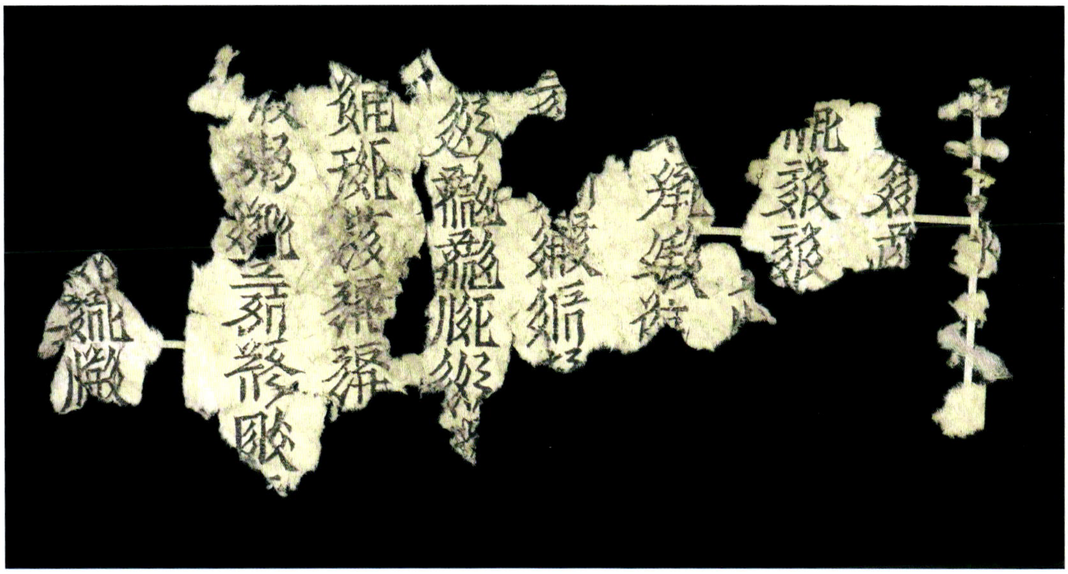

Or.12380/1886G
8.2 釐米 × 18.1 釐米

……能諸……
……行時時……
……彼人是……
……力無……
……重生生復重……
……是如火熬煮……
……惱受自爲他……
……乃至……

Or.12380/1886H
8.6 釐米 × 7.8 釐米

……别他財得……
……毒人之齒……
……再後殊説盛……

1887 發菩提心經論卷上，佛書殘片

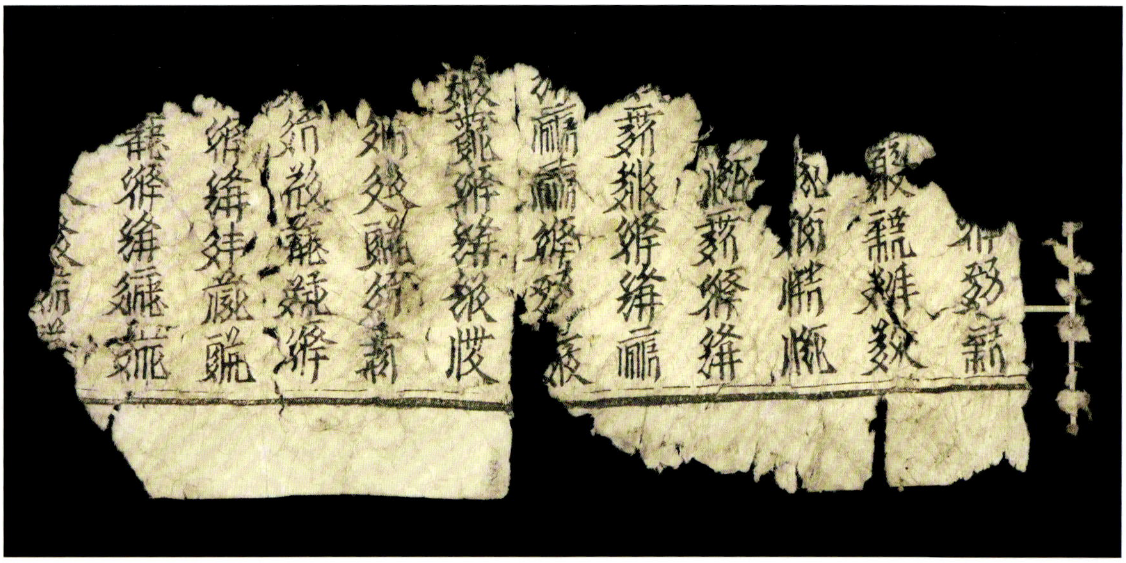

Or.12380/1887A［K.K.II.0122(16)?］ 發菩提心經論卷上
10.1 釐米 × 25.1 釐米

……施謂貧
……寶物心開
……福田不
……不求施則
……求緣施則一
……一切施謂若
……若香施則戒定
……無果具足成
……足也衣服施
……施則佛眼具
……乘施則最上

見厄苦者慈悲心施，**名一切施**。居**貧**少財而能用施，名一切施。愛重寶**物開意**能施，名一切施。不觀持戒毀戒田**福田**施，名一切施。**不求**人天妙善樂**施**，名一切施。志求無上大菩提施，**名一切施**。欲施施時施已不悔，名一切施。若以華施，具陀羅尼七覺華故。**若以香施**，具**戒定**慧熏塗身**故**。若以果施，**具足成**就**無**漏**果**故。若以食施，具**足**命辯色力樂故。以**衣服施**，具清淨色除無慚愧故。以燈明**施**，具足**佛眼**照了一切諸法性**故**。以象馬車**乘施**，得**無上**乘具足神通**故**。（《大正藏》T32，p0513a）

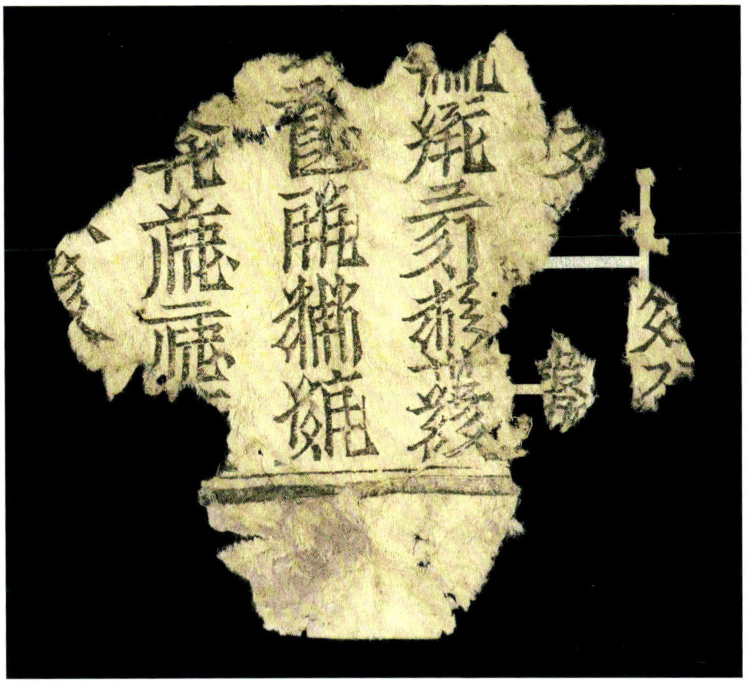

Or.12380/1887B［K.K.II.0122（17）?］　佛書殘片
8.1 釐米 × 8.7 釐米

……彼身熾盛
……地獄中是
……山悉皆□

Or.12380/1887C
［K.K.II.0122（18）?］
佛書殘片
7 釐米 × 5.5 釐米

……時諸諸馳行
……惡報□之

1888 佛書殘片

Or.12380/1888A
[K.K.II.0122(1)?]
10.4 釐米 × 3.3 釐米

Or.12380/1888B
5.8 釐米 × 3 釐米

所説□小乘諸……

……人惡業因緣……

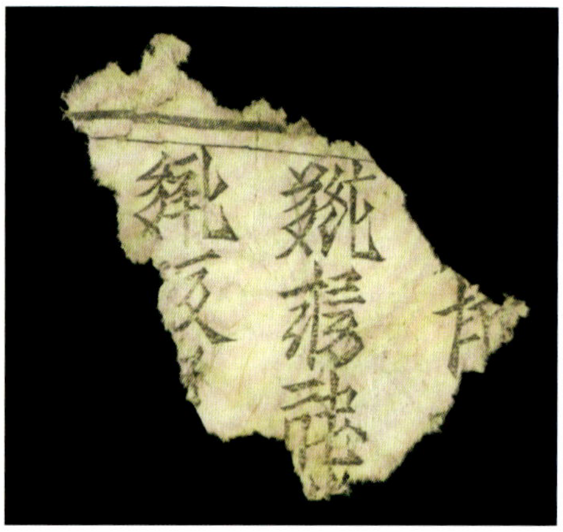

Or.12380/1888C
5.4 釐米 × 5.7 釐米

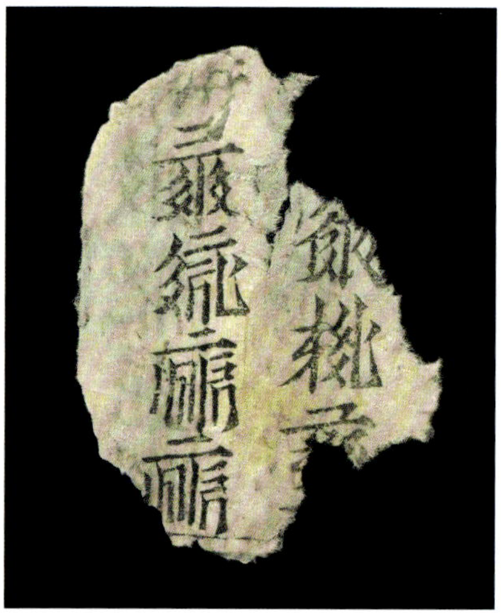

Or.12380/1888D
6.4 釐米 × 4.6 釐米

次脊背……
百千……

……惡遠離
……愛所一切

Or.12380/1888E
5.2 釐米 × 4.5 釐米

……樹林……

Or.12380/1888F
6.4 釐米 × 8.9 釐米

……忍
……波羅

Or.12380/1888G
8 釐米 × 3.2 釐米

……弃當

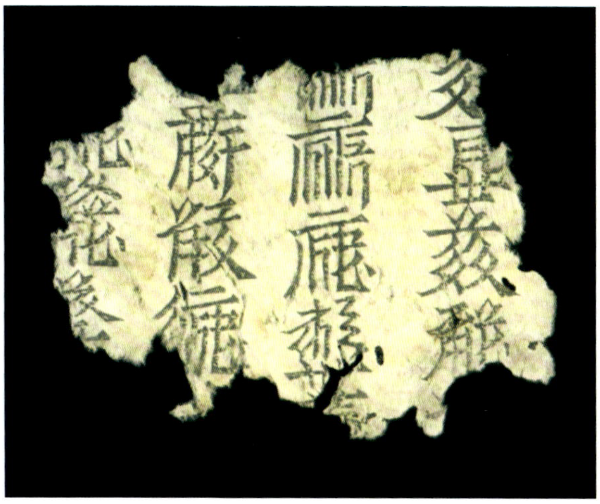

Or.12380/1888H
5.4 釐米 × 7.5 釐米

……種與同……
……一切皆熾……
……頂門最……
……像……

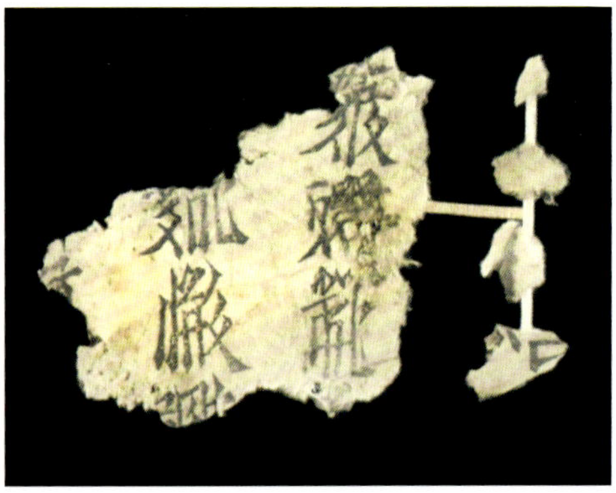

Or.12380/1888I
4.5 釐米 × 6.6 釐米

……釋迦衆……
……乃來……

Or.12380/1888J
6.4 釐米 × 4.9 釐米

……慈心

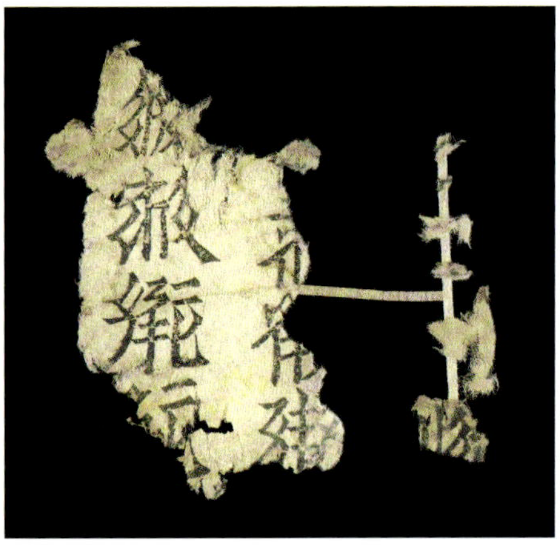

Or.12380/1888K
5.6 釐米 × 5.7 釐米

……煩惱……
……而彼……

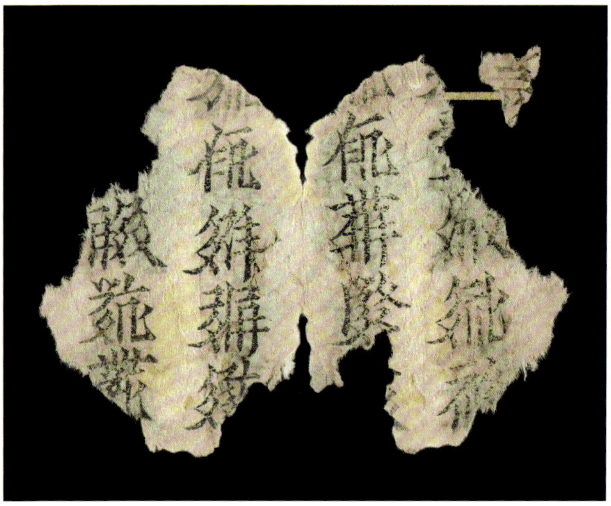

Or.12380/1888L
6.5 釐米 × 8.8 釐米

……恒正忠……
……本執著……
……本心喜能……
……惱除離……

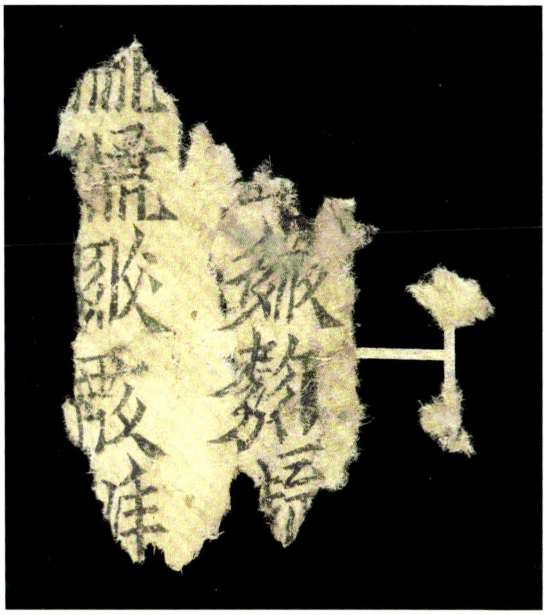

Or.12380/1888M[K.K.II.0122(13)?]
6.2 釐米 × 5.2 釐米

……毁忍修……
……歸他見心……

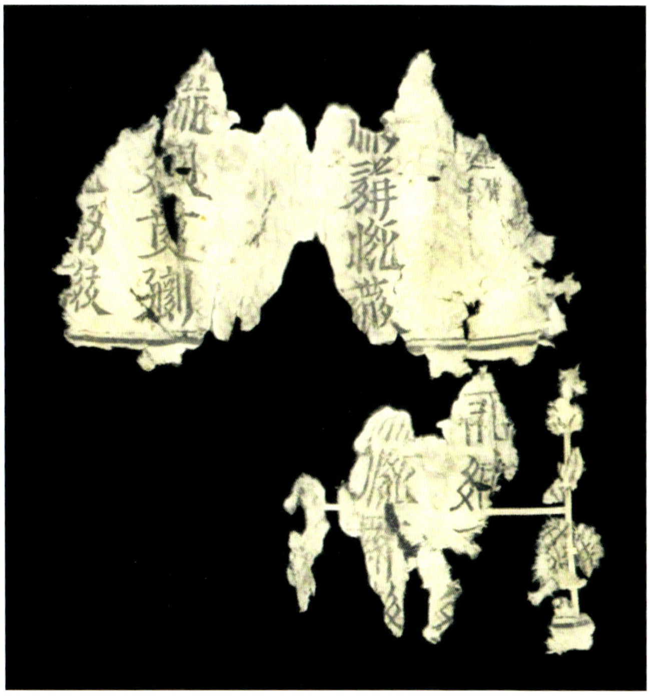

Or.12380/1888N
12.6 釐米 × 11.8 釐米

……前不見
……
……上妙細滑
……煩惱

……毒……
……不求……

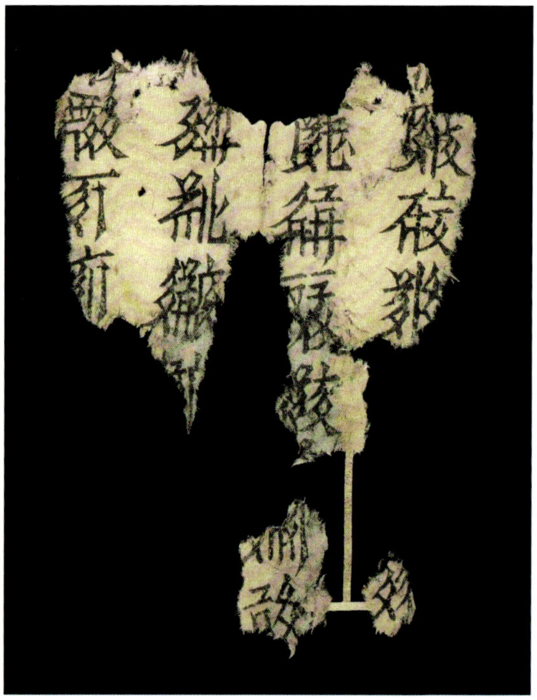

Or.12380/1888O
10 釐米 × 7.3 釐米

……摩尼寶……
……羅睺阿修……十……
……迅即至……
……是一……

1889 佛書殘片

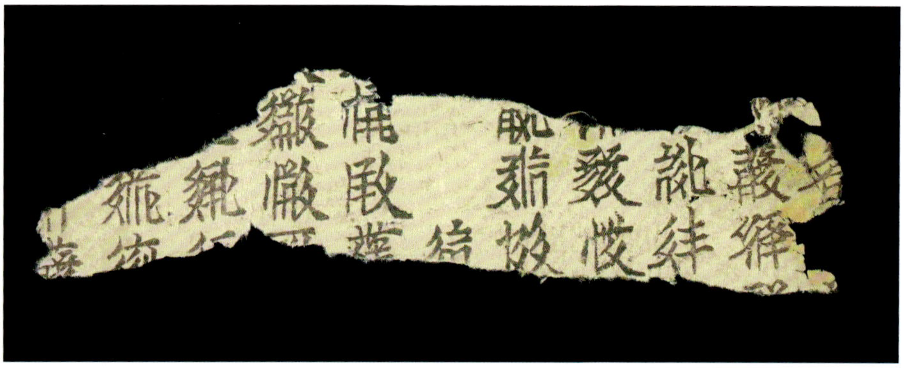

Or.12380/1889
（K.K.II.0240.hh）
4.3 釐米 × 15 釐米

……所施……
……南佛……
……必定……
……摩訶薩……
地……
……二尺……
……至來……
……百……

1890 佛説佛母出生三法藏般若波羅蜜多經卷二十四，殘片

Or.12380/1890A
（K.K.II.0281.w）
19.9 釐米 × 18.9 釐米

清淨愛可法上……
人天四衆一……
各各燒香……
養是時菩薩……
蜜多廣宣説□應説……
亦讀誦或亦思惟或亦書寫或……
行或亦阿耨多羅三藐三菩提於……
善男子彼法上菩薩摩訶薩法會……
……利……

燒衆妙香，嚴好殊特，**清淨可愛**。**法上**菩薩摩訶薩處其法座，**天人四衆**集會**一**處，恭敬圍繞以重法故。**各各燒香**散華供**養**法上菩薩摩訶薩。**是時菩薩廣**爲一切天人四衆**宣説**般若波羅**蜜多**。隨**應説**已，中有受持者，**有讀誦**者，**有思惟**者，**有書寫**者，**有**如説**行**者，**有**不退轉**於阿耨多羅三藐三菩提**者。**善男子！彼法上菩薩摩訶薩**説**法會**中有如是等功德**利**益。（《大正藏》T08，p0669c）

Or.12380/1890B
1.7 釐米 × 1.7 釐米

1891　妙法蓮華經卷三

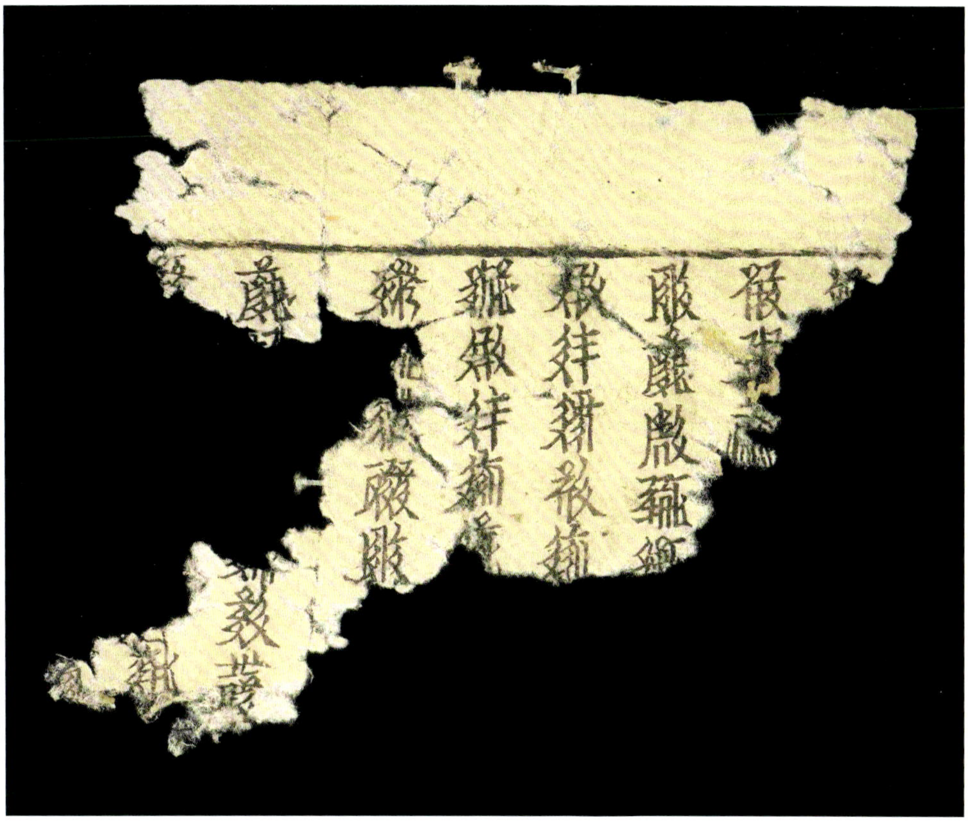

Or.12380/1891（K.K.II.0239.yyy.76）
11.4 釐米 × 14.5 釐米

苦惱一切……
摩羅跋旃檀……
方佛爲也名……
東方佛名者……
第□□迦牟……
羅……提乃……
爲……百……

西方二佛，一名阿彌陀，二名度一切世間苦惱。西北方二佛，一名多摩羅跋栴檀香神通，二名須彌相。北方二佛，一名云自在，二名云自在王。東北方佛名壞一切世間怖畏。第十六我釋迦牟尼佛，於娑婆國土成阿耨多羅三藐三菩提。諸比丘！我等爲沙彌時，各各教化無量百千萬億恒河沙等衆生。（《大正藏》T09，p0025c）

1892 佛書殘片

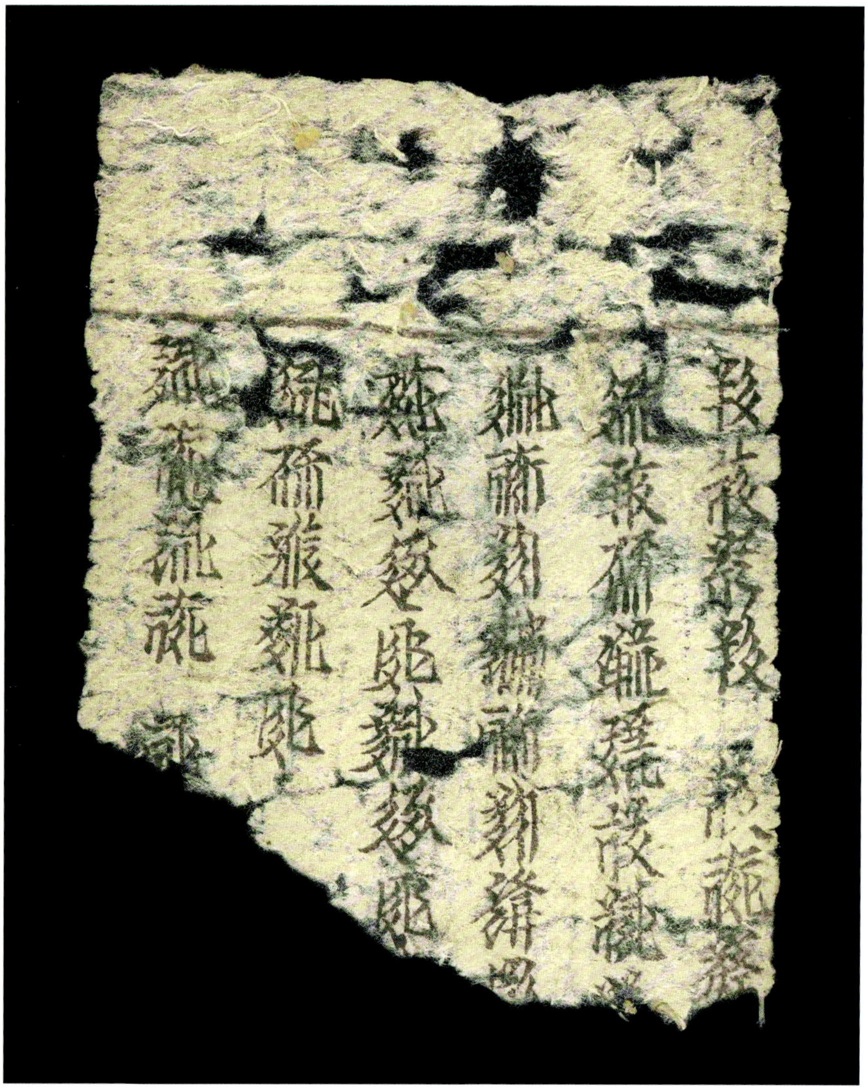

Or.12380/1892A（K.K.II.0230.p）
14.5 釐米 × 11.1 釐米

也補囉也　補囉利……
我等之願事乃前……
多勝勢中勝勢如來……
母所住汝所住汝……
我之已觀汝
薩囉薩囉　薩……

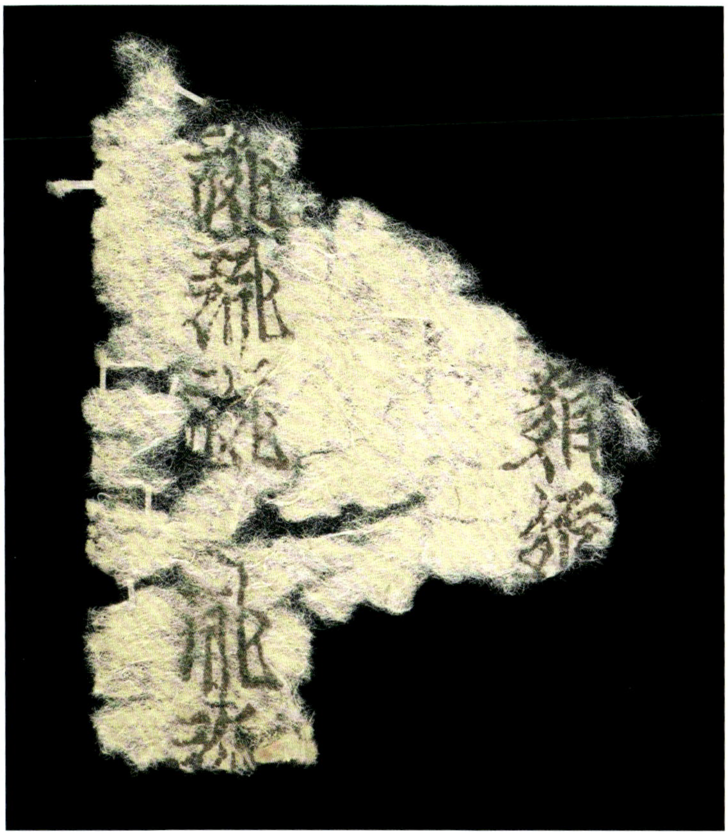

Or.12380/1892B
7.5 釐米 × 6.3 釐米

……記句……

……

……囉薩囉　鉢囉……

1893 經疏殘片

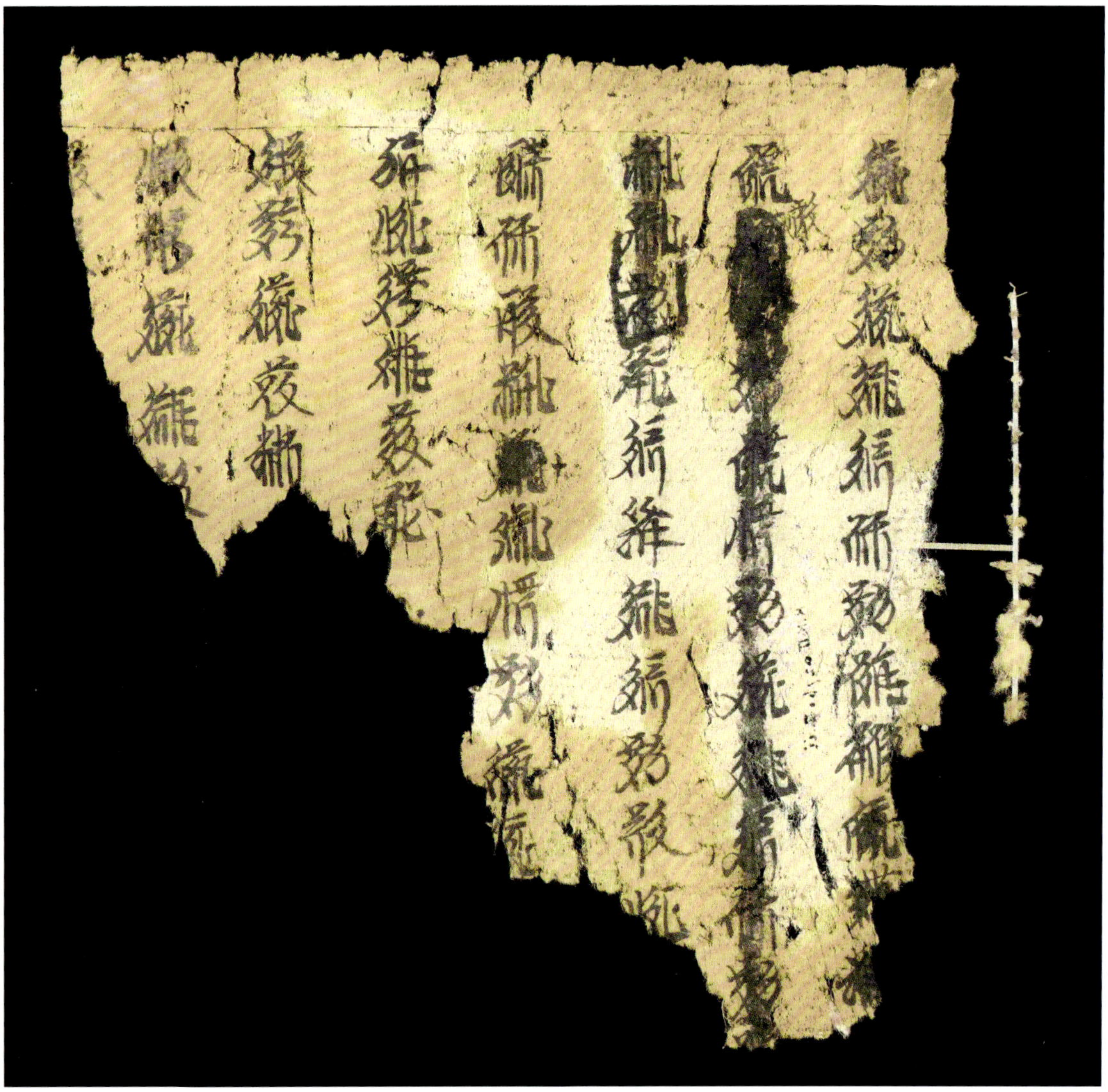

Or.12380/1893(K.K.II.0276.z.ii)
14.4 釐米×14.8 釐米

者謂者我無之謂此義五……
相是……
……彼無則我無謂也復……
體之出衆生非謂者五……
而後理明與同……
斷説者文中……
願説者先三……

1894　妙法蓮華經卷三

Or.12380/1894（K.K.II.0239.yyy.75）
9.5 釐米 × 16.2 釐米

衆……
或人……
無漏……
山……
世尊處求……
又諸佛子……
疑心無者……
□量億百　千衆……
□平等説　一味……

一切**衆**生，聞我法者，隨力所受。住於諸地，**或**處**人**天，轉輪聖王，釋梵諸王，是小藥草。知**無漏**法，能得涅槃，起六神通，及得三明，獨處**山**林，常行禪定，得緣覺證，是中藥草。**求世尊處**，我當作佛，行精進定，是上藥草。**又諸佛子**，專心佛道，常行慈悲，自知作佛，決定**無疑**，是名小樹。安住神通，轉不退輪，度無**量億**，**百千衆**生，如是菩薩，名爲大樹。佛**平等説**，如**一味**雨，隨衆生性，所受不同。（《大正藏》T09，p0020a–0020b）

1895 大方廣佛華嚴經卷八十

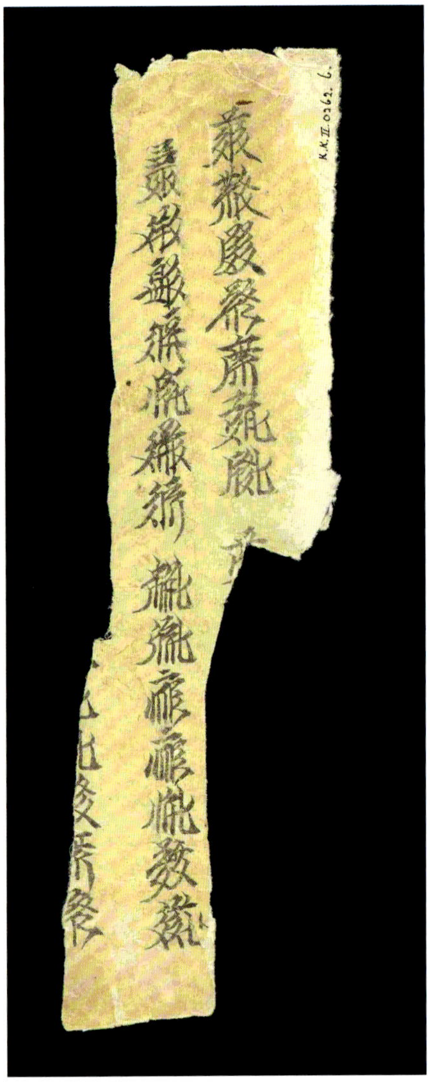
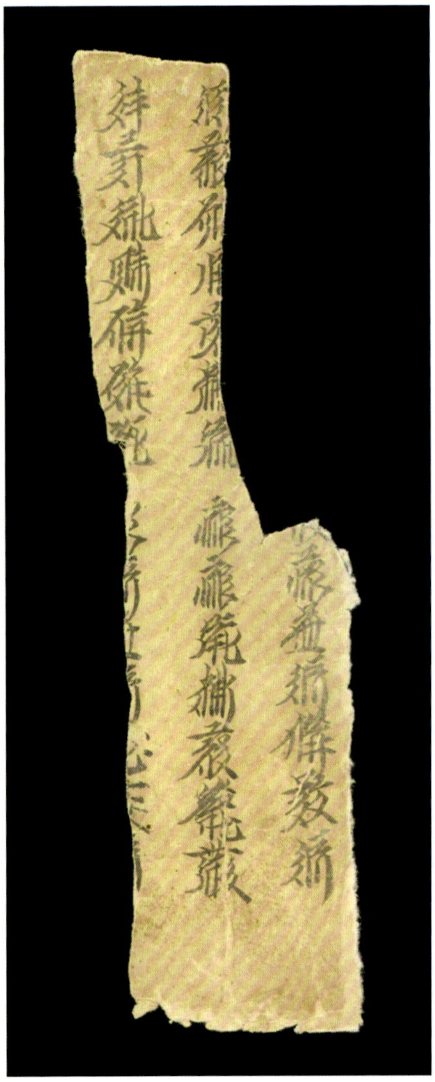

Or.12380/1895（K.K.II.0262.1）
18.4 釐米 × 5.8 釐米

或大臣作王弼輔　諸□□□□□□□　□□□□□□□　清淨濁無量處無
十方利益不遍無　衆生一切知莫能　四河洲内諸衆生　一切其中形像現
□□□□□□□　□□□□轉王作　佛身功德海是如，垢無濁無□□□

或作大臣事弼輔，善用**諸**王治政法。**十方利益皆周遍**，**一切衆生莫了知**。或爲粟散諸小王，或**作**飛行**轉**輪帝。

……

譬如大海寶充滿，**清淨無濁無有量**。**四洲所有諸衆生**，**一切於中現其像**。**佛身功德海亦爾**，**無垢無濁**無邊際。（《大正藏》T10，p0444b–0444c）

1896　佛書殘片

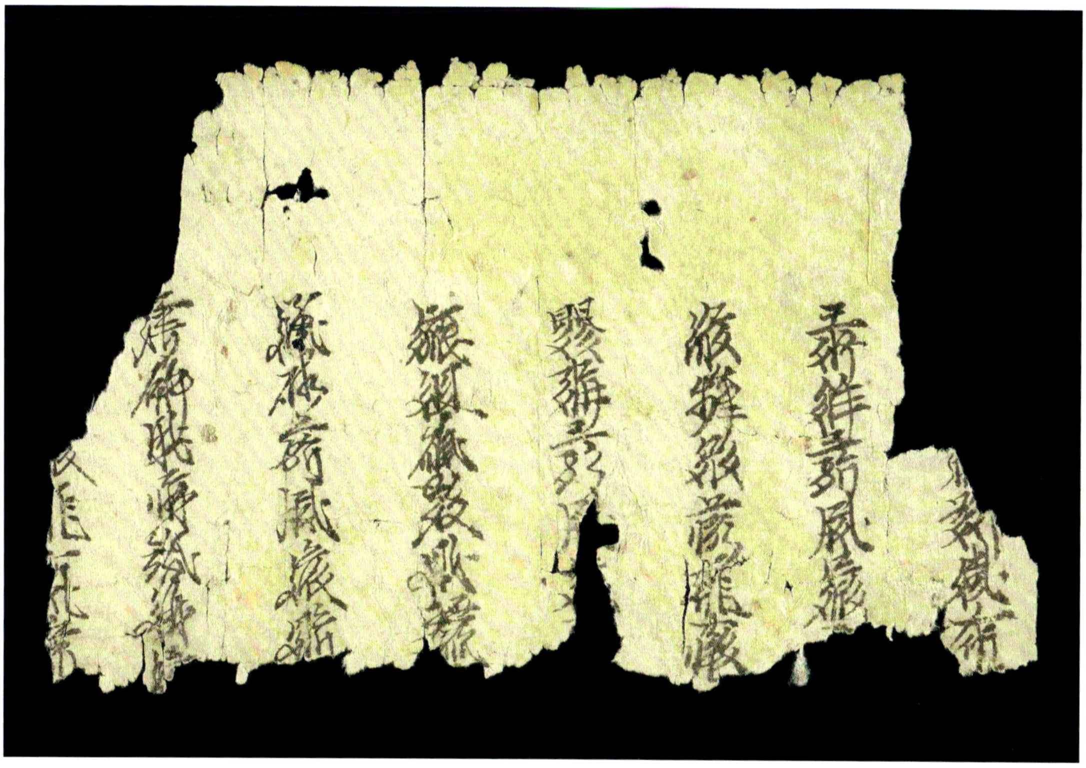

Or.12380/1896（K.K.II.0261.l）
11.2 釐米 × 18.1 釐米

……傘蓋……
悲心自性色……
烏波蓮華青頂……
歡喜自……
甚妙法幢光炬……
時之自性色青……
密中圍内明點……

1897 佛書殘片

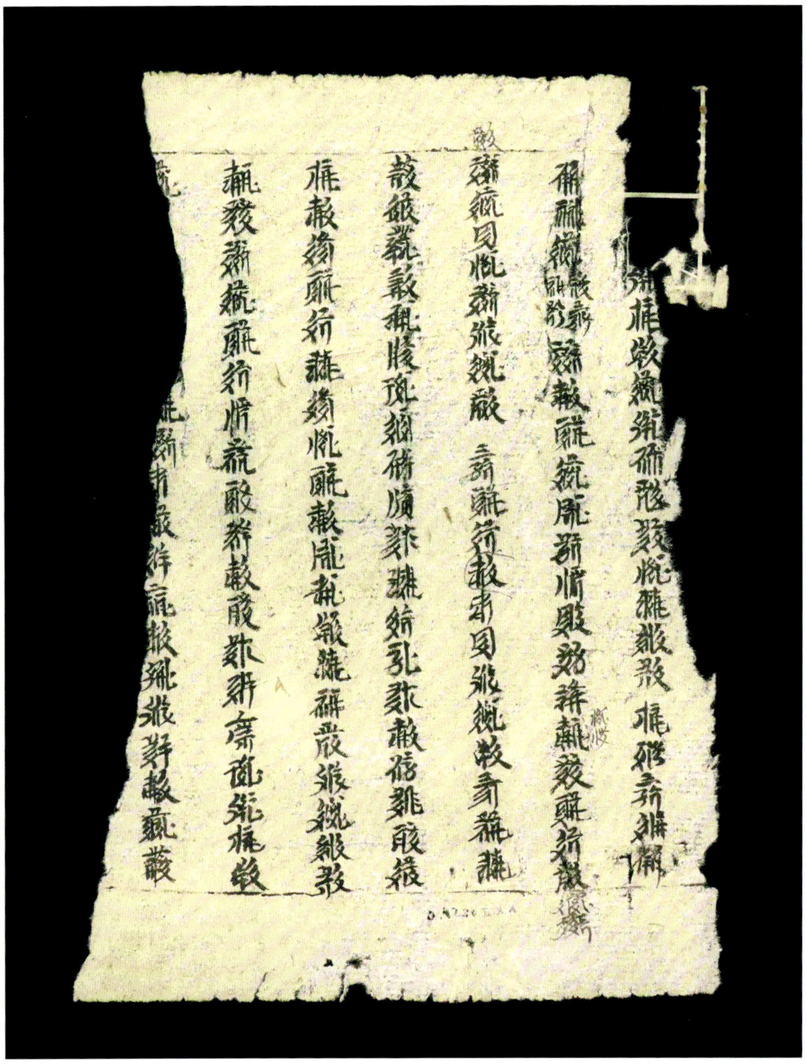

Or.12380/1897（K.K.II.0258.c）
21.7 釐米 × 16.3 釐米

……彼二人者彼之倚處不依故也　第二自共誠
諦使者清悲邪師閑雖具者宫同非乎謂則不定何所具足是者閑
是閑者八不閑已弃是　自具足而八已弃人身得因
三惡趣壽長天如四中國生因地邊生雖明滿未出
二雖主具足因主不具雖宫上願隨邪見已弃故也
何所閑者具足非有天施雖未生有王如彼二人
者……閑亦惡心發而血已出雖父乃

1898　佛母大孔雀明王經卷下

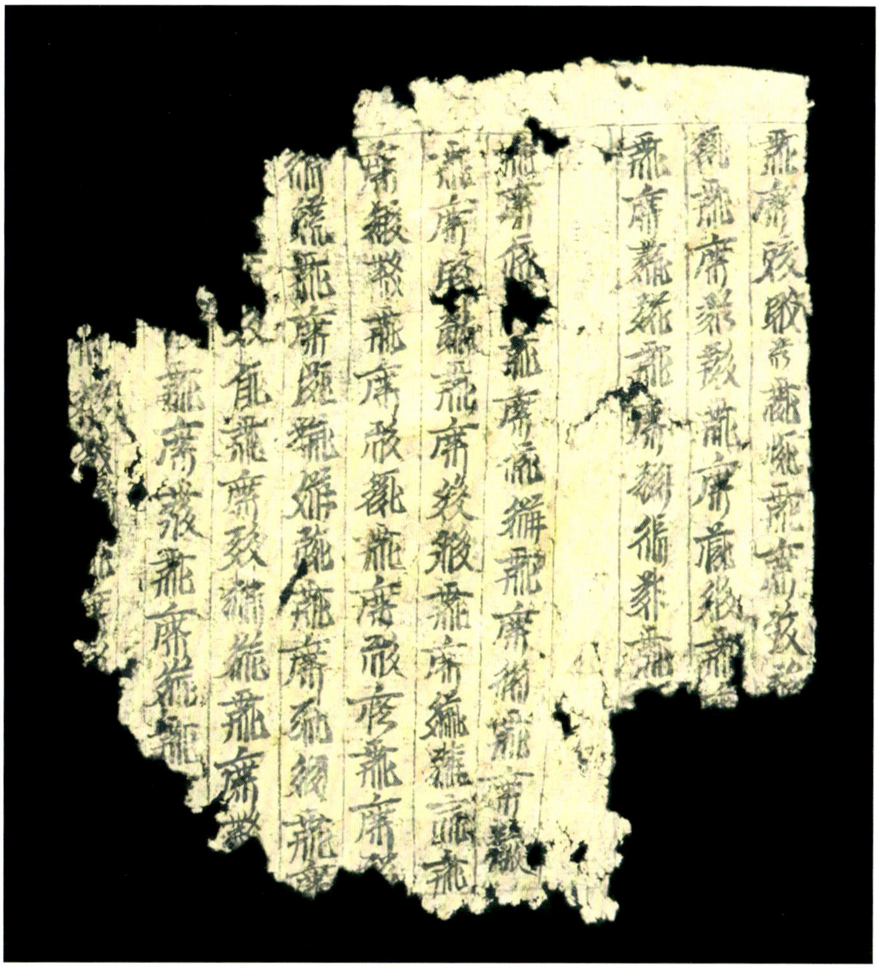

Or.12380/1898（K.K.II.0257.p）
21.5 釐米 × 19.1 釐米

龍王菴末羅道復龍王珠子……
持龍王增長龍王目廣龍……
龍王車面龍王占箄野龍……

龍王五□龍王五髻龍王魔龍王□
龍王近滴龍王蜂蜜依時起龍
王力大龍王持微龍王微者龍王□
馱迦龍王驕荅摩黑龍王意妙龍王
……根龍王人中上龍王大□
……狼龍王上龍……（《中國藏西夏文獻》6，p214–216）

1899 經疏殘片

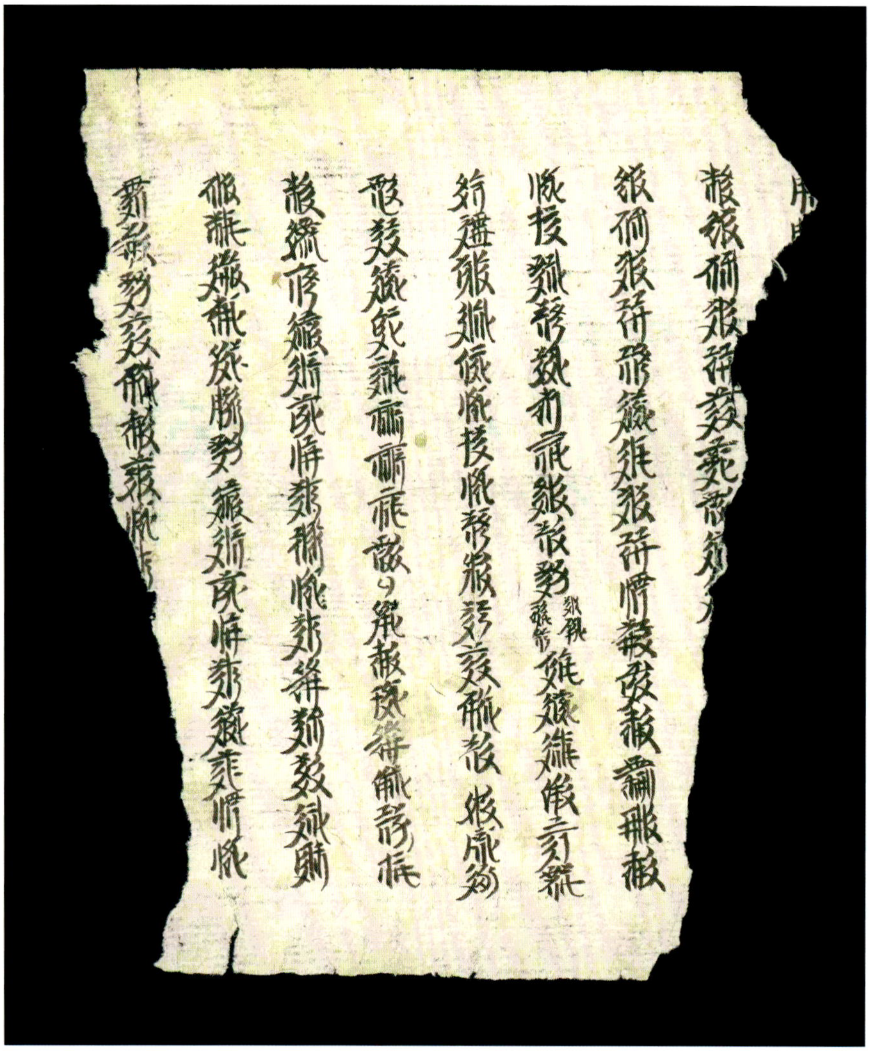

Or.12380/1899（K.K.II.0257.c）
19.8 釐米 × 16.6 釐米

種戒之間禁與離是……
戒之間禁略者高間禁非門黄及敗亡及
不斷乃爲處亦發故也謂寶獅子師此者先人身得
男女陰有五不斷不爲需説與違也　後舍在
近處者行走一切皆是○彼雖如則願入二
種有者無色界内生因不生則菩提功德
彼岸到上曾壞謂無色界内生者望非不
尋求謂與違雖若不……

1900 殘片

Or.12380/1900（K.K.II.0270.uu.47?）

13.2 釐米 × 19.2 釐米

1901 陀羅尼殘片

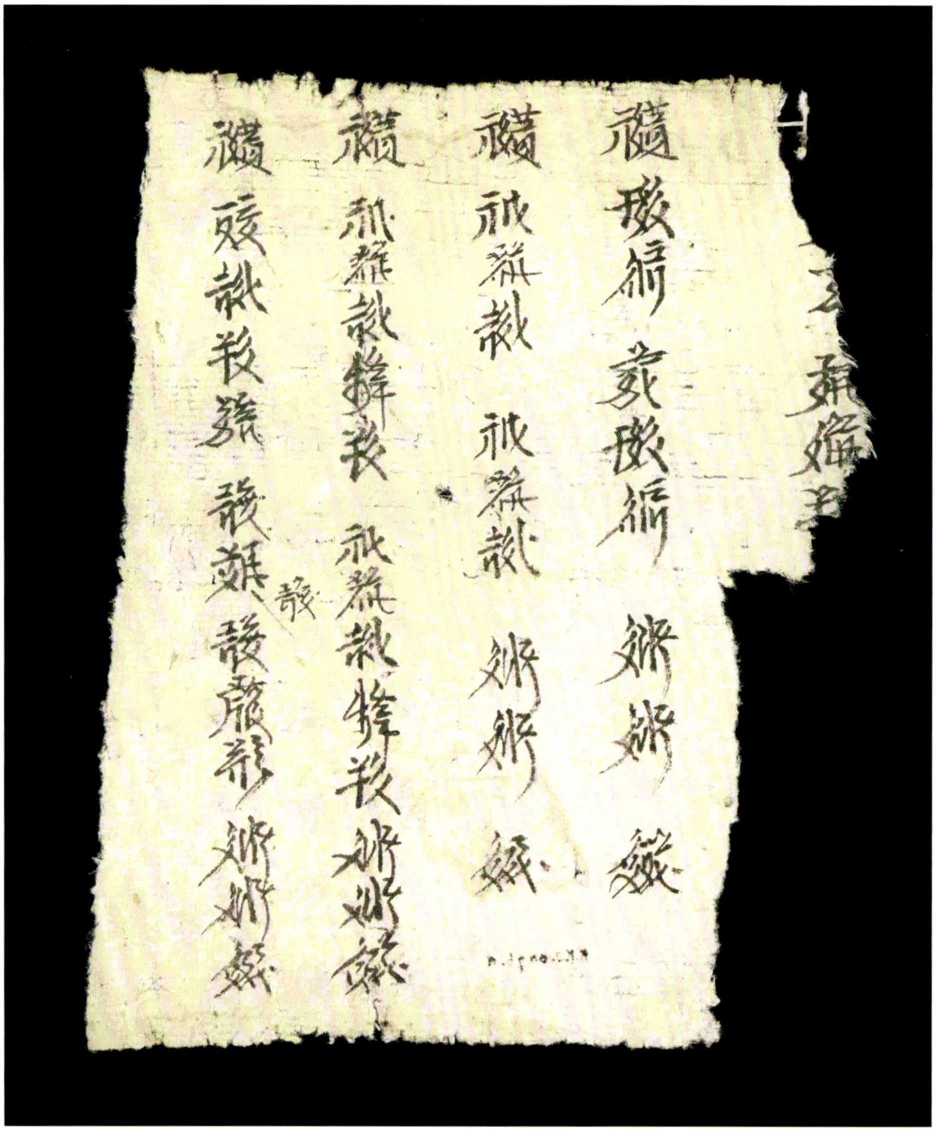

Or.12380/1901（K.K.II.0276.a）
19.9 釐米 × 16.3 釐米

……娑摩……

唵 素婆 你素婆 吽吽 泮

唵 吃哩那 吃哩那 吽吽 泮

唵 吃哩那波也 吃哩那波也 吽吽 泮

唵 阿那也賀 婆伽婆 婆啨啰 吽吽 泮

1902 大般若波羅蜜多經卷一百四十

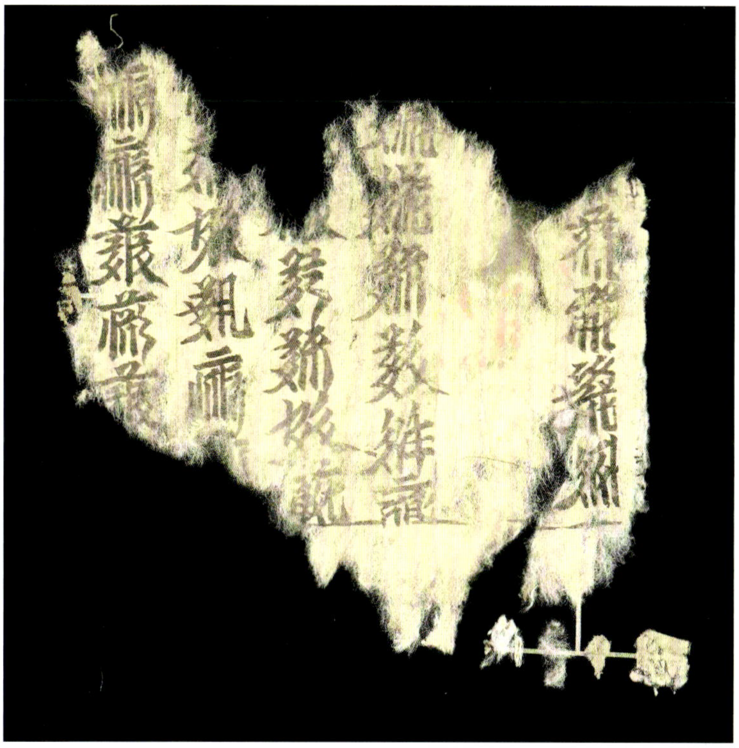

Or.12380/1902A（K.K.II.0276.rr）
12.7 釐米 × 18.9 釐米

Or.12380/1902B
9.7 釐米 × 6.3 釐米

……有相似精

……最上菩提心發
……說菩薩摩
……薩行一……
……一切若淨若

……精進波羅……
……者菩薩摩訶……
……薩行一……

如前所說，當知皆是說**有**所得**相似精**進波羅蜜多。

復次憍尸迦！若善男子善女人等爲**發無上菩提心者**說一切**菩薩摩訶**薩行若常若無常，**說**一切**菩薩摩**訶**薩行**若樂若苦，說一切菩薩摩訶**薩行**若我若無我，說**一切**菩薩摩訶薩行**若淨若**不淨。（《大正藏》T05，p0762b-0762c）

1903 大般若波羅蜜多經卷一百七十一

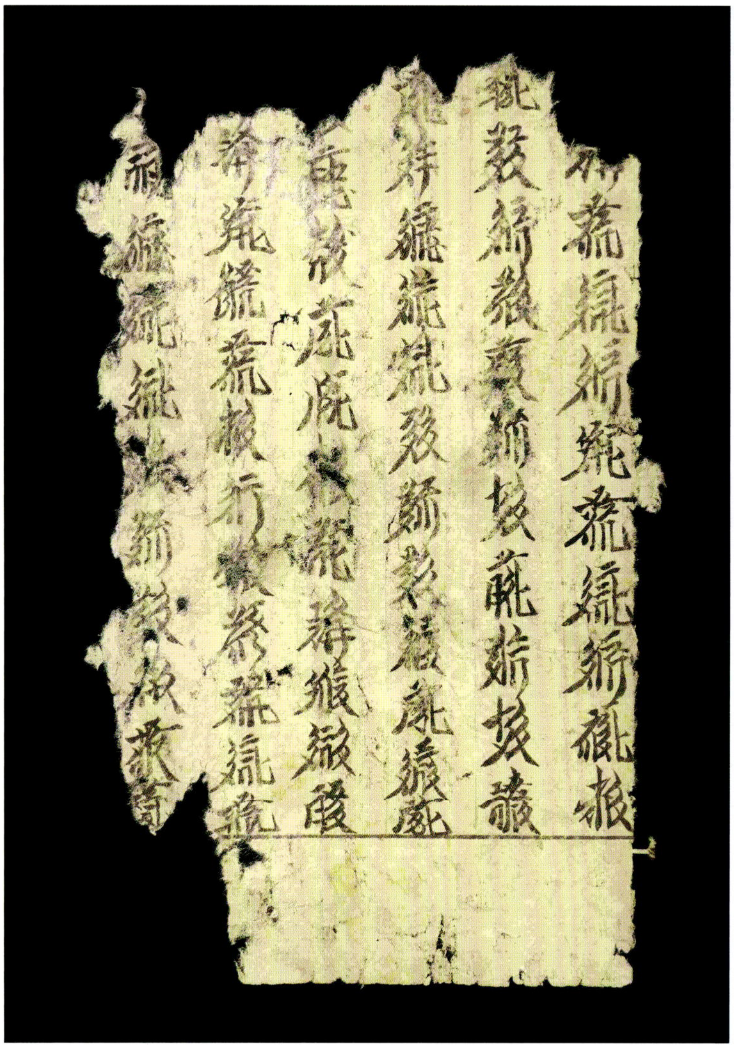

Or.12380/1903
（K.K.II.0233.c）
19 釐米 × 12.3 釐米

……則有所無彼有所無法隨以
……向可無也若菩薩摩訶薩般
……諸佛最上正等菩提欲界色界
……皆三界不□墮則過去未
……則彼相有以方便爲得所有
……生最上正□菩提方回向

若法不生**則無所有，不可以彼無所有法**隨喜回**向**無所有故。**若菩薩摩訶薩**修行**般**若波羅蜜多，如實知**諸佛無上正等菩提**不墮**欲界色界**無色界，若**不墮三界則**非**過去未**來現在。若非三世則不可以**彼有相爲方便，有所得爲**方便，發**生**隨喜**回向無上正等菩提**。（《大正藏》T05，p0919c）

1904　大般若波羅蜜多經卷一百七十一

Or.12380/1904
（K.K.II.0274.ee.1?）
17.5 釐米 × 19.9 釐米

安忍精……
切合集稱量相有以……
有以方便爲思作……
……隨喜　……慮般……
……男□□女人等……
□來現□十方世界……
……空……
□住相應善根若真……
……性生離法定……
□應□□根若苦聖諦……
四靜慮四無量四色……

若諸有情修布施淨戒**安忍精**進靜**慮般**若等所引善根，如是**一切合集稱量，以有相**爲方便，有所得爲方便，**有**染著**爲方便**，有**思作**爲方便，有二不二爲方便。現前隨喜，既**隨喜**已，回向無上正等菩提。有善**男**子善**女人等**發趣無上正等菩提，普於過去未**來現**在**十方世界**一切如來應正等覺。……若安**住**内空、外空、内外空、空空、大空、勝義空、有爲空、無爲空、畢竟空、無際空、散空、無變異空、本性空、自相空、共相空、一切法空、不可得空、無性空、自性空、無性自性空**相應善根，若**安住**真**如法界法性、不虚妄性、不變異性、平等性、**離生性法定**法住實際虚空界不思議界相**應**善**根，若**安住**苦聖諦**、集聖諦、滅聖諦、道聖諦相應善根，若修習**四靜慮、四無量、四**無**色**定相應善根。（《大正藏》T05，p0922c）

1905 發願文殘片

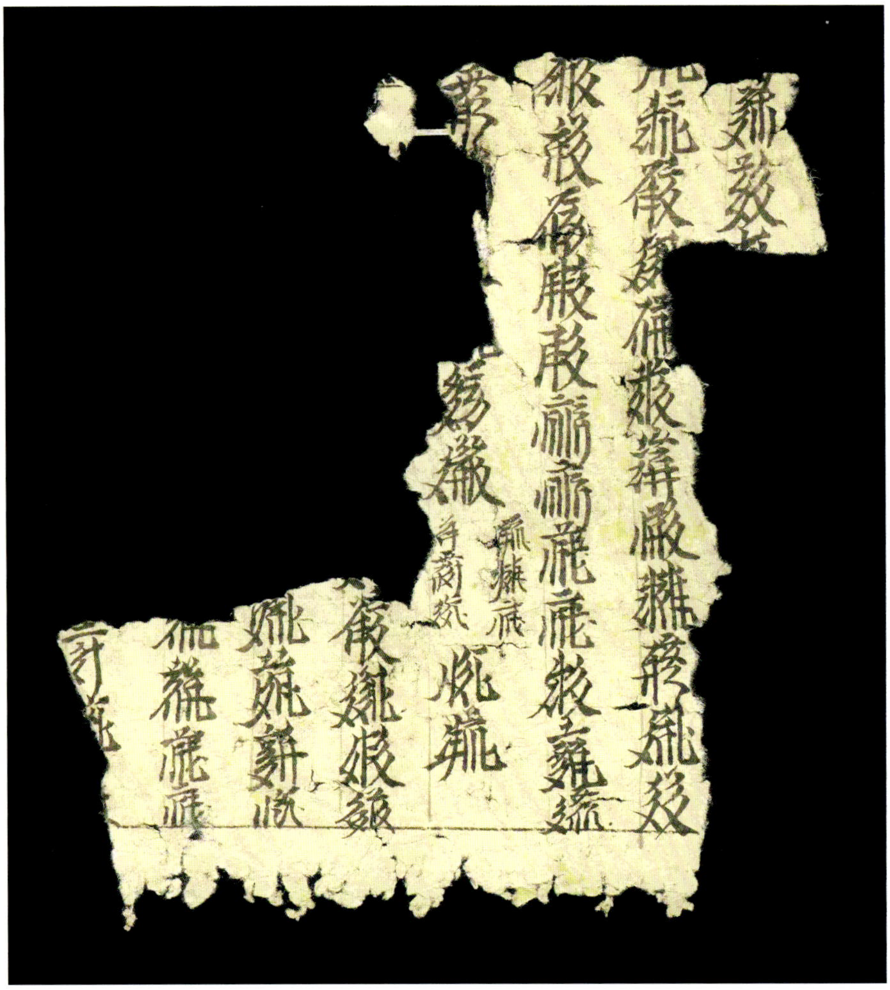

Or.12380/1905（K.K.II.0274.y）
16 釐米 × 14.7 釐米

……菩提……

……苦楚受來時如來應供正等

……以照耀業障一切悉皆消滅衆

……樂……當至隨願皆當成就復願

……苦受後惡

……飲此器不

……得悉皆

……身□□

1906　佛書殘片

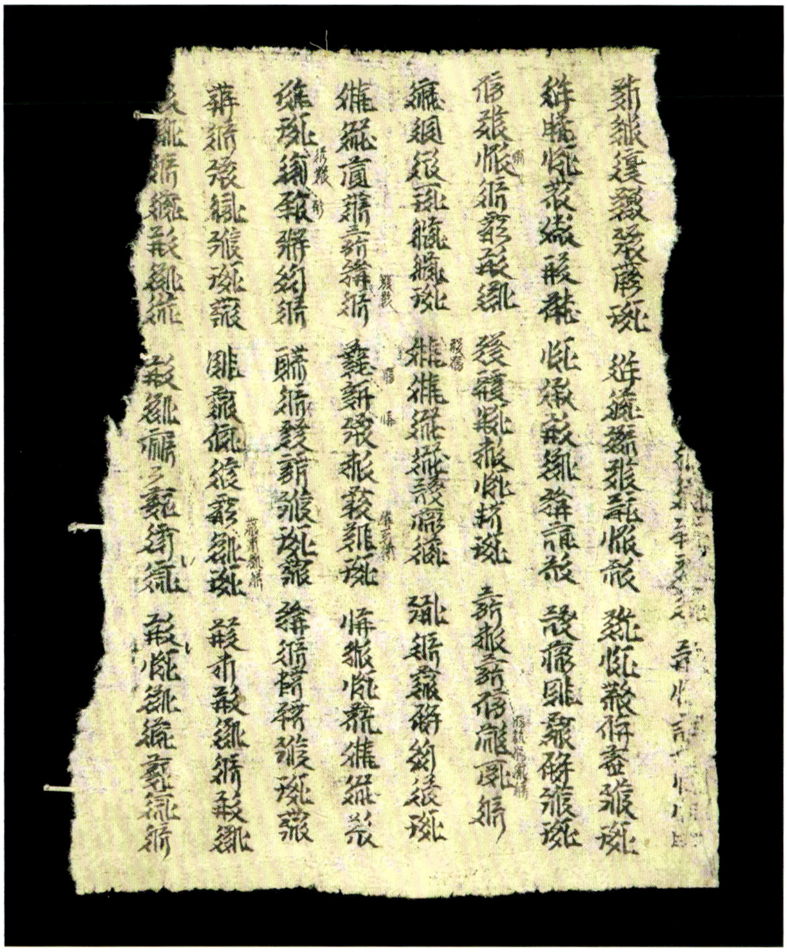

Or.12380/1906
（K.K.II.0275.o）
19.8 釐米 × 15.6 釐米

是故徐徐如水漂　心者間時妄想少　復次猶如大海底
心識不動堅固居　後方實發受知也　清淨猶如虚空中
念　無能明所明
明時無想受樂知　猶如燈燭風不摇　以己名己無雜亂
智明
如雨降於最妙花　顯顯明明清淨者　無雲空中如日出
盛處　明　内　則爲一
顯明夜晚實無已　猶如銅器水充滿　内外不有顯明也
遣句　語
如是名等無盡日　無體猶如所夢現　無實猶如虹霓現
現亦無受
無執猶如水月現　虚空五欲如受樂　何亦受知無受知
無受知者受知上　一切受知應出離　不受知者無所離

1907 新集碎金置掌文

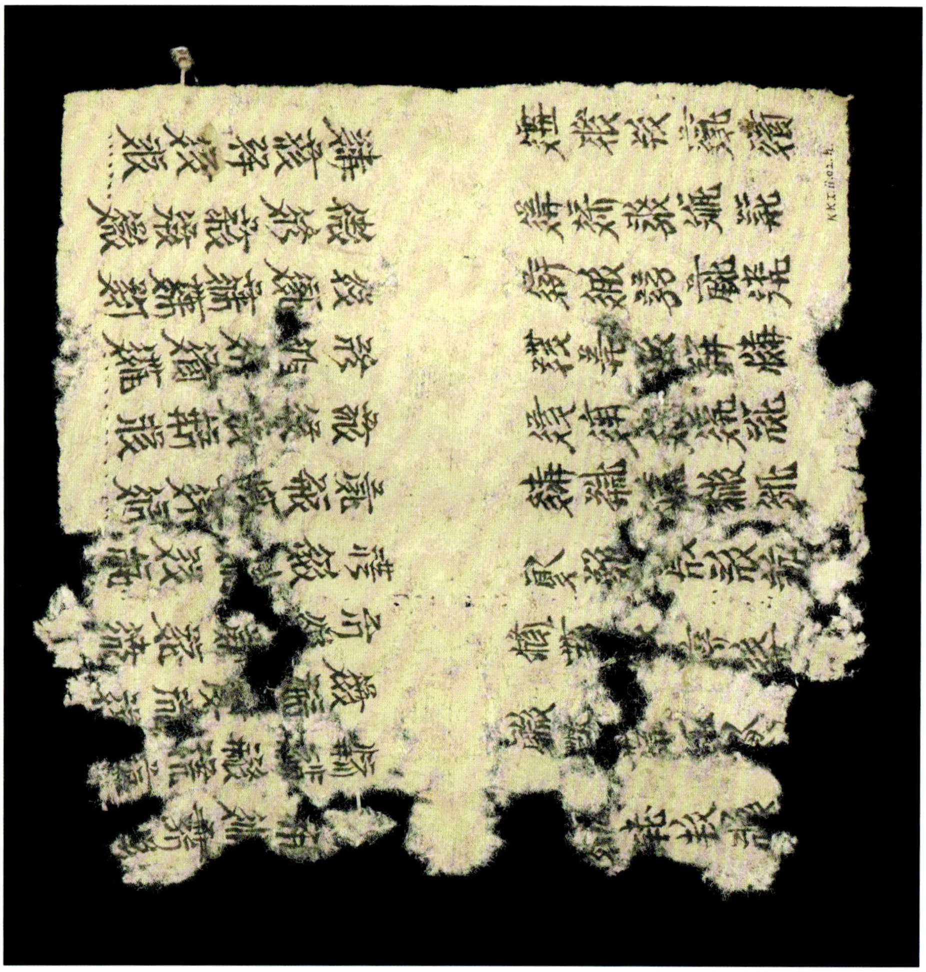

Or.12380/1907
（K.K.I.ii.02.h）
18 釐米 × 17.5 釐米

□相公堂□
御史斷常務
取捨磨勘事
牧農二司管
賞罰行□正
萬民無不服
折卧乃咩布
藥乜没令介
祇移賀蘭勢
骨埿河水樂
留紐梁且辣

息齊野佑多
葉玉浪罔即
骨婢賞麻尚
乃令兀衛慕
連奴捨勒囉
乜輕□羅即
芭裹唅鮮卑
殿堂坐□位
皇后居后宫
□□樓閣戲

1908　禮佛文殘片

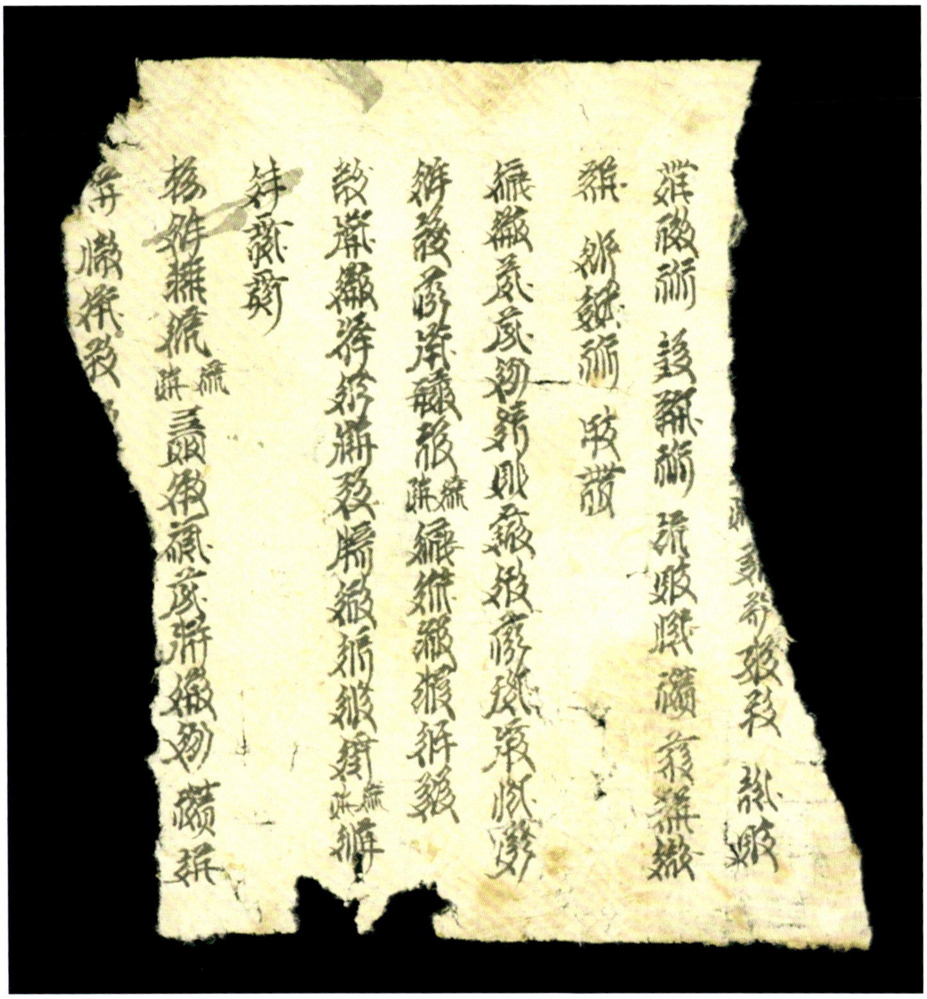

Or.12380/1908（K.K.II.0227.d）
19.8 釐米×19 釐米

……囉耶也　曩謨
室遮吒　頗旃吒　俱末羅　唵　耆唎鋪
唎　吽泮吒　娑訶
周遍世界在譬虛空蓮華如水不著
心清淨彼于過衆續無上尊恭敬禮
三壇普施六度等修無漏因爲衆續共
佛道成
一心歸依衆續十方法界盡常住　唵　薩
嚩　部他也……

1909 佛説大白傘蓋總持陀羅尼經

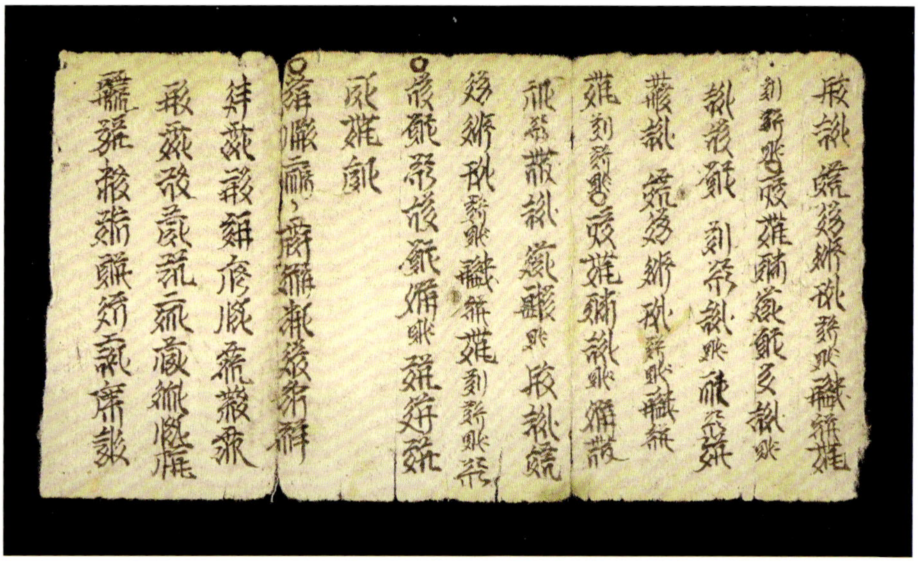

Or.12380/1909（K.K.II.0238.h）
9 釐米 × 17.1 釐米

薩捺　葛囉吽嚨隆没　醯哩塞
剋囉没○啞室捺喻折帝嚓没
捺曷色　得囉捺麻不囉薩
怛捺　葛囉吽嚨隆没　醯哩
塞剋囉没○啞希怛捺麻麻渴
屹囉曷捺　覓捺没　薩捺葛
囉吽嚨隆没　醯哩塞剋囉没囉
○曷色囉曷色麻麻　薩末薩
咄塞胝
○如來一切頂髻上出蓋白
佛母餘能者不有金剛大回
遮母十萬俱胝目有不二
熾燃種善具足金剛腹

覓嚓能**薩捺葛囉吽嚨隆**二合引**啞室捺喻**能**折帝嚓**能**捺色曷**上齶引得**得囉捺麻不囉薩怛捺葛囉吽嚨隆**二合引**啞希怛捺麻麻渴屹囉曷捺**能**覓**能**捺**能上齶**薩捺葛囉吽嚨隆**二合引**囉塞剋囉鵃**没擁護於我。

出有壞母**一切如來頂髻中出白傘蓋佛母**、**金剛**頂髻**大回遮母**、具千大臂母、有千大首母、具**十萬俱胝目不二熾燃具種相金剛**寬廣大白母、主宰三界中圍母一切時中擁護於我，擁護於我。（《大正藏》T19，p0405a）

1910　禮佛文殘片

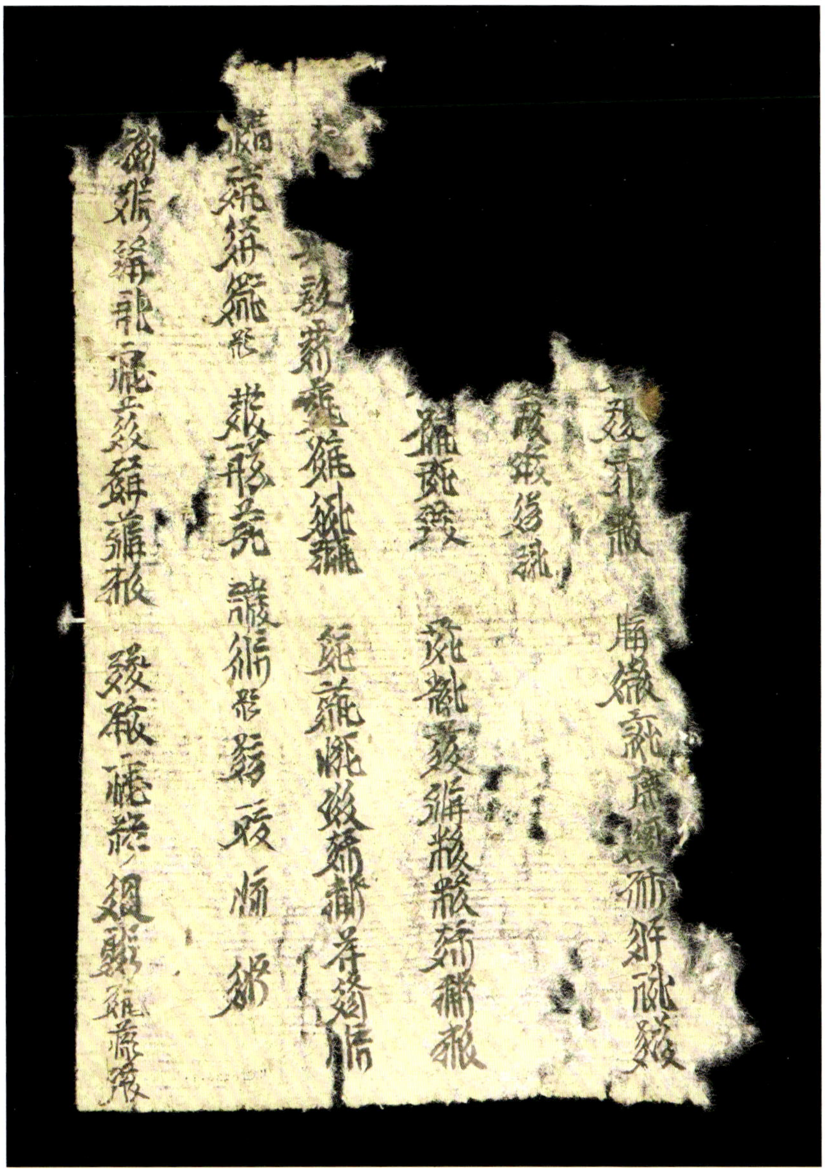

Or.12380/1910
(K.K.II.0236.g)
21.6 釐米 × 14.8 釐米

……化身大　勇固金剛持之恭敬禮

……種專心偈

……是如水　諸穀與共種種吉祥以

……前供養此奉依　行往不停吉祥當聚集

唵薩嚩毗囉　瑜祇你　鉢折囉　兮　阿　伽　吽

旃陀俱金皆與和合以　事等皆做妙合此淨水

1911　修法要門殘片

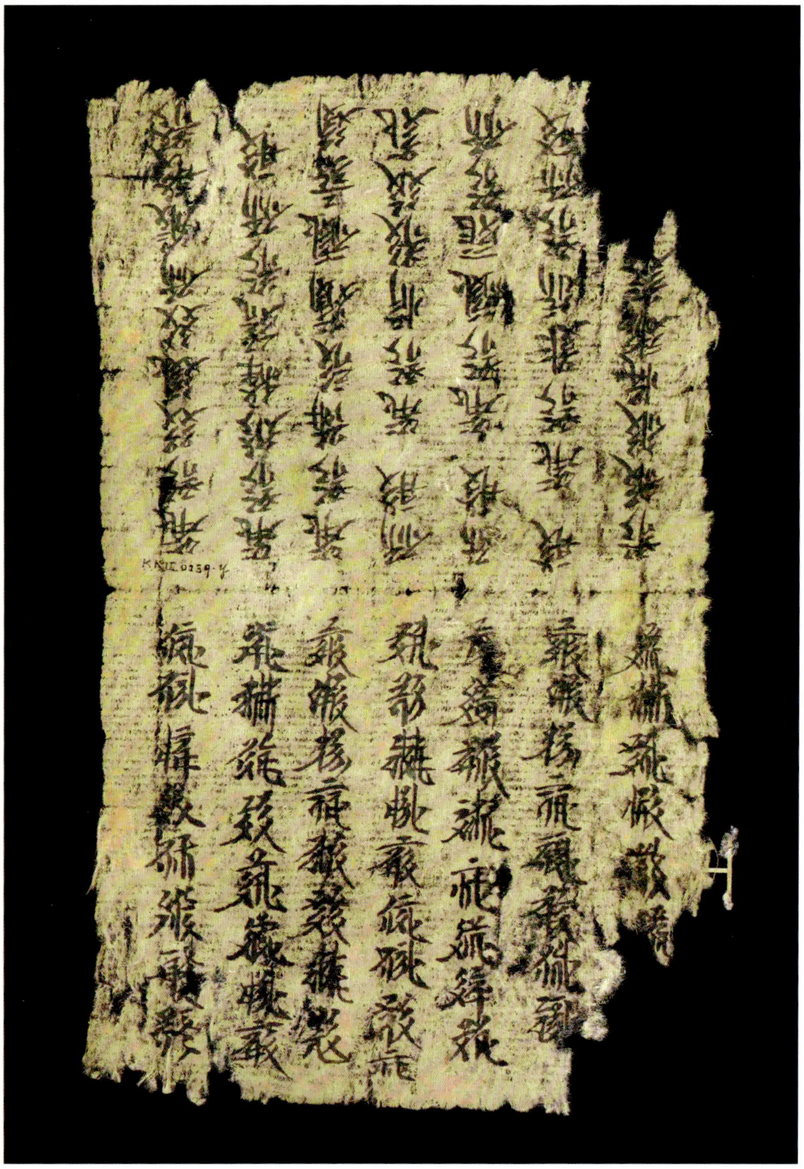

Or.12380/1911
（K.K.II.0239.y）
20.9 釐米 × 13.2 釐米

衆中乃來大衆……
愛信已發法門多經
順王旨意皆悟辯才
殊勝故巧健五明等皆
已發愛信而所依傍
其中此要門者巧健
五明勇賢之所傳爲
彼師等持賢之所傳爲
彼師地波迦囉之傳
羊悉多法自在
之傳　彼師非也鐘斡
之傳　彼師滿無師之傳
師相繼順序説

1912　大寶積經卷九十四

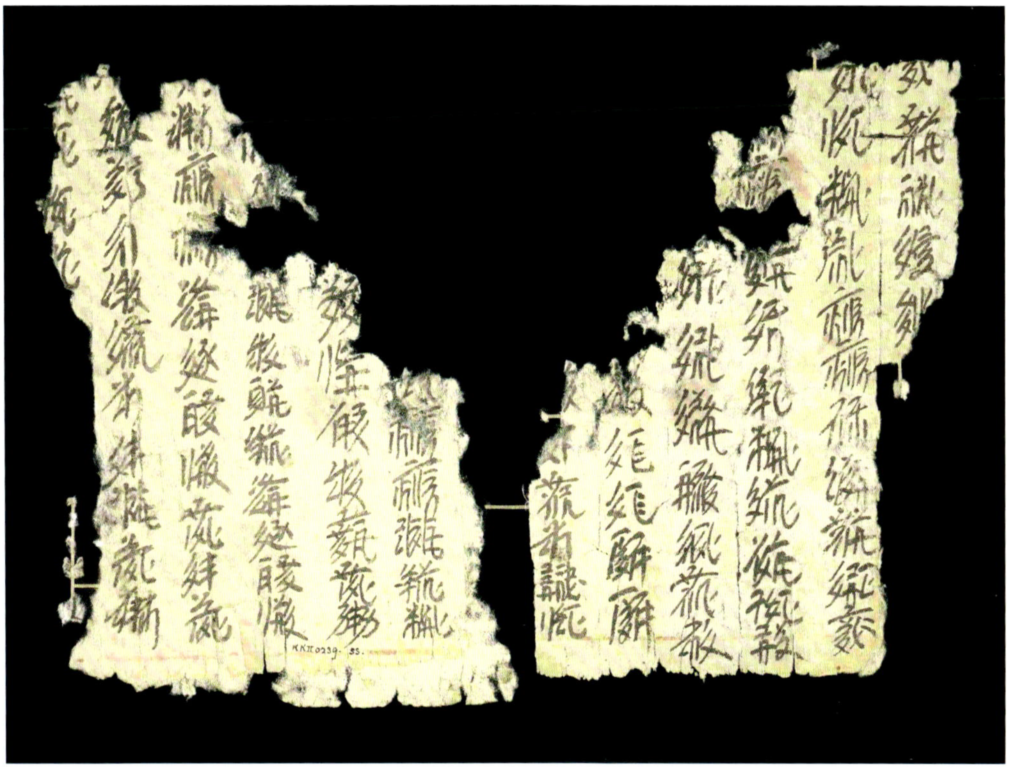

Or.12380/1912(K.K.II.0239.ss)
16.4 釐米 × 23.3 釐米

……一切隨願衆
……無量苦出離諸煩
……隨具足願現在未來
……間一切現在未來諸佛世
……宣說聖人衆亦佛依世間
……得使欲故……
……復衆生一切之度得解脫
……一切具足是菩薩是如智
……惟我今勤精進以
……時時漸漸
……生有亦世不

是菩薩若一切所作善根，**願一切衆**生無有恐怖，**出**三惡道，滅**無量苦**，斷**諸煩**惱。令現在未來欲得緣覺乘者**願**令**具足**，現在未來欲得大乘者願令具足。願請**一切**世**間**所有**現在未來諸佛世**尊住世一劫**說**法，令**聖人衆隨佛**在**世**而得和合。（《大正藏》T11，p0536a）

爲**得**一切智具足一切佛法**故**，是菩薩趣向思惟已。願令**一切衆生得度得解脫**故，爲得一切智**具足一切**佛法故。**是菩薩如是智**慧。若無力能學。應如是思**惟**：**我今**當**勤**加**精進**，時時漸漸斷於無明。我今復當倍加精進，**時時漸漸**學此智慧，令此智慧增廣具足，乃至**生有**終**不**懈怠，生於憂愁。（《大正藏》T11，p0536c）

1913 修法要門殘片

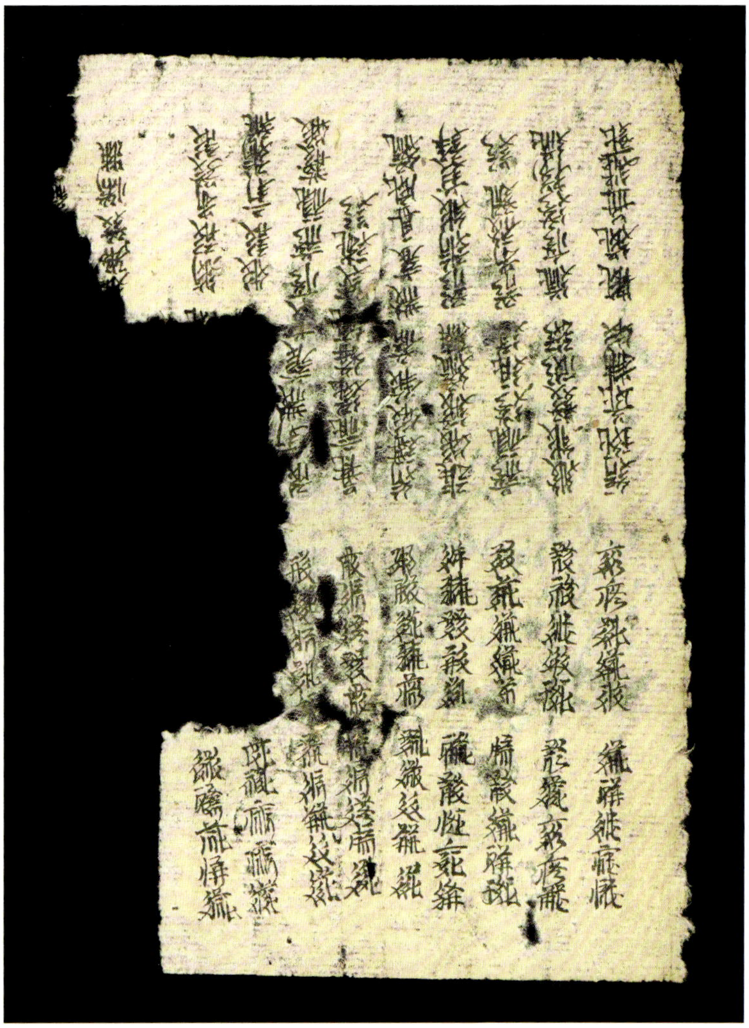

Or.12380/1913
（K.K.II.0239.n）
22.7 釐米 × 16.3 釐米

……惱所多因
……
……福智亦茂盛
……後世得善身
十一大乘□者真法已信
能發慧則説解脱法
男女人等有　大乘種性具
因具昔信力　故與善師在
能問真法理　師亦忠乃説
因緣已和合　聞者理乃悟
譬如世間人　染風膽濁病
醫人處尋藥　服藥病皆愈
弟子如病人　師者同醫人
要門同湯藥　修習如服藥
依心乃覺受　習齋不離故
煩惱依次淨　所至能證果
已見無見理　能修無修理
取□無行□　能證無得果
□□□□□　一切諸法者
□□□□□　毁贊耳内聞

1914　懺法殘片

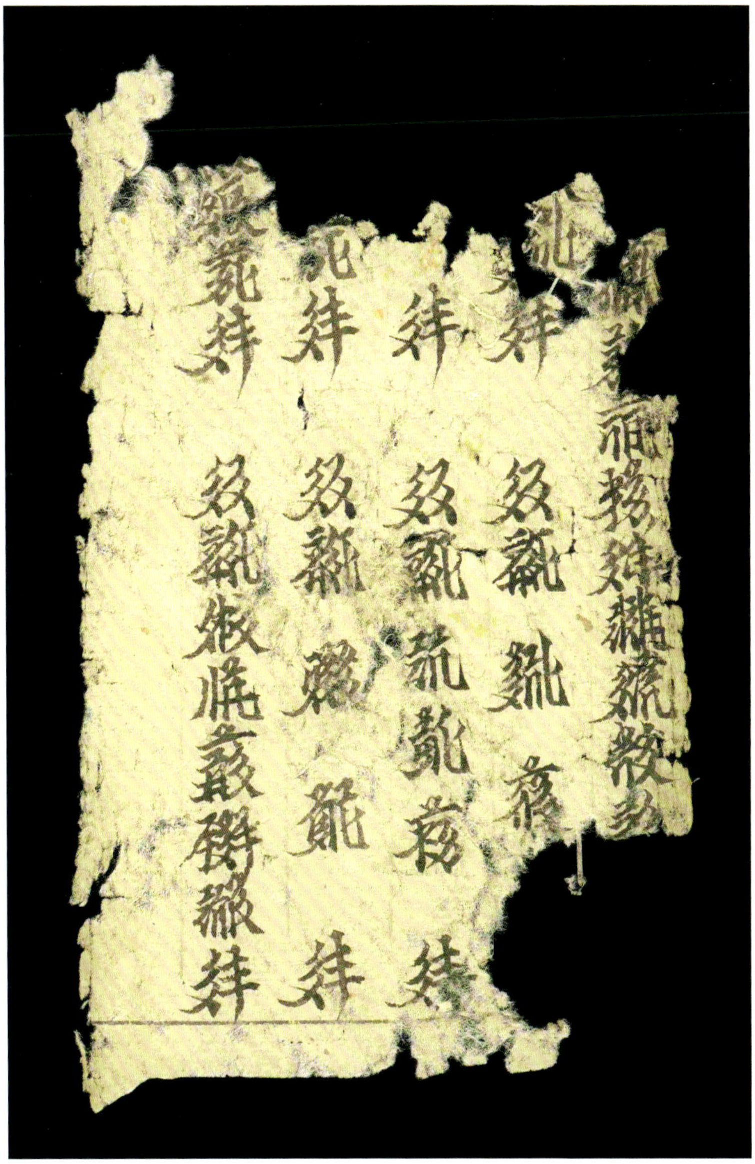

Or.12380/1914
（K.K.II.0239.t）
19.3 釐米 × 11.7 釐米

……法啟運一心歸依三世……
……尸佛　南無尸弃……
……佛　南無拘留孫佛
……尼佛　南無迦葉佛
……牟尼佛　南無當來彌勒尊佛

1915　佛書殘片

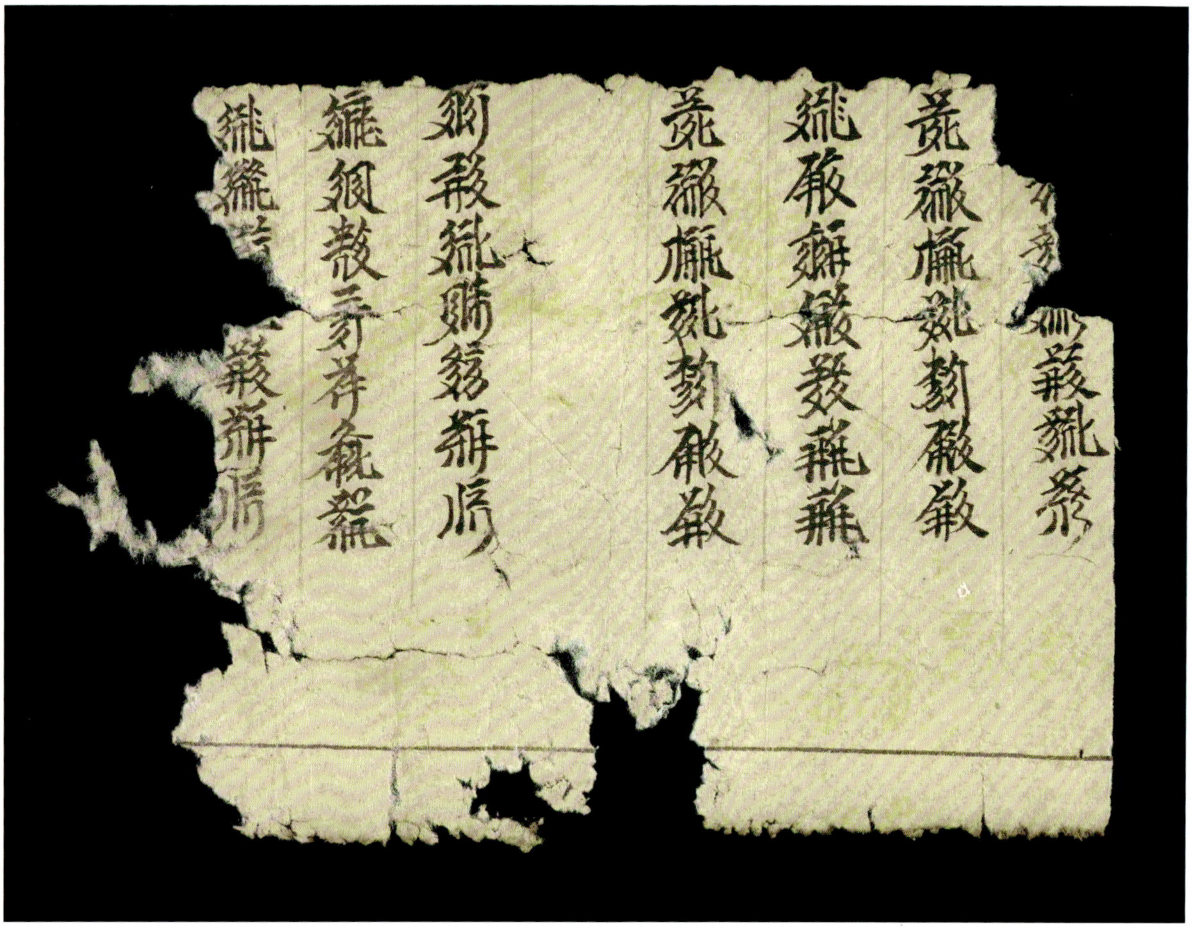

Or.12380/1915（K.K.II.0239.8）
13 釐米 × 18.2 釐米

……何所爲
……世尊爾處監旨尋
……我等力氣未堪任
……世尊爾處監旨尋
……
……福智功德乃求集
……最妙三身當獲得
……我今□□乃求集

1916　修法要門殘片

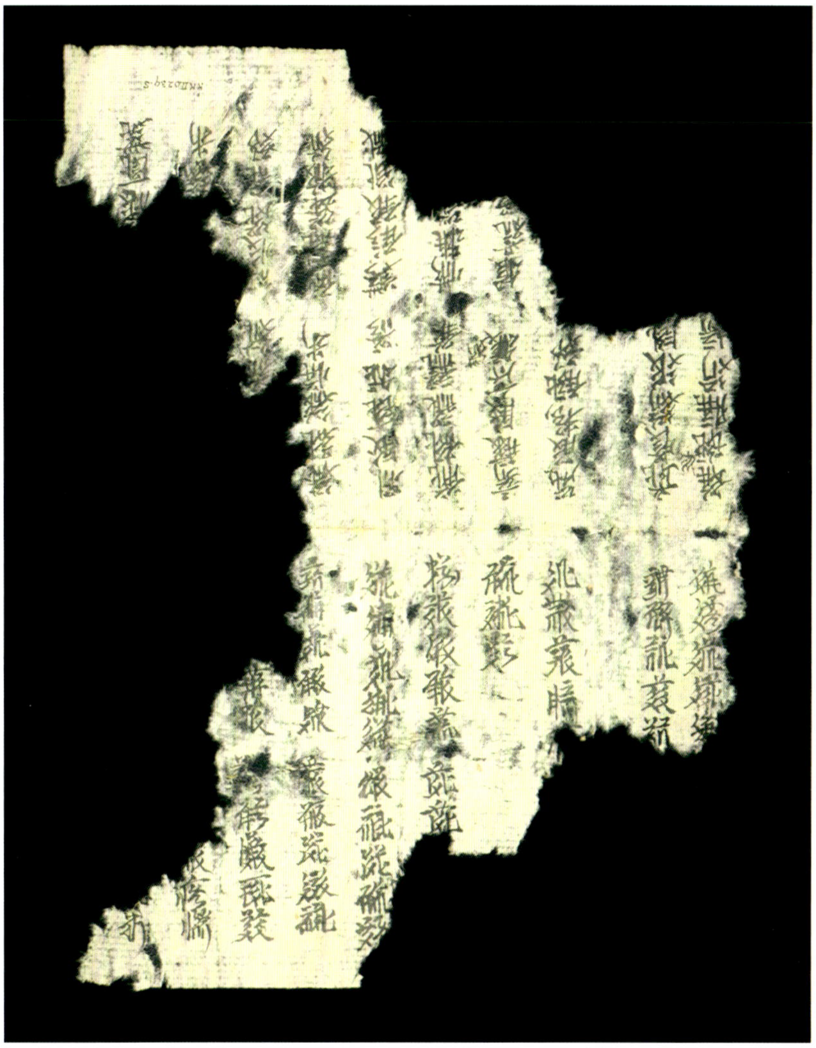

Or.12380/1916
（K.K.II.0239.s）
22.5 釐米 × 16.7 釐米

……亂上隨
……亦
□□□□思　□違曾許謂
安處到來亦　□□曾减思
圍繞上緊爲　杖言等受□
畜穀財物等　安因□□□
自如官位有　富貴□□□
彼他乃及謂……
諸天善神祐……
是如二足……

此理悟能故……
夢中境與同……
九大乘修……
舍法説
一品人等有　各各□□□
上下問於者　戒法曾違謂
自共相教禁　軍民曾留法
□□□持以　□言剛上可
……者多
……亦

1917 大方廣佛華嚴經卷一

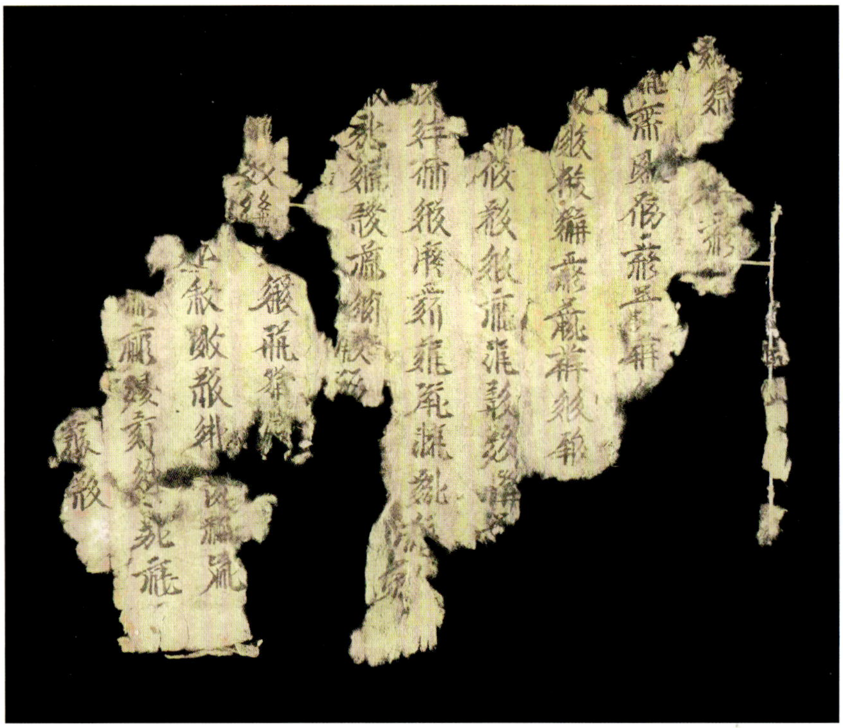

Or.12380/1917（K.K.II.0260.n）
17.5 釐米 × 20 釐米

……可……金……
……王光明金剛執……
……摩尼髻金剛神執等……
……毛數神皆往世無量……
……諸佛之親近供養彼依所行圓
……邊無清淨福業積……
……神通力獲如來……
……威光特出諸衆生
……一切化形在所皆
……護也

諸根美妙執金剛神，**可**愛樂光明執**金**剛神，大樹雷音執金剛神，師子**王光明執金剛**神，密焰勝目執金剛神，蓮華光**摩尼髻執金剛神**，如是**等**而爲上首。有佛世界**微塵數**，**皆**於**往**昔**無量**劫中，恒發大願：願常**親近供養諸佛**，**隨**願**所行**，已得**圓**滿，到於彼岸。**積**集**無邊清淨福業**，於諸三昧所行之境，悉已明達。**獲神通力**，隨**如來**住入不思議解脱境界，處於衆會，**威光特**達。隨**諸衆生**所應現身而示調伏，**一切**諸佛**化形所在皆**隨化往，一切如來所住之處常勤守**護**。（《大正藏》T10，p0002b）

1918 經疏殘片

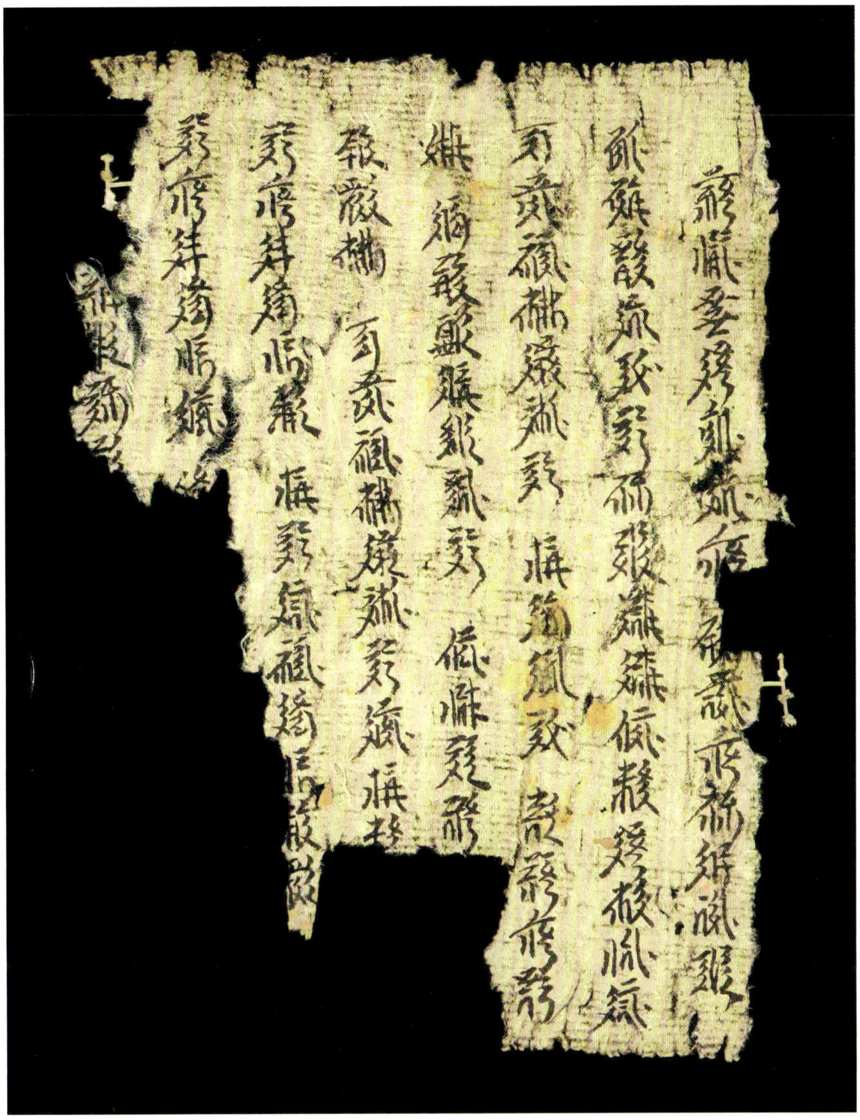

Or.12380/1918
（K.K.II.0244.j）
21.3 釐米 × 16 釐米

真諦實義領悟者□道者之恭敬禮
夫此禁令解説之時首先五種義以應知
一諸法中總攝説　二名字解　三爲者師
明　四何利益故乃説　五綱要略……
等是中　一諸法中總攝説者二種……
説者佛聚集論　二説所法聚集等是……
説者佛聚集者……
……菩……

1919 經疏殘片

Or.12380/1919
（K.K.II.0244.l）
20.8 釐米 × 15.1 釐米

戲論無者咒念誦時……
愛樂心略發也右手瞿曇迦執左手頭器持者戲論有
行行者不共手印是也勇士本咒等梵此等觀應謂者戲
論有行行者淨梵此上根本咒誦彼咒依已出雖彼咒之
自性是觀時身上實依有應勇士二十四身界是觀應
謂者身上二十四宮等内菩提心圓點者勇士二十四之
自性是觀應謂勇士六甲胄……

1920　大寶積經卷九十

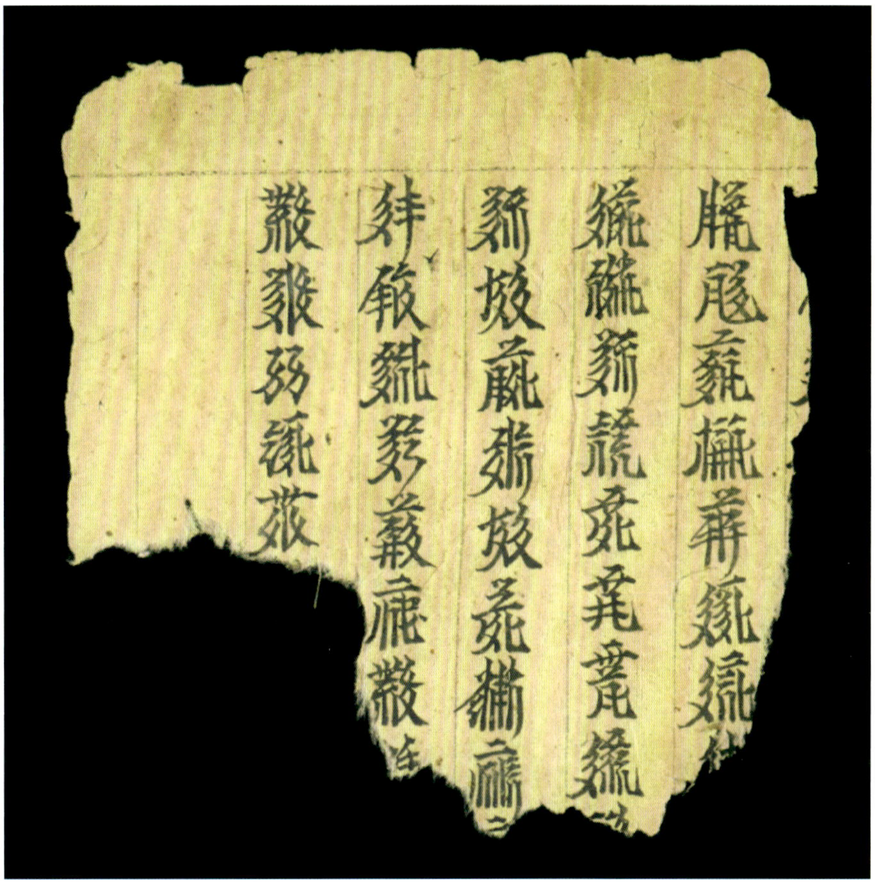

Or.12380/1920（K.K.II.0241.c）
11.6 釐米 × 11.5 釐米

識摧滅汝受持應……
者優波離諸比丘衆……
菩薩摩訶薩世間一……
佛等所説聞皆大……
大寶積契經……

此經名爲决定毗尼，亦名**摧滅心識，汝應受持**。佛説此經已，尊**者優波離**、**諸比丘衆**、文殊師利并諸**菩薩摩訶薩**及一切**世間**天人阿修羅等**聞佛所説，皆大**歡喜，信受奉行。

大寶積經卷第九十（《大正藏》T11，p0519b）

1921 殘片

Or.12380/1921A［K.K.II.0249.g（ii）］
7.4 釐米 × 15.7 釐米

Or.12380/1921C
6.2 釐米 × 5.5 釐米

Or.12380/1921D
4.5 釐米 × 7.4 釐米

1922　史記孫子傳

Or.12380/1922A（K.K.II.0239.yyy.78?）
6.9 釐米 × 15.2 釐米

……力聯合韓
……田忌乃
……龐涓聞後
……孫臏
……怯爲
……百里遠趣
……軍人
……爲明日五

後十三歲，魏與趙攻**韓**，韓告急于齊。齊使**田忌**將而往，直走大梁。魏將**龐涓聞之**，去韓而歸，齊軍既已過而西矣。**孫**子謂田忌曰："彼三晋之兵素悍勇而輕齊，齊號**爲怯**，善戰者因其勢而利導之。兵法，**百里**而**趣**利者蹶上將，五十里而趣利者**軍**半至。使齊軍入魏地**爲**十萬竈，**明日爲五**萬竈，又明日爲三萬竈。"（《史記》卷 65）

Or.12380/1922B（K.K.II.0239.yyy.78）
6.7 釐米 × 16.6 釐米

……智窮兵
……軍破爲大
……國傳

……馳田忌
……爲孫臏
……上爲令彼
……齊威王

龐涓自知**智窮兵**敗，乃自剄，曰："遂成豎子之名！"齊因乘勝盡**破**其**軍**，虜魏**太**子申以歸。孫臏以此名顯天下，世**傳**其兵法。

忌數與齊諸公子馳逐重射。孫子見其馬足不甚相遠，馬有上中下輩。於是孫子謂田忌曰："君弟重射，臣能令君勝。"**田忌**信然之，與王及諸公子逐射千金。及臨質，**孫子**曰："今以君之下駟與彼上駟，取君**上**駟與**彼**中駟，取君中駟與彼下駟。"既馳三輩畢，而田忌一不勝而再勝，卒得王千金。（《史記》卷 65）

1923　吉祥上樂輪現證儀軌

Or.12380/1923（K.K.II.0242.e）
20.2 釐米 × 18.3 釐米

次所造……
默有者等之謂此門……
及後生默有者等上樂身……
吉祥上樂輪之現前解次供

1924 懺悔文殘片

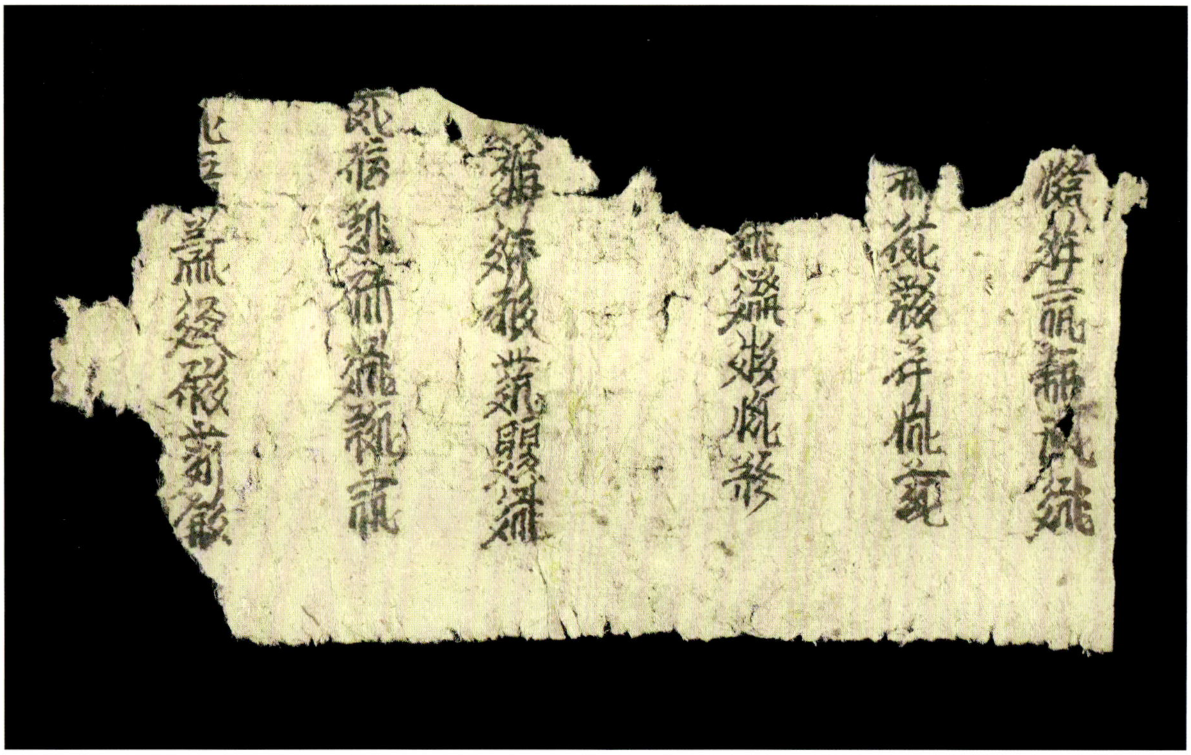

Or.12380/1924（K.K.II.0242.d）
8.3 釐米 × 16.6 釐米

……歸心始懺悔我
……罪是當知我
……我今後不爲
……歡喜以隨喜我
……諸明滿紙我告始
……劫在旨尋求

1925 佛書殘片

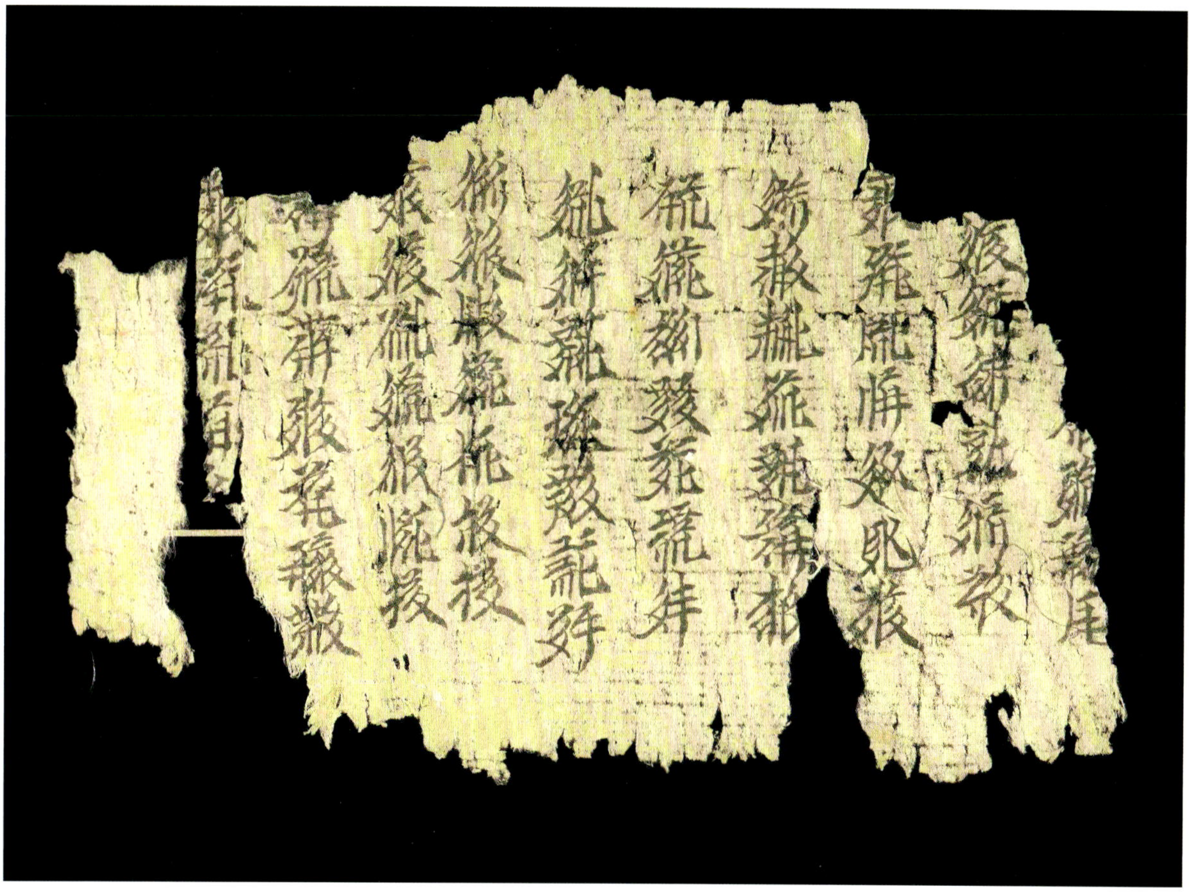

Or.12380/1925（K.K.II.0230.w/z?）
11.2 釐米 × 16.4 釐米

……天如高
……欲嫉妒邊無也
……若彼舍内在汝時
……善及菩薩行實以
……留者拶迦計利佛
……頂禮劍如茂刃有
……災禍業者本乃斷
……實相持時山如大
……若彼舍内……

1926 大般涅槃經卷二十三

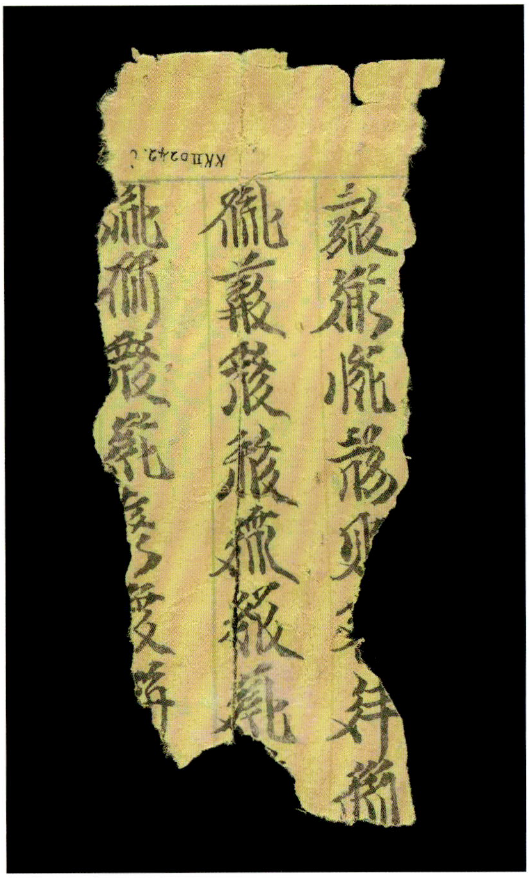

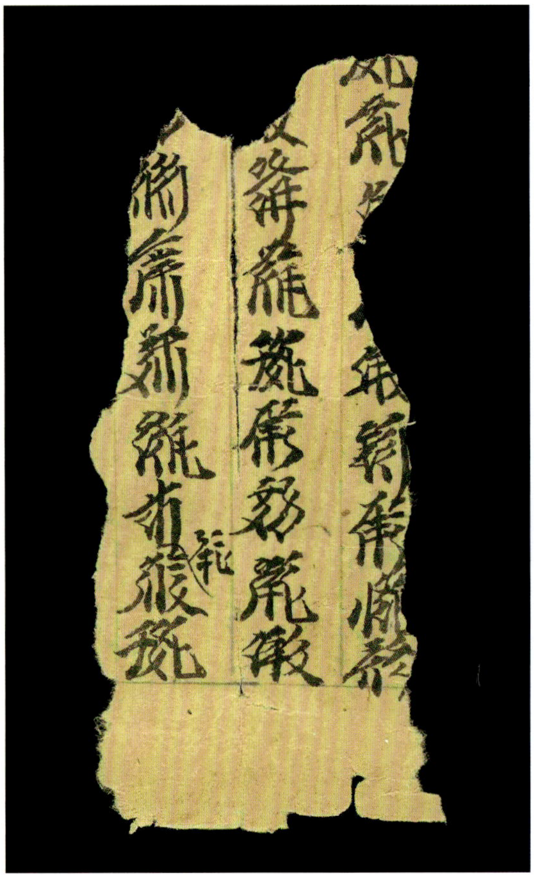

Or.12380/1926A（K.K.II.0242.i）
11.5 釐米 × 5.5 釐米

云何不入□□佛魔……　　　　……世諸□□人一言不作
多聞弟子禁戒持……　　　　……則是如言謂是人
生化能者未爾……　　　　……魔王波旬亦是乃如

譬如世人見人不言，無所造作，便謂是人如死無異。魔王波旬亦復如是。（《大正藏》p0513c）

世尊！涅槃時到，何故不入？佛告魔王：我今未有多聞弟子善持禁戒，聰明利智，能化衆生，是故不入。（《大正藏》T12，p0513b）

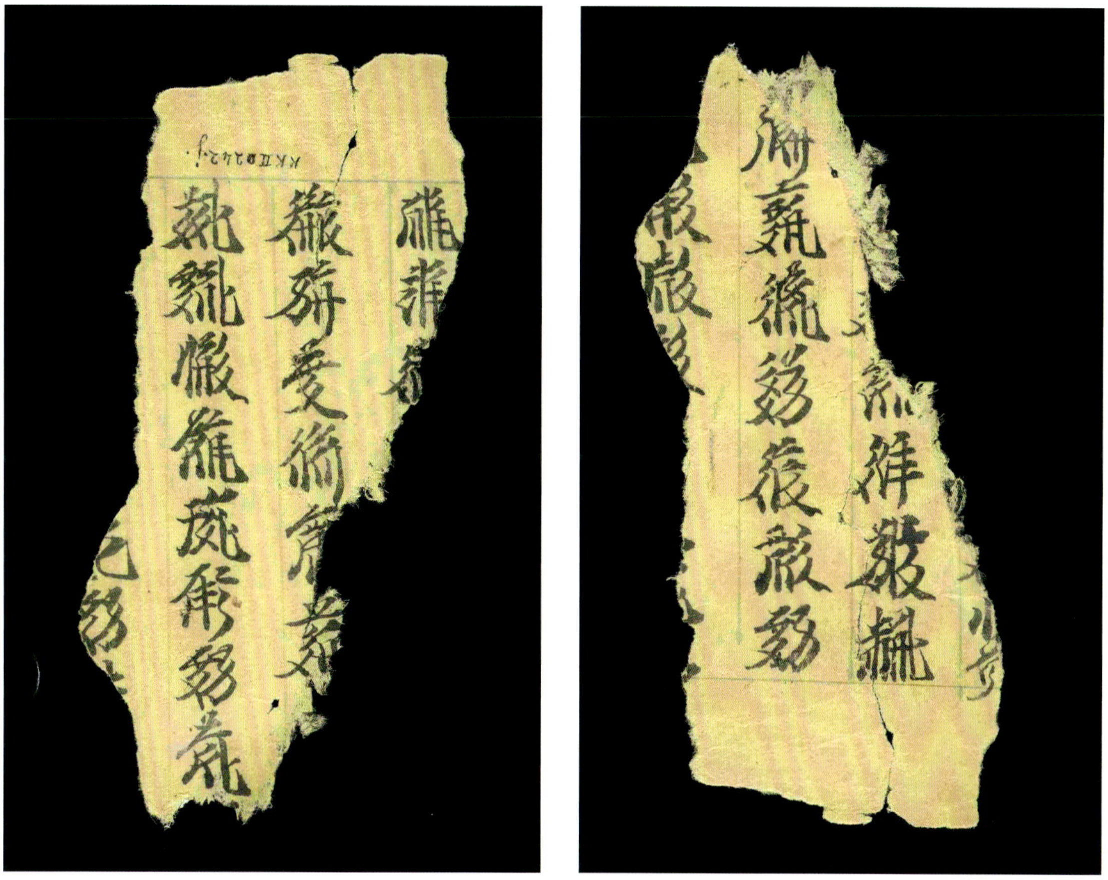

Or.12380/1926B（K.K.II.0242.j）
12 釐米 × 5.8 釐米

往昔……
至爾時魔王眷……
於乃到是如言謂世……
……謂……

……定相
……心下衆
……滅度者涅槃是謂
……差異是……

如來**往昔**初成佛道，**至**尼連禪河邊。**爾時魔王**與其**眷**屬**到於**佛所，**而作是言：世**尊！涅槃時到，何故不入？（《大正藏》T12，p0513b）

善男子！而是魔王真實不知涅槃**定相**。何以故？波旬**意謂**不化**衆**生默然而住便**是涅槃**。善男子！譬如世人見人不言，無所造作，便謂是人如死無**異**。（《大正藏》T12，p0513c）

1927 佛書殘片

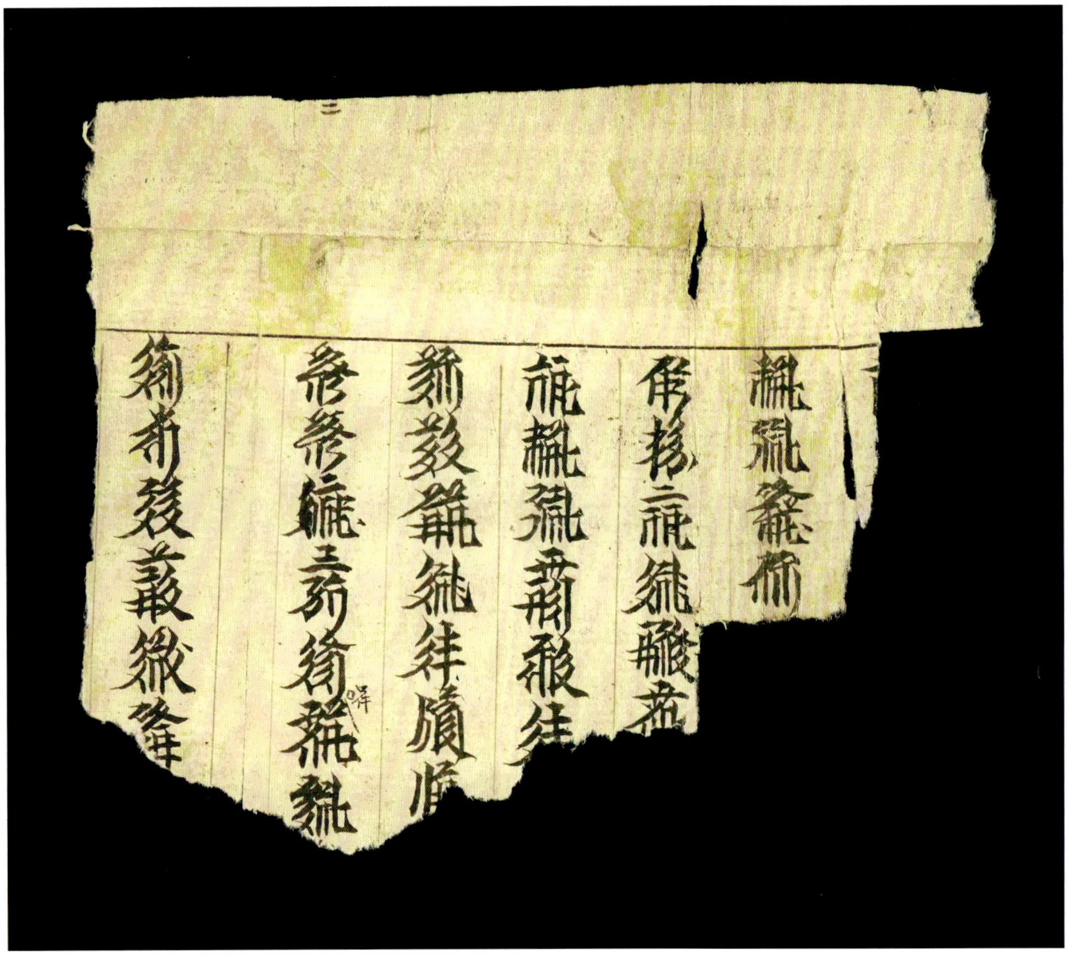

Or.12380/1927(K.K.II.0234.e)
12.4 釐米 × 15.4 釐米

衆生類之……
語乃發我精進……
行衆生成塵佛
菩提證我佛國内……
所爲最自在當得所……
名亦勿聞惟如……

1928　佛書殘片

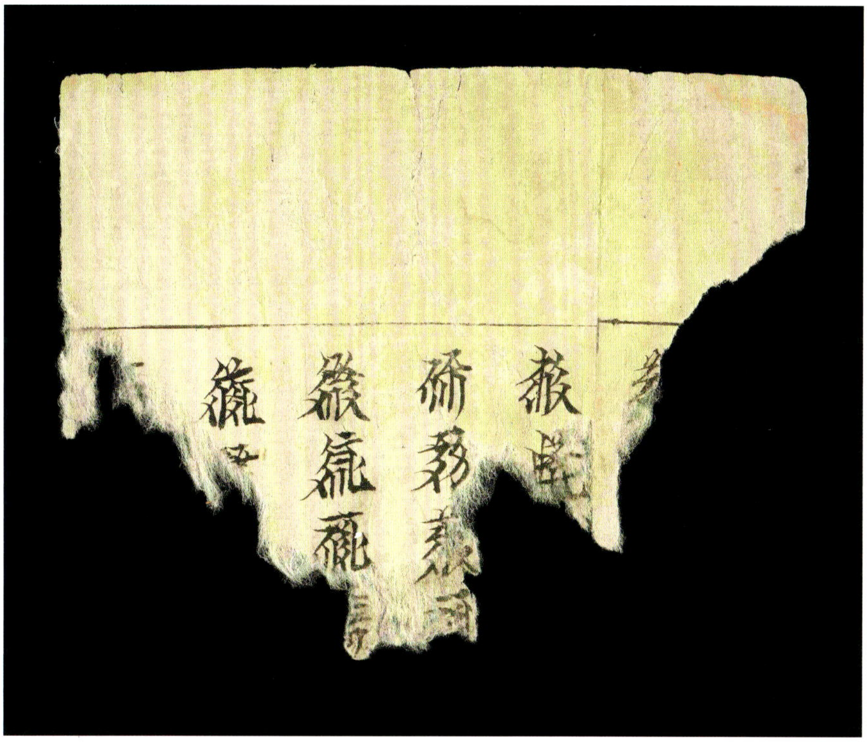

Or.12380/1928（K.K.II.0228.g）
0.5 釐米 × 12.6 釐米

而識……
之謂若……
學所法……
者……

1929 佛書殘片

Or.12380/1929(K.K.II.0248.l)
19.6 釐米 × 15.4 釐米

□也謂所説如也彼因則成雖制之亦爲有是名言誰
何成令之緣彼一切體獨系屬上近時法非製成令是因
自性中攝所説是也理成令之自性之而事性異及後
□之理成令二中第一者地舍處不常色有是色之因
□□欲無有故也謂如是色所見以彼有之方法成雖
至而緣之殊勝爲能法色略成明法不常之色與體獨因
緣色發之緣能力凶吉自成應法不常色以殊勝所
□□不常色發之緣能力惡無處體獨□□有因彼

1930　佛爲海龍王説法印經，養云總持咒

Or.12380/1930
（K.K.II.0275.n）
23.1 釐米 × 15.1 釐米

……世尊是四……諸聲……
……達婆等佛所説聞皆大心喜信受
……契經　竟

供云總持咒
梵語　布拶彌遏　陀羅尼
番語供云總持咒

爾時**世尊**説**是四**句法印經時，彼**諸聲**聞、大菩薩衆及天龍八部、阿蘇羅、揵**達婆**等聞**佛所説皆大**歡**喜**，**信受**奉行。佛爲海龍王説法印經。（《大正藏》T15，p0157b）

1931 佛説守護大千國土經卷上

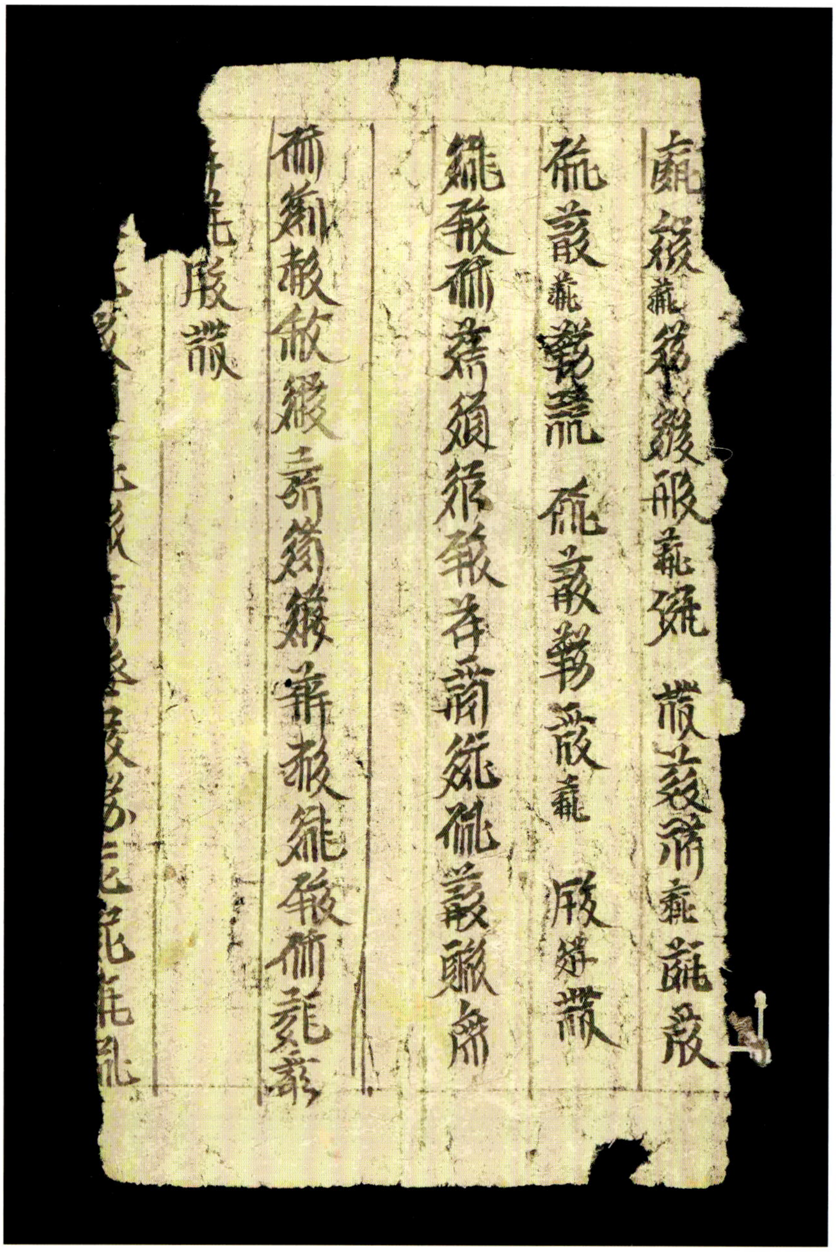

Or.12380/1931
（K.K.II.0275.i）
22.4 釐米 × 13.3 釐米

寧渴引他　渴麻引仡　訶哩比引　遏泠

底名引吃利　底名吃泠引　娑嚩訶

我等之密咒句等當成就多聞天王

之名及威力自在攝持以我等之安樂

□□娑訶

……（俄羅斯科學院東方文獻研究所藏本 инв. № 41）

1932　修法殘片

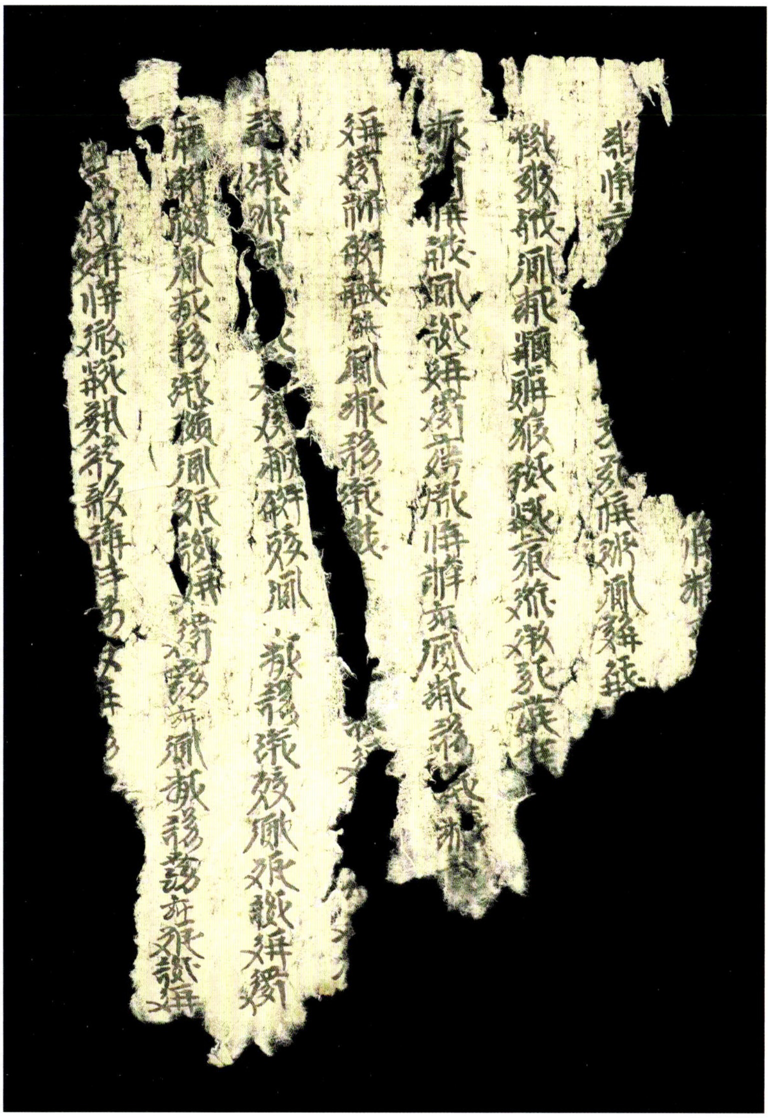

Or.12380/1932
（K.K.I.02.r）
19.4 釐米 × 12 釐米

……方波昂……
……各方自……各二吽字連接……
足下亞字上旋風猶如風發上方各往……
接爲二亞字圓點爲密宫内波昂字上入彼波……
圓爲中央醘哩字上入彼醘……
境彼吽字□□□爲喉中啊字上入彼啊字變圓點爲
頂中唵字上入彼唵字變圓點爲訶昂字上入訶昂變圓點
□淨梵穴内過風行爲驅本佛之……

1933 佛書殘片

Or.12380/1933（K.K.II.0248.s）
14.1 釐米 × 12.2 釐米

……焚毁者之敬禮贊
……
……類聚集一切毁壞能
……壞有空行圍繞一律請
……三□　撈……三摩耶　息多

1934　供養法殘片

Or.12380/1934（K.K.II.0248.t）
15 釐米 × 13.5 釐米

……及祿有也
……限家在求
……室陀囉兮　阿伽　補拶吽
……來一切上　己□清淨□體上
……身之浴水奉
……薩底迦囉波囉

1935 莊子卷九

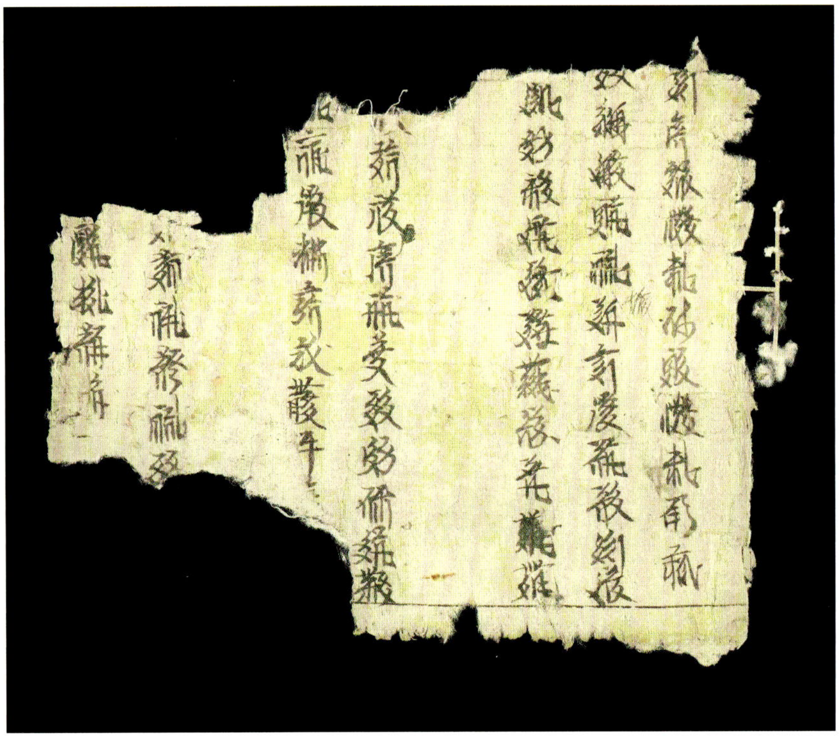

Or.12380/1935
（K.K.II.0280.o）
15.7 釐米 × 19.3 釐米

……帝位讓善卷之與善卷曰冬
……勞動足令秋斂身養得也日出
……受謂子妻拋舍林入山去
……
……夏禹位得時瞀光之請大
……始水中自投乃死
……
……宰相爲使
……襲賈衛……

舜**以天下讓善卷**。**善卷**曰：余立於宇宙之中，**冬**日衣皮毛，夏日衣葛絺。春耕種，形**足以勞動**，**秋收斂**，**身足以休食**。**日出**而作，日入而息，逍遥於天地之間，而心意自得。吾何以天下爲哉？悲夫！子之不知余也！遂不**受**，於是去而**入深山**，莫知其處。

…………

湯又**讓瞀光**，曰：知者謀之，武者遂之，仁者居之，古之道也。吾子胡不立乎？瞀光辭曰：廢上非義也，殺民非仁也。人犯其難，我享其利，非廉也。吾聞之曰：非其義者不受其祿，無道之世不踐其土。况尊我乎？吾不忍久見也！乃負石而**自沉**於廬水。（《莊子》卷九）

1936　殘片

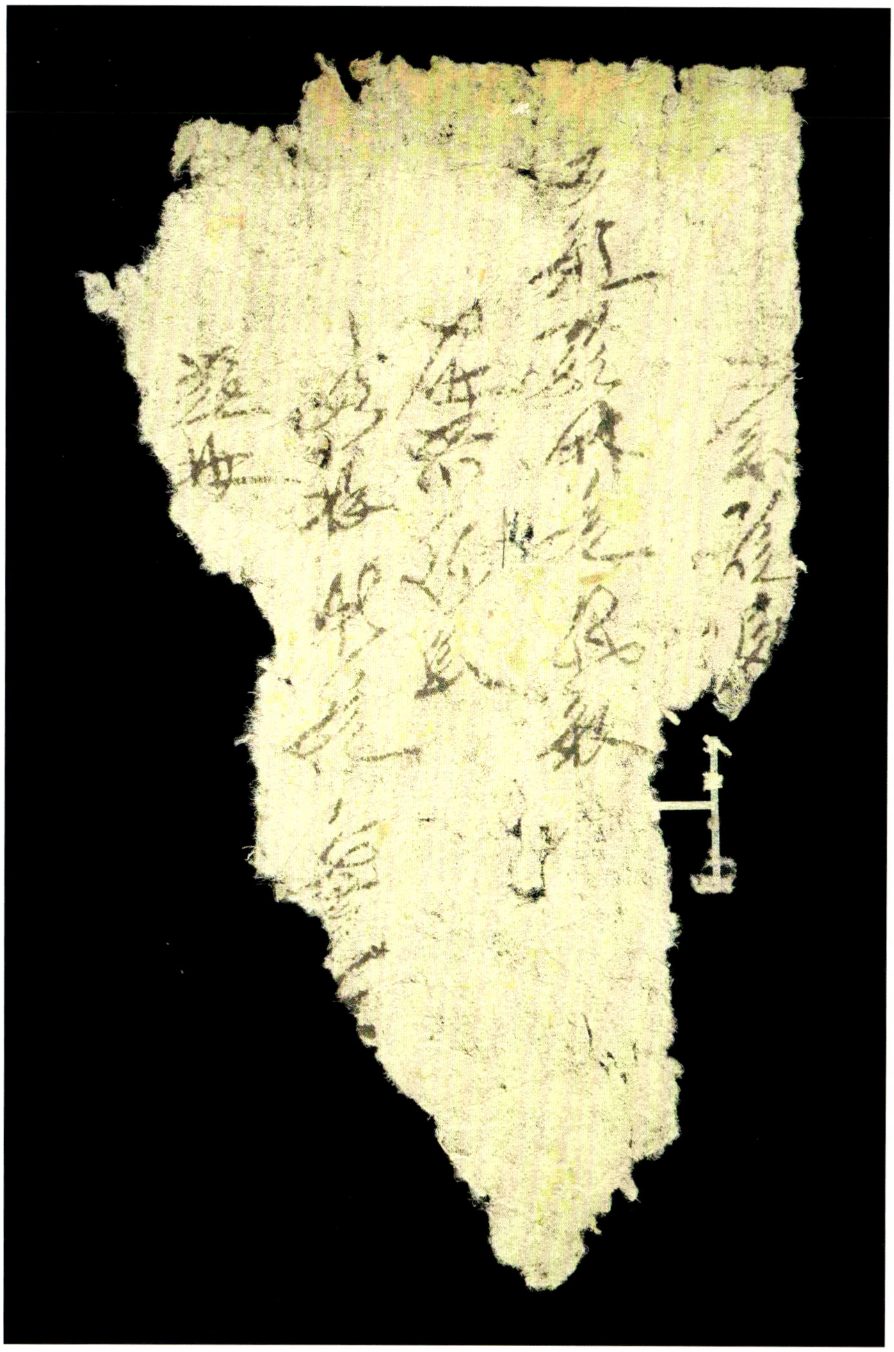

Or.12380/1936（K.K.II.0280.w）
17.5 釐米 × 10.5 釐米

1937 殘片

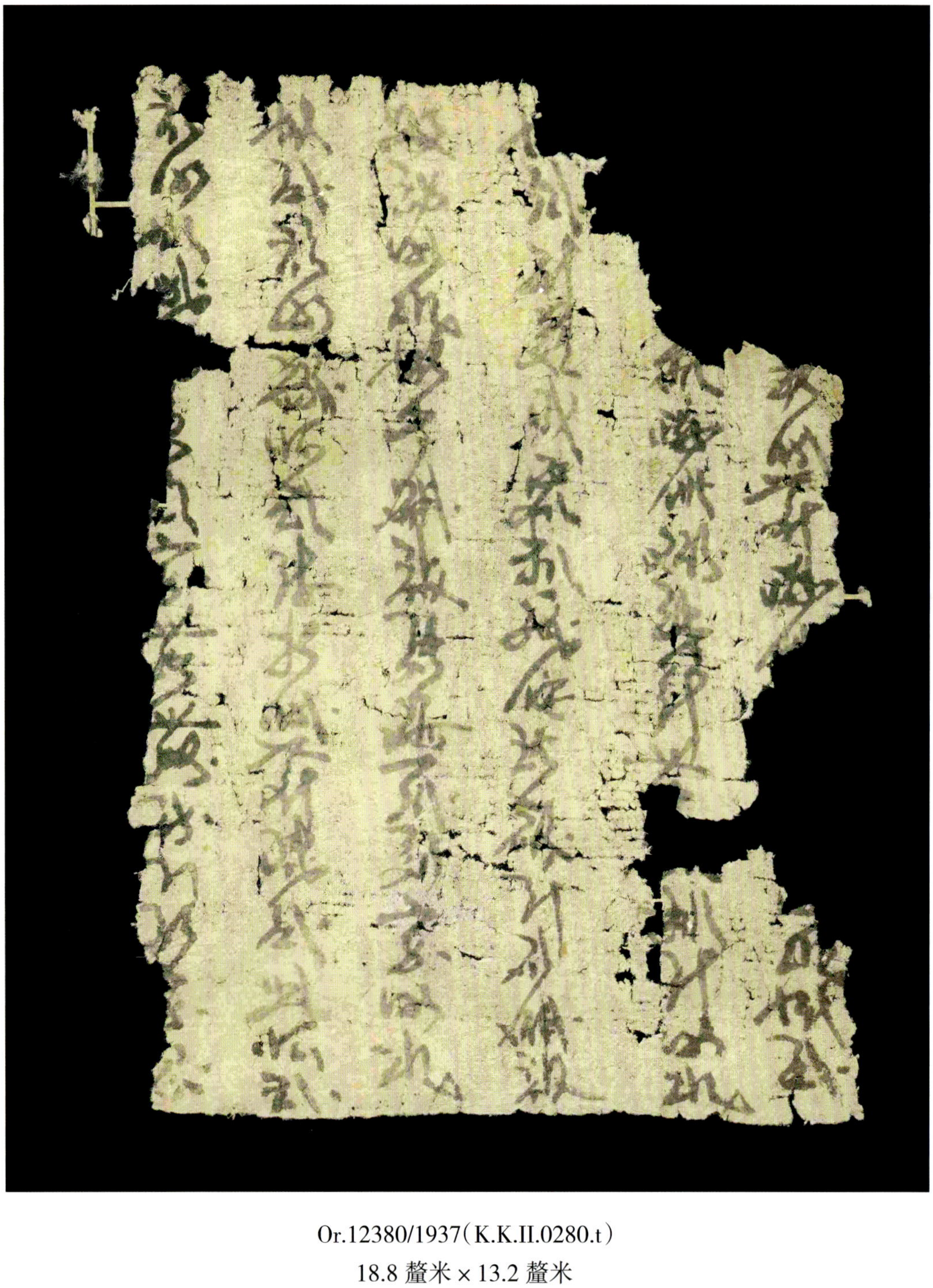

Or.12380/1937(K.K.II.0280.t)
18.8 釐米 × 13.2 釐米

1938　勸世歌殘片

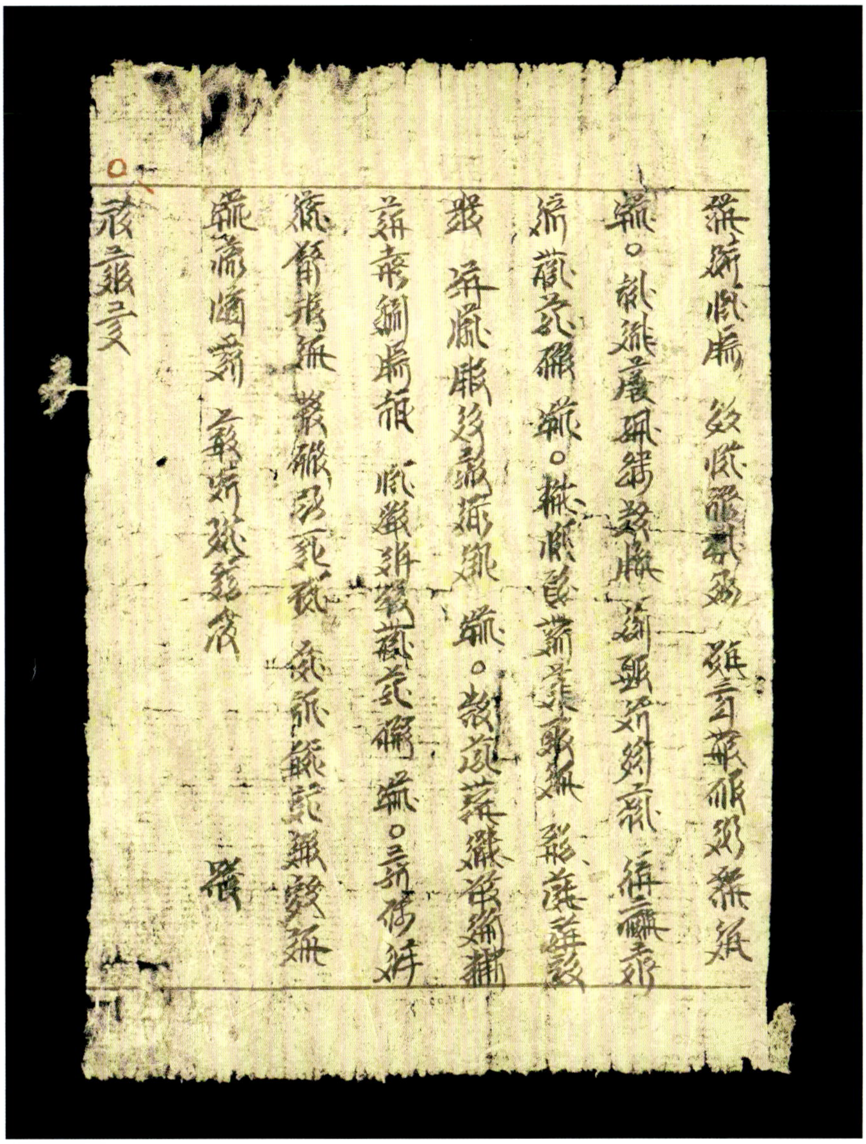

Or.12380/1938
（K.K.II.0280.b）
20.7 釐米 × 14.6 釐米

得不修善　日在剎那間　此身已過再難得
願○汝我争鬥不知謙　名利無足日　死亡悲
無勾人來　願○逝後鬼使難賄賂　閻羅面前
立　爾時業果如何受　願○三界火宅苦難中
相勸速修行　無常怨家勾人來　願○已之心
者難調服　如遇大象狂　諸境游走不難止
願奉淨土　早見彌陀面
虞美人

1939 經疏殘片

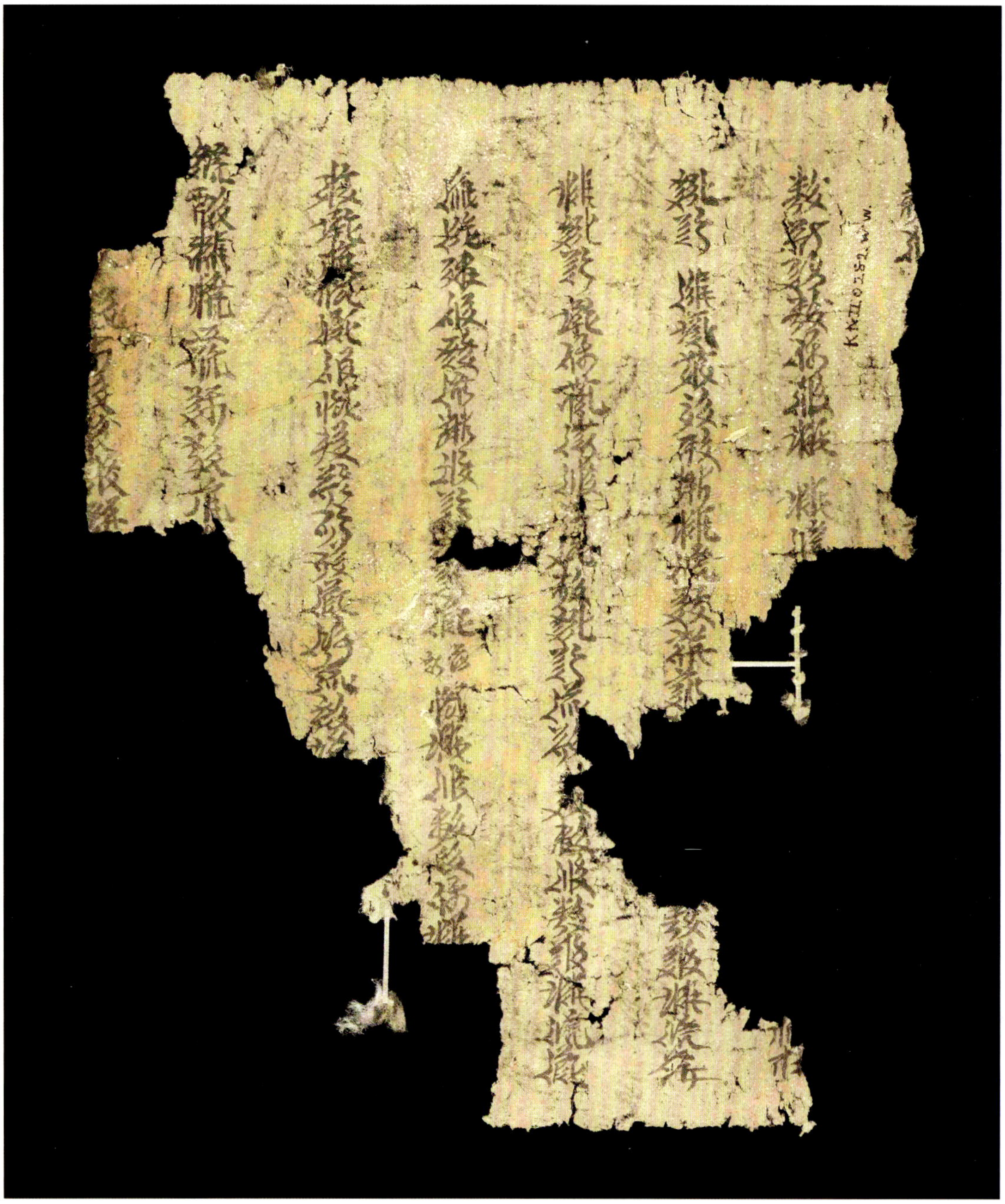

Or.12380/1939(K.K.II.0282.ww)
18.8 釐米 × 15 釐米

1940　淨土求生法殘片

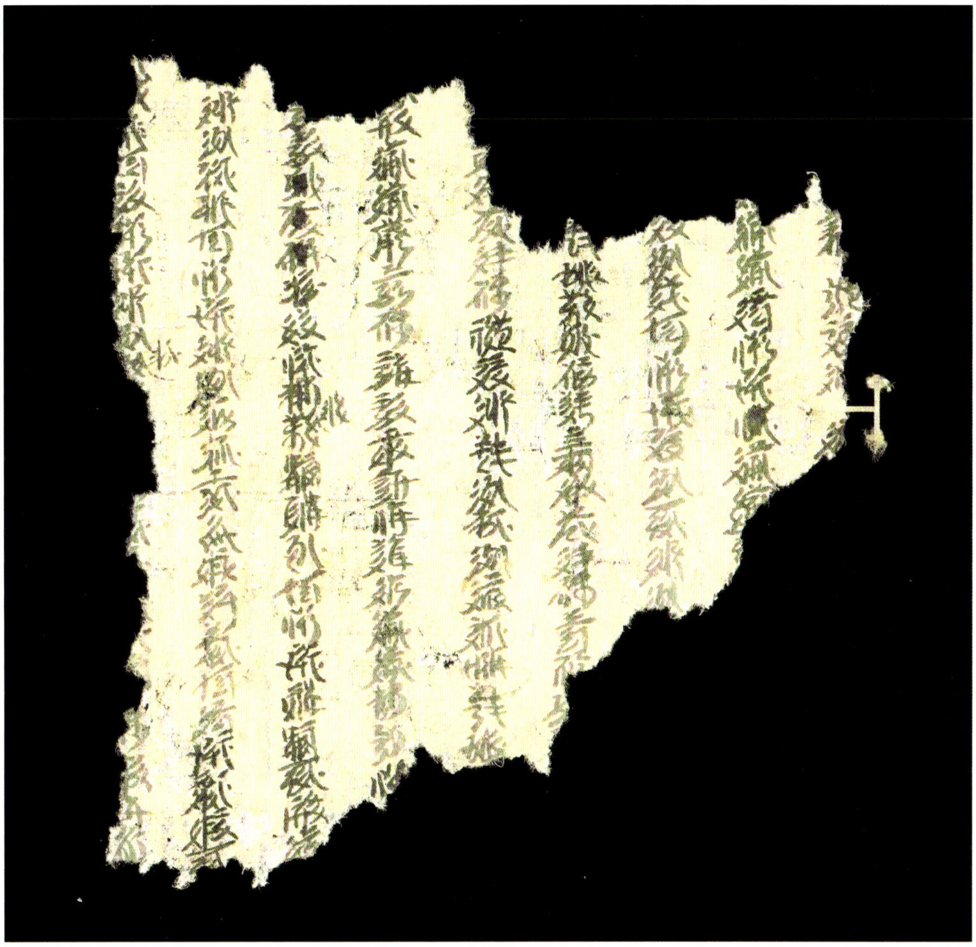

Or.12380/1940（K.K.II.0282.nn）
14.5 釐米 × 13.3 釐米

……唵啊吽……
……湯藥爲念彼湯藥……
……字紅一念彼啊字上吽字……
……三列放大光明十方諸佛之身語意……
……諸佛之唵啊吽三字上依字色彩三列……
……湯藥流已之面前頭器内記句湯藥中散……
……前念一刹那中一廣大旋風輪彼旋風輪上紫色……
……念一深青吽字彼吽字轉變爲一金剛有枝劍彼劍枝上……
……青一美念彼吽字……

1941 法典殘片

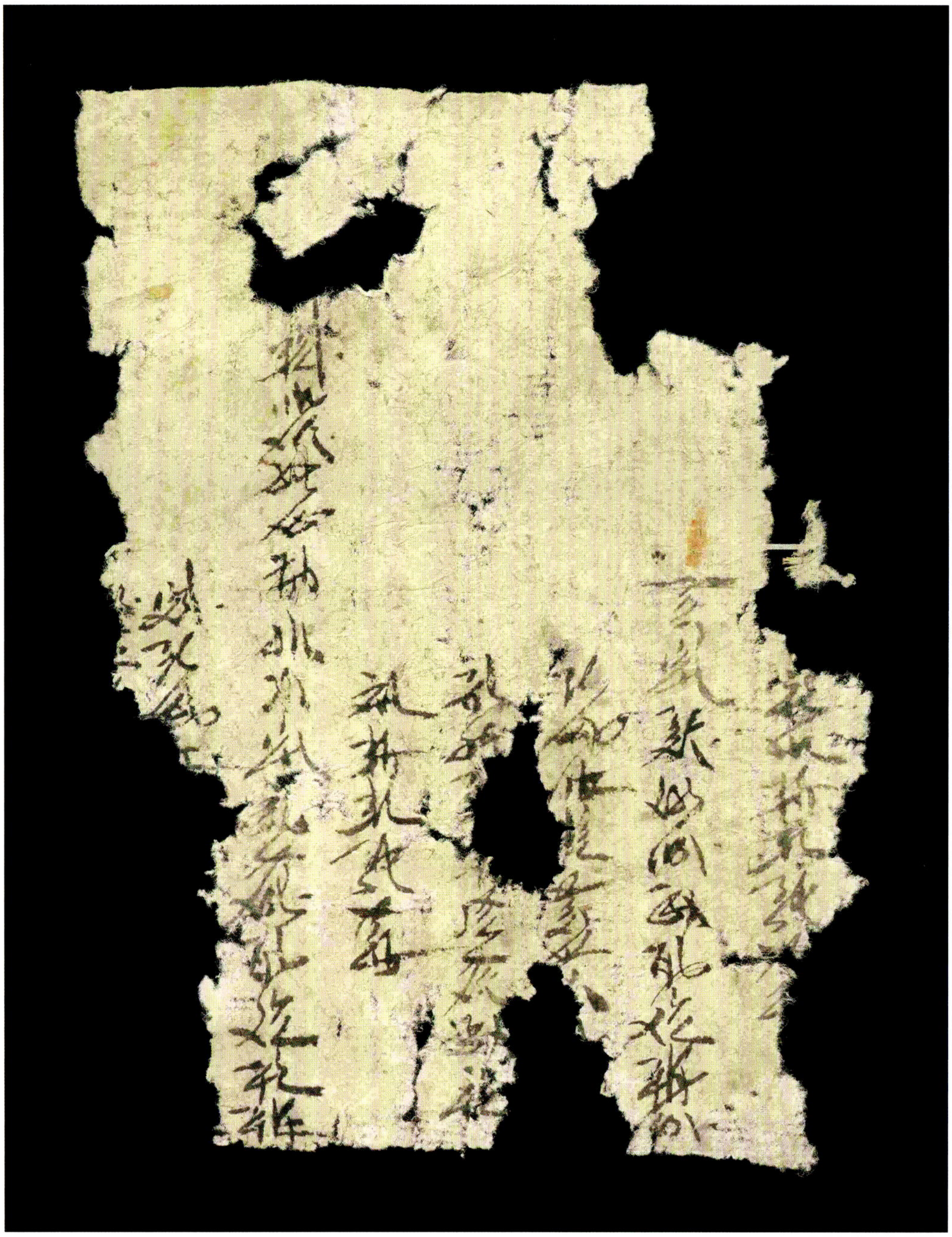

Or.12380/1941（K.K.II.0282.pp）

18.2 釐米×13.2 釐米

1942　發願文殘片

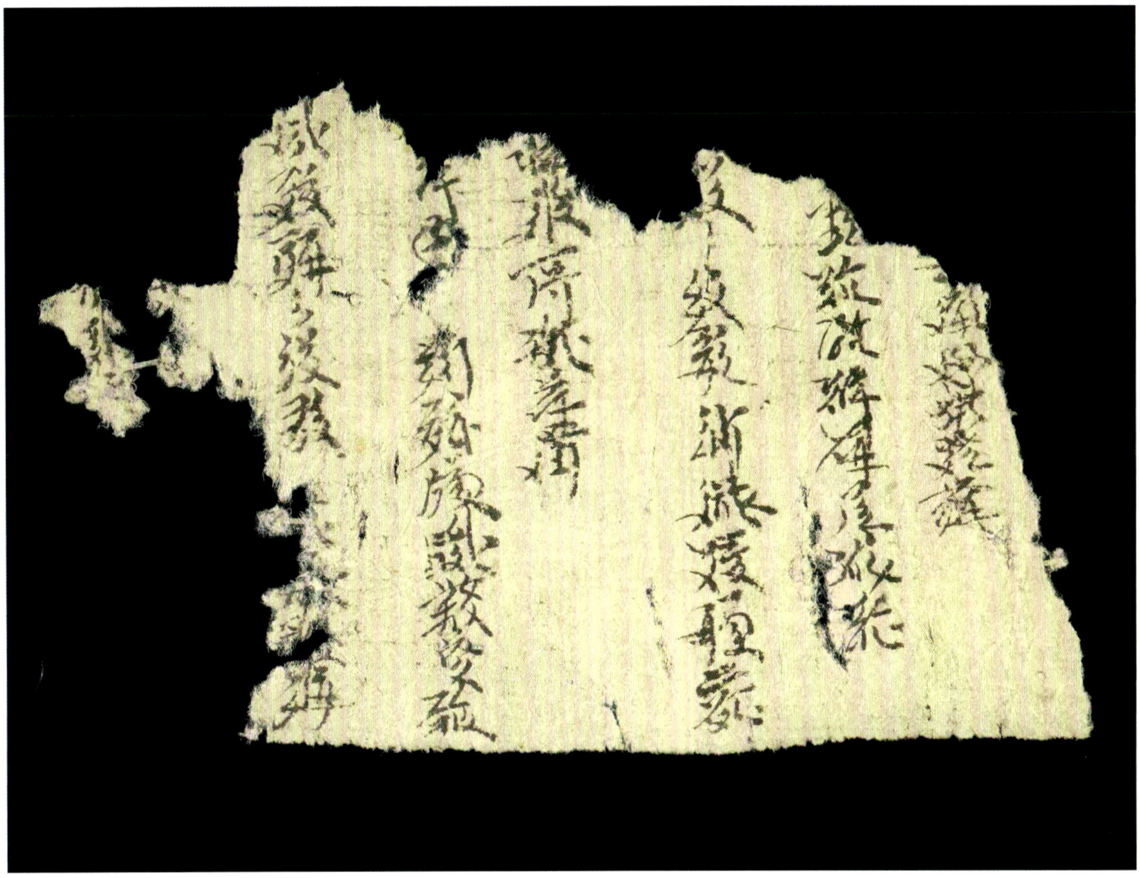

Or.12380/1942（K.K.II.0282.kk）
10 釐米 × 15.4 釐米

……常住中所奉
……相繼施故手已入
……願　聖壽福長阿耨池
……寶位正當爲
……當住　祐君輔國大仙等
……平等漸漸茂盛□□□喜

1943 佛書殘片

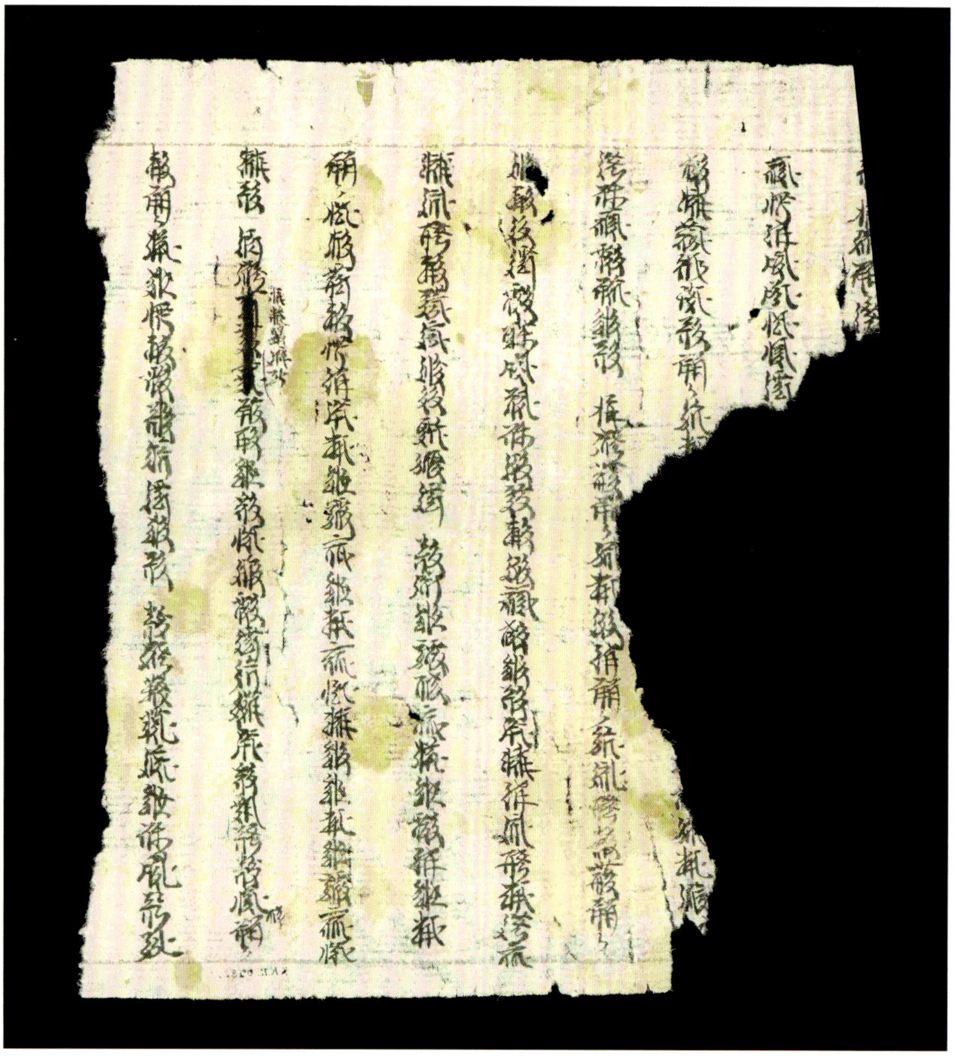

Or.12380/1943（K.K.II.0282.c）
20.5 釐米 × 17.7 釐米

法非則性宫不律爲……

是因玉柱如也誠諦能……上已□

理之法是違因也　第二已誠諦應上測則誠諦能正理及已誠諦

因及果爲是體性異之測處及測法是因也由彼則正理上應始

因正理及所做因果顛倒爲　第三原察傳始者原是則原上

誠諦不須成及非則其上原察始因上始不依因原上因原始不

依也　第四二種利益爲等禁原數不常也爲君子其數行爲三律傳誠諦

及誠諦者因非及是倘若爲因也　第三大遠者原之性氣於

1944 殘片

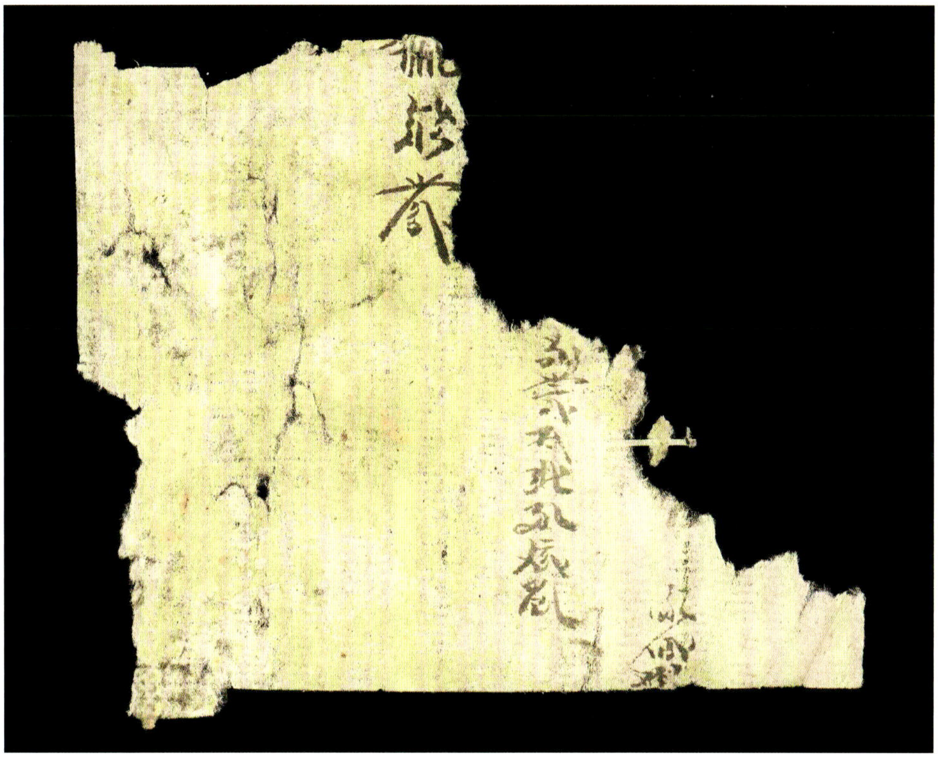

Or.12380/1944A(K.K.II.0282.p.1?)
12 釐米 × 14.8 釐米

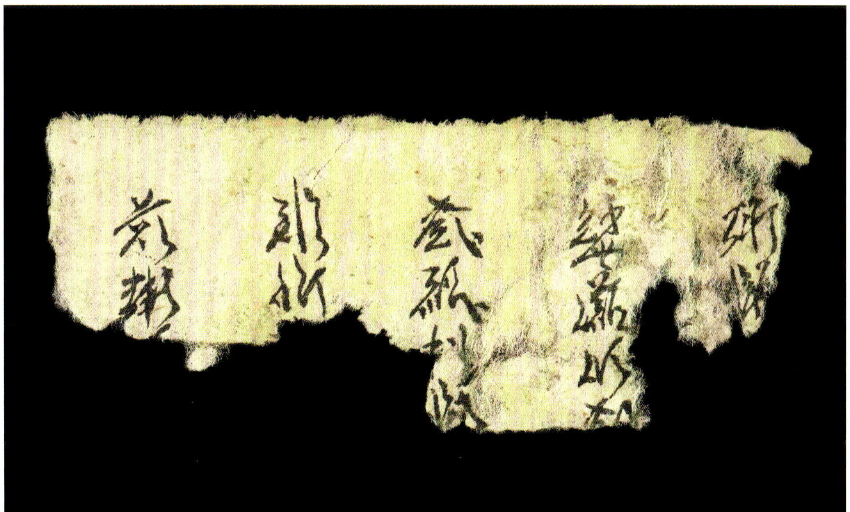

Or.12380/1944B(K.K.II.0282.p.2?)
3.4 釐米 × 8.5 釐米

Or.12380/1944C（K.K.II.0282.p.3?）
15 釐米 × 18 釐米

1945 殘片

Or.12380/1945C［K.K.II.0282.p(4–6)］
6.7 釐米 × 4 釐米

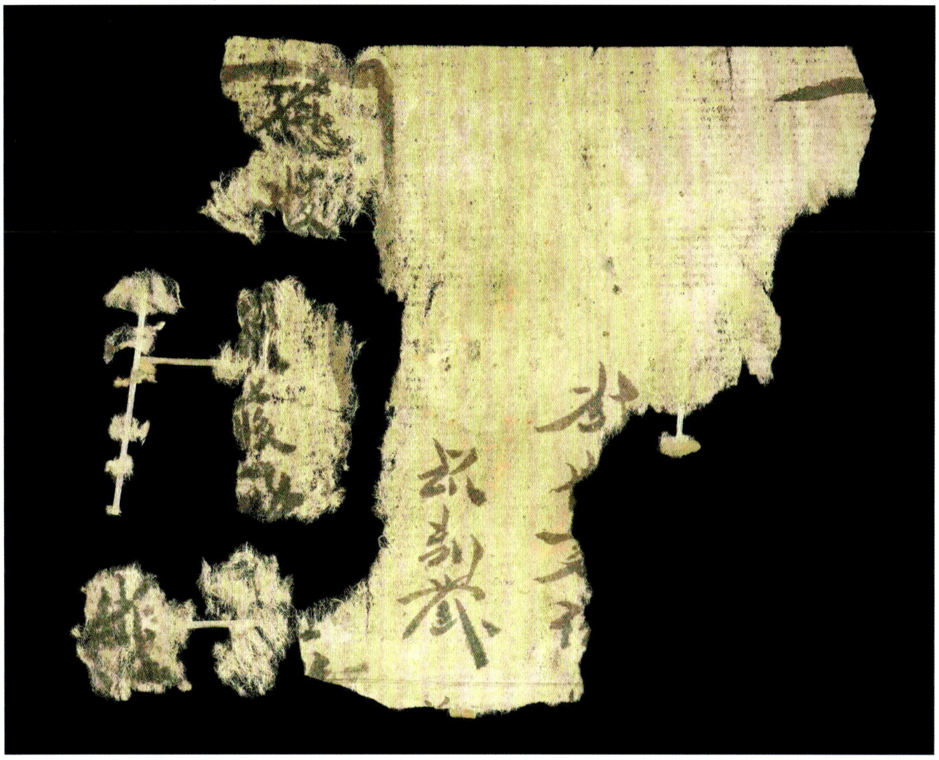

Or.12380/1945D
11 釐米 × 14 釐米

Or.12380/1945E
2.8 釐米 × 8.8 釐米

1946 佛書殘片

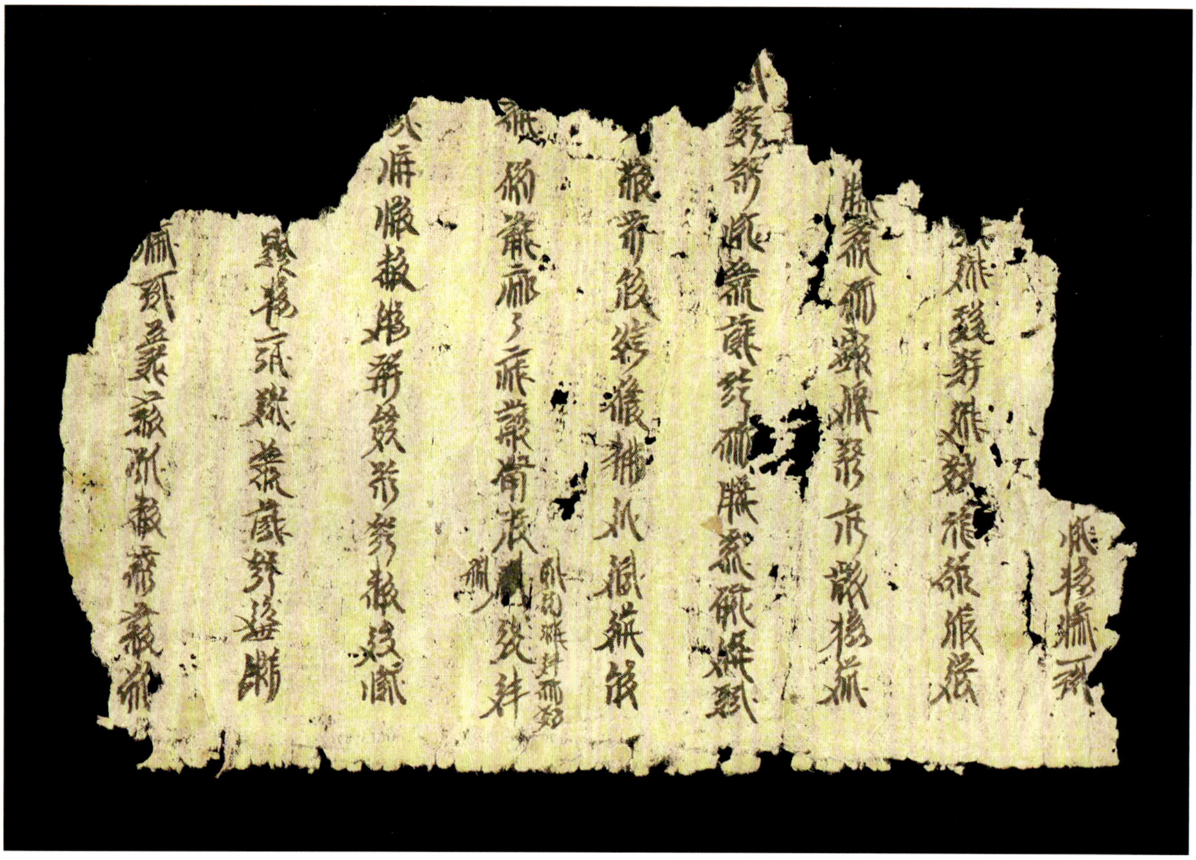

Or.12380/1946（K.K.II.0282.q）
12 釐米 × 18.5 釐米

……復於一時
……我未有我謂惡聲已出
……有情之利益爲者是一悟
……說爲復越羅師之有情利益乃
……大寒林墓地中九個月已
……一切魔部皆已調伏多由一輪佛之謂十佛
……內來及阿底迦囉師及波名
……喜一始次依越羅師坐
……時於銅河洲與金河洲

1947 殘片

Or.12380/1947(K.K.II.0282.ll)
18 釐米 × 8.5 釐米

1948 佛説佛母出生三法藏般若波羅蜜多經卷二

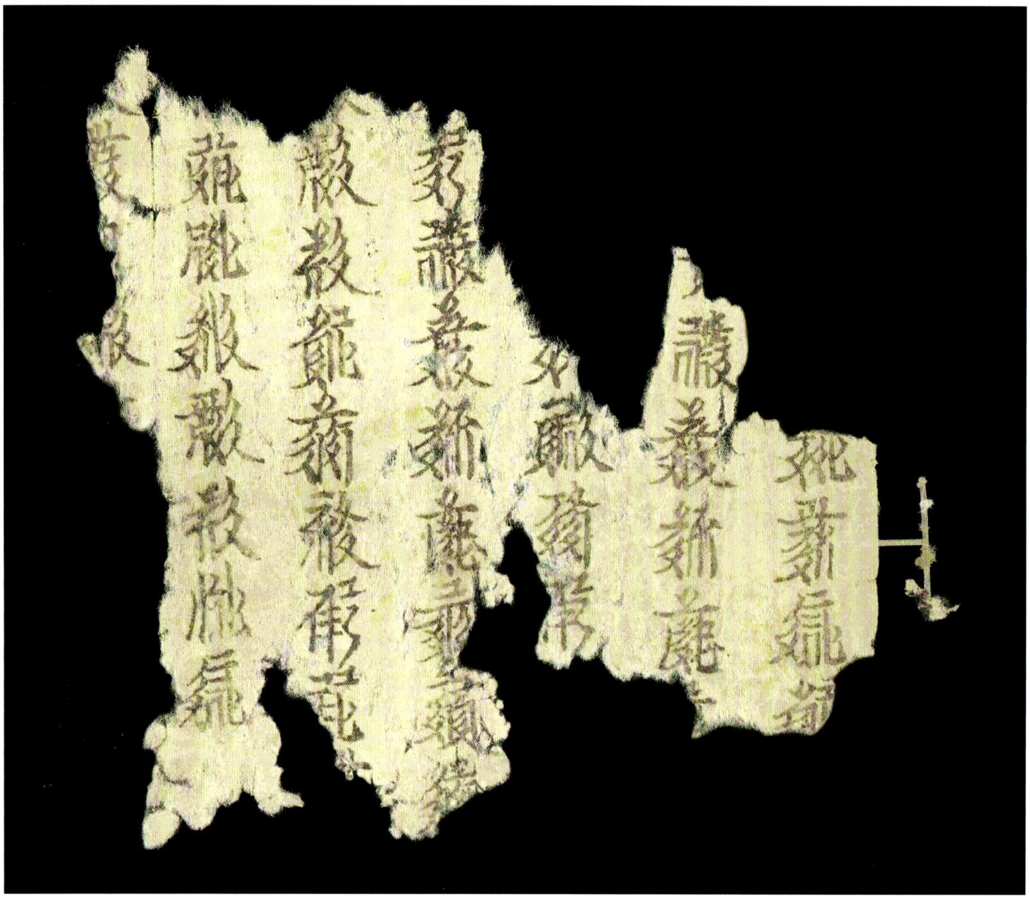

Or.12380/1948（K.K.II.0275.hhh）
12 釐米 × 12.5 釐米

……處求當舍……
……般若波羅……
……帝天主言……
……説般若波羅蜜多者……
……是耶舍利子言憍……
……佑助故也知當

菩薩摩訶薩般若波羅蜜多**當於**何**求**？**舍**利子言：憍尸迦！菩薩摩訶薩**般若波羅**蜜多當於須菩提所轉中求。**帝釋天主言**：尊者舍利子！彼須菩提所**説般若波羅蜜多是**何神力所加持故？**舍利子言**：**憍**尸迦！**當知是**佛神力所**加持故**。（《大正藏》T08，p0593c）

1949　佛説佛母出生三法藏般若波羅蜜多經卷二十五

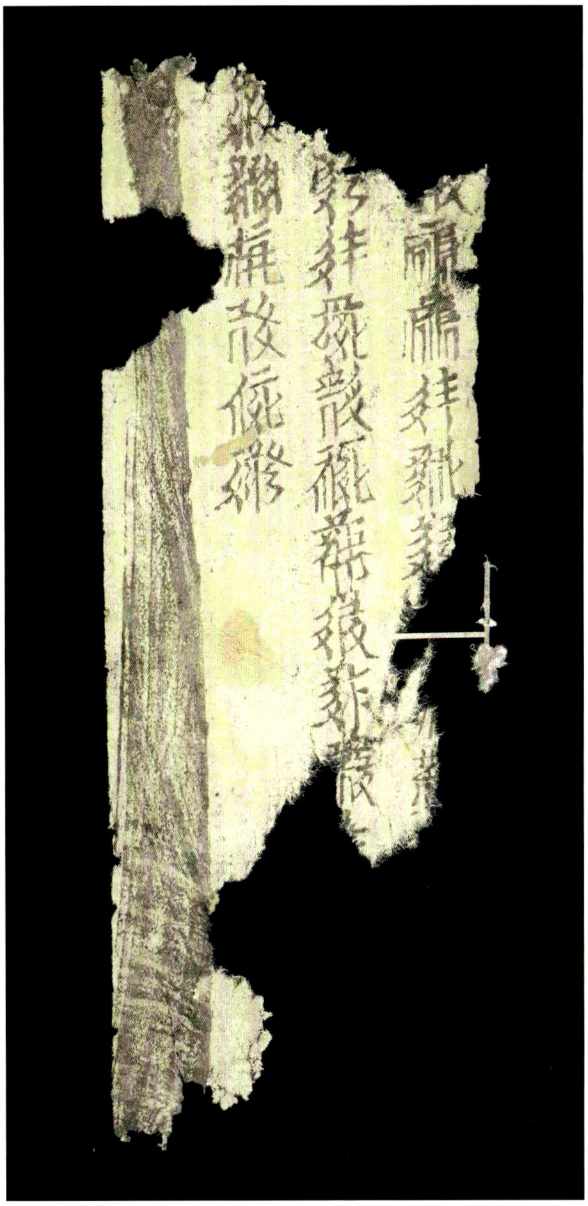

Or.12380/1949
（K.K.II.0260.x.7?）
19 釐米 × 7 釐米

……一切佛所説□□大……
……説佛母三法藏出生般……
……經卷二十五第

一切世間天人阿修羅等聞佛所説，皆大歡喜，信受奉行。
佛説佛母出生三法藏般若波羅蜜多經卷第二十五（《大正藏》T08，p0676c）

1950 佛書殘片

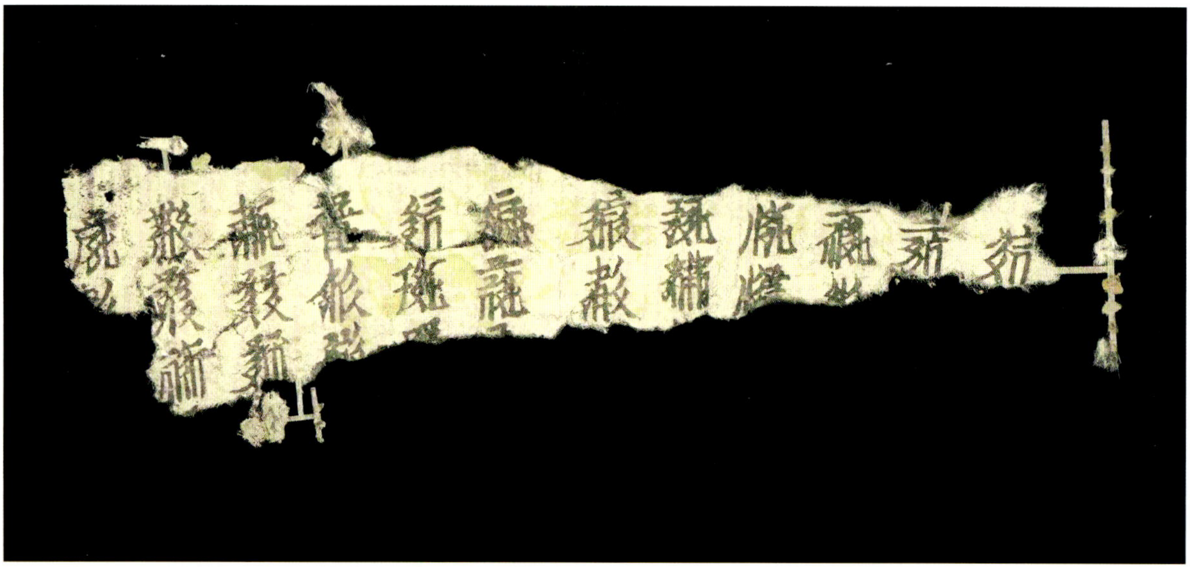

Or.12380/1950（K.K.II.0276.jjj）
6 釐米 × 16.5 釐米

地……
自……
法……
不退……
偈中……
色及……
甚深……
譬如……
慧以……
何所菩……
大乘勝……
界……

1951　佛書殘片

Or.12380/1951（K.K.II.0261.p）
19.5 釐米 × 11.4 釐米

……禍伏
……藥聚集正覺成
……如神祇今皆當安樂
……世尊轉法輪
……四諦説
……等供處爲
……皆當安樂
……外道六師令降伏
……醉象已調伏
……露奉

1952 佛書殘片

Or.12380/1952A
（K.K.II.0274.rr）
4.3 釐米 × 11 釐米

……等
……
……偏著
……之

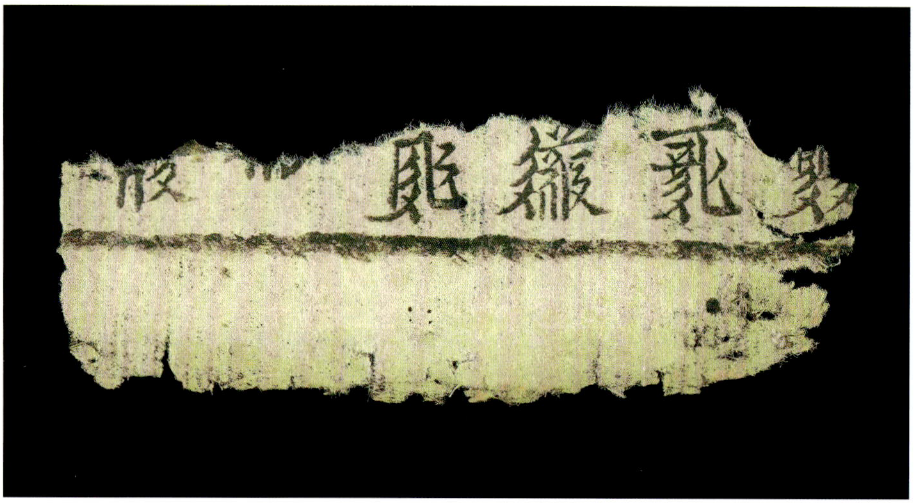

Or.12380/1952B
3.8 釐米 × 10.6 釐米

……遇
……卧
……汝

1953　天盛革故鼎新律令第十

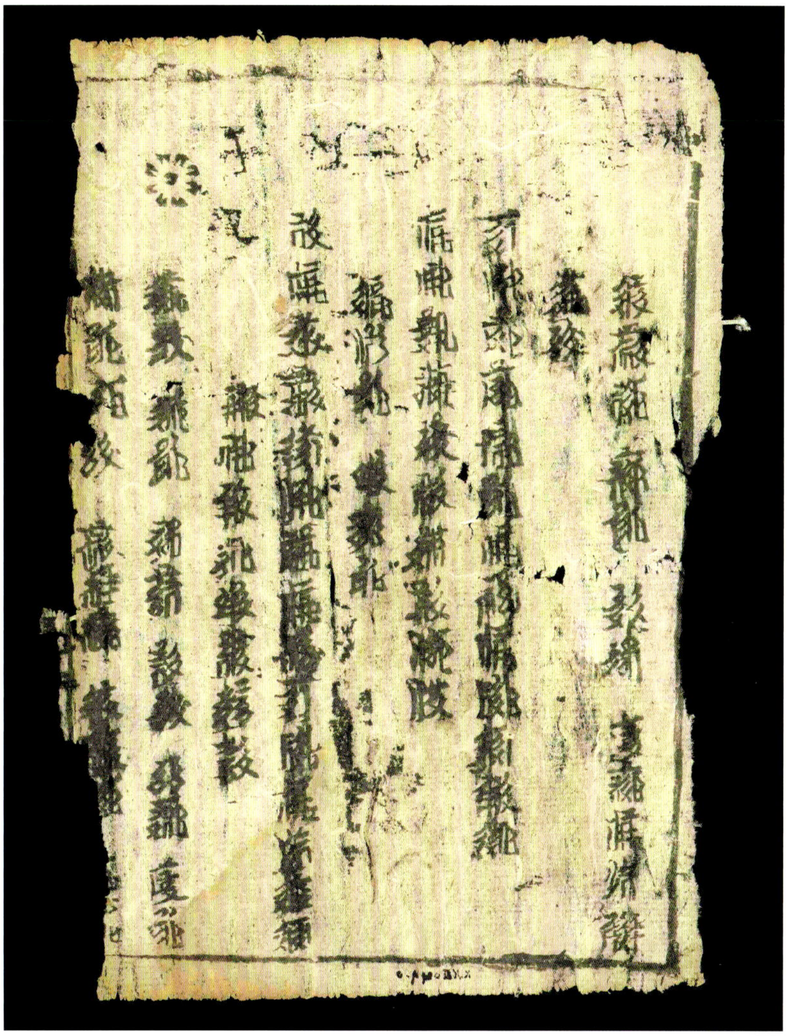

Or.12380/1953（K.K.II.0279.m/K.K.II.0279.o）
23.5 釐米 × 17.2 釐米

卧羅娘　北院寧星　南北二地中

石州

一司京師工院二正二副四承旨

二司依事設職大數不定

卜算院　醫人院

十二種監軍司具二正一副二同判四

簽判等九人各行遣

石州　東院　西壽　韋州　卓囉　南院

西院　沙州　囉龐嶺　卧羅娘　□□（《俄藏黑水城文獻》8，p222）

1954　佛說佛母出生三法藏般若波羅蜜多經卷十

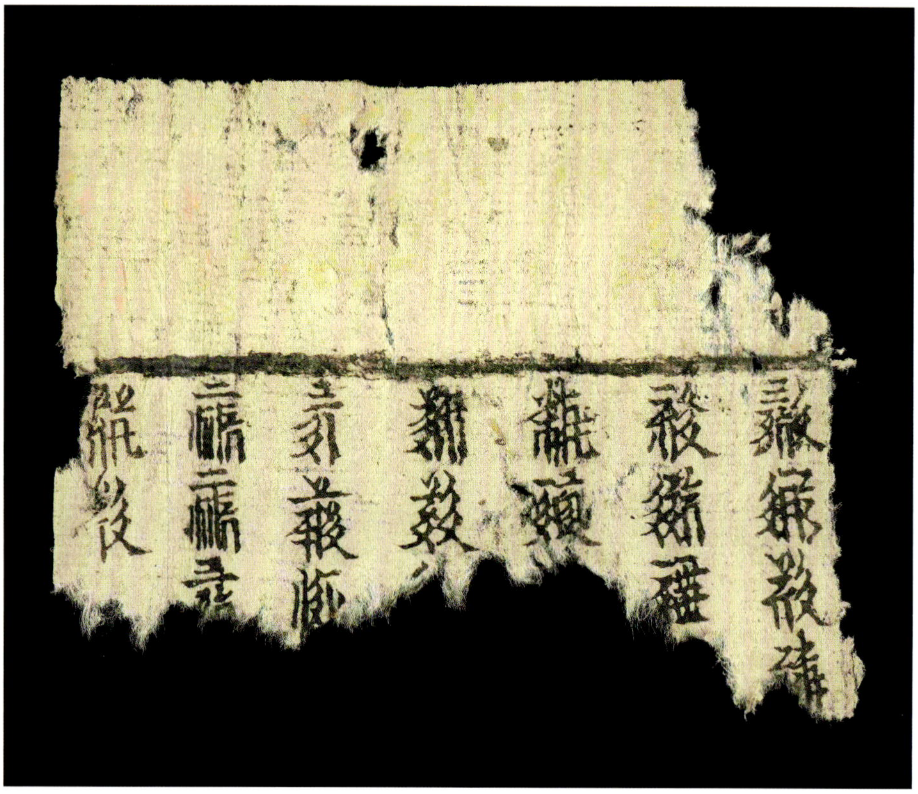

Or.12380/1954（K.K.II.0280.a）
10.2 釐米 × 13.2 釐米

云何也本……
子善女……
庾多……
菩提……
身轉復……
一切自……
得也……

未來世中亦有不求而自獲得。**何以故**？法**本**如是。諸修菩薩道者善男**子善女人**，常當以法示教利喜無量百千萬億俱胝那**庾多**衆生，令住阿耨多羅三藐三**菩提**果，亦自於中如理修學。是人**轉身**於余深經與六波羅蜜多無所得相應，與**一切**法**自**性相應者，是人亦**復**不求自**得**。（《大正藏》T08，p0624a）

1955 殘片

Or.12380/1955(K.K.II.0279.lll)
19.8 釐米 × 13.5 釐米

1956 佛書殘片

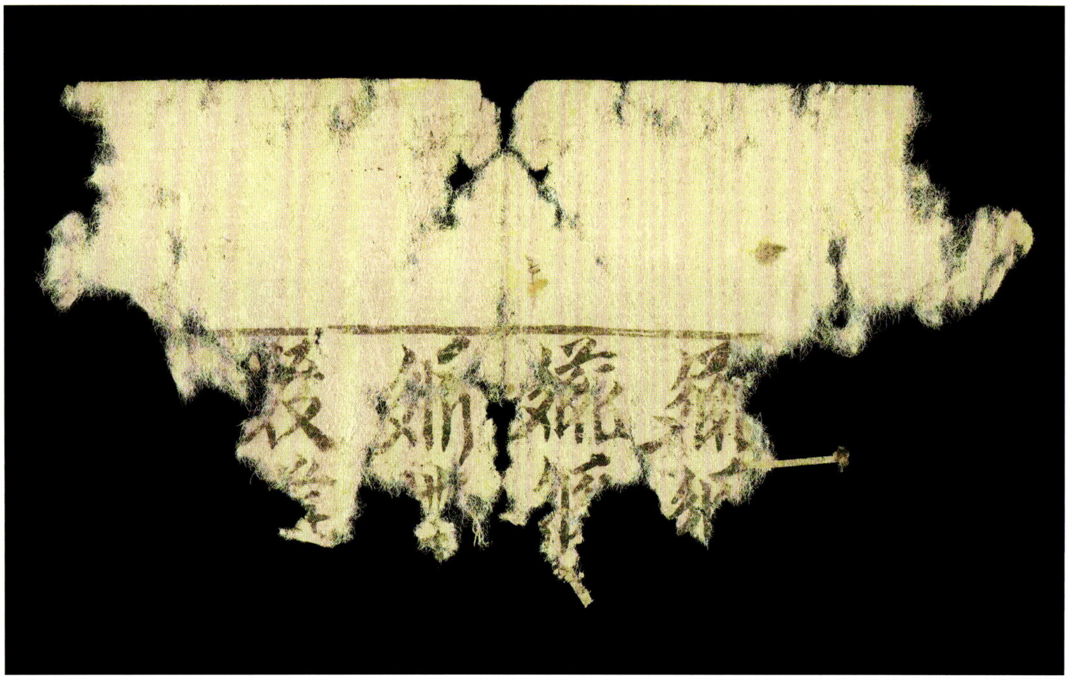

Or.12380/1956（K.K.II.0282.a.xxxiv）
5.9 釐米 × 12.9 釐米

者……
者……
無……
無量……

1957　妙法蓮華經卷四

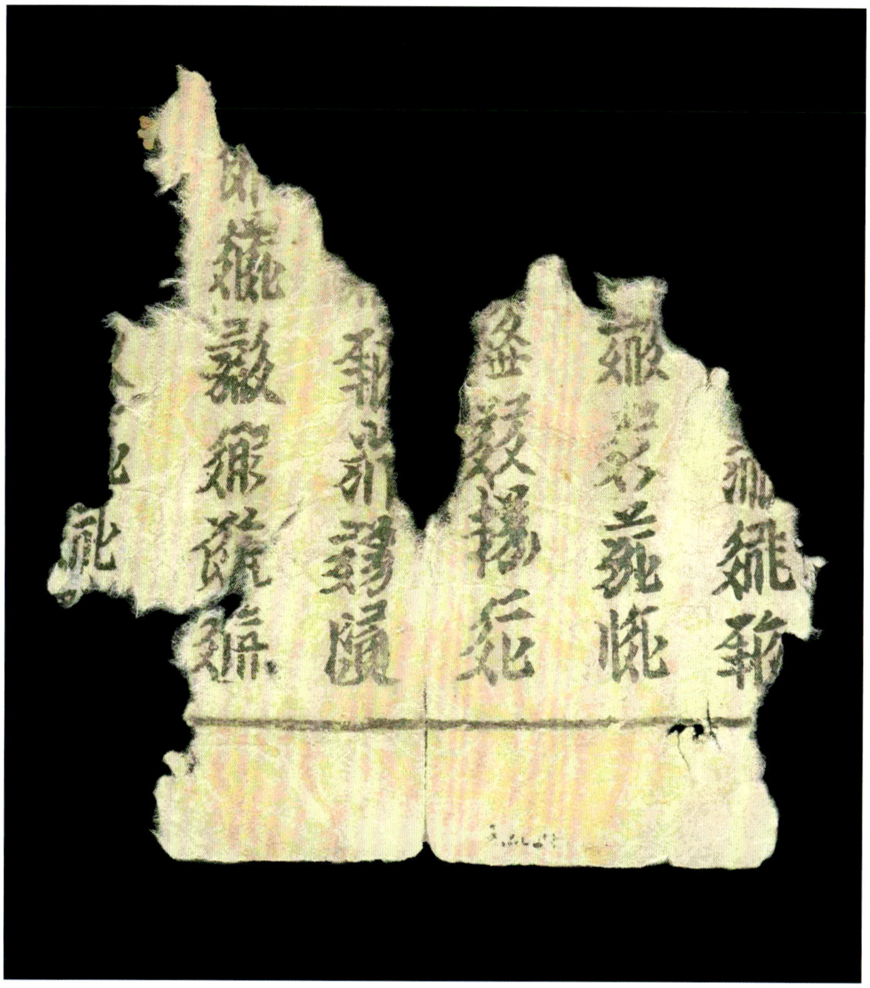

Or.12380/1957（K.K.II.0272.i）
12.4 釐米 × 12.3 釐米

……尊我等
……宣説我復
……座從而起
……等亦他國
……此者云何是娑

世**尊**！**我等**亦自誓願，於異國土廣**説**此經。**復**有學無學八千人得受記者**從座而起**，合掌向佛，作是誓言：世尊！我**等亦**當於**他國**土廣説此經。**所以者何**？**是娑**婆國中人多弊惡，懷增上慢，功德淺薄，瞋濁諂曲，心不實故。（《大正藏》T09，p0036a）

1958 佛書殘片

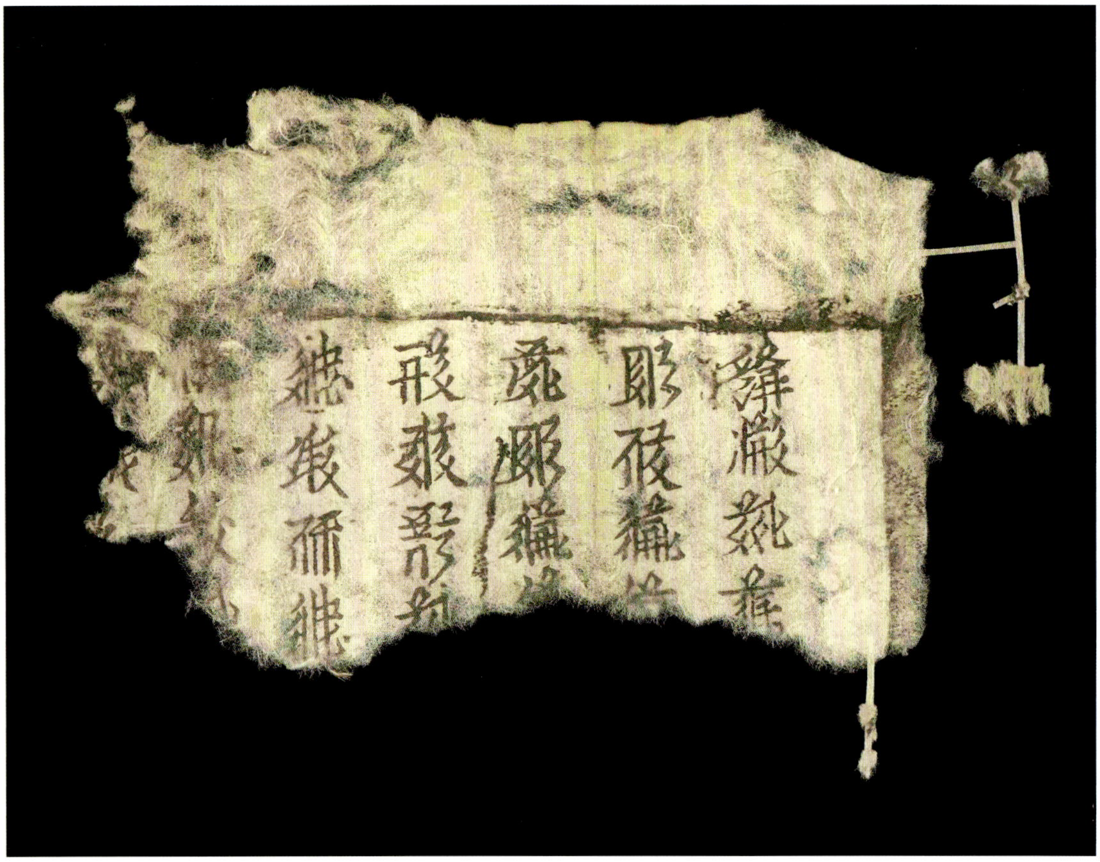

Or.12380/1958[K.K.II.0254.s(2)?]
9.2 釐米 × 14.1 釐米

如來處奉……
甘露藥……
諸露藥……
取時師處……
病人之病……
□觀威……

1959　天盛革故鼎新律令第十八

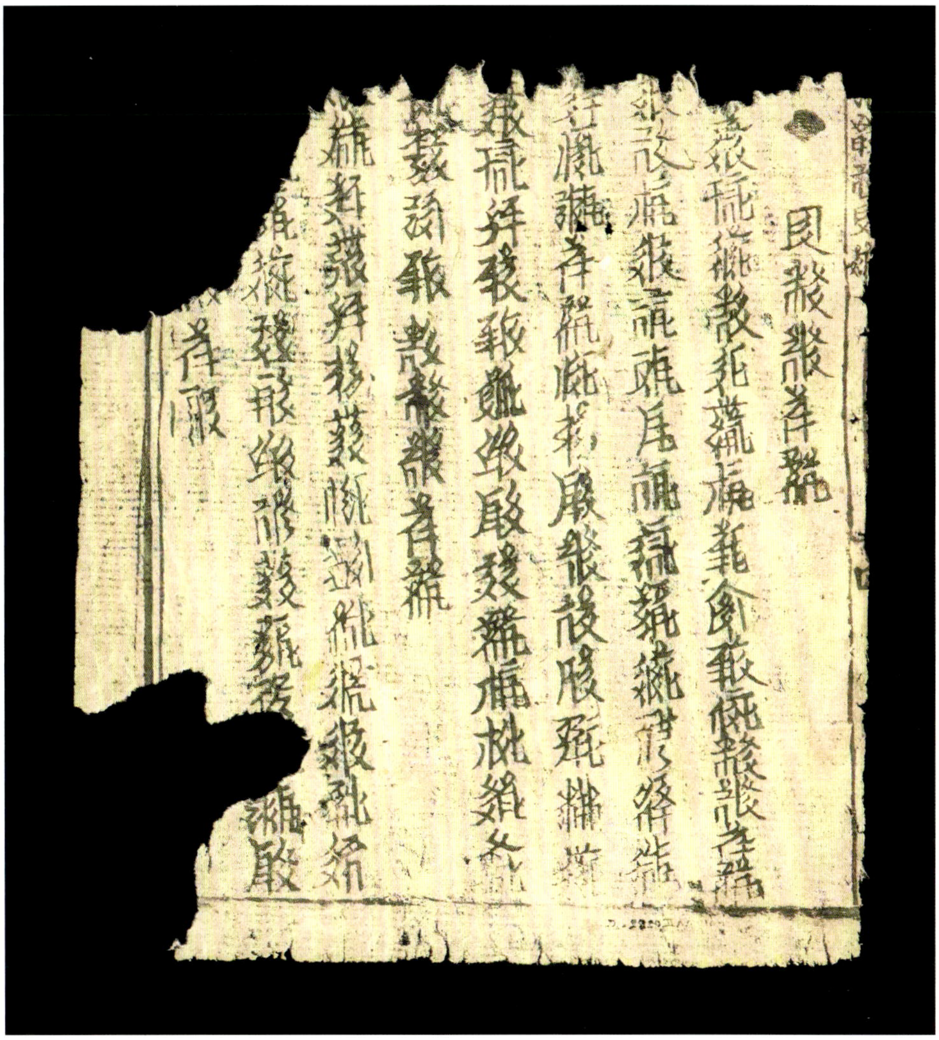

Or.12380/1959（K.K.II.0282.a）
1.2 釐米 × 17.4 釐米

　　八種各當得
……鐵匠者三坨茶二匹絹等五種各當得
……自十二年以上可當行者賞賜依前
　　列法當得又各提升一級其中木
　　鐵匠船主等庶人休得二兩銀蓋
　　□氅一等三種各當得
……前列舟船一項之外衆多年日足
　　……可者管勾人可限項合依□級
　　……當得

1960 大般若波羅蜜多經卷二百二十三

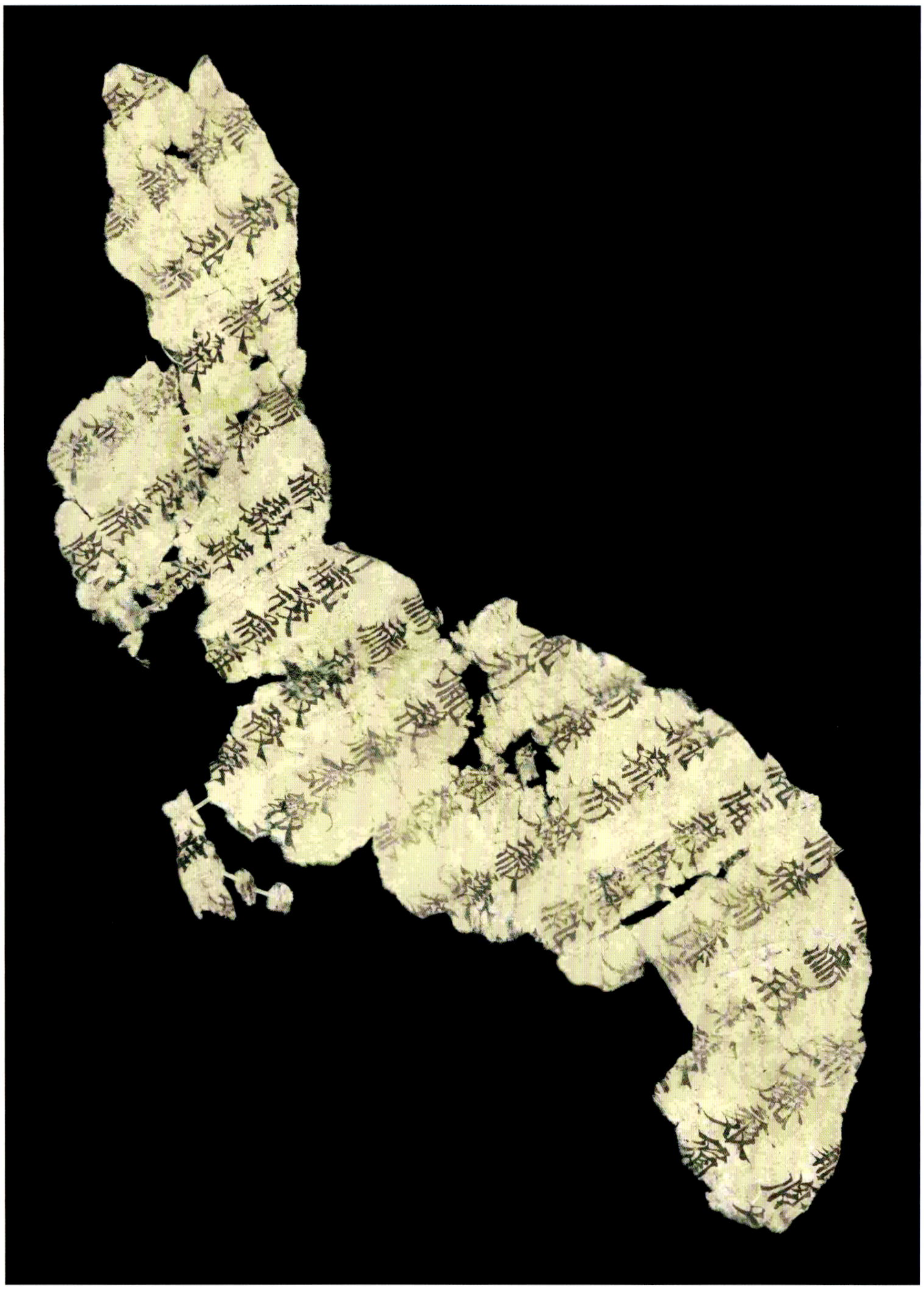

Or.12380/1960(K.K.V.b.06.v)
10.2 釐米 × 30 釐米

……分不……
……波羅蜜多……
……切智智清……
……布施波羅蜜……
……不二分不别不……
……精進静慮般若波……
……波羅□多清淨……
……苦聖諦清淨若戒……
……一切智智清淨……
……聖諦清淨故……
……淨何云也……
……切智智清淨不……
……内外空空空大……
……竟空際無空……
……相空法一……
……自性……

若一切智智清淨，無二無二**分無**别無斷故。善現！苦聖諦清淨故布施**波羅蜜多**清淨，布施波羅蜜多清淨故**一切智智清**淨。何以故？若苦聖諦清淨，若**布施波羅蜜**多清淨，若一切智智清淨，無二**無二分無别無**斷故。苦聖諦清淨故淨戒安忍**精進静慮般若波**羅蜜多清淨，淨戒乃至般若**波羅蜜多清淨**故一切智智清淨。何以故？若**苦聖諦清淨，若**淨**戒**乃至般若波羅蜜多清淨，若**一切智智清淨**，無二無二分無别無斷故。善現！苦**聖諦清淨故**内空清淨，内空清淨故一切智智清**淨**。**何以故**？若苦聖諦清淨，若内空清淨，若一**切智智清淨，無**二無二分無别無斷故。苦聖諦清淨故外空**内外空空空大**空勝義空有爲空無爲空畢**竟空無際空**散空無變異空本性空自相空共**相空一切法**空不可得空無性空**自性**空無性自性空清淨。（《大正藏》T06，p0118a–0118b）

1961　大般若波羅蜜多經卷二百四十一

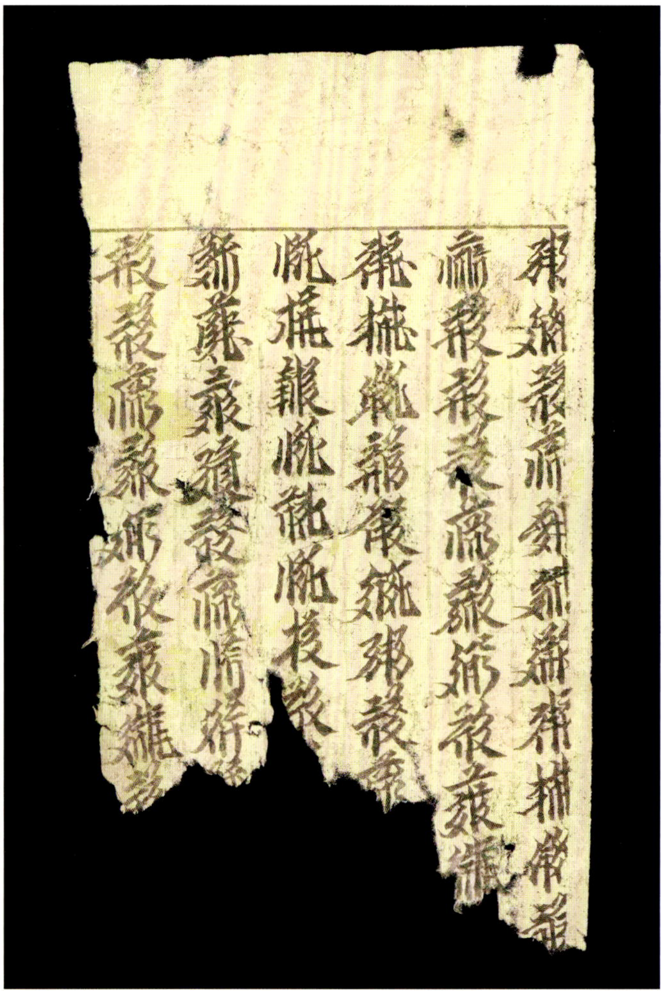

Or.12380/1961
（K.K.II.0253.h）
20 釐米 × 12.1 釐米

惱憂清淨行乃至老死愁嘆……
切智智清淨何云也若預……
老死愁嘆苦憂惱清淨……
不二分不别不斷也……
波羅蜜多清淨布施……
智清淨何云也若預流……

預流果清淨，故行識名色六處觸受愛取有生老死愁嘆苦**憂惱清淨**。**行乃至老死愁嘆**苦憂惱清淨故一**切智智清淨**。**何以故**？**若預**流果清淨，若行乃至**老死愁嘆苦憂惱清淨**，若一切智智清淨，無二**無二分無别無斷**故。善現！預流果清淨故布施**波羅蜜多清淨**，**布施**波羅蜜多清淨故一切智**智清淨**。**何以故**？**若預流**果清淨，若布施波羅蜜多清淨，若一切智智清淨，無二無二分無别無斷故。（《大正藏》T06，p0217c）

1962 大般若波羅蜜多經殘片

Or.12380/1962(K.K.V.b.06.q)
9.2 釐米 × 6.9 釐米

心服……
若菩薩……
多修……
彼……

1963 大般若波羅蜜多經殘片

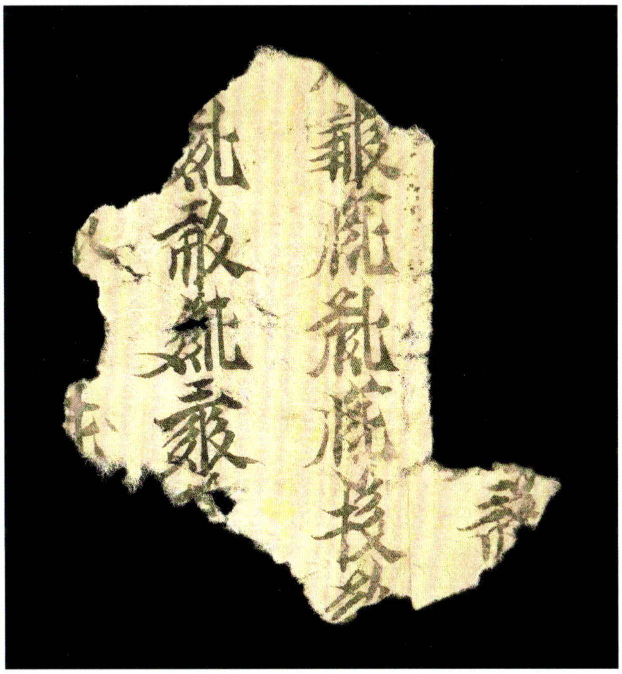

Or.12380/1963(K.K.V.b.06.s)
7.3 釐米 × 6.6 釐米

……清……
……分無别無斷也……
……處觸受愛……

1964 大般若波羅蜜多經卷三百三十

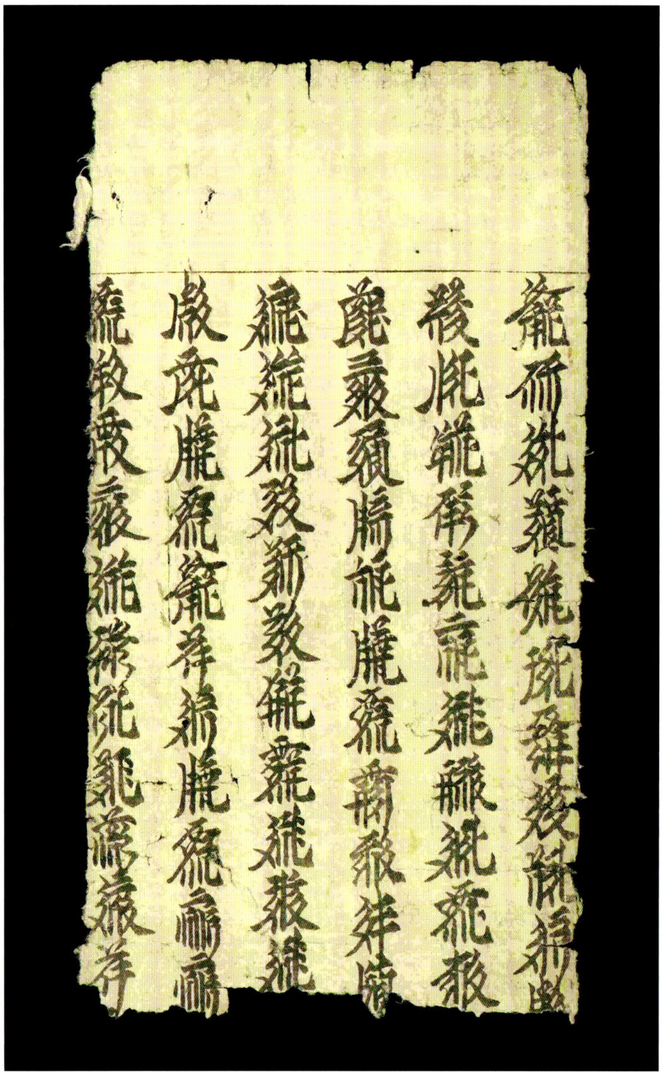

Or.12380/1964(K.K.II.0253.n)
20.9 釐米 × 11.3 釐米

類之拔濟是如形色差無別……
已復願言發起我勤精進而……
羅蜜多修行有情成熟佛土……
最上正等菩提證得我時我……
別諸有情類當無有情一切……
衆人見樂上第圓滿淨色當……

我當云何方便**拔濟**諸有情**類**，令**無如是形色差別**。既思惟**已**，**作是願言**：**我**當**精勤**不顧身命**修**行六種波**羅蜜多**，**成熟有情**，嚴淨**佛土**，令速圓滿疾**證無上正等菩提**。**我**佛土中**得無**如是形色差**別諸有情類**，**一切有情**皆真金色。端嚴殊妙，**衆**所**樂見**，成就**第一圓滿淨色**。（《大正藏》T06，p0694a）

1965　佛說祕密相經卷上

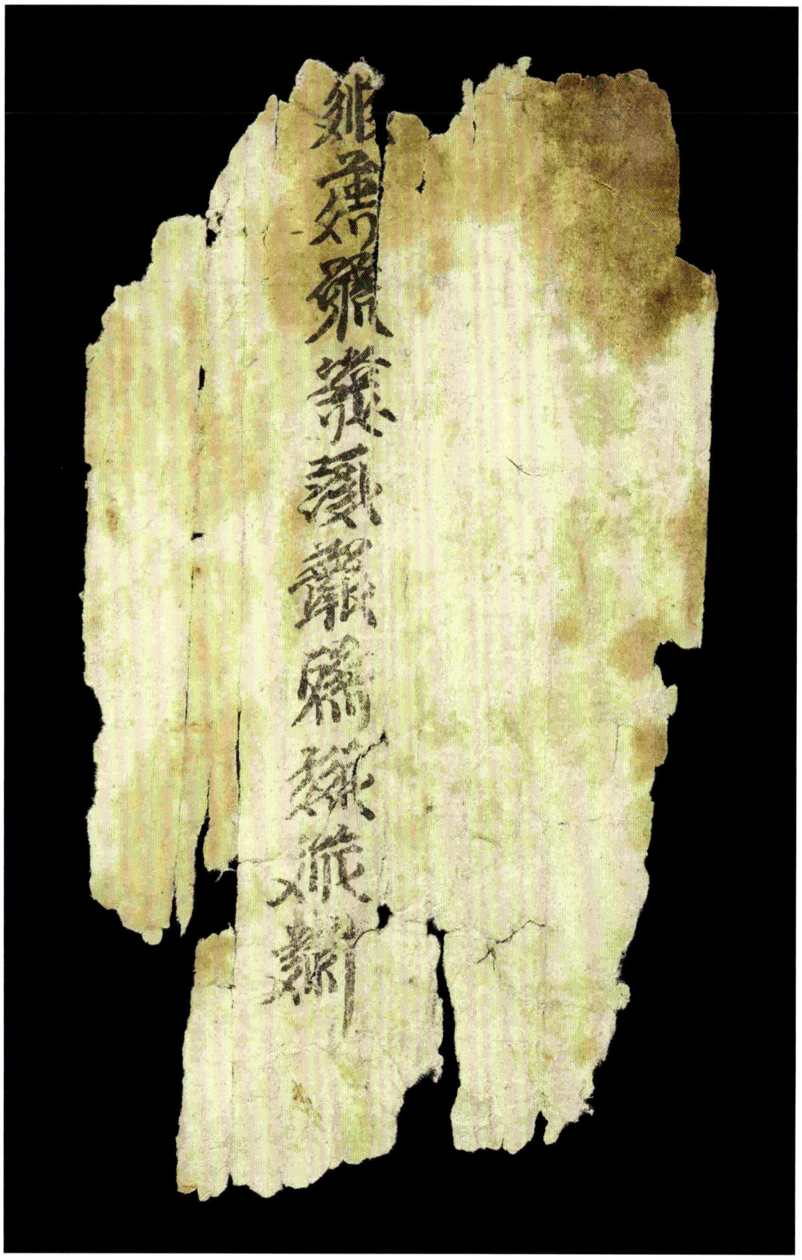

Or.12380/1965（K.K.II.0254.h）
16.6 釐米 × 9.6 釐米

……緣密形相經印贊嘆上卷

佛說祕密相經卷上（《大正藏》T18，p0463b）

1966 大般若波羅蜜多經殘片

Or.12380/1966（K.K.V.b.06.y）
7.2 釐米 × 4.9 釐米

……淨故一……
……若真如……

1967 大般若波羅蜜多經殘片

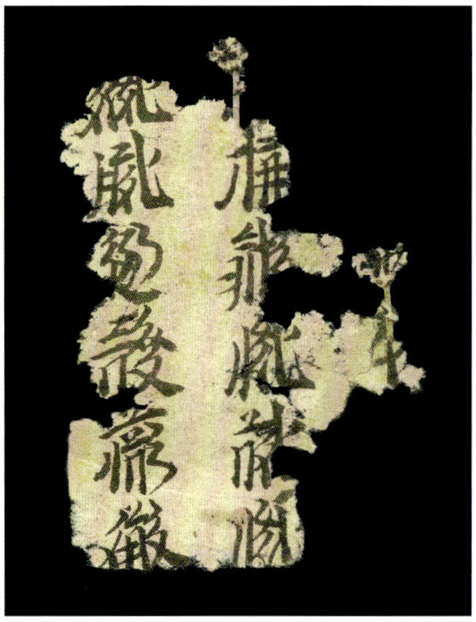

Or.12380/1967A（K.K.V.b.06.z）
7 釐米 × 4.8 釐米

……二分無別無……
……捨性住清淨恒……

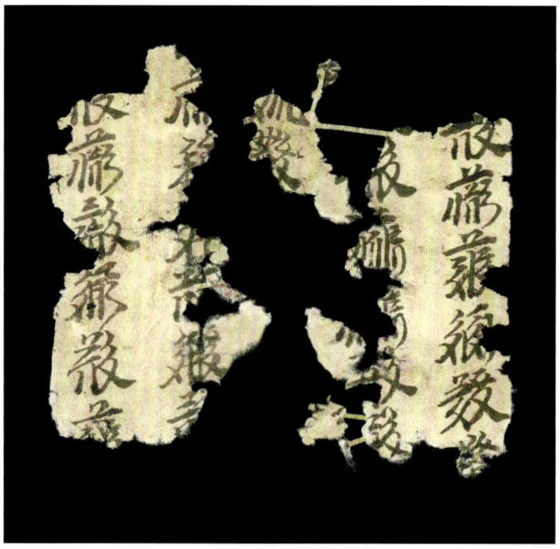

Or.12380/1967B
8.7 釐米 × 9.3 釐米

……清淨若四無量……
……也一切智智……
……大……
……故佛十力清……
……淨何云也若……

1968　大寶積經卷九十六

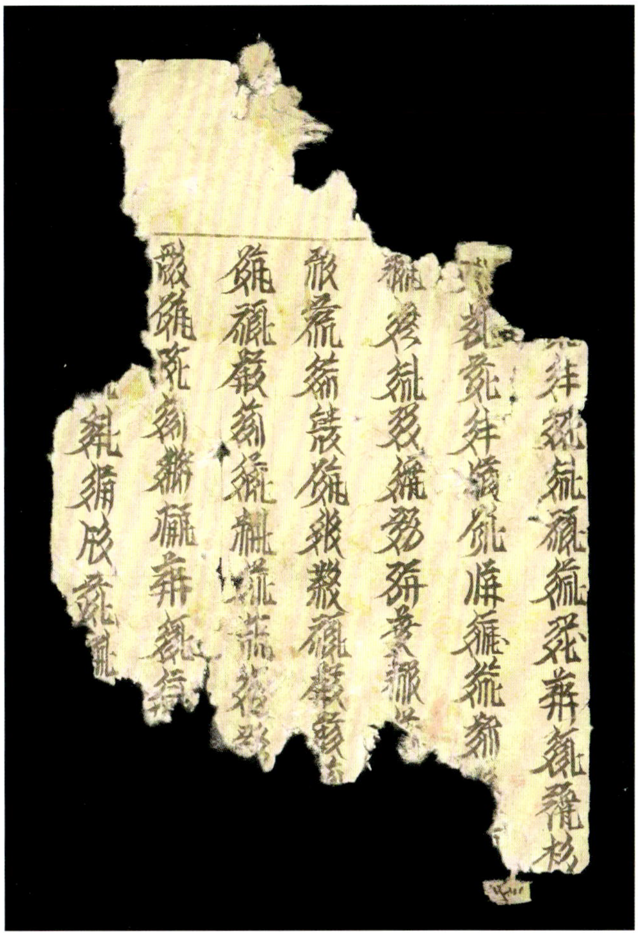

Or.12380/1968
（K.K.II.0254.g）
20.7 釐米 × 13.3 釐米

□□佛所正法聽聞受持讀誦……
□各諸佛刹土中最上菩……
應義正等覺謂爾時尊……
希有善逝此廣大法門何名……
是法門名者菩薩瑜伽師……
是是如名號汝受持當……
□□□百長者諸菩……

於諸**佛所聽聞正法**，**受持讀誦**，爲他廣説，過二十五劫，**各於諸佛刹中成無上菩**提，皆同一字，號勝蓮華藏如來**應正等覺**。**爾時尊**者阿難白佛言：世尊！希有世尊！**希有善逝**！當**何名此廣大法門**？云何奉持？佛告阿難：**是法門名菩薩瑜伽師**地，亦名勇猛授長者所問。**如是名號**，**汝當受持**。佛説此經已，尊者阿難及諸比丘、五**百長者**、**諸菩**薩衆、天人阿修羅等聞佛所説，皆大歡喜，信受奉行。（《大正藏》T11，p0543a）

1969 大般若波羅蜜多經殘片

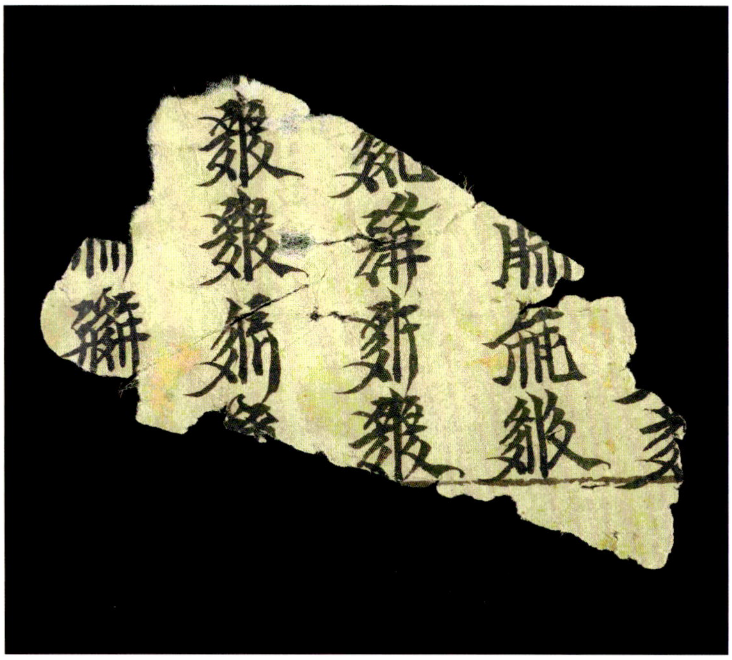

……修行緣
……能是故等
……等等無波
……度□

Or.12380/1969（K.K.V.b.06.x）
6.5 釐米 × 8.5 釐米

1970 大般若波羅蜜多經殘片

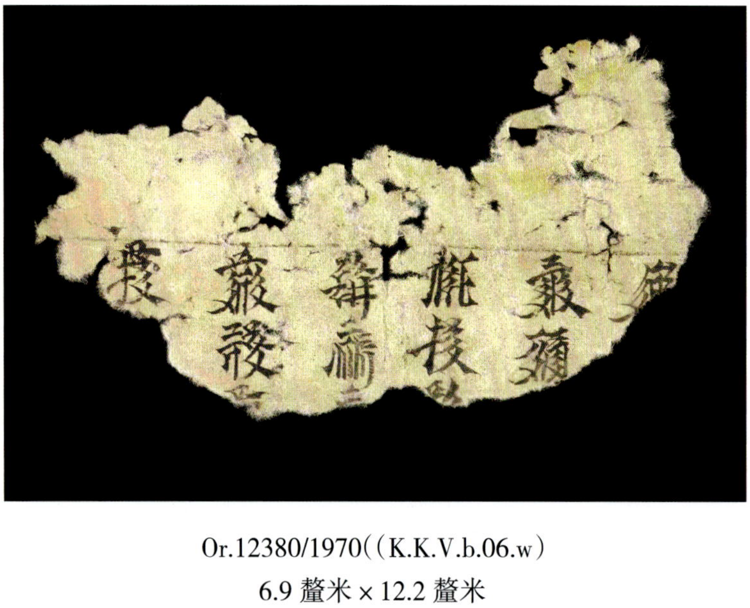

云……
蜜多……
無斷也……
故一切……
空清……
斷……

Or.12380/1970（（K.K.V.b.06.w）
6.9 釐米 × 12.2 釐米

1971　佛書殘片

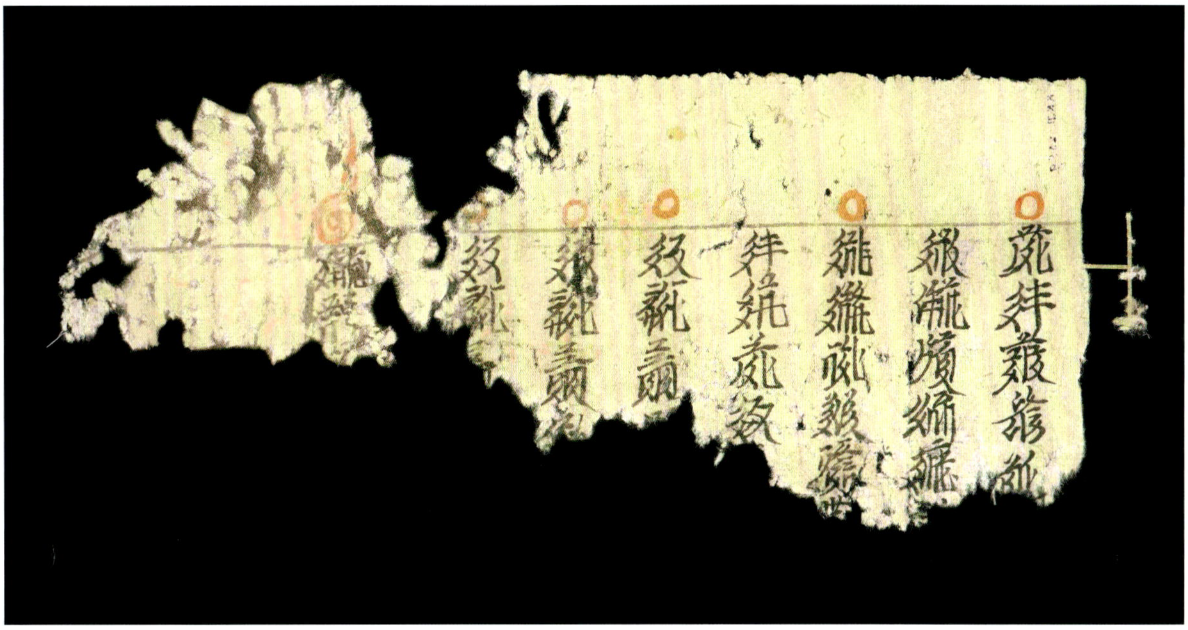

Or.12380/1971（K.K.II.0255.g）
10.7 釐米 × 26.3 釐米

諸佛若化境……
惟願國土最……
我今敬禮贊嘆……
請佛在世……
南無十……
南無十方……
南無十……
先師……

1972 大般若波羅蜜多經卷三百十四

Or.12380/1972［K.K.II.0254.s（3）?］
12.5 釐米 × 13.2 釐米

……諸受相於
……生無是色界
……界乃至眼觸緣
……緣生諸受滅無
……合是善現耳
……界相於不屬

色界乃至眼觸爲緣所**生諸受**不**相**屬，**即**色界乃至眼觸爲緣所生諸受**無生**。**色界**乃至眼觸爲緣所生諸受無生，即色**界乃至眼觸**爲**緣**所生諸受無滅。色界乃至眼觸爲**緣所生諸受無滅**，**即**色界乃至眼觸爲緣所生諸受不和**合**。**善現**！**耳**界不和合即耳界不相屬，耳**界不相屬**即耳界無生。（《大正藏》T06，p0601a）

1973　大般若波羅蜜多經卷十

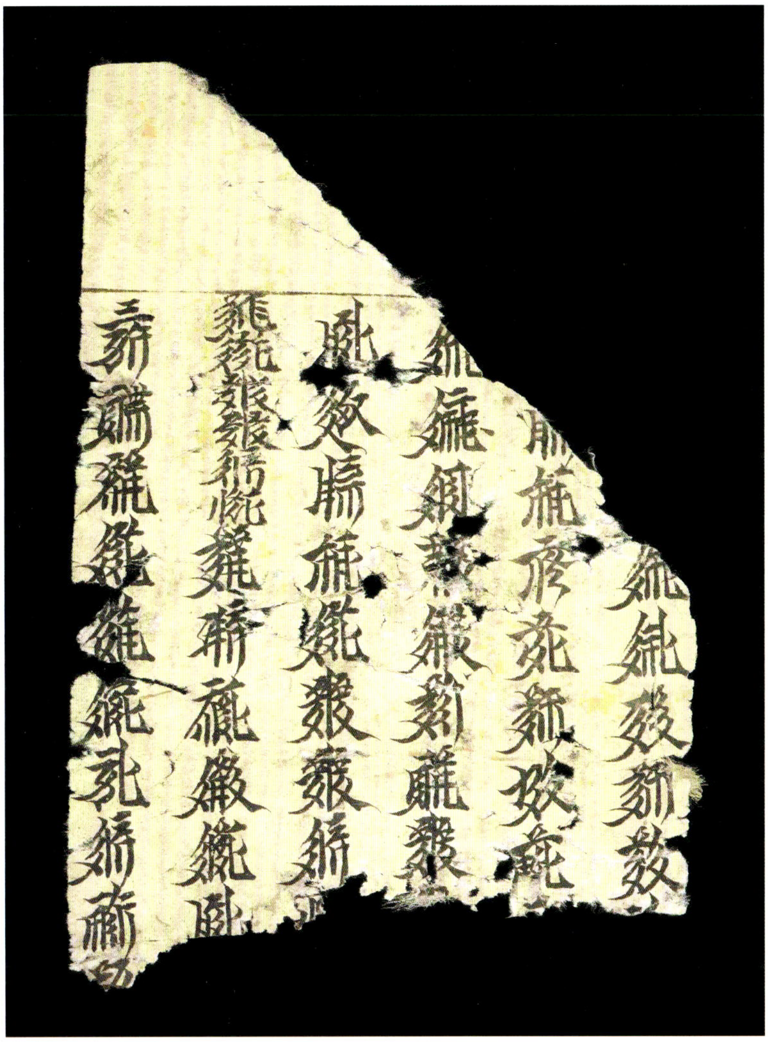

Or.12380/1973
（K.K.V.b.018.a）
16.5 釐米 × 11.5 釐米

□□□上正等菩提……
□修行者諸菩薩摩……
上最妙大勢力具等……
性住修行能等等無……
滿能等等無不失忘法恒捨性……
自體得能此者邊無殊勝……

能證無等等妙法，所謂無**上正等菩提**。世尊！**修行**般若波羅蜜多**諸菩薩摩**訶薩最尊最勝，**最上最妙**，**具大勢力**，**能修行**無**等**等無忘失法恒**住**捨**性**，能圓**滿無等等**無忘失法恒住捨性，能具足**無等等無忘失法恒**住**捨性**，**能得**無等等**自體**，所謂**無邊殊勝**相好妙莊嚴身。（《大正藏》T05，p0052c）

1974　佛書殘片

Or.12380/1974（K.K.II.0255.s）
8.7 釐米 × 16.2 釐米

諸……
緣……
……
若父……
其報……
是如……
一始……
□□惟……

1975　大般若波羅蜜多經殘片

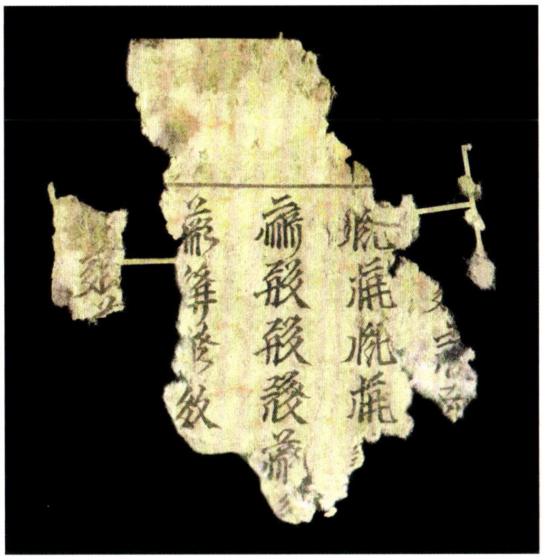

Or.12380/1975A（K.K.V.b.06.cc）
9.2 釐米 × 8.6 釐米

始諸……
無二無二……
切智智清淨……
淨故六神……
□若……

Or.12380/1975B
5.9 釐米 × 7.3 釐米

始……
諸受清……
若一切……
觸緣……

Or.12380/1975C
8 釐米 × 5 釐米

清淨無二……
切智智清淨……

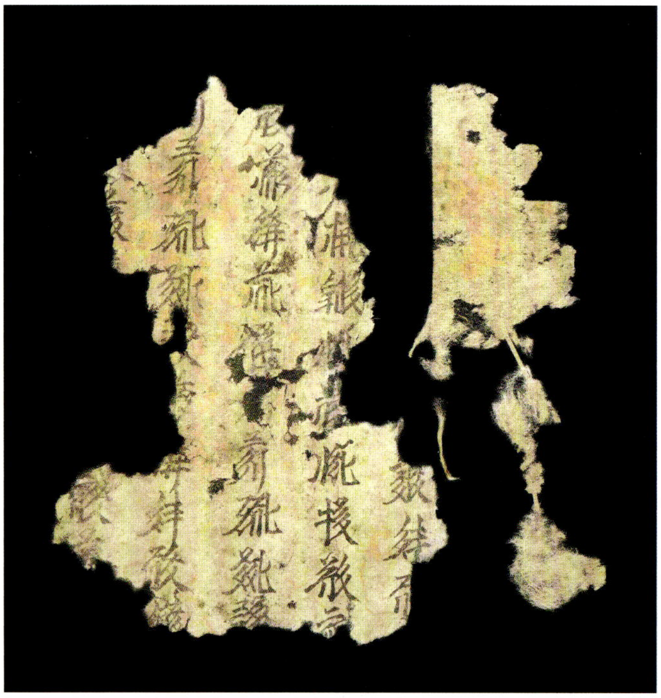

Or.12380/1975D
11.6 釐米 × 11.7 釐米

……若佛十……
……二分無別無斷也一……
……清淨故耳鼻□身意處清……
……身意處□□佛十力……
……若……清淨……

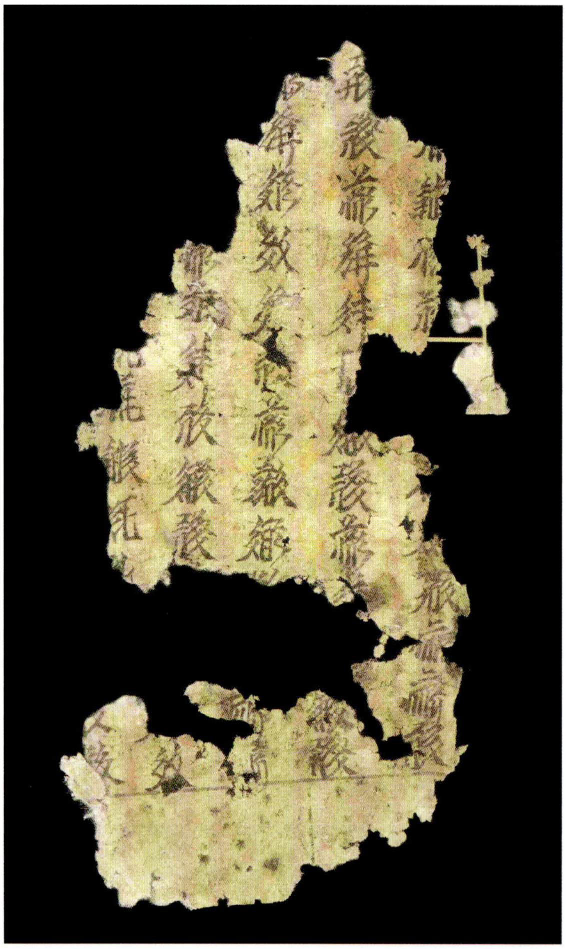

Or.12380/1975E
18.2 釐米 × 9.8 釐米

□□分無別□□□□現一切智
智清淨故佛□力清淨佛□力清
□故六神通清淨何云□□一切
□□□淨若佛十力清□□□神
……二分無……

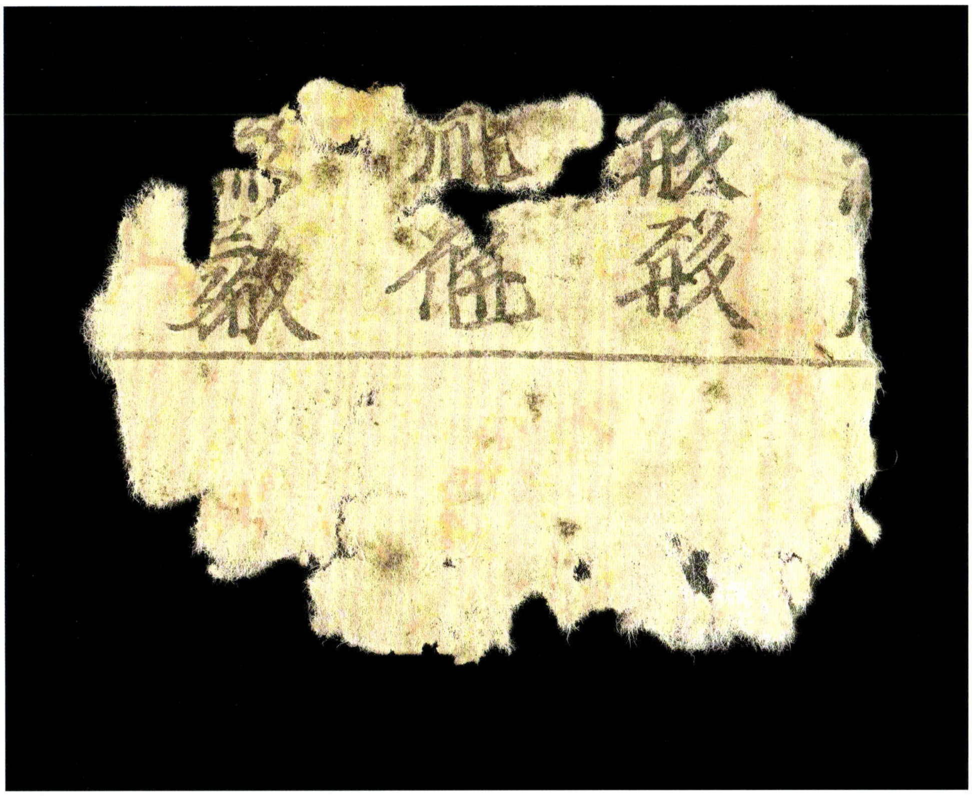

Or.12380/1975F
4.7 釐米 × 6.6 釐米

……智智
……耳鼻
……淨何

1976 大般若波羅蜜多經卷四十三

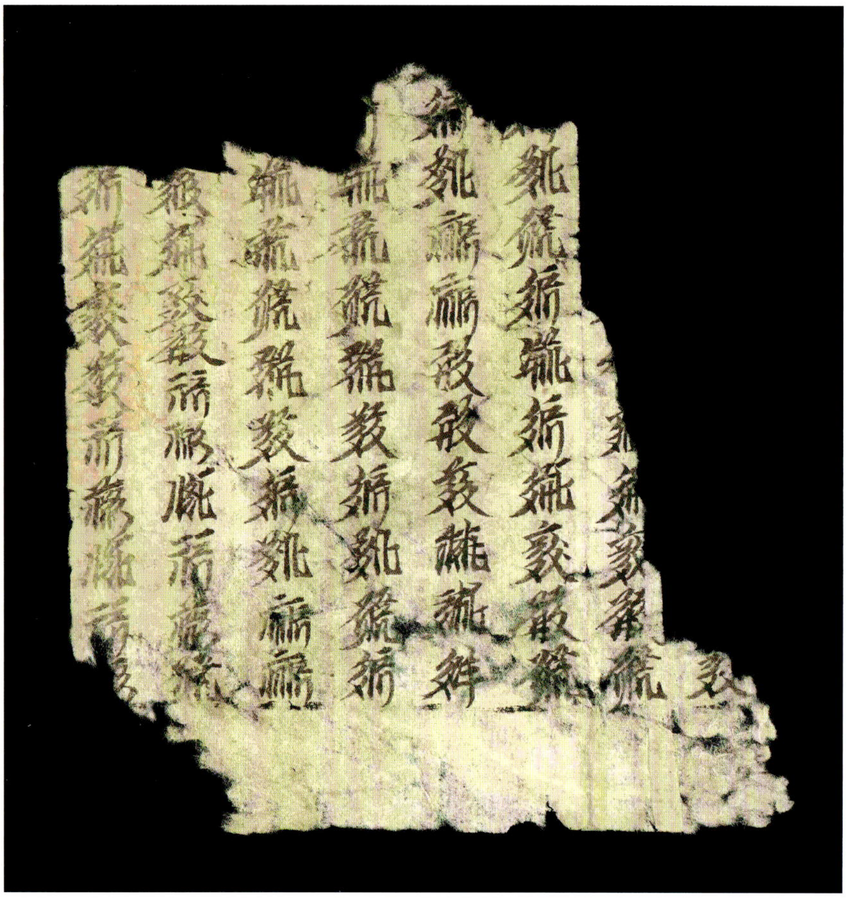

Or.12380/1976
（K.K.II.0255.s）
8.7 釐米 × 16.2 釐米

……可
……空解脱門觀相
……觀相無願無解脱門相
……無觀一切智智與相應心
……願有相得可無觀相無
……願有相得可無觀一切
……空解脱門寂靜不寂靜相得
……無解脱門寂靜不寂靜

觀無相無願解脱門無相有相相不**可**得，以應一切智智心。**觀空解脱門**無相有相相不可得，**觀無相無願解脱門無相**有相相不可得，**以應一切智智心**。**觀**空解脱門無願**有願相不可得**，**觀無相**無願解脱門無願**有願相不可得**，以應一切智智心。觀空**解脱門寂靜不寂靜相**不可得，觀無相**無願解脱門寂靜不寂靜**相不可得，以應一切智智心。（《大正藏》T05，p0240a）

1977　佛書殘片

Or.12380/1977（K.K.III.028.a）

9.7 釐米 × 16.5 釐米

……祇□園伽藍内住……

……妙城内沿……

……苦受在……

1978 佛書殘片

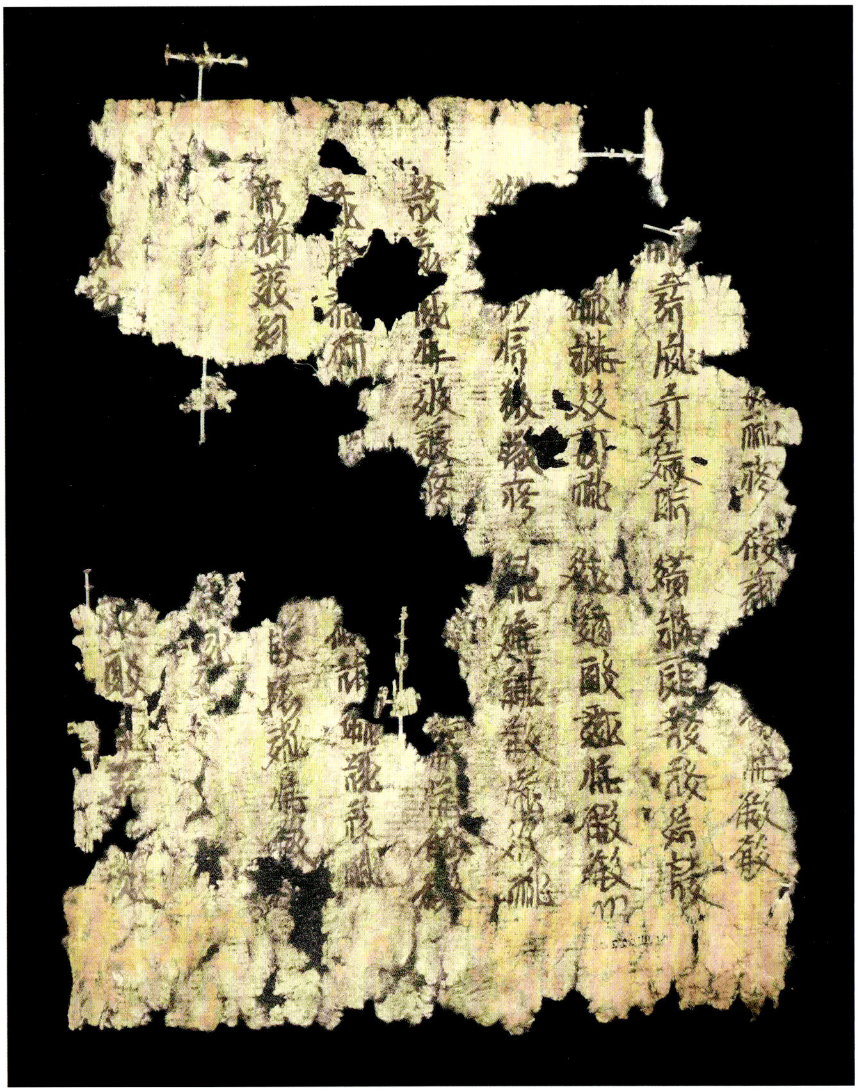

Or.12380/1978
（K.K.III.022.a）
16 釐米 × 15.5 釐米

……令者　守護……來尋旨
……自性身青色　奉敕導師十地行
……隨願果令成　救拔天母來尋旨
……集毀壞者　常尋正覺令在宫
三世界内守護者　□□□□來尋旨
諸有情之□□□　□法本願令一尊
淨梵帝釋□□□　□圍一面來□旨
……汝
……諸天母隨喜如

1979　佛説摩利支天菩薩陀羅尼經

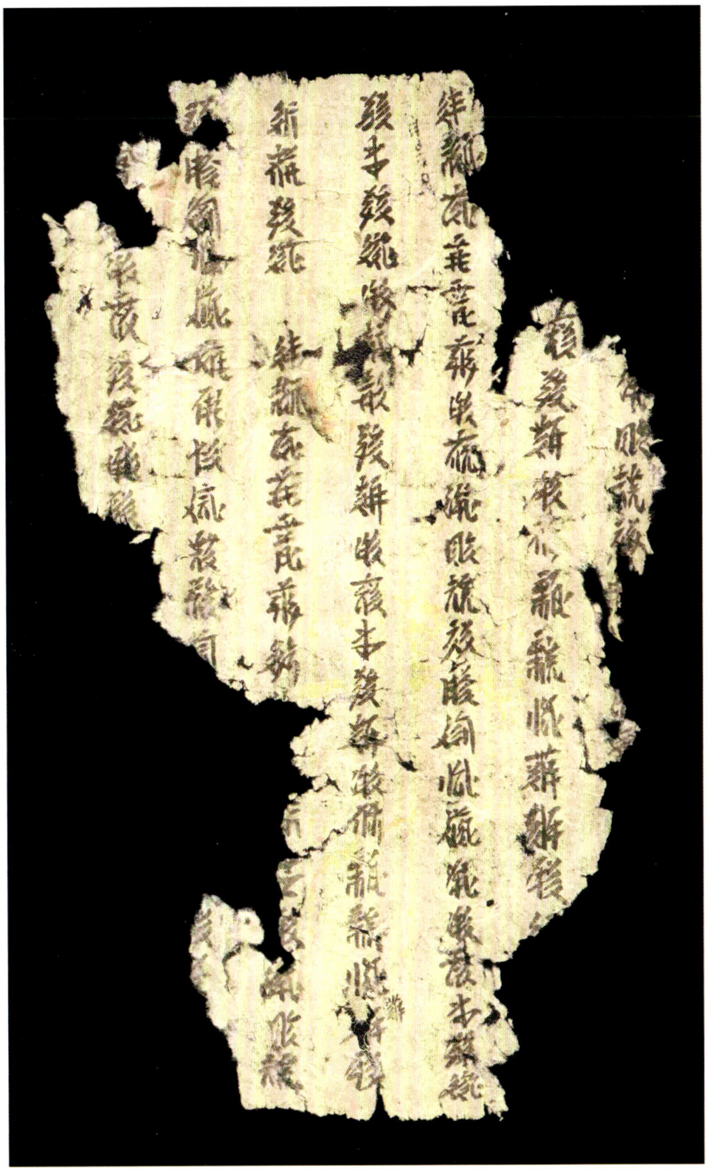

Or.12380/1979
（K.K.III.014.a）
22.3 釐米 × 4.5 釐米

……彼摩利支……

……縛未能人之財物不債怨家……

佛告諸比丘若人有彼摩利支天名知者彼人見亦不可

捉亦不可人欺誑不可人縛亦不可人之財物不債怨家

便得不能　佛告諸比丘若善……彼摩利

支天名知者是言誦應弟子……

……人見不能人捉……

日前有天，名摩利支，有大神通自在之法。常行日前，日不見彼，彼能見日。無人能見，無人能知，無人能捉，無人能害，無人欺誑，無人能縛，無人能債其財物，無人能罰，不畏怨家能得其便。

佛告諸比丘：若有人知彼摩利支天名者，彼人亦不可見，亦不可知，亦不可捉，亦不可害，亦不爲人欺誑，亦不爲人縛，亦不爲人債其財物，亦不爲人責罰，亦不爲怨家能得其便。

佛告諸比丘：若善男子善女人知彼摩利支天名者，應作是言：我弟子某甲知彼摩利支天名故，無人能見我，無人能知我，無人能捉我。（《大正藏》T21，p0259c）

1980 佛書殘片

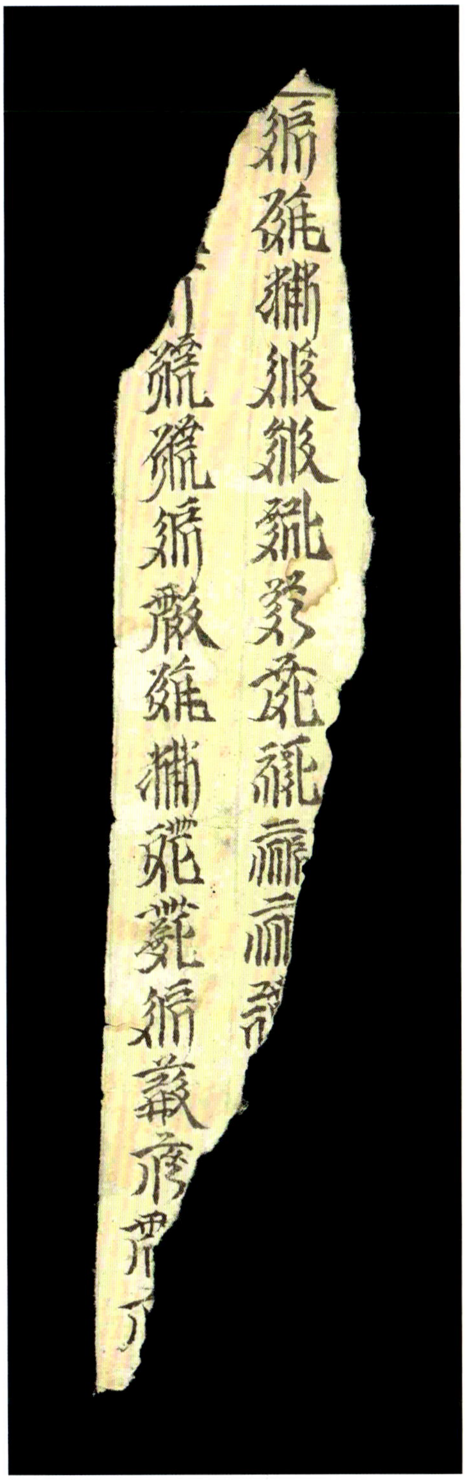

Or.12380/1980（K.K.II.0119.b?）
22 釐米 × 13.3 釐米

無是中因緣乃說諸法一切般……

□□□相相無是彼中分別無聞者是……

1981 大般若波羅蜜多經卷四十三

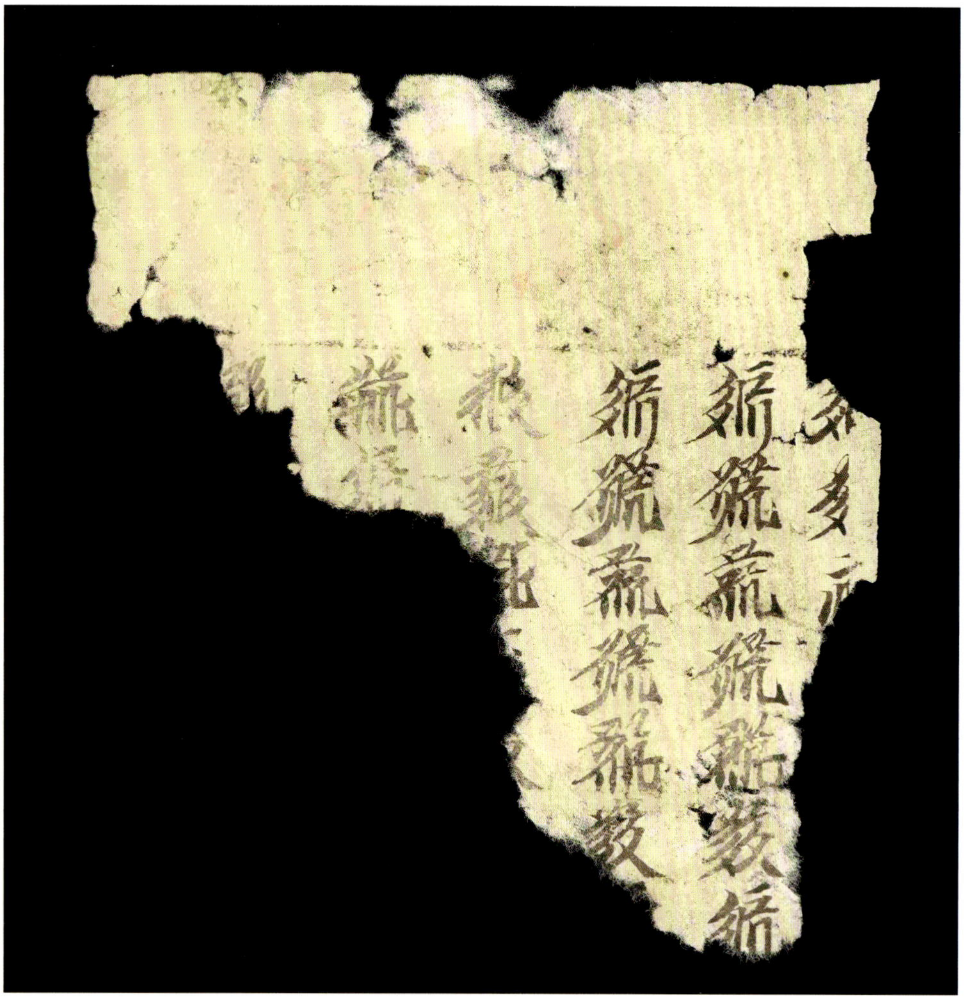

Or.12380/1981(K.K.V.b.018.c)
13.2 釐米 × 12.4 釐米

無相有相得可無……
無相有相得可無……
以空解……
願無……
智……

觀空解脱門**無相有相相不可得**，觀無相無願解脱門**無相有相相不可得**，以應一切智智心。觀空**解**脱門無願有願相不可得，觀無相**無願**解脱門無願有願相不可得，以應一切**智**智心。（《大正藏》T05，p0240a）

1982　聖妙吉祥真實名經，修禪偈

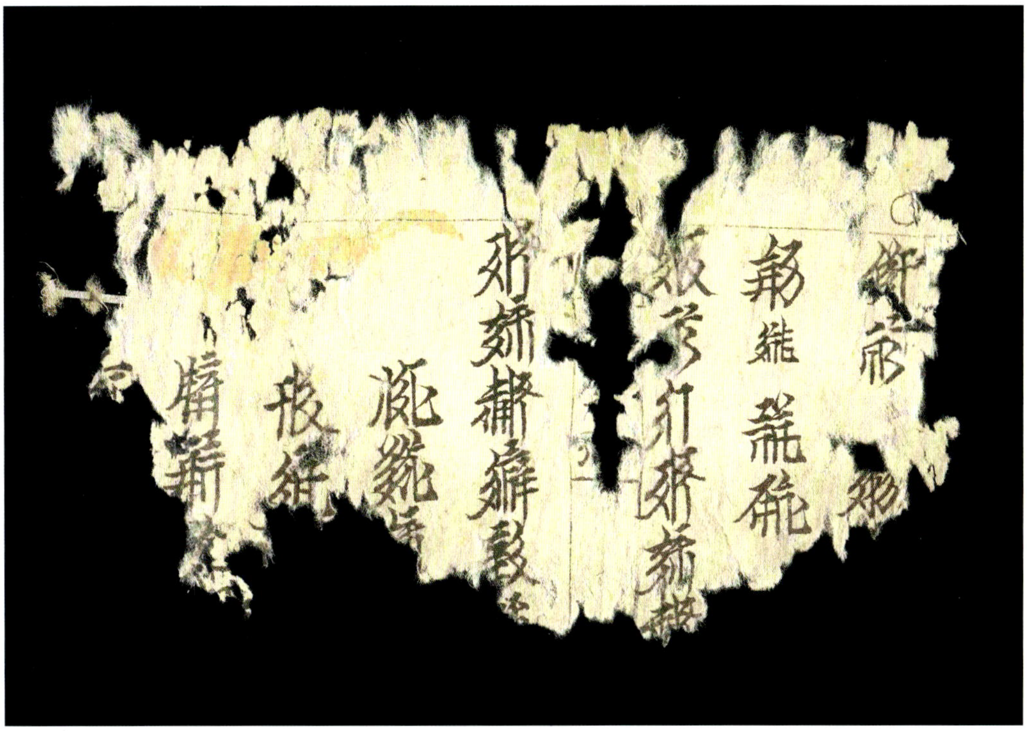

Or.12380/1982A（K.K.II.0277.d）　聖妙吉祥真實名經
6 釐米 × 10.8 釐米

梵語　阿……

三昂　機碇

番語聖妙吉祥……

妙吉祥孺童……

　　復次吉……

　　伏難

　　勇猛……

梵語阿耶曼祖悉哩捺麻捺**機碇**，此云誦**聖妙吉祥**真實名經。

聖妙吉祥真實名經

　　敬禮**孺童**相**妙吉祥**。

復次吉祥持金剛，**難**調**伏**中勝調伏。**勇猛**超出三界内，自在金剛密中勝。（《大正藏》T20，p0826b）

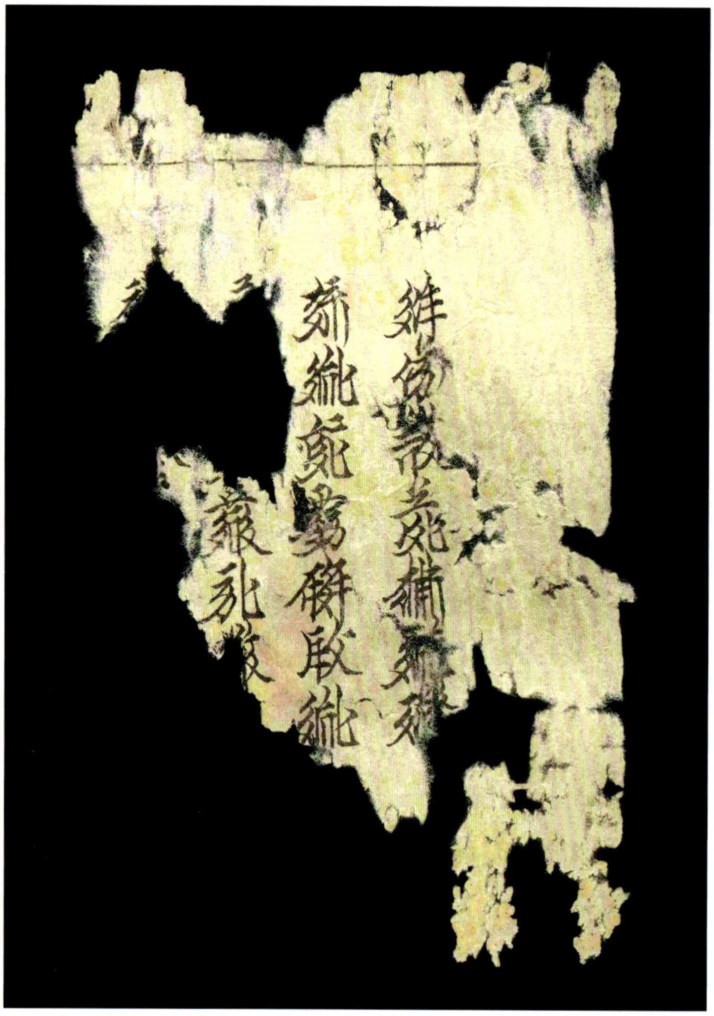

Or.12380/1982B 聖妙吉祥真實名經
12 釐米 × 7.4 釐米

心悦三界中□□
吉有遊宿中圍具
□□□空界□□

入**意三界中**殊勝，**吉**祥**遊宿具中圍**。十方一切虛**空界**，建立法幢極微妙。（《大正藏》T20，p0829a）

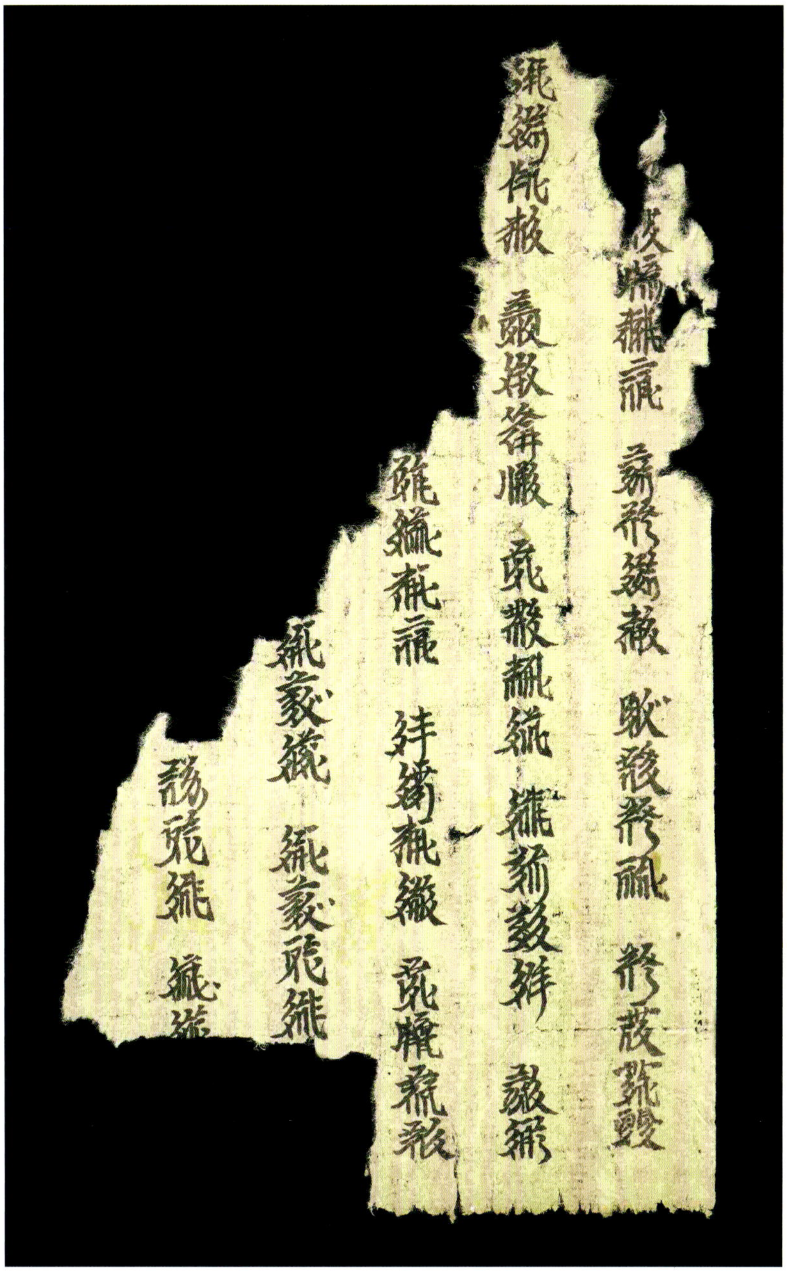

Or.12380/1982C　修禪偈
20.5 釐米 × 11.7 釐米

……因修禪始　自爲善及　使他人學　見爲隨喜
以此善本　十方如來　諸大菩薩　初菩提心　云何
……始于此時　至於成佛　諸有情等
……解脱者　我使解脱　……
……我使入□　無上……

1983 殘片

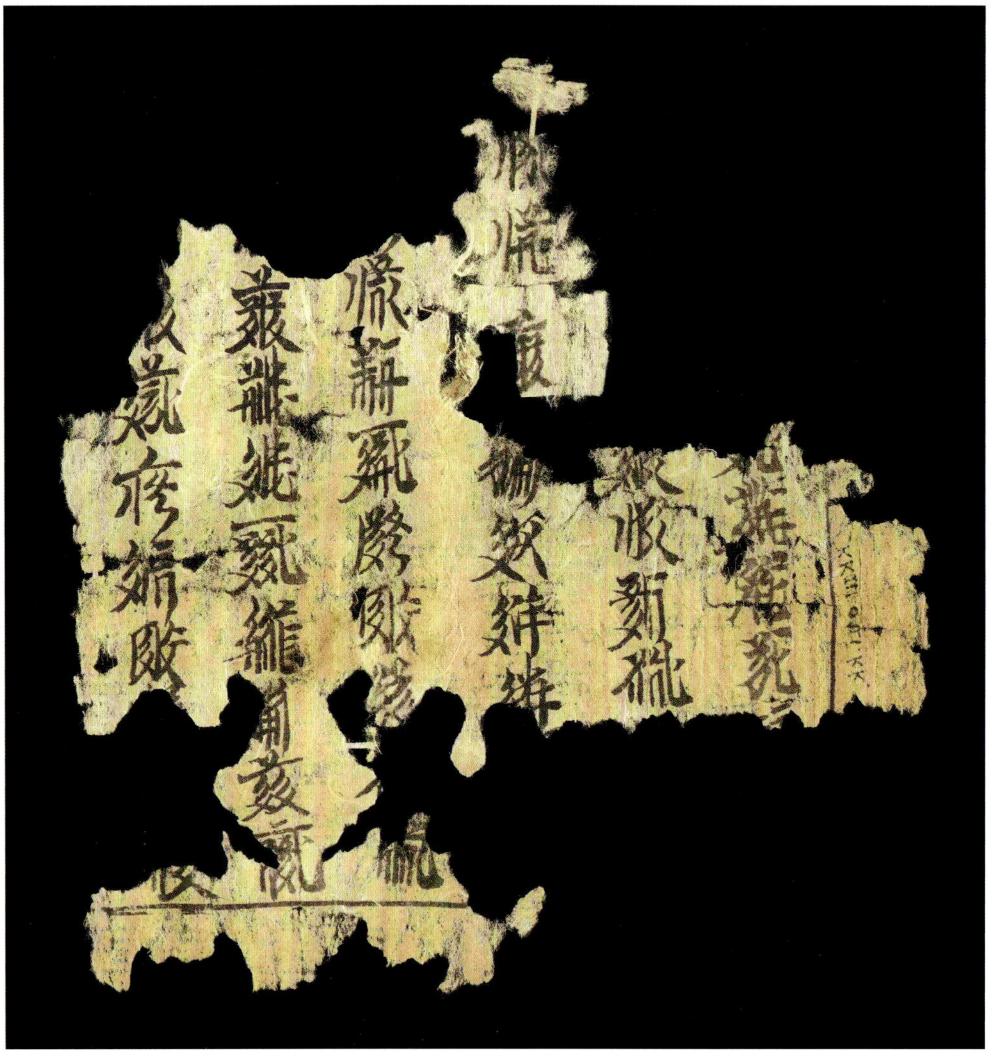

Or.12380/1983（K.K.III.021.kk）
13.9 釐米 × 13.3 釐米

……往彼各……
……罣礙故多……
……來　若□住心輕……
……妄罪妄著與□令
……若病患染災横與遇
……見者無他……

1984 大般若波羅蜜多經卷一百六十六

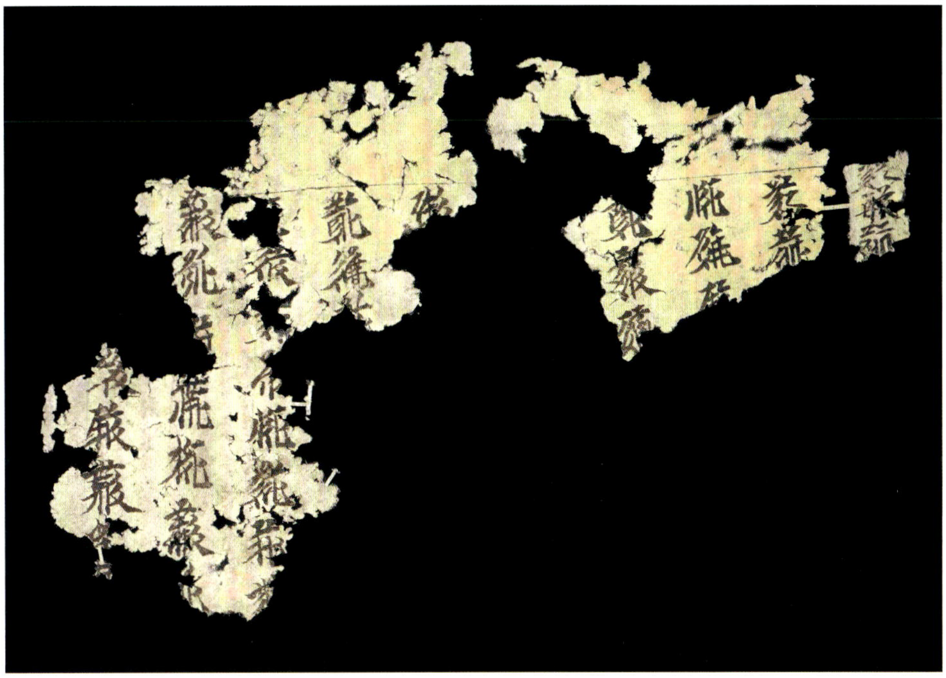

Or.12380/1984（K.K.V.b.029.q）
12.8 釐米 × 20.5 釐米

……説解釋……
説解……
復是言……
羅蜜多……

人……
獨覺……
□出□也復次憍尸……
河洲□牛貨洲……
人等現……

若善男子善女人等，於此般若波羅蜜多以無量門巧妙文義爲他廣説，宣示開演，顯了**解釋**，分別義趣，令其易解。**復**作**是言**：來，善男子！汝當於此甚深般若波**羅蜜多**至心聽聞，受持讀誦，令善通利如理思惟。隨此法門應勤修學，是善男子善女**人**等所獲功德甚多於前。何以故？憍尸迦！一切**獨覺**獨覺菩提皆是般若波羅蜜多所流**出**故。**復次憍尸**迦！置贍部洲、東勝身洲諸有情類，若善男子善女人等，教贍部洲、東勝身**洲**、西**牛貨洲**諸有情類，皆令安住獨覺菩提，於意云何？是善男子善女**人等**，由此因緣，得福多不？（《大正藏》T05，p0894a）

1985　大般若波羅蜜多經卷三百五十八

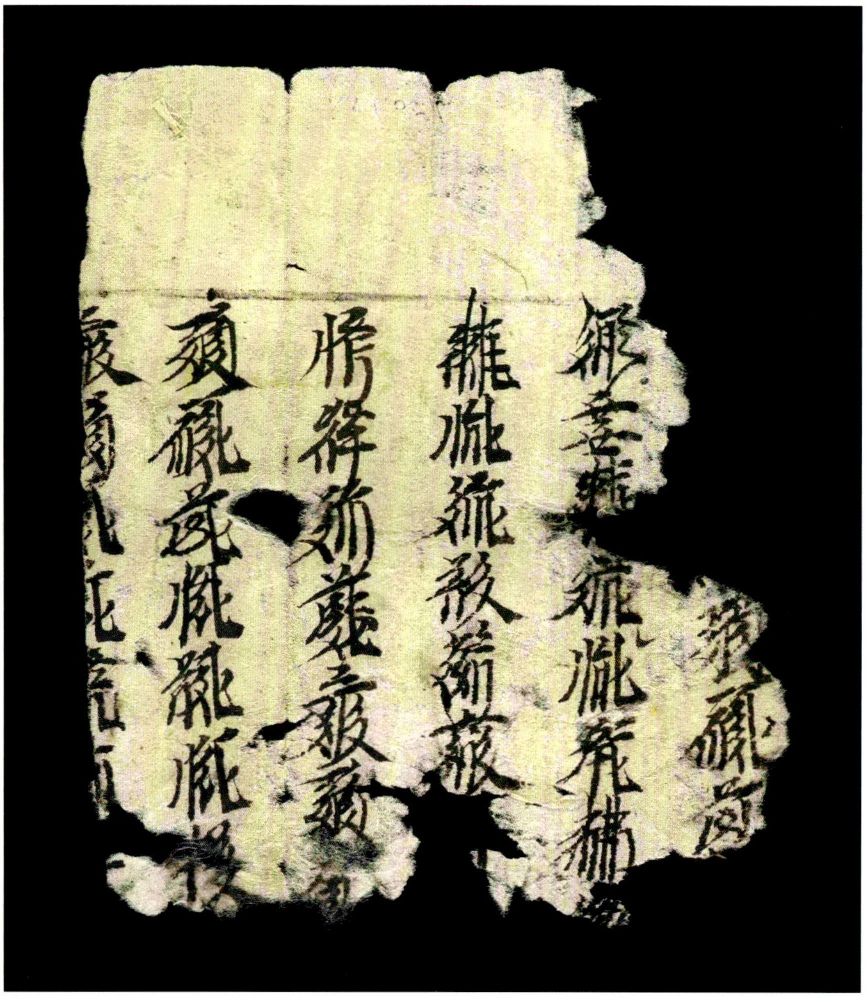

Or.12380/1985（K.K.V.b.05.1）
12.3 釐米 × 10.3 釐米

□□□多法界相……
何實如了知彼中……
如了知也善現……
布施波羅蜜多法……
多法界不別不斷……
蜜多法界相……

云何布施波羅蜜多法界相？云何淨戒安忍精進靜慮般若波羅蜜**多法界相**？諸菩薩摩訶薩**如實了知而於中學**，於一切法**如實了知**略廣之相。**善現**！布施波羅蜜多界虛空界是名**布施波羅蜜多法**界，此布施波羅蜜**多法界無斷無別**而可施設，是名布施波羅**蜜多法界相**。（《大正藏》T06，p0845c）

1986　大般若波羅蜜多經卷六十四

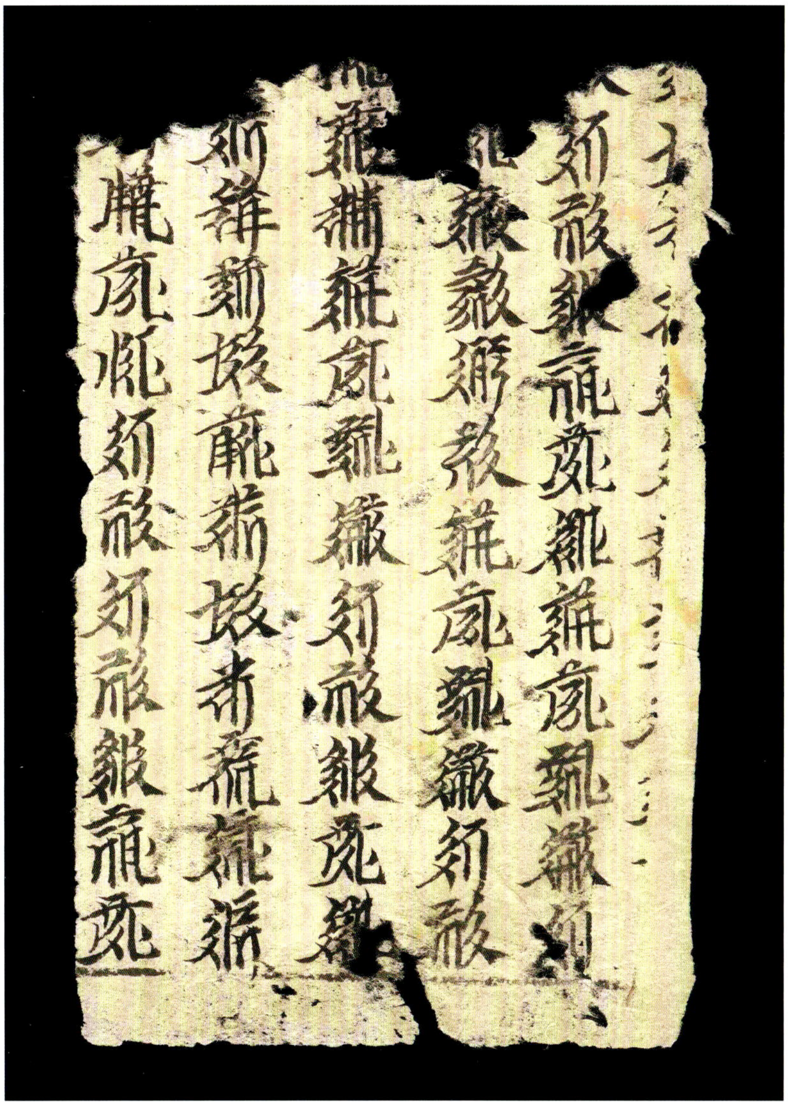

Or.12380/1986
（K.K.V.b.05.e）
16.1 釐米 × 10.7 釐米

……舌觸緣生諸受味界乃至舌
……空云何也味界乃至舌觸
……空中味界乃至舌觸緣諸受
……則菩薩摩訶薩亦有所無
……識界及舌觸舌觸緣生諸

味界舌識界及舌觸**舌觸爲緣所生諸受。味界乃至舌**觸爲緣所生諸受性空。**何以故。味界乃至舌**觸爲緣所生諸受性空**中。味界乃至舌觸爲緣**所生**諸受**無所有不可得故。**菩薩摩訶薩亦無所有**不可得。非味界舌**識界及舌觸舌觸爲緣所生諸**受。非味界乃至舌觸爲緣所生諸受性空。（《大正藏》T05，p0360a）

1987　大般若波羅蜜多經卷九十六

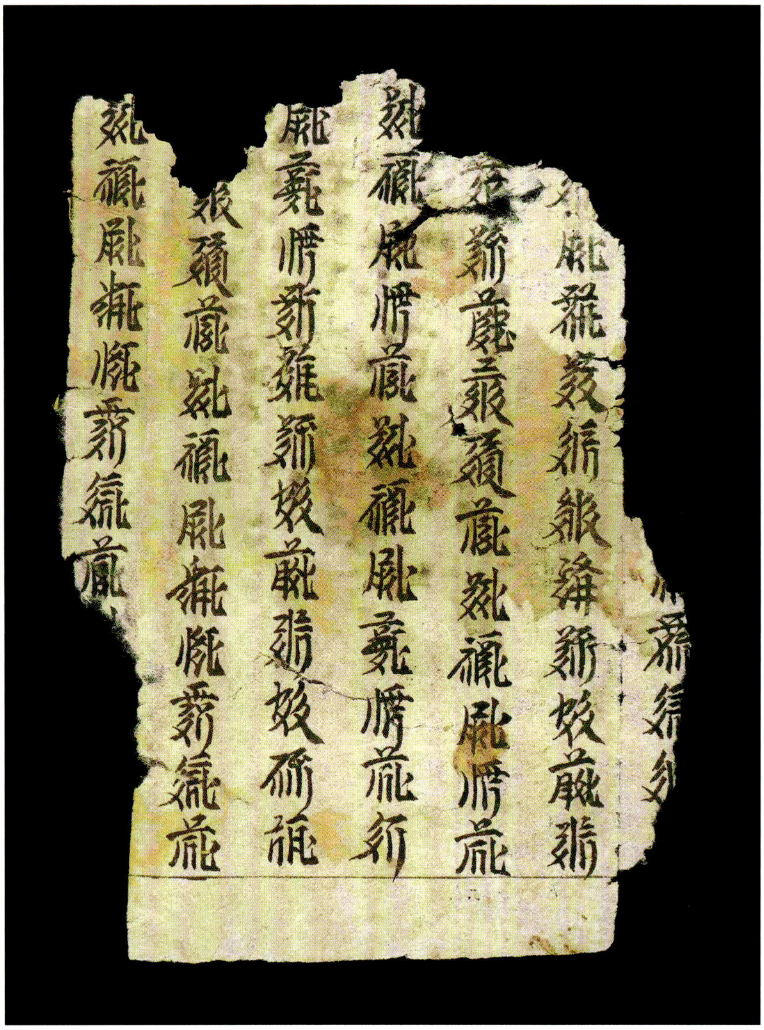

Or.12380/1987
（K.K.V.b.05.i）
17.5 釐米 × 12.8 釐米

……有所無□
……性得可無則故菩薩摩訶
……若波羅蜜多眼處法性非耳
……處法性非眼處法性離非耳舌
……性離非故是菩薩摩訶薩之行
……蜜多眼處法性於不求應耳
……處法性於不求應……

如是一切皆**無所有**性不可得。由無所有**性不可得故，菩薩摩訶**薩所行般**若波羅蜜多非眼處法性，非耳**鼻舌身意**處法性，非離眼處法性，非離耳**鼻舌身意處法**性。是故菩薩摩訶薩所行**般若波羅**蜜**多**不應於眼處法性求，不應於耳**鼻舌身意**處法性求**。（《大正藏》T05，p0535b）

1988 大般若波羅蜜多經卷五十一

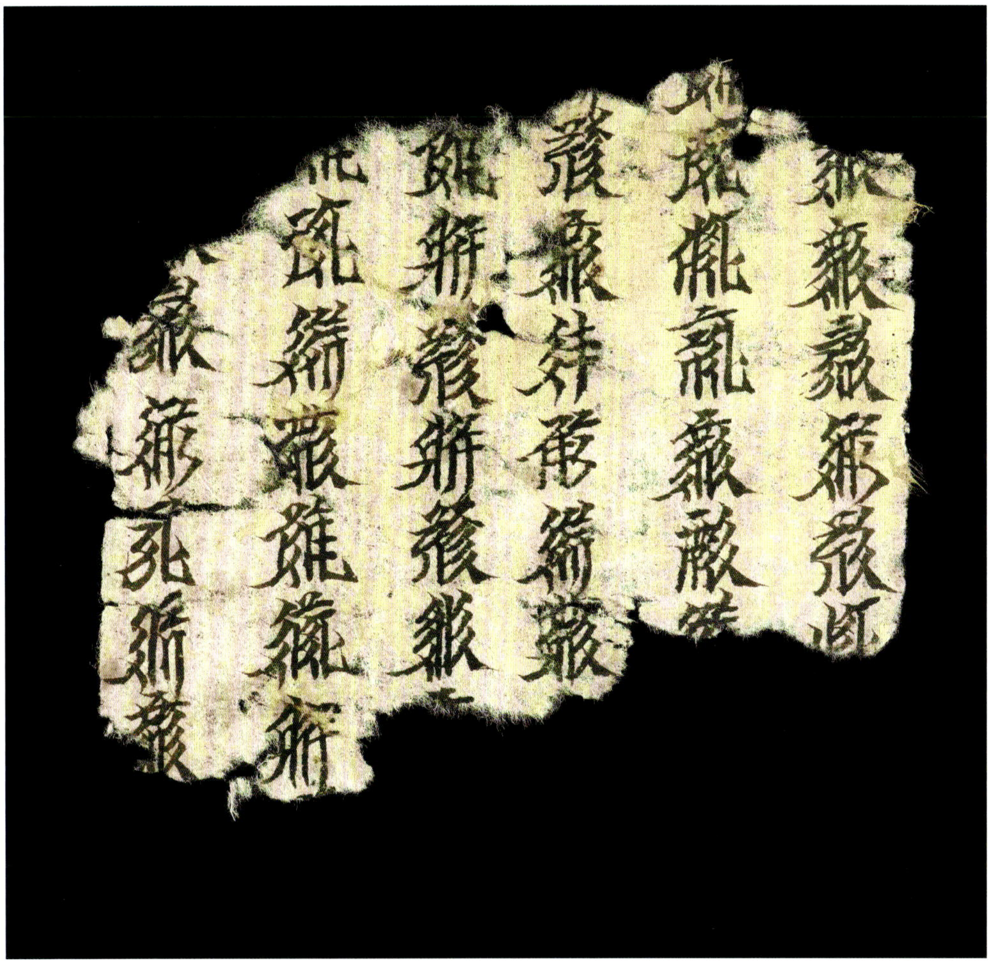

Or.12380/1988（K.K.V.b.05.m）
10.3 釐米 × 11.8 釐米

……空云何也不……
……是如爲無空是善……
……竟空佛言善現……
……此畢竟畢竟由……
……是如善現是畢竟空……
……云何際無空……

無爲謂無生無住無異無滅，此無爲由無爲空。**何以故**？**非**常非壞本性爾故。善現！**是爲無爲空**。**善現**白佛言：世尊！云何畢**竟空**？**佛言**：**善現**！畢竟謂諸法究竟不可得，**此畢竟由畢竟**空。何以故？非常非壞本性爾故。**善現**！**是爲畢竟空**。善現白佛言：世尊！**云何無際空**？（《大正藏》T05，p0291a）

1989　六十二佛懺罪偈

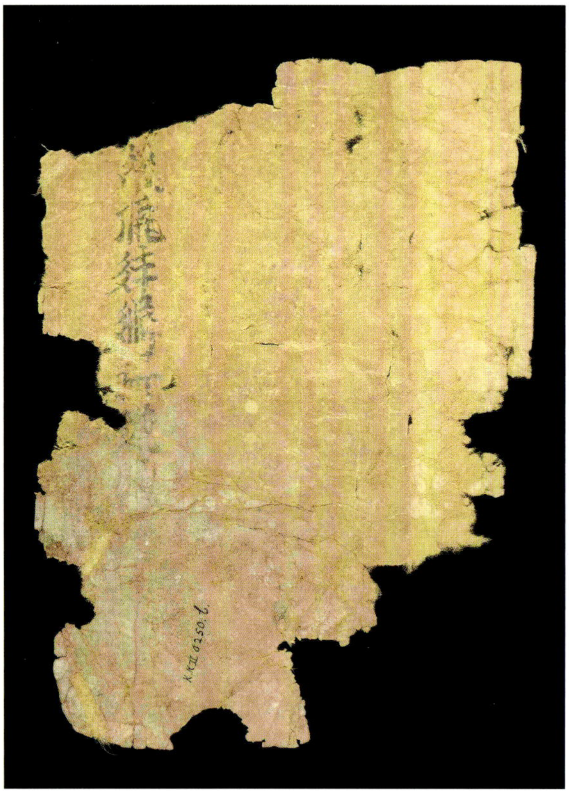

Or.12380/1989（K.K.II.0250.l）
17.4 釐米 × 13 釐米

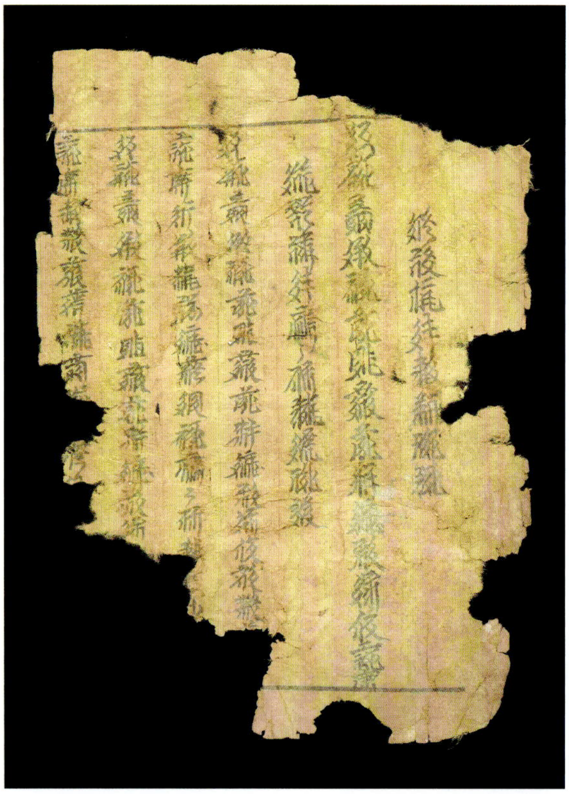

□十二佛并罪……

六十二佛并懺罪偈
南無十方法界盡虛空界極微塵毛金剛
向一切上師本佛皈依敬禮
南無十方法界盡虛空界極微塵數大……
金剛入諸方便一切極真妙法之皈……
南無十方法界盡虛空界極微塵……
金剛并大乘依密成就□者……

1990　金光明最勝王經卷五

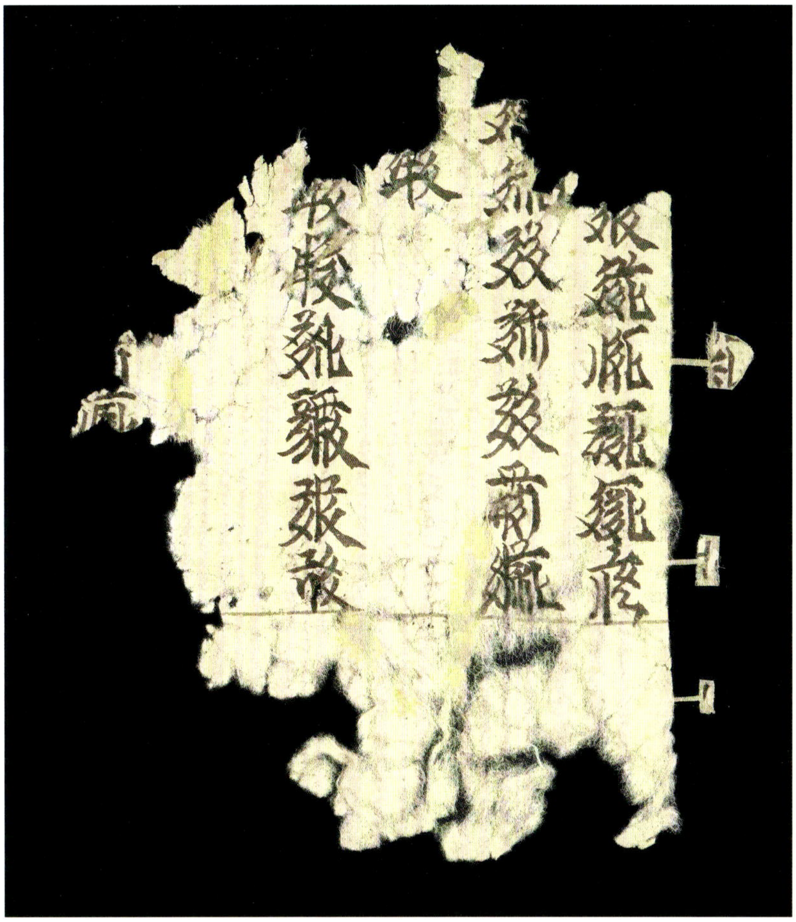

Or.12380/1990（K.K.V.b.05.o）
14.2 釐米 × 12.2 釐米

……護能及經持者
……正等菩提成時
……頂
……人天觀察品十
……
……目……

復**能**於此微妙經王發心擁**護及持經者**，當獲無邊殊勝之福，速**成**無上**正等菩提**。**時**梵王等聞佛語已，歡喜**頂**受。

金光明最勝王經四天王**觀察人天品**第**十**一

爾時多聞天王、持國天王、增長天王、廣**目**天王俱從座起。（《大正藏》T16，p0426c）

1991　金剛亥母睡眠入定法要門

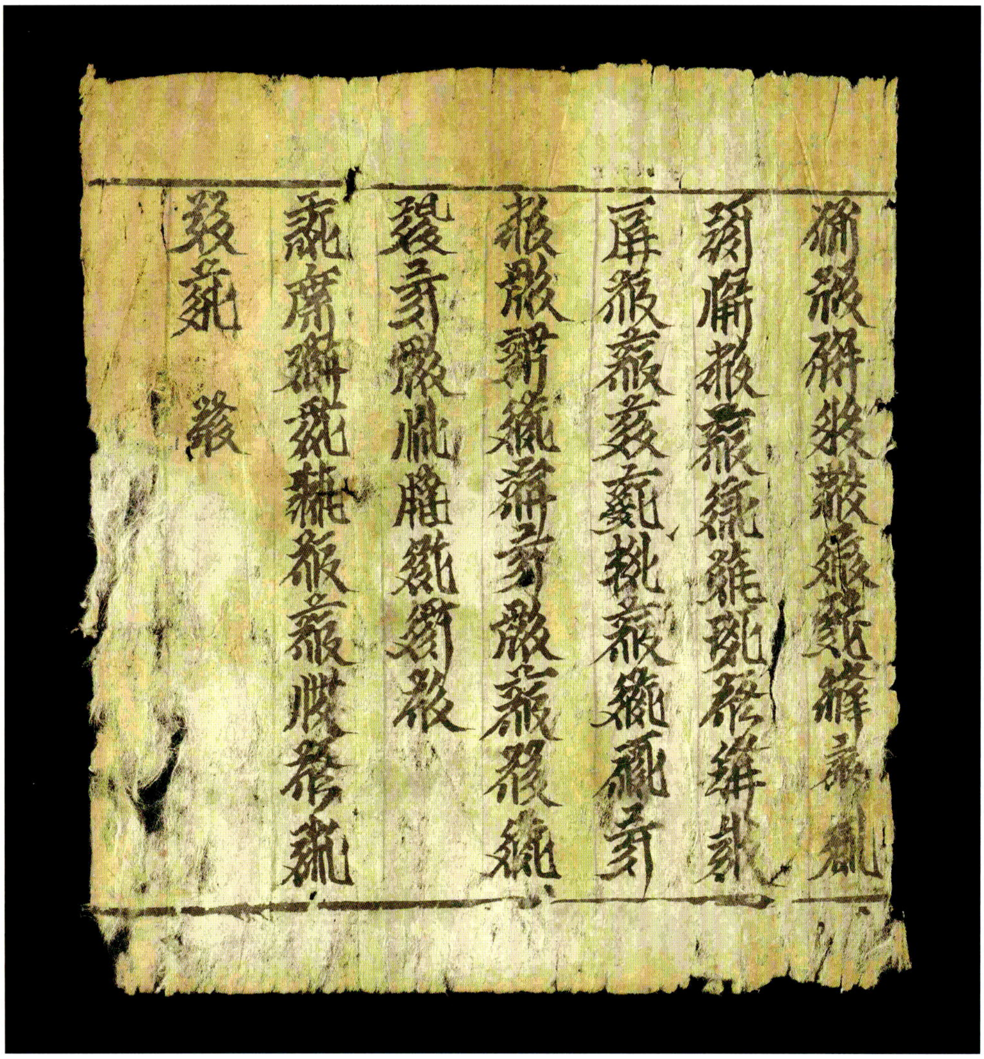

Or.12380/1991（K.K.II.0279.f）
14.1 釐米 × 13 釐米

之中央廣大赤色波昂字
一念而應眠如是爲則愚
痴睡眠與遠離眠者法身
而是夢者報身是覺醒者
化身是知識能爲也
金剛亥母依睡眠定爲法
要門　竟

1992　供養法殘片

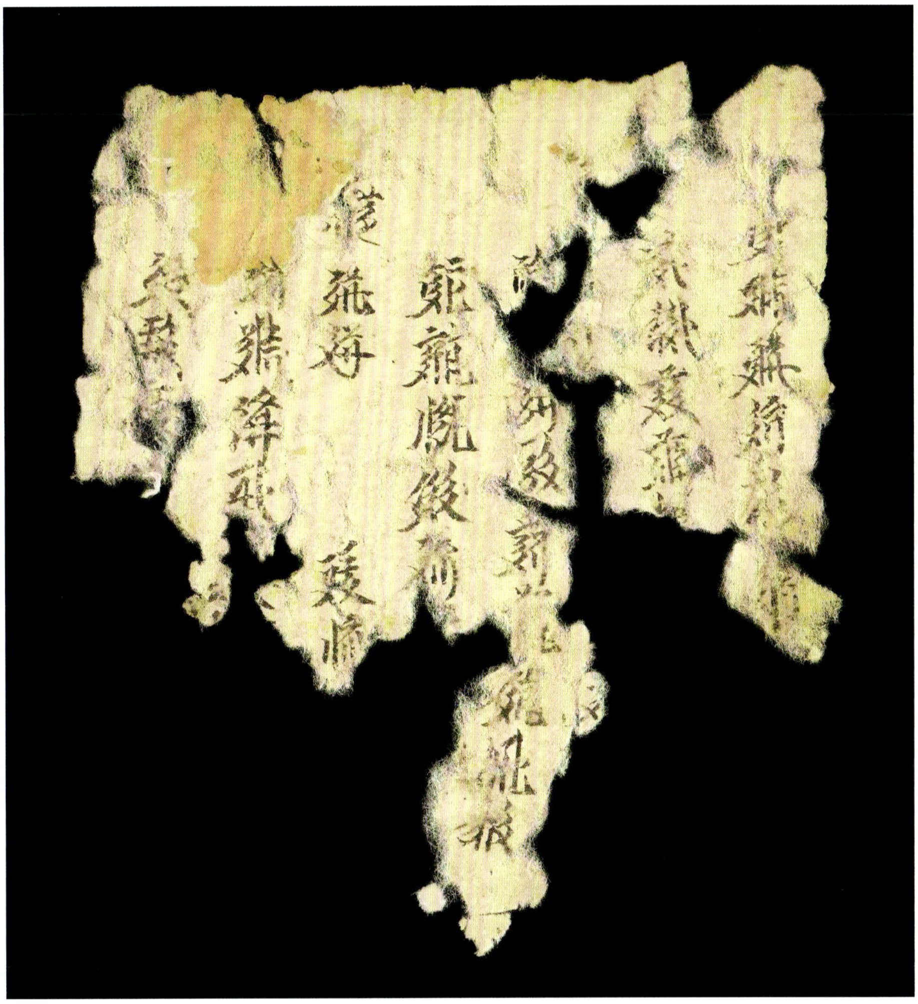

Or.12380/1992（K.K.II.0281.ddd）
13 釐米 × 11.4 釐米

　　八功具足……
　　上穀與混……
　　□□爾前貢□此奉以
　　游行不止……
唵　娑訶　阿伽……
　　拶陀俱……
　　事等……

1993 祈禱文殘片

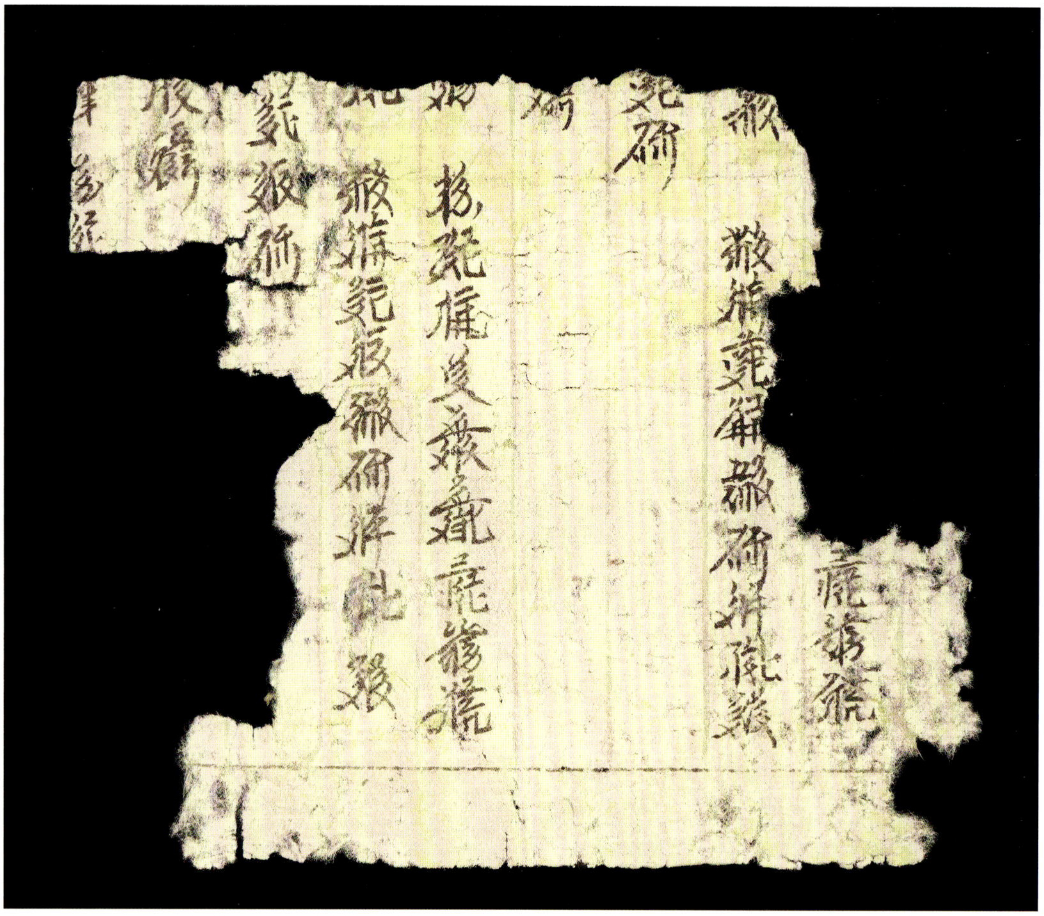

Or.12380/1993(K.K.II.0254.p)
15.2 釐米 × 18 釐米

……嗔變相
……大陽羅睺尊之恭敬禮
……羅之
……贊
……一面二臂鐵鉤嗔變相
……大陽計都尊之恭敬禮
……計都之……
……贊頌
……一面……

1994　文狀殘片

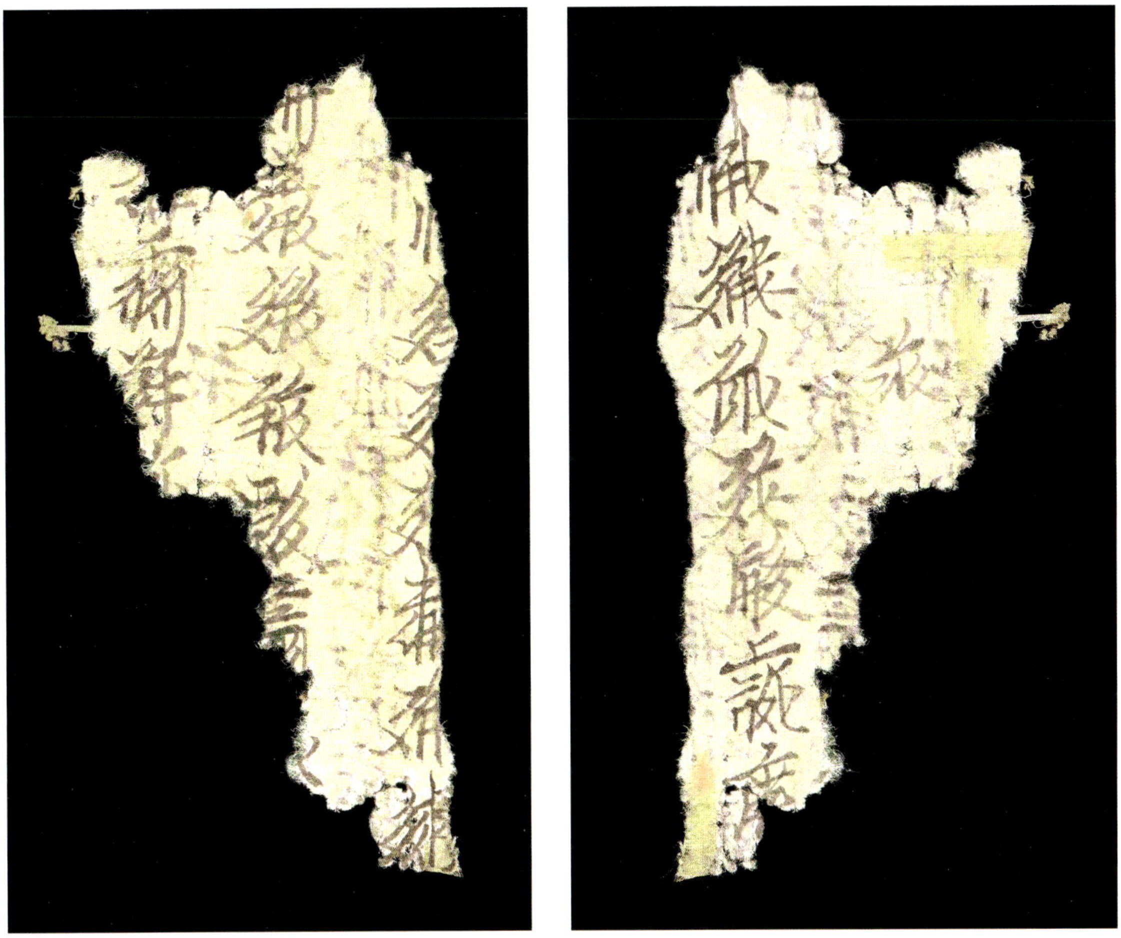

Or.12380/1994（K.K.II.0265.p.10?）
9.7 釐米 × 5.6 釐米

……屬……
……鐵婦等是十……
……服有……

告
……判家院訛青金剛……

1995 殘片

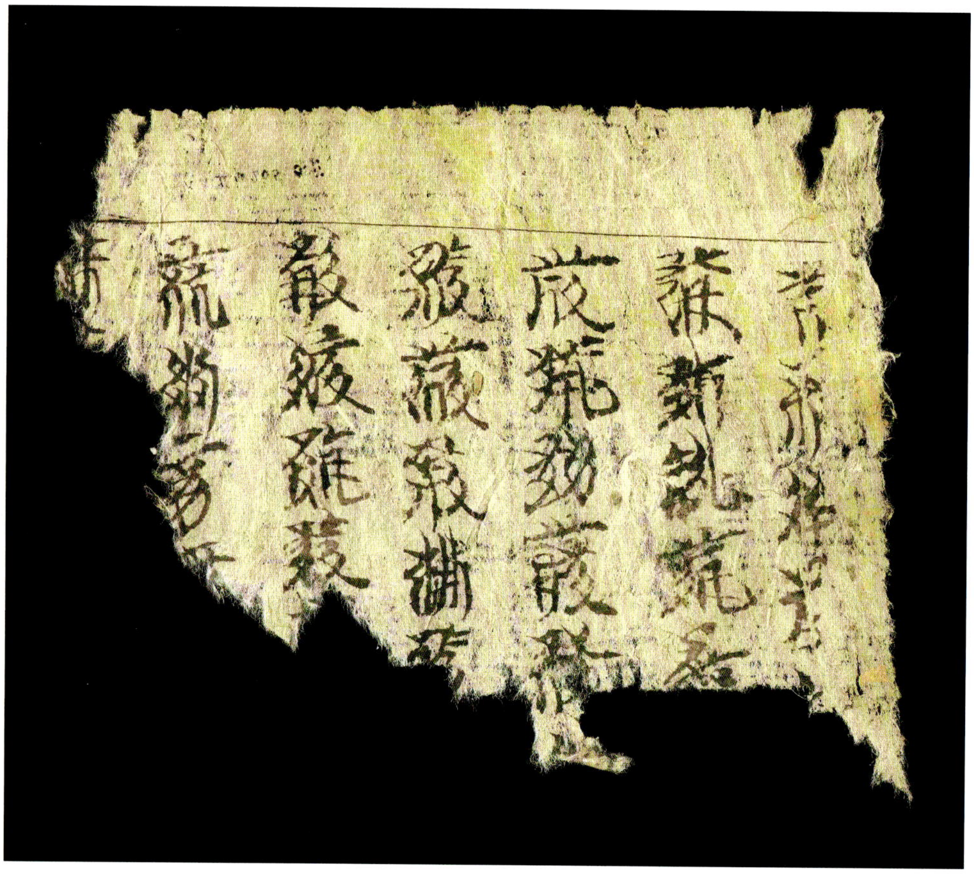

Or.12380/1995(K.K.II.0265.o.ii)
8.8 釐米 × 11.6 釐米

則故汝殺……
見其言已畢……
已現水中……
尋欲此刻……
有日夜……

1996　大方廣佛華嚴經卷八

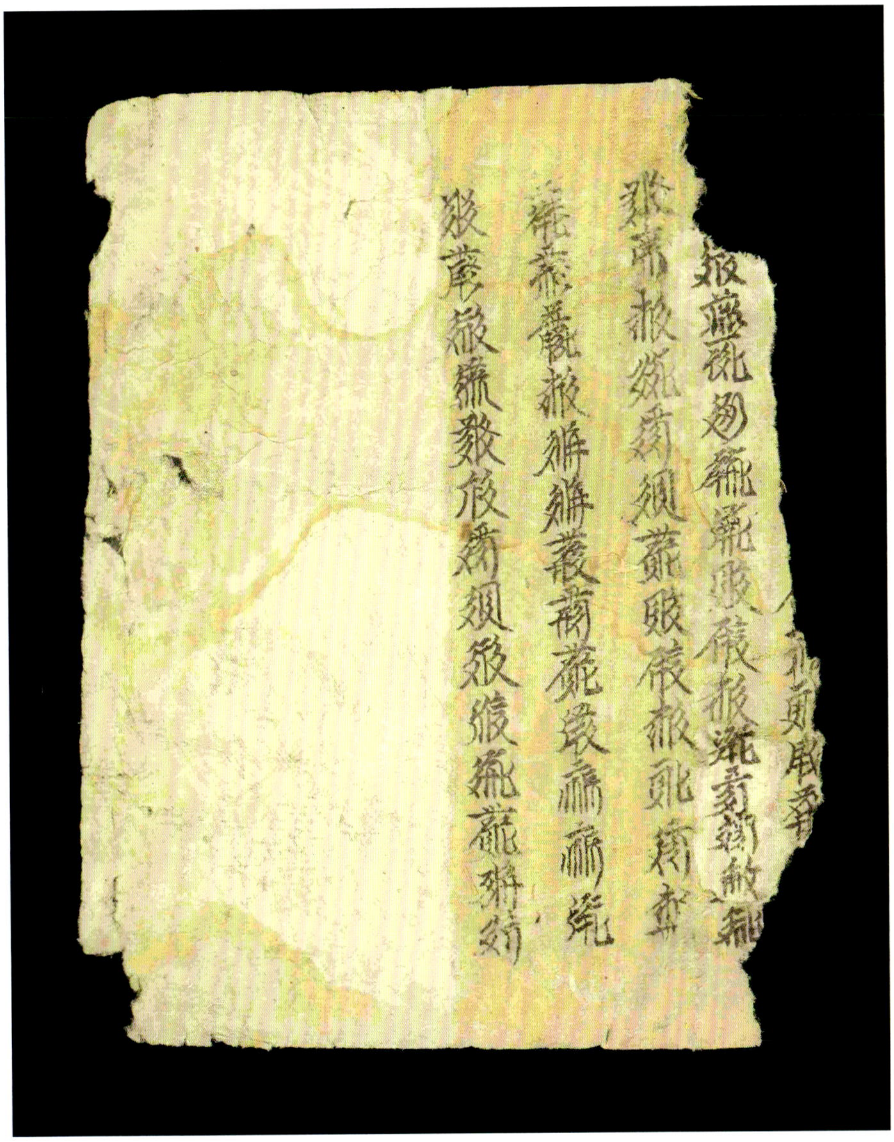

Or.12380/1996A
(K.K.II.0252.e)
19.2 釐米 × 15.3 釐米

……大輪圍山……
□蓮華上住栴檀摩尼以其身爲威德
寶王以峰爲妙香摩尼而輪爲焰
藏金剛而共同成立香水一切其
間流注衆寶林爲妙華開敷香草地

此華藏莊嚴世界海**大輪圍山住**日珠王**蓮華之上**，**栴檀摩尼以爲其身**，**威德寶王以爲**其峰，妙香**摩尼而作**其**輪**，**焰藏金剛**所**共成立**，**一切香水流注其間**。**衆寶爲林**，**妙華開敷**，**香草**布**地**，明珠間飾。（《大正藏》T10，p0039c）

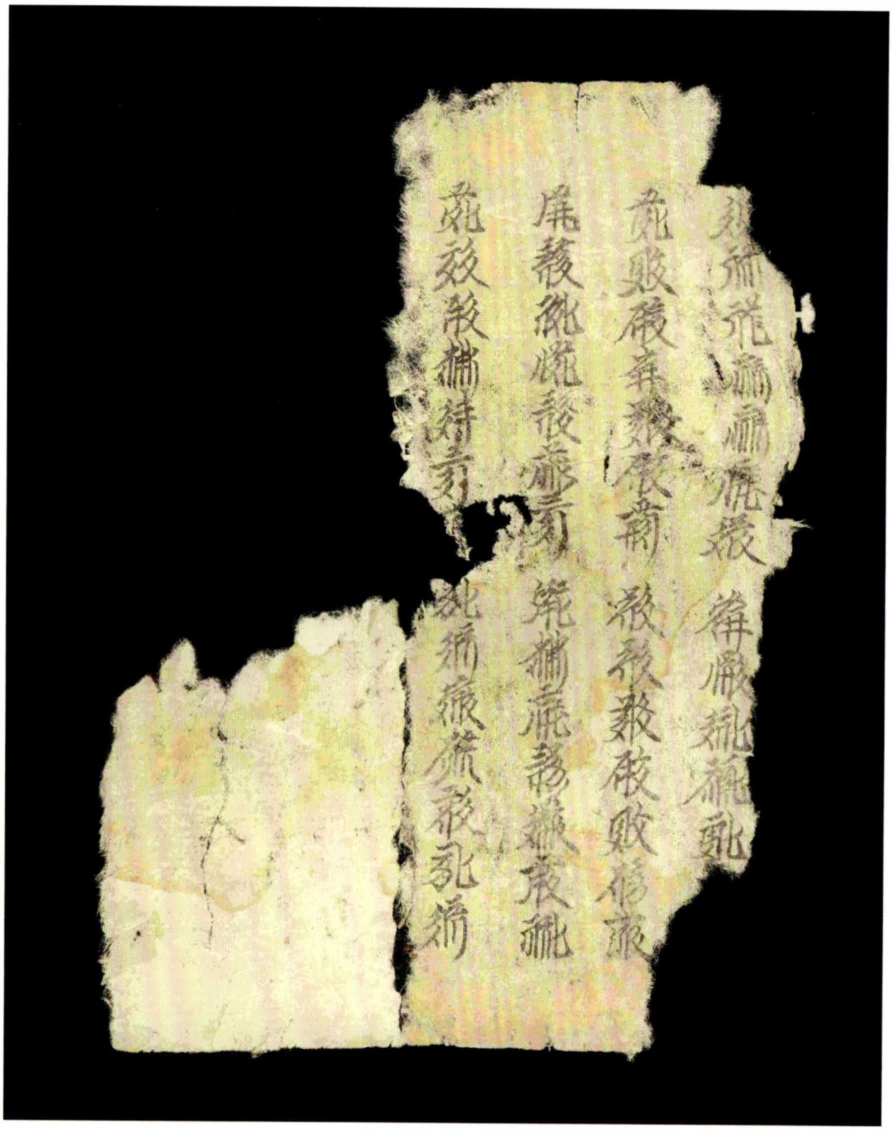

Or.12380/1996B

19.2 釐米 × 14.5 釐米

妙音聲一切悉發　如來正法輪□□
諸摩尼樹寶末成　一一寶末光明現
毗盧遮那清淨身　其中悉入普見令
諸莊嚴中佛身□　邊無色相數邊無

悉發一切妙音聲，普轉如來正法輪。
諸摩尼樹寶末成，一一寶末現光明。
毗盧遮那清淨身，悉入其中普令見。
諸莊嚴中現佛身，無邊色相無央數。（《大正藏》T10，p0039c）

1997　修法殘片

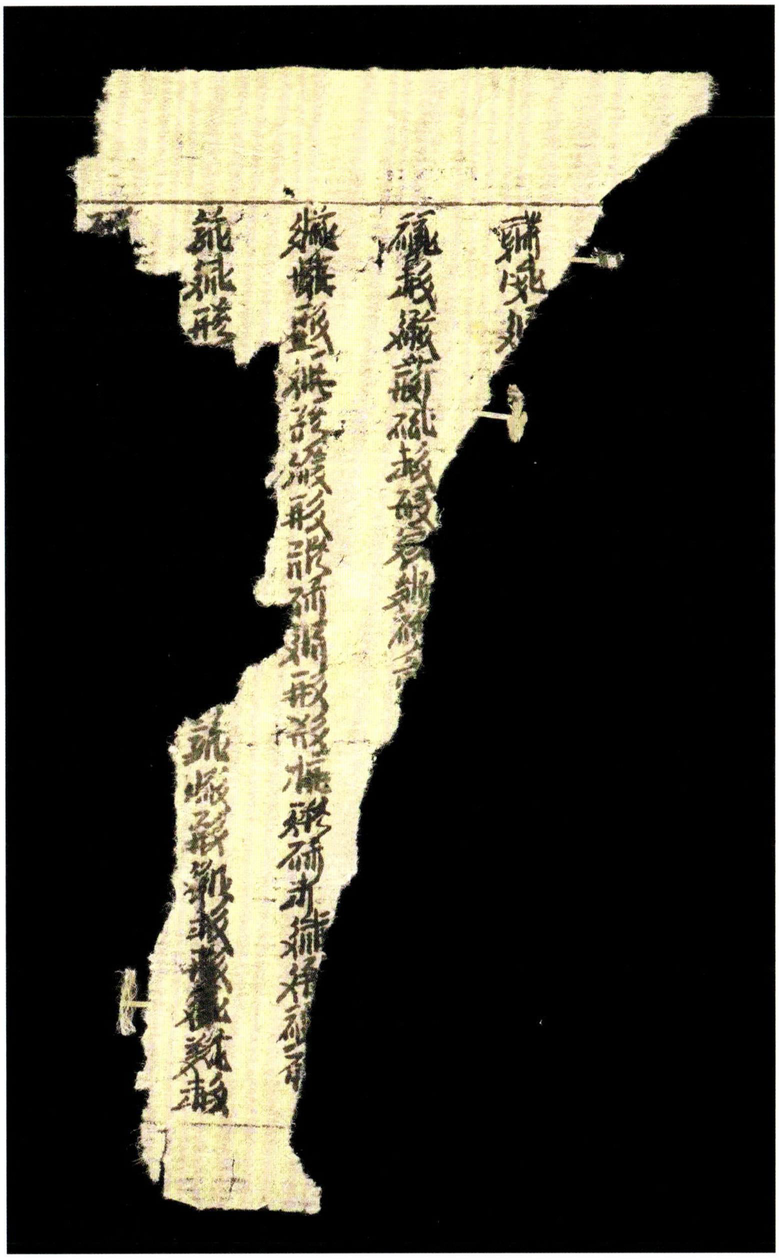

Or.12380/1997（K.K.II.0282..xvii）
19.5 釐米 × 11.2 釐米

體性無……

法及至成明及舉審緣之……

時依利益已止許之無止也二第之亦前方法説

能正理……能思止受及次及

1998　修法殘片

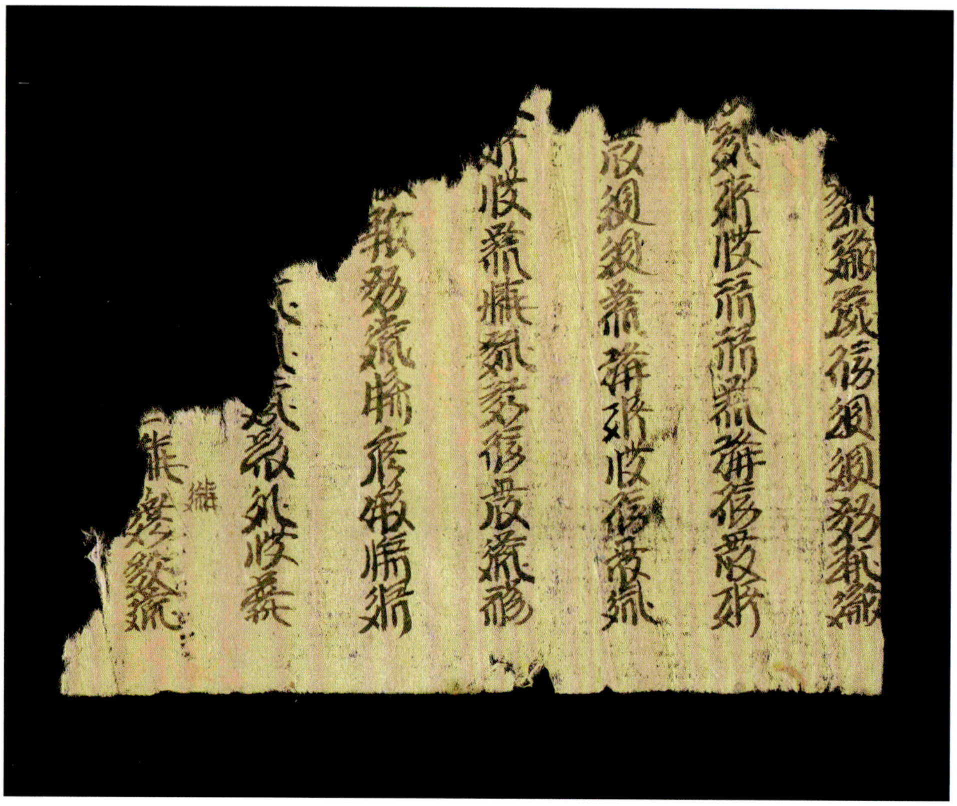

Or.12380/1998（K.K.II.0255.b）
9.2 釐米 × 12.9 釐米

……至審明妙妙謂上至
……處柔定寂寂有則明見柔
……見妙妙有則柔定明見德
……柔定有依乃説明見者正
……等謂者修者人念無
……也九定斷
……初始義解者

1999　禮佛文殘片

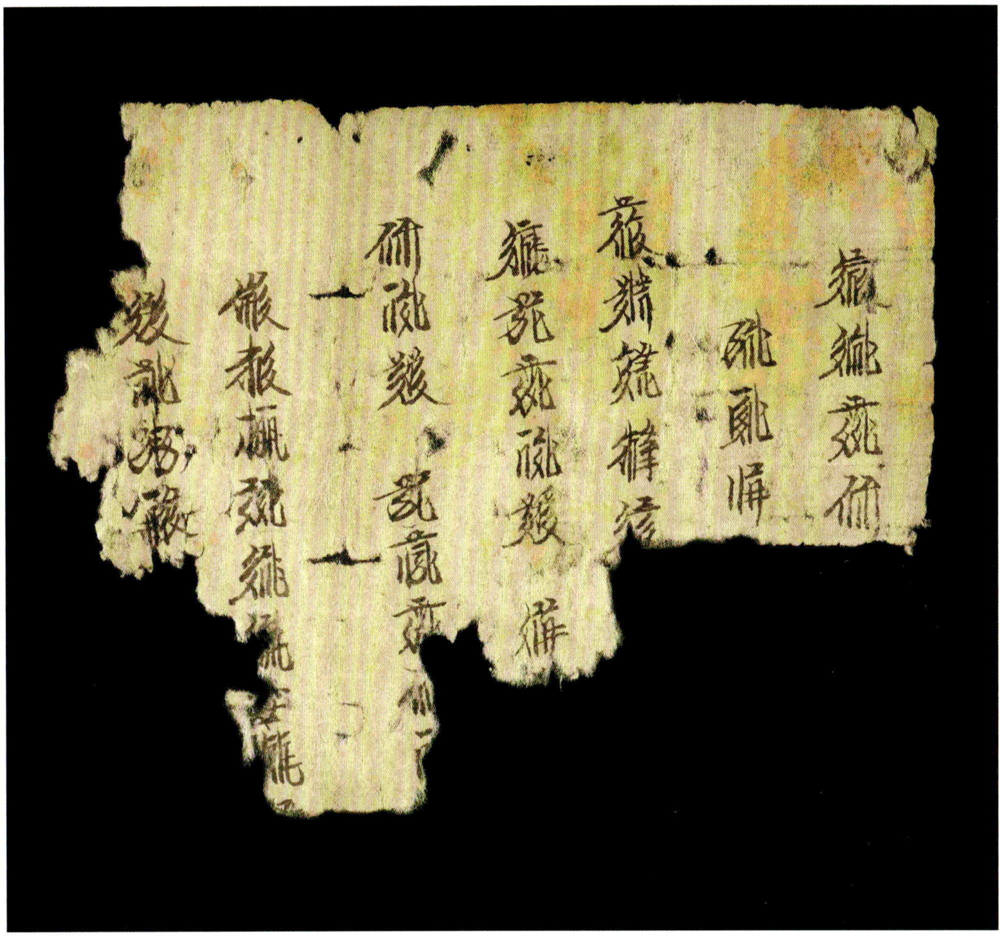

Or.12380/1999（K.K.II.0277.aa）
10.7 釐米 × 13.6 釐米

　色多母之……
　　意輪内……
犍陀迦波羅……
甚拙母敬禮　摩……
之敬禮　拙眼母之……
　隨願爾垢我今□依……
　迅即煩惱……

2000 佛書殘片

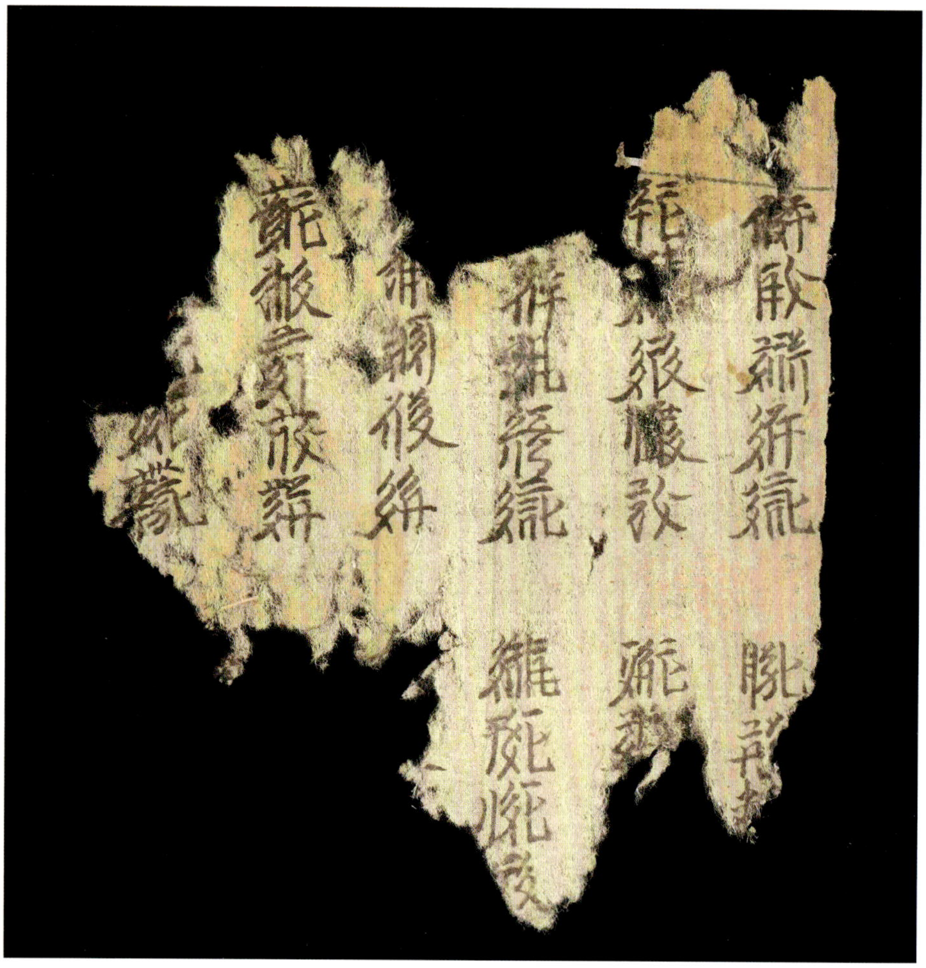

Or.12380/2000（K.K.II.0279.ll）
13 釐米 × 11.3 釐米

中國應描繪　巧智……
其□花灑散　食時……
□施行爲應　如前後花……
□上四弋矢　……
□□□□趣　……

空白殘片數據表

Or.12380/1713D(?)	碎片
Or.12380/1843A(K.K.III.019.b)	8 釐米 × 7 釐米
Or.12380/1843AG(K.K.III.019.b)	5 釐米 × 9.2 釐米
Or.12380/1843AJ(K.K.III.019.b)	4.2 釐米 × 2.8 釐米
Or.12380/1921B[K.K.II.0249.g(ii)]	8.7 釐米 × 14.5 釐米
Or.12380/1945A[K.K.II.0282.p(4–6)]	12 釐米 × 14 釐米
Or.12380/1945B[K.K.II.0282.p(4–6)]	3 釐米 × 5.5 釐米
Or.12380/1945F[K.K.II.0282.p(4–6)]	2.7 釐米 × 3.3 釐米
Or.12380/1975G(K.K.V.b.06.cc)	碎片
Or.12380/1975H(K.K.V.b.06.cc)	碎片